Peter Reichard

DER ENTFÜHRUNGSFALL
NATASCHA KAMPUSCH

Peter Reichard

DER ENTFÜHRUNGSFALL
NATASCHA KAMPUSCH
Die ganze beschämende Wahrheit

mit einem Vorwort von Stefan Aust

Bibliografische Information der Deutschen Nationalbibliothek:
Die Deutsche Nationalbibliothek verzeichnet diese Publikation in der Deutschen Nationalbibliografie; detaillierte bibliografische Daten sind im Internet über http://d-nb.de abrufbar.

Für Fragen und Anregungen:
info@rivaverlag.de

1. Auflage 2016

© 2016 by riva Verlag, ein Imprint der Münchner Verlagsgruppe GmbH
Nymphenburger Straße 86
D-80636 München
Tel.: 089 651285-0
Fax: 089 652096

Alle Rechte, insbesondere das Recht der Vervielfältigung und Verbreitung sowie der Übersetzung, vorbehalten. Kein Teil des Werkes darf in irgendeiner Form (durch Fotokopie, Mikrofilm oder ein anderes Verfahren) ohne schriftliche Genehmigung des Verlages reproduziert oder unter Verwendung elektronischer Systeme gespeichert, verarbeitet, vervielfältigt oder verbreitet werden.

Buchmitarbeit: Evelyne Reichard
Redaktion: Susan Mücke, Berlin
Umschlaggestaltung: Verena Frensch, München
Umschlagabbildung: © Peter Reichard
Abbildungen Bildteil: alle © Peter Reichard, außer »Peter Reichard im zweiten Gespräch mit Prof. Adamovich« und »Natascha Kampusch mit Peter Reichard«, hier © Evelyne Reichard
Satz: Carsten Klein, München
Druck: GGP Media GmbH, Pößneck
Printed in Germany

ISBN Print: 978-3-86883-298-3
ISBN E-Book (PDF): 978-3-86413-327-5
ISBN E-Book (EPUB, Mobi) 978-3-86413-328-2

Weitere Informationen zum Verlag finden Sie unter
www.rivaverlag.de
Beachten Sie auch unsere weiteren Verlage unter
www.muenchner-verlagsgruppe.de

INHALT

Widmung	7
Vorwort von Stefan Aust	9
Vorwort von Peter Reichard	13
Prolog	17
Die Chronologie des Entführungsfalls	21
Epilog: Die Videos	365
Danksagung	393
Personenregister	395
Verzeichnis amtlicher Quellen	407

WIDMUNG

Dieses Buch widmen wir Natascha Kampusch. Aber auch ihrer Familie, insbesondere ihrer Mutter Brigitta Sirny, die fast über zwei Jahrzehnte hinweg öffentlich als Verbrecherin diffamiert wurde, obwohl sie unschuldig war.
Wir widmen dieses Buch ebenfalls den aufrechten Beamtinnen und Beamten der Staatsanwaltschaften in Wien, Graz und Innsbruck, der »Soko Burgenland«, des Bundeskriminalamts, der Polizei Wien und der Polizeiinspektion Deutsch-Wagram, die sich von Anfang an fürsorglich um Natascha Kampusch und ihre Familie gekümmert, die Fakten richtig bewertet haben und sich weder von Wirrköpfen noch von hochrangigen Verschwörungstheoretikern oder einigen schamlosen, machtgesteuerten Politikern von ihrem Kurs haben abbringen lassen.
Unsere weitere Widmung gilt Christian Pabi, dem Diensthundeführer der Wiener Polizei, der schon kurz nach Natascha Kampuschs Entführung einen Hinweis auf den Täter gab. Dass sein Hinweis unbearbeitet blieb und dadurch die Chance verpasst wurde, ihre Gefangenschaft um mehr als acht Jahre zu verkürzen, belastet ihn bis heute.
Zum Schluss widmen wir das Buch jenen Medienvertretern, die sich den Anstand und Respekt gegenüber Natascha Kampusch und ihrer Familie bewahrt haben, indem sie sich vor niemandes Interessenkarren spannen ließen und mit klarem Blick Spekulationen von Tatsachen zu trennen vermochten. Stellvertretend für sie alle sei der ORF-Journalist Christoph Feurstein genannt.

Evelyne und Peter Reichard

VORWORT VON STEFAN AUST

Der Name Natascha Kampusch ging um die Welt, nachdem sie sich 2006 aus den Fängen ihres Entführers befreien konnte. Seither beschäftigt ihr Schicksal die Menschen mit kaum nachlassender Neugier. Denn was sie darüber den Ermittlungsbehörden und in den Medien berichtete, stimmte nicht überein mit den Theorien, die amtlich eingesetzte wie selbst ernannte Fallanalytiker öffentlich verbreiteten. Eine Mischung aus Eifer, Wichtigtuerei und Wahnsinn konkurrierte mit den Fakten. Wer sollte da noch durchsteigen?

Das Buch ist ein Führer durch diesen Dschungel aus Dichtung und Wahrheit, die – so das Fazit im Untertitel – beschämend ist. Zu diesem Urteil wird die Leserin, der Leser nicht gedrängt, es stellt sich von allein ein. Denn Peter Reichard hat nicht thematische Schwerpunkte vorsortiert und sie zu Kapiteln verarbeitet, er hat schlicht und einfach die Geschichte des Falles erzählt; so wird aus der Chronologie eine schrecklich logische Abfolge von Ereignissen. Und die beginnen bereits 1994, als Wolfgang Přiklopil die ersten Vorbereitungen für den Bau des Verlieses trifft. Und endet nicht etwa mit der Flucht seines Opfers und seinem Freitod. Die Geschichte geht weiter, noch neun Jahre lang. Bis im Sommer 2015 eine Richterin das Bekenntnis eines wegen Falschaussage angeklagten Mannes, der Natascha Kampusch nach ihrer Selbstbefreiung geradezu gejagt hatte, mit einem Freispruch belohnte und entschuldigend erklärte, er habe in einem »mentalen Tunnel« gesteckt. Das war so etwas wie der peinliche Schlussakkord einer grauenhaften Tragödie.

Der Böse in einem Kriminalfall ist immer der Täter, das ist klar. Doch umso spektakulärer der Fall ist, desto mehr Menschen heben den Finger und wollen mitreden, am liebsten öffentlich. Oder gar mitmischen. Und wenn der Staat ihnen diese Bühne gibt, macht er sich mitschuldig, stellt sich auf eine Ebene mit den (Selbst-)Darstellern. Genau das ist hier geschehen. Freizeitdetektive aus der Mitte der besorgten Bürger sondern in Blogs und Leserzuschriften ihre krausen Hypothesen ab. Doch sie sind ohne Einfluss; vielleicht zum Glück. Den haben die mit klingenden Titeln dekorierten Repräsentanten aus den obersten Etagen der Gesellschaft, darunter ausgerechnet zwei ehemalige Präsidenten der beiden höchsten Gerichte Österreichs und ein pensionierter Familienrichter. Sie bezweifeln die Glaubwürdigkeit Natascha Kampuschs, verfolgen die Theorie, dass deren Mutter in die Entführung verwickelt war, und bezichtigen Přiklopils engsten Freund der Mittäterschaft. Weitere Eingebungen beziehen sie von einem Privatdetektiv, der sich frühzeitig auf die Ermordung des Mädchens festlegte, und einem rechtskräftig verurteilten Betrüger aus Deutschland, der mit angeblichen Pornofilmen des Opfers Ermittlungsbehörden und Medien narrte. Mit dieser Erkenntnismelange füttern sie die Nachrichtenseiten, legen sich mit Justiz und Polizei an, liefern den Vertretern rechtspopulistischer Parteien Steilvorlagen für parlamentarische Anfragen. Und treiben so den Staat vor sich her. Mit der Folge, dass jahrelang Untersuchungsausschüsse, Evaluierungs- und Sonderkommissionen einander ablösen. Bis das FBI und das deutsche Bundeskriminalamt als Retter in höchster Not in den Fall einsteigen und die Fantasien der hochrangigen Herrenriege aus den Akten schütteln. Endgültig.

Kein Wunder, dass Peter Reichard, mit dem ich übrigens schon vor mehr als 50 Jahren Schülerzeitung machte, auch ein satirisches Auge auf die Wiener Gesellschaft wirft und dabei Korruptionsfälle in Politik und Polizei als ungeniert gelebte Selbstverständlichkeit beschreibt.

In diese Welt gerät der bislang vom realen Leben abgeschottete Teenager Natascha Kampusch. Den Tag ihrer Flucht zeichnet Reichard minutiös nach. Es sind zugleich die letzten Lebensstunden ihres Entführers, der nur noch ein Häufchen Schuld und Elend ist und sich am Abend von einem Zug überrollen lässt.

Alles wäre anders gekommen, wenn die Polizei nicht im entscheidenden Moment versagt hätte. Sie erhielt einen gezielten Hinweis auf Přiklopil, sogar noch aus den eigenen Reihen, ging ihm aber nicht nach. Die Chance, Natascha Kampusch bereits knapp zwei Monate nach ihrer Entführung zu befreien, war damit vertan. Später lehnte der Staat eine Entschädigungsleistung für sie mit der Begründung ab, dass sie trotz Einsatzes von Spürhunden in ihrem Verlies nicht hätte entdeckt werden können. Auch dieser Behauptung ist Peter Reichard nachgegangen. Mit Sachverstand, denn als früherer Beamter der Hamburger Kriminalpolizei war er selbst mit Entführungsfällen befasst gewesen. Schritt für Schritt zeigt er eine polizeiliche Alternative auf, die dem kleinen Mädchen die vielen Höllenjahre hätte ersparen können. Das ist ein Teil der »ganzen beschämenden Wahrheit«.

Ein anderer ist der, der mich am meisten berührt hat. Er besteht aus Protokollen, die die Klammer dieses Buches bilden. Es sind die Einblicke in Natascha Kampuschs Jahre im Verlies. Denn der Täter hat sie mit der Kamera dokumentiert. Und damit der Nachwelt ein Zeugnis seiner grausamen Psyche und zugleich der intuitiven Kraft seines Opfers hinterlassen, das ihn am Ende bezwang. Das Material ist einzigartig. Und streng unter Verschluss. Dennoch wird es nun öffentlich. Mit Wissen und Zustimmung von Natascha Kampusch, die nie etwas anderes gesagt hatte, als das, was jetzt aus den Materialien hervorgeht. Die Inhalte der Protokolle widerlegen alle Verschwörungstheoretiker, die sich über den Fall hergemacht haben. Sie beweisen, dass ihre Mutmaßungen über Komplizen und Pornos nichts als perverse Fantasien sind. Und bestätigen stattdessen, dass Natascha Kampusch über die Jahre ihrer Gefangenschaft immer die Wahrheit gesagt hat. Sie war das Opfer eines Psychopathen, dessen Hauptbefriedigung vor allem darin bestand, sie in seiner Macht zu haben. Selten ist die »Banalität des Bösen« (Hannah Ahrendt) so unter sichtbaren Beweis gestellt worden. Und selten die seelische Stärke eines Menschen so deutlich geworden wie die der 28-jährigen Natascha Kampusch, die acht Jahre und 174 Tage lang in der täglichen Konfrontation mit ihrem

Entführer erwachsen wurde und so viel seelische Stärke gewann, dass sie ihrem Peiniger die Stirn bieten und ihm am Ende entkommen konnte. Das Buch zeigt, wie Natascha Kampusch vom willenlosen Opfer zum stärkeren Part in diesem Zweikampf wurde. Die während der Gefangenschaft von ihrem Entführer und danach von vielen selbst ernannten Ermittlern mit Füßen getretene Ehre der Natascha Kampusch wird so wiederhergestellt.

Das ist das größte Verdienst dieses Buches.

VORWORT VON PETER REICHARD

Wenige Tage vor Weihnachten 2015. Meine Frau und ich haben uns mit Natascha Kampusch und Johannes Silveri, dem Sozialarbeiter, der sie seit ihrer Flucht betreute und ihr auch nach seiner Pensionierung freundschaftlich verbunden blieb, getroffen. Es ist spät geworden. Wir begleiten die beiden durch die belebte nächtliche Wiener Innenstadt zu einem Bankautomaten. Sie müssen sich anstellen, die Schlange feierlauniger Menschen vor ihnen ist lang. Plötzlich nestelt von hinten jemand an Silveris Mantelkragen herum. Er bemerkt es nicht. Aber Natascha Kampusch. Sie schnellt auf dem Absatz herum und blickt in die Gesichter zweier betrunkener junger Männer, die sie laut und hämisch anlachen. Gefahr liegt in der Luft. Doch sie gibt sich unbeeindruckt. Sie verschränkt die Arme vor der Brust, setzt ein breites Lächeln auf, sagt keinen Ton und schaut ihnen direkt in die Augen. Das Signal ist eindeutig: Bis hierher und nicht weiter. Die beiden Adrenalin-Junkies sehen sich irritiert an, dann fällt ihr Blick zurück auf die mindestens zwanzig Zentimeter kleinere Blonde mit dem Buddha-Lächeln. Plötzlich macht es bei einem der Jungs »klick« im benebelten Hirn. »Die Kampusch!«, schreit er, »ja schau, die Kampusch!« Er zeigt mit dem Finger auf sie, dreht sich, weiterhin ihren Namen brüllend, zu den Nachtschwärmern um. Die starren sie im Vorbeigehen an, einige bleiben stehen, die beiden Kumpels johlen und hüpfen auf der Straße herum. Doch sie zeigt allen nur die kalte Schulter. Silveri zieht die Geldscheine aus dem Automaten, wir gehen davon, in gelassenem Tempo, und lassen die Schreihälse und Gaffer zurück.

Natascha Kampusch hat in achteinhalbjähriger Gefangenschaft gelernt, wie sie mit Kontrollverlusten eines Menschen, seiner Unberechenbarkeit, seinen seelischen und charakterlichen Unebenheiten und Verstellungen umgehen muss. Wolfgang Přiklopil hieß dieser Mensch, und er war ihr Entführer. Er ist tot. Sie lebt. Ihr bleiben Erfahrungen, die niemand mit ihr teilen kann. Aber sie geben ihr eine Überlegenheit im blitzschnellen Erfassen bedrohlicher Situationen, die sie schneller entschärfen kann als jeder andere.

Nachdem sie sich in die Freiheit zurückgekämpft hatte, musste sie jedoch erkennen, dass sie keineswegs frei war. Sie war wieder eine Gefangene geworden, zurückgeschoben ins Verlies gesellschaftlicher Verbannung. Diese zweite böse Tat an ihr haben Menschen zu verantworten, deren Verbohrtheit und Eitelkeit mächtiger war als ihr Gewissen. Dagegen war Natascha Kampusch machtlos.

Eigentlich wollten wir dieses Buch zusammen schreiben. Doch schon nach ein paar Manuskriptseiten wurde mir klar: Es wird nicht funktionieren. Jahrelang hatten meine Frau und ich recherchiert, ohne Natascha natürlich. Aber wenn ihr Name als Co-Autorin auf dem Cover erschiene, müsste sie zwangsläufig nicht nur für ihre eigenen Passagen, sondern auch für den gesamten Inhalt des Buches geradestehen. Und der gefiele sicher nicht allen darin genannten Personen. Sie würden weniger über mich als über sie herfallen, davon war ich überzeugt. Um das zu verhindern, müsste ich beim Schreiben hier und da den Schongang einlegen. Das konnte nicht die Lösung sein. Ich beendete daher das gemeinsame Projekt, noch bevor es richtig begonnen hatte.

Dass diese Entscheidung mit dazu beitragen wird, Natascha Kampusch die Freiheit zu gewähren, die für andere selbstverständlich ist, ist meine Hoffnung.

Aber noch mehr ist es meine Bitte.

»Natascha ist 1,45 Meter groß, wiegt 45 Kilo. Sie hat stärkere Statur, glattes, hellbraunes Haar mit Stirnfransen, blaue Augen, trägt ovale, hellblau gerahmte Brille mit gelbem Nasenbügel und schielt etwas. Als sie daheim wegging, hatte sie ein blaues Kleid mit weiß-grau-karierten Ärmeln, eine hellblaue Strumpfhose, eine rote Skijacke mit Kapuze und schwarze Rauhlederhalbschuhe (Größe 34) an. Umgehängt hatte das Mädchen einen blauen Kunststoffrucksack mit gelbem Deckel und türkisem Tragegurt, der ihm als Schultasche diente.«

Suchmeldung nach Natascha Kampusch im Wiener *Kurier* am 3. März 1998, einen Tag nach ihrer Entführung

»Gehorche! Gehorche! Gehorche! Demütig gehorchen! Immer lieb sein! Immer lieb gehorchen! Demütig sein!«

Entführer Wolfgang Přiklopil zu Natascha Kampusch während der Zeit ihrer Gefangenschaft

PROLOG

Wolfgang Přiklopil sitzt in Unterhose und Unterhemd am Küchentisch, links neben seinem auftapezierten Birkenwald. Hinter ihm sind die Jalousien heruntergelassen. In der Küche brennt Licht. Seine »Sklavin«, die ihn »Gebieter« und »Maestro« nennen sollte, ihm diese Ehrerbietung aber verweigerte, auch wenn er sie anfangs mit Gewaltausbrüchen dazu zu zwingen versuchte, richtet das Frühstück her. Das Kind, jetzt elf, das auf den Fahndungsplakaten der Polizei mit seinen drallen Bäckchen übergewichtig wirkt, ist dünn wie ein Strich. Die Wangen, denen nun jeder Babyspeck fehlt, geben dem Gesicht eine teeniehafte Reife. Bekleidet ist Natascha mit einem Hemdchen, auf dem Kopf trägt sie ein helles Hütchen.

»Stell den Teller ordentlich ab. Abspülen! Die Eier!«, befiehlt er. Sie hat Schnupfen, ihre Nase läuft. »Stopf die Nosn (Nase) mit den Fingern zua. Rechts eine (rein), links ausse (raus).« Sie bittet um ein Taschentuch. Er geht nicht darauf ein. Sie setzt sich und isst einen Teller mit Milch und Joghurt und abgezählten Körnern. Sagt etwas. »Red net so vül (viel) beim Essen. Das Essen muss man essen«, belehrt er sie. Es klingelt an der Tür. Er reagiert nicht. Sie löffelt den Teller leer.

Was mag in einem Menschen vor sich gehen, dessen Sehnsucht nach zärtlicher, partnerschaftlicher Zuwendung unerfüllt bleibt? Der zusehen muss, wie scheinbar leicht es für andere ist, sich zu verlieben? Der ein solches Gefühl nur in Träumen und Fantasien erlebt, ohne sicher sein zu können, dass es in der Wirklichkeit nicht noch viel intensiver, beglückender und berauschender ist? Der irgendwann an sich verzweifelt, weil seine Ängste ihn immer dann besiegen, wenn er ein Zeichen setzen müsste, um einem Menschen nahe zu kommen? Was macht er dann? Resigniert er und fügt sich in sein Schicksal? Oder lässt er sich dazu verführen, die für ihn zu wackelige Brücke der Kommunikation endgültig zu meiden, um auf der Kurzstrecke der Sprachlosigkeit ans selbe Ziel zu kommen?

Wolfgang Přiklopil trägt das Foto einer jungen blonden Frau in seiner Geldbörse bei sich. Ursula heißt sie und ist seine große Liebe. Doch das Bild ist ein Trugbild. Sein engster Freund Ernst H. glaubt ihm kein Wort. Er weiß, dass Wolfgang keine Freundin hat. Auch seine Mutter wird Jahre später der Polizei erzählen, dass sie ihren Sohn nie zusammen mit einer Freundin gesehen hat. Ein Nachbar hält ihn gar für schwul. Erst die Polizei wird das Rätsel um Ursula lösen. Sie ist die Tochter eines Ehepaars, das mit Přiklopils Eltern befreundet war. Sie selbst ahnte von seinen Empfindungen für sie nichts.

Seinem Freund Ernst H. erzählt er um 1994, »dass er Kinderpornos und auch normale Pornos habe, die er vor seiner Mutter verstecken müsse«. Etwa zur selben Zeit erwähnt er, »dass er monatlich zu ›Nutten‹ gehen würde«. H. sagt dazu nichts, denn er hält die Bemerkung für Prahlerei. Přiklopil sei »hierfür zu sparsam gewesen«. Und auch der Polizei gelingt es später nicht, wenigstens eine Prostituierte aufzutreiben, die sich an ihn als Freier erinnern kann. Ebenso stößt sie bei der Durchsuchung seines Hauses auf keinen einzigen Porno. Lediglich auf Disketten zu einem veralteten Computer, aus deren Dateinamen »geschlossen werden (kann), dass die Inhalte dieser Disketten, die teilweise nicht mehr auslesbar waren, auch pornographischer Natur waren«.[1]

1994 könnte das Jahr gewesen sein, in dem der 31-jährige Wolfgang Přiklopil mit dem Bau des Verlieses beginnt. Bislang hat er allein in der Rugierstraße 30 im 22. Wiener Bezirk Donaustadt gewohnt. Nun zieht er um in sein 20 Kilometer entferntes Elternhaus in der Heinestraße 60 im niederösterreichischen Strasshof. Mutter Waltraud übernimmt im Gegenzug seine Wohnung. Nach dem Tod ihres Mannes vor acht Jahren ist es ihr in der gepflegten Kleingartensiedlung der knapp 9000 Einwohner zählenden Gemeinde zu einsam geworden.

In der vorderen zur Straße hin gelegenen rechten Haushälfte befindet sich eine geräumige Garage mit einer von Brettern bedeckten Montagegrube. Die Aussagen darüber, wann Wolfgang Přiklopil sie gebaut hat, gehen auseinander. Die Mutter spricht von 1989 oder 1990, damals soll ihr Sohn sie im Zusammenhang mit dem Kanalanschluss errichtet haben. Die Nachbarn geben an, der Bau der Montagegrube sei erst Mitte der neunziger Jahre, etwa 1994/95, erfolgt. Da wohnte Wolfgang Přiklopil bereits allein im Haus. Er habe sogar zu einer Baustellenbesichtigung eingeladen. Nach Ernst H.s Erinnerung hätten die Bauarbeiten noch ein Jahr später, also um 1996/97, stattgefunden. Auch ihm habe Přiklopil das Ergebnis gezeigt. Von einem Verlies hat niemand etwas bemerkt. Das war auch nicht möglich, denn es lag, wie sich ein Jahrzehnt später herausstellen sollte, direkt neben der Montagegrube unterhalb der Garage – perfekt getarnt.

Erst am 23. August 2006, wenige Stunden vor dem Tod seines Freundes, wird Ernst H. von ihm erfahren, dass er das Verlies, schon vier Jahre bevor er Natascha Kampusch entführte, also 1994, gebaut hatte.

Im Juli 1994 kauft Wolfgang Přiklopil gemeinsam mit seiner Mutter in einem Strasshofer Geschäft einen Möbeltresor. Für die ahnungslose Frau muss es ein Albtraum gewesen sein, als sie eines Tages erfuhr, welchem eigentlichen Zweck dieser Tresor diente.

Ende 1995 sucht Wolfgang Přiklopil den Rat von Ernst H. Beide haben sich während ihrer Lehre bei der Firma Siemens kennengelernt. Přiklopil ließ sich zum Nachrichten- und Elektrotechniker ausbilden. H. wurde Schwachstromelektriker, hängte ein Studium dran und stieg bei Siemens zum Entwicklungsingenieur auf. Zu dieser Zeit ist er bereits selbstständig,

---

[1] Diese und alle weiteren grau unterlegten Textstellen entstammen behördlichen Berichten, Vermerken und Schreiben. Sämtliche Schreibweisen, Rechtschreibung und Zeichensetzung, d. h. auch Fehler, wurden sowohl in den Akten- als auch in den Medienberichten im Original belassen und nicht korrigiert. Lediglich Nachnamen, die auch im Buch zum Schutze der genannten Personen abgekürzt werden, wurden auch hier gekürzt.

kauft alte Immobilien an, saniert sie und verkauft sie gewinnbringend weiter. Die enge Freundschaft der beiden Männer beruht in erster Linie auf dem gemeinsamen Interesse an technischen Tüfteleien, allzu persönliche und intime Themen handeln sie eher am Rande ab. In seiner ersten polizeilichen Vernehmung am 24. August 2006 beschreibt Ernst H. seinen Freund »als äußerst ehrlichen, korrekten und verlässlichen Menschen mit guten Umgangsformen, der zum weiblichen Geschlecht keinen Zugang habe, weil er zu schüchtern sei. Er habe nie eine Freundin gehabt. Er sei ausländerfeindlich und Autoliebhaber«. Vorwiegend tauschen sie sich darüber aus, wie sie die nächste Altbausanierung angehen wollen. Zeitweise ist Přiklopil für diese Tätigkeit bei Ernst H. angestellt. Am 16. November 1994 gründen sie die Firma »Resan Bauges.m.b.H.«, an der Přiklopil 24 Prozent der Gesellschaftsanteile hält.

In einem Gespräch, das meine Frau und ich am 27. Januar 2009 mit Ernst H. im Wiener »Café Central« führen, charakterisiert er Wolfgang Přiklopil als extrem kontaktscheu. Bis zuletzt sei er kaum in der Lage gewesen, Kundengespräche zu führen. Jeder Erstkontakt, zum Beispiel mit Architekten, war für ihn extrem problematisch. Trotz dieser inneren Sperren sei er jedoch ein kenntnisreicher und vor allem loyaler Partner gewesen, der sich stets bemühte, »gut dazustehen« und deswegen mit dem Auto von Termin zu Termin raste, um bloß nie unpünktlich zu sein. Seine Loyalität sei sogar so weit gegangen, dass er einen bei Ernst H. angestellten Arbeiter feuerte, weil der vom Firmentelefon aus »ins Ausland telefoniert hat«. Er habe ihn knallhart rausgeworfen und ihm seine Sachen nachgeworfen, bei Kündigungen hingegen »war er wegen der notwendigen Kommunikation feige, das musste ich machen«. Er sei ein Mann gewesen, der sich immer gepflegt kleidete, nicht rauchte und keinen Alkohol trank. Sparsam sei er gewesen, fast schon geizig. Ein intelligenter Mensch, mittelmäßig gebildet, der sich in Gegenwart anderer Leute bemüht habe, »nach der Schrift« zu sprechen, was Ernst H. jedes Mal peinlich gewesen sei. In ihrer Freizeit hätten sie Billard miteinander gespielt und sich am Wochenende zum Pizza-Essen getroffen. Einmal im Jahr seien sie für eine Woche zum Schilaufen gefahren. Außer für Technik habe Přiklopil sich noch für die Science-Fiction-Romane *Perry Rhodan* begeistert und Autorennen im Fernsehen verfolgt.

Bei diesem Gespräch mit Ernst H. erfahren wir auch, was seinen Freund damals, Ende 1995, beschäftigte. Er »hat mich vor der Entführung im Zuge unserer Wohnungsrenovierungen gefragt, wie man am besten Schallisolierungen machen kann, damit zum Beispiel ein Schlagbohrmaschinengeräusch nicht im ganzen Gebäude zu hören ist. Ich habe ihm erklärt, dass der Beton ein guter Schallisolator für das Gesprochene ist, aber dass man dann durch Mineralwolle auch dieses Schlagbohrmaschinengeräusch unterbinden kann. Mit Entsetzen habe ich nach Freigabe des Hauses durch die Polizei festgestellt, dass er genau diese Information für den Bau des Verlieses verwendet hat.«

Irgendwann vor dem 2. März 1998, dem Tag der Entführung von Natascha Kampusch, kommt es im Haus Heinestraße 60 in Strasshof zu einem makabren Test. Wolfgang Přiklopil steht vor dem winzigen Einlass zum Verlies. Aus den Lautsprecherboxen einer Stereoanlage dröhnt es brüllend laut. Es könnte die Musik von Roland Kaiser oder den Oberkrainern gewesen sein, vermutlich aus den achtziger Jahren, denn die hört er gern, wie wir von Natascha Kampusch wissen. Der schlanke, gerade mal einen Meter zweiundsiebzig große Přiklopil macht sich an der schweren Tür zu schaffen. Sie schwenkt auf das Einstiegsloch zu. Aus dem Dröhnen wird gedämpftes Hämmern. Aus dem Hämmern Stille. Nun noch der Tresor, dann ist das Loch gestopft. Der Höllenlärm dahinter ist nur zu vermuten. Zu hören ist er nicht. Nicht der winzigste Ton. Es bleibt die Hölle. Und die ist nun schalldicht versiegelt.

Von diesem Test erfahren Polizei und Staatsanwaltschaft über ein Jahrzehnt später durch Ernst H. Přiklopil hat ihm davon erzählt. Am 23. August 2006, kurz bevor er sich das Leben nimmt. Es wird einen zweiten Test geben. Nicht mit einer Stereoanlage. Sondern mit einem Beamten der polizeilichen Eliteeinheit COBRA[2]. Der wird sich einschließen lassen. Toben. Brüllen. Schreien. Und niemand wird ihn hören. Bis die Monstertür wieder geöffnet wird.

Im April 1997 kauft Wolfgang Přiklopil bei einem Wiener Gebrauchtwagenhändler den weißen Kombinationskraftwagen Mercedes-Benz 100 D-L, in dem er ein knappes Jahr später Natascha Kampusch entführen wird. Das Fahrzeug, ein früherer Krankenwagen, der bei den Johannitern im Einsatz war, verfügt über eine Hebevorrichtung für Krankensessel. Wie sich der Händler erinnert, war Přiklopil »eigentlich ganz nett«. Er war sehr penibel und »hat alles getestet. Über jede Kleinigkeit wollte er Bescheid wissen.«

Etwa fünf Monate später, am 11. September 1997, erwirbt er für 350 000 Schillinge[3] einen gebrauchten weinroten BMW 850i, ein 12-Zylinder-Coupé mit fünf Litern Hubraum und 300 PS.

---

2 polizeiliche Spezialeinheit, vergleichbar mit der deutschen GSG 9 der Bundespolizei
3 gut 25 000 €

DIE CHRONOLOGIE DES ENTFÜHRUNGSFALLS

MONTAG, 2. MÄRZ 1998

Frühmorgens, die genaue Uhrzeit kennen wir nicht, setzt sich Wolfgang Přiklopil hinter das Steuer seines Mercedes-Benz-Kastenwagens. Die Ladefläche ist jetzt von außen nicht mehr einsehbar, die Scheiben hat er mit schwarz eingefärbten Folien beklebt. Dabei hat ihm seine Mutter geholfen. Die Maßnahme begründete er damit, dass er Werkzeuge und andere Sachen transportieren und sie vor fremden Blicken schützen wolle.

ca. 7.00 Uhr

Brigitta Sirny, damals 47, und ihre zehnjährige Tochter Natascha haben einen kleinen Streit miteinander. Es ist schon spät, und Natascha soll pünktlich in der Schule sein. Aber die Kleine bummelt. Ein Wort gibt das andere, und im Vorübergehen gibt die genervte Mutter dem Kind einen Klaps auf den Mund. Natascha ist gekränkt und spricht kein Wort mehr mit ihr.

Die Zehnjährige ist eine Nachzüglerin. Sie hat zwei bereits erwachsene Halbschwestern, die aus einer früheren, längst geschiedenen Ehe ihrer Mutter stammen. Auch ihre Eltern, die nicht miteinander verheiratet waren, haben sich getrennt. Ihr Vater, der Bäcker Ludwig Koch, achtet darauf, dass er den Kontakt zu seiner Tochter behält, und holt sie an den Wochenenden häufig zu sich. Für ihre Mutter, Absolventin einer Wiener Modeschule, ist es wichtig, dass die Kleine immer wie aus dem Ei gepellt aussieht. Sie schneidert ihr immerzu neue Kleider, sodass Natascha unter den Kindern im Kindergarten wie eine kleine Prinzessin hervorsticht.

An diesem Morgen schnappt sich Natascha ihren roten Anorak, greift zur Schultasche und verlässt die Wohnung mit einem beleidigten »Tschüß«. Das Angebot ihrer Mutter, sie zur Schule zu fahren, hat sie abgelehnt.

Anlass für die Streiterei ist gewesen, dass ihr Vater sie am Vorabend nicht, wie vereinbart, um 18.00 Uhr, sondern wie so oft verspätet zurückbrachte und sie, da er in Eile war, im Dunkeln am Auto absetzte, statt sie bis an die Haustür zu begleiten.

»Bedrückt und deprimiert darüber bin ich losgegangen, weil ich jetzt dafür bestraft werde«, wird uns Natascha Kampusch später erzählen. »Ich hatte mir vorgenommen, mit meiner Mutter nicht zu kommunizieren, ihr sozusagen die kalte Schulter zu zeigen. Ich habe mir auch fest vorgenommen, mich diesmal mit ihr wirklich nicht zu vertragen. Es könnte ja einem von uns was passieren, und man sollte ja nie im Streit auseinandergehen. Das hat sie nicht an dem Morgen, aber sonst immer gesagt. Und ich dachte mir, mir ist bis jetzt nichts passiert, und ich probiere das jetzt mal aus, mal schauen, es wird sicher nichts passieren.«

Brigitta Sirny tritt auf den Balkon und will ihr vom siebten Stock aus nachwinken. Das macht sie in den seltenen Fällen, wenn Natascha mal ohne sie zur Schule geht. Doch diesmal schaut Natascha nicht zu ihr hoch, sondern hält den Blick trotzig nach vorne gerichtet. Brigitta Sirny sieht ihr nach, bis sie zwischen den Hochhäusern verschwunden ist. Diese letzten Bilder ihres Kindes werden sich in ihre Seele einbrennen und sie achteinhalb Jahre Tag und Nacht begleiten.

Die Rennbahnsiedlung, in der Natascha mit ihrer Mutter lebt, wurde Mitte der siebziger Jahre erbaut und gehört zu den größten Gemeindebauten Wiens mit heute etwa 7000 Einwohnern. Unzufriedenheit mit dem stetig wachsenden Ausländeranteil hat der zuwanderungsfeindlichen Freiheitlichen Partei Österreichs (FPÖ) bei den Gemeinderats- und Bezirksvertretungswahlen 1996 im 22. Wiener Bezirk Donaustadt, zu dem die Siedlung gehört, Stimmenzuwächse zwischen sieben und acht Prozent beschert. Damit hat sie als zweitstärkste Kraft den Abstand zu den Sozialdemokraten (SPÖ) deutlich verringert, die erdrutschartige Verluste haben hinnehmen müssen. 2010 stimmt jeder Dritte wahlberechtigte Bewohner der Trabantenstadt für die rechtspopulistische Partei, darunter auch alteingesessene Migranten, die sich gegen den Zuzug von Neuzuwanderern wehren. Wegen der anfänglich hohen Kriminalitätsbelastung hat die Siedlung ein negatives Image. Nach einer sich über ein Jahrzehnt hinziehenden Generalsanierung ergibt eine Anfang der 2000er-Jahre erarbeitete Studie, dass sich die Bewohner der Rennbahnsiedlung weitgehend wohlfühlen und die Sicherheit in der Anlage positiv bewerten. Vielleicht auch aufgrund des veränderten Stimmungsbildes ehren sie 2009 mit gewissem lokalen Stolz posthum einen bis in die USA und Kanada bekannt gewordenen internationalen Popstar, der einer der ihren war: Johannes Hölzel alias Falco. Er lebte, wenn auch selbst nur für kurze Zeit, mit seiner Mutter[4] in der Siedlung, durch die ein Weg führt, der nun den Namen »Falcogasse« trägt. Der Künstler verunglückte am 6. Februar 1998 tödlich, gut drei Wochen bevor sich das Leben von Natascha Kampusch dramatisch ändern wird.

zwischen ca. 7.13 Uhr und 7.18 Uhr

»Ich ging durch das Einkaufszentrum über die Straße, eine Riesenkreuzung, zur Schule. Und irgendwann am Schulweg bemerkte ich einen Mann in einem weißen Kastenwagen mit einer weißen Sonnenmütze, also mit so einem Hut, unauffällig gekleidet, der auf mich gewirkt hat wie ein Tapezierer, Maler, Anstreicher oder wie ein Handwerker. Ich dachte

---

[4] Laut Melderegister waren beide dort von 1975 bis 1996 gemeldet.

zuerst, irgendwie ist es so seltsam. Vielleicht sollte ich die Straßenseite wechseln. Dann habe ich mir das doch überlegt und mir Mut zugesprochen und dachte, der wird dich schon nicht beißen und kannst halt einen Riesenbogen um ihn machen. Das ist eh nur ein kurzer Moment, und dann hast du ihn hinter dir. Und dann kam ich immer mehr auf ihn zu, und mit einem Mal schnappt mich die Person, packt mich wie einen Sack Zement und wirft mich in diesen Kastenwagen hinein.« Dabei verpasst er ihr einen Faustschlag aufs Auge.

Der Mann ist Wolfgang Přiklopil.

»Mittäter habe ich keine gesehen. Er war alleine. Er hat mich runter auf den Boden gedrückt und gesagt, wenn ich mich rühr', dass es mir dann schlecht geht. Ich wollte schreien, es kam leider kein Laut, es wurde ein stummer Schrei. Und dann saß ich verwundert, überrascht und verängstigt in diesem Auto und angeherrscht von diesem Entführermenschen. Der ist mit mir durch die Seitentür eingestiegen, hat sie zugezogen, sich hinters Steuer geklemmt, alles in Sekundenbruchteilen, und ist dann sofort losgefahren. Natürlich gemächlich, dass es nicht auffällt, er wollte ja keine Aufmerksamkeit auf sich lenken.«

Der Faustschlag ist offenbar nicht eingeplant gewesen.

»Das tat ihm dann auch leid. Weil er keine Blessuren sehen konnte. Was auch witzig ist. So eine Mimose im Prinzip. Er konnte niemanden weinen sehen, er konnte keinen blauen Flecken sehen. Und wenn er sich wo geschnitten hat, hat er auch die Krise gekriegt.«

Er bedient sich anderer Mittel, um das Kind während der Fahrt gefügig zu halten.

»Er hat mir ein Betäubungsmittel in einer Art Tiegel gezeigt und gesagt, wenn ich mich jetzt bewege, betäubt er mich. Vielleicht war es auch nur ein Schmierfett, und er hat es als Betäubungsmittel ausgegeben.«

Natascha Kampusch liegt mit ihrer schweren Schultasche auf dem Rücken auf der Ladefläche des Transporters, rührt sich nicht.

»Wir sind dann ewig im Kreis herum gefahren. Ich konnte das sehen durch die Bäume. Weil, wenn ich am Abend mit meiner Mutter nach Hause fuhr und schon müde war, legte ich mich auch immer runter und sah dann eben nur die Masten und die Bäume. Und so wusste ich auch ungefähr, in welche Richtung wir fuhren. Denn ich durfte mich ja nicht aufsetzen und aus dem Fenster schauen.«

Přiklopil beginnt ein Gespräch mit dem Kind. Was er damals gesagt hat, weiß Natascha Kampusch nicht mehr. »Ich hab' mich einfach nur erkundigt, ob er mich jetzt missbraucht oder was er mir alles antut und wo wir hinfahren. Weil ich mir dachte, bestenfalls werde ich missbraucht, schlimmstenfalls werde ich an einen Kinderpornoring oder so weiterverscherbelt. Er hat zwar gemeint, ich soll ruhig sein, aber ich habe ihn trotzdem gefragt. Er war total irritiert und hat gesagt, wenn ich nicht still bin ... Aber das war mir egal, weil ich dachte, na ja, er wird mich sowieso umbringen, warum sollte ich dann irgendwie Rücksicht nehmen?«

Bis jetzt kann sich Wolfgang Přiklopil ziemlich sicher sein, dass sein Verbrechen noch unbemerkt geblieben ist – da ist keine plötzlich wachsende Dichte an Polizeifahrzeugen, an Blaulichtern oder Sirenen, ein ganz normaler Montagmorgen also.

Der Schein trügt.

Wie Natascha ist auch die zwölfjährige Ischtar A. auf dem Weg zur Schule. Sie wird Zeugin der Entführung. Sofort erzählt sie ihrer Klassenlehrerin Margit R. davon. Doch die Lehrerin misst der Schilderung keine besondere Bedeutung bei. Ischtar verfüge über einen eingeschränkten deutschen Wortschatz und neige zu verbalen Übertreibungen, wird sie später erklären. Daher habe sie auch nicht die Polizei alarmiert.

Dass der Zeitpunkt der Entführung später so exakt eingegrenzt werden kann, liegt an einer Zeit-Weg-Berechnung, die Beamte des Sicherheitsbüros (SB) am 26. Februar 2002 vornehmen. Auf der Grundlage, dass Natascha nach Angaben ihrer Mutter die Wohnung zwischen 7.00 Uhr und 7.02 Uhr verlassen hat, gehen zwei Kriminalbeamte »in normalem, eher gemäßigtem Gehschritt« die gesamte Wegstrecke bis zur Schule ab. Dabei rechnen sie eine Ampelphase von 1:30 Minuten mit ein und kommen so bis zum »Vorfallsort laut Beobachtung Ischtar A.« auf 11:56 Minuten. Durch eine am 21. September 2009 vom Bundeskriminalamt vorgenommene »geografische Visualisierung (Zeit-/Weg-Historie)« unter Einschluss bestehender Zeugenaussagen wird eine noch präzisere Berechnung möglich, und der Tatzeitpunkt kann somit auf »ca. 7.16 Uhr« festgelegt werden. Weggefahren vom Tatort sei Přiklopil »um ca. 7.18 Uhr«.

Nach einer längeren Irrfahrt legt Wolfgang Přiklopil einen Zwischenstopp in einem Waldstück ein. Über sein fest im Wagen eingebautes Telefon, »ein altmodisches Autotelefon«, wie Natascha Kampusch uns später erklären wird, versucht er, jemanden zu erreichen. Er tippt mehrmals eine Nummer ein, schaut auf das Display, aber niemand meldet sich. Vielleicht führt er auch ein Telefonat, genau wird Natascha Kampusch dies nach achteinhalb Jahren nicht mehr sagen können, aber wenn es eines gegeben haben sollte, ist es wahrscheinlicher, dass er es nur vorgetäuscht hat. Zweifelsfrei lässt sich dies nie mehr aufklären. In Natascha Kampusch jedenfalls erweckt er mit den Anrufversuchen und Wortbrocken, die er nervös fallen lässt, den Eindruck, dass er Abnehmer für sie hat. »Ich dachte mir, der will mich verkaufen.«

Aber es kommen keine Kunden. Und so fährt Wolfgang Přiklopil mit ihr nach Strasshof. Im Nachhinein wird Natascha Kampusch schätzen, dass seit ihrer Entführung bis jetzt etwa zwei Stunden vergangen sind.

Unter einer blauen Decke trägt er sie in sein Haus. Dort sagt sie zu ihm, dass sie auf die Toilette müsse. Die ist im Erdgeschoss. Er führt sie hin, und das Erste, was sie macht – sie schließt sich in der Toilette ein. »Ich hab' mich einfach nur hingestellt und Atem geholt.« Und gesehen, dass es kein Fenster gibt, durch das sie fliehen kann, sondern nur einen kleinen Glasbaustein, der gekippt werden kann. Sie öffnet die Tür. Přiklopil hält ihr die Augen zu. Legt ihr wieder die blaue Decke über den Kopf. Und trägt sie in den Keller. Auf einem der dort abgestellten Autositze fixiert er sie mit grobem Draht. Er öffnet das Verlies, löst ihre Fesseln und verfrachtet sie in den erdrückend engen Raum. In ihm ist ein Laminatfußboden verlegt, die Wände sind mit hellen Holzpaneelen getäfelt. Ausgestattet ist er mit einem Nirosta-Waschbecken und einer Toilette. Eine Belüftungsanlage ist bereits ebenso vorhanden wie eine elektrische Beleuchtung, die allerdings erst funktioniert, nachdem Přiklopil eine Glühbirne besorgt und eingeschraubt hat.

Das Verlies ist zwar perfekt gesichert und getarnt, aber wegen seiner spartanischen Einrichtung noch nicht für eine auf Dauer angelegte Gefangenschaft eines Menschen eingerichtet. Da eine Schlafgelegenheit fehlt, besorgt Přiklopil noch am selben Tag aus der Wohnung seiner Mutter in Wien eine dünne Schaumstoffmatratze. Auch stellt er einen Elektroradiator im Verlies auf. Später wird er es nach und nach mit der für das Kind überlebensnotwendigen Ausstattung versehen. Dazu wird ein Hochbett gehören, damit seine kleine Gefangene zumindest den winzigen Freiraum darunter nutzen kann. Er wird ihre Matratzen immer wieder gegen neue auswechseln müssen, da sie wegen der Feuchtigkeit im Verlies Schimmel ansetzen. Unter den Folgen leidet Natascha Kampusch noch heute.

ca. 17.00
Natascha müsste längst vom Kinderhort wieder zu Hause sein, in dem sie nach der Schule wegen der Berufstätigkeit ihrer Mutter betreut wird. Brigitta Sirny beginnt zu telefonieren. Im Hort ist ihre Tochter gar nicht erst angekommen, erfährt sie. Noch nicht einmal in der Schule war sie, hört sie dann. Die Telefonate werden zahlreich, kurz und hektisch. Am Ende steht fest: Niemand hat die Zehnjährige an diesem Tag gesehen. Von tiefer Sorge getrieben, gibt Brigitta Sirny im Bezirkspolizeikommissariat Donaustadt eine »Abgängigkeitsanzeige«, d. h. eine Vermisstenanzeige, auf.

abends
Da Natascha zu Hause nicht wieder aufgetaucht ist, übernimmt die an diesem Tag zuständige »Gruppe Fleischhacker« vom Wiener Sicherheitsbüro den Fall.
Das SB, wie es abgekürzt heißt, ist für die Bekämpfung der Schwerstkriminalität, teilweise auch länderübergreifend, zuständig. Es hat seinen Sitz am Rande des Wiener Stadtzentrums in einem noch aus Zeiten der Monarchie stammenden Gebäude mit verwinkelten Büros und hohen Stuckdecken. Ihr Chef ist der inzwischen pensionierte Polizeihofrat Maximilian Edelbacher, Spitzname »Edelmax«. 2002 wird das SB im Zuge einer Polizeireform aufgelöst.

Oberinspektor[5] Adolf Fleischhacker leitet die Gruppe 3 im Gewaltreferat des SB. Seiner Gruppe gehören sechs Mitarbeiter an, die sofort eine Fahndung nach der Zehnjährigen erlassen. Zwei von ihnen suchen Brigitta Sirny in ihrer Wohnung auf und machen sich ein Bild von dem verschwundenen Kind und seinen Gewohnheiten. Zum Schluss durchsuchen sie den Keller – eine polizeiliche Routinemaßnahme, wenn ein Mensch plötzlich aus seinem unmittelbaren Lebensumfeld verschwindet. Erstmals fühlt sich die innerlich völlig aufgelöste Frau als »verdächtig« behandelt.

Bis in die Nacht hinein suchen Streifenpolizisten und uniformierte Kräfte der kasernierten »Reservekompanie«[6] im Bereich der Rennbahnsiedlung nach Natascha.

Wie sich der Polizist Kurt V. in einem Beitrag für die Zeitschrift *Öffentliche Sicherheit* 2006 erinnert, war dieser 2. März 1998 »einer der schwärzesten Tage am Rennbahnweg (...) Als er am Abend in den Dienst kam, war eine der größten Suchaktionen der Zweiten Republik im Gange. Kurt V. nahm im Wachzimmer[7] Hinweise entgegen, flog als Begleiter mit dem Hubschrauber mit, koordinierte Suchaktionen rund um den Rennbahnweg und in den umliegenden Badeteichen. ›Es waren relativ warme Frühlingstage‹, schildert Kurt V. Sein Nachtdienst endete nicht wie üblich um 7 Uhr früh des nächsten Tages. ›Am Vormittag ist die Suche ein weiteres Mal intensiviert worden. Wir haben jeden Mann, jede Frau gebraucht.‹«

---

5 Später zum Chefinspektor (CI) befördert, daher wird im Weiteren diese Dienstgradbezeichnung verwendet.
6 Bereitschaftspolizei
7 Polizeirevierwache

DIENSTAG, 3. MÄRZ 1998

80 Uniformierte schwärmen mit Farbfotos von Natascha in der Hand aus. Litfaßsäulen und Bäume werden mit Fahndungsplakaten beklebt. Ein Polizeihubschrauber kreist über der Rennbahnsiedlung. Nataschas Vater, Ludwig Koch, lässt eigene Suchplakate drucken und hängt sie gemeinsam mit den erwachsenen Töchtern seiner früheren Lebensgefährtin Brigitta Sirny und deren Männern weiträumig aus. Am Telefonhörer der Mutter bringt die Polizei – dem damaligen Stand der Technik entsprechend – einen sogenannten Saugnapf an, dessen Kabel zu einem Aufzeichnungsgerät führt. So können Telefonate mitgeschnitten und Stimmen von Anrufern festgehalten werden.

Fast alle Medien berichten über die Suche nach dem verschwundenen Mädchen, darunter die Tageszeitung *Kurier*. Darin heißt es:

»Wie die Mutter dem *Kurier* erklärte, kann sie sich nicht vorstellen, dass ihre Tochter (freiwillig) mit einem Unbekannten mitgegangen ist: ›Sie hat immer, wenn wir über so ein Thema gesprochen haben, gemeint, dass sie sich das nicht gefallen lassen würde. ›So jemanden würd' ich umbringen‹, hat sie gesagt ...‹«

10.00 Uhr

Natascha Kampusch ist nun seit fast 27 Stunden in der Gewalt von Wolfgang Přiklopil. Sie ist eingesperrt in ihr Verlies und weiß wahrscheinlich nicht, dass sie jetzt ganz allein im Haus ist. Denn spätestens eineinviertel Stunden zuvor hat sich ihr Entführer ins Auto setzen müssen, um vor Beginn seines Termins im Bezirksgericht des 17. Wiener Gemeindebezirks Hernals um 10.00 Uhr noch die verabredete halbe Stunde lang mit seinem Anwalt sprechen zu können. Unter dem Aktenzeichen 10 U 992/97a wird ein Vorfall verhandelt, der sich am 6. Oktober 1997 vor einem Haus in der Bergsteiggasse zutrug. Das Haus gehört Ernst H., der die Wohnungen mit seinem Freund Wolfgang saniert und danach Einheit für Einheit verkauft. Offiziell ist Přiklopil bei ihm seit 1. Juni 1992[8] für ein Salär von heute 160 Euro auch als »Hausbesorger« (Hausmeister) beschäftigt und damit zusätzlich für die wöchentliche Treppenhaus- und Fensterreinigung sowie das Schneeräumen zuständig.

In der Gerichtsverhandlung geht es um eine Auseinandersetzung zwischen zwei Autofahrern, die in eine Tätlichkeit mündete. Das Opfer des Übergriffs war Wolfgang Přiklopil, sein Zeuge Ernst H. Beide machen ihre Aussage. Damit ist der Fall nicht erledigt, es wird noch eine zweite Hauptverhandlung geben.

---

[8] Bis 31. August 1998 ist Přiklopil dort angestellt; vom 1. September 1998 bis 8. März 1999 ist er arbeitslos gemeldet, ab 25. März 1999 bei der »Resan Bauges.m.b.H.« mit heute 100 Euro gemeldet.

Später wird noch viel darüber gerätselt werden, ob die Entführung Natascha Kampuschs eine spontane oder von langer Hand geplante Tat war. Der für diesen Tag angesetzte Gerichtstermin spricht eher gegen ein kühles, wohlüberlegtes Tatkonzept. In seinen Kalender von 1998 hat Přiklopil unter dem Datum 2. März, also dem Entführungstag, handschriftlich eingetragen: »Ernst anrufen wegen Treffen mit Anwalt (ca. ½ Stunde früher)«. Der Anwalt wird dazu aussagen, dass er sich zwar an Details nicht mehr erinnern könne, er sich jedoch üblicherweise am Vortag einer Gerichtsverhandlung mit seinen Mandanten in Verbindung setze, um mit ihnen ein Treffen eine halbe Stunde vor Verhandlungsbeginn zu vereinbaren. Přiklopils nächster Eintrag für den 3. März 1998 lautet: »BG[9] Hernals«.

Die meisten gerichtsunerfahrenen Menschen, die das erste Mal als Zeugen vor einem Gericht stehen, sind bereits im Vorfeld des Termins angespannt, wenn nicht gar aufgeregt. Der innere Druck weicht, sobald sie ihre Aussage gemacht und den Verhandlungssaal wieder verlassen haben.

Auch der nicht vorbestrafte Wolfgang Přiklopil muss, soweit wir es heute wissen, an diesem Tag das erste Mal in seinem Leben einem Gericht Rede und Antwort stehen. Unterworfen dem Diktat richterlicher Hoheit. Sprechen und Schweigen auf Kommando. Aufstehen und Setzen auf Ansage. Der blanke Horror für jemanden, der wie Přiklopil erheblich kommunikationsgestört ist. Wo immer es geht, drückt er sich um Gespräche mit Fremden. Die nimmt ihm sein Freund Ernst ab. Warum sollte er ausgerechnet für diesen Tag eine Entführung planen, die extremen Stress bedeutet, wenn er durch den anderntags anstehenden Prozess ohnehin nervlich angeschlagen ist? Wo die Risiken dieses Verbrechens jeden Zeitplan durcheinanderwirbeln und ein dadurch platzender Gerichtstermin die Aufmerksamkeit der Justiz auf ihn lenken könnte? Und wo er das Verlies noch gar nicht vollständig vorbereitet hat? Warum also sollte er sich ohne Not dieser doppelten, ungeheuren Belastung aussetzen?

Ohne Not? Vielleicht war er doch in Not, in größter Not.

Die Last der Einsamkeit auf der Seele des Wolfgang Přiklopil könnte so unerträglich schwer geworden sein, ihn so zermürbt haben, dass er gar nicht anders konnte, als sich ohne langes Wenn und Aber endlich das zu nehmen, womit ihm seine Fantasie quälend süßlich die Sinne vernebelte – die Macht über einen Menschen, der nur ihm gehörte, den er formen konnte, der ihm auf Befehl jeden Wunsch erfüllte. Ein Mensch, der von seiner Gunst abhängig war, daher schwächer sein musste als er. Ein Kind. Ein Mädchen. Natascha Kampusch.

---

9 Bezirksgericht

ca. 17.15 Uhr

Vor Schmerz schreiend läuft Wolfgang Přiklopil aus seinem Haus und ruft den Namen seines Nachbarn Johann Sch. Der ist sofort zur Stelle und sieht, dass sich Přiklopil das letzte Glied seines rechten Mittelfingers abgetrennt hat. Passiert sei es ihm beim Einbau eines Tresors, erklärt Přiklopil. Dass er diesen Tresor tatsächlich jedes Mal ein- und ausbauen muss, wenn er zu Natascha Kampusch ins Verlies kriechen will, und dass die in diesem Moment darin kauert und um ihr Leben bangt, ist sein schreckliches Geheimnis.

Die Ehefrau des Nachbarn ruft den Rettungswagen, und der transportiert den Verletzten ins 30 Kilometer entfernte Krankenhaus in der niederösterreichischen 12 000-Einwohner-Stadt Korneuburg. Johann Sch. fährt in seinem Wagen hinterher. Um 17.49 Uhr beginnt in der Unfallambulanz die ärztliche Behandlung Přiklopils.

ca. 17.30 Uhr

Rosa A. meldet sich im Wachzimmer 22 der Bundespolizeidirektion Wien, das für den Bereich der Rennbahnsiedlung zuständig ist. Sie ist in Begleitung ihrer Tochter Ischtar, die am Vortag Zeugin der Entführung Natascha Kampuschs geworden ist. Was die Zwölfjährige dabei beobachtet hat, nehmen die Bezirksinspektoren F. und R. zu Protokoll:

»Ich bin gestern am 02.03.1998 kurz nach 07.00 Uhr von zuhause weggegangen, um zur Straßenbahnlinie 25 zu gehen, um zur Schule zu fahren. Ich war in der Mitte der ›Hundewiese‹, auf dem Rennbahnweg, als ich ein Mädchen sah, das in gleicher Höhe ging wie ich, jedoch auf der anderen Gehsteigseite. Das Mädchen, das ich vorher noch nie gesehen hatte, dürfte ca. 10 Jahre alt gewesen sein. Sehen konnte ich, dass auf der Seite des Mädchens ein großes hohes Auto, weiß lackiert, sah wie neu aus, mit schwarzen Scheiben, Kennzeichen unbekannt, geparkt war. Auf der Fahrerseite saß ein Mann, den ich nicht sehen konnte, weil sein Gesicht nach links gedreht war. Ich befand mich zu diesem Zeitpunkt auf gleicher Höhe auf der anderen Straßenseite. Als sich das mir unbekannte Mädchen in Höhe dieses Autos bei der Beifahrertür befand, ging plötzlich die Schiebetür des Autos auf. Sehen konnte ich nur, dass das Mädchen von rückwärts an beiden Oberarmen gepackt und in das Auto gezerrt wurde. Hören konnte ich, dass das Mädchen 1x ganz laut um Hilfe rief. Sehen konnte ich, dass das Mädchen nun im Auto war und die Schiebetür geschlossen wurde. Das Auto wackelte mit dem ›Hinterteil‹. Dann startete das Auto und fuhr mit sehr viel Gas und ganz schnell aus der Parklücke und fuhr hin zum Kreisverkehr und anschließend in eine Seitengasse hinter der Hundewiese und weiter. Die Namen der Gassen weiß ich namentlich nicht, kann sie jedoch zeigen.

Als das Mädchen ins Auto gezerrt wurde, dachte ich mir nichts Böses dabei. Ich vermutete, dass der Mann der Vater oder der Onkel des Mädchens war. Ich ging meinen Weg weiter und das Auto fuhr einige Minuten später an mir vorbei in Richtung Schwimmbad.

Nähere Hinweise zu dem Auto und den beiden Männern kann ich nicht geben, da ich sie nur sehr schwer sehen konnte. In der Schule erzählte ich meine Beobachtung den Freundinnen, die mir aber nicht glaubten. Daher sagte ich es meiner Klassenlehrerin Frau R. Margit. Sie glaubte auch, dass es der Vater des Mädchens war. Als ich gegen 18.00 Uhr nach Hause kam, erzählte ich auch meiner Mutter, was ich am Morgen beobachtet habe.

Am heutigen Tag wurde ich von meiner Mutter um 17.05 Uhr von der Schule abgeholt. Sie hat gesagt, dass die Polizei ein Mädchen sucht und auch Suchplakate ausgeteilt wurden. Ich sah mir mit der Mama ein Bild des Mädchens an, das auf einem Baum befestigt war. In diesem plakatierten Mädchen erkannte ich mit absoluter Sicherheit das wieder, das am gestrigen Tag in der Früh in das Auto gezerrt wurde und um Hilfe schrie.

Dann sind wir sofort hierher zur Polizei gekommen. Erinnerlich ist mir, dass der Mann, der das Mädchen ins Auto zerrte, ca. 30 Jahre alt war, ca. 175 cm groß, schwarzes kurzes Haar, nach rückwärts frisiert mit einzelnen blonden Strähnen, südlicher Typ, bekleidet mit buntem T-Shirt und darüber einem einfärbigen hellen Hemd.

Den Fahrer konnte ich aufgrund der dunklen Scheibenfärbung nicht richtig sehen. Ich nahm nur wahr, dass sich eine männliche Person auf dem Fahrersitz befand. Ich würde den oben beschriebenen Mann, der das Mädchen ins Auto zerrte, bei einer Gegenüberstellung mit Sicherheit wiedererkennen. Auf einem Foto eher nicht.

Das Auto hatte chromfarbene Bügel an beiden Seiten des Daches von vorne nach hinten. Das Auto hatte auch hinten eine große getönte Scheibe und hatte die Form eines schwarzen ›Buckel‹. Wenn ich dieses Auto sehe, würde ich es wiedererkennen.

Mir wird noch einmal das Foto des verschwundenen Mädchens (KAMPUSCH Natascha) gezeigt, und ich bin mir sicher, dass es sich um das Mädchen handelt.«

Die Polizisten vermerken dazu:

»Die Minderjährige machte einen glaubwürdigen Eindruck. Sie wurde aufmerksam gemacht, keinen Sachverhalt zu erfinden oder ungenau wiederzugeben. Sie blieb jedoch bei den von ihr gemachten Angaben.«

Auf der gegenüberliegenden Seite des Wachzimmers Rennbahnweg parkt ein weißer Ford Transit mit geschlossener Ladefläche. Ischtar schaut sich den Transporter an und erklärt den Beamten, »dass es sich bei diesem Modell um das von ihr beschriebene Fahrzeug handelt«, wie Bezirksinspektor F. in einem gesonderten Vermerk festhält. Er fügt hinzu: »Kurze Zeit später wurde unweit des angeführten Fahrzeugs ebenfalls ein Ford Transit besichtigt.

Bei diesem handelt es sich um ein zur Personenbeförderung bestimmtes Modell, ebenfalls weiß lackiert, mit den gleichen Ausmaßen und gab A. an, dass es sich sicher nicht um ein solches Fahrzeug gehandelt hat.«

Ischtar A. wird die einzige unmittelbare Zeugin des Entführungsgeschehens bleiben. Sie glaubt, zwei Täter gesehen zu haben. Natascha Kampusch wird nach ihrer Selbstbefreiung achteinhalb Jahre später eisern darauf beharren, dass nur ein Täter sie an diesem Morgen entführt hat: Wolfgang Přiklopil. Auch danach habe sie es immer nur mit ihm zu tun gehabt, mit niemandem sonst.

Diese sich objektiv widersprechenden Aussagen werden, neben weiteren angeblichen Ungereimtheiten, die Republik Österreich bis in die höchsten politischen Spitzen hinein noch neun Jahre nach der geglückten Flucht des Entführungsopfers beschäftigen.

17.49 Uhr

Wolfgang Přiklopil wird in die Unfallambulanz des Korneuburger Krankenhauses eingeliefert und behandelt. Laut Diagnose hat er sich eine »schwere Fingerverletzung mit einer traumatischen Subtotalamputation des rechten Mittelfingerendgliedes« zugezogen. Als Grund für seine Verletzung nennt er auch hier den missglückten Tresoreinbau. Ihm wird das Fingerglied wieder angenäht, ein Nagel sorgt für sicheren Halt, bis alles wieder zusammengewachsen ist. Wegen der Schwere seiner Verletzung soll er für einige Tage stationär in der Klinik aufgenommen werden. Dass dies unmöglich ist, weil er Natascha Kampusch versorgen muss, kann er natürlich nicht sagen. Daher begründet er die Absicht, nur über Nacht im Krankenhaus bleiben und am kommenden Tag wieder nach Hause zu wollen, damit, dass er sich einen längeren stationären Aufenthalt finanziell nicht leisten könne. Außerdem sei seine Krankenversicherung dafür viel zu niedrig. Das erklärt er zumindest seinem Nachbarn Johann Sch., der verspricht, ihn am nächsten Mittag mit dem Auto im Krankenhaus abzuholen.

am Abend

Die Polizisten F. und R. vom Wachzimmer 22 haben das Sicherheitsbüro über die Aussage der zwölfjährigen Zeugin informiert. Nun befragt Bezirksinspektor Thomas F. von der »Gruppe Fleischhacker« die Mutter. Der zu diesem Zeitpunkt verheiratete 31-jährige Kriminalbeamte, der noch im selben Jahr Vater einer Tochter wird, ist ein Top-Mann: Er ließ sich in den USA vom FBI zum Profiler ausbilden, trainiert Führungskräfte der Polizei in Rhetorik und Kommunikation, hat eine Lizenz als Berufspilot und kümmert sich ehrenamtlich als Schilehrer und Leiter von Feriencamps um Kinder. 2012 wird er das Silberne Verdienstzeichen der Republik Österreich erhalten und 2013 für besondere Verdienste geehrt werden. In besseren

Händen können die Ermittlungen nicht liegen. Und dennoch wird ausgerechnet ihm in den kommenden Wochen ein Fehler unterlaufen, der auch von seinem Vorgesetzten Fleischhacker nicht bemerkt werden wird – mit dramatischen Folgen für Natascha Kampusch.

Thomas F. nimmt von Rosa A., der Mutter der Schülerin, unter anderem zu Protokoll:

»Meine Tochter A. Ischtar, XX.XX.1985 Wien geb., kam gestern gegen 17.30 Uhr von der Tagesschule nach Hause. Ich war zu diesem Zeitpunkt bereits zu Hause. Gleich nachdem meine Tochter nach Hause kam, schmiss sie die Schultasche in eine Ecke und kam aufgeregt zu mir. Sie sagte zu mir: ›Mutti, ich habe heute gesehen, wie ein Mädchen verschleppt wurde, er hat sie in ein Auto geschleppt, sie hat geschrien, und das Auto ist blitzschnell weggefahren.‹ Meine Tochter erzählte mir, dass sie Angst gehabt habe und sich hinter Büschen versteckt hätte. Sie sagte zu mir, dass der Mann sie in ein großes Auto, weiß, wie neu, mit Buckel gezerrt habe. Sie sagte zu mir, dass dies sicher ein ›Kinderverzahrer‹[10] gewesen sei, diesen Ausdruck hat sie verwendet.«

Wie recht das Mädchen mit dieser Einschätzung hat, wird sich erst achteinhalb Jahre später erweisen. Allerdings lassen die Schilderungen der Zwölfjährigen zum Tatablauf Zweifel bei den Kripobeamten aufkommen. In ihrem Bericht halten sie unter anderem fest:

»Was die Aussage der zwölfjährigen Schülerin A. Ischtar anbelangt, die am 2.3.1998 gegen 07.10 Uhr beobachtet haben will, dass Natascha Kampusch am Rennbahnweg zw. Melangasse und Tegelweg von einem u. T.[11] in ein größeres Auto gezerrt wurde, ist anzumerken, dass sich bei näherer Überprüfung dieser Aussage Widersprüche und Ungereimtheiten ergaben. Es ist daher fraglich, ob ihre Aussage den Tatsachen entspricht. Lt. Aussage ihrer Lehrerin neigt sie oft zu Übertreibungen, weshalb bei ihren Angaben Vorsicht an den Tag zu legen sei …«

später Abend

Wolfgang Přiklopil ist nicht im Krankenhaus geblieben. Er steigt zu Natascha Kampusch ins Verlies – mit einem Verband um die Hand, wie sie am 15. Oktober 2009 vor der Polizei aussagen wird. Er erzählt ihr, »jemand habe ihn unabsichtlich mit einem Hammer verletzt«. Den Unfall selbst hat sie nicht mitbekommen, insbesondere seinen Schmerzensschrei nicht gehört – durch das schalldicht gebaute Verlies konnte kein Ton zu ihr dringen. Obwohl er über starke Schmerzen klagt, setzt er sich auch in den darauffolgenden Tagen zu ihr ins Verlies und spielt mit ihr Brettspiele.

---

10 österreichische Bezeichnung für einen Mann, der Kinder entführt und sexuell missbraucht
11 Kürzel für »unbekannter Täter«

MITTWOCH, 4. MÄRZ 1998

gegen Mittag
Johann Sch. fährt zum Krankenhaus in Korneuburg. Im Bereich der Ambulanz wartet Wolfgang Přiklopil bereits auf ihn. Seine rechte Hand sei »massiv eingebunden gewesen«, erinnert sich Sch. bei einer Vernehmung 2009.

Wie Přiklopil vom Krankenhaus nach Hause und von dort zurück zum Hospital gekommen ist, bleibt bis heute ungeklärt. Fest steht: Er wurde entgegen dem ärztlichen Rat nicht stationär aufgenommen. Und keiner der ihm nahestehenden Menschen, darunter seine Mutter und sein Freund Ernst H., wollen ihn chauffiert haben.

Johann Sch. bringt Wolfgang Přiklopil nach Strasshof und setzt ihn vor der Tür ab. Hilfe, die er ihm anbietet, lehnt er ab. Danach trägt Sch. die Fahrt in sein Fahrtenbuch ein. In der Folgezeit sei Přiklopil zu den weiteren Nachbehandlungen, so Johann Sch. 2009 vor der Polizei, selbst mit seinem weinroten BMW 850i ins Krankenhaus gefahren.

Seiner Mutter erzählt Přiklopil laut Vernehmungsniederschrift am Telefon, »dass ihm der Tresor auf den Finger gefallen sei, als er ihn habe herausziehen und die Rückseite streichen wollen«.

Mit der bandagierten Hand sucht er Rudolf H. zu Hause auf. Ernst H. und er hatten sich mit Rudolf H. während der gemeinsamen Ausbildung bei Siemens angefreundet und verbringen seither die Freizeit miteinander. In einer Woche wollen Přiklopil und Rudolf H. zum Schilaufen nach Ischgl (Tirol) fahren, diesmal ohne Ernst H., der nicht mitkommen kann. Daraus wird nun wegen des Unfalls nichts, und Rudolf H. storniert den Urlaub.

Gebucht hat Rudolf H. den Schiurlaub für Mitte März 1998. Zwar konnte er sich in seiner polizeilichen Vernehmung 2009 nicht mehr an die genauen Daten erinnern, jedoch ist davon auszugehen, dass die Planung und Buchung im Februar erfolgten, also noch vor Natascha Kampuschs Entführung.

Warum sollte Přiklopil eine solche Verabredung getroffen haben, wenn er bereits genau wusste, dass er sich zur gleichen Zeit um ein kleines Mädchen und die weitere Ausstattung ihres noch nicht fertiggestellten Verlieses kümmern muss und will? Auch dies ist ein Indiz, das ebenfalls dafür spricht, dass er sich spontan zur Tat entschloss. Dass ihm ausgerechnet die Fingerquetschung einen sogar sichtbaren Grund lieferte, den Schiurlaub abzusagen, hat ihm das Erfinden einer Ausrede erspart.

DONNERSTAG, 5. MÄRZ 1998

Die Tageszeitung *Kurier* beschreibt die Geschehnisse während der drei vorangegangenen Tage so:
»Die 21 Kinder der 4c wollten am Dienstag selbst nach ihrer Klassen-Kollegin suchen. Am Mittwoch gingen die Kinder im Rahmen eines Ausfluges in die Karlskirche, um für Natascha zu beten. Vor der Schule waren jedenfalls Mittwochmittag viel mehr Eltern als sonst, um ihre Kleinen abzuholen. ›Schrecklich, was da vielleicht passiert ist, wir sind alle verunsichert‹, meinte eine Mutter zum *Kurier*.«

Zur selben Zeit starteten etwa 120 Uniformierte, darunter auch Polizeischüler, eine neuerliche Suchaktion rund um die Rennbahnsiedlung. Auch die Rettungshundebrigade beteiligte sich mit rund 40 Leuten freiwillig an der Suche.

Die Fahndung wurde auf ganz Österreich ausgedehnt: Gezielt gesucht wurde unter anderem auf der Donauinsel und am Stadtrandgebiet, wo Bunkeranlagen durchkämmt wurden. Im Hintergrund prüften etwa 30 Kriminalbeamte einlangende Hinweise und begannen nach ›bösen Männern‹ zu suchen, die ihnen von Zeugen geradezu ›im Dutzend‹ angeboten wurden.«

Besonders »böse Männer« wittert Oberrat Dr. Johannes Scherz offenbar im privaten Umfeld von Brigitta Sirny. Für das Sicherheitsbüro beantragt er bei der Staatsanwaltschaft eine Rufdatenerfassung für ihre beiden Telefone. Als Grund gibt er an:

»Bei der Mutter des abgängigen Kindes (…) langten einerseits anonyme Anrufe ein, die möglicherweise mit dem Verbrechen in Zusammenhang stehen. Andererseits wäre es zum Zwecke der Aufklärung der Straftat unbedingt erforderlich, den Bekanntenkreis der Frau Sirny und ihrer Tochter umfassend zu eruieren, da in der Vergangenheit immer wieder Kinder von Kontaktpersonen aus dem Bekanntenkreis der Familie ermordet wurden und dies auch in gegenständlichem Fall möglich erscheint.«

Der Hinweis des Oberrats scheint unmissverständlich: Da Brigitta Sirny Kontakte zu Kindermördern pflegt, ist ihre Tochter in höchster Gefahr. Und so schiebt Johannes Scherz nach:

»Gefahr im Verzuge ist gegeben, da durchaus die Möglichkeit besteht, dass das Mädchen noch leben könnte und bei rascher Überprüfung der durch die Rufdatenerfassung ausgeforschten Personen noch gerettet werden könnte.«

Die Staatsanwaltschaft leitet das Schreiben an den zuständigen Richtersenat weiter, der über den Antrag entscheiden muss. Noch am selben Tag bewilligt er die Rufdatenerfassung und befindet:

»Da einerseits aus dem Bekanntenkreis der Familie immer wieder Kinder ermordet wurden, ist im konkreten Fall nicht auszuschließen, dass der Täter im Bekanntenkreis der Familie zu suchen ist. Andererseits hat die Mutter der minderjährigen Natascha, Brigitta Sirny, in letzter Zeit mehrmals anonyme Anrufe erhalten.«

Erst 2011 stoßen Nationalratsabgeordnete der FPÖ auf diese Schreiben. In einer parlamentarischen Anfrage vom 19. Oktober wollen sie unter anderem wissen: »Wie viele Kinder aus dem Bekanntenkreis der Familie wurden in den zehn Jahren vor der Entführung der Natascha Kampusch ermordet?« Und: »Wurde aufgrund der Häufung von Ermordungen im Umfeld der Familie in Richtung organisiertes Verbrechen ermittelt?« Justizministerin Beatrix Karl antwortet am 16. Dezember 2011: Die Anfrage basiere »auf der unzutreffenden Annahme«, dass sich die »Ausführungen« in den Schreiben »auf fallbezogen zur Familie K.[12] gewonnene Erkenntnisse bezogen hätten. Tatsächlich gründete sich diese Äußerung auf den allgemeinen kriminalpolizeilichen Erfahrungswerten, wonach im Fall von Tötungsdelikten die Täter häufig im Umfeld des Opfers zu finden sind.«

Brigitta Sirny bleibt verdächtig, in die Entführung ihrer Tochter verstrickt zu sein. Mehrmals wird sie von den Beamten des Sicherheitsbüros verhört. Sie erzählt ihnen immer das Gleiche: dass sie sich am Morgen mit Natascha gestritten und ihr einen Klaps auf den Mund gegeben habe. Diese Ehrlichkeit hat ihr nach Meinung eines führenden Ermittlers der späteren »Soko Burgenland«, Chefinspektor Johann Frühstück, geschadet. Man glaubt ihr nicht. Und observiert sie.

---

[12] Kampusch

MITTWOCH, 11. MÄRZ 1998

Beamte des SB bemühen sich weiterhin, das Tatfahrzeug mithilfe der einzigen Zeugin Ischtar A. eindeutig zu identifizieren. Sie haben ihr Prospekte und Unterlagen verschiedener Automarken vorgelegt, aber sie ist beim Ford Transit geblieben. Daher holen sie sie nun von der Schule ab und suchen mit ihr sämtliche Autofirmen im Großraum Wien auf, die auf Transporter und Campingwagen spezialisiert sind. Danach notieren die Kriminalisten, Ischtar habe immer auf einen Ford Transit gezeigt. »Es konnte in der Umgebung jedoch kein Fahrzeug gefunden werden, welches sowohl den von ihr beschriebenen höheren Aufbau als auch hinten ein durchgehendes Fenster (Heckklappe) hatte.«

Nicht nur die Polizei ist aktiv. Auch die Tageszeitung *Kurier* greift aktiv in das Geschehen ein und beauftragt den Wiener Detektiv Walter Pöchhacker mit der Suche nach Natascha Kampusch. »Als Familienvater waren und sind ihm Aufträge in Zusammenhang mit Kindern stets ein besonderes Anliegen«, heißt es über ihn im Klappentext seines 2004 selbst verlegten Buches zum Entführungsfall. Der mit 1,91 Metern hünenhaft gewachsene Ex-Soldat, Jahrgang 1955, ist seit 19 Jahren im Geschäft und hat dabei offenbar schon einiges erlebt, wie seiner Homepage zu entnehmen ist:

»Während seiner beruflichen Tätigkeit wurde er wegen Kindesrückholungen aus Ägypten und Tunesien in Abwesenheit zu einer unbedingten Haftstrafe[13] von insgesamt 16 Jahren verurteilt.«

Gemeinsam mit der *Kurier*-Redakteurin Martina P. fährt er zur Wohnung von Brigitta Sirny. Dort warten außerdem Nataschas Vater Ludwig Koch sowie Sirnys Töchter Claudia und Sabina mit ihren Ehemännern auf sie. In allen Einzelheiten lassen sich die *Kurier*-Fahnder die näheren Umstände des Verschwindens von Natascha schildern. Die Detektivarbeit beginnt. Und die Familie hofft.

An diesem Tag begibt sich noch ein anderer auf die Suche nach Natascha Kampusch. Der Mann heißt Martin Wabl, ist Dr. jur. und Familienrichter. Zudem hat der 53-Jährige politisch Karriere gemacht, war für die SPÖ Abgeordneter in Bund und Land und sitzt seit 1996 als Abgeordneter der Grünen[14] und deren Klubobmann[15] im steirischen Landtag. Daneben ist der dreifache Familienvater Gemeinderat in seiner Heimatstadt Fürstenfeld und strebt nun noch das höchste Amt im Staat an: Er möchte Bundespräsident der Republik Österreich werden. Die Wahlen sind in einem guten Monat, am 19. April 1998. Um als Kandidat aufgestellt zu werden, benötigt er 6000 Unterstützungserklärungen. Das scheint schwierig zu sein.

---

13 Haftstrafe ohne Bewährung
14 bis 30. September 1999
15 Fraktionsvorsitzender

Martin Wabl hat daher einen Termin bei Innenminister Karl Schlögl[16], »um mit ihm die demokratiepolitisch bedenkliche Behandlung meiner Unterstützer im Wahlkampf zu besprechen und mich zu beschweren«, berichtet er in seinem 2007 im Eigenverlag ebenfalls zum Thema Kampusch veröffentlichten Buch[17]. Zwar behandelt der Minister die Beschwerde, wie Wabl empfindet, »als nebensächlich«, dafür trifft er nach dem Termin zufällig Schlögls Kabinettschef[18] Oskar Strohmeyer. Beide kommen auf den Entführungsfall zu sprechen.

Martin Wabl hat von dem Fall aus den Medien erfahren. Schon zweimal habe er die Polizei angerufen und darauf hingewiesen, dass es in diesem Fall um sexuellen Missbrauch gehen könne, erzählt er dem Kabinettschef. Daher habe er der Polizei geraten, »man solle sich bei den Ermittlungen doch auf den Bekannten- und Familienkreis konzentrieren, da die Täter sich meistens aus dem persönlichen Umfeld des Opfers rekrutierten«. Ein Interview mit Brigitta Sirny, das zwei Tage zuvor, in der ORF-Sendung *Thema* ausgestrahlt worden ist, habe ihn in seiner Annahme bestärkt, »dass der Täter oder die Täterin im Familienkreis zu finden wären«. Sirnys Befürchtung, dass ihrer Tochter etwas zugestoßen sein könnte, weil es nach Ablauf von 48 Stunden immer noch kein Lebenszeichen von ihr gegeben habe, und eine in dem Beitrag eingeblendete Schlagzeile »Ich habe die Hoffnung aufgegeben« habe ihn zu dem Schluss kommen lassen: So spricht keine fürsorgliche und liebende Mutter.

Die Zeitangabe beruhte auf einem Erfahrungswert der Polizei, die Zeitungsschlagzeile sei frei erfunden gewesen, beteuert sie noch heute. Nie habe sie den Glauben verloren, eines Tages Natascha wieder in die Arme schließen zu können. Daher habe sie ihr jedes Jahr zum Geburtstag einen Kuchen gebacken. Über die ganzen Jahre hinweg habe sie das Kinderzimmer ihrer Tochter unverändert gelassen. Und schier fassungslos sei sie gewesen, als ihr eine Psychologin geraten habe, ein Grab zu kaufen, um endlich mit dem grausamsten Kapitel ihres Lebens abschließen zu können. Womit abschließen, wenn es noch gar nicht abgeschlossen war?

Kabinettschef Oskar Strohmeyer besorgt Martin Wabl die Adresse von Brigitta Sirny, und der macht sich auf den Weg in die Rennbahnsiedlung. Bei Brigitta Sirny steht der grauhaarige, untersetzte Abgeordnete aus der Steiermark dann mit einer Sonnenblume, dem Symbol der Grünen, vor der Tür und drückt sie der erstaunten Frau in die Hand. Er stellt sich ihr als Richter vor, »der sich in Entführungsfragen auskenne« und der Familie helfen wolle. In dieser erdrückenden Situation ist jeder hochwillkommen, der uneigennützig kompetenten Rat und Unterstützung verspricht. Brigitta Sirny bittet Wabl ins Wohnzimmer, in dem noch ihre Familie versammelt ist. Nach stundenlangen Gesprächen über Natascha, deren Familie, Freunde und Gewohnheiten verabschiedet sich Martin Wabl und kündigt an, sich bald wieder zu melden.

---

16 Bundesminister für Inneres (SPÖ) vom 28. Januar 1997 bis 4. Februar 2000
17 Martin Wabl: *Natascha Kampusch und mein Weg zur Wahrheit – Das Protokoll*
18 Leiter der Stabsstelle des Innenministeriums

SONNTAG, 15. MÄRZ 1998

In seiner Sonntagsausgabe verkündet der *Kurier* unter der Schlagzeile »Auf den Spuren von Natascha« einen ersten Erfolg seines Sonderfahnders Walter Pöchhacker. Nach vier Tagen Recherche ist sich der Detektiv sicher: »Die Lösung des Falles liegt im nahen Umfeld des Mädchens. Da gibt es jemanden, der alles über ihr Verschwinden weiß.« Er muss nur noch herausgefiltert werden. Ein Klacks, ist der Mann im *Kurier*-Dienst überzeugt: »Würden alle betreffenden Personen mit einem Lügendetektor befragt, wäre es schnell klar, was mit der Kleinen passiert ist.«

Das Schicksal des Kindes bewegt an diesem Sonntag auch Dr. Martin Wabl. Er findet keine Ruhe. So macht er sich mit seinem Freund Franz L., 45 und freischaffender Künstler, auf den Weg nach Wien – für eine kriminalistische Fallrekonstruktion. Seiner Frau erzählt er, er wolle sich ein Fußballspiel anschauen. Inspiriert zu der privaten Spurensuche hat den Familienrichter ein lange zurückliegender Doppelmord in seiner steirischen Heimat: Ein Fleischhauer[19] hatte zwei Briefträger auf ihrer Tour ermordet, beraubt, zerstückelt und tiefgefroren. Die Kripo ist ihm »durch das Abgehen der Tour« auf die Schliche gekommen. Da liegt es für Martin Wabl nahe, nun auch Nataschas Schulweg abzugehen und dadurch eventuell »zweckdienliche Hinweise« zu erhalten. Brigitta Sirny soll das Ermittler-Duo dabei begleiten. Doch sie ist fix und fertig, hat nächtelang kaum geschlafen und bleibt daher zu Hause. So machen sich die beiden Freunde mit einer Beschreibung von Sirny auf den Weg. Doch weit kommen sie nicht. Als sie einen Anwohner nach Natascha befragen wollen, reagiert der Mann, der an einem Auto bastelt, unwirsch und hakt misstrauisch nach: »San Sie von der Polizei?« »Ja«, sagt Martin Wabl und erklärt diese Antwort später mit seinem Erregungszustand. Der Anwohner glaubt ihm nicht und ruft die Polizei. Zwei Streifenwagenbesatzungen rücken an. Wabl und sein Freund sollen sich ausweisen. Nur Franz L. ist dazu in der Lage, Martin Wabl hat seinen Ausweis nicht dabei. Sein Versuch, dem Beamten zu erklären, dass in Österreich keine Pflicht zum Mitführen eines Ausweises bestehe, scheitert ebenso wie sein Hinweis, dass er »als Bundesrat persönlich an der Abstimmung über das Unterbleiben einer Ausweispflicht teilgenommen hatte«. »Bei mir, do brauch'n S' an!«, sagt der Polizist trocken und nimmt Martin Wabl und dessen Freund wegen »Stören der öffentlichen Ordnung« und – im Falle Wabls – zusätzlich wegen »Lärmerregung« fest. »Kasperln« seien sie, schimpfen die beiden Festgenommenen über die Polizisten, wie der *Kurier* zwei Tage später unter der Überschrift »Präsidentschafts-Kandidat gab sich als Polizist aus« vermelden wird. In den zwei Streifenwagen werden sie getrennt voneinander ins Kommissariat Wien-Donaustadt transportiert. Dort muss Martin Wabl Uhr, Schuhe und Gürtel ablegen, dann wird er in eine

---

19 Schlachter, Metzger

Zelle gesperrt. Es dauert gerade mal fünf Minuten, bis die Zellentür wieder geöffnet wird und der Leiter des Kommissariats, in Österreich »Kommandant« genannt, eintritt. »Sind Sie der Herr Dr. Martin Wabl, Präsidentschaftskandidat und Richter?« »Ja«, antwortet der Festgenommene, »ich bin es!« Was nicht ganz stimmt, denn Kandidat will er erst noch werden. »Kommando zurück«, befiehlt der Kommandant und lässt die beiden wieder frei. Eine Polizeistreife bringt sie zum Auto zurück. Doch von weiteren Nachforschungen nehmen sie erst einmal Abstand. Sie beenden den Tag mit einer Geburtstagsfeier bei Freunden im universitätsnahen Gasthaus »Zwillingsgewölbe«. Die gesellige Runde »ließ uns das Erlebte für kurze Zeit vergessen«, notiert Martin Wabl in seinem Buch. Langfristig vergisst er den Vorfall nicht.

Vorerst kümmert er sich um seine Kandidatur für das Amt des Bundespräsidenten. Bald schon zeichnet sich ab, dass er die dafür notwendigen 6000 Unterstützungserklärungen nicht zusammenbekommen wird. Und auch seine zwei weiteren Anläufe bei den Bundespräsidentschaftswahlen 2004 und 2010 werden scheitern.

Nach dem missglückten Sprung in die Hofburg löst er erneut einen Polizeieinsatz aus, der ihn wieder in die Schlagzeilen bringen wird.

Jutta Sch. bekommt in ihrer Wohnung unerwarteten Besuch. Kripobeamte des Sicherheitsbüros wollen ein Haus durchsuchen, in dem sie und ihr Mann Natascha Kampusch gefangen halten sollen. Den Verdacht habe ein Politiker in Briefen geäußert. Laut *Kronen Zeitung* »fiel die Frau aus allen Wolken. Empört rief die Angestellte ihren Mann Günther an, der sofort wusste, wem er das zu verdanken hatte. ›Ich hab damals die Polizei gerufen, als Dr. Wabl sich bei uns in der Siedlung als Ermittler ausgab‹, erklärte der Schlosser. ›Jetzt rächt er sich, stellt uns öffentlich als Verbrecher dar, die das arme Mädchen in einem Haus, das wir gar nicht haben, für Pornofilme missbrauchen. Der Möchtegern-Detektiv soll uns in Ruhe lassen!‹ Während die Ermittler des Sicherheitsbüros Günther und Jutta Sch. versichert haben, nicht weiter gegen sie vorzugehen, ist Dr. Wabl weiter von seinen haltlosen Verdächtigungen überzeugt: ›Ich hab zwar keine Beweise, aber weiß, dass zumindest der Mann etwas mit dem Verschwinden Nataschas zu tun hat. Darum hab ich auch die Briefe an die Ministerien geschrieben und nicht aus Rache …‹«

Die öffentlich bekannt gewordene Umtriebigkeit des steirischen Grünen-Fraktionschefs Dr. Martin Wabl ist nicht ohne Folgen geblieben: Die Grünen des Bezirks Wien-Donaustadt, wo Wabl festgenommen worden ist, wenden sich in einem Schreiben vom 2. April 1998 an den Landesverband Steiermark und bitten um Aufklärung. Der Präsident des Landesgerichtes für Zivilrechtssachen in Graz legt dem Präsidenten der Richtervereinigung gar in einem Brief den Ausschluss ihres Mitglieds Martin Wabl nahe, bei dem er eine Geisteskrankheit vermutet. Darüber beschwert sich Wabl am 15. April 1998 schriftlich bei der obersten Grazer Dienstbehörde und dem Bundesjustizministerium. Und auch die Wiener Staatsanwaltschaft erhält Post von ihm: Da Brigitta Sirny zu seinem missglückten Polizisten-Auftritt befragt wurde und sich nur an einen Anruf von ihm vor dem Vorfall erinnern konnte, es laut Martin Wabl aber zwei Telefonate waren, nahm bei ihm »der Gedanke einer Mitbeteiligung der Mutter am Verschwinden von Natascha Kampusch (…) immer breiteren Raum ein«, sodass er diese Hypothese den von Amts wegen bestellten Ermittlern mitteilt. Eine Reaktion auf seine Zeilen erhält er nicht.

MITTWOCH, 18. MÄRZ 1998

Die Beamten des SB haben ihre junge Zeugin Ischtar A. wiederholt vernommen. Sie haben ihr Autoprospekte verschiedener Hersteller gezeigt und mit ihr Autohäuser abgeklappert. Doch mit jedem weiteren Tag, der vergeht, werden ihre Aussagen ungenauer und widersprüchlicher. Hinzu kommt eine schon von ihrer Lehrerin beschriebene Eigenschaft, die es den Beamten bei ihrem Bemühen, Marke und Modell des vom Täter benutzten Kleinbusses so eng wie möglich einzugrenzen, nicht gerade leicht macht. Daher vermerken sie:

»Die Umfelderhebungen um das zwölfjährige Mädchen ergaben, dass es oft zu Übertreibungen neigt. Dennoch wird der Hinweis ernst genommen.«

Vor diesem Hintergrund veranlasst das Sicherheitsbüro eine österreichweite Öffentlichkeitsfahndung, in der unter anderem folgende Suchkriterien genannt werden:

»Beschreibung dieses Autos:
Weißer Kleinbus, ähnlich einem Ford Transit, eher neuwertig, hohes Dach, dunkle hintere Seitenscheiben, dunkles einzelnes gewölbtes Heckfenster, Heckklappe, kurze schwarze Antenne auf Fahrerseite. Ob in- oder ausländisches Kennzeichen, ist unbekannt.
Personenbeschreibung:
1. Fahrzeuglenker: männlich, Näheres unbekannt.
2. Beifahrer, welcher das Mädchen ins Auto zerrte: männlich, ca. 20–40 Jahre alt, ca. 175 cm groß, schwarzes kurzes Haar, ev. mit blonden Strähnen, Näheres unbekannt.

Um Mitfahndung nach dem genannten Kleinbus wird ersucht. Weiters wird um Bekanntgabe ähnlicher Vorfälle anher ersucht.
Hinweise erbeten an das Sicherheitsbüro, Gruppe Fleischhacker.«

Eine der größten Fahndungsaktionen der Alpenrepublik läuft an. Die uniformierte Polizei überprüft bei Straßenkontrollen die Fahrer weißer Kastenwagen. In dem 2008 erstellten Bericht einer Evaluierungskommission heißt es zusammenfassend:

»Im Zuge der Ermittlungen wurden insgesamt 1520 Zulassungsbesitzer von Fahrzeugen, die aufgrund der Beschreibung der Zeugin Ischtar A. in Frage kamen, sowie 650 weitere Personen überprüft. Den weitaus überwiegenden Teil dieser (vor allem in der Anfangsphase aktuellen) Überprüfungen nahm die Gruppe Fleischhacker, die aus sechs Personen bestand, mit Unterstützung von Kriminalbeamten anderer Gruppen des SB vor.«

DIENSTAG, 24. MÄRZ 1998

Wolfgang Přiklopil hat sich bislang nicht in dem Fahndungsnetz verfangen. Er fährt einen Mercedes-Kastenwagen, keinen Ford Transit. An diesem Tag ist er ohnehin in seinem weinroten BMW-Coupé unterwegs, denn im Spital Korneuburg werden ihm am operierten Finger die Fäden gezogen.

FREITAG, 27. MÄRZ 1998

Das Wiener Sicherheitsbüro lässt nach Natascha Kampusch in der ZDF-Sendung *Aktenzeichen XY... ungelöst* fahnden, die zu der Zeit nicht nur in Deutschland, sondern auch in den angrenzenden deutschsprachigen Ländern Österreich und Schweiz ausgestrahlt wird. Keiner der Millionen Zuschauer liefert einen zielführenden Hinweis.

DIENSTAG, 31. MÄRZ 1998

Noch einmal fährt Wolfgang Přiklopil in seinem BMW zum Korneuburger Krankenhaus. Dort wird ihm der Nagel entfernt, der das abgetrennte und wieder angenähte Fingerglied bis zur jetzt erfolgten Heilung gehalten hat.

Bislang haben die Überprüfungen von Fahrern und Haltern weißer Kastenwagen nicht zu einer heißen Spur geführt. Daher dehnen die Beamten des Sicherheitsbüros die Suche nach Natascha noch einmal aus. Taucher der WEGA[20], der Donaudienst[21], Diensthundeführer und Hubschrauber werden an diesem und dem nächsten Tag sämtliche Badeteiche in Nataschas Wohnbezirk Wien-Donaustadt, den Bereich der nahegelegenen Donauinsel und die Donau bis hin zur slowakischen Staatsgrenze nach ihr absuchen.

---

20 Sondereinheit »Wiener Einsatzgruppe Alarmabteilung«, vergleichbar mit einem deutschen SEK (Spezialeinsatzkommando)
21 zuständig für wasserschutzpolizeiliche Aufgaben, seit 2005 »See- und Stromdienst«

MITTWOCH, 1. APRIL 1998

Die Großaktion der Polizei ist bislang erfolglos geblieben. Am Mittag steigen zwei Hubschrauber auf. Einer ist mit einer Wärmebildkamera zum Aufspüren von Körpern ausgerüstet. Die beiden Helikopter fliegen sämtliche Straßen ab, die vom Rennbahnweg in die umliegenden Gebiete führen. Doch auch diese Suche verläuft negativ. Das Kind bleibt verschwunden.

Das Ehepaar Helmut und Elfriede H. meldet sich bei der Polizei. Es ist zur Tatzeit mit seinem PKW in der Nähe des von Ischtar A. bezeichneten Tatortes unterwegs gewesen. Dabei ist ihm ein weißer Kastenwagen deswegen aufgefallen, weil er keine Beschriftung – zum Beispiel einen Firmennamen – trug und schwarz getönte Scheiben hatte. »Ich sagte noch zu meinem Mann, diese Scheiben sind mir unsympathisch, da man nicht sieht, wer da drinnen sitzt.« Breiter als ein VW-Bus sei das Fahrzeug gewesen, und es habe ein auswärtiges Kennzeichen gehabt, mit einem »G« als erstem Buchstaben. Daher habe sie, so Zeugin Elfriede H., gemutmaßt, »dieses Auto fährt sicher nach Gänserndorf«. Das amtliche Kennzeichen für Gänserndorf lautet »GF«. Es sei dann aber nicht nach links Richtung Gänserndorf, sondern nach rechts stadteinwärts abgebogen. Einen »Buckel«, wie von Ischtar A. beschrieben, nennt das Ehepaar als weitere Auffälligkeit nicht.

Bis heute ist nicht geklärt, ob das Ehepaar H. dem Tatfahrzeug mit Wolfgang Přiklopil am Steuer und Natascha Kampusch auf der Ladefläche begegnete, und dies wird sich wohl auch nie mehr klären lassen. Přiklopil benutzte für seinen Mercedes-Kastenwagen und seinen BMW Wechselkennzeichen mit »W« für Wien. Aber von Natascha Kampusch wissen wir, dass er ihr erzählte, für die Entführung gefälschte Kennzeichen benutzt zu haben. Er erzählte ihr viel, auch viel Unsinn, der sie beeindrucken sollte. Aber sollte er ein »GF«-Kennzeichen verwendet haben, so wäre es das für seinen zum Bezirk Gänserndorf gehörenden Wohnort Strasshof gewesen. Und dass er, wenn er es denn war, nicht unmittelbar nach der Tat in Richtung Gänserndorf – Strasshof liegt sieben Kilometer davor – fuhr, wie es das Ehepaar beobachtete, könnte sich dadurch erklären, dass er, wie Natascha Kampusch wahrnahm, »etwa 2½ Stunden mit ihr im Kreis gefahren« sei, bevor er sich dann auf den Weg nach Strasshof begab.

Přiklopils weißer Kastenwagen wird die Gemüter noch jahrelang bewegen, auch dann noch, als Natascha Kampusch schon längst die Flucht aus ihrem Martyrium gelungen ist. Dabei wird es insbesondere um die Frage gehen, ob die Zeugin Ischtar A. denselben oder einen *ähnlichen*, also zweiten, Kastenwagen gesehen hatte, nachdem Přiklopil mit einem angeblichen Komplizen davongefahren und dann noch einmal in ihr Blickfeld geraten war, wie sie behauptete.

Bei Recherchen für die ARD-Fernsehdokumentation *Natascha Kampusch – 3096 Tage Gefangenschaft* fotografierten meine Frau und ich im Januar 2009 unter anderem die Rennbahnsiedlung, Nataschas Schule, ihren Schulweg und den Tatort. Wir waren überrascht, wie viele weiße Transporter uns begegneten oder am Straßenrand parkten. Mit und ohne Beschriftung. Mit und ohne getönte Scheiben. Und das an einem Sonntag in der Mittagszeit. Wie es der Zufall wollte, stand ausgerechnet an der Stelle, wo sich Přiklopil das Kind geschnappt hatte, ein weißer, unbeschrifteter Kastenwagen. Dass Menschen, die nicht wie wir gezielt auf solche Fahrzeuge achteten, eine derartige Häufung sich ähnelnder Transporter gar nicht bemerken, ist uns dann klar geworden. Die Gefahr, in dieser dicht besiedelten Gegend mit Kreisverkehr und davon abgehenden Straßen zwei sich bewegende weiße Kastenwagen innerhalb eines kurzen Zeitabstands für ein und denselben zu halten, zumal an einem Montagmorgen mit deutlich höherem Verkehrsaufkommen, schien uns daher keineswegs abwegig zu sein.

SAMSTAG, 4. APRIL 1998

Die Beamten des Sicherheitsbüros nehmen die Aussage des Ehepaars H. ernst. Die Polizei wird bei einer so großen Medienaufmerksamkeit wie in diesem Entführungsfall mit Hinweisen aus der Bevölkerung förmlich zugeschüttet. Neben seriösen Zeugen melden sich Denunzianten, Wichtigtuer, Verrückte oder vor lauter Langeweile Detektiv spielende Rentner. Da muss man erst einmal sortieren, und das ist personal- und zeitaufwendig. Hinzu kommen Hunderte von Halterfeststellungen weißer Kastenwagen unbekannten Fabrikats. Ist der Halter ermittelt, folgt der nächste Schritt: die Überprüfung des Namens im polizeilichen Datenbestand. In dem sind alle Personen erfasst, die, wie es im Fachjargon heißt, »kriminalpolizeilich in Erscheinung getreten sind«. Und das sind erfahrungsgemäß mehr, als man sich vorstellen kann. Die bei der Datenabfrage erzielten Treffer müssen ausgewertet werden. Diebe und Betrüger kommen für die Entführung natürlich weniger in Frage als Gewalttäter, vor allem aber Sexualstraftäter. Die werden vorrangig überprüft, danach sind entsprechend ihrer jeweiligen Priorität alle anderen potenziellen Tatverdächtigen und Hinweise dran. Telefone klingeln, Computertastaturen klappern, Kaffeemaschinen zischen, Türen schlagen. Hektik. Übernächtigte Beamte mit grauer Haut und Schatten unter den Augen laufen über die Flure. Das ist die typische Atmosphäre bei Entführungsfällen, wie ich sie erlebt habe. Im Sicherheitsbüro wird es nicht anders gewesen sein.

gegen 8.00 Uhr
Major Gerhard Haimeder vom SB informiert telefonisch den Kollegen Z. von der Gendarmerie in Gänserndorf über den Hinweis des Ehepaars H. Er bittet ihn, bei den einzelnen Gendarmerieposten im Bezirk Gänserndorf nachzufragen, ob dort ein solches Fahrzeug bekannt ist. Wenn nicht, mögen die Beamten nach ihm Ausschau halten. Keinesfalls solle die Presse eingeweiht werden.

Z. greift zum Telefon und setzt um, was ihm aufgetragen wurde.

Noch am selben Tag faxt Gruppeninspektor R. vom Gendarmerieposten Deutsch-Wagram an das Bundesgendarmeriekommando (BGK)[22] Gänserndorf:

»Es wird gemeldet, dass im ho[23] Rayon[24] ein in Frage kommendes Fahrzeug abgestellt ist. Bei diesem Fahrzeug handelt es sich um einen Kleinbus der Marke Mercedes Benz 100 D, weiß

---
22 wurde im Zuge von Reformen 2005 aufgelöst
23 hierortigen
24 Revierbereich

lackiert, Kennzeichen W 814 NO. Dieses Fahrzeug ist zugelassen auf Wolfgang RIKUPIK, whft in 1220 Wien, Rugierstr. 30/6. (...) Abgestellt ist dieses Fahrzeug in 2231 Strasshof/Noe, in der Heinestraße auf Höhe Haus Nr. 60.«

Da ist er gefallen, der Name, erstmals, zwar falsch geschrieben, aber durch alle weiteren Adressangaben mühelos identifizierbar: Wolfgang Přiklopil. Gendarm R. und Nataschas Entführer trennen nur gut sechs Kilometer voneinander. Ein PKW bräuchte für diese Distanz acht Minuten, ein Streifenwagen mit Blaulicht und Signalhorn vielleicht nur fünf. Aber die rechtliche Grundlage für eine Festnahme ist in diesem Moment nicht gegeben. Přiklopil ist noch nicht einmal ein Verdächtiger. Er ist, offiziell, ein Unschuldiger, der ein Auto fährt wie viele andere auch. Es ähnelt nur dem, das ein Ehepaar morgens kurz an einer Kreuzung gesehen hat. Das ist dann auch schon alles.

SONNTAG, 5. APRIL 1998

Das BGK Gänserndorf leitet das Fax von Gruppeninspektor R. an die »Gruppe Fleischhacker« vom Wiener Sicherheitsbüro weiter. Dort kümmern sich die Kriminalbeamten Sch. und H. um den Hinweis auf Wolfgang Přiklopil.

14.00 Uhr
Ischtar A. trifft mit ihrem Vater im Sicherheitsbüro ein. Dort erwartet sie Bezirksinspektor Thomas F. von der »Gruppe Fleischhacker«, der die Zeugin schon einige Male befragt und vernommen hat. Noch einmal legt er ihr Prospekte verschiedener Marken von Kleinbussen und Transportern vor, darunter auch den des Ford Transit, den sie bisher immer eindeutig als Tatfahrzeug identifiziert hat. Doch diesmal schließt sie ihn aus. F. notiert daraufhin:

»Da diese Vorlage offensichtlich nicht erfolgversprechend erschien und A. Ischtar plötzlich eine stark divergierende Kfz-Beschreibung abgab bzw. kein in den Prospekten vorgelegtes Kfz identifizieren konnte (inklusive Ford Transit!!), wurde nach Beendigung der Prospektvorlagen vereinbart, mit A. Ischtar im Beisein ihres Vaters mittels Dienst-Kfz diverse Kfz-Händler nochmals abzufahren und dabei die Kfz nochmals in natura zu besichtigen. Dabei wurden dann auf der Straße zufällig abgestellte Kfz im Bereich des 21. und 22. Bezirk durch Anhalten und Begutachten in die Suche miteinbezogen ...«

Ischtar zeigt auf einen Mercedes 208 Sprint, kurz danach soll er es dann doch nicht gewesen sein. Ähnlich verhält es sich mit Modellen der Marken Fiat, VW und Ford. Daraufhin vermerkt Bezirksinspektor F.:

»Zu diesem Zeitpunkt war eindeutig feststellbar, dass A. Ischtar das von ihr gesehene Kfz bereits mit anderen Kfz verwechselt und ihr die genauen Details nicht mehr erinnerlich sind und eine weitere Suche bzw. Vorlage nicht mehr zielführend ist. Auch teilte ihr Vater Gefertigtem mit, dass sie stark in der Schule nachgelassen habe und viele Autos anschaue, um das von ihr gesehene wiederzufinden, wobei sich offensichtlich ihre Erinnerung mit den nachträglich von anderen Kfz gesehenen Kfz bereits stark vermischt habe. (...) Daher erscheint es sinnvoll, A. Ischtar zu diesbezüglichen Versuchen bzw. Erhebungen heranzuziehen, wenn ein wirklich auf die bisherige Beschreibung passendes Kfz gefunden wird. (...) Abschließend wird angemerkt, dass es zielführend scheint, auf die Erstaussagen bzw. Beschreibung des Kfz in den Erstaussagen der A. Ischtar Bedacht zu nehmen, wo sie das Kfz Ford Transit drei Mal in verschiedenen Ausführungen bzw. im Prospekt jederzeit eindeutig und ohne Zögern identifiziert hatte, und somit die Erhebungen aufgrund des bisherigen Wissensstandes auf Kfz der Marke Ford Transit und diesem ähnlicher Bauartmodelle anderer Marken zu spezifizieren.«

18.15 Uhr
In einem Dienstwagen des Sicherheitsbüros werden Ischtar A. und ihr Vater nach Hause gebracht. Damit endet vorerst diese Ermittlung.

Als Gruppenleiter des Landesfahndungskommandos Hamburg wurde ich mit meinen Kollegen oft zu Banken gerufen, die gerade überfallen worden waren. Ein Außenstehender wird kaum nachvollziehen können, wie unterschiedlich die Täterbeschreibungen der noch unter Schock stehenden Angestellten ausfielen. »Er trug Jeans.« »Nein, er hatte eine dunkelblaue Anzughose an.« »Das T-Shirt war grün mit einer Aufschrift auf der Brust.« »Der Aufdruck war auf der Rückseite.« So oder ähnlich lauteten oft die Aussagen von Menschen, die denselben Vorgang gesehen hatten. Selbst Polizisten, also professionelle Beobachter, wie man meinen könnte, schilderten manches Mal Vorgänge objektiv falsch, wie sich erst durch die spätere Verifikation ergab. Aus dieser Erfahrung heraus kann ich nur davor warnen, jedes Beschreibungsdetail eines Zeugen auf die Goldwaage zu legen – es sei denn, er kann schlüssig erklären, warum sich ihm bestimmte Wahrnehmungen nachhaltig eingeprägt haben.

Eine weitere Erfahrung ist auch – und dies bestätigt indirekt Bezirksinspektor Thomas F. am Ende seines Berichts –, dass der Wert einer Zeugenaussage unmittelbar nach einem Geschehen dennoch immer noch deutlich höher einzustufen ist als Tage, Wochen oder gar Jahre später. Es ist keine Seltenheit, dass Zeugen, die nach langer Zeit wieder zum selben Vorgang vernommen werden, ihre ursprüngliche Aussage plötzlich präzisieren und um weitere Einzelheiten ergänzen. Da verdreht die Fantasie Unsicherheit in Gewissheit, lässt Bilder entstehen, die unbewusst eine Erinnerungslücke schließen sollen – nur stimmen sie nicht. Vorsicht ist also geboten.

Im Fall von Ischtar A. muss man sich ihre Aufregung vorstellen, ihre Ängste, womöglich selbst in die Hände des Verbrechers zu fallen, als sie die Entführung von Natascha Kampusch mitbekam. Wie naiv und unprofessionell, dazu auch gefühllos muss es daher sein, die erwachsene Ischtar A. nach über elf Jahren noch auf die exakte Wiedergabe eines geradezu traumatischen Erlebnisses als Kind festnageln zu wollen. Genau so aber wird es kommen.

MONTAG, 6. APRIL 1998

Die Kriminalbeamten Sch. und H. vom Sicherheitsbüro, die auf Wolfgang Přiklopil angesetzt wurden, haben »auf Grund der Faxnachricht des Gend.-Posten Deutsch Wagram, Kollegen R., vom 4.4.1998 (...) umfangreiche Erhebungen durchgeführt«. Dabei haben sie auf Anhieb erkannt, dass der »Zulassungsbesitzer fälschlicher Weise als RIKUPIK angeführt« wurde, es sich tatsächlich aber »um PŘIKLOPIL Wolfgang, derzeit o.B^{25}., 14.5.1962 geb.« handelt. Die Beamten haben dann vermutlich noch eine Überprüfung abgeschlossen, die zum Standardprogramm eines jeden Kriminalisten gehört: Sie werden seinen Namen in die polizeiliche Informationssammlung eingegeben haben. Ein Eintrag, dass er mit seinem Gewehr[26] auf Vögel schoss und deswegen 1992 von einem pensionierten Polizeibeamten angezeigt wurde, hat in dieser Sammlung entweder gefehlt oder ist von den Ermittlern im Zusammenhang mit der möglichen Kindesentführung als bedeutungslos eingestuft worden. Ebenso muss es sich mit einer Anzeige verhalten haben, die er sich einhandelte, weil er mit dem Auto rücksichtslos durch die Wohnsiedlung gerast war. Gemessen an dem Verbrechenstatbestand handelte es sich also um zwei läppische Delikte, die, selbst wenn sie in dem kriminalpolizeilichen Datenbestand enthalten gewesen sein sollten, nichts daran geändert hätten, in dem Überprüften an diesem Morgen ein unbeschriebenes Blatt zu sehen.

Die Aktenlage »Přiklopil« ist mau, die Spur daher wenig vielversprechend. Die Kaltschnäuzigkeit und Risikobereitschaft, die ein Mensch bei der Entführung eines Kindes aufbringen muss, setzt eine hohe kriminelle Energie voraus, über die in der Regel eher ein triebgesteuerter, hafterprobter Sexualstraftäter verfügt als der unbescholtene, nette Nachbar von nebenan. Aber keine Regel ohne Ausnahme. Als Journalist habe ich den Fall eines dreifachen Frauenmörders recherchiert. Er war ein guter Sohn, ein liebevoller Familienvater und bei der Polizei völlig unbekannt. Er war der freundliche und hilfsbereite Nachbar. Die dunkle und böse Seite in ihm blieb unsichtbar.

Das wissen sicher auch die beiden Beamten vom Sicherheitsbüro, die sich auf den Weg nach Strasshof machen. Zu Wolfgang Přiklopil. Dem unauffälligen schmächtigen Mann mit den blauen Augen.

Der 35-Jährige ist zu Hause. Sein weißer Mercedes 100 D-L parkt vor der Tür. Wie die Überprüfung ablief, halten die Beamten Sch. und H. später in einem Bericht fest, Zahl[27]: II-2641/SB/98:

---

25 vermutlich: »ohne Beruf«
26 Die Polizei fand nach Přiklopils Tod in dessen Schlafzimmer ein Kleinkalibergewehr mit optischer Visiereinrichtung, Marke GSM Mauser Kal. 22LR.
27 Aktenzeichen

»Přiklopil wurde der Grund der Überprüfung mitgeteilt und gab er an, daß er, als er in den Medien hörte, daß ein weißer Kastenwagen mit der Abgängigkeit der Kampusch in Zusammenhang gebracht wird, daß er bereits mit einer Überprüfung gerechnet hat.
Er gab an, am 2.3.1998, den ganzen Tag über zu Hause gewesen zu sein. Er war alleine und kann er daher kein bestätigtes Alibi anbieten. Von Přiklopil wurde der Mercedes aufgesperrt und wird dieses Fahrzeug von ihm als ›Baufahrzeug‹ verwendet. In besagtem Fahrzeug konnten zwei Plastiksäcke mit Bauschutt vorgefunden werden. Sonst waren in dem Fahrzeug keinerlei Gegenstände, welche mit der Abgängigkeit der Natascha Kampusch in irgendeiner Form in Verbindung gebracht werden könnten.
Přiklopil erlaubte auch, daß einige[28] Polaroidfotos von seinem Fahrzeug angefertigt werden, da er mit der Abgängigkeit der Natascha K. sicher nichts zu tun hat.«

Wolfgang Přiklopil überrascht. Im Nachhinein. Er hat nicht gestammelt, sich nicht verhaspelt, trotz seiner Scheu vor dem Dialog mit Fremden ausgerechnet zwei Kriminalbeamten brav Auskunft gegeben. Und dabei nicht den leisesten Verdacht erregt. Die Polizisten Sch. und H. werden über ihre Begegnung mit ihm zehn Jahre später vor einer Untersuchungskommission noch einmal bekunden, »Wolfgang Přiklopil sei völlig unauffällig und nicht nervös gewesen. Er habe seinen Kastenwagen bereitwillig geöffnet, darin sei Bauschutt gelagert gewesen. Er habe geäußert, dass er gerade umbaue.«
Es muss für Přiklopil ein ungeheuerlicher Triumph gewesen sein, die Ermittler vom Sicherheitsbüro hinters Licht geführt zu haben. Als ihn später sein Freund Ernst H. im Beisein des gemeinsamen Freundes Rudolf H. fragt, ob er als Besitzer eines weißen Kastenwagens wegen des entführten Mädchens auch von der Polizei überprüft worden sei, trumpfte Přiklopil laut Aussage beider Zeugen auf, »dass die ›Bullen‹ sowieso Stocktrotteln seien, wenn man ihnen eine intelligente Erklärung geben könne, könne man ohnehin alles machen«.
Sind Sch. und H. »Stocktrotteln« gewesen? Nein. Sie haben getan, was sie tun mussten. Und durften. Denn für eine Hausdurchsuchung hätte ihnen die Berechtigung gefehlt. Gefahr im Verzuge bestand nicht. Und der Antrag auf Erlass eines richterlichen Durchsuchungsbeschlusses, den sie ohnehin erst mit erheblicher zeitlicher Verzögerung hätten vollstrecken können, wäre abgelehnt worden – womit hätten sie ihn begründen wollen? Dass jemand in einem Haus allein wohnt, nicht in einer Beziehung lebt, wenige Außenkontakte unterhält und somit keinen Alibizeugen für den frühen Morgen des 2. März 1998 hat, kann ihm wohl kaum ernsthaft angelastet werden.
Eine Möglichkeit allerdings hätten die Beamten nutzen können: Sie hätten Wolfgang Přiklopil fragen können, ob er mit einer Durchsuchung seines Hauses und Grundstücks ein-

---

28 vier

verstanden sei, freiwillig. Ich bin mir sicher, er hätte zugestimmt. Angeblich soll er es sogar von sich aus angeboten haben. Denn was hätte er zu befürchten gehabt? Nichts.

Ich kenne inzwischen jeden Winkel des Anwesens, innen wie außen, habe mich mehrmals in das Verlies gezwängt und frage mich, ob die Beamten den Hauch einer Chance gehabt hätten, Natascha Kampusch zu finden.

Ich versuche, mich in ihre Lage zu versetzen, und stelle mir Folgendes vor:

Wolfgang Přiklopil ist mit der Durchsuchung einverstanden. Mein Kollege und ich gehen mit ihm zur Eingangstür. Dort springt uns wahrscheinlich eine rechteckige Türsicherungsanlage ins Auge, die links von der Tür ins Mauerwerk eingelassen ist. Sie hat zehn unbeschriftete grüne Tasten, zwei gelbe mit den Aufschriften »LT 1« und »LT 2«, eine blaue »CL« und eine rote »OK«, dazu oben links ein Kontrolllämpchen. Přiklopil öffnet die Tür. Außer dem Schloss hat sie vier Zargen. So sieht eine Sicherheitstür aus. Vorbildlich, würde ich wohl denken. Přiklopil führt uns durchs Haus. Überall sind die Jalousien so weit heruntergelassen, dass durch die Ritzen das Tageslicht schimmert und die dunklen Räume matt besprenkelt. Warum sie am helllichten Tage unten sind, würde mein Kollege ihn vielleicht fragen. Ich bin mir sicher, Přiklopil hätte eine Erklärung dafür parat. Sonnenbedingter Wärmestau. Lichtempfindlichkeit der Augen. Oder so ähnlich. Würde das Verdacht erregen? Nein. Wir werfen einen Blick in die Küche. Ein Esstisch mit vier Stühlen. Rechts daneben, an der Wand, eine Fototapete mit einem Birkenwald. In den vorderen Stamm ist die hölzerne Ziehharmonikahalterung einer stoffbezogenen Lampe verschraubt. Alles ist tipptopp sauber und aufgeräumt. Keine Gabel liegt herum. Kein benutztes Geschirr stapelt sich in der Spüle. Es ist sauber. Ordentlich. Spießig. Im Wohnzimmer eine schwere dunkelbraune Ledersitzgarnitur, dunkle Bücherwände, düstere Bilder. Auf dem Kamin ein Zinnsoldat. Da ich mich immer dafür interessiere, was die Menschen so lesen, wird mein Blick sicher über die Bücherreihen wandern. Agatha Christie, *Es riecht nach Mord, Miss Marple*. *Die Besucherin*. *Flug ins Ungewisse*. *Die Tage der Erben*. Ganghofers *Waldrausch*. Dazwischen deutschsprachige Ausgaben von *Reader's Digest* und das *Neue Testament*. Přiklopil zeigt uns seine Hausbar, hölzern-rustikal, an der Wand ein Tierfell, daneben Zinnteller. Oben, im ersten Stock, Arbeitsräume mit dem für Elektrotechniker typischen Werkzeug. Metallregale mit transparenten Plastikschubfächern für Kleinteile, exakt vom Hausherrn beschriftet: »Heißleiter Kaltleiter«, »Dioden«, »C« für »Condensatoren«. Drei Schlafzimmer. Für ihn, die Mutter, die Oma. Neben einem Bett liegt ein Büchlein, *Augenblicke des Glücks*. »Meine Mutter liest das«, wird er mir vielleicht erklären, weil er meinen Blick bemerkt hat. Noch weiter nach oben geht es. Ein Dachboden mit herausklappbarer Treppe. Wir steigen wieder hinab, folgen ihm in die Kellerräume. In einem findet sich ein schmaler, tiefer Brunnenschacht mit einer Steigleiter. Unten, nicht mehr sichtbar, das Grundwasser. Dass er für eine Reparatur Natascha Kampusch dort hinabsteigen lassen wird, nur mit einem Höschen bekleidet, weiß er in diesem Moment, nur einen guten Monat nach ihrer Entführung, sicher noch nicht. Todesängste wird sie ausstehen. Ein kleiner Fehltritt, und sie würde ins Wasser stürzen. Niemand könnte sie dann retten, denn es ist zu eng in dem Schacht. Přiklopil wird die Situation auskosten und ihr durch sein Lachen zeigen, wie sehr ihn ihre Ängste amüsieren.

In einem Flur, neben einer Waschmaschine, ein DIN-A4-Blatt, mit vier Klebestreifen an der Wand befestigt, darauf die, vermutlich von der Mutter, in feinsäuberlicher Schrift geschriebene Anleitung für das »VORHÄNGE WASCHEN«: »Programm 8 Feinwäsche 30°« und »nur kurz schleudern (30 sec)«. Wir drehen eine Runde durch den Garten. Ein Swimmingpool, oho! Auf der Terrasse eine Hollywoodschaukel. Vielleicht wird Přiklopil versuchen, uns die Normalität seiner Welt vorzugaukeln, indem er auf die Schaukel deutet und erklärt, dass darin »die Mama und die Oma« sitzen, wenn sie ihn besuchen. Dass sie ihn Wochenende für Wochenende besuchen und »die Mama« regelmäßig ihren Urlaub bei ihm verbringt. Dass er kein eigenes Girokonto unterhält, sondern seinen Zahlungsverkehr über das Konto »der Mama« abwickelt, wird er uns wahrscheinlich nicht erzählen, wir könnten ihn für ein Muttersöhnchen halten, und das wird er ganz sicher nicht wollen. Ob er zu diesem Zeitpunkt schon einmal mit dem Gedanken gespielt hat, in einem halben bis Dreivierteljahr Natascha Kampusch gelegentlich nach oben zu sich zu holen? Mit der Konsequenz, sie bei jedem Urlaubs- und Wochenendbesuch von Mutter und Großmutter wieder in ihrem Verlies wegsperren zu müssen?

Wo waren wir noch nicht? Ach ja, in der Garage. Da wir im Garten sind, betreten wir sie von dort aus. Wir hätten auch über eine Verbindungstür vom Flur des Erdgeschosses in die Garage gelangen können. Überall hängt und steht Werkzeug für das Reparieren von Autos. Längsseitig sind Bretter im Boden verlegt. »Die Montagegrube?«, frage ich. Přiklopil nickt. Mein Kollege bittet ihn, einige Bretter wegzunehmen, damit wir in die Grube hineinschauen können. Er streift sich Arbeitshandschuhe über, deckt die Bretter ab, und was sehen wir? Eine Montagegrube. »Okay«, sagt der Kollege, zeigt auf quer verlegte Bretter vor der Tür zum Erdgeschossbereich und fragt: »Und was ist da drunter?« »Ein Keller«, antwortet Přiklopil. Ich bin erstaunt: »Noch einer?« »Ja«, bestätigt er. »Dürfen wir den auch einmal anschauen?« Ich tippe darauf, dass er die Bitte nicht bejaht hätte. Er hätte »selbstverständlich« gesagt, eine kleine, aber feine Irreführung. Denn die Selbstverständlichkeit liegt nun mal in der Normalität, nicht in der Hölle. Und von der sind wir jetzt nur noch wenige Schritte entfernt. Přiklopil hebt vier der insgesamt zwölf Bretter an. Sie sind auf der Unterseite durch zwei Streben zu einem Viererblock zusammengehalten. Er legt ihn zur Seite, die Lücke reicht für den Einstieg. Er dreht an einem Lichtschalter. Licht flammt auf. Er steigt vor uns in den Keller hinab. Wir folgen ihm. Ich zähle neun steinerne, mit einem grauen Schutzanstrich überzogene Stufen. Auf ihnen wird Natascha Kampusch zu Fall kommen und sich den Kopf aufschlagen. Přiklopil wird fluchen, angewidert das Blut betrachten. Und die Treppe neu streichen. Es könnte ja die Polizei kommen.

Ich habe die letzte Stufe genommen und wende mich nach links. Tatsächlich, ein klassischer Kellerraum. Borde mit Putzmitteln, Farben, Werkzeug. Ein halbhoher Schrank. Davor Reifen. Es riecht nach Teer. Irgendetwas wird er abgedichtet haben, sage ich mir. Der Mann ist Perfektionist. Ein Gefühl der Bewunderung für ihn steigt in mir hoch, denn alles Handwerkliche ist mir fremd. Mein Kollege bittet Přiklopil, die Reifen zur Seite zu rollen. Ich frage mich, was das soll. Na gut, der Kollege ist pingelig. Er öffnet den Schrank. Dosen, Flaschen, Lappen. Was sonst? Oder hat er darin etwa Natascha Kampusch vermutet? Na schön, jetzt reitet *mich* der Teufel. Ich will es genau wissen, noch genauer als mein Kollege. Denn ich habe bemerkt, dass der Schrank in die verflieste Nische eingehängt ist. Warum das? Verbirgt sich dahinter ein dunkles Geheimnis? Přiklopil hängt den Schrank aus, wir helfen ihm dabei, stellen ihn gemeinsam an die Seite. Und in diesem Moment keimt in mir klammheimliche Freude auf, denn was sehen meine Augen? Einen Tresor. Ganz schön pfiffig, der Bursche, denke ich. Aber nicht pfiffiger als ich. Denn ich bin ihm auf die Schliche gekommen. Allerdings, so muss ich mir eingestehen und damit meiner Schlaumeierei einen Dämpfer verpassen: Wir suchen nach einem entführten Kind und nicht wie Einbrecher nach Geld, Schmuck, wertvollen Uhren. Bevor ich etwas sagen kann, hat mein Kollege Přiklopil bereits aufgefordert, den Tresor zu öffnen. Přiklopil verschwindet, kehrt kurz darauf mit einem Schlüssel zurück, schließt auf. Er bleibt stumm, mag vielleicht beobachten, wie mein Kollege und ich auf die im stählernen Gehäuse deponierten Sparbücher, das Bargeld und den Schmuck starren. Es ist gut möglich, dass wir dabei den Eindruck von Kindern erwecken, die genau wissen, dass hinter der Tür, vor der sie warten, ein Tannenbaum steht, und wenn die Tür dann aufgeht, völlig von Sinnen sind, weil dort tatsächlich einer steht. Aber Vorsicht, er soll sich nicht zu früh freuen. Ich schaue mir den Tresor genauer an. Und entdecke im oberen Drittel der rechten und linken Seite mittig Durchbohrungen, durch die der Tresor mit dem Mauerwerk verschraubt ist.

Dahinter kann nun nichts mehr sein. Da bin ich mir ganz sicher. Denn welcher Täter würde jedes Mal die Schrauben entfernen und den schweren Tresor herausheben, um zu seinem Opfer zu gelangen?

Wolfgang Přiklopil hat es getan. Immer wieder und immer wieder. Unzählige Male. Achteinhalb Jahre lang. Eine Stunde hat es gedauert, bis er sich den Zugang zu Natascha Kampusch verschafft hat. Und nochmal eine Stunde, wenn er gehen wollte.

Er musste, nachdem er Reifen und Schrank beiseitegeschoben hatte, die beiden Schrauben im Inneren des Tresors lösen und sie danach wieder hineindrehen. Vom ständigen Drehen seien sie »abgenutzt« gewesen, erzählte uns Ernst H., der sich das Verlies nach Freigabe durch die Polizei angeschaut hatte. Wie die Tatortbeamten feststellten, handelte es sich »um einen leichteren Möbeltresor mit ca. 50–80 kg«. Darunter »hätten sich eine Blechtasse und ein Aufwaschfetzen[29] befunden. Dadurch wäre man auch mit einer Hand in der Lage gewesen, den Tresor zu bewegen. Zudem sei eine Führungsschiene vorhanden gewesen, die das Bewegen des Tresors erleichtert habe«, heißt es in einem Bericht der Staatsanwaltschaft Innsbruck, die später in diesem Fall noch einmal ermitteln sollte. Das muss ganz am Anfang anders gewesen sein. Nach Beobachtung von Natascha Kampusch steckte er »eine Stange (...) in eine andere Stange« und verschob den Tresor »unter Ausnützung der Hebelwirkung«. So vollzog es die Polizei später vor Ort nach. Bei einer solchen Aktion trennte sich Přiklopil am zweiten Tag der Entführung das Fingerglied ab.

Der Tresor war draußen. Das »Schlupfloch«, wie die Polizei es nannte, entsprach den Maßen des Tresors: 68,5 Zentimeter hoch und 48,5 Zentimeter breit. Kein Millimeter mehr. Die Dicke der Mauer vermaß die Polizei mit 47,5 Zentimetern.

Noch war es kein »Schlupfloch«. Denn die Möglichkeit zum Schlüpfen war durch eine, nach Schätzung der Polizei, etwa 150 Kilogramm schwere Eisen-Beton-Tür versperrt. Es roch nach frischem Teer, den Přiklopil regelmäßig im Inneren verteilte und damit jede Ritze abdichtete.

Rechts vom »Schlupfloch« befand sich eine Steckdose, daneben eine Durchbohrung des Mauerwerks. Dort hinein steckte er eine Gewindestange und löste den Sperrmechanismus im, von außen betrachtet, mit Klebebändern umwickelten rechten Eisen-Beton-»Arm« der Tür. Er drückte sie nun auf, aber wegen ihrer Dicke stieß sie innen links gegen die Wand und gab nur einen schmalen Spalt frei. Ich nehme an, dass er sich mit den Füßen voran durch das »Schlupfloch« gleiten ließ, über zwei 41 Zentimeter breite Stufen im Inneren hinweg. So jedenfalls ist mir später der Einstieg ins Verlies gelungen.

Er stand in dem 90 Zentimeter schmalen Vorraum, wandte sich nach rechts und hatte die erste mit Dämmstoff gefüllte Holztür vor sich, entriegelte sie, sperrte danach die zweite schallisolierte Holztür auf, machte einen Schritt über die 50 Zentimeter hohe Stufe hinweg nach unten – und war am Ziel angelangt: Natascha Kampuschs Zelle, 278 Zentimeter lang, 181 Zentimeter breit, 237 Zentimeter hoch.

Vielfach wurde öffentlich die Frage aufgeworfen, ob man sie nicht hätte finden können, wenn die beiden Beamten des Sicherheitsbüros Spürhunde der Polizei angefordert und sie im Haus hätten nach ihr suchen lassen. Abgesehen von der Rechtslage, die auch hier die Einwilligung von Přiklopil erfordert hätte, wäre der Einsatz der Hunde erfolglos geblieben. Das geht aus dem Bericht der Innsbrucker Staatsanwaltschaft hervor:

»Nach dem Freikommen von Natascha K. im Jahr 2006 wurden durch Beamte des Bundeskriminalamtes Versuche mit Diensthunden durchgeführt. Die im Verlies zu Testzwecken befindlichen Personen konnten dabei nicht aufgefunden werden.«

---

29 Bodenlappen

Und in dem Bericht einer 2012 eingesetzten weiteren Evaluierungskommission heißt es dazu ergänzend:

»Auch die Angaben der Tatortermittler (nach der Flucht von Natascha K.) bestätigten dies mit der Aussage: ›Ohne Nataschas exakte Angaben hätten wir das Verlies niemals gefunden, nicht einmal bei einer Hausdurchsuchung. Wir hätten den Tresor gefunden und aufgemacht. Aber dass dahinter noch etwas ist, wer kann das ahnen?‹«

Zurück zu meinem fiktiven Kollegen und mir. Wir beenden die Durchsuchung des Hauses mit einem guten Gefühl: Hier ist Natascha Kampusch nicht versteckt. Mit Sicherheit nicht. Wir entschuldigen uns bei Wolfgang Přiklopil für die Störung, bedanken uns, dass er uns ohne großes Aufhebens den Zugang zu jedem Winkel seines Hauses verschafft hat. Wir verabschieden uns in der Gewissheit, dass wir mit größter Sorgfalt die »Spur Přiklopil« abgearbeitet haben. Und bestimmt nicht mehr in die Heinestraße 60 im niederösterreichischen Strasshof zurückkehren werden.

Im Weggehen drehe ich mich noch einmal zu Wolfgang Přiklopil um. Bin für den Bruchteil einer Sekunde irritiert. Habe ich da etwa ein Blitzen in seinen Augen gesehen? Weil er jetzt weiß, dass er uns überlistet hat? Ach was, das habe ich mir nur eingebildet.

SAMSTAG, 11. APRIL 1998

Der Tag beginnt mit einem Paukenschlag. Sex-Fotos von Natascha Kampusch seien aufgetaucht, gefunden bei der Mutter, berichten die Zeitungen. Ist dies die Wende im Fall?

Was geschehen ist, erfahren wir 2009 während unserer Recherchen für die ARD-Fernsehdokumentation von Brigitta Sirny selbst.

In den ersten Wochen nach Nataschas Verschwinden war sie wie betäubt. Schlief kaum, hielt sich mit Kaffee wach und rauchte Unmengen an Zigaretten. Sie versorgte die Presse mit Fotos von Natascha, immer in der Hoffnung, dass sich nach den Veröffentlichungen Leser mit Hinweisen auf ihre Tochter melden würden. Aus dem gleichen Grund ließ sie auch einen Redakteur des österreichischen Magazins *News* in ihre Wohnung. Sie schleppte Kartons mit Familienfotos an, aus denen er sich geeignete Fotos für seinen Artikel heraussuchen sollte. Zwischendurch ging sie in die Küche und kochte für sich und ihren Gast Kaffee. Als der ging, fehlten zusätzlich zu den Fotos, die er mitnehmen wollte, zwei Bilder. Es waren die vermeintlichen Sex-Fotos. Dass der Mann von *News* sie ihr entwendet hatte, erfuhr sie erst später aus der Presse. Bis dahin hatte sie den Verlust nicht bemerkt.

Was waren das für Fotos?

Wir haben eines davon gesehen. Die etwa drei- bis vierjährige Natascha trägt ein Leibchen, das ihr bis zur Hüfte hinunterreicht. Ihre dünnen Beine stecken in zwei Erwachsenen-Reitstiefeln. Beide Hände umklammern eine Reitgerte. Zwischen ihren Beinen am Boden liegt ein kleines Stoffpferd, das vielleicht 20 Zentimeter hoch ist.

Wie uns Brigitta Sirny erklärte, sei das Foto so entstanden: Ihre erwachsene Tochter Claudia sei vom Reiten nach Hause gekommen und hätte Reitstiefel und Reitgerte abgelegt. Natascha, die auf dem Weg ins Bett gewesen war, sei in die Stiefel geschlüpft und hätte sich die Gerte geschnappt. Das sei typisch für sie gewesen – wie wohl für viele andere Kinder in dem Alter auch. Sie hätte schon damals einen Hang zum Schauspielern und Verkleiden gehabt.

Dass sie künstlerische Neigungen und auch Begabungen hat, wissen wir, seitdem wir Natascha Kampusch kennen. Sie hat Talent zum Malen, davon konnten wir uns mehrfach überzeugen. Im Büro ihrer Medienberater sang sie uns mindestens eine halbe Stunde lang Songs der Beatles, von Abba und Wolfgang Ambros[30] vor, mit denen sie sich im Verlies Momente minimaler Lebensfreude verschafft hatte. Als wir in Strasshof in Přiklopils Haus drehten, saß sie mit meiner Frau, einer Österreicherin, im Team-Bus und sang mit ihr Lieder von Georg Danzer[31]. Ich kam hinzu, und sie fragte mich, ob ich den Stefan-Raab-Hit »Maschen-Draht-Zaun« kennen würde, den hätte sie während ihrer Gefangenschaft oft im

---

30 österreichischer Liedermacher, Rock- und Popsänger, Begründer des Austropop
31 2007 verstorbener österreichischer Liedermacher und Pionier des Austropop

Radio gehört. Ich bejahte und wollte nun wissen, wieso sie mich das fragte. In dem Song, so erklärte sie mir, werde das Wort »Maschendrahtzaun« von einer Frau[32] in einem Dialekt gesprochen. Was es damit auf sich hätte. So gut ich mich erinnern konnte, schilderte ich Natascha Kampusch die Hintergründe für den Song[33]. Ich dachte, damit wäre der Fall erledigt. War er nicht. Denn in erster Linie ging es ihr um die korrekte sächsische Aussprache von »Maschendrahtzaun« – nicht so einfach für eine Wienerin. So begann eine Kurzbeschulung, an der Loriot seine Freude gehabt hätte. Lektion eins: »Maschen mit leichtem ›O‹ im ›A‹ und ›sch‹, ausgesprochen wie das ›G‹ in ›Gelee‹. Sprechen Sie mir nach ...« Lektion zwei: »Nicht ›Draht‹, sondern ›Traad‹ und auch hier wieder kleine ›Os‹ in den ›As‹. Und jetzt Sie!« Lektion drei: »Zaa-un. Und nun im ganzen Satz: Maschen-Traad-Zaa-un!« Es dauerte keine fünf Minuten, bis sie das Wort in tiefstem Sächsisch aussprach.

Natascha Kampuschs Halbschwester Claudia bestätigte uns später die Entstehungsgeschichte des Fotos mit den Reitstiefeln. Ähnlich hätte es sich auch mit dem zweiten Foto verhalten, wie sie und Brigitta Sirny uns übereinstimmend berichteten. Vor dem Schlafengehen hätte sich Natascha die Fuchsstola ihrer Mutter über den nackten Körper gehängt, eine Pelzkappe aufgesetzt und damit aufs Bett geworfen. Sie, Claudia, hätte die Situation so komisch gefunden, dass sie zum Fotoapparat gegriffen und ihre kleine Halbschwester fotografiert hätte.

In der Presse war jedoch die Rede von einer »Federboa« und »gespreizten Beinen«. Einer der Kriminalbeamten, der beide Fotos gesehen hatte, ist der mittlerweile pensionierte Chefinspektor Johann Frühstück. Er ermittelte im Entführungsfall Natascha Kampusch vom 18. Juli 2002 bis zum 28. September 2006, dem Tag als das Verfahren gegen Wolfgang Přiklopil »wegen Todes« durch die Staatsanwaltschaft eingestellt wurde. Er versicherte uns, dass diese Darstellung unsinnig wäre. Die Angaben von Frau Sirny und ihrer erwachsenen Tochter wären korrekt: Es wäre keine Federboa gewesen, und Nataschas Beine wären auch nicht gespreizt gewesen. Der Vater dreier erwachsener Töchter sagte uns schmunzelnd: »In ähnlicher Situation hätten wohl auch andere Eltern zum Fotoapparat gegriffen.«

Das sah der frühere Chef des Wiener Sicherheitsbüros Maximilian Edelbacher ganz anders. In einem Interview[34] mit dem Schweizer Online-Nachrichtendienst 20minuten.ch, das am 28. November 2006 unter der Schlagzeile »Wer fotografiert seine Tochter nackt mit einer Peitsche?« erschien, erinnerte er sich unter anderem so:

»Wir waren nicht sehr glücklich mit den Eltern von Natascha. Der Vater gab sich dem Alkohol hin, die Mutter ständig wechselnden Männern. Sie kamen uns seltsam vor.

---

32 Regina Zindler
33 In einer Fernseh-Gerichtsshow wurde ein echter Nachbarschaftsstreit verhandelt, in dem es um einen Maschendrahtzaun ging. Das dabei mehrfach in sächsischer Mundart gefallene Wort griff Stefan Raab auf und verarbeitete es zu einem Song, der im Dezember 1999 veröffentlicht wurde.
34 geführt von Hansi Voigt

DIE CHRONOLOGIE DES ENTFÜHRUNGSFALLS | 59

Woher kam dieses Misstrauen?
Das Misstrauen wurde noch größer, nachdem diese Fotos aufgetaucht waren. Die Bilder von Natascha Kampusch zeigten eindeutig sexuelle Auffälligkeiten. Natascha war darauf in ›Baby-Doll‹-Posen zu sehen.
Können Sie die Bilder genauer beschreiben?
Auf einem Bild war sie fast nackt, lediglich mit Stiefeln, Reitgerte und einem kurzen Top bekleidet, das ihr nur bis zum Bauchnabel reichte. Auf einem anderen lag sie ebenfalls nackt in einer falschen Pelzstola eingewickelt auf einem Bett.
Was dachten Sie, als Sie die Bilder sahen?
Wir fragten uns natürlich sofort, welche Eltern fotografieren ihr zehnjähriges[35] Kind in solchen Posen, nackt mit einer Reitpeitsche.
Was hatte die Familie für eine Erklärung?
Die Bilder seien aus Jux entstanden, erklärten die Kampuschs. Nataschas Schwester habe sie angeblich gemacht.
Glaubten Sie den Eltern?
Für mich waren starke Anzeichen vorhanden, dass ein sexueller Missbrauch vorliegt. Wir ermittelten im engsten familiären Umfeld von Natascha.
Was ermittelten Sie genau?
Wir klärten den Verdacht ab, ob der Vater seine Tochter missbraucht haben könnte. Wir untersuchten außerdem, ob sich einer der verschiedenen Liebhaber der Mutter an die kleine Natascha herangemacht hat.
Mit welchem Resultat?
Wir konnten nichts beweisen.«

Ich habe lange überlegt, ob ich diese Auszüge des Interviews hier wiedergeben sollte. Denn die Persönlichkeitsrechte von Brigitta Sirny und Ludwig Koch werden darin massiv verletzt. Wen geht es etwas an, ob der Vater eines verschwundenen Kindes dem Alkohol zusprach? Oder ob die Mutter, die ungebunden war und nicht in einer festen Partnerschaft lebte, Beziehungen zu verschiedenen Männern unterhielt? Worauf stützen sich solche Aussagen? Wenn sie nicht von den Betroffenen selbst stammen, wohl auf dem Getratsche von Nachbarn, Bekannten oder Arbeitskollegen. Der Beweiswert ist gering. Wer sitzt neben Ludwig Koch und zählt die Achterle[36], die er trinkt? Wer sitzt neben Brigitta Sirny auf der Bettkante und hält die Anzahl ihrer Liebhaber auf einer Strichliste fest? Was bekommen wir von dem mit, was sich in der Intimsphäre von Menschen hinter verschlossenen Türen abspielt?

---

35 Hier irrt Edelbacher: Natascha Kampusch war etwa drei bis vier Jahre alt.
36 1/8 Liter Wein

Das alles weiß sicher auch Max Edelbacher. Er ist Jurist, machte eine glänzende Karriere bei den Wiener Sicherheitsbehörden, hospitierte 1980 unter anderem beim Chicago Police Department und dem FBI. 1986 wurde er Leiter der Mordkommission, und ab 1988 leitete er das Sicherheitsbüro bis zu dessen Auflösung im Oktober 2002. Mit dem Titel Hofrat[37] ging er am 31. Juli 2006 in den Ruhestand. Er erhielt zahlreiche Auszeichnungen und ist Autor polizeilicher Fachbücher.

Wird ein Kind vermisst, beginnt die Polizei in der Regel in seinem unmittelbaren Nahbereich zu ermitteln. Spiralförmig drehen sich die Recherchen von innen nach außen. Erfasst werden dabei automatisch erst die engsten Familienangehörigen, danach die Verwandten, Freunde, Mitschüler, Bekannten und so weiter. Natürlich spielt das Verhalten der Eltern dabei eine immens wichtige Rolle. Verprügelt der ständig betrunkene Vater seine Tochter? Ist er wegen Gewalt- oder Sittlichkeitsdelikten polizeiauffällig geworden? Treibt sich die Mutter mit ihren Liebhabern in Kneipen rum, sodass ihr Kind verwahrlost? Was sind das für Männer, die sie mit nach Hause bringt? Sind darunter welche, die bei der Polizei bereits aktenkundig geworden sind? Wie sieht es mit den Freunden oder Ehemännern der erwachsenen Töchter aus? Jeder wird ohne Ansehen der Person auf den Prüfstand gestellt, und das muss auch so sein, selbst wenn es den verzweifelten Eltern eines verschwundenen Kindes noch so wehtut und sie das als schreiende Ungerechtigkeit empfinden, von der Polizei angeblich verdächtigt zu werden. Dabei verdächtigt die Polizei sie gar nicht. Sie tut nur das, was professionell geboten ist.

SB-Chef Max Edelbacher ermittelte an Nataschas Schule sogar höchstpersönlich, wie er Detektiv Walter Pöchhacker anvertraute. Denn der Zufall wollte es, dass seine Frau dort unterrichtete und er diesen Heimvorteil für sich nutzen konnte. So ehrenwert sein Engagement auch gewesen sein mag, so sehr lag er bei der Bewertung der Fotos und dem Bild, das er sich von den Eltern gemacht hatte, daneben. Dass der Jurist Edelbacher drei Monate nach Natascha Kampuschs Selbstbefreiung Vermutungen aus der bald neun Jahre zurückliegenden ersten Ermittlungsphase öffentlich preisgab, verwundert überdies, zumal sie im beweiskräftigen Sinne nicht belegbar und auch längst überholt waren.

Brigitta Sirny ist, wie sie uns einmal erklärte, felsenfest überzeugt: »Hätte ich noch mit Nataschas Vater zusammengelebt oder wäre ich inzwischen mit einem anderen Mann verheiratet gewesen, wäre ich nie ins Gerede gekommen. Mein Stand als verheiratete Frau – auch wenn die Beziehung noch so schlecht gewesen wäre – hätte mich vor all den Verleumdungen, denen ich bis heute ausgesetzt bin, geschützt.«

Besucht eine Mutter mit ihrem Partner einen Nachtclub, regt sich niemand darüber auf. Besucht sie ihn allein, haftet ihr schnell der Ruf eines »Flittchens« an. Wenn dann noch eine familiäre Tragödie wie in diesem Fall hinzukommt, ist es vorbei mit der Tuschelei schein-

---

37 österreichischer Amtstitel eines Angehörigen des rechtskundigen Dienstes bei den Sicherheitsbehörden

heiliger Tugendwächter. Die Hand vor dem Mund ist weg. Das Sprachrohr ist die Presse. Von den in die Welt posaunten Gerüchten über die Intimsphäre von Brigitta Sirny war nicht nur sie selbst betroffen. Ihre Töchter, Schwiegersöhne und Enkelkinder, bis in den Kindergarten und die Schule hinein, saßen zwangsweise mit im Boot und waren jahrelangen Schmähungen ausgesetzt.

Um diesen Mechanismus aufzuzeigen, habe ich mich entschieden, das Interview mit Max Edelbacher im Wortlaut auszugsweise zu übernehmen.

»Die ständige Anspannung, gejagt zu werden, nicht zu wissen, wie es weitergeht, das hält keiner aus.«

Diese Erkenntnis stammt aus dem Mund von Max Edelbacher. Als Darsteller des Kommissars Seidl in dem 2009 gedrehten deutsch-österreichischen Kinofilm *Der Räuber*.

Am 10. November 2009 bin ich Gast in der Live-Sendung *Talk of Town* des österreichischen privaten Fernsehsenders PULS4. Es geht um den »Fall Kampusch – Deutscher will neue Beweise vorlegen«. Um es vorwegzunehmen: Die angeblichen Beweise des Deutschen sind »Aufmerksamkeitsbeschaffungsmaßnahmen« in eigener Sache. Von ihm wird noch die Rede sein. Meine Mitdiskutanten sind Irene Brickner, Redakteurin der Tageszeitung *Der Standard*, und Oswald Hicker, Chefreporter des Wiener Gratisblatts *Heute*. Die Diskussion ist vorbei, die Scheinwerfer erlöschen. Nach dem »Town-Talk« nun der Smalltalk mit Moderatorin Manuela Raidl und den beiden Kollegen. Wir kommen auf Brigitta Sirny zu sprechen. Ich erzähle der Runde, »dass so ein Idiot von Journalist ihr zwei angeblich pornografische Bilder von Natascha geklaut und damit eine Verleumdungskampagne gegen sie losgetreten hat«. Die Bezeichnung »Idiot« für einen Dieb ist falsch gewählt, das weiß ich, als ich das Wort ausspreche. Oswald Hicker schaut mich ruhig an, lässt mich ausreden und sagt dann: »Der Idiot war ich.« Ein für mich peinlicher Moment. Der ehemalige *News*-Redakteur Oswald Hicker erzählt mir nun seine Version: Er habe zwei pornografische Fotos entdeckt: Eines habe die kleine Natascha gezeigt, nur mit einem Leibchen bekleidet, in Reitstiefeln und mit einer Reitgerte. Ein anderes habe sie nackt auf dem Bett liegend gezeigt, nur bedeckt mit einer Federboa. Als er Brigitta Sirny damit konfrontiert habe, habe sie ihm erklärt, dass es sich um spontane Schnappschüsse ihrer ältesten Tochter gehandelt habe. Die sei Reiterin und habe ihre Stiefel abgestellt. Natascha sei hineingeschlüpft, so sei das Foto entstanden, ebenso situationsbedingt das andere. Alles ganz harmlos. Dann könne er die Fotos ja mitnehmen, habe er geantwortet. Und Brigitta Sirny habe erschrocken dagegengehalten: »Aber die wollen Sie doch wohl nicht veröffentlichen.« Schließlich habe er sich durchgesetzt und die Bilder mitgenommen.

Natürlich haben meine Frau und ich anschließend Brigitta Sirny mit Oswald Hickers Darstellung konfrontiert. Doch sie ist dabei geblieben: »Die Fotos hat er mir geklaut. Einen solchen Dialog hat es nicht gegeben. Dass er mir die Fotos gestohlen hatte, habe ich erst bemerkt, als sie veröffentlicht wurden.«

Meine Frau und ich haben die Natascha-Bilder nicht im Geringsten als anstößig empfunden, eines kennen wir ja, erkläre ich Oswald Hicker. Was sollte Brigitta Sirny bewogen haben, ihn in aller Ruhe in ihren Fotokartons herumkramen zu lassen, wenn sie doch befürchten musste, dass er dabei auf die angeblich pornografischen Aufnahmen stoßen würde? Und wenn seine Version stimmen sollte: Dass Brigitta Sirny irritiert darüber war, dass er ausgerechnet diese Bilder mitnehmen wollte, wo es doch um die Veröffentlichung aktueller Fotos mit einer bekleideten Natascha gegangen sei, sei doch nur logisch und nicht Ausdruck eines schlechten Gewissens gewesen, argumentiere ich. Außerdem: Als meine Frau und ich in ähnlicher Situation Anfang 2009 bei Brigitta Sirny in der Wohnung gewesen seien, um Fotos von Natascha für unsere ARD-Fernsehdokumentation auszuwählen, habe sie – wie bei ihm – kartonweise Fotos mit Natascha für uns bereitgestellt. Wir hätten – so wie er – darin herumstöbern dürfen. Allein. Ohne Aufsicht. Brigitta Sirny habe währenddessen in der Küche gearbeitet. Kein einziges anzügliches Foto sei dabei gewesen. Aber Fotos wie diese: Natascha neckt ihren Vater. Er schläft auf dem Sofa. Sie zieht so lange an ihm, bis er aufwacht. Er lacht, sein Töchterchen lacht. Eine winzige Bilderserie familiären Glücks. Und so geht es weiter. Natascha beim Schlittschuhlaufen. Natascha mit ihrer Mutter im Disneyland in Paris, wieder einmal ausstaffiert wie ein Prinzesschen. Oder, was ihre Neigung zur Schauspielerei belegt, Natascha zurechtgemacht für ein Faschingsfest als kesse Blondine mit aufgemalten Sommersprossen, rot geschminkten Lippen und dunkel lackierten Fingernägeln. Ein kleiner Film- oder Popstar, verkleidet wie eine Teilnehmerin der früheren RTL-Kindersendung *Mini Playback Show*[38]. Mein Fazit, sage ich Oswald Hicker, sei daher: Eltern, die *nie* fotografieren, bei denen man dann aber zwei Bilder mit ihrem halb nackten Kind entdeckt, mögen, wenn sie dafür keine nachvollziehbare Erklärung haben, in den Fokus größerer Aufmerksamkeit geraten. Nicht jedoch Eltern, die offenbar auch bei banalen Anlässen zum Fotoapparat greifen und somit über unzählige Fotos ihrer Kinder verfügen.

Reporter Oswald Hicker übergab, wie er mir erklärt, die beiden Fotos den Kampusch-Ermittlern des Sicherheitsbüros. Sie landeten jedoch auch auf dem Tisch einer Psychologin und fanden schließlich den Weg in die Medien. Offiziell beauftragte das Sicherheitsbüro den Wiener Kinderpsychiater Prof. Max Friedrich, ein Gutachten über Natascha und ihr familiäres Umfeld zu erstellen. Er wird Natascha später noch einmal begutachten. Als erwachsene Frau, unmittelbar nach ihrer Flucht.

---

[38] Kinder imitierten Hits und deren Interpreten in entsprechenden Kostümierungen. Die Show lief auch in Belgien, in Deutschland wurde sie von 1990 bis 1998 gesendet.

Auf zehn Seiten fasste Friedrich seine Eindrücke zusammen. Dazu erklärte Major Gerhard Haimeder vom Sicherheitsbüro Ende April 1998 gegenüber dem *Kurier*: »Er hat mit der Familie gesprochen, in Nataschas Schule recherchiert, unseren Akt eingesehen sowie Zeichnungen und Fotos begutachtet.‹ Gerhard Haimeders Resümee: ›Für uns hat sich kein Hinweis ergeben.‹ ›Nicht die beste Situation‹ sei, Friedrich zufolge, das familiäre Umfeld, zitiert der Beamte aus der Expertise: ›Aber das haben wir zuvor auch schon gewusst.‹ Natascha habe unter der Trennung der Eltern, die nicht miteinander verheiratet waren, gelitten. Sie fühlte sich offenbar zwischen Mutter und Vater hin- und hergerissen. Auf die Kinder ihrer beiden weit älteren Stiefschwestern war sie eifersüchtig.« Das sei sie nicht gewesen, widerspricht Natascha Kampusch später in einem Gespräch mit mir. »Allerdings hat der Gutachter weder aus Zeichnungen noch aus Notizen oder Fotos etwas herauslesen können, was als ›Hilferuf‹ oder gar als Anzeichen für Missbrauch zu interpretieren wäre«, sagt Gerhard Haimeder. ›Als Geschmackssache‹ habe der Psychiater jene Fotos beurteilt, die – einer mit dem ›Fall Natascha‹ nicht befassten Psychologin zufolge – ›Pornobilder‹ seien. Diese Meinung teilt Prof. Max Friedrich, wie der *Kurier* schon vor Wochen berichtet hat, in keiner Weise, betont Major Gerhard Haimeder nun neuerlich.« Daher hatte der *Kurier* gleich zu Beginn, als die ersten Vorwürfe gegen Brigitta Sirny laut geworden waren, getitelt: »Natascha: Der Pornobild-Flop«. Und obwohl Prof. Friedrich in seiner Expertise schrieb, dass die Fotos »keinen Schluss auf kinderpornografische Ausbeutung beziehungsweise sexuellen Missbrauch« zuließen: Die Presseberichte über den Expertenstreit zum Thema »Pornobilder« sind die Geburtsstunde für den Vorwurf familiären sexuellen Missbrauchs, der die Fantasien selbst ernannter Aufklärer noch jahrelang anheizen wird.

Auch Familienrichter und Grünen-Politiker Martin Wabl ist der Expertenstreit nicht entgangen. Er ist sich jetzt ganz sicher, »dass die Mutter in den Entführungsfall involviert war und mitschuldig an der Entführung ihrer Tochter Natascha Kampusch sei«. So schreibt er in seinem Buch. Seine Indizien: die Meinung der Psychologin. Das Interview mit Brigitta Sirny im ORF-Magazin *Thema*. Sirnys falsche Erinnerung gegenüber der Polizei, nur einmal – statt zweimal – mit ihm telefoniert zu haben. Der Jurist bringt seinen »dringenden Verdacht, dass es zweifelsfreie Indizien auf sexuellen Missbrauch im Fall Natascha Kampusch gäbe und die Mutter an der Entführung beteiligt sein musste, um das Mädchen als Zeugin zum Schweigen zu bringen«, zu Papier und versendet es per Fax an Bundespräsident Thomas Klestil, Bundeskanzler Viktor Klima, Vizekanzler Wolfgang Schüssel und Innenminister Karl Schlögl. Die Reaktion fällt anders aus als erwartet. Wie Martin Wabl selbst berichtet, zeigt ihn die Bundespolizeidirektion Wien bei der Staatsanwaltschaft wegen Verleumdung an.

Und was sagt Natascha Kampusch zu den Missbrauchsvorwürfen? 2009, vor Beginn der Dreharbeiten für die ARD-Fernsehdokumentation, sprach sie uns dazu ins Diktiergerät:

»Das waren ihre[39] Reitstiefel, ihre Reitgerte und was weiß ich ... Aber das war halt, weil sie reiten war und weil es lustig ist für kleine Mädchen, in große Stiefel reinzuschlüpfen und die High Heels von der Mama auszuprobieren. Und dieses Foto weiß ich nicht, wer das geschossen hat. Ich denk' mir, das Foto ist entwickelt worden und unter den Familienfotos irgendwo verschwunden. Und dann hat's irgendwann die Presse bekommen und hat irgendwie was draus gemacht. Aber ich kann mich noch erinnern, dass ich die mal gefunden hatte, da war ich so neun, und dass ich gemeint hätte, man könnte die ja auch irgendwie verbrennen oder vernichten. Und meine Mutter meinte, das ist witzig, das sollte man lassen. Also, das ist irgendwie so ein Kinderfoto. Es gab auch Fotos von mir, wo ich mit dem Unterhemd in die Badewanne gegangen bin. Weil, ich hatte es einfach vergessen ... das ist sehr witzig. Kleine Kinder vergessen das ganz schnell, dass wenn sie sich baden, dass sie sich ganz ausziehen, weil sie in die heiße Badewanne wollen. Und dann sitzen sie mit dem Unterhemd in der Badewanne. Dann machen die Eltern Fotos davon, weil das so witzig ist.

Es gab noch ein zweites Foto, wo ich frisch gebadet, noch ganz rot, mit so einer Boa[40] auf dem Bett liege. Aber dazu muss man sagen, dass ich mich schon von klein auf so mit Liz-Taylor-Filmen und so identifiziert habe. Mit so Monumentalfilmen, wo die Frauen so Boas haben und die vor Schönheit strahlen ... Außerdem hat mir die Boa gut gefallen. Ich glaube, ich hatte auch noch einen Pelz. Ich habe mich immer gerne verkleidet und Sachen angehabt ... Zum Beispiel Fotos, wo ich die Schürze meiner Großmutter anhabe und einen Hut oben und einen Stock vom Großvater ... Ich bin nie von meiner Mutter, von meinem Vater, von meiner Familie, ich bin von niemandem sexuell missbraucht worden.«

Und genau das wiederholt sie bis heute.

---

39 Halbschwester Claudia
40 gemeint ist die Fuchsstola ihrer Mutter

MONTAG, 13. APRIL 1998

nachmittags
Christian Pabi fährt nach einem Kaffeebesuch bei seiner Mutter und Großmutter in Strasshof am Haus von Wolfgang Přiklopil vorbei. Er kennt ihn aus seiner Jugendzeit. Přiklopil wollte immer zu Pabis Clique gehören, damals als sie noch pubertierende Jungs waren. Aber niemand mochte ihn, diesen eigenartigen, verschlossenen Typen, der später dann auch noch arrogant auftrat und mit dicken Autos, meistens BMW, auf sich aufmerksam zu machen versuchte. Pabi kannte auch Přiklopils Vater. »Der war viel offener. Er war viel unterwegs, und Wolfgang war daher häufig mit seiner Mutter allein zu Hause. Die sah aus wie eine graue Maus. Sie sah ihrem Sohn sehr ähnlich. Im Haus hat sie auch immer die Jalousien nach unten gelassen, genau wie Wolfgang.«

An ihn erinnert sich Christian Pabi in diesem Moment. Sein Blick fällt auf Přiklopils weißen Kastenwagen, der vor dem Haus am Straßenrand parkt. Langsam fährt er weiter durch die Heinestraße – und plötzlich macht es bei ihm »klick«: »Mensch, der Přiklopil! Der verklemmte Typ! Der Eigenbrötler, der so komisch ist. Introvertiert und in sich gekehrt. Und der Kastenwagen! Der könnte es sein!« Er tritt auf die Bremse, schaut in den Innenspiegel, sieht hinter sich noch einmal das Haus mit dem Kastenwagen. Und fragt sich plötzlich: »Was spinne ich mir da eigentlich zusammen?« Er gibt Gas und fährt davon.

Christian Pabi hat einen Volltreffer gelandet, er weiß es nur nicht. Aber er hat mit seiner Vermutung, mehr ist es in diesem Moment ja nicht, ein Gespür bewiesen für verstörte Menschen, ihre wackelige Psyche, ihre düsteren Abgründe. Christian Pabi ist Polizist. Dienstgrad Revierinspektor. Eingesetzt als Hundeführer bei der Polizeidiensthundeabteilung Wien-Prater.

Schlimmer konnte es für Wolfgang Přiklopil eigentlich nicht kommen.

Eigentlich.

DIENSTAG, 14. APRIL 1998

Der Gedanke, dass Wolfgang Přiklopil mit der Entführung etwas zu tun haben könnte, lässt Christian Pabi nicht los. Er verbringt eine unruhige, schlechte Nacht. Dann gibt er sich einen Ruck und greift zum Telefon.

14.45 Uhr

Christian Pabi weiß, dass der Entführungsfall Natascha Kampusch vom Wiener Sicherheitsbüro bearbeitet wird. Daher ruft er dort an, verlangt die zuständige Kriminalgruppe und wird mit dem Bezirksinspektor Thomas F. von der »Gruppe Fleischhacker« verbunden. Über das nun folgende Telefonat schreibt F. anschließend unter der Zahl II-2641/SB/98 einen Bericht (Originaltext):

»Betreff: Fahndung nach weißem Bus/Kastenwagen mit dunklen Scheiben im Bezirk GÄNSERNDORF/NÖ;

HIER: Hinweis

Bericht
Am 14.04.1998, um 14:45 Uhr, ruft ha.41 eine unbekannte männliche Person an und teilt folgenden Sachverhalt mit:
Betreffend der Fahndung nach dem weißen Kastenwagen mit dunklen Scheiben im bezirk Gänserndorf in Bezug zur Abgängigkeit der KAMPUSCH Natascha gibt es in Strasshof/Nordbahn eine Person, welche mit dem verschwinden in Zusammenhang stehen könnte und auch in besitz eines weißen kastenwagens Marke Mercedes mit abgedunkelten Scheiben ist. Dieser Mann sei ein sogenannter ›Eigenbrötler‹, welcher mit seiner Umwelt extreme Schwierigkeiten habe und Kontaktprobleme habe. Er soll gemeinsam mit seiner Mutter in Straßhof/Nordbahn, Heinestraße 60 (Einfamilienhaus) wohnen, welches jedoch elektronisch voll abgesichert sei. Auch soll der Mann eventuell Waffen zu Hause haben. Vor dem Areal Heinestraße 60 sei öfters sein weißer kastenwagen, Marke Mercedes, Kennzeichen unbekannt, mit seitlich und hinten total abgedunkelten Scheiben stehen. Dieser Mann sei früher bei der Fa. SIEMENS als Nachrichtenelektroniker beschäftigt gewesen und könnte dies auch jetzt noch sein. Eventuell lebt der Mann mit seiner betagten Mutter in diesem haus und soll er einen Hang zu ›Kindern‹ in Bezug auf seine Sexualität haben, ob er diesbezüglich bereits vorbestraft ist, ist unbekannt.

---

41 hieramtlich

Der Name des Mannes ist dem Anrufer unbekannt, ist er ihm nur aus der Nachbarschaft bekannt. Der Mann soll ca. 35 Jahre alt sein, blondes Haar haben und 175–180 cm groß sein und schlank sein. Nähere Angaben konnte der anonyme Anrufer nicht machen.«

Die grammatikalischen und orthografischen Fehler im Text könnten darauf schließen lassen, dass F., der von 2006 bis 2009 Chefredakteur einer polizeilichen Fachzeitschrift sein wird, den Bericht unter großem Zeitdruck verfasst hat. Der wäre auch symptomatisch für die extrem hohe Arbeitsbelastung bei einem Entführungsfall. Und kann daher zu fatalen Fehleinschätzungen führen, wie sich noch erweisen wird.

»Anonymer Anrufer« hat F. in seinem Bericht geschrieben. In einem Vermerk klärt er auf:

»Nur für Handakt[42]: Nationale[43] Anrufer: Rev.Insp. Pabi Christian, Polizeidiensthundeabteilung Wien-Prater«.

Es wird nach Natascha Kampuschs Flucht noch zu einem Hin und Her über den Inhalt dieses Telefonats kommen. Denn Christian Pabi wird bestreiten, über ein sexuelles Interesse Přiklopils an Kindern und einen möglichen Waffenbesitz gesprochen zu haben. »Weil ich das auch nicht wusste«, wird Pabi erklären. »Ebenso wenig wusste ich, dass Přiklopil Alarmanlagen in sein Elternhaus eingebaut hatte. Aber ich habe es vermutet, weil er als Nachrichtentechniker über die entsprechenden technischen Fähigkeiten verfügen musste.«

Zum Schluss des Telefonats bittet Christian Pabi den Kripo-Kollegen, ihn über das Ergebnis seiner Ermittlungen zu informieren. Doch Pabi wird nichts mehr von ihm hören und daraus schließen, dass sich sein Hinweis als falsch erwiesen hat.

15.35 Uhr

Bezirksinspektor F. ruft beim Gendarmerieposten Deutsch-Wagram an und bittet darum, festzustellen, »wer an der Adresse in 2231 Strasshof/N.[44] Heinestraße 60 polizeilich gemeldet bzw. aufhältig ist«.

16.59 Uhr

Inspektor A. vom Gendarmerieposten Deutsch-Wagram teilt in seinem Antwortfax an Bezirksinspektor F. mit:

---

42 verbleibt in der sachbearbeitenden Dienststelle und wird nicht Bestandteil der Hauptakte
43 Personalien
44 Niederösterreich

»1. PŘIKLOPIL Waltraud, geb. 8.3.1942 (polizeilich gemeldet)
2. PŘIKLOPIL Wolfgang, geb. 14.5.1962 (aufhältig, jedoch nicht polizeilich gemeldet)«.

Demnach haben sich weder Mutter noch Sohn umgemeldet, denn sie haben ja ihre früheren Wohnsitze miteinander getauscht. Davon wissen die Beamten nichts, aber für ihr weiteres Vorgehen ist es auch nicht von zentraler Bedeutung.

In dem Bericht weist Inspektor A. ausdrücklich darauf hin, »dass bereits am 6. April 1998 über Ersuchen des Chefinsp. FLEISCHHACKER an dieser Adresse nach dem Kastenwagen Nachschau gehalten worden sei. Das Überprüfungsergebnis sei Chefinsp. FLEISCHHACKER übermittelt worden.«

In dem Fax steht es also schwarz auf weiß: Es gibt nun zwei Hinweise aus unterschiedlichen Quellen auf Wolfgang Přiklopil. Was geschieht damit? Nach Natascha Kampuschs Flucht wird F. vor einer Sonderkommission aussagen:

»Ich legte das Ergebnis meiner Überprüfungen zum Hinweis des Pabi meinem Gruppenführer (Oberinspektor Fleischhacker) vor und wies ihn auf den Umstand hin, dass zu der bereits erfolgten Hinweisüberprüfung bei Přiklopil ein weiterer Hinweis – eben der von Pabi – eingelangt sei.«

Vor derselben Kommission wird Adolf Fleischhacker erklären: »Grundsätzlich kann ich mich an den Namen Přiklopil und an einzelne Überprüfungen jetzt überhaupt nicht mehr erinnern.« Später wird er vor einer Evaluierungskommission dazu ergänzen: »Er könne sich vorstellen, dass er, als sich herausgestellt habe, dass die Person bereits überprüft worden war, den Hinweis vermutlich zu den ›überprüften Hinweisen‹ gegeben habe.«

Das heißt: Weil Přiklopil bereits von zwei Beamten des Sicherheitsbüros überprüft worden war, galt die Spur als abgearbeitet und verschwand mitsamt dem neuen Hinweis von Hundeführer Christian Pabi auf Nimmerwiedersehen in den Akten. Eine Kontrollinstanz hätte noch die Staatsanwaltschaft sein können. Aber an sie wurden nur die Hinweise weitergeleitet, die die Polizei als »prioritär« eingestuft hatte – und der Hinweis »Přiklopil« gehörte nicht dazu. Vor der Evaluierungskommission wird F. 2008 einräumen: »Das einzige, was ich mir aus heutiger Sicht nicht erklären kann, weshalb ich – nachdem mir der Gendarmerieposten Deutsch Wagram den Namen des Přiklopil übermittelte, diesen nicht auch priorierte. Das war damals bei uns eigentlich Standard.« Und dieser Standard hatte sich nicht irgendwie eingebürgert, sondern beruhte auf einer Dienstanweisung[45]. Sie verpflichtete zum »Priorisieren«, das definiert ist als »die kanzleimäßige Prüfung, ob sich bereits ein dieselbe Angelegenheit betreffendes Dienststück bei der Dienststelle befindet oder ob über dieselbe Person Vorakten bestehen««.

---

45 Punkt 14. Abs. 2 KanzlO-BPD Wien (Kanzleiordnung der Bundespolizeidirektion Wien)

Damit ist die objektiv heiße Spur tot.

Eine internationale Expertenkommission, die den Fall zum wiederholten Mal aufrollen wird, kommt 2013 zu dem Ergebnis, »dass es sich aus heutiger Sicht, infolge des Umstandes, dass der Hinweis doch spezifische Verdachtsmomente enthielt, eindeutig um einen Ermittlungsfehler handelt«.

Der Vorgang erinnert an die tragische Ermittlungspanne im Entführungsfall des 1977 von der RAF ermordeten deutschen Arbeitgeberpräsidenten Hanns Martin Schleyer. Der Hinweis eines Hausmeisters auf eine Hochhauswohnung in Erftstadt bei Köln, in der Schleyer gefangen gehalten wurde, versandete im Getriebe der polizeilichen Fahndungsmaschinerie. Vermutlich kostete die Schlamperei Schleyer das Leben. Und Natascha Kampusch muss für die Fehleinschätzung der Kripo mit einem dauerhaft irregeleiteten Lebensweg bezahlen.

Wie es zu der Panne kommen konnte, wird verständlicher, wenn man die polizeiliche Lage zu diesem Zeitpunkt betrachtet:

»Insgesamt wurden vom Sicherheitsbüro Wien 1520 Fahrzeuge samt Zulassungsbesitzern sowie 650 weitere Personen überprüft. Dabei wurden 250 niederschriftliche Einvernahmen durchgeführt, wobei diesen Personen damals eine höhere Priorität zugeordnet wurde.«

Offiziell wird später festgestellt werden, dass »die Beamten damals noch etwa 600 oder 700 Fahrzeughalter zu überprüfen gehabt hätten und täglich 20 bis 30 Anrufe in der Richtung gekommen seien, dass K.[46] dort oder dort gesehen worden sei«.

Chefinspektor Frühstück, der den Fall von der »Gruppe Fleischhacker« gut vier Jahre später mit seinen Kollegen unter dem Namen »Soko Burgenland« übernehmen wird, erinnert sich, »dass, grob geschätzt, die Hälfte der überprüften Halter kein Alibi hatte«. Sie deswegen wie Verdächtige zu behandeln, ist rechtlich nicht möglich. Es sei denn, zu dem fehlenden Alibi kommen weitere Umstände hinzu, die zumindest einen Anfangsverdacht begründen. Wie im Fall Přiklopil. Hier ist eine Fähigkeit des Ermittlers gefragt, die Frühstück in einem knappen Satz auf den Punkt bringt: »Die Kunst ist es, *richtig* zu *bewerten*.« Přiklopil ist zwar überprüft worden, aber ihm fehlt ein Alibi. Das allein rechtfertigt keine weiteren gegen ihn gerichteten polizeilichen Maßnahmen. Nun geht aber zusätzlich noch ein gezielter Hinweis auf ihn ein, der überdies von einem Profi, einem Kollegen, stammt. Hätte Thomas F. an dieser Stelle die Kunst der richtigen Bewertung nicht für einen Moment verlassen, wäre der Entführungsfall Kampusch womöglich anders ausgegangen. Wie Kollegen später berichten, ruhte sein Fokus auf Nataschas Familie, ganz besonders auf der Mutter. Und diese Bewertung war schlichtweg falsch.

---

46 Kampusch

An diesem 14. April 1998 setzt das Sicherheitsbüro österreichweit ein Fahndungsfernschreiben und eine Pressemitteilung ab. Darin wird die Suche nach Natascha Kampusch um die Angaben des Ehepaars Elfriede und Helmut H. erweitert, »wonach sie am 2.3.1998 in der Nähe des Tatortes einen weißen Kastenwagen mit getönten Scheiben, Kennzeichen vermutlich mit ›G‹ beginnend, gesehen hätten«.

Přiklopils kooperatives Verhalten bei seiner Überprüfung, der fehlende »Buckel« am Fahrzeug und das Kennzeichen, das nicht – wie im Falle Přiklopils – mit »W« für Wien, sondern mit »G« beginnt, drängen sein fehlendes Alibi in den Hintergrund. Hinzu kommt, dass für Bezirksinspektor F. der Hinweis von Hundeführer Christian Pabi »nicht von besonderer Bedeutung gewesen« ist, »da er nur auf ›Hörensagen‹ beruht habe«. Dieser Bewertung muss widersprochen werden. Was Christian Pabi dem Kollegen vom Sicherheitsbüro berichtete, basierte nicht (nur) auf Erzählungen anderer, sondern auf seinen eigenen Wahrnehmungen und Erinnerungen.

Eine nach Natascha Kampuschs Flucht eingesetzte Evaluierungskommission nimmt trotz des festgestellten Fehlers die Beamten in Schutz:

»Natürlich darf nicht übersehen werden, dass das Ermittlerteam (das ja im Kern lediglich aus sechs Beamten bestand, während andere Kriminalisten nur zuarbeiteten) mit einer unüberschaubaren Fülle von Hinweisen konfrontiert und zusätzlich einem enormen Erfolgsdruck ausgesetzt war. Keinesfalls darf das Fehlen eines sachgerechten Informationsmanagements den handelnden Ermittlern angelastet werden. Solche komplexen Informationsbearbeitungstools müssen institutionalisiert bereitgestellt und können nicht in der ›heißen Phase‹ von den handelnden Beamten selbst organisiert werden.«

Sämtliche Expertengremien, die nach Natascha Kampuschs Flucht über Jahre hinweg in 167 Aktenordnern nach Ermittlungsfehlern gefahndet und den abgehefteten Hinweis des Hundeführers als Panne ausgemacht haben, halten für die verantwortlichen Behörden ein Trostpflaster bereit:

»Allerdings ist nicht anzunehmen, dass eine frühere Beachtung dieses Hinweises zu einer Verkürzung der Freiheitsentziehung der Natascha K. geführt hätte, da das Verlies ohne einen konkreten Hinweis auch im Zuge einer Durchsuchung nicht gefunden worden wäre.«

Gleichwohl ahnen die Mitglieder der 2008 eingesetzten Evaluierungskommission das drohende Ungemach. So warnen sie in ihrem Bericht:

»Die fehlerhafte Vorgangsweise im Zusammenhang mit dem Hinweis des Hundeführers könnte Gegenstand zivilrechtlicher Forderungen des Opfers an den Bund sein.«

Genau das wird passieren.

Im Februar 2011 verlangt Natascha Kampuschs Anwalt Gerald Ganzger für seine Mandantin vom österreichischen Staat eine Entschädigungsleistung in Höhe von einer Million Euro. Die Begründung: Hätten die Behörden nicht so fehlerhaft ermittelt, hätte sie früher gefunden werden können, jahrelange Qualen wären ihr erspart geblieben. Das Geld, so teilt der Anwalt weiter mit, solle auf Wunsch Natascha Kampuschs einem Hilfsprojekt zugutekommen. Drei Monate später, Anfang Mai, lehnt die Finanzprokuratur im Namen des Innenministeriums die Forderung mit der Erklärung ab, es hätte kein begründeter Verdacht gegen den Täter bestanden, weshalb keine weiteren Ermittlungen notwendig gewesen seien.

Nein, ein begründeter bzw. konkreter Verdacht lag nicht vor, findet auch die internationale Expertenkommission und listet in ihrem Abschlussbericht 2013 auf:

»a) Eine der rechtlichen Voraussetzungen für die Erteilung eines Hausdurchsuchungsbefehles war gemäß § 139 StPO aF.[47] das Vorliegen eines begründeten Verdachtes einer gerichtlich strafbaren Handlung. Dieser war (...) – insbesondere bei einer Betrachtung des Sachverhaltes ex-ante – zum damaligen Zeitpunkt nicht anzunehmen. Dazu ist auch im 2. Zwischenbericht, Seite 8, der Evaluierungskommission ADAMOVICH,[48] ausgeführt, dass die Inhalte der beiden Hinweise zusammengenommen, nämlich

- ›Waffenbezug‹
- ›pädophile Neigung‹ sowie
- ein dem Tatfahrzeug ähnliches Fahrzeug
- kein Alibi

keinen konkreten Tatverdacht ergeben.«

Dies ist ein Grund, warum die Experten nicht daran glauben, »dass eine frühere Beachtung dieses Hinweises möglicherweise dazu beitragen hätte können, den Freiheitsentzug von Natascha K. wesentlich zu verkürzen«. Als weitere Gründe führen sie an:

»b) Die Gefangenhaltung von Natascha K. in einem schalldichten und in lebensnaher Betrachtung als unauffindbar zu bezeichnenden Raum hätte die Auffindung der Gefangenen nicht nur erschwert, sondern geradezu unmöglich gemacht.

c) Nach dem Freikommen der Natascha K. wurden die Nachbarn des Wolfgang P. einer Befragung unterzogen. Dabei wurden von keinem der Befragten Aussagen getätigt, welche

---

47 alte Fassung
48 Prof. Dr. Ludwig Adamovich, Vorsitzender der Evaluierungskommission

die seinerzeitigen – allenfalls verdachtsbegründenden – Grundlagen des Hinweises hinsichtlich ›Waffenbezug‹ und ›pädophiler Neigung‹ bestätigt hätten. Eine Unterlassung der Ausforschung und Befragung der Quellen zum Hinweis des Hundeführers P2[49] erscheint zumindest ex-post betrachtet als problematisch. Eine Ergebnisrelevanz dieses Ermittlungsfehlers erscheint aufgrund obiger Überlegungen als wenig wahrscheinlich.«

Mit diesen Feststellungen zementiert das Gremium die Überzeugungen aller vorangegangenen Untersuchungs- und Sonderkommissionen: Es hätte keine Rettung für Natascha Kampusch gegeben. Damit bestätigen die Cold-Case[50]-Profis indirekt auch die Auffassung der Finanzprokuratur, dass die Grundlage für weitere Ermittlungen fehlte.

Und das ist falsch. Und es ist ebenso falsch, dass es keine Chance gegeben hätte, die Gefangenschaft Natascha Kampuschs rasch zu beenden. Mit einem Quäntchen Glück hätte sie noch im April 1998, spätestens aber im Mai, also gut zwei Monate nach ihrer Entführung am 2. März, befreit werden können.

Es stimmt: Einen *konkreten Tatverdacht* gegen Wolfgang Přiklopil gab es nicht. Jedoch einen *Anfangsverdacht*. Und der hätte *mit denselben Argumenten begründet* werden können, mit denen der *konkrete Verdacht* verneint wurde (»Waffenbezug«, »pädophile Neigung«, ein dem Tatfahrzeug ähnliches Fahrzeug, kein Alibi).

Was hätte dies nun genau für das weitere Vorgehen der Ermittlungsbehörden bedeutet?

Die Staatsanwaltschaft – wäre sie denn über Přiklopils erste Überprüfung und den kurz darauf erfolgten Hinweis des Hundeführers informiert worden – hätte nun das Sicherheitsbüro mit weiteren Erhebungen, wie es in der österreichischen Amtssprache heißt, beauftragen können.

Groß wäre der Spielraum der Beamten nicht gewesen. Sie hätten sich auf einem schmalen, rechtlich zulässigen Terrain bewegen müssen. Ihnen wäre nicht viel mehr geblieben, als Wolfgang Přiklopil vorzuladen und ihn im Sicherheitsbüro noch einmal gründlich zu vernehmen. Sein Haus und Grundstück hätten sie akribisch durchsuchen können – sofern er damit einverstanden gewesen wäre. Sie hätten Nachbarn, Mutter, Großmutter und Freund Ernst H. befragen können. Zugleich aber hätten sie riskiert, dass der so in die Enge Getriebene das Kind nicht mehr versorgt hätte. Was also sollte bei diesen aufwendigen und ebenso läppischen Aktionen herauskommen? Wenn alle anderen, darüber hinausgehenden Maßnahmen illegal waren.

Bis auf eine. Die Observation.

---

49 kommissionsinternes Kürzel für Christian Pabi
50 Wiederaufrollen bereits zu den Akten gelegter Kriminalfälle

Nur darum wäre es im Fall Přiklopil gegangen. Ohne den Einsatz optischer oder akustischer technischer Mittel. Ohne in die Privatsphäre seines Grundstücks oder gar seines Hauses einzudringen. Ohne Telefonüberwachung und ohne Peilsender an seinen Fahrzeugen. Nur durch Menschen, die sich alle Mühe gegeben hätten, ihn nicht mehr aus den Augen zu lassen, sobald er sein Grundstück verlässt.

Wie ich schon erwähnt habe, leitete ich eine Gruppe der Fachdirektion (FD) 652. Hinter dem Kürzel verbarg sich die Bezeichnung für das Landesfahndungskommando (LFK) der Hamburger Kriminalpolizei, zuständig für Observation, Fahndung und Zugriff im Bereich der Schwerstkriminalität. Intern nannte man uns »Kriminalfeuerwehr«, weil wir immer dort zur Stelle sein mussten, wo es gewissermaßen brannte. Unsere Kundschaft reichte vom Mörder über den Geiselnehmer bis zum Vergewaltiger.

Während meiner Zeit beim LFK hatten wir es mit zwei Entführungen zu tun, die uns in beiden Fällen nach nervenaufreibenden Schnitzeljagden, Lösegeldübergaben und einer Schießerei kreuz und quer durch Hamburg und mich schließlich nach London und Paris führten. Mit dem Ergebnis, dass die insgesamt drei Geiseln körperlich unversehrt gerettet werden konnten. Aber was heißt das schon, wenn, wie im ersten der beiden Fälle, ein viereinhalbjähriger Junge acht Tage und Nächte lang in einem 80 x 85 x 185 Zentimeter großen, sargähnlichen Raum, perfekt getarnt unter dem Boden einer Kraftfahrzeugwerkstatt, ausharren muss? Eingebettet in schalldämpfende Schaumstoffverkleidungen, die durchnässt sind von seinem Atem? Verschmutzt von Fäkalien und Urin? Wie überlebt eine Kinderseele diesen Horror?

Einen der beiden Entführer des kleinen Jungen erwischte ich mithilfe zweier Kollegen von Scotland Yard in einem Londoner Hotel. Als ich ihn in seiner Zelle zu den Details der Tat vernahm, kam es plötzlich zu einer Unterbrechung, über die ich in einer »Anmerkung« festhielt: »Zuerst sagte er ›Verlies‹, und ich schrieb das dann wörtlich mit. Da legte er Protest ein und ließ es korrigieren und ersetzen durch das Wort ›Versteck‹.«

Da hatte das schlechte Gewissen gesprochen, aber der innere Revisor hatte den Patzer blitzschnell bemerkt und mir eine milde, kinderfreundliche Version unterjubeln wollen. Natürlich begann ich mit dem Entführer sofort eine Diskussion darüber, wie denn eine Räumlichkeit beschaffen sein müsste, damit er sie mit dem Begriff »Verlies« versah. Aber es half nichts, ich schrieb letztlich: »Versteck«.

Es reicht eine Sekunde wie diese, in der eine Biedermannmaske kurz verrutscht und die eigene Seele grau einfärbt. Ich habe den Moment nie vergessen. Und schon in der ganzen Zeit davor ein Gefühl dafür entwickelt, wie sich Entführung »anfühlt«. Wie all meine Sinne in eine künstliche, kalte und unbarmherzige Sphäre davonziehen, weit entrückt von der realen Alltäglichkeit. Wie sie mich fiebrig dazu antreiben, die zu jagen, die sich anmaßen, den Daumen über ein Menschenleben zu heben oder zu senken. Ich denke mich in das Böse hinein, damit ich es packen kann. Verscheuche den Anstand in mir, weil er naiv ist und mich behindert. Das Böse wird ein Teil von mir. Ich gehe damit ins Bett und stehe damit nach zwei, drei Stunden wieder auf. Und das Fieber in mir bleibt. Bis alles vorbei ist.

So ticken Menschen, die den Kampf gegen den Kidnapper erst gewinnen können, wenn sie wissen, wer er ist. Der Weg zu ihm führt durch einen Dschungel der Unwägbarkeiten mit ungewissem Ziel. Der Kompass muss stimmen. Aber manchmal schlägt der Zeiger falsch aus, die Verfolger verlieren die Orientierung. Chaos. Pannen. Fehler. Bis sie wieder in den richtigen Tritt kommen. Und das passiert nicht nur der österreichischen Polizei. Auch wir blieben davon nicht verschont, natürlich nicht.

Der kleine Junge war nach einem nächtlichen Einbruch in das Haus seiner Mutter aus seinem Kinderbettchen gerissen und verschleppt worden. Hinter einer Tür lag ein Schreiben mit einer Lösegeldforderung über eine Million Mark. Obwohl die Täter verlangt hatten, dass die Polizei nicht eingeschaltet werden sollte, alarmierte uns der Anwalt der Mutter umgehend. So war im Gegensatz zum Fall Natascha Kampusch von Anfang an klar, dass wir es mit einer Entführung zu tun hatten. Sofort wurde eine Sonderkommission gebildet. Sieben Tage später, an einem Sonntagabend, war dann der sensibelste Punkt innerhalb des Entführungsgeschehens erreicht: die Übergabe des Lösegeldes an die Täter. Und da passierte es: Ein Kollege war durch Tricksereien der Entführer genötigt worden, eine Salve aus seiner Maschinenpistole in ihre Richtung abzufeuern. Es war dunkel, und er verfehlte sie, glücklicherweise. Das Chaos war da: Geld weg, Täter weg, Kind weg. Würden sie den kleinen Jungen umbringen nach dieser schweren Panne? Wo könnten wir ihn finden?

Wir suchten die ganze Nacht. Überall in Hamburg. Stiegen in Wohnungen und Häuser ein. Stellten alles auf den Kopf. Versetzten Bewohner in Angst und Schrecken. Und die Rechtsgrundlage für unser brachiales Vorgehen? Wir blendeten sie aus, wenn überhaupt, war sie wackelig oder hauchdünn.

Ich habe also keinen Grund, das Versagen österreichischer Kriminalbeamter anzuprangern. Mir geht es darum, aufzuzeigen, dass die zuständigen staatlichen Organe sich ihrer Verantwortung hätten stellen müssen: Ja, den Hinweis des Hundeführers zu den Akten zu nehmen, ohne anschließend zu ermitteln, war ein Fehler. Ja, es hätte eine Chance bestanden, Natascha Kampusch zu befreien. Stattdessen räumen sie kleinlaut den Fehler ein, um ihn sofort danach zu relativieren und zu verkünden: Niemand hätte sie finden können, noch nicht einmal Hunde.

Wie jämmerlich.

Ich gehe gedanklich zurück zum 14. April 1998 und versuche mich in die Situation zu versetzen: Der Vorgang »Přiklopil, Wolfgang« landet auf meinem Tisch. Ich beauftrage einen Mitarbeiter, sich mit Hundeführer Christian Pabi in Verbindung zu setzen und ihn zu uns in die Dienststelle zu bitten. Im Gespräch, das der Kollege mit ihm führt, entsteht ein deutlich komplexeres und facettenreicheres Persönlichkeitsbild von Přiklopil als jenes, das in den dürftigen Zeilen über den telefonischen Hinweis enthalten sein konnte. Zugleich aber erlaubt uns die persönliche Begegnung mit Pabi auch einen Rückschluss auf die Qualität seiner Information. Die Tatsache allein, dass er ein Polizeikollege ist, reicht für eine Bewertung natürlich nicht aus. Seine Diktion, seine Körpersprache allerdings würden schon verraten, ob er ein Aufschneider, ein Wichtigtuer ist. Das ist Christian Pabi nicht, das kann ich heute sagen. Denn wir haben ihn kennengelernt, auch seine heutige Frau, die das Bild durch ihre eigene Persönlichkeit und Ausstrahlung noch ergänzt. Hätte er mir in der beschriebenen fiktiven Situation gegenübergesessen, wäre ich zu der Einschätzung gelangt: Diesen Mann nehme ich ernst. Was er mir da über Přiklopil erzählt, ist zwar nur seine Interpretation von Eindrücken und Beobachtungen, aber sie sind doch so eindringlich, zumal vor dem Hintergrund des fehlenden Alibis, dass es sich lohnt, diesen offenkundig verklemmten Junggesellen näher unter die Lupe zu nehmen.

Nach dem Gespräch mit Christian Pabi holt mein Mitarbeiter bei anderen Behörden Auskünfte über Přiklopil ein, der jetzt unsere Zielperson ist. So erfährt er, dass Přiklopil bei Ernst H. als Hausmeister angestellt ist. Er ist ledig. Sein Vater ist verstorben, er hat keine Geschwister. Neben seinem Mercedes-Kastenwagen fährt er noch einen BMW.

Beim Passamt besorgt sich der Kollege ein Foto von Přiklopil und die Daten über Körpergröße und Augenfarbe.

Nun erfolgt der nächste Schritt, die Objektabklärung. Der Beamte fährt nach Strasshof, fotografiert, natürlich verdeckt, Přiklopils Haus und Grundstück einschließlich der Fahrzeuge, erkundet Eingänge und Ausfahrten. Danach sieht er sich nach geeigneten Standplätzen für die Observationsfahrzeuge um.

Auf der Dienststelle erfolgt die Einweisung der Observationskräfte. Sie erhalten Kopien des Přiklopil-Fotos, einen Lageplan und alle Informationen, die der Vorermittler zusammengetragen hat.

Wir beginnen mit der Observation am Freitag, den 17. April 1998, morgens um 7.00 Uhr, und begrenzen sie vorläufig auf fünf Tage. Personal ist immer knapp, gerade angesichts einer anzunehmenden Entführungslage. Daher setzen wir drei Beamte und eine Beamtin ein, verteilt auf drei Wagen. Aus den gleichen Gründen – und auch, weil der Verdachtsgrad gegen Přiklopil zu diesem Zeitpunkt niedrig ist – soll die jeweilige Einsatzdauer sechs Stunden nicht überschreiten. Sollte er sich nicht blicken lassen, werden wir am dritten Tag mit der Observation in den Mittagsstunden beginnen.

Sich in der Nähe von Přiklopils Haus zu postieren, wie man es in fast jedem Krimi sieht, wäre völlig unprofessionell. In der Siedlung würde jeder Fremde auffallen, der länger als ein paar Minuten am Straßenrand parkt und den Wagen nicht sofort verlässt. Es ist meinen Kollegen und mir einige Male passiert, dass Anwohner die Polizei riefen und wir plötzlich in die Mündungen von Pistolen starrten. Aussteigen und weggehen, immer wieder stehen bleiben und sich zum Haus umdrehen wäre keine Alternative. Das fiele genauso auf. Die Möglichkeit, zum Beispiel mit einem Bauwagen anzurücken – auch das gehört zum Observationsrepertoire –, wäre in der aktuell noch ungewissen Situation ein unverhältnismäßig großer Aufwand. Wir postieren uns daher mehrere hundert Meter von seinem Haus entfernt auf dem Parkplatz eines Geschäfts an einer Ausfallstraße. Und warten.

Was erhoffen wir uns von der Observation?

Die Grundvoraussetzung ist, dass das Kind noch lebt. Sonst wäre über sechs Wochen nach der Entführung ohnehin alles vergebens. Aber davon dürfen wir uns nicht leiten lassen. Die vornehmste Aufgabe der Polizei ist es, Menschenleben zu retten. Und das ist unser Ziel. Also setzen wir darauf, dass Přiklopil, dessen möglicher Komplize oder beide zusammen das Mädchen mit Nahrung versorgen. Dazu muss zumindest einer von ihnen zu dem Ort fahren, an dem sie es gefangen halten. Und wir werden ihnen dorthin folgen. Die einzige Zeugin der Entführung, die zwölfjährige Schülerin Ischtar A., hat angeblich zwei Täter gesehen. Folglich muss dies unsere Ausgangslage sein, selbst wenn manche ihrer Schilderungen widersprüchlich gewesen sind. Da wir nur Přiklopil als vagen Verdächtigen haben, werden wir uns zunächst an seine Fersen heften.

Wir können Wolfgang Přiklopil in der Strasshofer Hauptstraße aufnehmen. Mit seinem weißen Kastenwagen fährt er in die Wiener Bergsteiggasse, trifft sich dort mit seinem Arbeitgeber Ernst H., den wir anhand seines Autokennzeichens identifizieren können. Dass in dessen Vita – genau wie bei Přiklopil – nichts auf eine mögliche Täterschaft als Kindesentführer hindeutet, wissen wir durch eine Abfrage im polizeilichen Datenbestand. Unsere Zielperson Přiklopil verrichtet, wie wir nun mitbekommen, die uns bereits bekannten Hausmeisterarbeiten. Danach besucht er seine Mutter in der Rugierstraße. Bis hierhin scheint also alles mit rechten Dingen zuzugehen, und wir beenden für diesen Tag die Observation.

Am nächsten Tag kauft Wolfgang Přiklopil ein. Nicht im nächstgelegenen Supermarkt, sondern in Wien. Er steht an der Kasse und legt seine Einkäufe aufs Band. Dass die hübsche junge Frau hinter ihm unsere Kollegin ist, ahnt er nicht. Vor ihren Augen könnten in diesem Moment eine Kinderzahnbürste, Kinderzahnpasta, Kinderhaarbürste vorbeigerollt sein. Oder Kindersöckchen und -unterhosen. Und nicht nur das besorgte der erwachsene Sonderling für Natascha Kampusch, wie wir heute von ihr wissen: »Er brachte mir am Anfang so Sachen, die sich jemand Fremder, der noch keine Kinder hat, einbildet, dass die gut für Kinder sind. Also so Joghurt, so zuckriges Zeug, was halt irgendjemand, ein Junggeselle, annimmt, dass Kinder das essen. So Fruchtzwerge und solche Sachen. Anfangs bekam ich sogar noch zuckrige Soft-Drinks, Getränke. (…) Er brachte mir am Anfang so Sachen, die man eigentlich Kleinkindern gibt. Also, ich hatte ja dieses blaue Auge[51], ich hatte aber keinen Spiegel, und dann brachte er mir so eine Rassel mit Perlen drinnen mit einem Spiegel. Und da konnte ich dann eben das blaue Aug' sehen in dem Spiegel.«

Wolfgang Přiklopil kaufte ihr eine Barbie-Puppe. Bücher wie *Alice aus dem Wunderland*. Kindervideokassetten, darunter *Bibi Blocksberg*. Schulhefte.

Wir stellen fest, dass Přiklopil mit seinen Einkaufstüten direkt nach Hause fährt. Und von dort nicht weiter. Er erhält auch keinen Besuch. Niemand also holt die Einkäufe ab.

Bei diesem Erkenntnisstand jubelt das Fahnderherz. Vor allem, weil wir jetzt hoffen können, dass Natascha Kampusch noch lebt. Doch wir müssen uns auch die Möglichkeit offenlassen, dass die für Kinder bestimmten Artikel für ein Mädchen aus dem Verwandten- oder Bekanntenkreis Přiklopils bestimmt sind. Aber der Verdacht, dass er zumindest als Mittäter in die Entführung verstrickt ist, ist jetzt so groß, dass wir alle greifbaren Observationskräfte zusammenziehen und Přiklopil rund um die Uhr überwachen. Dazu gehört auch, dass wir ihn und seinen weißen Kastenwagen nun verdeckt fotografieren und filmen und das Material der zwölfjährigen Zeugin Ischtar A. vorlegen. Wir beginnen mit den Fotos von Wolfgang Přiklopil. Und mischen darunter Fotos anderer Männer, die ihm von Statur und Alter her ähneln. Eine »Wahllichtbildvorlage« nennt man das im Fachjargon. Es ist der Versuch, Zeugen dazu zu bringen, möglichst unbeeinflusst auf der Grundlage ihrer eigenen Beobachtungen den richtigen Verdächtigen herauszupicken. Ischtar A. hat nur vage Täterbeschreibungen gegeben, kein Wunder bei der Aufregung, die ihre Sinne während des Entführungsgeschehens durchschüttelte. Ob sie Přiklopil auf unseren Fotos, danach in den Videos und auch seinen Kastenwagen wiedererkannt hätte, bleibt spekulativ. Und alles, was sie der neuen Sonderkommission Burgenland über viereinhalb Jahre später, am 15. November 2002, und dann wieder nach Natascha Kampuschs Flucht, also nach weiteren vier Jahren, erzählt, wird längst nicht mehr die Qualität haben wie sechs Wochen nach der Entführung, als ihre Erinnerungen noch relativ frisch sind. Wenn wir Glück haben, erkennt Ischtar A. Wolfgang Přiklopil wieder. Vielleicht auch seinen weißen Mercedes Benz 100 D-L. In Verbindung mit unseren Observationsergebnissen könnten wir damit einen dringenden Tatverdacht begründen, einen Haftbefehl und Durchsuchungsbeschlüsse gegen ihn erwirken. Und wenn nicht?

Wir wären auch ohne die Hilfe des Mädchens weitergekommen.

Denn es geschieht etwas, womit wir in unseren kühnsten Träumen nicht gerechnet hätten: Wolfgang Přiklopil fährt zu einem weit von seinem Haus entlegenen Großcontainer und entsorgt dort Müll. Wir lassen ihn wieder davonziehen, mehrere Observationsteams heften sich an seine Fersen. Ein Team birgt den Abfall, ein weiteres besorgt sich bei Natascha Kam-

---

51 von einem Faustschlag, den Přiklopil ihr verpasste, als er sie von der Straße in seinen Kastenwagen riss

puschs Mutter DNA-fähiges Material ihrer Tochter. Das können Haare in der Haarbürste sein. Haare auf ihrem Kopfkissen. Oder vertrocknete Speichelreste in der Zahnbürste. Die Proben werden mit denen verglichen, die den im Abfall gefundenen Joghurt-Bechern oder Verpackungen von Süßigkeiten und Schokokeksen entnommen sind, die sie so gerne aß und die er ihr daher zu Beginn der Gefangenschaft kaufte. Natürlich wird der gesamte Müll auch auf ihre Fingerabdrücke hin untersucht. Gespannt warten wir auf die Ergebnisse der biologischen und daktyloskopischen[52] Analysen der Kriminaltechnik.

Dass Wolfgang Přiklopil nahezu täglich den Abfall, der ihr zuzuordnen war, in Großcontainer warf, berichtete Natascha Kampusch nach Ende ihrer Gefangenschaft der Polizei. Er war ohnehin extrem pingelig, um aber den Erfolg einer möglichen polizeilichen Spurensuche im Haus von vornherein zu vereiteln, verordnete er sich die permanente akribische Beseitigung jeglicher von seinem Opfer stammenden Spuren. Wie weit er dabei ging, und das konsequent bis zum letzten Tag, schlug sich in einem Bericht über die Arbeit der Tatortgruppe nieder: »Im Vorraum vor dem Verlies habe sich ein Sackerl mit benütztem Klopapier befunden, weil Natascha dieses nicht habe hinunterspülen dürfen, sondern Wolfgang Přiklopil dies verbrannt habe. Im ganzen Haus und im Verlies habe man gesehen, dass offensichtlich penibel geputzt worden sei.« Und um bloß keine Aufmerksamkeit auf sich zu lenken, weil er, statt nur für sich, nun für zwei Personen Lebensmittel einkaufte, fuhr er extra zu Supermärkten ins weit entfernte Wien.

Die Ergebnisse der kriminaltechnischen Untersuchungen liegen vor. Die im Müllcontainer sichergestellten Abfälle weisen DNA-Spuren, vielleicht auch Fingerabdruckspuren von Natascha Kampusch auf. Damit ist der Weg frei für alle polizeilichen Maßnahmen, die die Strafprozessordnung für ein Verbrechen wie eine Kindesentführung vorsieht: Videoüberwachung des Hauses. Anbringen von Peilsendern an Přiklopils Fahrzeugen. Überwachung seines Fernsprechanschlusses, seines Handys. Inwieweit man diese Möglichkeiten in der aktuellen Situation noch genutzt hätte, ist fraglich. Zwar hätten sie Aufschluss darüber erlauben können, ob Přiklopil Alleintäter ist oder noch Komplizen hat. Wahrscheinlich aber hätte man der sofortigen Befreiung des kleinen Mädchens aus seiner grausamen Lage absolute Priorität eingeräumt und den Strafverfolgungsanspruch des Staates auf mögliche Mittäter hintangestellt.

Wir dringen in Přiklopils Haus ein, fragen ihn, wo er Natascha Kampusch gefangen hält. Er gibt sich als Unschuldslamm, beschwert sich über unsere Unterstellung. Wir konfrontieren ihn mit dem Laborbefund. Er verlangt nach einem Anwalt, sagt keinen Ton mehr. Wir nehmen ihn fest. Eines unserer Teams fährt mit ihm zu unserer Dienststelle, besorgt ihm den Anwalt. Versucht, ihn in dessen Gegenwart zu vernehmen. Aber Přiklopil schweigt.

---

52 Verfahren zur Auswertung von Fingerabdrücken

Die Uhr tickt. Ab sofort ist Natascha Kampusch ohne Nahrungsnachschub. Wir schicken Hunde ins Haus. Sie nehmen keine Spur von ihr auf (obwohl es für mich bis heute fraglich ist, ob es tatsächlich so gewesen wäre).

Die Situation ist in diesem Moment vergleichbar mit dem Fall, der sich 2002 in Frankfurt am Main abspielte. Der Jurastudent Magnus Gäfgen hatte den elfjährigen Bankierssohn Jakob von Metzler entführt und sofort danach ermordet. Seine Lösegeldforderung an die Eltern wurde erfüllt. Von der Geldübergabe bis zu seiner Festnahme konnten Observationskräfte der Polizei ihn lückenlos überwachen und feststellen, dass er keine Mittäter hatte und das Kind nicht mit Essen und Trinken versorgte. Dass es längst tot war, konnten sie nicht wissen. Im Verhör schickte Gäfgen die Einsatzkräfte so lange in die Irre, bis dem Polizeivizepräsidenten Wolfgang Daschner unter dem Eindruck, dass die Lebensuhr des Jungen in wenigen Stunden ablaufen würde, der Kragen platzte und er Gäfgen durch einen Mitarbeiter das Zufügen von Schmerzen androhen ließ, wenn er nicht augenblicklich sage, wo das Kind stecke. Daraufhin gestand Gäfgen den Mord. Für die Gewaltandrohung kassierten Daschner und sein Beamter 2004 vom Frankfurter Landgericht Schuldsprüche wegen Verleitung eines Untergebenen zu einer Straftat und Nötigung im Amt. Schon im Vorfeld des Urteils kam es zu heftigen kontroversen juristischen Debatten. Die Dramatik dieses in mehrfacher Hinsicht tragischen Falles schilderten Ulrike Angermann und ich in der am 26. Juli 2006 im Zweiten Deutschen Fernsehen (ZDF) ausgestrahlten Dokumentation *Der Mordfall Jakob von Metzler – Ein Verbrechen und seine Folgen*.

Was also tun? Wolfgang Přiklopil sitzt in einem Vernehmungszimmer und lässt sich auch von seinem Anwalt nicht erweichen, endlich mit der Wahrheit herauszurücken. Ob er sich tatsächlich so verhalten hätte, ist die Frage. Zumindest in späteren Jahren, als die emotionale Bindung an Natascha Kampusch so tief war, dass er ein gemeinsames Leben mit ihr in Übersee plante, hätte er wahrscheinlich aus vermeintlicher Liebe zu ihr sofort ein Geständnis abgelegt, damit sie aus ihrem Verlies hätte umgehend befreit werden können. Dafür spricht auch eine Aussage seines Freundes Ernst H. gegenüber der Polizei:

»Wolfgang Přiklopil habe sich grundsätzlich gesorgt, dass ihm etwas passieren könne und sie[53] dann im Verlies umkomme. Ing. Ernst H. habe ihr bei einem der Telefonate nach ihrem Freikommen erzählt, dass Wolfgang Přiklopil gesagt habe, dass hinter dem Tresor sich etwas Wichtiges befinde. Er habe aber eher auf Geld oder Dokumente getippt.«

Aber gehen wir davon aus, dass Wolfgang Přiklopil eisern schweigt. Uns immer wieder neue Geschichten aufzutischen, wie es der Kindermörder Magnus Gäfgen eine ganze Nacht lang

---

53 Natascha Kampusch

im Verhör getan hat, ist sinnlos, denn wir sind uns auf Grund unserer Beobachtungen sicher, dass Natascha Kampusch irgendwo im Haus in einem geschickt getarnten Raum versteckt ist.

Unsere Teams, inzwischen unterstützt von Beamten aus dem Ermittlungsbereich, schwärmen aus und befragen Přiklopils Mutter, seine Freunde Ernst H. und Rudof H., Bekannte, frühere Arbeitskollegen. Und Nachbarn. Die werden sich an den Bau der Montagegrube erinnern. Und an den Tresor, an dem sich Wolfgang Přiklopil in unmittelbarer zeitlicher Nähe zu Natascha Kampuschs Entführung, nämlich einen Tag danach, fast den Finger abtrennte. Inwieweit diese Informationen dazu führen, den Tresor auszubauen und die schwere Eisen-Beton-Tür dahinter aufzubrechen, bleibt reine Spekulation. Aber eines steht fest: Wenn es nicht gelingen würde, Natascha Kampusch binnen kürzester Zeit zu finden, würde Wolfgang Přiklopil eine Maßnahme angedroht werden, die für uns nicht mit Strafe bedroht wäre: Wir würden ihn nun in Kenntnis setzen, dass wir schweres Gerät anfahren lassen und damit sein Elternhaus Stück für Stück abtragen würden, bis wir sein Opfer gefunden hätten. Ob er das bei dem engen Verhältnis zu seiner Mutter hingenommen hätte, wage ich zu bezweifeln. Und selbst wenn er weiter beharrlich geschwiegen hätte, hätten wir Natascha Kampusch befreit. Denn wir hätten unsere Drohung in die Tat umgesetzt. Für den entstandenen hohen Sachschaden wäre nur ein Mensch verantwortlich gewesen: er selbst.

Dass genau dieser verpatzte Hinweis des Wiener Hundeführers Christian Pabi die Republik Österreich noch in eine Staatskrise stürzen wird, kann an diesem 14. April niemand ahnen.

ZWISCHEN MÄRZ UND MAI 1998

Wolfgang Přiklopil leiht sich von Freund Ernst H. »für Grabungsarbeiten auf seinem Grundstück« einen Bagger aus. Der ist, wie dessen Bruder Erwin der Polizei 2009 schildern wird, »ca. 2 Mal so groß wie ein handelsüblicher Bagger und äußerst umständlich in der Handhabung«. Ernst H. weist Přiklopil »bei der rückwärtigen Einfahrt des Grundstücks« ein. Dass die Kurzbeschulung offensichtlich nicht gereicht hat, erfährt die Polizei über acht Jahre später von Erika L. aus Přiklopils Nachbarschaft. »Mit dem Bagger habe er in der Nacht ab 22 Uhr Baggerarbeiten auf seinem Grundstück durchgeführt. Mehrere Anrainer hätten sich beschwert, woraufhin er sofort die Arbeiten eingestellt habe. Auf die Frage, was er in der Nacht baggern müsse, habe er geantwortet, dass er üben müsse, um mit dem Bagger arbeiten zu können.« Nach einigen Wochen holt Ernst H. das Gerät wieder ab. Beim Abtransport helfen ihm Vater und Bruder. Denen erzählt Přiklopil, »dass er den Bagger zum Ausheben seines Swimmingpools benötigt habe«. Das ist gelogen, denn Beamte des Bundeskriminalamts werden später feststellen, »dass das Schwimmbad bereits Jahre zuvor zu Lebzeiten des Vaters des Wolfgang Přiklopil errichtet worden sei«. Warum aber lügt er? Was will er verbergen? Und vor allem: Welchem Zweck haben die Grabungsarbeiten dienen sollen?

Mit diesen Fragen werden sich die Ermittlungsbehörden 2009, also elf Jahre später, beschäftigen.

DIENSTAG, 7. JULI 1998

10.00 Uhr
Noch einmal muss Wolfgang Přiklopil vor dem Wiener Bezirksgericht im Gemeindebezirk Hernals erscheinen. In einer zweiten Hauptverhandlung geht es erneut um die Auseinandersetzung, die er mit dem Fahrer eines Wagens vor Ernst H.s Haus in der Bergsteiggasse hatte. Diesmal wird Přiklopils Kontrahent rechtskräftig wegen Körperverletzung verurteilt.

DIENSTAG, 20. OKTOBER 1998

Der *Kurier* berichtet:

»›Sag uns, wo Natascha ist‹, lautete der Appell, den Brigitta Sirny und Ludwig Koch Dienstagmittag an – ja, an wen eigentlich? – richteten. Sie hatten dafür zu einer improvisierten Pressekonferenz geladen. Die fand in eben jener Wohnung am Rennbahnweg in Wien-Donaustadt statt, die die Zehnjährige 233 Tage zuvor verlassen hat. Seither wird Natascha vermisst. In diesen 233 Tagen ›ist das Leben unerträglich geworden‹ (Ludwig Koch[54]). Die Eltern sind mit ihren Nerven am Ende, stehen, weil arbeitsunfähig, finanziell vor dem Ruin. Der Aufruf sei ein (aller)letzter Versuch, die Medien (und in weiterer Folge den oder die Täter) um Hilfe zu bitten. ›Selbst wenn nur angerufen und gesagt wird, wo … die Leiche von Natascha zu finden ist, dann haben wir schon etwas erreicht‹, meint ein den Eltern beratend zur Seite stehender Kriminalist. Um das Kind wenigstens begraben zu können. Das ist es auch, was Ludwig Koch meint, wenn er sagt: ›Sei es so oder so. Wir müssen der Realität ins Auge schauen.‹ ›Wir wollen Gewissheit haben, abschließen können‹, bittet Brigitta Sirny. Was dem Mädchen am 2. März auf dem Weg in die Schule zugestoßen ist, blieb bis heute ein Rätsel. Ein in der heimischen Kriminalgeschichte einzigartiger Fall, wurden doch keinerlei Spuren von dem Mädchen oder gar ein Tatort gefunden. Entführung? Mord? Oder doch ›nur‹ ein Unfall? Selbst im Sicherheitsbüro, wo man alle denkbaren Ermittlungsmethoden ausgeschöpft hat, um Natascha zu finden, kann man sich die Hintergründe nicht erklären. Eine Theorie, die man ganz vorsichtig (und leise) als ›die wahrscheinlichste‹ bezeichnet: ›Sie ist einem Irren in die Hände gefallen, der sie umgebracht und die Leiche in die Donau geworfen hat. Die führte damals Hochwasser, alle Schleusen waren geöffnet …‹ Das bange Warten der ersten Tage ist bei Brigitta Sirny, Ludwig Koch, deren Verwandten und Freunden der Verzweiflung gewichen. Zumindest unterbewusst wissen sie, dass sie Natascha nie mehr lebend wiedersehen werden. Und hoffen doch, dass ein einziger Hinweis das Unmögliche möglich machen kann. ›Ich warte Tag und Nacht auf diesen Anruf‹, fleht die Mutter und greift dabei symbolisch zum Telefon (Tel.: 01 / 258 12 80).«

Kein Zeitungsleser ahnt, dass diesem Artikel eine polizeiliche List zugrunde liegt. Die veröffentlichte Telefonnummer ist nicht die private von Brigitta Sirny. Die Nummer ist amtlich geschaltet worden. Von den Beamten des Sicherheitsbüros, die hoffen, dass der Täter direkt mit ihr Kontakt aufnehmen wird.

Tatsächlich meldet sich ein Mann. Er behauptet, Natascha in seiner Gewalt zu haben. Brigitta Sirny muss ihn in ein mindestens 90 Sekunden langes Gespräch verwickeln, damit die installierte Fangschaltung die Nummer des Anrufers erfassen kann. Das Telefonat ist für die

---

54 Natascha Kampuschs Vater

Mutter ein einziger Horror. Denn der Mann kündigt an, sie solle auf die Post warten, er wolle ihr etwas von Natascha schicken: einen Finger. Trotz des Schocks führt Brigitta Sirny das Gespräch noch weiter, bis der Kriminalbeamte ihr signalisiert, dass die 90 Sekunden vorbei sind. Wieder Hoffen. Wieder Bangen. Dann das Ergebnis: Der angebliche Entführer ist ein »Trittbrettfahrer«, ein Perverser, der in dem Leid anderer Befriedigung sucht.

SAMSTAG/SONNTAG, 19./20. DEZEMBER 1998

Das Jahr, in dem Natascha Kampusch entführt wurde, neigt sich langsam dem Ende zu. Und immer noch gibt es keine heiße Spur – zumindest keine, die von den Ermittlungsbehörden als solche erkannt wird. Allein Privatdetektiv Walter Pöchhacker sieht sich kurz vor dem Ziel. Ein Test mit dem Lügendetektor in Nataschas Umfeld, und der Fall ist gelöst – den Floh hatte er schon im März seinem Auftraggeber, dem *Kurier*, ins Ohr gesetzt. Kurz darauf hatte sich die Zeitung von ihm getrennt. Er aber blieb dran am Fall. Mit einem neuen Auftraggeber: Ludwig Koch, Nataschas Vater. Zum symbolischen Pauschalhonorar von einem Schilling[55], wie er in seinem Buch erzählt. Walter Pöchhacker hörte sich um. In der Nachbarschaft. Bei Bezugspersonen von Nataschas Eltern. Bei der »Gruppe Fleischhacker« vom Sicherheitsbüro, die erst von Hofrat Max Edelbacher auf Trab gebracht werden musste, damit sie sich mit dem Privatermittler unterhielt. Dann hatte sich für ihn die Verdachtslage so nachhaltig verdichtet, dass es endlich so weit war: Zum vierten Adventswochenende rückt der damals fast 81-jährige deutsche Gerichtspsychologe Professor Udo Undeutsch[56] mit seiner Assistentin, der 34-jährigen Diplom-Psychologin Gisela K.[57], mit einem Lügendetektor, in der Fachsprache Polygraph genannt, in Wien an. Im Büro des Detektivs unterziehen sich erst Ludwig Koch, anderntags Brigitta Sirny und ihr Schwiegersohn den Tests. Die Firmenräume sind bestens abgesichert: An der Eingangstür zeichnet eine versteckt angebrachte Kamera automatisch Bilder der Besucher auf. Im Büro nimmt eine Videokamera, die auf einem Regal in einem Buch verborgen ist, sie ins Visier. Laut Walter Pöchhacker werden die Probanden unter anderem mit folgenden Fragen konfrontiert:

- Glauben Sie mir, dass ich Ihnen nur die Fragen stellen werde, die wir besprochen haben?
- Heißen Sie mit dem Nachnamen NN?
- Haben Sie die Absicht, alle Fragen danach, ob Sie mit dem Verschwinden von Natascha irgendetwas zu tun haben oder etwas davon wissen, wahrheitsgemäß zu beantworten?
- Vor 1997, außer dem (XXX) und zur Verteidigung und zur Erziehung, haben Sie jemals einem Lebewesen Schmerz zugefügt?
- Wissen Sie, wer mit dem Verschwinden Nataschas zu tun hat?
- Vor 1997, außer (XXX), haben Sie um Ihres persönlichen Vorteils willen eine ungesetzliche Handlung begangen?
- Haben Sie mit dem Verschwinden Nataschas zu tun?

---

55 7 Cent
56 gestorben am 16. Februar 2013
57 K. ist u. a. als Referentin bei Fachseminaren der deutschen Polizei tätig.

- Vor 1997 haben Sie sich jemals über die Wünsche eines anderen Menschen hinweggesetzt, um Ihre Ziele zu erreichen?
- Wissen Sie, wo sich Natascha jetzt befindet?
- Vor 1997 haben Sie jemals gelogen, um sich aus einer schwierigen Lage zu befreien?

Koch schläft bei der Prozedur ein und muss geweckt werden. Seine Ex-Lebensgefährtin Sirny fällt unangenehm durch Husten und Räuspern auf, sie ist starke Raucherin. Als auch noch ihre Hände zittern, wie Walter Pöchhacker beobachtet haben will, ist er sich sicher: Gleich gibt es ein Geständnis. Was sie genau gestehen soll, lässt er offen. Aber das Erwartete tritt nicht ein. Und auch nach Meinung der beiden Polygraphen-Profis gibt es nichts zu beichten – alle Tests seien negativ verlaufen, lassen sie den Detektiv wissen und verlassen, wie sich Walter Pöchhacker erinnert, »nahezu fluchtartig« das Büro, »um die heilige Messe in der Rochuskirche[58] zu besuchen«. Knapp 100 000 Schillinge[59] hat ihn der Einsatz gekostet. Am Montag statten die deutschen Wahrheitsforscher der »Gruppe Fleischhacker« im Sicherheitsbüro einen kurzen Besuch ab, danach entschweben sie mit dem Flugzeug zurück in die Heimat. Arrangiert hat das Treffen Walter Pöchhacker. Er nimmt am Abend mit seiner Frau an der Weihnachtsfeier der Soko-Kriminalisten teil. Und die Gelegenheit nutzt er. Er bietet Fleischhacker die Tonbandmitschnitte der Lügendetektortests an. Sie dokumentieren seiner festen Überzeugung nach trotz des negativen Testergebnisses ein seltsames und damit auffälliges Verhalten von Brigitta Sirny. Fleischhacker winkt ab. Für ihn scheidet sie als Verdächtige aus. Mehrmals noch erneuert der Detektiv sein Angebot. Bis Fleischhacker die Bänder schließlich am 28. Februar 2001, also über zwei Jahre später, bei ihm abholen lässt. Und danach noch einmal eine Lieferung von Ton- und Videobändern in Empfang nimmt. Wenn er jedoch geglaubt haben sollte, Walter Pöchhacker damit ruhiggestellt zu haben, so wird er bald einsehen müssen, dass er sich getäuscht hat – Pöchhacker wird keine Ruhe geben. Er wird dafür sorgen, dass Fleischhacker den Fall abgeben muss. Danach wird er den neuen Kollegen im Nacken sitzen. Sich mit dem steirischen Abgeordneten Dr. Martin Wabl zusammentun. Und, wenn Natascha Kampusch schon längst wieder in Freiheit ist, jenseits aller polizeilichen Erkenntnisse ihre Mutter weiterhin mit eigenen abwegigen Theorien öffentlich verfolgen.

---

58 Römisch-katholische Pfarrkirche im 3. Wiener Gemeindebezirk Landstraße
59 um die 7200 Euro

SAMSTAG, 27. MÄRZ 1999

Gerade mal ein gutes Jahr ist es her, dass Wolfgang Přiklopil wegen des abgetrennten Mittelfingergliedes im Spital Korneuburg ärztlich versorgt werden musste. Nun sitzt er wieder in der Unfallambulanz und lässt seine linke Schulter behandeln, die er sich bei einem Sturz in eine Baugrube verletzt hat.

DIENSTAG, 18. MAI 1999

Richter Martin Wabl wird bei der Gendarmerie seines Heimatortes vorstellig. Mit einer sensationellen Mitteilung: Er hat den Schlüssel für die Lösung des Entführungsfalles Natascha Kampusch in der Hand, buchstäblich. Darüber hält Dr. Johannes Scherz vom Sicherheitsbüro Wien zweieinhalb Jahre später in einem Vermerk fest:

»Am 18.5.1999 gab Dr. Martin Wabl am GP[60] Fürstenfeld ein Kuvert mit 2 Schlüsselbünden ab, mit der Bemerkung, es handle sich dabei aufgrund eines anonymen Hinweises um die Schlüssel für den derzeitigen Aufenthaltsort der Kampusch. Dazu konnte erhoben werden, dass einer dieser Schlüssel zum Amt der Steiermärkischen Landesregierung, Landhaus/ Grüne gehörte.«

Und dort passte der Schlüssel zu dem Büro eines Grünen-Abgeordneten. Sein Name: Dr. Martin Wabl[61]. Ob der gerade anwesend war und überrascht aufsah, als sich im Zuge der Überprüfung sein eigener Schlüssel im Schloss drehte, ist nicht überliefert.

---

60 Gendarmerieposten
61 nach Angabe von Dr. Peter Pilz, Grünen-Nationalratsabgeordneter

DONNERSTAG, 10. JUNI 1999

Wenn ein Mensch plötzlich verschwindet, insbesondere ein Kind, klammern sich die Angehörigen an jeden Strohhalm, selbst wenn der Gehalt einer Information noch so absurd erscheint. Und bisweilen lässt sich auch die Polizei darauf ein, vom Pfad sachlich-nüchterner Betrachtung abzuweichen, meistens dann, wenn nichts mehr geht. Wie in diesem Fall. So beschreibt ein Gruppeninspektor der kriminalpolizeilichen Abteilung der Bundespolizeidirektion Klagenfurt in einem Vermerk seinen Ausflug in die krause Welt wundersamer Menschen, die vorgeben, das zu sehen, was sonst niemand sehen kann. Dazu angetrieben hat ihn die Redakteurin einer Tageszeitung.

»Am 8.6.1999 wurde Unterfertigter von Frau A. Kerstin, Redakteurin der *Kärntner Krone*, fernmündlich kontaktiert und teilte diese mit, dass ein gewisser Herr P. Franz, ›Geisterheiler‹, (…) ihr gegenüber angab, dass er wüsste, dass Natascha Kampusch ermordet worden wäre und ca. 15 km nordwestlich vom Stephansplatz entfernt vergraben sei. Auch könne er diese Stelle auf einem Wiener Stadtplan auspendeln. Ebenso könne er Hinweise zum Täter liefern. Nähere Angaben möchte er jedoch nur im Beisein der Kripo machen. Ebenso möge ein Bild der Abgängigen und ein Gesamtplan von Wien mitgebracht werden.«

Die Dame aus der *Kronen*-Redaktion versichert dem Kripomann, dass der pendelnde Geisterheiler »glaubwürdig« sei, und der protokolliert den weiteren Ablauf so:

»Gemeinsam mit der Redakteurin wurde nun Herr P. am 09.06.1999, 18.00 Uhr, aufgesucht. Mithilfe des Fahndungsfotos von Natascha pendelte er das Gebiet, in welchem Nataschas Leiche vergraben sein soll, aus. Dabei soll es sich um das an der beiliegenden Karte markierte Gebiet (an Kreuzerlwiese angrenzendes Waldstück, insbesondere durch den Kreis markierter Waldbereich) handeln. Weiters pendelte er aus, dass über Nataschas Leiche 25 cm Erde liegen würde und sie einem ›Triebtäter‹ zum Opfer gefallen wäre. Einen genauen Tathergang konnte er nicht angeben, jedoch dass Natascha bereits einen Tag nach ihrem Verschwinden tot gewesen wäre und mittels PKW des Täters zu diesem Waldstück verbracht und vergraben worden wäre.
  Weiters befragte er sein Pendel zum Täter und soll es sich hierbei um einen Mann, ca. 26 Jahre alt, dunkelblondes Haar, 171 cm groß, 82 kg schwer, geistig beschränkt, triebhaft, 6 km westlich vom Stephansplatz in einer Wohnung bzw. Zimmer aufhältig, arbeitslos, Besitzer eines PKWs und als Single lebend, handeln. Dieser Mann wäre bei der Polizei auch noch nie aufgefallen und wäre dies sein erster ›Mord‹ gewesen.«

Der Bericht des Kärntner Gruppeninspektors landet umgehend auf dem Schreibtisch von Chefinspektor Fleischhacker vom Wiener Sicherheitsbüro. Der sieht sich auf der Kreuzerlwiese um und kommt zu dem Schluss:

»Jene Stelle, die seitens des Pendlers als inkriminierte Stelle eingezeichnet worden ist, ist mit einem Fahrzeug überhaupt nicht erreichbar. Die Erhebungen werden fortgesetzt.«

DIENSTAG, 7. SEPTEMBER 1999

Neuer Auftritt des steirischen Landtagsabgeordneten Dr. Martin Wabl beim Gendarmerieposten seiner Heimatgemeinde Fürstenfeld. Diesmal lässt er sich von einem Kamerateam des ORF begleiten. Es filmt ihn bei der Übergabe seiner schriftlichen Hinweise an die Beamten. Sie beruhen angeblich auf den Weissagungen eines weiteren Pendlers. Martin Wabl zufolge, so berichtet Dr. Scherz vom Sicherheitsbüro in einem Vermerk, befinde sich Natascha Kampusch »mit an Sicherheit grenzender Wahrscheinlichkeit in Weikendorf im Steinfeld, NÖ[62]«. Er »habe das bezeichnete Haus besichtigt und festgestellt, dass von der Größe her dort leicht ein Mädchen versteckt werden könnte. Er sei persönlich davon überzeugt, dass Kampusch dort versteckt sei. Weiters habe er im Zuge seiner Nachforschungen auf dem Grundstück der Firma Readymix im Gemeindegebiet Bad Fischau in einem Durchgang verlassene Kleidungsstücke und ein Brillenetui gefunden. Seiner Meinung nach können diese Gegenstände mit dem Fall Kampusch im Zusammenhang stehen.«

Beamte überprüfen das Weikendorfer Haus und stellen fest, »dass an der Adresse (...) ein älteres Ehepaar wohne und der Hinweis daher bezuglos sei«. Trotz dieser eindeutigen Feststellung sorgt die Staatsanwaltschaft Wiener Neustadt für den Erlass richterlicher Hausdurchsuchungsbefehle.

---

[62] südliche Region des Wiener Beckens in Niederösterreich. Der Name beruht auf einer Schotterebene, die auf einer Seehöhe von 230 bis 370 m ü. A. liegt.

MONTAG, 27. SEPTEMBER 1999

Beamte der Kriminalabteilung des Landesgendarmeriekommandos Niederösterreich durchsuchen das Haus in Weikendorf. Natascha Kampusch finden sie nicht – wie auch. Die nächste Herausforderung wartet auf sie, als sie das Firmengelände unter die Lupe nehmen. In ihrem Bericht an das Landesgericht Wiener Neustadt schreiben sie:

»Jene Stelle, wo der ›Pendler‹ die vergrabene Kampusch anzeigte, konnte vorerst nicht genau untersucht werden, da es sich bei der Stelle um einen mit Gebüsch verwachsenen Damm handelt, der zu einem dahinterliegenden Wassergraben gehört.«

So zweifelhaft den niederösterreichischen Beamten Martin Wabls Pendler-Hinweis auch vorkommen mag – der Vorwurf, nicht alles unternommen zu haben, um eine Spur des verschwundenen Kindes zu entdecken, kann ihnen wohl kaum gemacht werden: Sie lassen schweres Gerät anfahren, das sich durch das unwegsame Gelände pflügt, und setzen Leichenspürhunde der Bundespolizeidirektion Wien ein. Die Bilanz der Großaktion: negativ.

DIENSTAG, 28. SEPTEMBER 1999

Das bislang grenzenlose Vertrauen in die Güte der Hinweise des Grünen-Landtagsabgeordneten, Fürstenfelder Gemeinderats und Richters Dr. Martin Wabl zeigt erste Risse. Unter der Überschrift »Bagger und Hunde suchen in Steinbruch nach Natascha K.« berichtet der *Kurier*:

»*Er* hat die im Fall ›Natascha Kampusch‹ ermittelnden Kriminalisten mit ›heißen Tipps‹ versorgt, sie (unter anderem) in Sonnenstudios nach dem Mädchen suchen lassen. *Er* hat sich als Polizist ausgegeben, Passanten befragt (und war deshalb kurzfristig selbst im Arrest). Ein von *ihm* beschuldigter Wiener hat Anzeige wegen ›übler Nachrede‹ erstattet. Am Freitag war *er* wieder Regisseur einer groß angelegten Suchaktion, *Er* – das ist Martin Wabl

Der selbst ernannte Hofburg-Kandidat[63] hat in dem mysteriösen Kriminalfall (wieder) Hinweise ›weitergegeben‹. Freilich nicht mehr an die Ermittler, die an der Glaubwürdigkeit des Grün-Landespolitikers aus der Steiermark zweifeln. Vielmehr schrieb der Bezirksrichter gleich an Thomas Klestil[64], dessen Amt er einst übernehmen wollte. Sein Brief ging einige Zeit im Kreis, bis er bei der Staatsanwaltschaft Wr.[65] Neustadt landete. Deren Leiter, Friedrich M., sprach mit Martin Wabl. Und zögerte nicht, die notwendigen Anträge zu stellen – denen U-Richter Martin B. prompt nachkam. Hausdurchsuchungsbefehle wurden erlassen. Und am Montag rückten das Gericht sowie Beamte der Kriminalabteilung NÖ[66] samt Baggern und Leichensuchhunden dorthin aus, wo Natascha, Martin Wabls (angeblich anonymem) Informanten zufolge, festgehalten werden soll(te). Ziel der nicht billigen Expedition war erst eine Kiesgrube bei Wr. Neustadt (wo Wabl in Begleitung eines Pendlers zuvor bereits gegraben hatte) und das Haus eines 70-jährigen Pensionisten (der aus allen Wolken fiel). Heute, Dienstag, soll noch ein Bach abgesucht werden.

›Der negative Ausgang war abzusehen‹, schüttelt man im Wiener Sicherheitsbüro die Köpfe. Die Beamten sind seit 2. März 1998 auf der Suche nach der Zehnjährigen, die auf dem Weg in die Schule spurlos verschwunden war. Die Fahnder gehen davon aus, dass Natascha nicht mehr lebt.

Martin Wabl hat sich zuletzt wegen eines ›Hinweises‹ im Wiener Landl wegen ›übler Nachrede‹ verantworten müssen. Er wurde freigesprochen. Das Urteil ist nicht rechtskräftig, weil das (mutmaßliche) Opfer Rechtsmittel eingebracht hat.«

---

63 für das Amt des österreichischen Bundespräsidenten
64 österreichischer Bundespräsident von 1992 bis zu seinem Tod am 6. Juli 2004
65 Wiener
66 Niederösterreich

DONNERSTAG, 25. NOVEMBER 1999

14.30 Uhr
Dr. Martin Wabl hat im Psychiatrischen Krankenhaus der Stadt Wien im zweiten Stock von Pavillon 21 einen Termin beim psychiatrischen Sachverständigen Primar Dr. Heinz Pfölz, der ihn auf seinen Geisteszustand hin untersuchen soll. Anlass dafür ist die Verleumdungsanzeige der Wiener Bundespolizeidirektion, nachdem er seine Vorwürfe gegen Brigitta Sirny an die politische Spitze Österreichs gefaxt hatte. Wie Martin Wabl in seinem Buch[67] schreibt, sei ihm »von Seiten des Psychiaters Zurechnungsfähigkeit und Normalität attestiert« worden. Der Befund sei auch in einem Interview mit dem ORF-Journalisten Dr. Alfred Sch. zum Fall Kampusch festgehalten worden, der ihm dafür eigens auf das Krankenhausgelände gefolgt ist.

»Nach der Begutachtung wurde das Strafverfahren gegen mich eingestellt und ich erfuhr durch einen Beschluss, dass sogar mein Telefon abgehört worden war«, teilt Martin Wabl in seinem Buch weiter mit. »Daraus lässt sich der Schluss ziehen, dass das Interesse, mich zu verurteilen, äußerst groß gewesen sein musste.«

---
67 *Natascha Kampusch und mein Weg zur Wahrheit*

FREITAG, 26. NOVEMBER 1999

Gleich nach seiner »Psychiatrierung« meldet sich Dr. Martin Wabl in der *Kronen Zeitung* zu Wort und bezichtigt Brigitta Sirny erneut, in das Verschwinden ihrer Tochter verwickelt zu sein. Mit Vorwürfen allein ist es nicht getan, erkennt Wabl und will der Einsicht Taten folgen lassen. Wie die aussehen sollten, lässt er den Leser seines Buches wissen. »In einem Gespräch mit Innenminister Ernst Strasser[68] schließlich schlug ich vor, mich als Sonderermittler im Fall Natascha Kampusch einzusetzen. Bei entsprechender Akteneinsicht wäre ich mit Sicherheit in der Lage gewesen, den Fall rasch zu lösen. Der Innenminister lehnte meinen Vorschlag allerdings als eine im österreichischen Justizwesen unübliche Vorgangsweise ab. Meinen Beteuerungen, dass gerade in diesem Fall viel zu wenig und nur stümperhaft recherchiert würde, schenkte der Innenminister kein Gehör.«

---

[68] Bundesminister für Inneres (ÖVP) vom 04. Februar 2000 bis 11. Dezember 2004

MONTAG, 24. JANUAR 2000

Den stümperhaften Recherchen ein Ende zu setzen, versucht Martin Wabl mit einem neuen Vorstoß, der nun eine Untersuchungsrichterin beschäftigt. Sie notiert:

»Dr. Martin Wabl, Richter in Feldbach[69] gibt an, er habe gesehen, dass in der Barbara KARLICH Show[70] ein Mann aufgetreten sei, der mit KAMPUSCH im Jenseits Kontakt habe. Zum Beweis spielt er ein Tonband mit der angeblichen Stimme von KAMPUSCH vor.«

Ihren Vermerk verfügt die Richterin an die Staatsanwaltschaft »zur Einsicht und Veranlassung hins. d. Eingaben des Wabl« ab.

---

69 Bezirkshauptstadt des Bezirks Südoststeiermark, knapp 4700 Einwohner
70 seit 27. Oktober 1999 tägliche Talkshow in ORF 2 von montags bis freitags, benannt nach deren Moderatorin Barbara Karlich

DONNERSTAG, 18. OKTOBER 2001

Fast zwei Jahre sind vergangen, und von Natascha Kampusch fehlt weiterhin jedes Lebenszeichen. Martin Wabl aber ist nach wie vor rührig. Zum Verdruss der ermittelnden Beamten im Wiener Sicherheitsbüro. Das hat das Innenministerium jedoch nicht davon abgehalten, sie in einem Erlass[71] anzuweisen, den Hinweisen des Familienrichters vorrangig und akribisch nachzugehen. Damit ist das Maß voll. Die Soko-Fahnder sind es leid, ihre Zeit mit unsinnigen Tipps zu verplempern. Dr. Johannes Scherz, Oberrat im Sicherheitsbüro, setzt sich an den Schreibtisch und verfasst unter dem Aktenzeichen II-161/SB/01 einen Bericht, in dem er auflistet, womit Martin Wabl sie bislang auf Trab gehalten hat:

»Der ›selbst ernannte Ermittler in Sachen Kampusch‹, Dr. Martin Wabl, Familienrichter und Landtagsabgeordneter, war seit Beginn des Falls Kampusch immer wieder davon überzeugt, die richtige Spur zur Lösung des Falles Kampusch zu kennen. Immer wieder brachte er mehr oder weniger dubiose Hinweise (wobei er sich teilweise auf seinerseits erhaltene anonyme Hinweise berief) bei höchsten Stellen ein. So verneinte er z. B., das Kind sei von zu Hause weggelaufen, es befinde sich in Ungarn, es sei von einem Schilehrer sexuell missbraucht worden, die Leiche befinde sich in einem Sonnenstudio oder in einem Geschäft mit Gefrierschränken, es befinde sich an der Anschrift von Brigitte und Karl S. in Wien 3, Wien 14 oder Wien 19, auf Grundstücken in Harbach oder Hirschenwies, in einem Haus in Weikersdorf oder einer Schottergrube in Bad Fischau oder so weiter.«

Bereits zwei Wochen nach Natascha Kampuschs Entführung, so führt Scherz weiter aus, habe Martin Wabl auf eigene Faust ermittelt, sich als Polizist ausgegeben und sei deswegen vorübergehend festgenommen worden. Das habe ihn nicht davon abgehalten, die Polizei mit Schlüsseln irrezuführen, die zu Natascha Kampusch führen sollten, tatsächlich aber zum Amt der Steiermärkischen Landesregierung, Landhaus/Grüne führten. Scherz stellt abschließend fest:

»Aufgrund der Qualität der Hinweise des Dr. Wabl ist ha.[72] nicht nachvollziehbar, weshalb der Überprüfung derartiger Hinweise besondere Priorität eingeräumt werden soll.«

---

71 Aktenzeichen 1 553 537/1-II/10/A
72 hieramtlich

DIENSTAG, 13. NOVEMBER 2001

Mit seinen schriftlich an die Behörden versandten Verdächtigungen gegen Brigitta Sirny hat sich Martin Wabl eine Klage von ihr eingehandelt. Über den Prozess berichtet die *Kleine Zeitung* unter der Überschrift »Fall Natascha Kampusch: Ein Richter ist verurteilt – Richter Martin Wabl darf seine Meinung darüber nicht mehr kundtun«:

»Er ist für seine ungewöhnlichen Meinungen bekannt und ein Blatt vor den Mund nimmt er nur selten. Der ehemalige Grünen-Abgeordnete, Präsidentschaftskandidat und Feldbacher Familienrichter Martin Wabl hat jetzt ein Urteil in eigener Sache bekommen. Demnach darf der Jurist nicht mehr behaupten, dass die Mutter der ermordeten Natascha Kampusch mit deren Tod in Zusammenhang stünde.

›Davon bin ich aber nach wie vor überzeugt und deshalb werde ich auch gegen dieses Urteil Berufung einlegen‹, bleibt Wabl im Gespräch mit der *Kleinen Zeitung* bei seiner Auffassung über den spektakulären Wiener Kriminalfall.«

Martin Wabl wird nicht klein beigeben. Die rechtlichen Auseinandersetzungen mit Brigitta Sirny werden sich noch über fast acht Jahre, bis 2009, hinziehen. Dann wird ihre Tochter schon drei Jahre in Freiheit sein.

MITTWOCH, 17. JULI 2002

Ein schwarzer Tag für Chefinspektor Adolf Fleischhacker und seine Leute. Und damit für das gesamte Sicherheitsbüro bis hinauf zu dessen Leiter Max Edelbacher. Sie sind den Fall »Natascha Kampusch« los. Um ihn kümmern sich jetzt Kollegen der Kriminalabteilung des Landesgendarmeriekommandos Burgenland in Eisenstadt, der 13 000-Einwohner-Hauptstadt des an Wien angrenzenden Bundeslandes. So hat es der Leiter der Gruppe II/D (Kriminalpolizei) des Innenministeriums, Dr. Herwig Haidinger, verfügt. Damit endlich wieder Ruhe einkehrt. Erst Martin Wabl. Dann immer noch Martin Wabl. Parallel dazu Detektiv Walter Pöchhacker, der den Beamten des Sicherheitsbüros nun schon seit Jahren mit Kritik, Vorschlägen und Hinweisen in den Ohren liegt.

Am 21. März 2001 hatte er in einem Fax an den SB-Chef – »Sehr geehrter Herr Mag.[73] Edelbacher, lieber Max!« – unter »Betr.: Natascha« angekündigt, dass er wüsste, wo ihre »Leiche hingebracht« worden wäre. Er hätte sich »die Gegend angesehen und passen würde alles sehr gut«. Walter Pöchhackers Arbeitshypothese: Brigitta Sirny hat ein Verhältnis mit einem Transportunternehmer, mit dem sie und Nataschas Vater, Ludwig Koch, früher befreundet waren. Dieser Transportunternehmer hat außerhalb von Wien einen Teich. Ein geeigneter Ort also, um darin eine Leiche verschwinden zu lassen. Die Leiche von Natascha. Also müsste man in dem Teich graben. Doch das Sicherheitsbüro grub nicht. Walter Pöchhacker drohte mit den Medien, und als immer noch nicht gegraben wurde, schaltete er das Fernsehen und die Presse ein. Er verfasste einen »140 Seiten langen Bericht samt Beilagen«, in dem er die angeblichen Versäumnisse des Sicherheitsbüros auflistete. Den Bericht verschickte er an Innenminister Dr. Strasser und leitende Ministerialbeamte. Am 9. April 2001 forderte er im ORF-Fernsehmagazin *Thema* von Strasser, »dass man dem Sicherheitsbüro diesen Fall entziehen möge«. Es dauerte dann zwar noch über ein Jahr, aber nun hatte er endlich Gehör gefunden. Im Auftrag des Ministers teilt ihm der stellvertretende Leiter der Abteilung für Kriminalpolizeiliche Ermittlungen im Innenministerium, Erich Zwettler, am 12. August 2002 per Fax unter der Kennung »Interpol Wien« Haidingers Entscheidung mit. Entgegen allen bis dahin vorliegenden kriminalpolizeilichen Erkenntnissen ist in dem Schreiben die Rede vom »Vermisstenfall« Natascha Kampusch, nicht vom Entführungsfall. Es endet mit dem Hinweis, dass Walter Pöchhackers »Ermittlungsbericht in dieser Causa (…) der Kriminalabteilung Burgenland übermittelt« wurde.

Trotz der behördlichen Ruhigstellungsmaßnahmen wird Walter Pöchhacker auch in weiterer Zukunft Gründe für Beschwerden sehen, die er dann an Innenminister Strassers Nach-

---

[73] Magister (akademischer Grad)

folgerin Liese Prokop[74] richten wird. Seine Umtriebigkeit wird im Abschlussbericht einer 2008 eingesetzten Evaluierungskommission so zusammengefasst werden:

»Der Detektiv Walter Pöchhacker trat von Beginn an laufend mit neuen Hinweisen an das SB[75] heran. Das Verhältnis zwischen den Beamten und dem Detektiv wurde zunehmend gespannt und problematisch. Detektiv Pöchhacker richtete Beschwerdeschreiben an den Herrn Bundespräsidenten, den Herrn Landeshauptmann[76] von NÖ[77], die Frau Bundesministerin für Inneres, den Generaldirektor für die öffentliche Sicherheit und andere Persönlichkeiten, worin er Versäumnisse der Beamten des SB behauptete.«

Am wenigsten über die massive Kritik gefreut haben wird sich SB-Chef Max Edelbacher. Im Jahr 1998, in dem Natascha Kampusch entführt wurde, feierte Walter Pöchhacker das fünfzehnjährige Jubiläum seiner Detektei. Und Edelbacher jubelte schriftlich mit:
»Walter Pöchhacker gehört zu den Spitzenkräften dieser Branche. Pöchhacker wirkt scheinbar ruhig, ein gewissenhafter, grundehrlicher Mensch, der aber, wenn es darauf ankommt, enorme Energie entwickelt und sagenhafte Durchschlagskraft beweisen kann. Der große Mann strahlt Sicherheit aus. Es ist gut vorstellbar, dass Kunden Vertrauen fassen. Aber hinter der ›Teddybärfassade‹ steckten viel Know-how, Fleiß, Beharrlichkeit, Wissen und Ernsthaftigkeit.
Ein Mann wie Walter Pöchhacker ist aber nicht einfach nur Detektiv. Man spürt bei der Begegnung, dass er sich den Idealismus und den Glauben an den Sieg der gerechten Sache bewahrt hat. Daher ist er mir sympathisch. Ich mag ihn und schätze ihn als ›guten Mann‹, als Fachmann.
Ich gratuliere ihm, seiner Detektei, der Detektivagentur Pöchhacker Ges.m.b.H., seiner tüchtigen Frau und seinen Mitarbeitern herzlichst zum Jubiläum. Wir Männer wissen ja, hinter jedem erfolgreichen Mann wirkt eine tüchtige Frau. Ich habe den Eindruck, dass es in diesem Fall sicher stimmt.
Mag. Maximilian Edelbacher, Vorstand des Sicherheitsbüros.«

Herwig Haidinger, dem Walter Pöchhacker verdankt, dass ein neuer professioneller Anlauf in dem Aufklärungsbemühen um das mysteriöse Verbrechen genommen wird, ist ein Akademiker mit Polizeipraxis. Den beruflichen Erfolg hat er sich hart erarbeitet. Der 1954 in Linz geborene Arbeitersohn startete mit Hauptschulabschluss und Gesellenbrief als Kraftfahrzeugmechaniker ins Berufsleben, heuerte nach einer Zwischenstation als UNO-Soldat

---

74 Bundesministerin für Inneres (ÖVP) vom 22. Dezember 2004 bis zu ihrem Tod am 31. Dezember 2006
75 Sicherheitsbüro
76 vergleichbar mit dem Ministerpräsidenten eines deutschen Bundeslandes
77 Niederösterreich

auf den Golanhöhen 1975 bei der Polizei an. Auf einem Gymnasium für Berufstätige absolvierte er das Abitur, studierte parallel zu seiner Tätigkeit als Kriminalbeamter an der Uni Linz, promovierte 1987 zum Dr. iur. und landete 13 Jahre später schließlich im Innenministerium auf dem Stuhl des Kripochefs. Im Zuge einer Polizeireform bekam er den Auftrag, ein österreichisches Bundeskriminalamt aufzubauen, dessen erster Direktor er im August 2002 wurde. Anders als in Deutschland, wo die Polizei Ländersache ist, hat das BK, so das Kürzel der neuen, obersten Kriminalbehörde, laut Haidinger »direktes Weisungsrecht bis ganz nach unten«. Damit bekleidete er ein Spitzenamt, das manchen Besucher beim Betreten seines 40-Quadratmeter-Büros devot einknicken ließ. Schmunzelnd erzählte er uns bei einer unserer Begegnungen: »An der Wand hingen abstrakte Bilder. Die Leute, die zu mir kamen, blieben davor stehen und sagten bewundernd: ›Oh, was sind das für Bilder …‹ Viele gaben sich als Kunstkenner aus und bemühten sich, die Werke zu interpretieren. Ich bin mir sicher, dass einige ihren vorgeblichen Kunstsinn nur deswegen dokumentieren wollten, um mich zu beeindrucken, also reine Schleimer. Verblüfft waren sie dann, wenn ich ihnen auf die Frage, wer denn der große Künstler sei, knapp antwortete: ›Meine Sekretärin.‹«

Als im Juni 2002 Walter Pöchhackers Bericht auf Haidingers Schreibtisch lag, las der sich alles sorgfältig durch und griff zum Telefonhörer. »Ich habe mal rumgefragt, wer Kapazitäten frei hat. Der LKA[78]-Chef in Vorarlberg sagte: ›Bitte gebt's des net mir, i hob so viel.‹ Daher habe ich die Akten an das Burgenland weitergegeben und an dessen Leiter Nikolaus Koch sowie den stellvertretenden Chef Geiger vom Sicherheitsbüro appelliert, sich nicht als Konkurrenten zu sehen. Zu den Wienern hab' ich gesagt: ›Seid nicht bös', wenn es so ist.‹ Und zu den Burgenländern: ›Fragt die Wiener, sondert euch nicht ab!‹« Dennoch tun sich die SB-Beamten schwer mit Haidingers Anweisung. Als am 18. Juli 2002 die Kollegen aus dem Burgenland bei ihnen insgesamt 120 Aktenordner und mehrere Kisten mit Unterlagen abholen und zur »Evaluierung und weiteren Bearbeitung«, so ihr Auftrag, nach Eisenstadt bringen, kommt dies für sie einer feindlichen Übernahme gleich.

So sehr es sich Walter Pöchhacker auch wünscht, nach Nataschas Leiche wird in dem Teich auch jetzt nicht gesucht. Dabei wäre doch alles so einfach. Findet zumindest er. Und hält das Studium der Aktenberge des Sicherheitsbüros durch die Nachfolgekollegen für pure Zeitverschwendung. »Wesentlich war ja nur die Überprüfung meiner Angaben, also genau 140 Seiten!«, schreibt er in seinem Buch[79]. »Dazu vielleicht 15 Zeugeneinvernahmen, zwei Verhöre, Leiche ausgraben, fertig!« Das sehen die Beamten der Burgenländer Soko anders. Daraufhin macht der Detektiv Druck, wieder einmal. Diesmal mithilfe von *Krone*-Reporter

---

78 Landeskriminalamt
79 *Der Fall Natascha – Wenn Polizisten über Leichen gehen*

Christoph Matzl. Erst wird er bei dem neuen Soko-Chef, Oberst[80] Nikolaus Koch, vorstellig, dann in Begleitung von Christoph Matzl bei BK-Direktor Haidinger. Dem bietet er an, sich »die Verdächtigen selbst zu kaufen« – gemeint sind Brigitta Sirny und ihr angeblicher Liebhaber, der Teichbesitzer. »Nein, das machen Sie nicht«, stellte Dr. Haidinger denn auch mit befehlsgewohnter Stimme fest«, beschreibt Walter Pöchhacker dessen Reaktion. Und mutmaßt als Grund für die Ablehnung: »Die Aussicht, von mir vielleicht auch noch ein Geständnis präsentiert zu bekommen, löste (...) offensichtlich keine Euphorie aus.« Wohl wahr, aber aus anderen Gründen, wie uns später einer der beiden Beamten der »Soko Burgenland«, die ebenfalls an der Besprechung teilnahmen, erklärte: »Pöchhacker war von sich überzeugt, ein cholerischer Typ und großspurig: Ich bin der Bessere. In der Diskussion zeigte er sich rechthaberisch.«

Während Haidinger sich nur an eine Begegnung mit Walter Pöchhacker erinnert, muss es nach dessen Schilderung mindestens ein zweites Treffen gegeben haben, womit er vermutlich recht hat. Denn der Detektiv beeindruckte Haidinger weniger mit Großspurigkeit. »Als er mir einmal gegenübersaß und ich mit ihm sprach, fing er an zu weinen wie ein kleines Kind. Ihm wurde alles zu viel, was er sich selbst eingebrockt hatte.« Diesen Gefühlsausbruch hätte sich Walter Pöchhacker wohl kaum in größerer Runde, beispielsweise im Bundeskriminalamt gestattet. »Er hat vorgetragen, was alles nicht in Ordnung ist und was aus seiner Sicht falsch ermittelt wurde. Ich habe ihm allgemein geantwortet: ›Da gibt es ein paar Dinge, da werde ich nachschauen.‹« So weit Herwig Haidinger.

Auf deutlich offenere Ohren war Walter Pöchhacker in seinem Ermittlerdrang bereits ein Jahr nach Natascha Kampuschs Entführung bei Wiens populärem Ex-Bürgermeister Helmut Zilk[81] gestoßen. Unter dem Namen des Kindes hatte er einen Fonds mit einer Eigeneinlage von 100 000 Schillingen[82] gegründet, Zilk hatte die Schirmherrschaft übernommen. Mit Geldern aus dem Spendentopf sollten die Zungen potenzieller Hinweisgeber gelöst werden. Doch die Rechnung ging nicht auf. Bis Ende 2003 kamen insgesamt nur 9599,30 Euro zusammen, darunter die Spende von Kindern einer Kärntner Volksschule, von deren Eltern und Lehrern. Und auch sonst konnte die Rechnung nicht aufgehen, denn wer hätte über wen und was auspacken können – außer der Entführer Wolfgang Přiklopil selbst?

Von Anfang an hat sich die Polizei und damit der österreichische Rechtsstaat von einem Familienrichter und einem Detektiv Arm in Arm mit den Medien jagen lassen. Nun geht die Jagd weiter, wie die vom Innenministerium eingesetzte Evaluierungskommission rückblickend in ihrem Schlussbericht 2008 festhält:

---

80 in der Folge zum Generalmajor befördert
81 amtierte von 1984 bis 1994 und verstarb 2008
82 ca. 7270 Euro

»Nach der Übertragung der Ermittlungen an die Sonderkommission[83] waren die Handlungen auch wieder in hohem Maße durch externe Einflüsse (etwa Eingaben von Walter Pöchhacker oder Martin Wabl, Presseberichte) bestimmt. In gewisser Weise waren die Ermittler in dieser Phase »Getriebene«, die jedem Hinweis mit der gebotenen Sorgfalt nachgingen. Anstelle des einer Evaluierung innewohnenden Elements einer systematischen Durchsicht und Bewertung des gesamten bisher vorhandenen Materials ist aus Sicht der Kommission überaus rasch eine typische Ermittlungstätigkeit getreten.«

Zuständig für die sachgerechte Bearbeitung ist der operative Leiter, Soko-Chef Nikolaus Koch, von Freunden kurz »Nik« gerufen. Hauptverantwortlicher jedoch bleibt BK-Direktor Herwig Haidinger. Er wird in dem Entführungsfall noch eine herausragende Rolle spielen und am Ende für seine Haltung, die ihn für die einen zum Nestbeschmutzer, für die anderen zum Helden machte, bitter bezahlen müssen.

---

83 Burgenland

FREITAG, 9. AUGUST 2002

Das österreichische Magazin *Woman* berichtet in der Rubrik »Schicksal«, dass der Fall neu aufgerollt wird. Dazu erscheint ein Interview mit Brigitta Sirny über ihren Status als Verdächtige – »Das muss ich akzeptieren« – und die mögliche Grabung im Schotterteich ihres Bekannten. Bebildert ist der Artikel mit einem der beiden Fotos der halb nackten Natascha, Text: »Bilder wie dieses sorgen jetzt für Aufregung: Natascha in Reitstiefeln und mit Gerte. Das Foto wurde angeblich von einer ihrer Schwestern aufgenommen.« Damit wird die Diskussion um innerfamiliären sexuellen Missbrauch des Kindes erneut angeheizt.

FRÜHJAHR 2003

Die neue Soko gräbt. Allerdings nicht dort, wo es Detektiv Walter Pöchhacker gerne hätte. Sie gräbt im Schrebergarten der Eltern eines Verdächtigen. Er sitzt wegen sexuellen Missbrauchs von Kindern in Haft. Auf einem der Fotos, die er von den Kindern gemacht hat, ist ein Mädchen abgebildet, das, wie Chefinspektor Frühstück uns später erzählt, »Natascha Kampusch verblüffend ähnlich sah«. Noch heißer wird die Spur, als sich herausstellt, dass der Pädophile in der Nähe ihrer Schule gearbeitet hat. Die Beamten ziehen einen Geologen hinzu, setzen Leichenspürhunde ein. Eine Spur des verschwundenen Mädchens finden sie nicht.

DIENSTAG, 17. JUNI 2003

Zweite Grabung der burgenländischen Sonderkommission. Und damit die Krönung von Walter Pöchhackers hartnäckiger Treibjagd. Denn diesmal ist sein Teich dran, endlich. Und auch Martin Wabl ist wieder mit von der Partie. »Ich selbst habe Walter Pöchhacker bei seinen Bemühungen, das in Form einer Landzunge aufgeschüttete Material zu untersuchen, unterstützt.« Die Soko-Beamten halten die Schlussfolgerungen des Detektivs zwar weiterhin für absurd, gehen ihnen jetzt aber doch nach. Ein für alle Mal wollen sie damit seine öffentlich verbreiteten Mutmaßungen widerlegen.

Sie entspringen nicht gänzlich seiner Fantasie. Der Verdacht, den er gegen den Besitzer des Teiches hegt, ist genährt worden durch das hilflose Bemühen von Nataschas verzweifeltem Vater, sich das plötzliche Verschwinden seiner Tochter erklären zu können. So glaubt Ludwig Koch zu wissen, dass seine ehemalige Lebensgefährtin, Nataschas Mutter, eine sexuelle Beziehung zu dem früheren gemeinsamen Freund, dem Teichbesitzer, unterhält. Die Theorie, in die er und Walter Pöchhacker sich hineinsteigern, ist, dass die beiden das Kind umgebracht haben, weil es ihnen lästig war. Es mag sein, dass sich in Ludwig Kochs von Leid getrübten Verstand Gefühle wie Eifersucht, Wut und Enttäuschung über das Scheitern der Beziehung mit Brigitta Sirny eingeschlichen haben. Dass Walter Pöchhacker als Außenstehender jedoch diese Gedankengänge offenbar ungefiltert übernommen hat, zeugt nicht unbedingt von der professionell gebotenen Distanz. Gut aufgehoben sind sie hingegen bei Familienrichter Martin Wabl. »Insgesamt haben mich die Erkenntnisse Walter Pöchhackers (…) in meiner Überzeugung bestärkt, dass die Mutter und ihr Freund mit dem Verschwinden von Natascha eindeutig in Zusammenhang gebracht werden müssen«, hält er in seinem Buch fest. Einen Persilschein stellt er Ludwig Koch aus, den er durch Walter Pöchhacker kennengelernt hat. Er ist ihm nach Ungarn nachgereist, »um mit ihm das traurige Schicksal seiner Tochter zu bereden. Gegen ihn hegte ich niemals den Verdacht einer Mittäterschaft. Ganz im Gegenteil, hatte ich doch bei ihm den Eindruck, dass er vom Verschwinden seiner Tochter zutiefst bewegt war und echte Trauer empfand. Er hat mir zwar nicht bestätigt, dass er meiner Meinung wäre, meine Theorie allerdings auch nicht von sich gewiesen. Im Grunde hatte ich den Eindruck, dass er doch froh war, dass es jemanden gab, der die Sache nicht ruhen ließ und an das Überleben seiner Tochter glaubte.« Wie konnte Martin Wabl glauben, dass Natascha noch lebte, wo er doch glaubte, was Walter Pöchhacker glaubte? Und das war, dass sie tot war, vergraben unter dem Teich.

Die Verdächtigungen bleiben an Brigitta Sirny und eine Zeit lang auch an dem Transportunternehmer hängen. Bis heute beteuert sie, dass er nicht ihr Geliebter, sondern einer ihrer ältesten Freunde gewesen sei, für den sie die Buchhaltung erledigt habe. Skandalös, dass eine alleinstehende Frau sich in unserem Jahrhundert noch durch Selbstentblößung rechtfertigen muss. Dem Mordvorwurf versuchen beide damals zu begegnen, indem sie sich Walter Pöchhackers Forderung anschließen, beim Teich zu graben.

Angespannt verfolgen Walter Pöchhacker und Ludwig Koch die Polizeiaktion. Und auch Reporter Christoph Matzl ist vor Ort. Am folgenden Tag berichtet die *Kronen Zeitung*:
»Knalleffekt im Fall Natascha! 267 Wochen nach dem Verschwinden der zehnjährigen Wiener Schülerin suchte die Sonderkommission in einem Schotterteich beim Baumgarten (NÖ[84]) nach der Leiche der Vermissten. Kriminalisten gruben mit einem Bagger am Ufer nach Spuren – und Taucher durchkämmten den Teichgrund nach möglichen Beweisstücken. Seit Natascha Kampusch am 2. März 1998 auf dem Weg zur Schule in Wien-Donaustadt verschwunden ist, gilt der Fall als eines der größten Kriminalrätsel in der Polizeigeschichte. Denn trotz der aufwendigsten Suchaktion in der 2. Republik – 2000 Hinweise wurden überprüft, Hunderte Verdächtige einvernommen, ganze Waldstriche durchkämmt – gibt es bis heute keine Spur von der Schülerin.

Dienstag, Punkt 8.00 Uhr startete die Sonderkommission mit einem neuen Fahndungsansatz. 20 Kriminalisten, zehn Gendarmen und Sachverständige begannen am Ufer eines Schotterteiches bei Baumgarten an der March nach der Leiche des vermissten Mädchens zu graben. Gleichzeitig stiegen sechs Taucher der ›COBRA‹ in den Teich, um nach möglichen Spuren zu suchen. Hintergrund der neuen Ermittlungen waren unter anderem die Recherchen des Privatdetektivs Walter Pöchhacker. Er hatte seit Nataschas Verschwinden Indizien gesammelt. Und er ging davon aus, dass in dem Teich, der einem guten Bekannten von Nataschas Mutter gehört, die Leiche des Kindes vergraben sein könnte. ›Weil es dort am Ufer eine widerrechtliche Anschüttung gibt.‹ ›Der Teich war einer von mehreren neuen Ermittlungsansätzen‹, bestätigte auch Österreichs ranghöchster Polizist, Bundeskriminalamtschef Herwig Haidinger. Und nachdem sowohl Nataschas Eltern als auch der Teichbesitzer öffentlich gefordert hatten, dieser Spur nachzugehen, hatte die Staatsanwaltschaft grünes Licht gegeben.

Während sich die Schaufel des Polizeibaggers immer tiefer in den lehmigen Boden grub, stieg die Spannung unter den Kriminalisten. Minutiös suchten die Sachverständigen nach möglichen Spuren. Doch um 14.30 Uhr wurde die Grabung beendet und somit war klar: Der Fall Natascha bleibt auch weiterhin ein Rätsel! ›Die Beamten haben genau jene vom Gericht angeordneten Untersuchungen durchgeführt. Auch die Suche der Taucher war erfolglos‹, sagte der Sprecher des Bundeskriminalamtes, Gerald Hesztera.

Für Nataschas Vater jedenfalls gibt es jetzt wieder einen Funken Hoffnung. »Als Vater gebe ich die Hoffnung nie auf, solange mein Kind nicht gefunden worden ist«, sagte er im *Krone*-Gespräch …«

---

84 Niederösterreich

Falscher Bagger. Falsche Stelle. Und selbst dann noch falsch gegraben. Befindet Detektiv Pöchhacker, während die Aktion läuft. Und Richter Martin Wabl argwöhnt, fernab vom Geschehen, finster: »Die Sache erschien äußerst dubios.« »Unsinn«, erklärt uns Jahre später Chefinspektor Frühstück, »wir haben im Teich unter Beteiligung eines Geologen graben lassen. Der Wasserspiegel hat sich gesenkt. Christoph Matzl von der *Kronen Zeitung* und Walter Pöchhacker standen auf der anderen Seite des Teiches. In Rufweite. Walter Pöchhacker sagte gar nichts. Aber in einem ORF-Interview warf er uns vor: ›Sie haben nicht richtig gegraben!‹«

JULI 2004

Am 26. Juni 2003 wurde der damals 61-jährige französische Serienmörder Michel Fourniret in Belgien gefasst. Sieben junge Frauen und Mädchen hatte er entführt, vergewaltigt und umgebracht. Das gesteht er jetzt, ein Jahr später. Dafür wird er 2008 zu lebenslanger Haft verurteilt. Fourniret flog auf, weil eine Dreizehnjährige, die gefesselt auf der Ladefläche seines weißen Lieferwagens lag, sich befreien und während der Fahrt durch die Heckklappe fliehen konnte. Sie merkte sich das Kennzeichen, und ihr Entführer konnte festgenommen werden. Seine Ehefrau, die ihm bei den Taten geholfen hatte, bezichtigt ihn nun zweier weiterer Morde. Europaweit überprüft die Polizei Zusammenhänge mit ungeklärten Frauen- und Mädchenmorden. Das österreichische Bundeskriminalamt schaltet sich in die Ermittlungen ein. Der weiße Lieferwagen, in dem Natascha Kampusch nach Beobachtung der Schülerin Ischtar A. entführt wurde – könnte ein Hinweis sein, dass Michel Fourniret der Täter war. Doch dafür finden sich keine Belege. Die Suche geht weiter.

SEPTEMBER 2004

Den Schicksalsgesandten in eigenem Auftrag, Martin Wabl, ereilt ein eigenes Schicksal in noch höherem Auftrag. Seine letzte Stunde als Bezirksrichter hat geschlagen. Er ist 59 Jahre alt und hat es, wie *Die Presse* schreibt, »abgelehnt, freiwillig in den Ruhestand zu treten«. Regulär dürfte er noch zweieinhalb Jahre Recht sprechen. Doch das Grazer Oberlandesgericht schickt ihn in Zwangspension. Als Grund nennt es »eine zweimalige negative Beurteilung durch den zuständigen Personalsenat. Wabl habe wegen seiner politischen Tätigkeit in den vergangenen 20 Jahren seine richterliche Tätigkeit nur sporadisch ausüben können, was logischerweise zu Defiziten in der Kenntnis der Gesetzeslage geführt habe.«

MITTWOCH, 16. MÄRZ 2005

Rudolf H., der gemeinsame Freund von Přiklopil und Ernst H., ist, nachdem Přiklopil 1998 den bereits gebuchten Schiurlaub wegen seiner Fingerverletzung absagen musste, mit ihm »nur noch tageweise am Semmering[85] oder am Hochkar[86] Schifahren gewesen. Zuletzt sei Ing. Ernst H. nicht mehr dabei gewesen.« Und, wie Rudolf H. 2009 vor der Polizei weiter angeben wird, sei er letztmalig »2005 mit Wolfgang Přiklopil Schi fahren gewesen«. Dazu passt ein Video, »eine Filmkassette mit Datum 16.3.2005«, welche die Ermittler nach Přiklopils Tod »im Tathaus aufgefunden« haben. Darauf sind Rudolf H. und Přiklopil zu sehen, die sich gegenseitig beim Schilaufen filmten. Daran wird sich Rudolf H. allerdings nicht mehr erinnern.

Dieses filmische Dokument belegt, dass Wolfgang Přiklopil sehr wohl in der Lage war, sich zu vergnügen, während Natascha Kampusch in ihrem winzigen Verlies hinter Schloss und Riegel auf seine Rückkehr wartete. Ob er dabei ein schlechtes Gewissen hatte, was er dachte und ob er überhaupt etwas dachte, wird für ewig sein Geheimnis bleiben.

---

85 Schigebiet in Niederösterreich an der südlichen Grenze zur Steiermark
86 höchster Berg der Göstlinger Alpen (1808 Meter) an der Grenze zwischen Niederösterreich und der Steiermark

FREITAG, 17. FEBRUAR 2006

Für Natascha Kampusch ist dies ein ganz besonderer Tag. Denn sie hat Geburtstag. Den 18. Und ist damit volljährig. Und voll geschäftsfähig. Sie könnte kaufen, was sie will. Verträge abschließen, mit wem sie will. Sie dürfte wohnen, wo sie will. Heiraten, wen sie will, und wählen[87]. Und doch darf sie von alledem nichts, denn sie wird gefangen gehalten.

Die 18 hat für Natascha Kampusch eine starke symbolische Bedeutung. Wie ein Pflock sitzt dieses Datum in ihrem Bewusstsein. Sie hat sich geschworen, ihr Leben ab diesem Tag eigenständig in die Hand zu nehmen. Der Abhängigkeit und Unterdrückung, der Entwürdigung und Ohnmacht, der Einschüchterung und Einsamkeit zu entrinnen. Endlich frei zu sein, das ist ihr Ziel. Přiklopil hingegen will sie in Unfreiheit lassen, sie besitzen. Und eine Familie mit ihr gründen. Irgendwo im Ausland. Mit falschen Papieren. Natürlich ist es für sie ein besonderer Geburtstag, verknüpft mit dem gesetzlich verbrieften Recht auf Selbstbestimmung, das weiß auch er. Und lässt es daher richtig krachen. Mit einer Schoko-Bananen-Cremetorte, die zu einer »1« und einer »8« geformt ist. Darin stecken funkensprühende Wunderkerzen. Willkommen in der Freiheit! Hinter dicken Mauern und heruntergelassenen Jalousien.

Gebacken hat die Torte Vesna, die aus Serbien stammende Ehefrau von Ernst H. Přiklopil hat sie bei ihm bestellt und auch persönlich abgeholt. Sie sei für eine Nachbarin, erklärte er, »die ihm öfter im Garten helfe«. Ernst H. hatte die Frau noch nie gesehen. Er fragte auch nicht weiter nach. Für ihn war die Bestellung nichts Ungewöhnliches, denn er betrieb neben seiner Firma für Altbausanierungen in Wien noch eine Veranstaltungshalle. Gastronomische Aufträge gehörten zum Geschäft. Přiklopil hatte Natascha Kampusch Videos von Feiern in der Halle gezeigt. Darin waren Torten zu sehen, sodass sie wusste, dass ihre Torte von Ernst H. kam. Die Polizei wird ihm später vorhalten, »dass Wolfgang Přiklopil mit dem Auftrag zur Herstellung der Geburtstagstorte ein gewisses Auffälligkeitsrisiko eingegangen sei, und wäre er Einzeltäter gewesen, nahe gelegen wäre, dass er die Torte unverfänglich bei einem Konditor oder bei seiner Mutter in Auftrag gegeben hätte (…)«. Ernst H. wird antworten, dass er darüber nur spekulieren könne. »Vielleicht habe Wolfgang Přiklopil die Torte nicht bei seiner Mutter anfertigen lassen, um unangenehmen Fragen auszuweichen, und den Weg über den Konditor nicht gewählt, weil er hierfür zu sparsam gewesen sei. Außerdem habe Wolfgang Přiklopil annehmen können, dass er ihm bei Frauengeschichten keine Fragen stelle (…). Es sei nämlich so gewesen, dass er dann, wenn Wolfgang Přiklopil von Frauen erzählt habe, ihm diese Erzählungen fast nie geglaubt und daher auch nicht nachgefragt habe.« Die Polizei wird H.s Ehefrau Vesna am Tag nach Natascha Kampuschs Flucht ein Foto des Mädchens zeigen, und sie wird erklären, »diese Frau nicht zu kennen. Über Frage, ob sie Wolfgang Přiklopil

---

[87] Das aktive Wahlrecht wurde zum 1. Juli 2007 auf 16 Jahre gesenkt, das passive von 19 auf 18 Jahre.

jemals in Begleitung einer Frau gesehen habe, gab sie an, sie habe im April oder Mai diesen Jahres einmal eine Frau am Beifahrersitz des weißen LKW des Wolfgang Přiklopil vor der Veranstaltungshalle sitzen gesehen, dies aus einer Entfernung von 30 bis 50 m, sodass sie die Frau nicht näher beschreiben könne. Wolfgang Přiklopil sei aus dem Fahrzeug ausgestiegen, sei zu ihr gegangen und habe ihr einen Schlüssel übergeben, und sei dann wieder in sein Fahrzeug eingestiegen. Ing. Ernst H. habe sich zu dieser Zeit in der Lagerhalle befunden und Wolfgang Přiklopil nicht gesehen. Der Name Natascha Kampusch habe ihr bisher nichts gesagt.«

Die Frage nach ihrer Zukunft hat Natascha Kampusch für sich beantwortet. Die amtlich zuerkannte Eigenständigkeit, die sie mit diesem Tag erlangt hat, nützt ihr nichts. Sie braucht die innere Eigenständigkeit, damit sie sich lösen kann von dem Mann, der seine kranke Seele über sie gestülpt hat. Doch wie soll sie das anstellen? Sie ist körperlich geschwächt durch den ständigen Mangel an Essen, mit dem er sie im wahrsten Sinne des Wortes klein hält. Abgemagert ist sie, ihre dünnen Beine sind weiß, fast durchsichtig, da sie kaum Tageslicht bekommt, von Sonnenstrahlen ganz zu schweigen. Da ist das dauernde Bedrohungsszenario, mit dem er sie schon die ganzen Jahre über in Schach hält. Doch viel gravierender ist die Bindung, die gewachsen ist zwischen ihnen. Er braucht sie, um seine wackelige Existenz halbwegs in der Balance zu halten. Sie ist ihm ausgeliefert, braucht ihn, damit sie leben kann. Lässt er sie fallen, stirbt sie. »Es ist ja so, dass sich jeder Wellensittich damit arrangiert, dass er in einem Käfig lebt und regelmäßig Körnchen und Wasser bekommt«, hat uns Natascha Kampusch ihre Situation beschrieben, »und dann singt er auch wieder so, wie er es früher aus seiner Heimat oder dort, wo er gezüchtet wurde, gewohnt war.« Und sie soll die Kraft aufbringen, diese Bindung von einer auf die andere Sekunde zu lösen? Das versehentlich offen gelassene Türchen des Käfigs aufstoßen und davonfliegen? Wie hoch diese Hürde für sie damals war, hat Natascha Kampusch versucht, uns so zu erklären: »Die Leute, die es nicht verstehen, brauchen nur das Experiment machen, eine Hauskatze bei der Wohnungstür rauslaufen zu lassen. Die wird sich dann auf die siebte oder achte Stufe setzen und nicht mehr vom Fleck bewegen und kläglich miauen, weil sie Angst hat vor der Freiheit. Angst, dass irgendwas passiert. Weil sie ja damit rechnet, dass sie sofort eingefangen und sanktioniert wird. Und genauso geht es einem Menschen, der so lange isoliert wurde wie ich.«

Damit sie sich im entscheidenden Moment den Impuls geben kann, aus der Isolation auszubrechen und in das Leben einzutauchen, das Freiheit bedeutet, muss sie auf diesen einen Moment hinarbeiten. Mit aller Konzentration und Selbstbesinnung auf die Kräfte, die sie sich bewahrt hat. Für diese eine entscheidende Sekunde.

Diese Sekunde wird kommen. Es wird die letzte von mehr als einer Viertelmilliarde Sekunden sein. Und der letzte von 75 Millionen Atemzügen in dem kranken Kosmos ihres Entführers.

DONNERSTAG, 2. MÄRZ 2006

Auf den Tag genau ist es acht Jahre her, dass Natascha Kampusch entführt wurde. Die »Soko Burgenland« hat von Dezember 2004 bis November 2005 jede einzelne Seite aller Ermittlungsakten in das elektronische System »Convera« eingescannt und kann nun mittels Suchbegriffen schnelle Erkenntnisse über mögliche Personen- und Sachzusammenhänge gewinnen. Doch die hohen Erwartungen werden nicht erfüllt, »Convera« erweist sich, wie uns Johann Frühstück berichten wird, »als unzureichend«. Ungeachtet dieser Mängel lautet die Weisung des BK-Chefs Haidinger, den gesamten »Fall Kampusch« zu evaluieren, ihn also systematisch im Sinne eines »Cold Case Managements« vom ersten Polizeiprotokoll an auf Mängel, Ungereimtheiten oder Lücken in der bisherigen Ermittlungsarbeit zu überprüfen. Doch die Beamten sind überfordert. Neben ihrer Tätigkeit in der Soko müssen sie noch andere Fälle, die auf ihrem Schreibtisch landen, bearbeiten. Anfangs befassten sie sich vordringlich mit den Eingaben des Wiener Detektivs Walter Pöchhacker. Gingen den Verdächtigungen gegen die Familie nach, allen voran Brigitta Sirny. Und sie suchten nach neuen Hinweisen. Dabei schaute ihnen permanent die Presse auf die Finger, befeuert von Walter Pöchhacker und Martin Wabl. Der Druck ist so groß, dass sie für die sorgfältige Durchsicht aller 120 Akten einfach noch keine Zeit gefunden haben, wie es die Evaluierungskommission 2008 in ihrem Bericht festhalten wird. Dadurch stoßen sie nicht auf den Namen des Mannes, der für die Tatzeit kein Alibi hat und zusätzlich durch den Hinweis des Polizeikollegen Christian Pabi ein passendes Täterprofil erhielt: Wolfgang Přiklopil. »Auch bei uns ist der durchgeschlupft«, wird Frühstück uns gegenüber einräumen. Jedoch wird in den späteren Fehler- und Pannendiskussionen der Öffentlichkeit unterschlagen, dass sich die »Soko Burgenland«, insbesondere Frühstück, konkret um Verbesserungen des elektronischen Ermittlungssystems bemüht hat, um die geforderte akribische Cold-Case-Untersuchung zu ermöglichen. Frühstück trifft sich deswegen zu zwei Besprechungen mit der Analyseeinheit des Bundeskriminalamts, die ein solches Programm entwickeln soll. Damit steigt die Chance, den übersehenen Hinweis auf Přiklopil doch noch zu finden und ihn neu – und dann richtig – zu bewerten.

MITTWOCH, 17. MAI 2006

Wolfgang Přiklopil tauscht seinen Mercedes-Benz-Kastenwagen 100 D-L bei dem Wiener Gebrauchtwagenhändler, bei dem er ihn neun Jahre zuvor erworben hat, gegen einen Mercedes-Benz-Sprinter 211 CDI, Baujahr 2000 ein, zum Preis von 12 000 Euro. Zu den 3000 Euro, die er für den alten Wagen erhält, zahlt er die restlichen 9000 Euro in bar. 10 000 Euro habe ihm Ernst H. für den Kauf geliehen, erzählt er Natascha Kampusch. Damit steht der frühere Krankentransporter wieder auf neutralem Boden. Kein Mensch, der sich nun hinter das Lenkrad schwingt, käme auf die Idee, dass er den Platz des Mannes einnimmt, der hierin ein kleines Mädchen entführt hat.

MITTE JUNI ODER JULI 2006

Ernst H. begegnet Natascha Kampusch. Erstmals und, wie er später immer wieder beteuern wird, zu Lebzeiten seines Freundes Wolfgang Přiklopil auch das einzige Mal. In Vernehmungsprotokollen ist als Zeitpunkt »Mitte Juni« festgehalten, da er das Datum in seiner ersten Vernehmung am 24. August 2006 mit »vor etwa zwei Monaten« angegeben hat. In einer Pressekonferenz am 30. August 2006 spricht er hingegen von »Mitte Juli«, ein letztlich unbedeutender Widerspruch. In der Erklärung, die Ernst H. vom Blatt abliest, beschreibt er den Journalisten die Begegnung so[88]:

»Heuer[89], Mitte Juli, rief mich Herr Přiklopil an, dass er sich gerne meinen KFZ-Anhänger ausborgen würde. Ich sagte ihm, das sei kein Problem und dass der Anhänger vor der Veranstaltungshalle steht. Er kam nach einer Stunde und wurde dabei von einer jungen Frau begleitet. Sie stand mit Herrn Přiklopil vor der Hallentür. Beide warteten, dass ich aus der Halle herauskam. Als ich die Tür öffnete, stellte er mir die junge Frau als Bekannte vor und nannte dabei keinen Namen. Ich gab ihr die Hand – sie sagte ein höfliches »Grüß Gott«. Sie machte einen fröhlichen, glücklichen Eindruck. Ich war sehr überrascht und konnte nicht einordnen, ob das seine Freundin war oder doch nur eine Bekannte. Leider hatte ich sehr wenig Zeit und verabschiedete mich kurz danach. Ich wusste natürlich zu diesem Zeitpunkt nicht, dass das Natascha Kampusch war. Erst bei den Befragungen durch die Polizei wurde mir ein Foto von ihr gezeigt, auf dem ich die junge Frau wiedererkannte.«

Natascha Kampusch wird diese Darstellung im Kern bestätigen. Die Innsbrucker Staatsanwaltschaft, die sich mit dem Entführungsfall ab Herbst 2010 befassen muss, hat ihre früheren Aussagen dazu so wiedergegeben: »Bei der Veranstaltungshalle des Ing. Ernst H. sei sie zweimal gewesen. Einmal habe sie mit Wolfgang Přiklopil dort Bleche gebogen, wobei sonst niemand dort gewesen sei. Das zweite Mal habe sie Ing. Ernst H. gesehen und habe Wolfgang Přiklopil ihn als Ernstl vorgestellt. Sie habe ihm nur die Hand gegeben. Ing. Ernst H. habe dabei nicht so getan, als ob er sie kennen würde. Wolfgang Přiklopil habe sie als Nachbarin vorgestellt.«

Dass Natascha Kampusch die Gelegenheit nicht nutzte, Ernst H. ihr Schicksal förmlich ins Gesicht zu schreien, damit er sie auf der Stelle aus dem Einflussbereich seines Freundes befreite, werden manche nicht begreifen. Aber aus Přiklopils Telefonaten und seinen Erzählungen wusste sie, dass dieser »Ernstl« sein bester Freund war. Und warum sollte ausgerechnet er ihr helfen, ohne sie umständlich zu befragen – wenn er nicht sogar Mitwisser ihrer Entführung war, auch wenn sein Verhalten nicht darauf hindeutete? Kaum jemand wird

---

88 Auszug aus dem Originaltext
89 österreichisch für: in diesem Jahr

verstehen, warum Natascha Kampusch auch viele weitere Möglichkeiten zur Flucht vorher und danach nicht ergriff. Und noch nicht einmal bei einer Polizeikontrolle um Hilfe rief, sondern – vergeblich – nur mit Augenverrollen auf sich aufmerksam zu machen versuchte. Dabei gibt es drei gewichtige Gründe, die selbst die Schar der skeptischen Fallanalysten zu der Einsicht bringen müssten, dass Natascha Kampusch sich kaum anders verhalten konnte:

1. Schon eine Flucht aus dem Haus mit den stets heruntergelassenen metallenen Jalousien wäre wegen der darin verteilten Sprengfallen, wie ihr Wolfgang Přiklopil immer wieder eingetrichtert hatte, unmöglich gewesen. Vor allem aber in der Öffentlichkeit musste sie stets damit rechnen, dass er ein Blutbad anrichtete, wenn sie mit Hilferufen auf sich aufmerksam machen würde. So hatte er es ihr immer angedroht, bevor sie gemeinsam das Haus verließen. Zwar führte er, soweit sie es mitbekommen konnte, keine Waffe bei sich, aber sicher konnte sie sich nie sein. Unberechenbar sei er gewesen, wird sie der Polizei in einer Vernehmung am 3. September 2006 schildern. »Sie habe Angst gehabt, dass er sie würgen würde, er habe sie auch mehrmals mit dem Umbringen bedroht. Sie habe sich keine fehlgeschlagenen Fluchtversuche leisten können, sie habe Angst gehabt, er werde sie dann unten für immer einsperren und sie noch schlechter behandeln. Sie habe nie gewusst, was er mache, ob er sie zerfleische oder andere verletze. Sie sei unter seinem permanenten Druck gestanden. (...) Am 2.2.2006 sei sie mit ihm im Donauzentrum eine Schihose kaufen gewesen. Sie habe ihre Haare blondieren müssen und habe er auch überlegt, ob sie bei Ausfahrten eine Sonnenbrille oder Burka tragen solle, anfangs sei von ihm auch ein Rollstuhl angedacht gewesen.«

2. Wie hätte sie sich bemerkbar machen können? Wohl nur durch Losreißen, Weglaufen und gleichzeitiges lautes Hilferufen. Dazu hätte sie vorher ihre Angst vor dem angekündigten Blutbad völlig ausblenden müssen. Undenkbar, dass ihr, wie jedem anderen Menschen, das in ihrer Lage gelungen wäre. Und sie hätte eine weitere Anforderung an sich erfüllen müssen: zu 100 Prozent sicher zu sein, dass ihr die Flucht auch gelingen würde. Ohne dass sie oder ein Unbeteiligter zu Schaden gekommen wäre. So hat sie es uns mehrfach geschildert. Sie war ständig auf der Hut, beobachtete das Geschehen um sich und Přiklopil herum haargenau, lauerte auf ihre Chance. Aber nie war eine Situation so, dass sie hätte denken können: Jetzt oder nie! Es wird gut gehen. Zu 100 Prozent. Die Menschen schauten an ihr und Přiklopil vorbei, desinteressiert, gelangweilt, abgelenkt durch etwas anderes. Wie lange würde es dauern, sie aus ihren Gedanken aufzuschrecken und ihre ganze Konzentration und Aufmerksamkeit auf sich und ihren Begleiter zu lenken? Wie viele Sekunden würden verstreichen, bis die Menschen ihre Notsituation erkennen würden? Wann, endlich, wären sie in der Lage, das Erkannte in Handeln umzusetzen? In der Theorie hat Natascha Kampusch alle Eventualitäten

durchgespielt, hat sich vorgestellt, was geschehen würde, wenn sie in einem günstig erscheinenden Moment den entscheidenden Sprung gewagt und etwa »Hilfe! Hilfe! Ich bin entführt worden!« geschrien hätte: Přiklopil hätte sie, die ja ständig unterernährt und daher körperlich geschwächt war, mit zwei Schritten wieder eingeholt, geschnappt und mit Gesten und Erklärungen wie »Die ist krank, ich betreue sie und bringe sie zum Arzt« die irritierten Passanten wieder beruhigt – wenn er in letzter Not nicht sogar doch eine Pistole oder ein Messer eingesetzt hätte. Bevor die Menschen realisiert hätten, dass die junge Frau nicht etwa unter psychischen Problemen litt, sondern ein Verbrechensopfer sein könnte, hätte Přiklopil den Spuk vermutlich schon längst beendet. Die Folgen nach einem gescheiterten Fluchtversuch wären für sie unabsehbar gewesen – körperliche Misshandlungen wären das Mindeste gewesen, womit sie hätte rechnen müssen.

Trotz dieser lebensgefährlichen Risiken hat Natascha Kampusch mehrfach zarte Ansätze gemacht, auf sich und ihr Schicksal aufmerksam zu machen. Ein Zeuge wird nach ihrer Flucht und den danach in den Medien von ihr und Přiklopil veröffentlichten Fotos vor der Polizei aussagen, dass sie ihm etwa drei Wochen zuvor, am 31. Juli oder 1. August 2006, im Kaufmarkt Billa im oberösterreichischen Hagenberg zugezwinkert habe. Er habe das Gefühl gehabt, dass sie Hilfe benötige. Unternommen hat er nichts. Ein weiterer Zeuge wird der Polizei berichten, dass sie ihm am 24. April 2006, also fast auf den Tag genau vier Monate vor ihrer Flucht, im Einkaufszentrum Hollabrunn Nord in Niederösterreich, in dem er sich als Kunde aufhielt, zugeflüstert habe: »Ich heiße Natascha.« Mit dem Namen habe er nichts anfangen können – verständlich. Chefinspektor Johann Frühstück von der »Soko Burgenland« weiß aus den zahlreichen Vernehmungen, die er nach der Flucht mit ihr geführt hat, dass sie angesichts der ständigen Bedrohungen durch Wolfgang Přiklopil »immer abgewogen« habe, ob sie ihm davonlaufen solle. »Sie habe sogar einen Zettel vorbereitet«, so Frühstück laut Innsbrucker Staatsanwaltschaft, »den sie jemand habe zustecken wollen. Sie habe aber Angst gehabt. Sie habe auch gesagt, dass sie schon einmal das Haus verlassen habe und rausgelaufen sei, dann aber nach 15 bis 20 Schritten weiche Knie bekommen und Hemmungen gehabt habe und nicht weitergelaufen, sondern zurückgeschlichen sei.«

3. Schließlich wurden aufkeimende Fluchtgedanken gebremst durch die besondere Bindung, die sich zwischen einem Langzeitentführungsopfer und einem Täter aufbaut. Es muss sich seinen Willen zu eigen machen, sonst geht es zugrunde. Es geht zum Selbstschutz einen Pakt mit ihm ein, solidarisiert sich mit ihm, und die Zwangsbeziehung mündet häufig auch in einer sexuellen Beziehung. Die dauerhafte Indoktrination führt dazu, dass sich das Opfer mit dem Täter und dessen Zielen identifiziert, sie sogar der Polizei gegenüber verteidigt. So war es 1973 bei einer Geiselnahme in einer Stockhol-

mer Bank, die sich über vergleichsweise »nur« knapp sechs Tage hinzog. Die spätere wissenschaftliche Auseinandersetzung mit dem positiven emotionalen Verhältnis, das die Geiseln zu ihren Entführern entwickelten, sorgte für die Einführung des Begriffes »Stockholm-Syndrom«.

Die Polizei war damals im Umgang mit solchen Lagen noch recht unerfahren. Ich weiß noch, wie sehr meine Kripo-Kollegen und ich uns über das Verhalten der weiblichen Geiseln empörten. Heute wissen wir es alle besser. Und mich überrascht es gar nicht mehr, wenn ich von einem Fall in den USA höre, wo das Entführungsopfer alleine einkaufte und anschließend zu ihrem Entführer, scheinbar freiwillig, zurückkehrte. Zum 30. Jahrestag der Stockholmer Geiselnahme berichtete der *Kölner Stadt-Anzeiger*[90] unter anderem: »'Identifikation mit dem Angreifer ist ein klassischer Verteidigungsmechanismus, wenn man völlig machtlos ist‹, sagt der Psychologe Bo Möhl. Um ein Gefühl der Geborgenheit zu bewahren, wird die Wirklichkeit verdrängt. Als ›wahnsinnig nett‹ beschrieb Kristin Enmark, eine der Geiseln, Olsson und Olofsson[91] in den telefonischen Verhandlungen. ›Ich habe mehr Angst vor den Polizisten als vor den Gangstern‹, schrie sie, als Ministerpräsident Olof Palme sich weigerte, den Gangstern ein Fluchtauto zu geben, in dem sie zwei der Frauen mitnehmen wollten.‹«

Natascha Kampusch so zu manipulieren, dass sie zu seinem willenlosen Werkzeug wurde, ist Wolfgang Přiklopil nicht gelungen. Wie sie mit ihm umgegangen ist, um einerseits die verlangte Nähe zu schaffen und ihn gleichzeitig auf Distanz zu halten, scheint ähnlich gewesen zu sein, wie es Birgitta Lundblad, eine der anderen Stockholmer Geiseln, in dem Artikel schilderte. Sie »glaubt nicht an das Syndrom. ›Zu versuchen, sich anzupassen, ist etwas ganz anderes, als für die Verbrecher Stellung zu nehmen.‹ Viel Angst habe sie gehabt, doch die Hoffnung nie aufgegeben, lebend davonzukommen. Sie habe Olsson einen Gutenachtkuss gegeben, ›nicht, weil ich verliebt war, sondern weil ich dachte, dass es ihn beruhigen könne‹. Sie und ihre Mitgefangenen umarmten Olsson, ehe er sich der Polizei ergab. ›So fühlten wir es richtig, eine Art Dank, dass er aufgab.‹ Doch größer war ihre Sympathie für ihn nicht. Sie begrüßte es, als Olsson später zu einer langen Gefängnisstrafe verurteilt wurde: ›Schließlich war das Menschenraub.‹« In ähnlicher Weise hat sich Natascha Kampusch über Wolfgang Přiklopil geäußert, der sich allerdings einer Haftstrafe durch den Freitod entzog.

Nicht nur Ernst H. bekommt Natascha Kampusch zu Gesicht. Auch Přiklopils unmittelbarer Nachbar Johann Sch. hat sie, wie er nach ihrer Flucht der Polizei berichten wird, »erstmals im Juli 2006 auf dem Grundstück des Přiklopil gesehen, als ihn dieser wegen eines Maulwurfproblems um Hilfe gebeten habe. Er habe Přiklopil damals zu dem ihm vollkom-

---

90 Ausgabe vom 28. August 2003
91 die beiden Geiselnehmer

men unbekannten Mädchen befragt, worauf dieser geantwortet habe, dass es sich um eine Arbeiterin handle, die er sich von seinem Freund Ing. Ernst H. ausgeborgt habe. Přiklopil sei scheinbar mit der Arbeitsleistung des Mädchens nicht zufrieden gewesen, weil er mit ihr geschimpft habe.«

SAMSTAG, 15. JULI, BIS SAMSTAG, 22. JULI 2006

Waltraud Příklopil verbringt mit ihrer Mutter einen einwöchigen Urlaub in Seibersdorf, einer Marktgemeinde in Niederösterreich, die international bekannt ist durch ihr Atomforschungszentrum. Sohn Wolfgang bringt die beiden hin und holt sie wieder ab, das sind für ihn von Wien aus etwa 40 Minuten Autofahrt. Während der mütterlichen Abwesenheit sieht er in ihrer Wohnung nach dem Rechten. Und gießt ihr die Blumen.

SAMSTAG, 19. AUGUST 2006

Wochenende. Waltraud Přiklopil besucht ihren Sohn. Was für Natascha Kampusch bedeutet, dass sie in ihr Verlies verschwinden muss. Weder Mutter noch Sohn können sich an diesem Tag auch nur ansatzweise vorstellen, dass sie sich nie wiedersehen werden. Es ist ihr letztes Treffen. Vier Tage später wird Wolfgang Přiklopil tot sein.

DIENSTAG, 22. AUGUST 2006

Die Vorbereitungen für ein neues elektronisches Rechercheprogramm, das das bisherige Convera-System ablösen soll, liegen auf Eis. Aus gutem Grund. Denn im Juni 2006 hat es für die »Soko Burgenland« plötzlich einen ernst zu nehmenden neuen Ermittlungsansatz gegeben. Geliefert hat ihn ein junger Mann. Er wohnte in der Nähe von Natascha Kampuschs Schule und war von Beamten des Wiener Sicherheitsbüros schon einmal befragt worden. Sein Hinweis jetzt: Ein Jugendfreund befinde sich wegen Mordes in Strafhaft. Er war trotz fehlender Leiche seines Opfers, eines Jungen, verurteilt worden. Angeblich hatte er die Leiche in einer Müllverwertungsanlage entsorgt. In Wahrheit hätte er sie aber, wie er seinem alten Kumpel bei einem Besuch gestanden habe, in einem Waldstück westlich von Wien vergraben – neben der Leiche von Natascha Kampusch, die er ebenfalls umgebracht hätte.

An diesem 22. August nun erfolgen daraufhin im Lainzer Tiergarten[92] die Grabungen der Soko nach Nataschas Überresten und denen des Jungen. Doch der Tipp erweist sich als falsch. Damit haben sich wieder einmal die Hoffnungen der Beamten zerschlagen, die Kindesentführung, wenn auch mit schrecklichem Ergebnis, wenigstens aufklären zu können. Frühstück wird daher umgehend das Neuprogrammierungsprojekt wieder anschieben.

Es soll jedoch anders kommen.

Denn nur 24 Stunden später wird in den Entführungsfall der Wiener Schülerin förmlich der Blitz einschlagen, mit einer solchen Wucht, wie sie sich niemand in dem romantischen Alpenland Österreich hätte vorstellen können.

---

92 Erholungsgebiet am Rande von Wien

MITTWOCH, 23. AUGUST 2006

Dr. Martin Wabl ist seit sieben Jahren schon kein Abgeordneter im steirischen Landtag mehr. Er ist seit einem Jahr auch nicht mehr Gemeinderat seiner Heimatstadt Fürstenfeld. In seinem Beruf als Familienrichter wurde er vorzeitig in den Ruhestand verabschiedet. Und mit dem Amt des Bundespräsidenten will es einfach nicht klappen. Somit ist Martin Wabl Privatier. Dennoch ist er weiterhin stets einsatzbereit für umherirrende Seelen, die seinen Beistand suchen. Damit sie ihn auch finden, empfiehlt er auf seiner Website: »Sollte Dr. Wabl gerade als ›Nothelfer‹ im Gespräch sein, bitten wir Sie, nochmals anzurufen!« Und nicht etwa eine SMS an ihn zu senden, denn er lege »sehr großen Wert auf das persönliche Gespräch, bitte verwenden Sie die Handynummer, um eine Beratung zu vereinbaren oder um eine Frage zu stellen!« Wer damit nicht am Telefon losschießen will, kann sich auch direkt an den »Nothelfer« wenden: »Untertags ist Dr. Wabl im Gasthaus zur Post ›Sitt‹ in Fürstenfeld von 09.30 Uhr bis 11:00 Uhr anwesend.« Als praktizierender Katholik, so gibt er auf seiner Website weiter kund, beobachte er »das Kirchengeschehen mit kritischem Interesse«. Und sei ständig auf der »Suche nach Wahrheit und Gerechtigkeit, wie auch im Fall Natascha Kampusch«. Folglich wird dieser Tag dann ein Höhepunkt in seinem Leben werden. Denn er wird der Wahrheit wieder ein Stück näher kommen. Seiner Wahrheit. Doch davon ahnt Martin Wabl noch nichts, als er sich auf einen Seniorenausflug begibt.

ca. 10.30 Uhr
Bei Wolfgang Přiklopil klingelt das Handy, ein Nokia 6150, das ihm sein Freund Ernst H. ein Jahr zuvor im Tausch gegen sein defektes altes überlassen hat. Es ist der erste Interessent, der wegen der winzigen Wohnung in der Hollergasse im 15. Wiener Bezirk Rudolfsheim-Fünfhaus anruft. Přiklopil hat sie am 13. Dezember 2005 gekauft[93] und saniert. Nun will er sie vermieten. Ein entsprechendes Inserat nebst Handynummer hat Ernst H. für ihn ins Internet gestellt. Die Termine soll Přiklopil selbst vereinbaren. Bei den Besichtigungen der Wohnung wird H. ihn unterstützen. Ohne die Hilfe des Freundes wäre der verklemmte und scheue Přiklopil verloren, schon die Telefonate mit Fremden kosten ihn große Selbstüberwindung.

Die Wohnung in der Hollergasse kennt Natascha Kampusch gut. Sie musste Přiklopil dort im Februar/März 2006 beim Einbau eines Fensters helfen. Darüber hinaus verknüpfen sich für sie damit zwei Ereignisse: Bei der Anfahrt gerieten sie in die erwähnte Polizeikontrolle. Und als sie sich vor dem Wohnhaus gerade mal vier bis acht Meter von ihm entfernt hatte, rief er sie sofort zurück. Was ihr nochmals nachhaltig signalisierte: Weglaufen zwecklos.

---

[93] Liegenschaft EZ 1668 Grundbuch 01306, 1150 Wien

An diesem Morgen fühlt sie sich matt und schwach. Seit anderthalb Tagen hat sie nichts mehr essen dürfen. Wie so oft hat Přiklopil sie mit Nahrungsentzug bestraft. Im Garten sind die Zucchini reif, aber sie darf sich keine zubereiten. Darüber streiten die beiden schon seit Tagen.

Wieder klagt sie über Hunger, doch er will erst seine Telefonate führen. Und sie soll sich das Essen erarbeiten, mit Autoputzen.

12.34 Uhr

Ernst H. telefoniert mit Wolfgang Přiklopil, zum zweiten Mal an diesem Morgen. 20 Mietinteressenten hätten sich bis jetzt gemeldet, berichtet ihm Přiklopil. Nach genau 116 Sekunden ist das Gespräch beendet.

12.49 Uhr

Eine Viertelstunde ist vergangen, und Přiklopil erhält den nächsten Anruf. Die Situation in diesem Moment wird Natascha Kampusch am 30. August 2006 in einer polizeilichen Vernehmung so beschreiben:

»Wir waren im Garten und ich sollte den weißen Bus[94] aussaugen, was ich auch tat. Dieser Bus war hinter dem Gartenhaus in der Sackgasse eingeparkt. Ich war mit dem Staubsaugen im Bus fertig und habe den Staubsauger, nachdem ich das Kabel aufgerollt hatte, wieder in das Gartenhaus gestellt. Ich sollte noch die Teppiche des Autos ausklopfen und ich habe damit begonnen. Während er telefonierte, drehte er sich immer von mir weg und ging hinter das Gartenhaus. Als ich am Bus arbeitete, war das Gartentor geöffnet.«

Das war es auch früher schon einmal gewesen, und Natascha Kampusch hatte einen Fluchtversuch unternommen. Da ihr, wie sie der Polizei berichtete, »damals aber schwarz vor Augen geworden« sei, »sei sie deshalb in den Garten zurückgekehrt«. Und einige Monate vor diesem 23. August habe sie auch schon einmal zu fliehen versucht. »Sie habe damals über den Zaun springen wollen, aber davon Abstand genommen, weil Wolfgang Přiklopil ihr gegenüber immer erwähnt habe, rund um das Haus wären Minen verlegt.«

Diesmal scheinen sich ihr bessere Fluchtchancen zu bieten. Das Gartentor sei geöffnet gewesen, hat sie der Polizei gesagt. Im Gespräch mit uns hat sie 2009 präzisiert, das Tor habe nicht offen gestanden, es sei aber unverschlossen gewesen. Kein Springen also, keine Minen,

---

[94] den ein Vierteljahr zuvor erworbenen Mercedes-Benz-Sprinter

es bleibt die körperliche Schwäche. Und die müsste sie überwinden. Mit aller Kraft, die noch in ihr steckt.

12.52 Uhr

Wolfgang K. ruft wegen der Internetannonce an. Über den Inhalt des Telefonats wird er später gegenüber der Polizei angeben, Přiklopil »habe sich nicht namentlich vorgestellt und erklärt, zur Zeit auf Montage außerhalb von Wien zu sein, er habe sich Wolfgang K.'s Telefonnummer notiert und einen Besichtigungstermin für den 25.8.2006 genannt«. Warum Přiklopil zur Ausrede mit der Montage greift, lässt sich nur vermuten. Möglich ist, dass er das Telefonat so schnell wie möglich hinter sich bringen wollte, schließlich traf er die Absprache mit Wolfgang K. während seiner angeblichen Arbeitszeit, diese Botschaft schwang in seiner Aussage mit. Die Terminvereinbarungen seien nämlich für ihn, wie Ernst H. dazu der Polizei erklären wird, eine »hohe Belastung« gewesen. Denn erstmals habe er »mit vielen Personen wegen des Mietgegenstandes telefonieren müssen.« Und das war eine riesige Herausforderung. »Vor allem jeder Erstkontakt mit Menschen war für ihn extrem problematisch«, hatte Ernst H. uns ja bereits bei unserem ersten Treffen erklärt.

12.56 Uhr

Es sind gerade einmal vier Minuten vergangen, und schon wieder meldet sich Přiklopils Nokia-Handy. Das Telefonat wird exakt 98 Sekunden dauern. 98 Sekunden, in denen er sich auf den Anrufer konzentrieren muss. Das sind für ihn 98 unerträgliche Sekunden Dialog mit einem Fremden. Die innere Verkrampfung, die ihn so angespannt sein lässt, treibt ihn in einen Fehler, der so fatal ist, dass er ihn das Leben kosten und Natascha Kampusch ein neues Leben schenken wird: Er dreht sich mit dem Handy am Ohr um, geht weg, etwa acht, zehn Meter, und bleibt in Höhe des Swimmingpools stehen. Sie hat ihn im Blick. Er sie nicht.

Nein, nicht der lärmende Staubsauger hat Wolfgang Přiklopil vertrieben. Der stand längst wieder im Gartenhaus. Vertrieben hat ihn seine eigene Verklemmtheit. Bis heute wird die Geschichte des lauten Reinigers erzählt, der Přiklopil veranlasst habe, sich beim Telefonieren in einen ruhigeren Bereich seines Gartens zurückzuziehen und sich damit von der staubsaugenden Natascha zu entfernen. Sie hat es uns so erzählt, und sie hat es auch in ihrem Buch so beschrieben. Aber ihre Erinnerung ist falsch. Als das Erlebte noch frisch in ihrem Bewusstsein war, beschrieb sie der Polizei die Situation richtig. Nachweislich richtig deswegen, weil Chefinspektor Eduard W., Leiter der Tatortgruppe, die später zur Spurensuche im Haus eingesetzt wurde, aussagte, »dass der Staubsauger nicht am Boden gelegen habe, sondern sich aufgerollt in der zweiten Garage[95] befunden habe, was verwundert habe, dass ein Täter das noch wegräume«.

Und auch Mietinteressent Wolfgang K., der noch vier Minuten zuvor mit ihm telefoniert hatte, wird später der Polizei bestätigen, er »habe keine Hintergrundgeräusche wahrgenommen«. Der Staubsauger läuft also nicht mehr, als Natascha Kampusch alles auf eine Karte setzt und durch das unverschlossene Gartentor schlüpft. Sie rennt, so schnell es ihr vom Hunger geschwächter Körper zulässt. Sie rennt um ihr Leben. Mit kleinen Trippelschritten, mehr schafft sie nicht. Ihr bleiben jetzt noch etwa 70, 80 Sekunden, um sich in Sicherheit zu bringen. Dann wird Přiklopil das Telefonat beendet haben. Blitzschnell wird er bemerken, dass sie verschwunden ist. Das Blut wird ihm in den Kopf steigen. Panik wird sich in ihm ausbreiten. Und er wird sie suchen. Wenn er sie findet, wird er sie zusammenschlagen, in unbändiger Wut und gleichzeitiger Erleichterung. Er wird sie treten, misshandeln und in ihrem winzigen und modrigen Verlies wegsperren. Sie wird nichts mehr zu essen bekommen, als Strafe, bis sie nur noch Haut und Knochen ist. Lesen, fernsehen, Radio hören, malen, zeichnen – alles wird er ihr verbieten. Aber umbringen wird er sie nicht. Vermutlich nicht. Denn ohne sie wird er nicht mehr leben können. Seine gesamte wackelige Existenz hält nur sie in den Fugen. Und wenn sie nicht mehr da ist, kann er nicht mehr leben.

Natascha Kampusch hastet durch die grasbewachsene schmale Sackgasse, an den Gärten im rückwärtigen Teil der anliegenden Häuser vorbei, auf die Blaselgasse. »Von dort bin ich in eine Schrebergartensiedlung gelaufen«, beschreibt sie uns 2009 ihre Flucht. »Ich bin über Zäune gesprungen, in Panik, der könnte mich verfolgen und könnte irgendjemandem was tun. Dann hab' ich mich langsam ein bisschen beruhigt und hab' Ausschau gehalten, ob da jemand ist, der mir helfen kann. Unterwegs hab' ich auch schon Leute angesprochen, sie sollen mir ihr Handy borgen, sie sollen die Polizei rufen, das haben die nicht getan, sondern die sind schulterzuckend weitergegangen. Ein Mann hat sich noch entschuldigt, dass er kein Handy dabei hat, aber er war total gleichgültig.«

ca. 13.00 Uhr

»Und dann bin ich eben in diesen einen Garten gelaufen, und da war grad das Küchenfenster offen. Ich hab' die Frau gebeten, die Polizei zu rufen. Nachdem ich sie einige Zeit lang versucht habe, davon zu überzeugen, dass es ein Ernstfall ist, hat sie es nach einiger Überredungskunst auch getan.« Genauso zögerlich und hilflos hatte Natascha Kampusch die Reaktion der Menschen auf die Situation, in der sie nun ist, immer eingeschätzt. Und sie hatte richtig damit gelegen.

---

[95] von Natascha Kampusch in ihrer Vernehmung als »Gartenhaus« bezeichnet

Aber wie soll Inge P., eine ältere Dame, in deren Gartenidylle plötzlich dieser zarte, blasse Mensch einbricht und atemlos auf sie einredet, auch erfassen, dass ihr für die nächsten Minuten die Hauptrolle in einem Realkrimi zukommt, an dem noch am gleichen Abend die ganze Welt Anteil nehmen wird? Ihre Reaktion bestimmt darüber, ob die junge Frau in ihr dunkles Schicksal zurückgerissen oder daraus befreit werden wird – sie muss die richtige Entscheidung treffen. Wie sie diese Minuten erlebt hat, schildert sie der Polizei später so:

»Am 23.08.2006, gegen 13.00 Uhr, hielt ich mich mit meinem Gatten im Wohnzimmer unseres Hauses auf. Dabei hörte ich vom Küchenfensterbereich her ein Rascheln aus dem Garten. Ich ging Richtung Küchenfenster, um nachzusehen, was los sei. Im offen stehenden Küchenfensterglas spiegelte sich eine blonde Frau. Weil ich dachte, dass es sich um die Nachbarin handelte, ging ich wieder zum Wohnzimmer zurück. Gleich darauf hörte ich eine weibliche Stimme rufen: ›Bitte helfen Sie mir, bitte helfen Sie mir!‹ Ich ging zum Küchenfenster und sah, dass im Garten – unmittelbar vor dem Küchenfenster – eine blonde junge Frau stand. Als sie mich sah, sagte sie wiederum mehrmals: ›Bitte helfen Sie mir, bitte helfen Sie mir. Rufen sie die Polizei, ich werde verfolgt!‹ Da mich auch mein Gatte, der das Gespräch mitverfolgt hatte, aufforderte, die Polizei zu rufen, verständigte ich über den Notruf 133 die Polizei. Den genauen Wortlaut, den ich beim Anruf der Polizei verwendet habe, weiß ich nicht mehr.«

Wolfgang Přiklopil wird längst bemerkt haben, dass Natascha Kampusch verschwunden ist. Und sucht sie daher bereits. Sein Nachbar Johann Sch. wird sich später gegenüber der Polizei erinnern, dass »ihn Wolfgang Přiklopil an der Verbindungstür zwischen ihren beiden Grundstücken stehend gefragt (habe), ob seine Arbeiterin bei ihm im Garten sei, was er verneint habe. Přiklopil habe damals nervös und erregt gewirkt und sei blass im Gesicht gewesen.« Viel Zeit bleibt ihm nicht, um Natascha zu finden. Denn die Polizei wird blitzschnell reagieren. Wie schnell, bekommt Johann Sch. als Erster mit. »Etwas später habe er einen Telefonanruf von Waltraud Přiklopil erhalten, die ihm mitgeteilt habe, dass gerade die Polizei bei ihr sei und Wolfgang suche. Über ihr Ersuchen habe er von seinem Grundstück auf das Grundstück des Přiklopil geschaut, Přiklopil aber nicht sehen können. Als er Waltraud Přiklopil zurückgerufen habe, um ihr dies zu berichten, sei ein Polizeibeamter am Telefon gewesen und habe ihn gebeten, auf die PI[96] Deutsch-Wagram zu kommen.«

13.04 Uhr

Die Landesleitzentrale der Polizei in St. Pölten, wo der Notruf von Inge P. eingeht, schickt die Streife »Deutsch-Wagram 1« per Funk in die Blaselgasse nach Strasshof. Dort sei »ein angeb-

---

[96] Polizeiinspektion

liches Entführungsopfer aufgefunden worden«. Die beiden Revierinspektoren Rudolf P. und Gerald M. machen sich sofort auf den Weg.

Währenddessen kümmert sich Inge P. um die seltsame Besucherin – mit großem Argwohn.

»Nachdem ich die Polizei verständigt hatte, forderte ich die Frau auf, nach vorn zur Eingangstür zu kommen. Vor der Haustür erzählte sie mir dann wiederum, dass sie verfolgt werde. Sie wollte zunächst in das Haus gelassen werden. Da ich ihr aber nicht vertraute, gewährte ich ihr keinen Einlass. Die Frau sagte dann zu mir, dass ich in das Haus gehen solle, denn wenn ›derjenige‹ uns sehe, würde er uns beide umbringen und dann sich selbst. Ich blieb trotzdem vor der Haustüre stehen und wartete das Eintreffen der Polizei ab.«

In einer späteren Vernehmung wird Natascha Kampusch vor der Polizei noch einmal bekräftigen, »dass sie gewollt habe, dass die Frau[97] endlich ins Haus gehe, denn sie habe Angst gehabt, dass wenn ›er‹ ihre Flucht bemerke, er sie umbringen werde«. Die Beamten werden nachfassen und wissen wollen, ob Wolfgang Přiklopil »sie vorher je bedroht habe«, und sie wird eine Antwort geben, die das ganze Ausmaß ihrer geraubten Jugend spürbar werden lässt: »Ja«, wird sie sagen, »aber sie habe davor keine Angst gehabt, für sie bedeute der Tod die endgültige Freiheit.« Und sie wird hinzufügen: »Er habe aber immer wieder gesagt, zuerst würde er die Nachbarn umbringen, wenn sie sie um Hilfe bitte, dann sie und zuletzt sich selbst. In der Sekunde ihrer Flucht sei ihr haargenau bewusst gewesen, dass er sich umbringen werde.«

Die Lage ist bitterernst. Auch im Nachhinein lässt sich nicht einschätzen, wie Přiklopil sich verhalten hätte, wenn er in diesem Moment Natascha Kampusch zusammen mit der Nachbarin Inge P. entdeckt hätte. Die hat nicht den blassesten Schimmer davon, dass auch sie in unmittelbarer Gefahr schwebt. Misstrauisch beobachtet sie die junge Frau.

»Mir ist aufgefallen, dass die Frau offensichtlich panische Angst hatte. Sie zitterte und war sehr bleich im Gesicht. Aufgefallen an der Frau ist mir auch, dass sie eine sehr gewählte Ausdrucksweise hatte und ein akzentfreies Hochdeutsch sprach. Während wir auf die Polizei warteten, fragte ich sie, von wo sie her sei. Sie antwortete, dass sie in Wien geboren sei. Auf meine Frage, dass sie aber keinen Wiener Akzent spricht, antwortete sie, dass sie sehr lang eingesperrt gewesen sei. Näheres dazu sagte sie mir nicht.«

---

97 Anwohnerin Inge P.

13.10 Uhr

Wolfgang Přiklopils direkte Nachbarin in der Heinestraße[98] sieht, dass er in seinem weißen Mercedes-Benz-Sprinter, den Natascha Kampusch eben noch gereinigt hat, auf der Heinestraße Richtung Ortsausfahrt fährt, im Kreuzungsbereich Heinestraße/Waldstraße wendet, auf der Heinestraße, an seinem Haus vorbei, zurückfährt und nach links in die Blaselgasse einbiegt. Dort, in unmittelbarer Nähe, nur durch Hecken und Büsche geschützt, steht Natascha Kampusch. Mit wenigen Schritten könnte er bei ihr sein. Aber er sieht sie nicht. Und fährt weiter.

13.12 Uhr

Der Streifenwagen »Deutsch-Wagram 1« trifft in der Blaselgasse ein. Später, in der Dienststelle, werden die Inspektoren M. und P. in ihrem Einsatzbericht schreiben:

»In der Schrebergartensiedlung auf dem Grundstück Blaselgasse (...), Parzelle (...) wurde eine junge offensichtlich verwirrte weibliche Person und die Anzeigerin, P. Inge, angetroffen. P. gab an, dass die verwirrte Frau zu ihr sagte, dass sie entführt wurde und dass sie die Polizei anrufen soll.«

Bei einer Vernehmung wird M. die Beschreibung »verwirrt« als »unglückliche Formulierung« bezeichnen. Vielmehr habe Natascha Kampusch »nervös und blass gewirkt und geäußert, sie habe Angst vor Wolfgang Přiklopil«.

Zur selben Zeit sucht Přiklopil weiterhin fieberhaft nach ihr. Er stoppt den Mercedes-Benz-Sprinter ausgerechnet neben Josefa K., einer Anwohnerin aus der Heinestraße und Großmutter von Christian Pabi, dem Polizeihundeführer, der in ihm schon vor achteinhalb Jahren den Entführer von Natascha Kampusch vermutete. Josefa K. schildert der Polizei die Begegnung mit ihm später so:

»Ich ging (...) Richtung Bahnhof, und zwar über die Heinestraße, bog rechts in die Faulhügelstraße und danach links in die Schuhmeierstraße ein. Kurz vor der Kreuzung Schuhmeierstraße/Hauptstraße blieb Wolfgang PŘIKLOPIL mit einem weißen Auto neben mir stehen und fragte mich in einem freundlichen Ton: ›Entschuldigen Sie, haben Sie vielleicht ein Mädchen gesehen mit blonden Haaren und einem roten Kleid?‹ Ich verneinte dies und nach einem ›Entschuldigung‹ fuhr dieser weiter.«

Josefa K. setzt ihren Weg fort. Kurz darauf sieht sie Přiklopil in seinem Wagen noch einmal bei der Ampelkreuzung Hauptstraße/Neusiedler Straße.

---

[98] Přiklopil wohnt in der Heinestraße Nr. 60.

13.20 Uhr

Die Besatzung des Streifenwagens »Deutsch-Wagram 1« erhält Verstärkung durch die »Krim-Streife Deutsch-Wagram«, besetzt mit zwei Kriminalbeamten, den Revierinspektoren A. und R. Etwa zur selben Zeit kehrt Wolfgang Přiklopil in seinem weißen Mercedes-Benz-Sprinter zum rückwärtigen Teil seines Grundstücks zurück. Die Hoffnung, Natascha Kampusch noch zu finden, schwindet dahin. Er fährt in die Blaselgasse hinein, wie acht Minuten vorher der Streifenwagen »Deutsch-Wagram 1«. Und nun, vielleicht nur wenige Sekunden vor oder nach ihm, die »Krim-Streife Deutsch-Wagram«. Přiklopil biegt in die grasbewachsene Sackgasse ab, über die Natascha Kampusch 23 Minuten zuvor geflohen ist. Er stellt den Wagen wieder vor seinem überdachten Garagenstellplatz ab, montiert die beiden Wiener Wechselkennzeichen ab und trägt sie ins Haus. Das Handy, mit dem er die zahlreichen Anrufe der Mietinteressenten entgegengenommen hat, lässt er auf dem Boden des Sprinters liegen.

In größter Hektik und völlig außer sich setzt Přiklopil die Suche nach Natascha Kampusch im Haus fort. Wie die Polizei später rekonstruieren wird, muss er »in der Garage die Holzabdeckung zur Montagegrube entfernt haben und zum Verlies gelangt sein (...). Vermutlich beim Ein- oder Aussteigen in das Verlies müsse sich Wolfgang Přiklopil am Kopf verletzt haben.« Diese Schlussfolgerung ergibt sich aus der Aussage einer Zeugin, die »bei ihm eine frische Beule festgestellt habe. (...) Der Tresor habe sich außerhalb der vorgesehenen Öffnung mit der Tresortürseite am Boden liegend befunden. Eine Schmuckkassette mit 10 Golddukaten, 2 Anstecknadeln sowie einem Anhänger und einem Ring sei am Boden vor der Ausnehmung gelegen. Die Holzkommode habe sich unmittelbar vor der Betonausnehmung im vorderen Bereich der Montagegrube befunden, wobei diverse Sparbücher und Schmuckstücke sowie Schlüssel darauf abgelegt gewesen seien. Die Erhebungen dazu hätten erbracht, dass diese Auffindungssituation nicht von den ersteinschreitenden Polizeibeamten bzw. der Cobra verursacht worden sei. Der Cobrabeamte KI[99] Paul W. habe angegeben, dass die von innen verschließbare und von außen mit einem Mechanismus zu öffnende und zum ersten Raum bzw. zum Verlies führende Türe offen gestanden habe. Demnach müsse sie mit dem dafür vorgesehenen Mechanismus (Ratsche[100] sei angesteckt gewesen) entriegelt worden sein. Die Auffindungssituation lasse die Aussage zu, dass sie offensichtlich in einer Panik- oder Verzweiflungssituation verursacht worden sei.«

Die Statik seiner Kunstwelt, die Wolfgang Přiklopil für sich und seine Zwangspartnerin schuf, stimmte nie, war eine gigantische Fehlberechnung. Das muss er in diesem Moment

---

99 Kontrollinspektor
100 Werkzeug zum Lösen oder Festziehen einer Schraubverbindung

erkannt haben. Der Boden tut sich unter seinen Füßen auf, er fällt in ein Nichts. Die Polizei wird auf dem »Wohnzimmertisch säuberlich abgelegte Schmuckstücke, nämlich einen Herrenring, zwei Halsketten sowie ein Armband und eine Armbanduhr, weiters eine Fototasche mit Fotoapparat und eine Videokamera« vorfinden. Für sie dokumentiert das geordnete »Ablegen seines gesamten getragenen Schmuckes am Wohnzimmertisch«, dass er »augenscheinlich bereits mit dem Leben abgeschlossen habe«.

In der Garage befestigt er die Wechselkennzeichen am weinroten BMW 850i. Danach fährt er weg, unternimmt den letzten Versuch, sie doch noch zu finden. Das bemerkt sein Nachbar Stefan B.

Währenddessen steht Natascha Kampusch den mittlerweile vier Polizeibeamten Rede und Antwort.

»Auf Befragung gab die verwirrte Person gegenüber den o. a. Beamten und den mittlerweile eingetroffenen Kriminaldienstbeamten (RevInsp[101] A. und RevInsp R.) an, dass sie Natascha KAMPUSCH sei. KAMPUSCH war äußerlich unverletzt. Sie war sehr ängstlich und verstört. Ihre Angaben wirkten jedoch glaubhaft.«

Natascha Kampusch. Erstmals fällt dieser Name. Ausgesprochen von ihr selbst. Gegenüber fremden Menschen, die überdies auch noch Polizeibeamte sind. Sie braucht keine Angst mehr zu haben. Die 3096 Tage Gefangenschaft sind vorbei. Sie ist in Sicherheit. Das ist zugleich das Todesurteil für Wolfgang Přiklopil. Er wird in exakt sieben Stunden und 30 Minuten sterben. Auf besonders grausame Art.

Die Frau, die er in diesem Moment immer noch verzweifelt sucht, schildert den vier Polizeibeamten erstmals ihr Martyrium.

»Sie gab an, dass sie von PŘIKLOPIL Wolfgang seit 8 Jahren in Strasshof, Heinestrasse 60 in einem Verlies eingesperrt worden ist. Die Örtlichkeit beschrieb sie wie folgt: ›Ich war in einem Verlies im Keller eingesperrt. Das Verlies befindet sich in der Garage unter der Montagegrube hinter einem Safe.‹«

Das sind die entscheidenden Stichworte. Die Beamten erlassen eine Fahndung nach Wolfgang Přiklopil. Und die beiden Kripo-Revierinspektoren A. und R. fahren in ihrem zivilen Fahrzeug zum Tathaus, das nur einen Steinwurf entfernt ist. Was Natascha Kampusch ihnen noch über ihre Gefangenschaft erzählt hat, halten die Polizisten M. und P. anderntags in einem Vermerk fest. »Früher habe er sie geschlagen«, schreiben sie, »in der Nacht habe er sie manchmal mit Kabelbindern angebunden, nach einem Jahr habe sie das erste Mal ins Haus gedurft, nach ca. 2 Jahren habe sie Radio hören und nach ca. 3 Jahren habe sie das erste Mal in den Garten gehen dürfen, wobei Wolfgang Přiklopil sie aber an der Hand gehalten habe, damit sie nicht weglaufen könne.«

---

101 Revierinspektor

Der Vermerk belegt, dass Natascha Kampusch sich nicht windet und mit Informationen hinter dem Berg hält. Selbst in dem Moment nicht, wo sie trotz Polizeischutzes noch um ihr Leben zittert. Von nun an wird sie immer wieder befragt und vernommen werden. Über Jahre hinweg. Und sie wird im Kern immer wieder das Gleiche sagen. Dennoch wird ihre Glaubwürdigkeit öffentlich angezweifelt werden, wenn auch häufig in heuchlerische Fürsorge verpackt.

13.25 Uhr

Die Kripobeamten treffen vor Přiklopils Haus ein. Der Gesuchte ist verschwunden. Sie erkundigen sich daraufhin bei seinen Nachbarn, »ob sie wüssten, ob dieser zu Hause sei bzw. wo er sich befinde«.

Etwa zur selben Zeit bringen Gerald M. und Rudolf P. Natascha Kampusch im Streifenwagen zur Polizeiinspektion Deutsch-Wagram. Während der nur wenige Minuten dauernden Fahrt zieht sie sich die »Tellerkappe«[102] von Revierinspektor P. über den Kopf, um sich darunter vor Wolfgang Přiklopil zu verstecken. Wie sich M. in einer Vernehmung drei Jahre später erinnern wird, habe sie befürchtet, »Wolfgang Přiklopil werde sie sicher suchen und sollte er sie finden, werde er uns alle umbringen«. Fast im gleichen Atemzug erklärt sie den Polizisten, »dass sie Wolfgang Přiklopil eigentlich sehr gern habe und, sollte er ins Gefängnis müssen, sie ihn sicher besuchen und ihm auch einen Kuchen mitbringen werde« – eine Aussage, die für M. »überhaupt nicht nachvollziehbar gewesen« sei. Wie auch. Der Fortgang dieses Entführungsfalles wird noch aufzeigen, dass selbst mit der Aufarbeitung des Verbrechens befasste ehemalige Höchstrichter Österreichs die wissenschaftlich längst gesicherte Erkenntnis über die besondere innere Verbindung zwischen Täter und Opfer nicht berücksichtigen. Jahre später, 2009, versucht Natascha Kampusch uns die Zwiespältigkeit ihrer Gefühle für Wolfgang Přiklopil verständlich zu machen. Auf meine Frage, wie es für sie sei, dass sie ihn jetzt, in Freiheit, nicht im Gefängnis besuchen, mit ihm in den Dialog treten und das Geschehene reflektieren kann, antwortet sie: »Das hat mir schon leid getan.« Und lächelnd fügt sie hinzu: »Zumal ich mir vorgenommen hatte, ihm einen Gugelhupf zu backen, mit einer Feile drinnen.« Damals, im Streifenwagen, steckt sie voller panischer Angst. M.s »Eindruck nach habe Natascha Kampusch sehr schnell vom Gartenhaus der Frau P. weg gewollt. (...) Auf dem Weg vom Parkplatz in die Diensträume habe sie sich eine graue Gendarmeriedecke über den Kopf gehängt, weil sie immer wieder Angst vor Wolfgang P. geäußert habe.«

---

102 Dienstschirmmütze

13.30 Uhr
Přiklopils Nachbar Stefan B. teilt den Kripobeamten A. und R. mit, dass er ihn in seinem weinroten BMW 850i habe wegfahren sehen. So lapidar diese Auskunft erst einmal klingen mag – die nächsten Minuten werden hochdramatisch verlaufen.

13.35 Uhr
Während die Kriminalbeamten in der Nachbarschaft weiter nach Přiklopil suchen, sieht Stefan B. ihn in seinem BMW auf der Heinestraße zurückkommen. Er gibt »ihm ein Handzeichen zum Stehenbleiben« und sagt ihm, »dass ihn die Kripo suche, wobei Wolfgang Přiklopil völlig gehetzt und fertig gewirkt habe und Ringe unter den Augen gehabt habe«, wie er später der Polizei schildern wird. Přiklopil gibt Gas und fährt ortsauswärts in Richtung Waldstraße davon.

13.37 Uhr
Přiklopil wendet und kommt in der Gegenrichtung zurück. Die beiden Revierinspektoren A. und R. entdecken den BMW 850i, der sich ihnen nähert. »Auf dem Fahrersitz befand sich Wolfgang Přiklopil«, der, wie A. beobachtet, »einen wahnsinnig/ängstlichen Blick aufwies. Wolfgang Přiklopil war offensichtlich noch auf der Suche nach Natascha Kampusch.« Obwohl er in diesem Moment weiß, dass bereits die Kripo hinter ihm her ist.

13.38 Uhr
A. und R. laufen zu ihrem zivilen Dienstwagen und nehmen mit Blaulicht die Verfolgung Přiklopils auf. A., der hinter dem Steuer sitzt, gelingt es noch innerhalb der Wohnsiedlung, sich bis auf zehn Meter dem BMW zu nähern. Doch als Přiklopil seine Verfolger bemerkt, drückt er aufs Gaspedal. Mit über 180 Stundenkilometern schießt das weinrote 12-Zylinder-Coupé Richtung Markgrafneusiedl davon. Über Funk alarmieren die Kripobeamten die Kollegen der Polizeiinspektion Deutsch-Wagram. Kurz vor dem acht Kilometer entfernten Markgrafneusiedl biegt Přiklopil rechts auf eine Zufahrtsstraße zu einem Schotterwerk in Richtung B8[103] ab. Dort verlieren A. und R. ihn aus den Augen.

Die Polizeipatrouillen »Deutsch-Wagram 1« und »Deutsch-Wagram 2« eilen zu Hilfe. In Deutsch-Wagram in Höhe der Freiwilligen Feuerwehr errichten sie eine Straßensperre. Dort

---

[103] verbindet Wien auf einer Länge von 40 Kilometern über Deutsch-Wagram, Strasshof an der Nordbahn und Gänserndorf bis nach Angern an der March

trifft kurz darauf auch die Kriminalstreife mit R. und A. ein. Doch Přiklopil ist längst über alle Berge. Er ist mit seinem Wagen offenbar vor der Straßensperre nach Parbasdorf[104] abgebogen und in Richtung Raasdorf[105] und Wien weitergefahren. Daraufhin begeben sich die beiden Kripobeamten zur Polizeiinspektion Deutsch-Wagram, wo eine Großfahndung ausgelöst wird. Streifenwagen jagen über Landstraßen, Hubschrauber steigen auf. Fast 200 Polizeibeamte sind im Einsatz. Mit einem einzigen Ziel: Natascha Kampuschs Entführer zu fassen.

Um die junge Frau kümmert sich inzwischen die Revierinspektorin Sabine F. Sie ist erst wenige Monate zuvor vom Zoll zur Polizei gewechselt und ist in diesem Moment die einzige weibliche Bedienstete in der Polizeiinspektion. Natascha Kampusch steht vor ihr in ihrem dünnen Trägerkleidchen, zittert, ist käseweiß. Und dünn, fast schon mager, wie die Polizistin weiter feststellt. An den Beinen hat sie Ausschlag. Das komme vom Rasieren, erklärt ihr Natascha Kampusch. Kein Härchen sollte man von ihr finden. Als mehrere männliche Kollegen plötzlich den Raum betreten, greift sie ängstlich nach Sabine F.s Hand, lässt sie nicht mehr los, weicht auch in den nächsten Stunden nicht mehr von ihrer Seite. Die Polizistin hat den Eindruck, dass sie »den Umgang mit ihr unbekannten Männern nicht gewohnt gewesen sei«. Sie zieht sie mit sich in ein Büro, schließt die Tür. Sie sind nun allein. Die Polizistin gibt ihr ihre Uniformjacke, sie soll sie drüberziehen, damit sie nicht mehr friert. So umsorgt zu werden, ist Natascha Kampusch nicht gewohnt. Eine Cola wünscht sie sich und weiße Schokolade, auf beides musste sie während der vielen Jahre verzichten. Sabine F. erfüllt ihr den Wunsch. Ruft einen Arzt, als sie von der Achtzehnjährigen erfährt, dass sie schon seit Jahren Herzprobleme hat. Dr. Karl B. aus Deutsch-Wagram untersucht sie, findet »keine groben körperlichen und geistigen Auffälligkeiten«. Er hört auch ihr Herz ab, weil sie ihn darum bittet. Auf ihre Frage, »wie lange er eine Schwangerschaft nachweisen könne, wenn sie schon vorbei sei«, antwortet Dr. B., dass »man eine vorhandene Schwangerschaft im Blut noch eine gewisse Zeit nachweisen könne«. Wie er zwei Tage später, am 25. August 2006, in seiner Vernehmung angeben wird, »habe sie bemerkt, dass es eh egal sei, weil es schon lange her sei«. Der Polizei wird Natascha Kampusch am 15. September 2006 davon berichten. Und sie wird erklären, die Frage an Dr. B. »wegen der Nachweisbarkeit einer Schwangerschaft habe sie gestellt, weil sie starke krampfartige Schmerzen gehabt habe und an einen Abortus gedacht habe«. Weitere gynäkologische Untersuchungen im Krankenhaus werden ergeben, dass sie nie schwanger gewesen ist. Dennoch wird das Gerücht einer heimlichen Geburt den Weg in die Medien finden. Die Spur ist gelegt, die Jagd kann beginnen. Nach einem Kind, dessen Eltern Natascha Kampusch und Wolfgang Přiklopil heißen. Gezeugt in der Düsternis der Gefangenschaft. Zur Welt gebracht in einem modrigen Verlies. Weitergegeben in fremde

---

104 kleine Gemeinde im Weinviertel in Niederösterreich
105 Gemeinde im Weinviertel in Niederösterreich

Hände. Wo es aufwächst. Ahnungslos? Ungeliebt? Mit stiefelterlicher Strenge? Was für eine Geschichte! Dass Menschen sich ernsthaft auf die Suche nach diesem Fantasiewesen begeben werden, kann Natascha Kampusch noch nicht ahnen. Freimütig erzählt sie der Polizistin von ihrem Alltag in Gefangenschaft. Von Přiklopil spricht sie nur als »Verbrecher«, redet dann mal positiv, mal negativ von ihm. Sabine F. ist überrascht, wie gebildet sie ist und über welch umfangreichen Wortschatz sie verfügt. Um ganz sicher zu sein, dass sie auch die ist, für die sie sich ausgibt, bittet Sabine F. sie, ihr »zwecks vorläufiger Identifizierung« die persönlichen Daten der Eltern und Geschwister zu nennen. Diese Fakten hält sie am 29. August 2006 in einem Bericht fest, der später von der Innsbrucker Staatsanwaltschaft so zusammengefasst wird: »Danach schilderte ihr Natascha Kampusch die Entführung und gab an, als erstes gefragt zu haben, ob sie nun vergewaltigt werde. Sie habe dann berichtet, dass sie kurz in einem Waldstück verweilt hätten, anschließend sei sie ins Verlies gebracht worden. In den weiteren Jahren habe sie das Verlies verlassen dürfen, um in den Garten zu gehen und sich im Haus aufzuhalten. Manchmal habe er sie zum Einkaufen und einmal sogar zum Schi fahren mitgenommen. Sie habe im Haus und Garten Arbeiten verrichten müssen und habe ihr Entführer ihre Anwesenheit im Garten damit erklärt, dass sie eine Gartengehilfin sei. Wenn seine Mutter zu Besuch gekommen sei, habe er sie ins Verlies gesperrt. Zuvor habe er das Haus gereinigt, damit keine Spuren ihrer Anwesenheit wahrnehmbar gewesen seien. Im Laufe der Jahre habe er ihr weniger zu Essen gegeben und sei sie in den letzten Jahren auch von ihm geschlagen worden. In der Folge habe Natascha Kampusch von ihr familiäre Angelegenheiten wissen wollen, wie zum Beispiel, ob ihr Großvater noch leben würde.« Die Eckdaten des Verbrechens kennt die Polizistin nun dank ihrer Einfühlsamkeit und ihrer geschickten Gesprächsführung. Zum Schluss stellt sie Natascha Kampusch drei präzise Fragen: »Ob sie mit dem Entführer Geschlechtsverkehr hatte, warum sie einen so gebildeten Eindruck erweckt und ob es Komplizen gab.« Ebenso präzise fällt deren Antwort aus. »Sie gab dazu an, dass sie Geschlechtsverkehr hatte und sie diesen freiwillig mit ihm vollzog. Sie bekam von ihm Bücher zu lesen, durfte Radio hören und Videos sehen. Bezüglich Komplizen gab sie wortwörtlich an: ›Ich weiß keine Namen.‹«

So ist es festgehalten im ersten amtlichen Dokument, unmittelbar nach Natascha Kampuschs Flucht. Entstanden aus einer Unterhaltung heraus, unbefangen geführt, durchsetzt mit privaten Elementen. Getragen von dem Respekt gegenüber einer jungen Frau, die noch gar nicht fassen kann, dass sie frei und in Sicherheit ist. Sie antwortet auf eingestreute professionelle Fragen spontan ohne Kalkül oder Taktik. Mit froher Leichtigkeit im Herzen. Und gleichzeitig tonnenschwerer Last auf der Seele.

In ähnlichem Gemütszustand wird sie sich wohl auch noch am nächsten Tag befunden haben. Und daher wiederholt sie in Beisein des Wiener Kinder- und Jugendpsychiaters Prof. Ernst Berger vor den Vernehmungsbeamten der Soko noch einmal, was sie tags zuvor bereits Sabine F. erklärt hat: »Es hat die ganze Zeit keine Vergewaltigung gegeben.« Natascha Kampuschs Unbefangenheit und Offenheit sehen Staatsanwälte und Polizeibeamte später als Beleg für ihre Glaubwürdigkeit an. Selbst berufene Fallanalytiker aber werden sich auf die Reizworte im Protokoll von Sabine F. und der Vernehmungsniederschrift stürzen. Und das sind zuerst einmal die Worte »Geschlechtsverkehr«, »freiwillig« und »keine Vergewaltigung«. Aha, dann kann also von Gefangenschaft kaum noch die Rede sein. Gefangenschaft tut weh. Sex nicht. Also Entführung light, mit hohem Spaßfaktor. So werden sie öffentlich sinnieren und den Weg für Verschwörungstheorien bereiten.

Natürlich haben wir mit Natascha Kampusch über ihre sexuelle Beziehung zum Entführer gesprochen. Darüber, was während einer Gefangenschaft freiwillig ist. Ja, sie hat den Ausdruck »freiwillig« benutzt, eine Vergewaltigung ausdrücklich verneint. Aber sie hat es nicht so gemeint. Hätte sie geahnt, was daraus gemacht werden würde, hätte sie differenzierter formuliert. In der Diskussion mit uns verweist sie auf Vergewaltigung in der Ehe, wo die Grenzen zwischen Freiwilligkeit und Zwang in der Betrachtung der Partner bisweilen höchst unterschiedlich gezogen werden. Wir sprechen über weibliche Gefangene im KZ, die mit ihren Bewachern schliefen, in der Hoffnung auf einen Krumen Brot oder eine sonstige Vergünstigung – war das freiwillig? Wäre diesen Frauen tatsächlich Freiwilligkeit zu unterstellen, weil sie nicht mit brutaler körperlicher Gewalt vergewaltigt wurden? Ist nicht auch das Ausnutzen einer Zwangslage letztlich eine Vergewaltigung? Man kann sogar noch viel weiter gehen. Was ist mit einem Kind, das in Gefangenschaft seine Sexualität entdeckt, irgendwann dem inneren Verlangen nachgibt und sich seine erste Erfahrung holt bei dem einzigen Menschen, der dafür zur Verfügung steht: seinem Entführer? Freiwillig oder Vergewaltigung? »Und sogar dann«, argumentierte ich, »wenn das Opfer selbst seinem eigenen gesunden Trieb nachgeht und sagt: Na gut, dann hole ich mir drei Minuten mal ...« »Zärtlichkeit, Zuwendung, Befriedigung. Ja«, führte Natascha Kampusch meinen Satz zu Ende, »aber es ist auf alle Fälle Missbrauch, es ist nicht unbedingt mehr Vergewaltigung, aber es ist Missbrauch. Weil man die Notsituation des anderen missbraucht.«

Das nächste Reizwort heißt »Komplizen«. »Ich weiß keine Namen.« So steht es geschrieben. Und so hat Natascha Kampusch es auch gesagt. In einer absoluten Ausnahmesituation, als ihr gerade die Flucht geglückt war. Wie Sabine F. in einer Vernehmung durch Beamte des Bundeskriminalamts am 22. September 2009 klarstellen wird, sei es richtig, dass sie in ihrem Bericht »zwar im Zusammenhang mit der an sie gestellten Frage das Wort Komplizen anführte, ihr gegenüber bei dieser Frage das Wort Komplizen nicht verwendete, sondern sie sinngemäß (fragte), ob Andere dabei waren«. Am 15. Oktober 2009 wird Natascha Kampusch dem inzwischen als Sonderermittler der Staatsanwaltschaft eingesetzten Dr. Thomas Mühlbacher dazu erklären: »Wenn ich gefragt werde, warum ich diese Formulierung verwendet habe, Přiklopil hat mir nie Namen genannt und ich habe auch nie jemanden gesehen.

Wenn ich gefragt werde, warum ich diese Frage nicht einfach mit nein beantwortet habe. Es ging mir darum, falls es doch Mittäter geben sollte, [106]die Polizei ermittelt ...« Auch jenseits aller formalen Befragungen und Vernehmungen wird sie über die Jahre hinweg durchgängig bis heute bekunden, »dass Wolfgang Přiklopil ihrem Wissen nach als Alleintäter gehandelt und die Entführung alleine durchgeführt habe«. Und sie »außer Wolfgang Přiklopil keine weiteren Täter gesehen habe«.

Ihre Beteuerungen verpuffen bei denen, die wie Fährtenhunde an der Leine ziehen, Ungeheuerlichkeiten witternd. Eine Spur hat Natascha Kampusch mit ihrer missverständlichen Aussage selbst gelegt. Přiklopil hatte Komplizen. Plural. Nur wie sie heißen, weiß sie nicht. Was bedeutet, dass die einzige Zeugin der Entführung, die damals zwölfjährige Ischtar A., sich nicht geirrt haben kann. Sie hat zwei an der Tat beteiligte Männer gesehen. Damit gibt es mindestens einen Komplizen. Und wer kommt da eher in Frage als der einzige und engste männliche Vertraute des verschrobenen Einzelgängers Přiklopil? Dieser Vertraute ist Ernst H. Er wird noch am Ende dieses Tages die zweite Spur legen. Sie soll von ihm wegführen. Doch sie wird direkt zu ihm zurückführen. Mit dieser Riesendummheit, die er sich selbst einbrockt, liefert er denen eine Steilvorlage, die ihn als vermeintlichen Mittäter Přiklopils sehen wollen.

14.13 Uhr

Wolfgang Přiklopil ist seinen Verfolgern entkommen. Zeitweise ist er als Geisterfahrer über die A 23 gerast. Nun müsste er noch etwa eine knappe Viertelstunde fahren, zuerst die Alte Donau, danach Neue Donau, Donau und schließlich den Donaukanal überqueren, dann wäre er in der Wiener Innenstadt. Doch die Polizei sitzt ihm im Nacken, und er biegt vorher in die Tiefgarage des Donauzentrums ab, eines großen Einkaufszentrums, 18 Kilometer von Strasshof entfernt. Nur zwei Kilometer sind es bis zur Wohnung von Natascha Kampuschs Mutter Brigitta Sirny. Eine Überwachungskamera erfasst ihn erstmals bei der Einfahrt in die Garage. Přiklopil zieht einen Parkschein. Darauf der Aufdruck »23.8.06, 14.13 Uhr«. Er sucht sich einen Parkplatz, stellt seinen BMW ab und läuft zu einem Info-Stand im ersten Stock. Den Parkschein lässt er im Wagen liegen. Ob versehentlich oder mit voller Absicht, wird sich nicht mehr klären lassen. Tatsache jedoch ist: Er wird ihn nicht mehr brauchen.

14.15 Uhr

Přiklopil trifft an dem Informationsschalter ein. Dahinter verrichtet Maria H. Dienst. Eine Überwachungskamera filmt ihn. Wie sich Maria H. später in ihrer Zeugenvernehmung er-

---

[106] wie sich aus anderen Aktenteilen ergibt, ist eindeutig gemeint: »dass die Polizei ermittelt«

innern wird, sei er »sehr aufgeregt und nervös gewesen«. Er »habe dringend ersucht, telefonieren zu dürfen, da er einen Freund anrufen müsse«. Es sei »etwas passiert«, er habe »weder Handy noch Geld, sondern nur den Autoschlüssel bei sich und eine Beule am Kopf«. Von Maria H. stammt der Hinweis auf die »kleine, gerötete Beule mit einem Kratzer an der Stirn«, die Přiklopil sich vermutlich kurz zuvor bei der hektischen Suche nach Natascha Kampusch in der Enge des Verlieses zugezogen hat. Přiklopil nennt ihr eine Telefonnummer. Sie tippt sie für ihn ein und übergibt ihm den Telefonhörer.

14.17 Uhr

Ernst H. ist in seinem Großraum-Van, einem grünen Kia Carnival, mit einem einachsigen Anhänger auf Wiens Südosttangente A 23 unterwegs, über die vor wenigen Minuten noch sein Freund Wolfgang Přiklopil als Geisterfahrer gerast ist, als dessen Anruf vom Festnetzanschluss des Informationsschalters im Donauzentrum auf seinem Handy eingeht. Wie bei einer von der Polizei später vorgenommenen Rufdatenauswertung festgestellt wird, befindet sich Ernst H. gerade im Sendebereich 1020 Wien, Wehlistraße, etwa acht bis zehn Autominuten vom Donauzentrum entfernt. In seiner ersten Vernehmung noch am selben Abend wird er das Telefonat so wiedergeben: »Wo bist du«, habe Přiklopil gefragt und gefordert, »du musst mich abholen, ganz dringend. Es ist ein Notfall. Egal auf welcher Straße du bist, komm unbedingt sofort ins DZ[107]. Komm zur alten Post, dort warte ich.«

Maria H. wird in ihrer Vernehmung Přiklopil fast wortgleich zitieren. Sie hat am Informationsschalter den Anruf genau mitbekommen. Allerdings wird sie noch hinzufügen, dass Přiklopil, um seine besondere Notlage deutlich zu machen, gesagt habe, »komm so schnell du kannst, ich bezahle dir jede Strafe«. Als abends in der Nachrichtensendung ZiB 2[108] sein Foto über den Bildschirm flimmert, erkennt Maria H. ihn sofort wieder und meldet sich um 22.30 Uhr bei der Polizei.

Während der Zeit am Info-Stand hält Přiklopil ein kleines schwarzes Etui mit seinen Autoschlüsseln in der linken Hand. Das dokumentiert der Film der Überwachungskamera. Nach dem Telefonat verschwindet er aus dem Bild. Und Ernst H. macht sich auf den Weg zur alten Post. Welchen Weg Přiklopil nimmt, um zur verabredeten Stelle zu gelangen, wird nicht mehr rekonstruierbar sein. Die letzte Aufnahme, die ihn lebend zeigt, stammt von dieser Kamera. Sechs Stunden und 33 Minuten später ist er tot.

---

107 Donauzentrum
108 *Zeit im Bild*, ORF 2

14.20 Uhr
Ein Beamter des Kriminaldienstes der Polizeiinspektion Gänserndorf wird nach Strasshof in die Heinestraße entsandt. Dort überwacht er von einem Zivilfahrzeug aus Přiklopils Haus.

14.30 Uhr
Der Kripomann bekommt Verstärkung durch den Kollegen A. vom Kriminaldienst Deutsch-Wagram, dem Přiklopil eine knappe Stunde zuvor entkommen ist.

Etwa zur selben Zeit trifft Ernst H. mit Van und Anhänger vor der alten Post ein. Die nächsten fünfeinhalb Stunden werden die wohl bedrückendsten in seinem Leben werden. Sie werden ihn so mitnehmen, so nachhaltig verwirren und beschädigen, dass er über deren Ablauf die Unwahrheit sagen wird. Ohne Not, wie Außenstehende meinen könnten. Doch Ernst H. selbst wird sich in höchster Not sehen und befürchten, als Mitwisser oder gar Mittäter seines Freundes verdächtigt zu werden und am Ende womöglich auf der Anklagebank zu landen – eine Einschätzung, die der Realität noch sehr nahe kommen wird, was auch mit seinem Lavieren zwischen Wahrheit und eigenem Schutzinteresse zu tun hat. Über drei Jahre wird er brauchen, bis er erkennt, dass er seine Glaubwürdigkeit nur dann wiederherstellen kann, wenn er die Abläufe dieser fünfeinhalb Stunden so schildert, dass sie der Wirklichkeit entsprechen. Daher ist die Version die wahrscheinlichste, die er am 13. November 2009, das heißt erst drei Jahre später, bei einer Vernehmung abliefern wird.

Dieser Aussage zufolge muss Ernst H. ein paar Minuten warten, bis Wolfgang Přiklopil auftaucht und bei ihm auf der Beifahrerseite einsteigt. Er zittert, hält vor Nervosität, wie Ernst H. mitbekommt, sein Knie. Die Beule am Kopf hingegen bemerkt er nicht. Wahrscheinlich, weil Přiklopils Aufregung auf ihn abfärbt. »Bring mich weg, bring mich weg, die Polizei ist hinter mir her!«, fleht er. Und fordert Ernst H. auf, sein Handy auszuschalten, weil die Polizei wisse, dass er sein Arbeitgeber sei und das Handy daher orten könne. Ernst H. fährt los. Und ist so durcheinander, dass er kurz darauf auf der am Donauzentrum vorbeiführenden Donaustadtstraße »gegen die Einbahn« fährt. Kein Wunder bei dem, was da auf ihn einprasselt. »Er sei das größte Arschloch«, sei es aus Přiklopil herausgesprudelt, »H. werde ihn hassen, er sei ein Vergewaltiger und Entführer.« Dass er sich dieses klare, unverblümte Eingeständnis herauspresst, zeigt auf, dass die Zeit des Selbstbetruges vorbei ist. »Přiklopil sei außer sich gewesen und habe sehr verkrampft gewirkt. Přiklopil habe daraufhin gesagt, dass er Natascha Kampusch entführt habe. Ihm (Ing. H.) habe das nichts gesagt. Přiklopil habe dann gesagt, dass er sie eh kenne, er habe sie schon bei der Halle[109] gesehen.

---

[109] Gemeint ist H.s Veranstaltungshalle, wo es im Juni oder Juli 2006 zu einer kurzen Begegnung zwischen ihm und Natascha Kampusch kam.

Zu diesem Zeitpunkt seien sie erst 200 m vom Donauzentrum weg gewesen. Přiklopil habe auch gesagt, dass jetzt alle Bullen hinter ihm her seien. Er habe Wolfgang Přiklopil dann zu beruhigen versucht.«

Auf der Kreuzung Wagramer Straße/Platz der Vereinten Nationen steht ein uniformierter Polizist mit einem Funkgerät. Přiklopil reißt die Hände vors Gesicht, sein Freund lenkt das lange Gefährt an dem Beamten vorbei. Dem fällt nichts auf.

Währenddessen wartet Revierinspektorin Sabine F. mit Natascha Kampusch auf Beamte der Kriminalpolizei, die den Fall übernehmen werden. Bis dahin vertreiben sie sich die Zeit mit einem »Gespräch über Frauenangelegenheiten wie zum Beispiel Menstruation«, so wird Sabine F. es hinterher in ihrem Bericht festhalten. Zwischendurch begleitet sie ihren Schützling auf die Toilette. Dort hat sie Toilettenartikel für sich deponiert. Natascha Kampusch fragt sie, ob sie sie benutzen dürfe. Sie darf es. Und darf sogar noch eine Flasche Parfum der Polizistin mitnehmen.

14.45 Uhr

Auf den ersten Blick wirkt der Mann, der vor Kurzem die Polizeiinspektion Deutsch-Wagram betreten hat, wie ein gütiger Dorfpfarrer, dem alles Böse abhold ist. Wohlgerundet der Leib, bedächtig die Bewegungen, ein offenes Lächeln im Gesicht – ein Hirte, der sich um das Seelenheil seiner Schäfchen lieber bei einem guten Schoppen Wein als im diffusen Licht eines staubtrockenen Beichtstuhls zu kümmern scheint. Wären da nicht die hellwachen Augen, die flink hin und her wandern und die Details einer Situation zu einem Bild verarbeiten. Sie geben einen ersten winzigen Hinweis darauf, dass er sich seinen Lebensalltag offenbar nicht in der Abgeschiedenheit geistlicher Gemütlichkeit eingerichtet hat. Und so sind es auch nicht etwa Bilder von Posaunenengeln und Zwiebeltürmchen, die er in sich einsortiert, sondern grelle Schnappschüsse aus dem Leben, voller Bitternis, Grausamkeit und Niedertracht. Bilder von Menschen und dem, was sie anzurichten imstande sind. Denn der Mann heißt Johann Frühstück, ist Chefinspektor der burgenländischen Kriminalpolizei und hat jahrelang Mörder, Erpresser und Sexualstraftäter gejagt. Seit der Übernahme des Entführungsfalles Kampusch vom Wiener Sicherheitsbüro im Juli 2002 ist er mit seinen damals 50 Jahren der Senior-Ermittler unter den Soko-Kollegen.

Angefangen hat er mal als uniformierter Polizist bei den »Weißen Mäusen«, der Verkehrsabteilung in Wien. Danach hat er sich im Laufe seiner am Ende über dreißigjährigen Kriminalistentätigkeit zu einer »richtigen Skandalnudel« entwickelt, wie er sich selbst bezeichnet. Denn im Burgenland hat es kaum einen bedeutenden Skandal gegeben, an dessen Aufklärung er nicht an vorderster Front beteiligt gewesen ist: Die kriminelle finanzielle Ausschlachtung der Wohnungsbaugenossenschaft Ost (WBO)[110]. Der Vertrieb von gepanschten Weinen, verdorbenem Fleisch, jeweils in großem Stil. Der sexuelle Missbrauch an Kindern innerhalb der Kommune des Aktionskünstlers Otto Mühl[111].

Privat ist der Hobby-Winzer Frühstück ein Familienmensch, der das Leben seiner drei Töchter mit fürsorglichem Rat und, wenn nötig, bei Umzügen und Wohnungseinrichtungen auch mit handwerklicher Hilfe begleitet. Er liest viel, setzt sich mit dem Geschehen auf dieser Erde auseinander und war jahrelang ehrenamtlich in der Kommunalpolitik aktiv. Kein Wunder, dass seine Kollegen neben seinem »intelligenten Humor« »seine ausgeprägte Sozialkompetenz und Kameradschaft«[112] schätzen.

Was will man einem Mann wie Johann Frühstück vom Leben erzählen?

Er ist der erste Kriminalbeamte, dem Natascha Kampusch an diesem Tag begegnen wird. Und es ist eine gute Fügung, dass sie sich nach den vielen Jahren in den Händen eines seelisch deformierten Mannes einem Menschen mitteilen kann, der in der Lage ist, das nachzuvollziehen, was für einen großen Teil der Gesellschaft kaum verstehbar und auch nicht vermittelbar ist. Der ihr zumindest vorübergehend ein Gefühl väterlichen Schutzes geben kann, weil er ihr zuhört, sich in sie hineindenkt, sie zu verstehen versucht. Der ihre Schilderungen über sich und den Täter mit seinem Wissen über das Böse und die Folgen für denjenigen, der es ertragen musste, abgleicht. Und am Ende zu der Erkenntnis kommen wird: Was diese junge Frau, Natascha Kampusch, ihm und seinen Kollegen über die Zeit ihrer Gefangenschaft erzählt hat, ist in sich schlüssig. Und es gibt keinen vernünftigen Grund, daran zu zweifeln.

»Zufällig haben wir erfahren, dass Natascha Kampusch frei ist«, erinnert sich Johann Frühstück an den Tag des ersten Zusammentreffens mit ihr. »Ein Kollege sagte mir: ›Du, da sind Leut' unterwegs. Natascha Kampusch ist von ihrem Entführer entflohen. Nach ihm wird gefahndet.‹ Daraufhin habe ich in Deutsch-Wagram angerufen: ›Stimmt das?‹ Als mir das bestätigt wurde, bat ich: ›Kann ich mit der Kollegin reden?‹ Das war Sabine F., die Natascha Kampusch inzwischen betreute. ›Ist die Frau verwirrt?‹, habe ich sie gefragt. Sie hat verneint, und ich habe zu meinen Kollegen gesagt: ›Los, da müssen wir hin.‹ Mit Tatütata ging es los, ohne dass wir auf die Geschwindigkeit geachtet haben.«

In der Polizeiinspektion Deutsch-Wagram stoßen Frühstück und seine Kollegen auf Beamte vom Bezirkspolizeikommando Gänserndorf, dem Landeskriminalamt Niederösterreich und der Kriminaldirektion 1 in Wien, dem früheren Sicherheitsbüro. Alle fühlen sich zuständig. Um 14.45 Uhr setzt der Direktor des Bundeskriminalamts, Herwig Haidinger, dem Kompetenzgerangel ein Ende. »Ich ordnete sofort an: Die ›Soko Burgenland‹ macht das

---

110 WBO-Skandal Anfang der 1980er-Jahre, in den Politiker und Manager verwickelt waren. Der Schaden belief sich auf geschätzte 500 Millionen Schillinge (etwa 36 Millionen Euro).
111 am 26. Mai 2013 in Portugal im Alter von 87 Jahren verstorben
112 Zitate aus dem Magazin *Polizei Burgenland* anlässlich Frühstücks Pensionierung zum 30. April 2012

weiter, und alle arbeiten ihr zu«, wird er sich im Gespräch mit uns an seine Entscheidung erinnern. Damit ist Chefinspektor Frühstück am Zug. »Wir sind in einen Raum gegangen, mein Kollege Bernhard K., die F.[113] und ich. Da habe ich Natascha Kampusch zum ersten Mal gesehen. Sie war durchsichtig wie eine Wachspuppe.«

14.58 Uhr

Ernst H. hat mit Přiklopil mittlerweile die Donau überquert. Er sucht nach einer Möglichkeit anzuhalten, einmal, um selbst den Schock zu verdauen über das, was er gerade gehört hat, und zum anderen, um sich halbwegs geordnet mit ihm unterhalten zu können. Doch das ist wegen der Länge des Vans mitsamt Anhänger nicht so einfach. In der Haussteinstraße im 2. Wiener Bezirk Leopoldstadt findet er schließlich einen Platz und hält am Fahrbahnrand an. Es ist genau 14.58 Uhr, als er einen Mitarbeiter anruft und ihn in den Feierabend entlässt. Danach schaltet er alle Handys aus.

Während aus Přiklopil nur einige Häuserblocks vom Ufer der Donau entfernt die Tragödie seines verpfuschten Lebens herausbricht und er sich im Auto gleichzeitig vor der Polizei verkriecht, die mit allen verfügbaren Kräften hinter ihm her ist, bemüht sich Johann Frühstück darum, mit Natascha Kampusch ins Gespräch zu kommen.

»Am Anfang war es sehr steif. Ich habe sie erst mal gesiezt. Später habe ich sie gefragt, ob ich sie duzen darf. Sie entdeckte an meinem Arm ein Lederarmband mit Bernsteinkugeln. Ich trug es, weil es angeblich gut sein soll gegen Rheuma. Sie sagte zu mir: ›Rheuma hab' ich auch schon mal gehabt.‹ Danach war sie etwas gelöster. Wir haben über Opferschutz geredet. Sie hat mir erklärt: ›Ich will den Weißen Ring.‹ Ich habe sie gefragt, woher sie den Weißen Ring kenne. Sie hat mir gesagt, dass sie ihn aus dem Ö-1-Radio kenne. Ich sagte ihr, dass ich auch Ö 1 höre. Da war das Eis gebrochen.

Ich habe sie über ihre Familie befragt. Weil ich mir noch immer nicht sicher war, ob sie wirklich Natascha Kampusch war. Aber ihre Antworten stimmten alle, und so waren meine Kollegen und ich uns schließlich einig: ›Sie ist es!‹ Natascha hat uns gleich gesagt, Přiklopil hätte das ganze Haus mit Sprengfallen abgesichert. Deshalb haben wir später Hunde und die Spezialeinheit COBRA eingesetzt.«

---

113 Gemeint ist Revierinspektorin Sabine F.

ca. 16.00 Uhr

Die Situation in H.s Van spitzt sich dramatisch zu. Přiklopil will den Wagen haben und »damit gegen eine Betonwand fahren und sich so das Leben nehmen. Es seien«, so H., »dann mehrmals Bauarbeiter vorbei gegangen, woraufhin Přiklopil ihn gebeten habe, den Standort zu wechseln. Er habe sodann versucht, Přiklopil einen Selbstmord auszureden. Schon zuvor habe er Přiklopil gefragt, wo sich das Mädchen befinde, worauf Přiklopil ihm erklärt habe, dass sich hinter dem Tresor ein Raum befinde, den er so gemacht habe, dass die Betonstärke der Decke mehr als 1 m betrage, sodass man ihn nicht entdecke, wenn man mit einem Meterbohrer reinbohre. Von diesem Raum habe er (Ing. H.) vorher nichts gewusst, wohl aber vom Tresor. Přiklopil habe ihm lange Zeit zuvor erzählt, dass hinter dem Tresor seine heiklen Buchhaltungsunterlagen seien.« Im Nachhinein wird Ernst H. gegenüber der Polizei nicht ausschließen, »dass Přiklopil ihm damit vielleicht einen Hinweis habe geben wollen, falls ihm etwas zustoße. Přiklopil habe ihm (...) im Auto auch erzählt, dass er sich mit dem Gedanken getragen habe, einen Zettel mit dem Hinweis auf das Entführungsopfer für den Fall eines Unfalles mit sich zu führen, damit Natascha Kampusch nicht im Verlies umkomme.« Da Ernst H. immer noch nicht weiß, von welchem entführten Kind die Rede ist, habe Přiklopil »zwar etwas nachhelfen müssen, aber irgendwann habe er das Bild von Natascha Kampusch mit dem roten Kleid und den dicken Backen[114] vor Augen gehabt. Er habe Wolfgang Přiklopil nicht gefragt, warum er das Kind entführt habe, weil er ihm habe keinen Vorwurf machen wollen, da es eh schon passiert sei. Jedenfalls habe ihm Wolfgang im Fahrzeug erzählt, dass sie geflüchtet sei. Der Auslöser für die Flucht sei laut Přiklopil ein Streit zwischen ihm und Natascha wegen einer Zucchini gewesen.«

Přiklopil schwankt zwischen Selbstanklage, Selbstbetrug und Selbstmitleid. Mit seiner läppisch-banalen Begründung für ihre Flucht nimmt auch er Reißaus – vor dem Eingeständnis, dass sie sich als Erwachsene zurückgeholt hat, was er ihr als Kind genommen hat: die Freiheit. Denn das Wort »Vergewaltigung« taucht nun nicht mehr auf, er hat es nur das eine Mal verwendet, wie Ernst H. der Polizei berichten wird. Vielmehr habe er »während des weiteren Zusammenseins (...) immer positiver von seiner Behandlung der Natascha Kampusch gesprochen«.

Přiklopil ist es weiterhin ernst mit dem Freitod. »An diesem ersten Standort«, so H., sei seine Absicht, »Selbstmord zu begehen, stark ausgeprägt gewesen. Er habe gemeint, dass er eine Haft wegen der Haftbedingungen und seines Hygienefimmels und der Schande nicht aushalten werde.«

Die Bauarbeiter, die in weißer Arbeitskleidung geschäftig um sie herumwerkeln, nehmen die beiden Männer, die schon so lange miteinander reden, aber nicht aussteigen, mit

---

[114] das Kinderfoto, mit dem nach ihr gefahndet wurde

wachsender Neugier ins Visier. Polizeiwagen rauschen in kurzen Zeitabständen an ihnen vorbei. Přiklopil wird immer nervöser, hat Angst, entdeckt zu werden. Wieder drängt er darauf, dass sie den Standort wechseln. Als Ernst H. dann endlich losfährt, ist es etwa 16.00 Uhr. Bis dahin hat er ihn »nicht von seinem Selbstmordvorhaben abbringen können, erst beim Herumfahren und der Suche nach einer geeigneten Wand für einen geplanten Selbstmord habe er ihn überzeugen können, dass ein Selbstmord auf diese Art und Weise nicht möglich sei«. Dazu wird er in einer Vernehmung noch ergänzen: »Na, ich habe ihm nicht gesagt, das soll er nicht machen, sondern ich wollte ihm indirekt beweisen, dass das sowieso nicht geht.«

ca. 16.30 Uhr

Staatsanwalt Hans-Peter Kronawetter, der von Anfang an, also seit 1998, mit dem Fall Kampusch befasst ist, wird über die überraschende Entwicklung informiert. In den nächsten Stunden sorgt er dafür, dass alle rechtlichen Schritte gegen Wolfgang Přiklopil eingeleitet werden: Vorermittlungen wegen Freiheitsentziehung. Die Peilung seines Mobiltelefons. Erlass eines Haftbefehls und dreier Durchsuchungsbeschlüsse für das Strasshofer Tathaus und zwei frühere Hauptwohnsitze, darunter die Wohnung in der Rugierstraße, in der seine Mutter lebt. Beim diensthabenden Richter beantragt er ferner einen Beschluss »auf Einholung eines DNA-Gutachtens zur Frage der Identität der Natascha Kampusch«.

Ernst H. ist mit Přiklopil inzwischen zum Praterstern gefahren, hat dort die Ausfahrt Nordbahnstraße genommen und parkt in dieser Straße nun gegenüber dem Haus Nummer 8, Fahrtrichtung stadtauswärts.

Weit sind sie nicht gefahren, vom ersten Standort bis hierher sind es gute zwei Kilometer. Mit dem nicht leicht zu manövrierenden langen Gefährt haben sie für die Strecke vielleicht sieben, acht Minuten gebraucht. Brücken haben sie dabei vermieden, denn Přiklopil ist überzeugt davon, dass sie von der Polizei überwacht werden.

Auch jetzt sind sie wieder im Wagen sitzen geblieben. Sie reden miteinander. Ernst H. macht Přiklopil klar, dass sein Plan, mit dem Auto gegen eine Wand zu rasen, »nicht umzusetzen wäre, ohne Kinder und andere zu gefährden«. Přiklopil beruhigt sich für den Moment ein wenig. Er erzählt ihm vom Schiausflug mit Natascha Kampusch. Dass sie von der Polizei mal angehalten und kontrolliert worden seien. Dass sie mit ihm in der Wohnung in der Hollergasse gearbeitet habe. Und dabei schon einmal versucht habe, zu fliehen. Während er »mit seinem Auto einen Parkplatz gesucht habe, sei Natascha vor dem Haus Hollergasse gestanden, sei dann um die Ecke davongelaufen und dann aber wieder zurückgekommen«. Sie habe ihn »damit nur ärgern wollen«. In einem der Telefonate, die Ernst H. ab 26. Oktober 2006 mit Natascha Kampusch führen wird, also erstmals gut zwei Monate, nachdem ihr die Flucht gelungen war, wird sie auch ihm zu diesem Vorfall erklären, »dass sie Přiklopil von sich aus versprochen habe, nicht davonzulaufen, weil er sie diesbezüglich immer wieder damit unter Druck gesetzt habe, er würde sie und denjenigen, dem sie sich anvertraue, umbringen«. So H.s Aussage vor der Polizei am 30. November 2009.

ca. 16.45 Uhr

Beamte der EGS[115] Wien entdecken Přiklopils weinroten BMW 850i in der Tiefgarage des Donauzentrums. Da sie hoffen, dass er zu seinem Fahrzeug zurückkehren wird und sie ihn dann festnehmen können, observieren sie den BMW. Als um 17.30 Uhr im Radio gemeldet wird, dass der Wagen des Flüchtigen aufgefunden worden ist und Presse und Fernsehen zunehmend das Donauzentrum belagern, brechen die EGS-Leute um 17.38 Uhr die Observation ab. Sie stellen den BMW sicher und lassen ihn abschleppen. Kriminaltechniker werden darin biologische Spuren, Haar- und Textilfaserspuren sichern können. Und den Parkschein finden, den Přiklopil um 14.13 Uhr aus dem Automaten gezogen hat.

Ernst H. und Přiklopil sitzen nach wie vor im Van in der Nordbahnstraße. Etwa 70 Meter von ihnen entfernt ist eine Avanti-Tankstelle. H. will dort eine Kleinigkeit zu trinken und zu essen besorgen. Bevor er aus dem Wagen aussteigt, zieht er den Zündschlüssel ab. Damit will er verhindern, dass sein Freund doch noch auf dumme Gedanken kommt und in den Tod rast. Přiklopil packt die Angst, Ernst H. könne die Gelegenheit nutzen und sich aus dem Staub machen. Er muss ihm versprechen, wiederzukommen. Der verspricht es, geht. Und kehrt mit zwei Tafeln Schokolade und Getränken zurück. Doch Přiklopil lehnt den Snack ab, er mag nichts.

Wann den pensionierten Familienrichter Dr. Martin Wabl genau die Nachricht erreicht, dass Natascha Kampusch wieder aufgetaucht ist und ihrem Entführer davonlaufen konnte, wissen wir nicht. Zumindest steht fest, dass er sich noch auf dem Seniorenausflug befindet, als sich sein Handy meldet und er die Sensation erfährt. »Meine Freude über das Ende ihrer Entführung war groß«, jubelt Wabl in seinem Buch. »Auch wusste ich, wie recht ich doch mit meiner Beharrlichkeit hatte, indem ich diesen Fall nicht den schweigenden Aktenbergen überlassen hatte.« Martin Wabl wird Volk, Justiz und Polizei weiterhin in Bewegung halten.

ca. 17.00 Uhr

Die Nachricht von der Flucht einer achtzehnjährigen Österreicherin aus achteinhalbjähriger Gefangenschaft verbreitet sich dank der elektronischen Medien blitzartig auf dem gesamten

---

115 Einsatzgruppe zur Bekämpfung der Straßenkriminalität (EGS), Sondereinheit der österreichischen Bundespolizei

Globus. Die ersten Reporter, Kamerateams und Fotografen ziehen vor der Polizeiinspektion in Deutsch-Wagram auf. Und nehmen den Eingang ins Visier.

Chefinspektor Johann Frühstück erinnert sich an die Situation: »Es gab Gespräche: Wer macht was, wo bringen wir Natascha Kampusch hin? Denn vor der Tür lauerte die Presse. Wir haben uns entschlossen, in das frühere Sicherheitsbüro in Wien zu fahren. Die Räume dort waren so verwinkelt, dass niemand unbemerkt hinkam. Wir konnten in den Hof einfahren. Da konnten keine Journalisten und Fotografen hinein. Das Problem war nur: Wie kriegen wir Natascha ungesehen von hier weg? Einen Hinterausgang gab es keinen. Und es waren viele Fotografen da.

Wir stellten das Auto direkt vor die Tür. Und überlegten: Schnell raus und ab ins Auto, aber wie kann sie unerkannt bleiben? Natascha sagte, dass sie nicht fotografiert werden wollte. Ich fragte sie: ›Bekommst du Panik, wenn wir dir eine Decke über den Kopf legen?‹ Sie sagte: ›Nein.‹ Ich erklärte ihr: ›Wir nehmen dich links und rechts an die Hand. Du rutschst in die Mitte, und einer steigt links und einer rechts ein.‹« Bevor sie das Polizeigebäude verlassen, nimmt ihr Sabine F. ihre Uniformjacke ab. Und schenkt ihr ihre private Jacke. Sie wird Natascha Kampusch auf der Fahrt nach Wien begleiten. Johann Frühstück hat sie darum gebeten, und auch Natascha Kampusch möchte, dass sie in ihrer Nähe bleibt. Eine blaue Decke wird geholt. »Sie stammte von der Gendarmerie. Bei uns gibt es Schlafstellen für die Nacht, dafür sind die blauen Decken gedacht«, erklärt Frühstück.

Blau war auch die Decke, unter der Natascha Kampusch von ihrem Entführer ins Verlies getragen wurde. Achteinhalb Jahre später tritt sie ins Freie. Wieder unter einer blauen Decke. Mit dünnen, fleckigen, blassen Beinen. Rechts flankiert von Sabine F., links von Johann Frühstück und einem Kollegen.

Blitzlichter, Kameragedrängel, Rufe. Ein paar Sekunden nur, dann Ruhe. Gedämpftes Motorgebrumme. Decke weg. Alles ist nach Plan gelaufen.

Natascha Kampusch betrachtet Sabine F., die auf der Rückbank des Wagens rechts neben ihr sitzt. Sie bewundert die im Nacken zusammengebundenen Haare der hübschen Polizistin. Und deren Schmuck. Mit Teenageraugen tastet sie sich in eine Welt vor, die für sie bislang tabu war. Besonders gefällt ihr die Armbanduhr der Polizistin. Sabine F. überlegt nicht lange. Sie löst ihre Uhr vom Handgelenk und schenkt sie ihr.

ca. 17.15 Uhr

Der Blick der zwei Freunde im grünen Kia Carnival fällt auf eine Frau, die in einem gegenüberliegenden Haus aus dem Fenster schaut. Polizeifahrzeuge fahren an ihnen vorbei, wie schon zuvor in der Haussteinstraße. Přiklopil wird unruhig, gerät schließlich wieder in Panik und bittet H., erneut den Standort zu wechseln. Der fährt von der Nordbahnstraße ein

Stück in die Dresdner Straße hinein, wendet, fährt auf der Nordbahnstraße zurück, passiert dabei die Avanti-Tankstelle, lenkt seinen Zug in eine Nebenfahrbahn der Nordbahnstraße und bleibt in Höhe des Hauses Nummer 12 stehen. Auch hier kommen Polizeiwagen vorbei. Trotzdem gelingt es Wolfgang Přiklopil, sich vorübergehend zu fangen.

Das wäre ihm sicher nicht gelungen, wenn er gewusst hätte, dass Natascha Kampusch in diesen Minuten in seiner unmittelbaren Nähe ist. Für einen kurzen Moment nur, in einem zivilen Polizeiwagen, links und rechts geschützt von einer Polizistin und einem Kripobeamten, auf dem Weg ins alte Sicherheitsbüro. Die wahrscheinlichste Route, die sie wohl genommen haben, führt sie vom Kreisverkehr am Praterstern[116] auf die Nordbahnstraße. Dort fahren sie direkt auf Ernst H. und Přiklopil zu. Gerade mal 400 Meter trennen sie noch voneinander, bis sie dann von der Nordbahnstraße nach links Richtung Donaukanal abbiegen. Alle verfügbaren Kräfte der Polizei suchen Přiklopil, legen mit ihrer Großfahndung die halbe Stadt lahm, überall kommt es dadurch zu Verkehrsstaus.

Přiklopil erzählt seinem Freund, dass Natascha Kampusch und er »sich sehr gern gehabt hätten. Die Wohnung in der Hollergasse habe er für Natascha gemacht, damit sie zukünftig Einkünfte habe.« Da Ernst H. »sie ganz sicher einmal treffen werde«, solle er ihr ausrichten, »dass es ihm leid tue und er sie gern gehabt habe«. Wie Ernst H. in einer Vernehmung berichten wird, habe Přiklopil »während seiner Schilderungen (...) mehrmals zu schluchzen begonnen, sein Zustand sei zwischen Totalerregung und ruhigeren Phasen schwankend gewesen. Ab und zu habe er seine Hand halten müssen, wenn es ganz schlimm um ihn gestanden sei.«

Natascha Kampusch hat uns bestätigt, dass es Momente gab, in denen Přiklopil sein Verbrechen bedauerte. »Er hat gemeint, dass es ihm leidtut und gefragt, ob ich ihm böse bin. Er hat richtig gelauert, was jetzt von meiner Seite an Vorwürfen kommt. Ich dachte mir, warum soll ich jetzt noch böse auf ihn sein? Ich kann die Situation ja nicht mehr ändern. Böse zu sein, bringt auch mir nämlich nichts. Dann wäre ich voller Hass. Und in mir war auch so eine Einsicht und eine Schicksalsergebenheit da, wo ich mir dachte: warum Energie verschwenden und sich spreizen, wenn man abwarten kann, dass etwas passiert, was günstig ist.«

Mit diesem Selbsttraining hat sich Natascha Kampusch über die Jahre hinweggerettet. Bis zum Mittag dieses Tages. Dann ist endlich das »passiert, was günstig ist«.

Wahrscheinlich hat Přiklopil sich wieder ein wenig beruhigt, denn Ernst H. bringt dann doch noch einmal zur Sprache, was sein Freund nur in höchster Erregung eingestanden hat, und er fragt ihn daher, »ab welchem Alter das gehe, jemanden zu vergewaltigen«. »Das gehe

---

[116] Chefinspektor Frühstück kann sich daran erinnern, dass sie über Praterstern zum ehemaligen Sicherheitsbüro gefahren sind.

schon sehr früh«, habe Přiklopil geantwortet. Wie früh, werden die polizeilichen Ermittlungen, in erster Linie natürlich die Auskünfte der Betroffenen selbst, noch ergeben. Zu »einem sexuellen Kontakt mit ihm befragt«, wird Natascha Kampusch schon am folgenden Tag, am 24. August 2006, angeben, dass er sie ca. Ende 1998 »behutsam« fragte, »wie weit sie aufgeklärt sei und sie wisse, was mit Männern los sei, die schon über einen längeren Zeitraum keinen regelmäßigen Sexualkontakt mit Frauen hatten«. Das war Přiklopils Einstieg. Wie es weiterging, wird die Innsbrucker Staatsanwaltschaft 2011 so zusammenfassen:

»Ab Herbst 1998[117] habe Přiklopil Natascha Kampusch zur Vornahme unzüchtiger Handlungen genötigt, um sich geschlechtlich zu erregen und zu befriedigen. Zur Durchsetzung seines Vorhabens habe er sie psychisch unter Druck gesetzt, indem er ihr mitgeteilt habe, dass er als Mann geschlechtliche Befriedigung benötige und wenn er diese nicht durch Natascha erfahre, werde er sich diese bei Frauen holen müssen und dadurch keine Zeit mehr für sie haben und sie folglich viel Zeit alleine im Verlies verbringen müssen.«

Das sagt ein 36-jähriger Mann zu einem zehnjährigen Mädchen. Er stellt sie vor eine Wahl, die keine ist. Zwar ist Natascha Kampusch, wie sie uns erzählte, durch den Sexualkundeunterricht an ihrer Schule aufgeklärt gewesen, hat sich also ein vages Bild davon machen können, was auf sie zukommen wird. Aber zu einer Erfahrung gezwungen zu werden, die sie, insbesondere beim ersten Mal, sicher hätte teilen wollen mit jemandem, den sie sich dafür ausgesucht hätte und in den sie verliebt gewesen wäre, ist nichts anderes als eine Vergewaltigung. Da hockt das kleine Mädchen in dem engen, modrigen Verlies und hat ohnehin Todesängste, weil Přiklopil verunglücken könnte, schlimmstenfalls tödlich, und sie dann unversorgt bliebe und elendig zu Grunde ginge. Und dann schürt er noch neue Ängste. Dabei hält ihn seine eigene emotionale Unfähigkeit selbst in einem Verlies gefangen. Doch während sie sich aus ihrem befreien kann, bleibt er in seinem verhaftet.

1997, ein Jahr vor Natascha Kampuschs Entführung, hatten Ernst H. und Přiklopil beschlossen, »in Pension zu gehen und von ihren finanziellen Reserven zu leben«. Nun, im Auto, gesteht ihm Přiklopil, »dass er zu dieser Zeit Torschlusspanik bekommen habe, weil er kein Mädchen mehr gekriegt habe«. Und dass er sich dann eins besorgt hat. Ein Verbrechen, das in kausalem Zusammenhang steht mit einer in Teilen verheerenden Zwischenbilanz des eigenen Lebens. Er hat es sich zurechtgelegt als schicksalsbedingt und von ihm nicht beeinflussbar und auf diese Weise sein Gewissen beruhigt. Das, wie uns Natascha Kampusch erzählt hat, ohnehin »nicht sehr ausgeprägt war, dieses schlechte Gewissen«. Sie hat uns ihre eigene Erklärung geliefert, wie aus Wolfgang Přiklopil ihr Entführer werden konnte: »Wenn man Schlüsse aus seiner Biografie zieht, dann ist es so, dass er als sehr gut behütetes

---

117 Die Zeitangabe scheint im Widerspruch zu der voranstehenden Zeitangabe »ca. Ende 1998« zu stehen; eine genauere zeitliche Eingrenzung war für Natascha Kampusch nach achteinhalb Jahren kaum möglich, zumal sie zum Ereigniszeitpunkt noch ein zehnjähriges Kind war.

Einzelkind irgendwie Erwartungen zu erfüllen hatte, die Erwartungen seiner Eltern, die Erwartungen der Gesellschaft. Ich nehme an, dass seine Eltern einfach wollten, dass er ein braves, funktionierendes Kind ist, aber sie haben nicht für seine Herzensbildung gesorgt. Ihm haben Freunde, enge Bezugspersonen gefehlt. Das, vermute ich, ist der Grund dafür, dass Menschen wie er so etwas tun, dass sie ganz einfach so isoliert werden. Dass sie zu Einzelgängern und Eigenbrötlern werden. Er war jemand, der ruhig und introvertiert war und nicht anecken wollte, keine Konflikte oder irgendwelche Streitigkeiten. Aber in ihm hat's trotzdem gebrodelt und gekocht, und er wollte das eben für sich lösen und deshalb auch, unter Anführungszeichen, die Lösung mit dieser Entführung. Weil er niemanden hatte, an dem er seine Aggressionen, Emotionen und alles auslassen konnte. Und von dem er angenommen wird.« Přiklopil, so hat sie sein Bild weitergezeichnet, sei jemand gewesen, »der menschenverachtend war, der seine Nachbarn hasste, obwohl er nett zu ihnen war. Der sein Umfeld und die Gesellschaft hasste, obwohl er angepasst tat. So war der. Er hatte schon gewisse moralische Vorstellungen. Allerdings hatte er sie aus Büchern entlehnt. Sehr künstlich, sehr, eher so Regeln. Wie wenn er taub wäre, emotional.«

Ernst H. erfährt von ihm nicht, »weshalb er gerade dieses Mädchen entführt« hat. Wie Natascha Kampusch wird auch er nach einem Tatmotiv seines Freundes suchen. Über drei Jahre später wird er vor der Polizei aussagen, er »könne sich die Entführung des Mädchens nur so erklären, dass Přiklopil offenbar gemeint habe, dass man ein Kind noch gut beeinflussen könne«. An diesem Nachmittag habe Přiklopil »immer davon gesprochen, dass er eigentlich gut zu ihr gewesen sei, dass es für ihn eine riesige Belastung gewesen sei, einerseits alles zu verheimlichen und andererseits normal zu arbeiten. (...) Er habe jedes Mal ungefähr eine Stunde benötigt, um zu Natascha in das Verlies zu kommen. Er habe bei jedem dieser Vorgänge das dazu erforderliche Werkzeug und die Vorrichtungen so weggeräumt, dass alles unauffällig gewesen sei.«

Ernst H. hat den Vorgang korrekt wiedergegeben, denn so hat ihn uns auch Natascha Kampusch beschrieben: »Er wird wahrscheinlich für alles insgesamt eine Stunde gebraucht haben mit allen Vorbereitungen. Das war ja auch ein Riesenkraftaufwand.« Und für sie jedes Mal eine riesige seelische Belastung. »Ich hab' mit der Zeit einfach schon gespürt, wenn er runtergekommen ist. Ich hatte so einen Sinn dafür entwickelt und bin dann ganz nervös geworden. Ich hab' diese Geräusche gehört vom Wegschrauben des Tresors und vom Öffnen dieser Betonmauer[118]. Da hatte ich dann immer so ein Herzklopfen.« Dass es noch viel schlimmer gewesen wäre, wenn er nicht gekommen wäre, war ihr permanent bewusst. »Hätte er sich was getan oder wär' auf einmal schwächer geworden, der hätte das nie wieder aufgekriegt, ja, und ich wär' dann, konserviert wie ein ägyptischer Pharao, dort begraben gewesen.«

---

118 gemeint ist die ca. 150 Kilogramm schwere Eisen-Beton-Tür hinter dem »Schlupfloch«

Přiklopils Leben neigt sich dem Ende zu, nicht zwangsläufig, aber zwangsläufig für ihn. Immerhin versucht er auf seine Weise und so gut er kann, noch reinen Tisch zu machen. Vor seinem Freund, der ihm zuhört und schluckt, was eigentlich unverdaulich ist. So räumt er ein, »dass er gegenüber Kampusch immer wieder genussvoll geäußert habe, was für schlechte Menschen ihre Eltern doch seien«. Genussvoll. Für sie war es eine Qual. Denn er gaukelte dem Kind schon im weißen Kastenwagen, unmittelbar nach der Entführung, auf dem Weg nach Strasshof vor, »dass er sie bald an andere übergeben werde. Die würden sie dann freilassen, wenn ihre Eltern Lösegeld zahlen würden.« Er hielt in einem Waldstück an, telefonierte, lief »nervös« herum und erweckte den Eindruck, »intensiv nachzudenken«. »Plötzlich«, so Natascha Kampusch in einer Vernehmung, »habe er zu ihr gesagt, dass er sie woanders hinbringe, da die anderen nicht gekommen seien.« Mit »woanders« meinte er das Verlies, wohin er sie direkt im Anschluss brachte. Und die »anderen« kamen auch später nicht. Sie kamen nie. So blieb Natascha Kampusch allein mit Wolfgang Přiklopil. Die ganzen 3096 Tage lang. 17 Millionen Schillinge[119] hätte er von ihren Eltern gefordert, mehrmals, aber sie hätten nicht gezahlt, behauptete er und schob sofort nach, »woraus zu schließen sei, dass ihre Eltern sie nicht lieb hätten«. Dagegen wehrte sie sich und versuchte ihm klarzumachen, »dass ihre Eltern nicht reich seien und es sich um einen Irrtum handle«. Darauf habe er entgegnet, »dass sich um ein Kind eines armen Schluckers eh niemand kümmern werde«. Schon in den ersten Tagen ihrer Entführung habe Přiklopil ihr »immer wieder gesagt, sie werde heil und gesund zurückkommen, wenn ihre Eltern das Lösegeld zahlen würden. Man könne sie mit einer Tageszeitung fotografieren als Beweis, dass sie noch lebe.« Damit war Přiklopils Repertoire nicht erschöpft. »Auch könne er eine gestellte Vergewaltigungsszene drehen, damit die Eltern bald zahlen würden«, sinnierte er vor dem kleinen Mädchen.

Es hat nie eine Lösegeldforderung an die Eltern gegeben. Auch keine Hintermänner. Zumindest wird die Polizei nichts finden, was auf deren Existenz hindeuten könnte. Ihr einziger Anhaltspunkt ist Natascha Kampuschs Aussage über Přiklopils Telefoniererei im Wald. Wenn es die ominösen Bandenmitglieder gegeben hätte – warum sind sie denn nie aufgetaucht? Um mit der uns Menschen innewohnenden Neugier wenigstens einmal ihre »Beute« aus der Nähe zu betrachten? Natascha Kampusch jedenfalls hat nie jemanden zu Gesicht bekommen. Und auch Ernst H. wird berichten, dass Přiklopil, als er ihm das Verbrechen beichtete, »nie gesagt habe, dass er nicht allein an der Entführung schuld sei«. Daraus »habe er geschlossen, dass tatsächlich keine weiteren Personen beteiligt gewesen seien. Wenn es tatsächlich Mittäter gegeben hätte, hätte Přiklopil ihm gegenüber sicher nicht die ganze Schuld auf sich genommen.«

---

119 knapp 1,25 Millionen Euro

Přiklopils Mär von der Lösegeldforderung und den anderen versickerte wie ein Wassertropfen im Wüstensand – er sprach nicht mehr davon. Für erfahrene Kriminalisten ist ein solches Getöse keine Überraschung, denn sie wissen, dass Einzeltäter zur Demonstration ihrer Macht und um ihre Opfer zu beeindrucken, sich hinter angeblichen Verbrecherorganisationen verstecken. Wer wollte da noch mit riskanten Gedanken spielen, zum Beispiel einen Fluchtversuch erwägen, wenn er damit rechnen müsste, dass ihm und seinen Angehörigen anschließend die Mafia im Nacken säße?

Nachdem dieses Thema erledigt war, hat Přiklopil laut Natascha Kampusch »ihre Eltern immer wieder heruntergemacht, sie als Proleten dargestellt«. Mit seinen Lügengeschichten über deren Zahlungsunwilligkeit und Attacken wie diesen hat er sie systematisch von ihnen entfremdet. Wie tief muss sich das kleine Mädchen von ihnen im Stich gelassen gefühlt haben! Abgeschrieben hätten sie ihr Kind. Weil sein Schicksal ihnen egal sei. Und egal sei es ihnen, weil sie es nicht liebten. Sonst würden sie alles daransetzen, das Geld aufzutreiben, auch wenn sie es selbst nicht haben. Wären solche Gedankengänge eines zehnjährigen, von einem fremden Mann entführten Kindes nicht verständlich? Ist es nicht nachvollziehbar, dass das Gefühl, von den eigenen Eltern aufgegeben worden zu sein, sich wie ein Pflock in seine Seele gräbt? Auch wenn es zwischendurch immer wieder den Vater, die Mutter herbeisehnt? Ist es unbegreiflich, dass die Verbitterung über deren Untätigkeit über die Jahre hinweg in Wut umschlägt?

Noch am Abend nach ihrer Flucht wird Natascha Kampusch ihren Vater bei der ersten Begegnung nach achteinhalb Jahren fragen, »warum er das Lösegeld nicht bezahlt habe«.

Ob Wolfgang Přiklopil im Laufe der Zeit unter Realitätsverlust litt und vor sich sein Verbrechen in eine von Gutmütigkeit getragene Hilfsaktion ummünzen wollte oder ob er den Versuch unternahm, diese Sichtweise seiner Gefangenen wie bei einer Gehirnwäsche einzuhämmern, wird sich nicht mehr klären lassen. Natascha Kampuschs Angaben zufolge habe er später behauptet, »dass er sie nicht entführt habe, sie sei ihm wie eine Katze oder ein Hund zugelaufen und müsse ihm dankbar sein«.

Přiklopil hat nicht nur ihr Leben auf den Kopf gestellt, sondern auch das ihrer Angehörigen, vor allem ihrer Eltern. Dass sie immer wieder auf Ablehnung ihrer Tochter stießen, nachdem sie endlich freigekommen war, ist – bis heute – eine zusätzliche Folge dieses Verbrechens, neben allem öffentlichen Getratsche und allen üblen Verdächtigungen, denen sie ausgesetzt waren. Přiklopil hat das Urvertrauen zwischen Kind und Eltern nachhaltig beschädigt. Immer wieder hat Ludwig Koch, Natascha Kampuschs Vater, um die Liebe seiner Tochter gekämpft. Dass er es manchmal mithilfe der Medien tat, war nicht unbedingt hilfreich. Aber jeder, der ihn, wie wir, kennengelernt hat oder schon seit vielen Jahren kennt, wird ihm nicht absprechen, dass er seine Tochter aufrichtig und von ganzem Herzen liebt.

Wir haben uns mit ihm und seiner heutigen Frau Georgina, einer Ungarin, in einem Heurigenstadl, fünf Gehminuten von der Rennbahnsiedlung entfernt getroffen. Er ist mit der Wirtin seit mehreren Jahrzehnten befreundet und kehrte regelmäßig mit Natascha bei ihr ein, um dort mit ihr zu Abend zu essen, bevor er sie zu ihrer Mutter zurückbrachte. Aus dieser Zeit steht auf der Theke heute noch ein eingerahmtes Blumenbildchen, das Natascha am Tisch ihres Vaters zeichnete. Wenn es ihr zu langweilig wurde, sprang sie auf, lief in die Küche und versuchte, mit kleinen Handreichungen ein wenig mitzuhelfen. Ihre Mutter war davon nicht begeistert. Sie hielt die Lokalaufenthalte, wie sie uns sagte, »nicht für kindgerecht«. Ludwig Koch sah das ganz anders: »Natascha durfte das machen, was ihr Spaß brachte. Ich habe ihr jeden Wunsch erfüllt.« Und die Wirtin, die sich eine Zeit lang zu uns setzte, bescheinigte ihm: »Du warst ein guter, lieber Vater zu deiner Tochter.«

Auch Brigitta Sirny liebt ihre Tochter. Nur dass sie, im Gegensatz zu Ludwig Koch, ihre Gefühle öffentlich nicht zeigt. Tränen sind etwas Intimes, die gehören, wenn schon, in die eigenen vier Wände. Ja, in unserer ARD-Fernsehdokumentation hat sie Tränen vergossen, sie konnte sie nicht mehr zurückhalten, als sie die achteinhalb Jahre ohne ihre Tochter beschrieben hat. Aber recht war es ihr nicht. Denn sie ist eine starke Frau, diszipliniert und selbstkontrolliert. Diese Eigenschaften verleihen ihr eine Strenge, die sie manchmal durchbricht, wenn man zum Beispiel mit ihr in einem Kaffeehaus sitzt und sie, ausgestattet mit einem guten Gespür für Situationskomik und Skurriles, eine lustige Begebenheit erzählt und dabei lauthals losprustet vor Lachen. Dass auch das eine Seite der angeblich so harten und versteinerten Mutter von Natascha Kampusch ist, bekommen gerade die Menschen, die über sie urteilen, nicht mit. Sie können sich wohl kaum vorstellen, dass sie ihre Wohnung picobello in Schuss hält. Das Haus nur tipptopp gekleidet und geschminkt verlässt. Bei Verabredungen auf die Minute pünktlich ist. Und verlässlich ist in dem, was sie erzählt. Was sie einmal gesagt hat, dazu steht sie. In den mittlerweile bald acht Jahren, die wir sie kennen, hat sie sich nicht ein einziges Mal widersprochen. Man könnte sie nachts wecken und sie erneut nach einem lange zurückliegenden Vorgang befragen – sie würde immer wieder dasselbe berichten.

Natürlich hat es sie belastet, dass sie immer wieder mit den abenteuerlichsten Unterstellungen in das Zentrum des Verbrechens an ihrer Tochter gerückt wurde. Natürlich hat es sie belastet, dass sie, sobald sie die Wohnung betreten hatte, die Zeitansage anrief, um im Falle eines neuen Verdachts durch eine Rufdatenrückerfassung belegen zu können, dass sie zur fraglichen Zeit zu Hause war. Natürlich hat es sie belastet, dass sie in ihrer Wohnung bewusst Lärm machte, damit notfalls Nachbarn ihre Anwesenheit bestätigen konnten.

Vier Jobs hat sie angenommen. Nicht nur, um Geld zu verdienen, vor allem, um sich abzulenken. Hausieren ist sie mit ihrem Leid nicht gegangen. Und ausgerechnet das hat ihr geschadet.

Brigitta Sirny, die sich so sehr im Griff hat, dass daraus manche Menschen den Schluss ableiten, sie sei kalt, weigert sich, ihr Bild einer allgemeinen Erwartungshaltung anzupassen: »Soll ich in der Öffentlichkeit jammern und weinen, damit die Leute Mitleid bekommen und mir glauben, wie sehr ich unter der Entführung meiner Tochter gelitten habe? Was geht die an, wie ich empfinde?«

Dabei kämpft auch sie um ihr Kind, das mit seinen Eltern hadert. Das sich im Takt ihnen zuwendet und wieder von ihnen abwendet – der Přiklopil'sche Stachel sitzt tief. Sie versteht dieses Gefühlskarussell, in dem sich Natascha dreht. In welchem Zwiespalt sie steckt, wie zerrissen sie innerlich sein muss. Daher lässt sie ihr Zeit, bedrängt sie nicht, wartet geduldig auf ein Zeichen von ihr. Und wenn es kommt, ist sie da – eine kluge und umsichtige Haltung angesichts eines Schicksals, das nur wenige Menschen auf dieser Erde mit Natascha und ihrer Familie teilen. Entsprechend klein ist der Kreis der Menschen, die ein solches Schicksal erfassen können.

Zu diesen wenigen Menschen gehört Chefinspektor Johann Frühstück. Er empfand das Bild, das von Brigitta Sirny in der Öffentlichkeit entstanden ist, als zutiefst ungerecht. Bis zu seiner Pensionierung rief er immer wieder mal bei ihr an und erkundigte sich nach ihrem Befinden. Das hatte mit seinen polizeilichen Aufgaben nichts zu tun, die waren für ihn in diesem Fall abgeschlossen. Aber es bedrückte und empörte ihn zugleich, wie mit dieser tapferen Frau umgegangen wurde. Und so griff er zum Hörer. Und gab ihr einen Funken Solidarität.

ca. 17.30 Uhr

Die Zeit schwindet dahin. Bald wird der Abend hereinbrechen. Streifenwagenbesatzungen fahren nach wie vor an dem Van mit Anhänger vorbei, der unauffällig zwischen anderen Fahrzeugen in der Nebenfahrbahn der Nordbahnstraße vor dem Haus Nummer 12 parkt. Wie sollen die Polizisten ahnen, dass ausgerechnet in diesem Van der Mann sitzt, der ganz oben auf ihrer Fahndungsliste steht? Drei Stunden schon redet Přiklopil sich sein Verbrechen von der Seele und erhofft sich von seinem Freund eine Lösung, die nicht lautet, sich der Polizei zu stellen. Nach Hause zurück – kann er nicht. Zu seiner Mutter – kann er nicht. Zu seinem Freund – kann er nicht. Weitere Vertrauenspersonen hat er nicht. Wo also soll er hin? Dass die Polizei sich längst krakenhaft durch sein Leben wühlt und mit jeder neuen Erkenntnis nach und nach auch die letzten Zu- und Ausgänge theoretisch noch verbleibender Unterschlupfmöglichkeiten besetzt, ist ihm klar.

Kaum ist er vor der Polizei geflohen, steht die schon bei seiner Mutter in der Wohnung und will ihn festnehmen. Dass die aus allen Wolken fällt, als sie erfährt, unter welchem Verdacht ihr Sohn steht und dass er quer durch Wien gejagt wird als Kindesentführer, der sein Opfer förmlich einbetonierte, wenn sie zu Besuch war, ist eine deutlich zu milde Beschreibung für das, was diese Frau zu verkraften hat. Dennoch gibt sie tapfer Auskunft, so gut sie kann. Sie beschreibt ihren Sohn »als Einzelgänger«, der »nie eine Freundin gehabt« und nur »wenige Freundschaften unterhalten habe«. Namentlich kenne sie nur zwei Freunde, Ernst H. und den Ingenieur Rudolf H. »Mit Ausnahme der letzten beiden Jahre habe sie sich regelmäßig am Wochenende und in ihrem Urlaub in Strasshof aufgehalten, wobei sie aber nie ohne Voranmeldung dort erschienen sei. Sie habe Natascha Kampusch nie gesehen. Die letzten 10 Jahre sei ihr Sohn nie auf Urlaub gefahren.« Wo er aktuell steckt, weiß Waltraud Přiklopil nicht.

Auch Rudolf H., den die Polizei am Abend befragen wird, hat keine Ahnung, wo Wolfgang Přiklopil sich aufhalten oder verstecken könnte. Er habe »Anfang der 80iger Jahre gemeinsam mit Přiklopil und Ing. Ernst H. bei der Fa. Siemens gearbeitet«. Dabei habe »sich zwischen ihnen eine gute Freundschaft entwickelt (...). Přiklopil habe er zum Computerspielen, Billardspielen und zu sportlichen Aktivitäten getroffen, Ing. Ernst H. habe er seit mindestens 4 Jahren nicht mehr gesehen.« Die Ermittler werden Rudolf H. ein Lichtbild von Natascha Kampusch vorlegen. Er habe »diese Frau noch nie gesehen«, wird er erklären. »Der Entführungsfall sei ihm nicht bekannt. Přiklopil habe weder einen PC noch einen Laptop und auch keinen Internetanschluss besessen. Bei seinen jährlichen Besuchen in Strasshof hätten sie auf dem Commodore C 64 des Přiklopil gespielt. Über Frauen und sexuelle Neigungen hätte er sich mit Přiklopil nie unterhalten, Přiklopil habe lediglich einmal erwähnt, bei einer ›Nutte‹ gewesen zu sein.«

Die Polizei hört sich auch in der Nachbarschaft von Wolfgang Přiklopil um. Edith Sch., seine direkte Nachbarin, bestätigt, dass er »nie eine Freundin gehabt« habe. »Erst vorige Woche habe sie erstmals die junge Frau im Garten gesehen, aber nicht mit ihr gesprochen.« Ihr Mann Johann Sch., der Přiklopil 1998 mit seiner schweren Fingerverletzung ins Krankenhaus begleitete, schildert den Beamten in der Polizeiinspektion Deutsch-Wagram, »er habe erstmals vor 2 Monaten ein junges Mädchen bei Přiklopil im Garten beim Arbeiten gesehen. Er habe Přiklopil angeboten, bei ihm im Garten das Schwimmbad zu benützen, was dieser einmal auch in Anspruch genommen habe, zumal sich das Mädchen bei ihm dafür bedankt habe. Das Mädchen habe er insgesamt 2 Mal im Garten beobachtet und 4-5 Mal Přiklopil gehört, wie er offenbar dem Mädchen in ekelhaftem Ton Arbeitsanweisungen gegeben habe. Ing. Ernst H. kenne er persönlich nicht, Přiklopil habe ihm aber von ihm erzählt, nämlich dass er für ihn arbeite und dieser in der Perfektastrasse eine Halle betreibe. Er habe das Auto des Ing. Ernst H. öfter gesehen. Seines Wissens sei dieser aber selten in Strasshof gewesen.«

Das Bild von Wolfgang Přiklopil bekommt für die Fahnder nach und nach Konturen. In Luft auflösen wird er sich nicht können. Also wird es nur eine Frage der Zeit sein, bis sie ihm Handschellen anlegen können.

Tatsächlich rinnt die Zeit für Přiklopil und Ernst H. davon. Wie sie es auch drehen und wenden – all ihre Überlegungen führen in eine Sackgasse. Přiklopil kommt aus der Falle, in der er bereits sitzt, nicht heraus. Zeit gewinnen, alles noch einmal überdenken und abwägen, das ist der winzige Notausgang, durch den er sich wenigstens in die nächsten Stunden retten will. Zumindest sagt er es so seinem Freund. Dessen Blick fällt auf hohe Plakatwände, die sich links von ihnen hinter einem Grünstreifen parallel zur Nordbahnstraße fast nahtlos aneinanderreihen. Hinter ihnen könnte sich Přiklopil über Nacht verstecken. Ernst H. schlägt ihm vor, dass sie ein wenig Luft schnappen und sich mal umschauen.

Sie finden eine Lücke und gelangen hinter der Plakatwand auf einen asphaltierten Weg, den sie in Richtung Praterstern bis zum Beginn einer leichten Anhöhe entlanggehen. Dort stoßen sie, hinter der Plakatwand, auf eine Stelle mit höheren Gebüschen und Gerümpel. Hier ist Přiklopil weitgehend vor Entdeckung geschützt. Er beschließt, dort zu übernachten. Sie gehen zurück und sitzen nach einer halben Stunden wieder im Van.

Přiklopil nähert sich der eigenen Grenze. Unüberwindlich und undurchdringlich wie der Beton, mit dem er Nataschas Verlies gebaut hat. Die Luft zum Atmen wird ihm immer knapper mit jeder Sekunde, die verstreicht. Die Illusion von Aufschub kann ihm nur noch Ernst H. geben, und er bedrängt ihn geradezu, wenigstens bis zum Einsetzen der Dunkelheit bei ihm zu bleiben.

Und dann kommt es zu einer Situation, die die Gemüter noch erregen wird, obwohl sie substanziell für die spätere Bewertung des Verbrechens ohne Bedeutung sein wird. Ernst H. wird sie in einer Vernehmung am 13. November 2009 so schildern: Přiklopil bittet ihn um einen Zettel, »weil er für seine Mutter etwas aufschreiben« möchte. Ernst H. nimmt an, »dass Přiklopil so eine Art Entschuldigung« schreiben will. Gesagt hat er es nicht. Ernst H. reicht ihm einen Metrogutschein über 102 Euro, wahrscheinlich hat er in dem Moment nichts anderes parat, einen Kugelschreiber und »möglicherweise« noch »eine Unterlage zum Schreiben«. Mit zitternder Hand schreibt Přiklopil auf die leere Rückseite »Mama«. Und wendet sich fragend an seinen Freund, »er wisse nicht, was er da schreiben solle«. Als der ihm keine Antwort gibt, sagt er ihm, er sei »eh gescheit (...) und wisse, was zu tun sei«. Damit meint er offensichtlich eine 1993 erstmals zwischen ihnen getroffene und danach immer wieder mal erneuerte Verabredung, dass Ernst H. sich um Přiklopils Mutter kümmern solle, falls ihm »etwas passiere«.

Auf dem 9,8 x 6,0 Zentimeter großen Metrozettel steht im linken oberen Eckbereich »Mama«, nur dieses eine Wort, darunter, in der Mitte, ist mit Kugelschreiber eine Wellenlinie gezogen. Über die Rückseite verläuft eine aufgedruckte schwarze gestrichelte Linie. Den Teil unterhalb der Linie hat Ernst H. abgeschnitten, weil er damit die Gutschrift einlöste. Über drei Jahre später, im November 2009, wird sich ein Experte des Wiener Bundeskriminalamts über diesen Zettel beugen und das Wort »Mama« Buchstabe für Buchstabe unter die Lupe nehmen. Denn es werden Zweifel an der Urheberschaft laut – hat Přiklopil »Mama« wirklich selbst verfasst?

ca. 17.35

Der zivile Polizeiwagen mit Natascha Kampusch gleitet durch die Hofeinfahrt des früheren Sicherheitsbüros, unbemerkt von Fotoreportern und Kameraleuten, die sich mittlerweile vor dem Eingang aufgebaut haben. Sie haben Wind davon bekommen, dass sie hierher gebracht werden soll. Und nun wartet jeder auf seine Chance, das weltweit erste Foto von ihr zu schießen. Der Wagen stoppt vor einem Hintereingang. Von dort wird sie in einen Fahrstuhl geführt und anschließend in die Diensträume der Kriminaldirektion 1 gelotst. Beamte der »Gruppe Fleischhacker«, die den Entführungsfall an die »Soko Burgenland« abgeben musste, nehmen sie und ihre Begleiter in Empfang. Sofort wird sie von Menschen umringt. »Sie stand da, blass«, beobachtet BK-Chef Haidinger, der später dazustößt. Und zittert. Beamte zücken ihre Handys und fotografieren sie. Da kein Journalist an sie rankommt, bietet ein Boulevardblatt den Polizisten für ein Exklusivfoto 70 000 Euro. Kollegen, die mit dem Fall befasst sind, gehen reihum, kassieren die Geräte ein und sorgen dafür, dass die Fotos gelöscht werden.

Der Mediendruck, auch aus dem Ausland, nimmt zu und droht, Polizei und Staatsanwaltschaft über den Kopf zu wachsen. Seit dem Nachmittag belagern Kamerateams und Fotoreporter das Tathaus in der Strasshofer Heinestraße. Versuchen, im Donauzentrum Bilder von den polizeilichen Fahndungsmaßnahmen und dem gefundenen BMW Přiklopils zu machen. Drängen sich in Scharen erst vor der Polizeiinspektion in Deutsch-Wagram, nun vor der Kriminaldirektion in Wien. Und bedrängen die Einsatzkräfte mit Fragen, die diese nicht beantworten dürfen. Befugt dazu ist nur die Polizeiführung. Haidinger: »Die Soko-Leute, alle, sind wegen des Presseandrangs zu mir gekommen und haben mich gebeten: ›Bitte mach' eine Pressekonferenz. Der Druck muss genommen werden.‹ Ich habe dann mit dem Ministerkabinett[120] konferiert und denen gesagt: ›Wir müssen eine Pressekonferenz machen.‹ ›Ja, ja, wir rufen zurück.‹ Es dauerte sehr lange, bis ich einen Rückruf erhielt mit der Antwort: ›Nein, die Ministerin ist nicht in Wien.‹ Die wollte unbedingt dabei sein.« Also keine Pressekonferenz.

Bundesinnenministerin ist die zu der Zeit 65-jährige Liese Prokop, eine ehemalige Spitzenathletin, die in den sechziger Jahren Weltmeisterin im Fünfkampf wurde und bei den Olympischen Spielen in Mexiko-Stadt eine Silbermedaille für ihr Heimatland holte. Nach Beendigung ihrer Sportkarriere engagierte sie sich in der Österreichischen Volks-

---

120 ist in Österreich das persönliche politische Büro eines Bundesministers, das ihn bei der täglichen Arbeit unterstützt

partei (ÖVP), übernahm in Niederösterreich verschiedene politische Ämter und stieg am 22. Dezember 2004 nach dem Rücktritt ihres Vorgängers Ernst Strasser zur Innenministerin auf.

Mit ihrer Fähigkeit, zuhören zu können und den Dialog auch mit der Opposition zu suchen, erwirbt sich Liese Prokop hohes Ansehen. Besonders bei der Polizei erfreut sie sich großer Beliebtheit. Nicht nur, weil sie sich schützend vor ihre Beamten stellt, auch wenn ihnen in Einzelfällen Menschenrechtsverletzungen und Rassismus vorgeworfen werden. Sondern auch wegen ihrer kumpelhaften Geselligkeit, zu der oft ein guter Tropfen gehört, oder auch zwei.

Dass Liese Prokop selbst die Kunde von dem Überlebenswunder einer Langzeitentführten in die Welt hinaustragen will, ist bei ihr wohl wie bei jedem Politiker in den Genen angelegt. Gute Nachrichten zu verkünden, erspart eine Zeit lang die Arbeit einer ganzen PR-Abteilung. Und noch sind es gute Nachrichten. Und dafür sorgt vor allem sie selbst. In der ORF-Sendung *Niederösterreich Heute* erklärt sie auf die Frage, ob »Kommissar Zufall« zu dem Fahndungserfolg geführt habe, dass sich »die Verdachtsmomente in den vergangenen Tagen erhärtet hatten«. Das könnte bei dem mutmaßlichen Täter zu einem zunehmenden Druck geführt haben, sodass er die Nerven verloren haben dürfte.

Wer mag Liese Prokop zu diesem Statement geraten haben? Und was reitet BK-Abteilungsleiter Erich Zwettler, dem ORF einzuflüstern: »Wir waren seit geraumer Zeit knapp dran«?

ca. 18.00 Uhr

Arbeitsbeginn für Christian Pabi bei der Wiener Diensthundeeinheit. Nichts deutet darauf hin, dass mit dieser Schicht sein Leben eine andere Wendung nehmen würde. Er wird sich quälen mit Selbstvorwürfen. Obwohl er alles richtig gemacht hat und sich nichts vorwerfen muss. Und am Ende wird er sogar seinen Beruf an den Nagel hängen.

Dies alles erfahren wir von Christian Pabi in einem Café in Deutsch-Wagram, über vier Jahre später, im Oktober 2010. Er hat sich schriftlich verpflichten müssen, über die ihn betreffenden amtlichen Vorgänge im Fall zu schweigen. Der kräftige Mann, der uns nun mit offenem Blick anlächelt, dahinter aber angespannt bleibt, hat uns das schon bei der Verabredung am Telefon erklärt. Das sei der Grund, warum er sich mit keinem Journalisten treffe. Wir haben ihn beruhigen können: Die Fakten, über die er nicht sprechen darf, kennen wir längst bis ins letzte Detail aus anderen behördlichen Informationsquellen. Uns geht es um ihn, den verhinderten Helden, der gescheitert ist an dem mangelnden Zutrauen eines Kollegen in seine feine Antenne für menschliche Doppelbödigkeit. Christian Pabi erhofft sich von unserer Begegnung, dass nicht der Journalist, dem er gegenübersitzt, sondern der Ex-Kollege aus Hamburg nachvollziehen kann, durch welche Gefühlstäler er seither gegangen ist.

Denn der Maulkorb, der ihm verpasst wurde, zwingt ihn, sich aus eigener Kraft wieder aufrichten zu müssen. Ohne Hilfestellung.

Christian Pabi legt los, redet sich die ganze Last von der Seele. Und als er fertig ist, ist sein Gesicht entspannt. Aber er lächelt nicht mehr.

Wir kennen jetzt die Geschichte dieses besonderen Mannes. Und die geht an diesem Abend so weiter:

In einem Dienstzimmer steht erhöht ein Fernseher, dort laufen die ersten Nachrichten über den Fall Natascha Kampusch. Pabi sieht ihr Kinderbild, das als Fahndungsfoto diente, und sagt: »Endlich hat man sie gefunden.« Angespannt starrt er auf den Fernseher, schließlich hat er ja vor über acht Jahren mal einen Hinweis auf einen Jugendbekannten aus seinem Ort gegeben. Einen komischen Typen, Einzelgänger, Angeber. Aber abgehakt, der war es nicht, sonst säße er ja längst im »Häfen«[121].

Plötzlich ein Haus. In Strasshof. Přiklopils Haus. Eingeblendet als Tathaus, in dem ein Verlies sein soll.

Er ist daran vorbeigefahren, am 13. April 1998, hat noch gebremst und in den Rückspiegel geschaut. Da war die Zehnjährige dort schon eingesperrt. Seit 42 Tagen.

Es dauert einen Moment, bis Christian Pabi begreift, was er da gerade eben gesehen und gehört hat. Er ist wie paralysiert, wird kreidebleich, muss sich setzen. »Der Schock war groß, ich konnte nicht glauben, dass das Přiklopils Haus war. Mir blieb fast das Herz stehen.« Und dann sind sie da, die Gedanken, mit einem Schlag: Warum haben die Kollegen seinen Hinweis missachtet? Warum hat er selbst nicht nachgehakt? Hätte er nicht einfach seinen Hund nehmen und auf eigene Faust nach dem Kind suchen müssen? Nachts, auf dem Grundstück? Oder am Tag, wenn Přiklopil mal nicht zu Hause gewesen wäre? Unter irgendeinem Vorwand, falls er von einem Nachbarn angesprochen worden wäre? Vielleicht hätte der Hund eine Spur aufnehmen können. Vielleicht aber hätte er auch selbst etwas entdeckt. Und die Gefangenschaft des Mädchens um über 3000 Tage verkürzen können.

Diese Gedanken werden Christian Pabi durch die Nacht begleiten. Danach werden sie ihn nie mehr verlassen. Sie werden sich in seine Seele brennen.

Bis zum Dienstschluss spricht er fast kein Wort mehr. So kennen ihn die Kollegen nicht.

Ein Einsatzbefehl reißt Christian Pabi aus seinen Gedanken. Er soll mit seinem Hund ein Haus durchsuchen. Das Haus von Wolfgang Přiklopil.

---

121 mundartlich für »Gefängnis«

ca. 18.05 Uhr

Natascha Kampusch wird erkennungsdienstlich behandelt. Anhand von Lichtbildern soll sie identifiziert werden. Bislang weiß man nur aus ihrem Mund, dass sie Natascha Kampusch ist. Letzte Gewissheit soll ein DNA-Test bringen, so hat es der Richter auf Antrag von Staatsanwalt Kronawetter inzwischen beschlossen. Daher wird ein Abstrich ihrer Mundhöhle genommen.

Der Notfallpsychologe Cornel B.-K. vom Kriseninterventionsteam des niederösterreichischen Roten Kreuzes wird in die Kriminaldirektion gebracht. In seinem Beisein befragen Kriminalbeamte Natascha Kampusch »zu Details der Entführung, zum Verlies und zur Person des Wolfgang Přiklopil«. Protokolliert werden ihre Angaben nicht. Die Befragung soll »im Wesentlichen der Schaffung eines Vertrauensverhältnisses und der Vorbereitung auf die Durchsuchung des Tathauses dienen«.

18.20 Uhr

Drei Beamte der Tatortgruppe des LKA[122] Burgenland treffen vor Přiklopils Haus in der Heinestraße 60 in Strasshof ein. Die Kollegen in der Kriminaldirektion geben ihnen die Informationen weiter, die sie von Natascha Kampusch inzwischen erhalten haben. Demnach soll sich der alte Reisepass des Mädchens im Verlies befinden. Sie hatte ihn am Wochenende, bevor sie entführt wurde, für einen Kurztrip mit ihrem Vater nach Ungarn gebraucht. Bei der Rückkehr am Sonntagabend hatte er ihr den Pass in die Seitentasche ihrer roten Jacke gesteckt. Und die trug sie, als sie entführt wurde. Mit dem Ausweisdokument, das sie nicht rausgelegt hatte.

Angeblich, so die weitere Information, hatte Přiklopil Sicherungsvorkehrungen getroffen, die eine Flucht von vornherein unmöglich machen sollten. Die Tatort-Experten schließen in dem Moment nicht aus, dass er Sprengfallen im Haus versteckt hat, und fordern daher das EKO[123] COBRA samt Entschärfungsdienst an.

Christian Pabi ist auf dem Weg. Mit seinem Hund, der speziell zum Aufspüren von Sprengstoff ausgebildet ist. Wie immer bei solchen Einsätzen rückt ein zweiter Sprengstoffhundeführer mit aus, damit dessen Hund die Arbeit gleich fortsetzen kann, sobald der andere dazu nicht mehr in der Lage ist.

---

122 Landeskriminalamt
123 Einsatzkommando

ca. 18.25 Uhr

BK-Direktor Herwig Haidinger setzt nun doch eine Pressekonferenz für 19.30 Uhr im Bundeskriminalamt an. Gegen den ausdrücklichen Wunsch seiner Ministerin. Er will den immer unerträglicher werdenden Druck von seinen Beamten nehmen. Glücklich ist Burgenlands oberster Polizist und Soko-Chef Generalmajor Nikolaus Koch mit dieser Entscheidung nicht. Denn, wie er einwendet, sei Natascha Kampusch »noch nicht 100%ig« identifiziert. Doch die Belastung durch die Medien ist zu groß, er wird überstimmt.

Was zu diesem Zeitpunkt in einem Dienstzimmer der Kriminaldirektion 1 geschieht, wird von den Beteiligten später teilweise unterschiedlich beschrieben. Von berührend bis skurril reichen die Wahrnehmungen – emotional dreht sich ein großes Rad. Denn es ist die erste Begegnung zwischen der erwachsenen Natascha Kampusch und ihren Angehörigen, die einander zuletzt sahen, als sie zehn Jahre alt war.

Mitten in den Rummel platzen Ludwig Koch mit Anhang und Nataschas älteste Halbschwester Claudia mit Mann Günter hinein. Sie schieben sich zu der jungen Frau vor, von der offiziell ja noch nicht feststeht, ob sie wirklich die ist, für die sie sich ausgibt. Zunächst der Vater. Der hat außer Ehefrau Georgina noch einen Mann im Schlepptau. Ludwig Koch hat ihn in das Amtsgebäude eingeschleust. Prompt kommt es zum Eklat. »Denn der Mann entpuppte sich als Fotoreporter«, wird Chefinspektor Johann Frühstück uns später erzählen. »Wir haben ihn sofort rausgeworfen.«

Claudia hat ihre Schwester sofort erkannt. Doch Ludwig Koch ist sie auf den ersten Blick fremd. Er stürzt auf sie zu, starrt sie kurz an, sagt keinen Ton. Reißt plötzlich ihre Hand hoch, sucht nach einer alten Operationsnarbe, entdeckt sie. Und schluchzt. Ja, es ist Natascha. Seine Tochter. Er will sie an sich ziehen. Doch da fällt der Satz, der zeigt, wie stark das Gift ist, das Přiklopil ihr in die Seele injiziert hat: »Warum hast du das Lösegeld nicht gezahlt?«, will sie von ihrem Vater wissen. Der schaut sie verblüfft an und antwortet: »Von mir hat keiner Lösegeld verlangt.« Erst jetzt lässt sie zu, dass er sie umarmt. Ludwig Koch hebt sie vor Freude hoch. Und weint. Natascha weint auch und sagt: »Hallo, Papa, ich hab' dich lieb.« Sie umfasst ihn und Georgina, die Frau, die direkt neben ihm steht, und sagt zu ihr: »Ich weiß, du bist die Frau meines Papas.«

Weinend schließt nun auch Claudia Natascha in ihre Arme. Sie halten sich minutenlang aneinander fest. Ihre Schwester »habe in Schlagworten zu ihr geredet, sie habe den Eindruck eines Kindes und nicht einer Frau in ihrem Alter vermittelt«, wird Claudia 2009 dem Chefinspektor Kurt Linzer vom Bundeskriminalamt berichten. Zeitweise habe sie »erleichtert und dann wieder bedrückt gewirkt. Damals schon habe sie ihr erzählt, dass sie zu ihrem 18. Geburtstag eine Torte und eine Flasche ›Baileys‹ bekommen habe.«

Erst etwa eine Stunde später trifft ihre Mutter ein. Die Polizei hat sie aus ihrem Urlaubsort in der Nähe des obersteirischen Wallfahrtsortes Mariazell herbeigeholt, mit Blaulicht und

Sirenengeheul. Tochter Sabina ist mit den Kindern dort geblieben. Noch am Mittag wollte Brigitta Sirny, wie jedes Jahr, mit ihren beiden Enkelinnen in der Lichtergrotte der dortigen Basilika eine Kerze für Natascha anzünden. Aber die Basilika war wegen Renovierung geschlossen. Ein trauriges Signal. Und dann plötzlich eine verwirrende Nachricht. Und ein ORF-Team aus Niederösterreich, das schon auf sie wartet, als sie in den grauen Polizei-VW einsteigt.

Brigitta Sirny läuft auf ihre Tochter zu, bei ihr wechseln sich Weinen und Lachen ab. Sie fallen sich in die Arme. »Ich hab' immer gewusst, dass du zurückkommst!«, schluchzt Brigitta Sirny. An diesen Satz erinnern sich beide. Doch das sei nicht alles gewesen, wird Brigitta Sirny uns erzählen. Denn als sie einander wieder loslassen, habe Natascha sie zur Seite gezogen und gelobt: »Du bist ja noch immer so schlank und sexy. Und ich dachte, da kommt so eine alte Schrummelige!«

Mehr als drei Jahre später wird Georgina Koch in einer Vernehmung das familiäre Wiedersehen noch um ein schräges Detail bereichern. Natascha Kampusch habe »zu ihrer Mutter gesagt ›Mama, ich wollte, aber konnte nicht früher kommen‹«. Die habe »darauf zu Natascha gesagt ›mein Mausi, unser Leben geht weiter, am Wochenende werden wir Wäsche waschen‹«.

Auch Herwig Haidinger wird Zeuge der ersten Begegnung zwischen Mutter und Tochter nach achteinhalb Jahren: »Frau Sirny kam dazu. Natascha Kampusch drehte sich zu ihr um und sagte zu ihrer Mutter: ›Ich weiß es, dass du das nicht wolltest.‹ Frau Sirny hat geweint. Sie haben sich umarmt.«

Natürlich wollte Brigitta Sirny nicht, dass ihre Tochter entführt wird, das weiß Natascha. Und so ist dieser Satz, sollte er von ihr so formuliert worden sein, wohl auch nicht gemeint. In der Fortsetzung hätte er vermutlich gelautet: »Aber trotzdem ist es passiert.« Darin schwingt ein hauchdünner Vorwurf mit, eine Enttäuschung darüber, dass sie nicht vorzeitig von ihrem Schicksal erlöst wurde.

Vielleicht mag darin der Grund liegen, dass sich Revierinspektorin Sabine F., die auch in der Wiener Kriminaldirektion immer in der Nähe von Natascha Kampusch geblieben ist, eine andere Erinnerung an das Wiedersehen eingeprägt hat als Natascha und ihren Eltern. Während die drei – auch Natascha Kampusch selbst – dafür hochemotionale Beschreibungen finden, wird die Polizistin in einer Zeugenvernehmung angeben, der »Erstkontakt zwischen Natascha Kampusch und deren Mutter sei kein herzlicher gewesen« Etwas detaillierter wird uns Chefinspektor Johann Frühstück schildern: »Die Mutter und die Schwester von Natascha waren aufgewühlt und den Tränen nahe. Natascha war spröde und zwischendurch von überquellender Freude. Sie hat sich gefreut, ihre Mutter zu sehen.«

ca. 19.00 Uhr

Ernst H. setzt seinen Kia-Van mit Anhänger in Bewegung und dreht mit Přiklopil »eine kleine Runde in der Nähe der Plakatwand«. Sie kommen auf die Alliiertenstraße, biegen ab auf die Eberlgasse und finden nahe der Kreuzung Nordbahnstraße eine Parkmöglichkeit.

Přiklopil erzählt seinem Freund, »dass Natascha und er überlegt hätten, zu heiraten, und auch überlegt hätten, wie sie das anstellen könnten und wie sie zu Papieren für Natascha kommen könnten«. Ganz so ist es wohl nicht gewesen. Aber so kurz vor seinem Tod wünscht Přiklopil sich wahrscheinlich, dass es so gewesen sei.

Ich habe Natascha Kampusch gefragt, ob Přiklopil sich einen langsamen Übergang des Täter-Opfer-Verhältnisses in eine bürgerliche Lebensgemeinschaft gewünscht hat, mit gemeinsamem Kind und Familieneinkäufen auf dem Wochenmarkt zum Beispiel. »Ja«, hat sie geantwortet, »genauso war es. So hat er sich's vorgestellt. Er hat auch gesagt, dass er mich heiratet. Das war ja absurd! Wo hätten wir wann heiraten sollen? Das war sein Hirngespinst.«

Vier Jahre später, am 5. August 2010, wird Ernst H. im Magazin *News* die gedanklichen Höhenflüge seines Freundes präzisieren: »Přiklopils Vorhaben war, die Beziehung zu legalisieren.« Er wäre »bereits daran gewesen«, falsche Papiere für Natascha Kampusch zu besorgen. Als tschechische Einwanderin getarnt sollte sie in der Wohnung einer betagten Verwandten zur Untermiete angemeldet werden – »und wenn sie dann in Österreich, unter getürkter Identität, einige Zeit registriert gewesen wäre, hätte er sie ganz offiziell heiraten wollen.«

19.35 Uhr

Josef-Holaubek-Platz 1 im 9. Wiener Bezirk, Sitz des Bundeskriminalamts. Auf der 5. Etage im etwa 60 Quadratmeter großen Schulungs- und Besprechungsraum A warten seit fünf Minuten über 30 Reporter auf den Beginn der Pressekonferenz. Vorne, in der ersten Reihe, ruhen Fernsehkameras auf Stativen. Hinter Mikrofonen sitzen fünf Männer, die mit ersten Informationen ihre Kollegen draußen vor Ort entlasten wollen: BK-Direktor Herwig Haidinger, Generalmajor Gerhard Lang, im BK unter anderem zuständig für Presse- und Öffentlichkeitsarbeit, Generalmajor Nikolaus Koch, Staatsanwalt Hans-Peter Kronawetter und Chefinspektor Johann Frühstück.

Den Verlauf der Pressekonferenz protokolliert Marcus J. Oswald, Herausgeber des Wiener Online-Magazins *Blaulicht und Graulicht*. Sie beginnt mit frohen Botschaften. Erleichtert seien sie, dass die Geisel überlebt habe, lassen Haidinger und Lang die Journalisten wissen. Damit sei das primäre Ziel jedes Entführungsfalles erfüllt worden. Dass es sich wirklich um Natascha Kampusch handele, habe sich schon bald im Erkennungsdienst herausgestellt. Sie habe ihr Geburtsdatum gewusst, und die Gegenüberstellung mit ihrem Vater sei positiv verlaufen. Freude auch bei Polizeichef Nikolaus Koch aus dem Burgenland, dessen Vorsehung sich erfüllt hat: »Ich sagte immer: Es ist hier alles möglich. Und es ist das Unmögliche möglich geworden, dass hier ein junges Mädchen entführt wurde und als junge Frau zurückgekehrt ist.«

Diese junge Frau, erklärt Haidinger, habe äußerlich keine Verletzungen. Sie wirke dem ersten Eindruck nach nicht kindlich, sondern wie eine Achtzehnjährige. Also kein Kaspar-Hauser-Syndrom[124], notiert Oswald. Sie werde jetzt aber erst einmal nicht zu ihren Eltern gelassen, sondern an einen Ort gebracht, wo sie rund um die Uhr psychologisch betreut werde. Über Přiklopil gibt Haidinger bekannt, dass er als Nachrichtentechniker arbeite. Wahrscheinlich seien nach Aussage von Natascha Kampusch Sprengfallen im Haus, denn er habe ihr verboten, bestimmte Stellen im Haus zu betreten, sonst werde sie »gegrillt«. Nähere Erkenntnisse lägen ihm noch nicht vor, »da die Tatortgruppe noch vor Ort arbeitet«.

Im Raum ist auch der kommissarische Landespolizeikommandant von Wien, Karl Mahrer. Er ergänzt, dass er »alle im Außendienst befindlichen Einsatzkräfte« angehalten habe, die Stadt nach Kidnapper Přiklopil abzusuchen. Wegen dieses Ermittlungsdrucks, so Haidinger zuversichtlich, werde man ihn bald finden.

Haidinger, Koch und Lang halten ein Foto Přiklopils in die Kameras. Es ist eine Vergrößerung der Aufnahme, die er für die Ausstellung seines Personalausweises beim Bezirkspolizeikommando Donaustadt hat hinterlegen müssen. Der Ausweis Nr. C 0413490 3 ist noch bis zum 15. April 2008 gültig.

Die Journalisten dürfen Fragen stellen. Und damit den Finger in eine Wunde legen, die als solche noch gar nicht erkannt ist, die sich aber zu einem Krebsgeschwür im Ermittlungsakt Kampusch auswachsen wird.

Der entscheidende Anstoß kommt von Marcus J. Oswald. Er lobt zunächst: »Fraglos ein großer Polizeierfolg im Sinne der Entführten. Doch den Fall«, erdet er mögliche aufkeimende Freude, »löste Kommissar Zufall, da sich das Mädchen selbst befreite und es nicht durch Ermittlungen geschah. Wäre das nicht passiert, welche Ermittlungen wären in der letzten Zeit in Richtung einer Aufklärung dieses Vermisstenfalls gegangen?« Die Antwort: keine. Stattdessen ein Verweis auf »Ermittlungsschutz«. Oswalds Kollege Emil Bobi, Redakteur beim österreichischen Nachrichtenmagazin *Profil*, lässt sich damit nicht abspeisen und hakt bei Koch direkt nach: »Hatten Sie Hinweise, dass sie in diesem Versteck sitzt?« Und der antwortet, wie Oswald aufschreibt, »in großer Offenheit wörtlich«: »In der letzten Zeit nicht.« So will es Koch im Nachhinein nicht formuliert haben. In einer Zeugenvernehmung am 18. März 2008 wird er aussagen: »Ich gab dem Redakteur zur Antwort, dass

---

124 Eine Bezeichnung für einen schweren Entwicklungsrückstand bei Kindern, sowohl in körperlicher als auch in geistiger Hinsicht. Das Kaspar-Hauser-Syndrom wird durch eine andauernde Vernachlässigung, mangelnde Pflege und Liebesentzug im frühen Kindesalter verursacht. (Quelle: Wissen.de/Medizin)

während unserer Zeit der Aktenführung (KA/LKA[125] Burgenland 2002 - 2006) nicht gegen eine Person Priklopil ermittelt worden sei, weil dazu kein Hinweis eingegangen sei.« Die 2008 eingesetzte Evaluierungskommission wird ihn so zitieren: »Laut GenMjr. Koch wurde bereits bei diesem Anlass gefragt, ob schon gegen PŘIKLOPIL ermittelt worden sei. Koch antwortete – laut seinen Angaben –, dass er das zur Zeit nicht sagen könne, da der Akt zu voluminös sei.« Herwig Haidinger wird uns seine Version der Situation beschreiben, die der von Oswald protokollierten am nächsten kommt: »Ein Journalist von *Profil* fragte Koch: ›Ist der Name Přiklopil schon einmal aufgetaucht?‹ Ich fand das in dem Moment komisch. Koch antwortete: ›Solange wir den Fall haben, noch nicht.‹«

Viele Ohren, wenige Übereinstimmungen. Und niemand scheint über Kochs Antwort zu stolpern.

19.45 Uhr

Brigitte Sch. erhält überraschenden Besuch. Sie ist seit vier Jahren Mieterin einer 23-Quadratmeter-Wohnung am Stillfriedplatz im 16. Wiener Bezirk Ottakring. Die Wohnung gehört Wolfgang Přiklopil, er hat sie am 6. Juli 2001 gekauft. Vor der Tür steht die Polizei. Die Beamten legen ihr einen Durchsuchungsbeschluss vor. Vielleicht hält sich Wolfgang Přiklopil bei ihr auf oder hat eine Spur hinterlassen, die zu ihm führt. Brigitte Sch. muss die Fahnder enttäuschen. Für sie ist ihr Vermieter ein Phantom, von dem sie nur den Namen kennt. Zu Gesicht bekommen hat sie ihn nie, alle Formalitäten hat sie mit dessen Freund Ernst H. abgewickelt. Und den erwartet sie in einer Viertelstunde, um 20.00 Uhr, er soll ihr den Boiler reparieren.

20.00 Uhr

Die Pressekonferenz im Bundeskriminalamt ist zu Ende. Nikolaus Koch fährt zurück in die Kriminaldirektion 1. Dort fragt er seine Beamten, »ob der Name Přiklopil im Akt aufscheint«. Darauf hat niemand eine Antwort. Niemand weiß es. »Schau mal nach«, fordert er Johann Frühstück auf und macht sich auf den Weg nach Strasshof zu Přiklopils Wohnhaus. Seit einer Polizeireform im Jahr zuvor trägt Koch den Titel Landespolizeikommandant, ist somit der ranghöchste Polizist des Burgenlandes und gleichzeitig oberster Chef der Soko, die den Fall nun abschließend bearbeiten soll.

Die COBRA-Kräfte sind bereits vor Ort. Sie brechen die Tür auf. Und als erster Polizist betritt Christian Pabi mit seinem Hund das Haus.

---

125 2002 KA, Kriminalabteilung; ab 2005 LKA, Landeskriminalamt

Er beginnt mit der Suche im Keller. Der Hund dringt vor zum Verlies, schnüffelt daran, schlägt aber auf Sprengstoff nicht an. Sicherheitshalber befasst sich anschließend noch einmal ein Entschärfer mit dem Verlies.

Mit seinem Hund durchsucht Pabi das Haus von unten nach oben. Das Tier ist erschöpft, und Pabi gibt den Hinweis: »Mein Hund ist leer, ich muss abbrechen!« Sein Kollege übernimmt. Plötzlich ordnet Generalmajor Koch, der mittlerweile in der Heinestraße 60 eingetroffen ist, den Abbruch der Durchsuchung an. Pabi will wissen, warum. »Die Anordnung kommt von ganz oben!«, erwidert ihm Koch. Eine Erklärung bleibt aus. Gründe für den Abbruch sind nicht ersichtlich. Es wird sich dafür auch niemand mehr interessieren, wahrscheinlich, weil es für das weitere Verfahren nicht mehr bedeutend ist. Johann Frühstück wird uns erklären, dass es an dem Abend nur darum gegangen sei, das Verlies unter Einsatz des Hundes zu finden und es frei von möglichen Gefahren an die Kollegen der Spurensicherung zu übergeben.

So geschieht es. Beamte der Tatortgruppe machen sich daran, den letzten Zweiflern an der Identität von Natascha Kampusch Gewissheit zu verschaffen. Im Verlies entdecken sie genau an der Stelle, die sie beschrieben hat, ihren Reisepass. Es wird nicht lange dauern, und der Fund wird von dem Ergebnis der DNA-Analyse noch gekrönt werden. Ja, sie ist es. Eindeutig.

Die Tatortarbeiten werden sich über die nächsten Wochen hinziehen. Ab sofort wird Přiklopils Haus »durchgehend von mehreren Beamten des Bezirks Gänserndorf (Außensicherung) sowie durch installierte Alarmmelder (Innensicherung) rund um die Uhr (...) überwacht«.

Bevor Christian Pabi das Haus verlässt, kriecht er in das Verlies. Er will in den Abgrund sehen, an dem Natascha Kampusch stand. Mit wackeligen Beinen und pochendem Herzen. Immer in der Gefahr zu sterben. Er will die Luft atmen, die sie geatmet hat. In die Trostlosigkeit blicken, in die sie geblinzelt hat. Die Wände ertasten, die sie berührt hat. Unzählige Male. Warum hat niemand sie von diesem Abgrund weggerissen? Es war doch möglich!

»Danach ging es mir lange Zeit nicht gut.«

Als Christian Pabi mit seinem Hund zur Dienststelle zurückkehrt, beglückwünschen ihn die Kollegen. Er hätte den richtigen Riecher gehabt, loben sie ihn. Schon vor Jahr und Tag hätte er mal über seinen Verdacht gegen Přiklopil gesprochen, das sei ihnen jetzt wieder eingefallen.

Christian Pabi ist überrascht und sprachlos, in seinem Inneren ist kein Platz für die kollegiale Anerkennung.

Während die Polizei in Přiklopils Wohnung am Stillfriedplatz noch dessen Mieterin Brigitte Sch. befragt, stehen zwei Frauen vor der Haustür und warten auf die Ankunft von Ernst H.: Ehefrau Vesna und Schwester Margit W. Sie sind in großer Sorge um ihn. Denn am frühen Nachmittag hat er mit seiner Frau Einkäufe erledigen wollen, ist aber weder zu erreichen gewesen, noch hat er zurückgerufen. Das war gar nicht seine Art. Hinzugekommen ist ein rätselhafter Anruf der Polizei bei Margit W., der die beiden Frauen darin bestärkt hat, dass ihm etwas passiert sein müsse. Sie sind zum Stillfriedplatz gefahren in der Hoffnung, ihn hier bei seinem Reparaturtermin abpassen zu können. Doch Ernst H. kommt nicht. Stattdessen erhält Margit W. einen Anruf ihrer Mutter, der sie schlagartig in helle Aufregung versetzt: In den gerade eben ausgestrahlten Fernsehnachrichten sei ein Foto von Wolfgang Přiklopil gezeigt und über die Entführung von Natascha Kampusch berichtet worden. »Total nervös«, so hält es ein Bericht der Staatsanwaltschaft fest, wendet sie sich an »die vor Ort befindlichen Beamten« und teilt ihnen ihre Befürchtung mit, dass Přiklopil ihren Bruder als Geisel genommen haben könnte. Als möglichen Rückzugsort für Přiklopil weist sie auf die Veranstaltungshalle hin, die Ernst in der Perfektastraße im 23. Wiener Bezirk Liesing betreibt. Was sie in diesem Moment noch nicht ahnt: Ihr Bruder ist dem Entführungsopfer einige Wochen zuvor genau dort schon einmal begegnet.

Ernst H. weiß das alles längst. Und es sorgt ihn, weil ihm schon deswegen eine Tatbeteiligung unterstellt werden könnte. Er sitzt gegen 20.00 Uhr immer noch mit Wolfgang Přiklopil in seinem Van. Die Dämmerung ist hereingebrochen, und er hat nur einen Wunsch: möglichst bald etwas zu essen. Er ist unterzuckert und hat Kopfschmerzen. »Mehr kann ich nicht für dich tun«, erklärt er seinem Freund. Und der erwidert, »dass es ohnehin schon dunkel sei«. Er werde »sich hinter der Plakatwand verstecken und dort bis in der Früh verbleiben«. Zum Dank, dass Ernst H. »ihm bis zu dieser Zeit geholfen« hat, schenkt Wolfgang Přiklopil ihm »als persönliches Erinnerungsstück« das Etui für seine Autoschlüssel und seinen Schlüsselanhänger mit BMW-Emblem, den Natascha Kampusch für ihn zum Namenstag gebastelt hatte. Die Schlüssel selbst steckt er zurück in seine Hosentasche.

Natürlich wird die Polizei Ernst H. damit konfrontieren, ob diese Geste der Endgültigkeit nicht ein deutliches Signal für einen Freitod gewesen wäre. Und H. wird antworten, »er habe nicht völlig ausschließen können, ob sich Přiklopil umbringen werde. Er habe nicht auf Přiklopil eingewirkt, dass er sich der Polizei stellen solle, sondern seinen Wunsch respektiert, dass er überlegen könne, was er weiter tun könne.« Ihm die Polizei auf den Hals zu hetzen, sei für ihn nicht in Frage gekommen, es sei für ihn selbstverständlich, »einen Freund nicht zu verraten«. Für ihn sei »klar gewesen (…), dass Přiklopil die Zeit zum Überlegen nützen und sich am nächsten Tag entweder stellen habe wollen oder erwischt worden wäre«.

Die Polizei wird Ernst H. auch vorhalten, dass es gegen 20.00 Uhr noch gar nicht dämmrig gewesen sei, wie er behaupte. Nach schriftlicher Mitteilung der Zentralanstalt für Meteorologie und Geodynamik sei »am 23.8.2006 um 20.54 Uhr mitteleuropäischer Zeit die Sonne untergegangen (…), sodass es um ca. 20.00 Uhr nicht dämmrig gewesen sei«. Ernst H. wird darauf beharren, dass die Dunkelheit sehr wohl angebrochen war. Die Staatsanwaltschaft

Innsbruck wird dazu in einer »Anmerkung« festhalten: »Zu dieser Auskunft[126] ist zu bemerken, dass diese objektiv unrichtig sein dürfte, zumal aufgrund der allgemeinen Lebenserfahrung Ende August die Sonne nicht erst gegen 21 Uhr untergeht und (…) durch Internetrecherchen erhoben wurde, dass die tatsächliche Sonnenuntergangszeit an diesem Tag eine Stunde vor der in der Auskunft der Zentralanstalt aufscheinenden Sonnenuntergangszeit gewesen sein dürfte.« Also: Die Dämmerung hat tatsächlich eingesetzt, als Wolfgang Přiklopil aus dem Kia Carnival seines Freundes aussteigt und ihm die Hand gibt. Ein Handschlag zum Abschied, der laut Ernst H. »sonst nicht üblich war«.

Ein Abschied, endgültig.

Ernst H. sieht seinem Freund nach. Ein letztes Mal. Der geht in Richtung Plakatwand, wo sie zuvor gemeinsam spazieren gegangen sind. Und verschwindet.

Ob nun die Sonne noch matt scheint, oder ob sie bereits untergegangen ist – für Wolfgang Přiklopil ist dies die Stunde des Untergangs seines gesamten Lebens. In etwa 50 Minuten wird dieses Leben vorbei sein. Einsam irrt er durch die Gegend, eingefroren zu einer Hülle. Sämtliche Sinne, Gefühle taub von der Kälte. Nichts ist mehr da, gar nichts mehr. Die Schmach, eingesperrt zu werden, seine Liebe, Natascha, verloren zu haben, eine Liebe, die er erzwungen hat, von der er gehofft hat, Natascha würde sie auch für ihn empfinden, wenigstens nach und nach – eine Illusion. Sie hat ihn in die Eiseskälte gestoßen, ihm ihre ganze Verachtung gezeigt, indem sie von ihm weggelaufen ist. Sie hat ihn wie bei einem Brettspiel zurück auf das Feld gestellt, von dem aus er in ein neues, wärmeres Leben gestartet war, mit ihr an seiner Seite, rund um die Uhr, sodass ihm nicht mehr kalt war. Sie ist weg. Für immer. Sein Freund ebenso. Und seine Mutter? Vielleicht wird er wissen, dass sie ihn weiterlieben würde, auch als Verbrecher. Weil sie seine Mutter ist. Aber sie ist seine Mutter, sie ist nicht Natascha.

Ernst H. startet seinen Van und fährt von der Eberlgasse Richtung Praterstern davon. Er schaltet das Autoradio ein und hört, »dass die Geschäfte im Donauzentrum geschlossen haben und das Donauzentrum im Zusammenhang mit dem Entführungsfall Kampusch durchsucht werde«.

17 Kilometer Strecke liegen vor Ernst H. Dafür wird er eine knappe halbe Stunde benötigen. Dann wird er an seiner Veranstaltungshalle sein.

ca. 20.30 Uhr

Ernst H. parkt seinen Kia Carnival vor dem Halleneingang. In der Halle schiebt er sich zuerst eine Pizza in den Ofen. Den Termin bei Brigitte Sch., deren Boiler er schon vor einer halben Stunde reparieren wollte, sagt er nicht ab. Er meldet sich auch weder bei seiner Frau noch

---

[126] der Zentralanstalt für Meteorologie und Geodynamik

bei seiner Schwester. Die beiden Frauen sind zu dem Zeitpunkt weiter im Gespräch mit der Polizei. Davon weiß er nichts, wie auch. Über drei Jahre später wird er in einer Vernehmung angeben, »er habe panische Angst gehabt, mit der Straftat des Přiklopil in Verbindung gebracht zu werden«. Zu Recht. Denn genau das wird passieren.

Hinter der scheinbar behäbigen, weichlichen, schreckhaft-ängstlichen Fassade steckt ein klarer, analytischer, mit einer Prise Schlitzohrigkeit versehener Verstand, der es ihm erlaubt, blitzartig Vor- und Nachteile zu erkennen und drohende Gefahr zu wittern. Der Mann, groß und gut genährt, ist auf der Hut. Bevor er sich auf ein Gespräch einlässt, tasten seine Augen die Umgebung auf feinste Störsignale ab. Fangen sie keine auf, schalten sie um in den Standby-Modus, das Gespräch kann beginnen. Stundenlang kann man dann mit ihm plaudern. Er hört geduldig zu, gibt ebenso geduldig Antwort. Erklärt technische Zusammenhänge, sodass sie auch der Laie versteht. Lächelt zwischendurch fast schüchtern. Diese Fähigkeit zu entspannter Kommunikation verschwindet, sobald er sich in die Enge getrieben fühlt. Er beginnt sofort zu schwitzen, sucht nach Worten, findet sie nicht, rettet sich in aggressive Patzigkeit. An dieser Stelle grätscht meist seine Schwester Margit W. mit behänder Eloquenz rein, reißt das Staffelholz ihres Bruders an sich und läuft für ihn den Kommunikationsparcours weiter. In die richtige Richtung. Zupackend. Rhetorisch geschickt und argumentativ punktgenau. Bis sie im Ziel ist. Und er aus der Klemme ist. Schnelle Erkenntnis, schneller Entschluss, schnelle Erwiderung – brillante Eigenschaften einer Frau, die in »Systemischem Coaching« ausgebildet ist und als Fachhochschuldozentin an einem Wiener Institut »für Management und Leadership« den Studiengang Unternehmensführung lehrt. Doch, wie sich noch zeigen wird, verläuft die schwesterliche Assistenz in diesem Fall nicht fehlerfrei.

Ernst H. ist zur Veranstaltungshalle gefahren. Wäre er Přiklopils Komplize, zumindest aber dessen Mitwisser gewesen, hätte er die Flucht ergriffen, davon sind wir überzeugt. Vor allem als Mittäter hätte er sich sofort aus dem Staub gemacht, mit oder ohne Přiklopil. Auf keinen Fall hätte er stundenlang mit ihm im Auto gesessen und diskutiert und sich dabei der Gefahr ausgesetzt, von der Polizei entdeckt und sofort eingesperrt zu werden. Er hätte sich irgendwo versteckt, vorläufig geschützt vor dem schnellen Zugriff der Polizei. Er hätte seine Schwester alarmiert. Die hätte sofort einen Rechtsanwalt eingeschaltet mit dem Auftrag, mit der Staatsanwaltschaft einen Deal auszuhandeln, zum Beispiel: Ihr Bruder stellt sich, sagt umfassend aus, wird dafür aber vorerst von der Untersuchungshaft verschont. (Inwieweit dies möglich wäre, hinge natürlich von der Schwere des Deliktes ab – ist er Mittäter oder Mitwisser?) Ernst H. hätte nicht darauf bauen können, dass sich Přiklopil tatsächlich das Leben nehmen und das Geheimnis um seine Tatbeteiligung mit ins Grab nehmen würde, auch wenn er ihm den Freitod klipp und klar angekündigt haben sollte. In dem Moment, in dem sich beide voneinander verabschiedet haben, hätte Ernst

H. befürchten müssen, dass die Polizei Přiklopil doch noch erwischen oder er sich ihr entgegen seiner Absicht stellen und ihn dann im Verhör ans Messer liefern würde. Und nicht nur vor einem möglichen Geständnis Přiklopils hätte er sich fürchten müssen. Ganz besonders hätte ihn ängstigen müssen, was Natascha Kampusch, nun in sicherer Obhut der Polizei, als Geschädigte und zugleich Zeugin aussagen würde. Wenn er der Komplize ihres Entführers gewesen wäre, hätte sie es sicher mitbekommen. Wäre er nur Mitwisser gewesen – wie hätte er sicher sein können, dass Přiklopil ihn gegenüber seiner Gefangenen niemals erwähnte?

Allein die bloße Kenntnis von der Tat wirft die Frage auf, wie lange ein Mensch dieses grausame Geheimnis für sich behalten kann, ohne in Versuchung zu geraten, eine dritte Person ins Vertrauen zu ziehen?

Statt zu türmen, sitzt Ernst H. in der leeren Halle und hat offensichtlich überhaupt keinen Plan. Er ist unfähig, einen klaren Gedanken zu fassen. Verwirrt und ausgelaugt.

20.50 Uhr

Die Bahnstation Wien-Nord am Rande des Vergnügungsparks Wiener Prater ist eine Großbaustelle. Durch Um- und Neubauten sollen Bus- und Bahnverkehr zu einem modernen Verkehrsknotenpunkt verschmelzen. Im April ist der erste neue Bahnsteig fertig geworden. Seitdem trägt die Station den Zusatz Praterstern. Schon im Dezember wird sie nur noch Praterstern heißen. Auch die Wiener Schnellbahn nennt sich erst seit Kurzem offiziell knapp S-Bahn.

Triebwagenführer Erwin M. steuert den S-Bahnzug Nummer 23786 aus der Baureihe 4020 118-8 in den Bahnhof. Kurz vor der Einfahrt hat er das Wiener Wahrzeichen passiert: das rechter Hand gelegene 64,75 Meter hohe und um diese Uhrzeit imposant illuminierte Riesenrad im Prater. Der Zug hat sechs Minuten Verspätung, sollte bereits um 20.44 Uhr den Bahnhof Richtung Floridsdorf im Wiener Norden verlassen. Fünf Schienenkilometer sind es bis dorthin, Fahrzeit sieben Minuten. Fahrgäste verlassen den Zug, andere steigen zu. Es ist 20.50 Uhr, als Erwin M. ihn wieder in Bewegung setzt und aus dem Bahnhof rollt. Er beschleunigt seinen Zug, der eine Höchstgeschwindigkeit von 120 Stundenkilometern erreicht, auf etwa 40 Stundenkilometer. Die Strecke vor ihm ist nicht beleuchtet. Er hat das Abblendlicht eingeschaltet. Die Signale zeigen »Freie Fahrt«. Gleis 1, auf dem er fährt, ist das äußerste linke und liegt der Nordbahnstraße, die parallel verläuft, am nächsten.

Um die 500 Meter hat er inzwischen zurückgelegt, zieht jetzt mit etwa 45 Stundenkilometern an Buschwerk, das auf der linken Seite das Gleis säumt, vorbei, als das Drama dieses Tages seinen wohl unausweichlichen Höhepunkt erreicht. Für diesen gibt es nur einen einzigen Zeugen: Erwin M. Zwei Stunden später wird er einem Beamten der Unfallaufnahme der

Wiener Bundespolizeidirektion schildern[127], was ihn sicher bis ans Ende seiner Tage verfolgen wird: »Ich bemerkte eine Bewegung von etwas Hellem. Diese Bewegung kam von links und dieser helle Schatten legte sich in den Gleiskörper. Ich erkannte dann, daß diese helle Gestalt ruhig quer zu meiner Fahrtrichtung auf den Schienen lag. Das Ganze geschah vielleicht fünf bis zehn Meter vor mir und ging recht rasch. Ich leitete sofort eine Schnellbremsung ein. Diese ist eher mit einem lauten zischenden Geräusch im Führerstand verbunden und dauert fünf bis zehn Sekunden. Noch während ich dieses Zischen hörte, hörte ich auch einen Anprall.« Die »helle Gestalt« ist Wolfgang Přiklopil. Er trägt ein weißes T-Shirt, eine hellbeige Hose mit hellbraunem Gürtel, graue Socken und Adidas-Sportschuhe. Polizeiermittler und Rechtsmediziner werden später zu dem Schluss kommen, dass er bäuchlings quer über den Schienen gelegen haben muss, mit dem Hals auf der in Fahrtrichtung rechten Schiene.

Der 140 Meter lange Zug erfasst ihn, reißt ihn mindestens 1,80 Meter mit, rollt während der Notbremsung bei einer Spurweite von 1,435 Metern, weiter über den 1,72 Meter langen Přiklopil hinweg. Sein Kopf wird bis auf eine kleine Hautbrücke im Nackenbereich fast vollständig abgetrennt. Vollständig durchtrennt wird die Halswirbelsäule zwischen dem 5. und 6. Halswirbel. Ebenfalls vollständig wird der Kehlkopf zertrümmert. Speise- und Luftröhre werden abgerissen. Der Schädel bricht, Gehirn tritt aus. Der Unterkiefer wird links durchtrennt, das rechte Handgelenk im Bereich der Elle zerrissen. Muskulatur und Knochen werden freigelegt. In der rechten Schulterregion, im Bereich des Jochbeins, an Händen, Unterarmen, Unter- und Oberschenkeln kommt es zu Schürfungen. Blut und Schmutz werden über Körper und Kleidung verteilt, auch sie wird teilweise zerrissen. Nach genau 102,10[128] Metern kommt der Zug zum Stillstand.

Wolfgang Přiklopil ist tot. Um 20.51 Uhr überrollt von Zug Nummer 23786 in Höhe des Signals R6 gegenüber der Eberlgasse, wo er etwa 50 Minuten zuvor Abschied von seinem besten Freund Ernst H. genommen hat. Und wo in diesen Minuten, nur um die 500 Meter entfernt, in einem Lokal Ludwig Koch mit seiner Frau und einigen Reportern darauf anstößt, dass seine Tochter lebt.

Der Zugführer, der sich im hinteren Bereich des Zuges bei den Passagieren befindet, eilt nach vorne in den Führerstand zu Erwin M. Seiner Erinnerung nach[129] erklärt der ihm den Grund für die Notbremsung so: Es habe »etwas Helles auf den Geleisen gelegen. Da sich dieses bewegt habe, wurde von M. eine Notbremsung eingeleitet. Durch die Verringerung der Fahrgeschwindigkeit habe der Triebwagenführer unmittelbar vor dem Überrollen sehen können, dass es sich um eine Person gehandelt habe.«

---

127 Niederschrift am 23. August 2006, Dauer: »22:50 bis ca. 23:10 Uhr«, Aktenzeichen V-6100b/1c/2747/2006
128 Die Messwerte stammen von der Polizei
129 Befragung am 18. Februar 2013 durch Mitglieder der letzten Evaluierungskommission

Um sich zu vergewissern, »ob wir nun tatsächlich eine Person überrollten«, läuft der Zugführer die einzelnen Waggons ab. Die Befürchtung wird zur Gewissheit: Unter dem Zug liegt »eine augenscheinlich tote Person mit beinahe abgetrenntem Kopf«. Erst Stunden später wird er aus den Medien erfahren, dass diese Person der meistgesuchte Mann der Republik gewesen ist.

Der Fall scheint klar zu sein: Ein Mensch hat sich in Freitodabsicht von einem Zug überfahren lassen und dabei den Tod gefunden. Doch es werden sich Zweifler melden und eine eigene Version in verklausulierten Sätzen und Andeutungen in die Öffentlichkeit lancieren. In Klartext übersetzt lautet ihre Theorie: Přiklopil wurde ermordet. Vermutlich von Ernst H. Denn der war ja sein Komplize und musste ihn sich als lästigen Mitwisser vom Hals schaffen. Doch wozu hätte sich Ernst H. noch einen Mord aufladen sollen, der ihm nicht den geringsten Vorteil verschafft hätte, weil die Hauptzeugin ihn ja hätte belasten können? Und wie hätte er die Gewalttat anstellen können? Die kriminalistische Laienschar wird sinnieren, dass er seinen Freund entweder schon bis zur Bewusstlosigkeit malträtiert oder bereits getötet hatte, bevor er ihn auf die Schienen legte. Trotz der späteren rechtsmedizinischen Erkenntnisse, die diese Überlegungen ins Reich der Fantasie verweisen. Und trotz der Aussage von Erwin M., die er am Abend des Geschehens noch um folgende Details ergänzte: »Außer der hellen Gestalt habe ich während der Strecke vom Bahnhof bis zur Unglücksstelle keinerlei Personen wahrgenommen. Für mich sah es so aus, als hätte sich diese hell gekleidete Person vor den Zug gelegt. Ich bemerkte die Gestalt erst, als sich die Person vor den Zug legte. Ich konnte nicht sehen, wie sich diese Person den Gleisen näherte, oder ob sie neben den Schienen hockte oder noch in aufrechter Position war. Den kurzen Moment, die ich dann die Person auf den Schienen liegen sah, konnte ich keine Bewegung des Körpers erkennen. Deshalb halte ich es für eine bewußte Handlung der hellen Gestalt.« Kein Wort also von einer bereits regungslosen Lage, in der gesamten polizeilichen Niederschrift nicht. Noch Jahre später[130] wird Erwin M. seine Angaben vor der letzten Evaluierungskommission wiederholen und dazu anmerken, was angesichts des Erlebten kaum verwundern, dass er »sich an den Vorfall noch genau erinnern (könne)«. Im Kern wird er noch einmal bestätigen: »Damals habe er gesehen, wie sich eine Person auf die Schienen gelegt habe. Weit und breit sei kein anderer Mensch zu sehen gewesen.«

An diesem Abend wird Erwin M. seiner Aussage noch einen Hinweis hinzufügen: »Ich war beim Fahren in keiner Weise abgelenkt oder behindert, und der Zug befand sich in einem technisch einwandfreien Zustand.« Zur Untermauerung, dass M.'s Wahrnehmungen nicht durch möglichen vorherigen Alkoholgenuss getrübt waren, wird der Beamte des Verkehrsunfallkommandos bei »einer Atemalkoholuntersuchung (…) den relevanten Messwert

---

[130] am 14. Februar 2013

von 0,00 mg/l« ermitteln. Er wird anhand des Geschwindigkeitsmessstreifens im Fahrtenschreiber feststellen, dass M.'s Angaben über die gefahrene Geschwindigkeit mit den Messungen übereinstimmen. Und er wird in seinem Bericht festhalten: »Beschädigungen des Zuges konnten vor Ort nicht erkannt werden.«

Erwin M. wartet nicht die Rückmeldung des Zugführers ab, der draußen nach der Person sucht, sondern verständigt von seinem Führerstand aus über Funk den Bahnhof Wien-Nord Praterstern und die Zugleitstelle. Um 20.59 Uhr alarmiert die ÖBB[131] die Polizei. Die Streifenwagen T/6[132], T/7, T/8, T/100 und der Rettungsdienst »Rotes Kreuz Landstraße[133]«, besetzt mit einem Arzt, rasen zum Ereignisort. Während die Streife »Theodor 8« den Ort sichert, stellt der Arzt, Dienstnummer 999, den Tod des unbekannten Mannes fest. Als Todeszeitpunkt hält er den Moment des Überrollens fest. Wegen der Lage der Leiche kann er die Oberbekleidung nur oberflächlich nach Ausweispapieren durchsuchen. In der rechten vorderen Tasche der Hose findet er einen einzelnen Schlüssel mit BMW-Emblem und zwei auf einen Ring gezogene Schlüssel, von denen einer offenbar ebenfalls ein Fahrzeugschlüssel ist. Es bleibt vorerst ungeklärt, wer dieser Mann ist.

ca. 21.20

Während Wolfgang Přiklopil tot unter dem Zug liegt, sitzt Soko-Chefinspektor Frühstück in den Räumen der Kriminaldirektion 1 an der Wiener Berggasse vor einem Computer. Er ruft das CONVERA-Programm auf und gibt als Suchbegriff den Namen »Přiklopil« ein. Was ihm nun vor Augen steht, ist wie Sprengstoff mit brennender Lunte. Frühstück: »Da war was gespeichert. Dann hatte ich innerhalb von Sekunden ein Konvolut. Ein Mal zu Přiklopil und dann noch ein zweites Mal zu Přiklopil.« Treffer eins: die schriftlichen polizeiinternen Hinweise auf Přiklopils weißen Kastenwagen und der Bericht über seine Überprüfung am 6. April 1998 durch zwei Beamte des Sicherheitsbüros. Treffer zwei: der Bericht des SB-Mannes F. zum telefonischen Hinweis von Hundeführer Christian Pabi acht Tage später, am 14. April 1998.

Frühstück lässt alles ausdrucken und informiert seinen Chef, Generalmajor Nikolaus Koch, Wiens kommissarischen Landespolizeikommandanten Karl Mahrer und BK-Chef Herwig Haidinger. Der erinnert sich im Gespräch mit uns noch gut an die Situation: »Noch an diesem Abend war unseren Führungskräften klar, dass da ein riesiger Potschn[134] passiert war. Und was das für eine Bedeutung hatte. Denn sie haben gesagt: ›Um Gottes willen!‹ Daraufhin habe ich alle in mein Büro zitiert, für den nächsten Morgen um 7.00 Uhr.«

---

131 Österreichische Bundesbahn
132 Theodor 6
133 »Landstraße« ist der Name des 3. Wiener Gemeindebezirks
134 Hausschuhe; umgangssprachlich auch für »Fehler«

Es wird einen großen Knall geben, das ist sicher, eine Implosion, die nur nach innen wirkt und nicht nach außen dringen darf. Sie wird die aufschrecken, die Verantwortung für die Ermittlungen im Fall Kampusch tragen. Das sind die Beamten des früheren Sicherheitsbüros und der »Soko Burgenland«.

21.30 Uhr

Das Verkehrsunfallkommando (VUK) 90 trifft an der S-Bahn ein. Sie ist, nachdem sie zum Stillstand gekommen ist, keinen Millimeter mehr bewegt worden. Nach einer internen Dienstanweisung[135] ist das VUK zuständig, »Verkehrsunfälle beim Betrieb von Eisenbahnen etc. (aber auch U-Bahnen)« aufzunehmen. Die Beamten machen sich an die Arbeit. Sie befragen Triebwagenführer Erwin M. und den Zugführer, verschaffen sich so einen ersten Überblick über das Geschehene. Ihre Messergebnisse, die Länge des Zuges, dessen aktuelle Position und die Lage der Leiche, halten sie in einer maßstabsgerechten Skizze fest und legen eine Lichtbildmappe mit Fotos vom Ereignisort und der Leiche an. Dabei stehen sie zeitlich unter Druck. Denn dieselbe Dienstanweisung verpflichtet sie, »jede nicht unbedingt notwendige Störung oder Verzögerung des Betriebes eines öffentlichen Verkehrsmittels durch die polizeiliche Amtshandlung zu vermeiden«. Es sei denn, es liegen Verdachtsmomente für ein Fremdverschulden oder eine unklare Ursache für den Eintritt des Todes vor. Dann würde aus dem Ereignisort ein Unglücks-, Auffinde- oder Tatort werden. In allen drei Fällen müssten ihn Fachleute, zum Beispiel Spurensicherer der Kriminalpolizei, akribisch untersuchen. Ein solches Vorgehen kommt hier nicht infrage. Denn es bestehen keine Zweifel, dass Wolfgang Přiklopil sich das Leben genommen hat. Und abgesehen davon, dass ein Toter für eine seinem Tod vorangegangene Handlung nicht mehr zur Rechenschaft gezogen werden kann, ist auch unter juristischem Aspekt eine Selbsttötung keine Straftat, auch der Versuch nicht. Das bedeutet für die VUK-Beamten: Die Leiche muss aus dem Gleisbett geborgen und abtransportiert werden. Dazu muss die S-Bahn, unter der die Leiche liegt, wegbewegt werden.

Für Erwin M. kommt ein Ersatzlokführer, der für ihn diese weitere seelisch belastende Aufgabe übernimmt und den Zug bis zum Bahnhof Floridsdorf fährt. Dort wird die Bahn aus dem Verkehr gezogen.

21.45 Uhr

Für Natascha Kampusch endet der Trubel dieses Tages. Eine Kripo-Beamtin begleitet sie in ein polizeilich abgesichertes Hotel in Eisenstadt, wo beide übernachten werden. Denn noch wird

---

135 Bundespolizeidirektion Wien vom 05. Januar 2010 (gleichlautend wie im Jahr 2006)

nach Wolfgang Přiklopil gefahndet. Dass er die Bahnleiche auf der Wiener Nordstrecke ist, über die sich schon mehrere Polizisten gebeugt haben, ahnt in diesen Minuten noch niemand.

21.50 Uhr

Die Revierinspektoren Werner K. und Erwin W. gehören der Sondereinheit EGS an, die im Donauzentrum nach Wolfgang Přiklopil gefahndet und am Nachmittag in der Tiefgarage seinen BMW gefunden hat. Von dort sind sie abgezogen und zum Stillfriedplatz geschickt worden, haben den Hinweis der beiden aufgeregten Frauen auf H.s Veranstaltungshalle erhalten und sind von der Einsatzleitung der Polizei daraufhin zur Perfektastraße beordert worden.

EGS-Leiterin für Wien ist die damals 33-jährige Chefinspektorin Margit Wi. Auf ihre Initiative ging die Gründung dieser Einheit im September 2003 zurück, die sich wegen ihrer Erfolge in der Bekämpfung der Straßenkriminalität, dazu zählen Drogen-, Eigentums- und Gewaltdelikte, schon nach kurzer Zeit fest etablieren konnte und österreichweit ausgebaut wurde. Die gebürtige Steirerin ist eine erfahrene Kriminalbeamtin, die 1993 bei der Polizei begann, in der Suchtgiftabteilung des Sicherheitsbüros, vor allem aber in verschiedenen Observationseinheiten arbeitete. Wir haben die schlanke, lässig gekleidete Frau 2010 als Zeugin im Gerichtssaal erlebt. Dort schilderte sie präzise die Vorgänge dieses Abends. Man kann es Pech für Ernst H. nennen, dass er ausgerechnet an sie geriet, eine fachlich kompetente Beamtin mit Biss, die sich weder von ihm noch von seiner Schwester beirren ließ und dafür erst späte Genugtuung erfahren sollte.

Chefinspektorin Margit Wi. ist mit weiteren EGS-Kräften nachgezogen, die sich nun, weiter abgesetzt, rund um die Halle verteilen. Auch Ermittler der »Soko Burgenland« sind dorthin unterwegs. Die einzigen Beamten, die sie zur verdeckten Beobachtung des Halleneingangs vorschickt, sind K. und W. Als sie sich in ihrem zivilen Fahrzeug vorsichtig dem Objekt nähern, sehen sie, dass H.s Kia Carnival davor parkt. Sie melden ihre Beobachtung über Funk an Chefinspektorin Margit Wi., bei der inzwischen Schwester und Ehefrau von Ernst H. eingetroffen sind. Eine der Frauen fertigt eine Skizze vom Inneren der Halle an. Die ist derart verwinkelt und damit unübersichtlich, dass die Chefinspektorin den Alarmzug der auf schwierige Festnahmen geeichten Spezialeinheit WEGA[136] anfordert. In diesem Moment ist alles denkbar, auch dass Přiklopil sich in der Halle mit seiner Geisel Ernst H. verschanzt haben könnte, ausgerüstet mit Schusswaffe und Sprengstoff. Zumindest muss sich die Polizei aufgrund der Angaben von Natascha Kampusch auf ein solches Szenario einstellen, hat er ihr doch in all den Jahren jeden ernsthaften Fluchtgedanken mit hemmungslosen Gewaltandrohungen ausgetrieben.

---

136 Sondereinheit »Wiener Einsatzgruppe Alarmabteilung«, vergleichbar mit einem deutschen SEK (Spezialeinsatzkommando)

22.05 Uhr

Der Alarmzug der WEGA ist noch auf dem Weg zur Perfektastraße, als die Tür der Veranstaltungshalle geöffnet wird. Ein Mann tritt hinaus in die Dunkelheit, geht zum Kia-Van, öffnet die Beifahrertür, holt einen größeren Gegenstand heraus, trägt ihn mit beiden Händen in die Halle und schließt hinter sich wieder die Tür.

Die Beamten der »Soko Burgenland« haben inzwischen Erkenntnisse über Ernst H. eingeholt. Sie wissen jetzt auch, wie er aussieht, und können daher bestätigen, dass die Beschreibung der EGS-Observanten auf Ernst H. passt.

K. und W. werden über Funk angewiesen, »den Mann bei nochmaligem Verlassen der Halle anzuhalten und zur Einsatzleitung zu verbringen«. Dabei soll er als Zeuge behandelt werden, so wollen es die beiden Sachbearbeiter der »Soko Burgenland«. Ein Zugriff im Sinne einer klassischen Festnahme scheidet damit aus.

Die beiden Fahnder legen sich wieder auf die Lauer.

22.30 Uhr

Die S-Bahn ist weggefahren worden. Jeglicher Schienenverkehr auf Gleis 1 ist nach wie vor eingestellt. Ein Beamter des VUK durchsucht die nun freiliegende Leiche des unbekannten Mannes noch einmal gründlich. Anwesend ist auch die Besatzung des Streifenwagens »Theodor 7«. Außer den Schlüsseln hat der Tote weder Dokumente noch sonstige Habseligkeiten bei sich, sie liegen auch nicht verstreut in der Nähe. Er trägt keinen Schmuck, keine Halskette, keine Armbanduhr. Alles liegt, ordentlich abgelegt, auf dem Wohnzimmertisch seines Hauses in Strasshof. Das wissen zu diesem Zeitpunkt nur die Kollegen, die dort eingesetzt sind, einen Zusammenhang mit der Bahnleiche kann bislang niemand herstellen. Der VUK-Beamte fertigt eine Beschreibung des Toten an und sucht nach körperlichen Merkmalen, die seine Identifizierung erleichtern könnten. Dabei fällt der Besatzung von »Theodor 7« auf, dass der Tote einer Person ähnelt, nach der aktuell gefahndet wird. Der Beamte des VUK schaltet die Verkehrsleitzentrale ein. Die verständigt die Kriminaldirektion 1. Um 22.30 Uhr wird der Verdacht, dass es sich bei der Leiche um Wolfgang Přiklopil handeln könnte, der »Soko Burgenland« gemeldet. Ob er sich erhärten lässt, soll eine »Sperrprobe« ergeben: Im positiven Fall müsste der Schlüssel mit dem BMW-Emblem aus der Hosentasche des Toten ins Schloss von Přiklopils BMW passen, der im Parkhaus des Donauzentrums noch immer observiert wird. Die Besatzung des Streifenwagens »Theodor 8« bringt die insgesamt drei Schlüssel zur KD 1, die die weiteren Ermittlungen übernimmt.

Feuerwehrleute vom »RLF Brigittenau[137]« bergen den Toten und legen ihn in einem Leichensack bei der Zufahrt Nordbahnstraße gegenüber der Straße Am Tabor ab. Anschließend wird das Gleis 1 nach Rücksprache mit der Einsatzleitung der ÖBB wieder freigegeben.

22.35 Uhr

Die WEGA-Kräfte sind gerade an der Perfektastraße eingetroffen, als Ernst H. seine Veranstaltungshalle verlässt und die Tür zusperrt. Dass er dabei von den EGS-Fahndern K. und W. beobachtet wird, bekommt er nicht mit. Die beiden Revierinspektoren machen ihrer Chefin Margit Wi. über Funk Meldung. Als Ernst H. zu seinem Auto geht, spricht K. ihn an. »Ingenieur H.?« Der bejaht. K. weist sich als Polizeibeamter aus und fordert ihn auf, mitzukommen. Das tut Ernst H. Kommentarlos. Im Drei-Meter-Abstand folgt ihnen W. Auf dem Weg zu ihrer Chefin fragt K. Ernst H. nach einem Ausweisdokument und bekommt dessen Führerschein in die Hand gedrückt. Beide Beamte erwähnen mit keinem Wort die Entführung Natascha Kampuschs und die Fahndung nach Wolfgang Přiklopil. Und auch Ernst H. fragt nichts und sagt nichts. Chefinspektorin Margit Wi. wird in einer späteren Vernehmung erklären, »ihre Kräfte seien darauf geschult, mit Personen, die einer Amtshandlung unterzogen werden, keinesfalls über den Inhalt der geführten Amtshandlung zu sprechen«.

Als ihr die Beamten Ernst H. übergeben, fällt ihr sofort auf, dass er »einen äußerst nervösen Eindruck gemacht und ein extrem blasses, glänzendes Gesicht aufgewiesen habe«. Die Chefinspektorin stellt sich mit Namen und Dienstgrad vor und fragt ihn, ob noch jemand in der Halle sei. Ernst H., so Margit Wi., »habe die Augen aufgerissen und sinngemäß geäußert, dass er alleine gewesen sei. Er habe sich sichtlich in einem Ausnahmezustand befunden. Aus diesem Grunde habe sie seine Hand ergriffen, die eiskalt und verschwitzt gewesen sei, was den Eindruck seiner Hypernervosität bestätigt habe.« In einer Vernehmung am 13. November 2009 wird Ernst H. diesen Eindruck bestätigen, allerdings mit einer Begründung, die den Vorlauf für seine Erregung ausklammert: »Er sei durch das Auftauchen von zwei Männern derart erschrocken gewesen, dass er so reagiert habe. Seither gehe er am späten Abend nur mehr mit einer kugelsicheren Weste aus der Veranstaltungshalle zu seinem Fahrzeug.«

Chefinspektorin Wi. will nun wissen, »ob er die Halle zugesperrt habe«. Doch eine klare Antwort bleibt aus. Ernst H. habe »unverständlich herumgestammelt« und »sein Zustand habe sich noch verschlechtert«. Daraufhin fordert sie ihn auf, »ihr die Schlüssel zur Halle zu übergeben«. H. habe sich »aufgebracht gezeigt und laut geäußert ›was wollt ihr denn alle von mir, ich weiß ja nicht einmal, worum es geht‹«.

---

137 RLF steht für »Rüstlöschfahrzeug«; es ist das Standardfahrzeug der Feuerwehr, das sowohl für den technischen als auch für den Brandeinsatz ausgerüstet ist. Brigittenau ist der 20. Wiener Bezirk.

Das ist glatt gelogen, Juristen würden milder von einer »Schutzbehauptung« sprechen. Sie ist der Auftakt zu einer Reihe von Fehlern, mit denen sich Ernst H. selbst belastet und eine Kettenreaktion von Verdächtigungen auslöst, von denen er sich bis heute nicht nachhaltig befreien konnte. Wie einfach wäre es gewesen, in diesem Moment zu sagen: »Ich erzähle Ihnen alles, was Sie wissen wollen« – und dieses dann auch zu tun. Danach wäre, voraussichtlich, Ruhe gewesen. Für immer. Aber Angst und Zaudern sind meistens schlechte Ratgeber. Und damit sitzt Ernst H. dick in der Tinte.

Margit Wi. wiederholt, er solle die Schlüssel herausgeben und ihr »nun endlich (sagen), welcher Schlüssel am Schlüsselbund für welches Tor sperrt bzw. (sagen), wie viel weitere Türen in der Halle abgesperrt sind«. Um ihm zu verdeutlichen, wie ernst es ihr ist, schiebt sie nach, »dass es sich um die wichtigste Amtshandlung in Österreich handele und er gefälligst kooperieren soll, um nicht unnötige Zeit zu vergeuden«. Doch Ernst H. hat sich schon längst in seinem inneren Irrgarten verlaufen und verhält sich, wie die Chefinspektorin es beschreiben wird, »präpotent«[138]. Sie droht ihm daher an, »dass er noch als Zeuge behandelt werde, sich dieser Umstand in der Sekunde aber ändern könne und sie ihn festnehmen werde«. Die Drohung zeigt Wirkung, und er tappt in eine Falle, die sie ihm gar nicht gestellt hat. Wie Wi. beobachtet, »sei Ing. H. sichtbar zusammengezuckt und habe völlig erschrocken geäußert ›wieso, hat er's umbrocht?‹ Auf ihr ›wie bitte?‹ habe er abermals erschrocken und mit sichtbar aufgerissenen Augen wiederum gesagt: ›Hot er's umbrocht?‹« Damit hat er sich als Mitwisser, wenn nicht der Entführung, so doch zumindest der Ereignisse dieses Tages entlarvt. Denn ins Hochdeutsche übersetzt, heißt sein zweimaliges Nachfragen: Hat er es (das Mädchen Natascha Kampusch) umgebracht? In anderen amtlichen Dokumenten werden die Fragen mit »Wieso, hot *er si* umbrocht?« und (auf nochmalige Nachfrage) »Hot *er si* umbrocht?« wiedergegeben. In dieser Version erlaubt »si« weitere Deutungen, da das Wort ins Hochdeutsche übertragen »sie« (Natascha Kampusch) *oder* »sich« (Wolfgang Přiklopil) bedeuten kann. Da Ernst H. von seinem Freund Přiklopil wusste, dass Natascha Kampusch geflohen war, konnte er sie nicht umgebracht haben. Aber er konnte »sich« selbst umgebracht haben. Wenn Přiklopil schon die Entführung Natascha Kampuschs gestanden hat, warum hätte er dann nicht auch ihre Tötung beichten sollen? Sinn ergab nur die Frage: Hat er (Přiklopil) sich umgebracht? Damit musste Ernst H. nach der Lebensbeichte seines Freundes rechnen.

Chefinspektorin Wi. fasst noch einmal nach: »Wie bitte, wen hat er umgebracht?« Ernst H. scheint wie vom Schlag getroffen zu sein. »Er schaute mich nur entsetzt an«, wird Wi. seine Reaktion in ihrem Bericht beschreiben. Vielleicht ist ihm in diesem Moment klar geworden, dass er sich mit seiner Fragerei tief in den Schlamassel hineingeritten hat. An dieser Stel-

---

138 österreichisch für: überheblich, frech, anmaßend

le kommt nun seine Schwester, Margit W., ins Spiel. Aus Sorge um ihn ist sie gemeinsam mit ihrer Schwägerin den Beamten zur Veranstaltungshalle gefolgt. Als sie ihren Bruder entdeckt, löst sie sich aus der Gruppe, und noch bevor er antworten kann, unterbricht sie »durch irgendeine Frage das Gespräch«, so Chefinspektorin Wi., und lenkt »die Aufmerksamkeit auf sich«. Vor Gericht wird sie über diesen Moment noch hinzufügen: »Die Frau und die Schwester von Herrn H. haben versucht, mich abzulenken. Seine Schwester sagte: ›Mischen Sie sich nicht ein!‹ Ihr Bruder: ›Na, na, ist schon in Ordnung.‹ Er hat angeblich nicht gewusst, dass es um Natascha Kampusch geht.« Margit W. wird später aussagen, sie habe die Frage ihres Bruders an die Beamtin nicht gehört. Sie habe »ihm erzählt, was sie durch ihre Mutter und die Polizei erfahren habe. Ihr Bruder sei komplett fertig gewesen und habe tagelang gebraucht, um zu realisieren, was passiert sei.«

Die Cheffahnderin Wi. wendet sich an einen Kollegen der »Soko Burgenland« und beschreibt ihm H.s »Zustand und die (für sie) sehr verwunderlichen Äußerungen«, die »bei ihr den Verdacht erweckt hätten, dass er mit diesem Fall in Verbindung stehen könnte«. Sie habe »angemerkt«, dass er »festgenommen gehöre, weil seine Äußerungen und sein ganzes Verhalten alles andere als auf einen Zeugen hinwiesen«. Doch der Soko-Mann will davon nichts wissen, Ernst H. solle seinen Zeugen-Status behalten, »bekräftigt« er noch einmal. Chefinspektorin Margit Wi. gibt sich damit nicht zufrieden. Sie versucht nun, den zweiten Soko-Kollegen von der Festnahme zu überzeugen. Aber auch der bleibt hart und lehnt die dringlich empfohlene Maßnahme ab. Dass die beiden Ermittler sich so beharrlich einer Festnahme H.s widersetzen, hat damit zu tun, dass »nach ihrem damaligen Kenntnisstand das Opfer Natascha Kampusch bei den Befragungen nach ihrer Flucht glaubhaft Wolfgang Priklopil als Einzeltäter bezeichnete«. Vielleicht, das mag eine weitere Erklärung sein, erhoffen sie sich auch, dass der Zeuge Ernst H. sein Wissen umfassend preisgibt. Im Gegensatz zum Beschuldigten, der das Recht hätte, zu schweigen. Oder zu lügen, dass sich die Balken biegen, ohne dass ihm daraus ein strafrechtlicher Vorwurf erwachsen könnte. Woher sollen sie auch wissen, dass sie es bei Ernst H. mit einem zähen Brocken zu tun haben, der auch als Zeuge ohne erkennbare Not in eine Märchenwelt entschwebt.

Chefinspektorin Margit Wi. will nicht einfach klein beigeben. »Frustriert ob dieser unverständlichen Antworten«, so wird sie in ihrer Vernehmung aussagen, »habe sie kurzfristig überlegt, selbst die Festnahme gegen Ing. H. auszusprechen. Sie habe sich jedoch dann darauf besonnen, dass ihre Einheit nur unterstützend tätig und sie über die Causa Kampusch nicht im Detail informiert gewesen sei. Sie habe nun Angst gehabt, dass sie durch ihr eigenständiges Handeln eine Taktik der Einsatzleitung zerstören und größeren Schaden anrichten könne.« Daraufhin übergibt sie Ernst H. den Kollegen aus dem Burgenland. Doch sie gibt sich immer noch nicht geschlagen. Sie informiert ihren Vorgesetzten, den Einsatzleiter für die Fahndung vor Ort, Major Wolfgang Preiszler, über die vermeintliche Fehleinschätzung der Burgenländer. Sie kennt Wolfgang Preiszler gut: Gemeinsam mit ihm hat sie die EGS aufgebaut, und er ist inzwischen zum stellvertretenden Leiter des Wiener Landeskriminalamts aufgestiegen. Nun spricht Major Preiszler mit den Soko-Kollegen – und beißt ebenfalls auf Granit. Ernst H. bleibt Zeuge. Und wird nicht festgenommen.

Das war ein Fehler. So ist es mittlerweile auch amtlich besiegelt. Hätte sich Chefinspektorin Margit Wi. durchsetzen können, hätte sie Ernst H. mit seiner Festnahme vor sich selbst schützen können. Denn in einer Polizeizelle wäre ihm, dem schnell Verschreckten mit der Neigung, sich vor Problemen wegzuducken, ebenso schnell klar geworden, dass er polizeilichen Nachstellungen dauerhaft nur entgehen kann, wenn er für absolute Transparenz sorgt. Also die Wahrheit sagt. Falls er selbst nicht zu dieser Einsicht gekommen wäre, hätte ihm spätestens ein Anwalt auf die Sprünge geholfen. Ernst H. aber flüchtet sich panikartig, so muss man es wohl verstehen, in die Lüge. Und in dieser trügerischen Gewissheit, weiteren Ermittlungen zu entkommen, wird er von niemandem gebremst. Nicht ahnend, dass ihm eine jahrelange Leidensstrecke bevorsteht, von der er bis heute nicht weiß, ob sie tatsächlich überstanden ist. Denn Gerüchte und Verschwörungstheorien haben kein Verfallsdatum.

In den Sog der Zwielichtigkeit hat er ungewollt auch Natascha Kampusch mitgerissen. Ein gefundenes Fressen für Tausende ziviler Alpenhilfssheriffs, die ihre grellen Ideen in Blogs diskutieren, Arbeitshypothese: Ein Unschuldiger lügt. Warum? Weil er eben doch nicht unschuldig ist. An Přiklopils Tat beteiligt war. Zumindest davon wusste. Und Natascha Kampusch sagt auch nicht die Wahrheit, wenn sie von einem Einzeltäter spricht. Da stimmt doch was nicht. Schuld an diesen Zweifeln ist Ernst H. selbst.

Auch Major Wolfgang Preiszler traut ihm nicht über den Weg. Der Zufall will es, dass er »nach der Amtshandlung« Ohrenzeuge eines Gesprächs zwischen Ernst H. und seiner Schwester wird, über das er anderntags seinen Kollegen Horst Teuschl, stellvertretender LKA-Chef im Burgenland, in einer E-Mail informiert. Ernst H., schreibt Wolfgang Preiszler, habe gesagt, »... der Wolfgang war schon geschickt ... er hat super betonieren können, er hat auch in der Garage betoniert.‹ Mag. W. habe hierauf geantwortet › ... denk nach ... vielleicht hat das etwas mit der Sache zu tun.«« Der Vize-LKA-Chef Wiens hält fest, »dass sich die Unterhaltung für ihn so angehört habe, als ob Ing. H. das Versteck bereits gekannt habe und habe vorbauen wollen«.

Man kann den Dialog zwischen Bruder und Schwester auch anders interpretieren. Allerdings erst mit dem Abstand von Jahren und den in der Zeit gewonnenen Erkenntnissen. Ernst H. hat in der Rückschau betrachtet seiner Schwester nichts anderes erzählt als uns zweieinhalb Jahre später, als er Přiklopils handwerkliche Fertigkeiten beim Bau des Verlieses beschrieb. Und dabei nicht ausklammerte, dass er ihm unwissentlich sogar Tipps für die Schallisolierung gegeben hatte. Dass ihn seine Schwester aufforderte, nachzudenken, inwieweit das, was er ihr in dieser Drucksituation über seinen Freund berichtete, von Bedeutung für den Entführungsfall sein könnte, ergibt ebenfalls aus heutiger Sicht Sinn. Besonders ihr muss zugutegehalten werden, dass sie nur bruchstückhafte Informationen besaß und sich einen Reim zu machen versuchte, ob und inwieweit ihr Bruder in das Verbrechen verwickelt war.

Die Summe aller Auffälligkeiten machte Ernst H. von Anfang an zu einem Zeugen mit dunklen Flecken auf der Weste.

Er ist nun in der Obhut der »Soko Burgenland«. Und gleichzeitig seinen Van los. Denn Chefinspektorin Margit Wi.s EGS-Team beschlagnahmt diesen. Erwirkt hat Staatsanwalt Hans-Peter Kronawetter den Beschluss beim Journalrichter[139], da der Wagen kriminaltechnisch untersucht werden soll, »auch nach Spuren der Natascha Kampusch«. Blauäugig ist also niemand.

Der Befund wird Ernst H. entlasten, ein wenig zumindest: »Im Fahrzeuginnenraum wurden zahlreiche Gegenstände aufgefunden und fotografiert sowie daktyloskopische und biologische Spuren und Haar- und Textilfaserspuren gesichert. (...) (Es) wurde ein DNA-Profil von der Nackenstütze des Beifahrersitzes Wolfgang Přiklopil zugeordnet. Natascha Kampusch hingegen schied bei allen Profilen als Spurenlegerin aus. Die anderen acht DNA-Profile konnten Ernst H. zugeordnet werden.« Über den »Mama«-Zettel, der zwischen anderen Zetteln im Kia-Van liegt, stolperten die Spurensicherer nicht, wie auch? Ohne expliziten Hinweis konnte er für sie keine Bedeutung haben. Daher untersuchten sie ihn auch nicht. Zwei Tage nach der Beschlagnahme, am 25. August, wird Margit W. das Fahrzeug für ihren Bruder wieder in Empfang nehmen können. Mitsamt dem Zettel.

Die Kräfte der WEGA durchsuchen jetzt die Veranstaltungshalle nach Personen, nicht nach möglichen Beweismitteln. Dort hält sich, wie Ernst H. vorher erklärt hat, niemand auf. Da eine Tatortgruppe nicht »greifbar« ist, wird die Halle versiegelt.

Für die toughe EGS-Chefin und ihre Fahnder ist damit der Einsatz beendet. Sie wird das Gerangel um Ernst H. in einem Ablaufprotokoll festhalten und an die Beamten der »Soko Burgenland« schicken. Eine Reaktion darauf wird sie nicht erhalten.

23.15 Uhr

Die »Sperrprobe« in der Parkgarage des Donauzentrums ist positiv verlaufen. Die Wahrscheinlichkeit, dass der Tote, der nun im Leichensack auf einem Sandweg neben den Bahnschienen liegt, Wolfgang Přiklopil ist, ist damit erheblich gestiegen. Auf Antrag von Staatsanwalt Hans-Peter Kronawetter ordnet der Richter beim Wiener Landesgericht für Strafsachen »die Beschlagnahme der Leiche und die Obduktion durch die Gerichtsmedizin Wien« an.

---

139 richterlicher Bereitschaftsdienst

Es findet nun eine »polizeiliche Kommissionierung« der Leiche statt. Sie ist vorgeschrieben unter anderem »bei Verdacht auf Fremdverschulden« oder »Suizid (...) bei Personen, die an einem öffentlichen Ort verstorben sind ...« Die Leitung obliegt, so sieht es die Bestimmung vor, einem Polizeijuristen, in diesem Fall einer Oberrätin aus dem »rechtskundigen Dienst« der Landespolizeidirektion Wien. Ihr unterstellt sind für diesen Einsatz Beamte der Kriminaldirektionen 1 und 3 aus den Referaten »Gewaltdelikte« und »Erkennungsdienst und Kriminaltechnik«.

0.00 Uhr
Die Tatortgruppe 4 der KD 3 erreicht den Einsatzort.

DONNERSTAG, 24. AUGUST 2006

0.10 Uhr
Die LKA-Beamten haben mit der »polizeilichen Kommissionierung« noch nicht begonnen. Sie warten auf den Gerichtsmediziner, der nun am Vorfallsort eintrifft. Es ist Prof. Dr. Daniele U. Risser, Facharzt für Gerichtliche Medizin und allgemein beeideter und gerichtlich zertifizierter Sachverständiger des Departments für Gerichtliche Medizin der Medizinischen Universität Wien.

0.30 Uhr
Die »polizeiliche Kommissionierung« beginnt. Tatortgruppe, Ermittler und Gerichtsmediziner Risser inspizieren den Vorfallsort. »Bei einem Lokalaugenschein (...) fanden sich an den Gleisen und am Bahnkörper Haare und Gewebeantragungen«, wird Risser später in seinem Gutachten berichten. Diese »Antragungen« markieren die Stelle, die sich nach Messung des VUK-Beamten 1,80 Meter vor der Endlage Přiklopils befunden hat. Mindestens über diese Distanz ist er vom Zug mitgeschleift worden.

Neben dem Gleiskörper liegt der Kunststofftransportsack mit dem toten Přiklopil. Prof. Risser nimmt, wie es im Fachjargon heißt, eine »äußere Besichtigung der Leiche« vor. Stellt fest, dass der »Kopf nahezu vollständig abgetrennt« ist. Die Bekleidung »insbesondere im Bereich des Leibchens und der Hose ausgedehnte blutige Verunreinigungen und grau-schwarze Verschmutzungen sowie zum Teil ausgedehnte Zerreißungen« aufweist. Sich »ausgedehnte Blutverunreinigungen«, »grau-schwarze Schmutzanhaftungen«, »ausgedehnte Verletzungen«, »streifenförmige Schürfungen« und »Hautzerreißungen« über Kopf und Körper verteilen. Von dem Ergebnis dieser ersten Inaugenscheinnahme durch den gerichtsmedizinischen Experten Risser hängen die weiteren polizeilichen Ermittlungen ab. Entdeckte er Anhaltspunkte für ein Fremdverschulden, bekäme der Entführungsfall eine neue Dimension. Doch dazu wird es nicht kommen. Für Risser sind keine Anzeichen erkennbar, die gegen die Annahme einer Selbsttötung sprechen – vorbehaltlich des Befundes der Obduktion, die am Morgen erfolgen soll.

0.35 Uhr
Die Soko-Beamten haben ihre »Auskunftsperson«, wie sie Ernst H. nun offiziell betiteln, in die Kriminaldirektion 1 mitgenommen. Dass sein Freund tot ist, weil es immer wahrscheinlicher geworden ist, dass es sich bei der Bahnleiche um Přiklopil handelt, sagen sie ihm nicht.

In dem alten Gemäuer des ehemaligen Sicherheitsbüros beginnt seine erste Einvernahme, die bis 4.40 Uhr dauern wird. Das sind quälende vier Stunden und fünf Minuten voller trüber Seifenblasen, die aufsteigen, zerplatzen und sofort von unten wieder Nachschub bekommen. Wie aus einem Automaten. Erzählungen ohne Raffinesse. Ohne Verschlagenheit. Ohne Schlitzohrigkeit. Einfach nur einfältig. Zwar räumt Ernst H. die Begegnung mit einem jungen Mädchen an der Seite Přiklopils vor seiner Veranstaltungshalle ein. Auch, dass seine Ehefrau für dessen angebliche Nachbarin eine Torte in Form einer »18« backte. Und auch bei seinem dramatischen Einstieg in die Geschehnisse des Vortags hangelt er sich noch an der Wahrheit entlang: Um 14.17 Uhr habe Přiklopil »mit einem fremden Handy, das er sich seinen Erzählungen zufolge im Donauzentrum ausgeliehen habe, (...) angerufen (...). Wenig später habe er Přiklopil bei der alten Post in sein Fahrzeug Kia Carneval[140] steigen lassen. Přiklopil habe gezittert und ihn angewiesen, ihn sofort von hier wegzubringen. Über dessen Aufforderung habe er sein Handy ausschalten müssen, weil der Polizei bekannt sei, dass er sein Arbeitgeber sei.« Bis hierhin kann man Ernst H. noch folgen. Aber was er den Ermittlern dann auftischt, ist genauso überzeugend, als würde er sich als Autor der Bibel ausgeben. Přiklopil habe ihm gestanden, so H., »dass er alkoholisiert zu schnell gefahren, der Polizei davon gefahren sei, mehrere schwerwiegende Übertretungen begangen und möglicherweise einen Unfall verursacht habe«. Das soll derselbe Mann gesagt haben, der gerade am Tiefpunkt seines Lebens angelangt ist und von der Polizei wegen Kindesentführung durch die ganze Stadt gejagt wird? Zudem muss Ernst H. sich darauf einstellen, dass Natascha Kampusch ihn über kurz oder lang als Lügner entlarven wird. Das wird sie auch tun, aber sie wird zu H.s widersprüchlichen Aussagen, die sich über mehr als drei Jahre hinziehen, erst am 13. November 2009 befragt werden. Und klipp und klar erklären: »Přiklopil sei bei ihrer Flucht sicher nicht alkoholisiert gewesen, er habe Alkohol abgelehnt, weil sein Vater Alkoholiker gewesen sei.«

Doch Ernst H. wird noch nachlegen. In dieser Nacht. Und in den folgenden Tagen. So habe Přiklopil ihm gesagt, »er sei während der Flucht mit dem Retourgang schneller durch einen Mac Donalds gefahren, als die Polizei mit dem Vorwärtsgang. Weiters erwähnte er, dass während seiner Fahrt Polizisten zur Seite springen mussten. Er beteuerte aber immer wieder, dies ausschließlich aus Angst um seinen Führerschein gemacht zu haben.« Přiklopil habe sich in einer seiner leer stehenden Wohnungen verstecken wollen, es sei aber keine frei gewesen. Obwohl ihm dessen Verhalten »übertrieben erschienen sei, habe er ihm geglaubt, weil Přiklopil ohne Führerschein vermutlich nicht existieren könne«. Und noch einmal raspelt Ernst H. Seife in seine Märchenlauge. »Meist hätten sie sich über das Geschäft unterhalten.« Vier Stunden lang. Von 16 bis 20 Uhr. Plaudereien wie am Kamin. Was ist das für eine Geschichte? Und wer soll sie ihm glauben?

---

140 richtig: Carnival

Soko-Mann Johann Frühstück hat sie ihm nie geglaubt. Auch dessen Kollegen nicht. Schon im November 2006, als Ernst H. noch weit davon entfernt war, sein Sommermärchen zu korrigieren, sagte Frühstück uns: »Da hat er uns belogen. Přiklopil wird eine Lebensbeichte abgelegt haben, in der Verfassung, in der er war.«

Bei H.s nächtlicher Einvernahme halten ihm die Burgenländer Beamten vor, »er habe am Abend zuvor, als er aus der Halle gekommen sei, von einer Kollegin gesagt bekommen, dass es um den Fall ›Kampusch‹ gehe und habe dann geantwortet ›Hat er sie umgebracht‹«. Gemeint ist EGS-Chefinspektorin Margit Wi. Aber weder sie noch ihre Mitarbeiter haben in Gegenwart von Ernst H. den Namen »Kampusch« fallen lassen. Ein Fehler der Vernehmer, den Ernst H. für sich nutzt. Er gibt an, »er habe aufgrund der Anzahl der Beamten angenommen, dass es um Wolfgang ging. Als die Beamtin den Namen Kampusch erwähnt habe, habe er gedacht, Wolfgang habe sie umgebracht. Er habe dabei aber nicht an das Mädchen gedacht, das Přiklopil ihm zuvor bei der Halle vorgestellt habe, sondern geglaubt, er habe das entführte Mädchen damals umgebracht.«

Endgültige Ruhe verschafft sich Ernst H. mit der Verkehrssünder-Story nicht. Die Beamten aus dem Burgenland lassen sich von ihm nicht täuschen. Sie vernehmen ihn immer wieder, bis er Ende 2009 endlich einknickt und einräumt, dass er die Unwahrheit gesagt hat. Eine »taktische Lüge«, aus Angst vor einer Festnahme an diesem Abend, wird er einem Journalisten erklären.

Während der nächtlichen Befragung legen die Soko-Ermittler ihrer »Auskunftsperson« Ernst H. Lichtbilder seines toten Freundes zur »Erstidentitätsfeststellung« vor. Nüchtern halten sie als Ergebnis fest: »H. gab an, dass es sich bei der Leiche eindeutig um Wolfgang Přiklopil handle.« Der aber »habe keine Selbstmordabsichten geäußert«, zeigt sich Ernst H. bestürzt.

Eine Woche später wird er bei einer Pressekonferenz vom Blatt ablesen, was er in diesem Moment gefühlt hat: »Es war schrecklich für mich.«

Daran wird niemand zweifeln. Doch sicher noch viel schrecklicher ist es für die Mutter von Wolfgang Přiklopil gewesen, sich in den letzten Stunden damit auseinandersetzen zu müssen, dass ihr folgsamer, menschenscheuer Sohn ein psychisch deformierter Menschenfänger war. Und nun empfängt sie noch in dieser Nacht von Beamten der Verhandlungsgruppe Ost die Nachricht von dessen Tod.

1.10 Uhr
Die »polizeiliche Kommissionierung« ist abgeschlossen. Přiklopils Leiche wird von der Städtischen Bestattung Wien zum Department für Gerichtliche Medizin in die Sensengasse 2 im 9. Wiener Bezirk, dem Alsergrund, überführt.

7.00 Uhr

Chefinspektor Johann Frühstück hat den Vorgang »Přiklopil«, der, in Einzelteile zerlegt, mehr als acht Jahre im Computer schlummerte, ausdrucken lassen. Er übergibt die Unterlagen BK-Direktor Herwig Haidinger, in dessen Büro sich zu dieser frühen Stunde eine hochrangige Runde versammelt hat: Staatsanwalt Hans-Peter Kronawetter, Burgenlands Polizeichef Nikolaus Koch, der kommissarische Landespolizeikommandant Wiens, Karl Mahrer, der Leiter der Strategieabteilung im Bundeskriminalamt, Gerhard Lang, der Abteilungsleiter für Ermittlungen, Allgemeine und Organisierte Kriminalität im Bundeskriminalamt, Erich Zwettler, und der LKA-Chef Niederösterreichs, Franz Polzer, in dessen örtlichen Zuständigkeitsbereich der Strasshofer Wolfgang Přiklopil fällt.[141]

»Diese Aktenteile verursachten natürlich Aufregung«, wird sich Johann Frühstück vor einer Sonderkommission erinnern. Auch Haidinger hat die Stimmung ähnlich empfunden. »Alle waren bedrückt, denn es war ein riesiger Potschn passiert.«

Die Herren trinken Kaffee und rauchen. Ihr Ton ist locker. Sofern sie, wie Haidinger und Mahrer, per Du miteinander sind. Kronawetter und Haidinger sind es nicht. Sie sprechen sich mit »Herr Staatsanwalt« und »Herr Direktor« an – wir sind in Wien, der deutschsprachigen Titel-Metropole, in der tiefe Verneigungen und die dabei herausgeschobenen Hinterteile Achsen respektvoller Verachtung bilden können. Dass aber in dieser Besprechung der Grundstein gelegt wird für schwere politische Auseinandersetzungen, ist durch Parlamentsprotokolle belegt. Und durch die massive Medienberichterstattung.

»In der Sitzung ging es darum, wie mit der Panne umgegangen werden soll«, berichtete uns Herwig Haidinger. »Zum Auftakt habe ich gesagt: ›Guten Morgen, ich komme gleich zur Sache. Sie alle wissen ja, was passiert ist.‹ Ich habe den Sachverhalt dargestellt: ›Es gibt den Hinweis vom 4. April 1998 und den vom 14. April 1998.‹« Ich habe Mahrer gleich gebeten: ›Karl, mach du das, nicht die ›Sonderkommission Burgenland‹. Der Hundeführer ist bei dir und Fleischhacker im Zuständigkeitsbereich.‹ Dann habe ich das Ganze noch mal schriftlich fixiert.«

Hundeführer Pabi arbeitet in Wien, Fleischhacker ebenso, in dessen Gruppe beim damaligen Sicherheitsbüro versickerte der Hinweis auf Přiklopil. Oberster Vorgesetzter ist Karl Mahrer. Er soll Klarheit bringen in den Pannenfall und, so ist die Aufforderung »Karl, mach du das« wohl zu verstehen, die Beteiligten befragen, um anschließend entsprechende Konsequenzen zu ziehen. Auf die Polizei schwebt eine dunkle Wolke zu. Denn die Frage wird zwangsläufig auftauchen: Hätte Natascha Kampuschs Gefangenschaft bei korrektem polizeilichen Handeln um acht Jahre und vier Monate verkürzt werden können?

---

141 Gute anderthalb Jahre später wird der nächste Bürger von zweifelhaftem Weltruhm in seinen Zuständigkeitsbereich fallen: Josef Fritzl aus Amstetten. Fritzl hielt seine Tochter in einer unterirdisch angelegten Wohnung seines Hauses 24 Jahre lang gefangen, missbrauchte und vergewaltigte sie und zeugte mit ihr sieben Kinder. 2009 wurde er zu einer lebenslangen Haftstrafe mit Einweisung in eine Anstalt für unzurechnungsfähige, geistig abnorme Rechtsbrecher rechtskräftig verurteilt.

8.30 Uhr

Die Leiche Wolfgang Přiklopils liegt auf dem Sektionstisch der Gerichtlichen Medizin Wien. Der im Knöchelbereich des rechten Unterschenkels angebrachte Leichenpass trägt die Nummer 1631 und enthält die bis jetzt bekannten Daten des Toten. Obduzent ist Prof. Risser, der nachts die erste äußere Leichenbesichtigung vorgenommen und danach nur wenige Stunden geschlafen haben kann. Er beginnt nun exakt und wie bei Obduktionen üblich noch einmal mit der äußerlichen Besichtigung des toten Přiklopil. Der trägt noch seine Kleidung, deren Beschreibung Risser ins Sektionsprotokoll diktiert. Die Kleidung wird entfernt, die Leiche gewogen und vermessen. 70 Kilogramm Gewicht, die Körperlänge beträgt 168 Zentimeter, vier Zentimeter weniger als im Reisepass angegeben. Die geschrumpfte Größe mag einerseits verletzungsbedingt sein, zum anderen hat Přiklopil, als er den Pass beantragte, wahrscheinlich ein paar Zentimeter dazugeschummelt.

Daniele Risser beschreibt akribisch jeden einzelnen Körperteil, erst ungereinigt, danach gereinigt, damit jede Verletzungsspur erkannt werden kann. Die Leiche wird auf die rechte Körperseite gedreht. »Es zeigen sich spärlich ausgebildete Totenflecke im oberen und unteren mittleren Rückenbereich, diese dunkelblau-violett, auf kräftigen Fingerdruck gerade noch wegdrückbar«, stellt er fest. Nur in den ersten Stunden nach Todeseintritt wären sie leicht wegzudrücken gewesen, danach sind sie bis zu ca. insgesamt 20 Stunden »noch« oder »gerade noch« wegdrückbar. Přiklopil ist seit etwa zwölf Stunden tot. Damit steht der Befund nicht im Widerspruch zu der Aussage des Triebwagenführers Erwin M., eher ergänzt und unterstreicht er sie. Wollte man den Todeszeitpunkt näher bestimmen, reichte das Wegdrücken von Totenflecken nicht, da sie Einflüssen wie Temperatur, Todesursache und eventuellen Vorerkrankungen unterliegen. Man müsste bei dem Toten mehrere rektale Messungen seiner Körpertemperatur in bestimmten Zeitabständen vornehmen und vor- und nachher die Umgebungstemperatur messen. Prof. Risser führt, wie er später Mitgliedern der letzten Evaluierungskommission erklären wird, »bei Leichen die im Freien gefunden werden, keine Körpertemperaturmessung (rektal)« durch, »da dies – aufgrund zu großer Umwelteinflüsse – keine eindeutige Aussagerelevanz habe«. Das ist in Deutschland anders. Allerdings nur dann, wenn eine möglichst genaue Bestimmung des Todeszeitpunkts unerlässlich ist für die Klärung der Ursache eines Todesfalls, vor allem, wenn der Verdacht eines Kapitalverbrechens besteht.

Ein Fremdverschulden kommt bei Přiklopil jedoch nicht in Betracht. Insofern wäre auch in Deutschland eine Temperaturmessung nicht erfolgt. Ich selber habe während meiner Dienstzeit bei der Hamburger Kripo mit Bahnleichen zu tun gehabt. Jedes Mal handelte es sich um ein Unglück oder einen Suizid, und jedes Mal gab es dafür Zeugen, die den Vorgang schildern konnten – wie Erwin M. Oder es stützten Sachbeweise objektiv das Geschehen. Nicht ein einziges Mal haben wir eine Temperaturmessung durchgeführt. Und an diesem Prozedere hat sich bis heute nichts geändert.

Zweifler am Suizid Přiklopils werden später einwenden, dass es atypisch für einen Freitodsuchenden sei, sich bäuchlings vor einen herannahenden Zug zu legen, um sich dann von ihm überrollen zu lassen.

Diese Behauptung ist blanker Unsinn. Im Kriminalisten-Fachbuch *Kriminalistische Kompetenz* des Bundes Deutscher Kriminalbeamter (BdK) heißt es unter anderem zum Thema »Eisenbahnunfälle (sogen. ›Bahnleichen‹)«:

»Ein Suizid wird dadurch verübt, dass entweder unmittelbar vor den fahrenden Zug gesprungen wird oder aber durch ein Überfahrenlassen im Stehen, ein Sitzen auf oder zwischen den Gleisen oder – relativ häufig – durch ein Querlegen auf den Schienen und damit oftmals einhergehender Abtrennung des Kopfes.«

Risser öffnet nun den Leichnam, entnimmt zur Prüfung die inneren Organe, begutachtet »am knöchernen Skelett« die »traumatisch bedingte(n) Knochenveränderungen«. Für anschließende Untersuchungen asserviert er Gewebe-, Harn- und Blutproben, Kleinhirn und verlängertes Mark.

Während der Obduktion nehmen Beamte der Tatortgruppe Finger- und Handflächenabdrücke zur Identifizierung der Leiche.

Um 12 Uhr ist die Sektion beendet.

Am 4. September wird Prof. Risser sein Gutachten schreiben. Darin heißt es:

»Zusammenfassend kann gesagt werden, dass der 44-jährige Wolfgang PRIKLOPIL (...) infolge eines ausgedehnten Schädelhirntraumas mit nahezu vollständiger Abtrennung des Kopfes an Hirnlähmung eines gewaltsamen Todes gestorben ist.

Das komplexe Verletzungsbild lässt sich durch eine Überrollung durch ein Schienenfahrzeug im Halsbereich erklären, wobei – unter Bedachtnahme auf die Auffindesituation und das Verletzungsmuster – davon ausgegangen werden kann, dass der Mann am ehesten in Bauchlage im Schienenbereich, mit dem Hals auf einer Schiene, von rechts überrollt worden sein dürfte.

Konkrete Hinweise für eine Beeinträchtigung des 44-jährigen Wolfgang PRIKLOPIL durch Alkohol bzw. diverse Medikamente und Suchtgifte waren nicht zu erheben.

Das Untersuchungsergebnis spricht – unter Bedachtnahme auf die aktenkundige Vorgeschichte – für eine Selbsttötung (Suizid).«

Die letzte Evaluierungskommission im Fall Kampusch wird in ihrem Bericht von April 2013 festhalten:

»Die Identität des Leichnams[142] wurde schließlich durch die Gerichtsmedizin mittels DNA-Überprüfung bestätigt. Durch das Department für Gerichtliche Medizin der Medizi-

---

142 die durch Lichtbildvorlage und Vergleiche von Finger- und Handflächenabdrücken mit an Sicherheit grenzender Wahrscheinlichkeit geklärt war

nischen Universität Wien wurden Blut und Harn auf den Gehalt an Ethylalkohol untersucht sowie eine immunochemische Untersuchung hinsichtlich verschiedener Suchtgifte und Medikamente durchgeführt. Weiters wurde eine virologische Untersuchung betreffend Hepatitis und HIV durchgeführt. Alle Untersuchungen erbrachten ein negatives Ergebnis.«

Wolfgang Přiklopil hat Freitod begangen. Das sagt der einzige Zeuge, Triebwagenführer Erwin M. Das sagt auch der im Aufnehmen und Auswerten von Todesfällen im Zusammenhang mit Verkehrsmitteln erfahrene Beamte des Verkehrsunfallkommandos. Das sagen die an der »polizeilichen Kommissionierung« beteiligten Kriminalisten einschließlich der fachlich versierten Tatortgruppe. Und das sagt schließlich der Experte für die Klärung von Todesursachen, der Gerichtsmediziner.

Dennoch wird es Menschen geben, die diese Ergebnisse anzweifeln werden. Laut und öffentlich. Und sie werden Gehör finden.

10.45 Uhr

BK-Direktor Haidinger hat bei der Frühbesprechung seinen Abteilungsleiter Gerhard Lang für die Medienarbeit im Fall Kampusch bestimmt. Entweder ist die Anordnung im Innenministerium noch nicht angekommen, oder man setzt sich über sie hinweg. Ohne Rücksprache mit den fallbefassten Beamten gibt die Sprecherin der Innenministerin, Iris Müller-Guttenbrunn[143], einem Redakteur des ORF grünes Licht für ein Interview mit Sabine F., der Polizistin, die den ersten intensiven Kontakt mit Natascha Kampusch gehabt hat. Natürlich nicht aus eigenem Gutdünken, sondern auf Geheiß ihrer Chefin. »Der Medienhype war dermaßen aggressiv«, erklärt BK-Abteilungsleiter Erich Zwettler einen Monat später in einer Mail, »dass sogar die FBM[144] gesagt hat, eine offensivere Medienarbeit durchzuführen«. So kommt es, dass Sabine F. an die Medienfront geschickt wird. Hinterher ist die Aufregung groß. Denn sie hat dem Reporter sämtliche Fragen beantwortet und frisch von der Leber weg erzählt, all das, was, zumindest vorerst, nur den Weg in die Ermittlungsakten finden sollte. Unter anderem, dass Natascha Kampusch ein Missbrauchsopfer war, sich dessen aber nicht bewusst sei und, wie sie gesagt habe, »das alles immer freiwillig gemacht« habe. Missbrauch, also Sex, und den freiwillig – was für Reizworte. Sie werden Stammtischdetektive wie staatlich bestellte Fallanalytiker gleichermaßen aufschrecken. Und die werden sich die Worte auf der Zunge zergehen lassen. Um die achteinhalb Jahre Gefangenschaft in einen Langzeitausflug bei bewölktem Himmel mit gelegentlichen Aufheiterungen umzumünzen. Nein, das Inter-

---

143 seit Anfang 2014 Kommunikationsleiterin der ÖVP-Bundespartei
144 Kürzel für: Frau Bundesministerin

view war nicht hilfreich, schon aus ermittlungstaktischen Gründen nicht. Aber wenn der Gutsherr will, dass seine Magd die hungrige Medienmeute füttert, muss er ihr vorher sagen, welche Happen im Korb bleiben sollen. Das ist offensichtlich nicht geschehen. Sabine F., erst kurz bei der Polizei, war auf sich allein gestellt. Und hat einen dienstlichen Auftrag erfüllt. Diese Pflicht hat sie auch über das Natascha Kampusch gegebene Versprechen gestellt, öffentlich den Mund über den Inhalt ihrer Gespräche zu halten. Damit nicht genug: Um die Medien ruhigzustellen, gibt das Ministerium als weitere Tranquilizer erste Verliesfotos und kurz darauf ein Polizeivideo vom Verlies frei. Ein Unding. »Es ist für die Ermittlungsführung kontraproduktiv, wenn die Kollegin Details aus dem vertrauensvollen! Gespräch öffentlich bekannt macht«, beschwert sich Herwig Haidinger anderntags per Mail bei Prokops Sprecherin Müller-Guttenbrunn und Mitgliedern des Kabinetts. Gleichzeitig beanstandet er »die Veröffentlichung von Aufnahmen aus dem Inneren des Kellerraumes« und legt »daher neuerlich fest, dass die Medienarbeit ausschließlich über GenMjr. LANG zu erfolgen habe«. Kritik an dem Vorpreschen des Innenministeriums kommt auch von Burgenlands Polizeichef Nikolaus Koch, der Haidingers Beschwerdepunkte einen Monat später in einer Stellungnahme bestätigt: »Aufgrund direkter Interventionen der Ressortleitung ist es im Bereich der Medienarbeit zu Fehlleistungen gekommen (Interview der Kollegin aus Deutsch Wagram; Veröffentlichung eines Videos, welches das Innere des Kellers zeigt; zu diesem Fall hatte ich zuvor – aus rechtlichen und kriminaltaktischen Gründen – die Weisung erteilt, dass keinerlei Aufnahmen aus dem Inneren des Kellerraums veröffentlicht werden dürfen).« Die Namen der Initiatoren für diese »Fehlleistungen« lösen sich im Bewusstsein politischer Qualitätsmanager auf wie Oblaten an feuchten Gaumen. Kleben bleibt nur ein Name: der von Sabine F. Er wird zukünftig überall dort genannt werden, wo in der Rückwärtsbetrachtung Rügen zu verteilen sind. Kein Mensch wird sich öffentlich vor sie stellen und in die Richtung weisen, wo sich die Verantwortlichen wegducken. Und niemand wird ein Wort der Anerkennung finden für die Warmherzigkeit, mit der sie Natascha Kampusch in den ersten aufwühlenden und verwirrenden Ausnahmestunden ihres gerade begonnenen neuen Lebens umsorgt hat. Nur Natascha Kampusch wird Verständnis für sie aufbringen. In ihrem Buch[145] schreibt sie: »Die junge Polizistin, der ich mein Leben anvertraut hatte, hielt ihr Wort nur wenige Stunden lang. Schon am nächsten Tag war sie dem Druck der Medien nicht mehr gewachsen und plauderte im Fernsehen Details meiner Vernehmung aus. Später entschuldigte sie sich dafür bei mir. Es tat ihr furchtbar leid, aber wie alle war sie mit der Situation überfordert.« Als wir mit Natascha Kampusch Anfang 2009 über Sabine F. sprechen, bestätigt sie uns, ja, lieb und einfühlsam sei sie gewesen. Vielleicht mag dieser indirekte Dank aus dem Mund der Betroffenen die Polizistin für die feige Zurückhaltung mancher Vorgesetzter entschädigen.

---

145 *Natascha Kampusch – 3096 Tage*, Ullstein Verlag, 2010

12.35 Uhr

Beginn der ersten förmlichen Vernehmung Natascha Kampuschs. Die Kriminalbeamtin, die mit ihr in Eisenstadt übernachtete, hat sie zur Kriminaldirektion 1 gebracht. Natascha Kampusch weiß inzwischen, dass Wolfgang Přiklopil sich das Leben genommen hat. Auf meine Frage: »Wie war sein Tod für Sie? Eine Erlösung oder auch ein Verlust?«, wird sie mir antworten: »Für mich war's jetzt nicht eine Erlösung. Das mit dem Weglaufen und Freisein war eine Erlösung. Aber dass der sich umgebracht hat, war nicht unbedingt Teil meiner Erlösung. Es war dann eine Erlösung, eigentlich in seinem Sinne. Er wollte ja nie ins Gefängnis und mit der Polizei konfrontiert werden.«

Wie jedes Verbrechensopfer hat auch Natascha Kampusch Anspruch auf psychosoziale und juristische Prozessbegleitung, so sehen es die damals geltenden Bestimmungen der Strafprozessordnung vor. Und davon macht sie Gebrauch. Daher warten auf sie nicht nur drei Kriminalbeamte, sondern auch der Kinder- und Jugendpsychiater Prof. Dr. Ernst Berger. Er leitet die Abteilung Jugendpsychiatrie der Psychosozialen Dienste in Wien und ist ab sofort dafür zuständig, ihre Betreuung zu organisieren. Jetzt aber sitzt er erst einmal mit am Vernehmungstisch.

Mit den Vernehmungen sind Chefinspektor Johann Frühstück und Abteilungsinspektor Bernhard K. von der »Soko Burgenland« betraut. Ihnen beigeordnet ist Bezirksinspektor Helmut F. von der KD 1. Er soll sein Wissen aus der ersten Soko beim Sicherheitsbüro mit einbringen.

An diesem ersten Vernehmungstag sind es vier Männer, die Natascha Kampusch um sich hat. Drei von ihnen wollen möglichst detaillierte Informationen über Tat, Täter, mögliche Mittäter und Mitwisser erhalten. Der vierte tritt auf die Bremse, wenn er den Eindruck hat, dass die Fragen sie belasten könnten. Hier beißen sich polizeiliche Aufklärungspflicht und Opferschutz. Und diese in sich wackelige Situation wird während der insgesamt sieben Vernehmungen, die sich bis zum 15. September 2006 hinstrecken, bestehen bleiben. Ja, sie wird noch diffiziler werden. Denn zu Kripobeamten und Betreuern wird sich noch ein Rechtsanwalt gesellen, der wie ein Schießhund darüber wachen wird, dass seine Mandantin nichts Unbedachtes sagt, das zu Fehlschlüssen führen und ihren Status als Geschädigte beeinträchtigen könnte. Da sitzt eine von ihrer neuen Lebenssituation durchgeschüttelte Achtzehnjährige einer Gruppe von Menschen gegenüber, denen sie ihre alten, bisherigen Lebensumstände so erklären soll, dass sie sie erfassen können. Eine Leidensgeschichte, die durchsetzt ist von scheinbaren Höhepunkten wie einem Schiausflug, Weihnachts- und Geburtstagsfeiern mit teilweise üppigen Geschenken. Sie soll ihren Zuhörern begreiflich machen, dass die vermeintlichen Höhepunkte die seelischen Tiefschläge nicht abgemildert, sondern kurzzeitig auf eine andere, aber ebenso anstrengende Ebene verlagert haben. Sie spricht zwar »eine Radiosprache, weil sie viel Öl gehört« hat, wie Johann Frühstück gut anderthalb Jahre später den Mitgliedern der ersten vom Innenministerium eingesetzten Evaluierungskommission schildern wird. Aber sie hat sich mit ihren sprachlichen Möglichkeiten während der eigenen Entwicklungsphase vom Kind zum Teenager achteinhalb Jahre lang darauf konzentriert, einen in seiner psychischen Entwicklung schwer gestörten 26 Jahre älteren Mann von sich abzulenken und ihn um sich herum auf ein Ziel hin zu dirigieren, das möglichst nicht sie sein sollte. Wie soll sie diese unbewusste Methodik, von der noch die Rede sein wird, selbst reflektieren können? Wie soll sie aus diesem unbewusst selbst antrainierten, einseitig ausgerichteten Denk- und Sprachkäfig plötzlich ausbrechen können, um in einem nun geistig freien Raum verständlich zu machen, dass der Zweisamkeit mit Přiklopil kein Zauber innewohnte, wie einige argwöhnen werden. Am Anfang nicht und am Ende auch nicht. Sondern dass sich hinter der Häkeldeckchen-Biederkeit ein versteckter Machtkampf verbirgt, über 3096 Tage und Nächte hinweg, der kräftezehrend und substanzfressend ist. Diese kaum verdauliche Wirklichkeit soll verstanden werden von Gesprächspartnern, die kaum vergleichbare Erfahrungswerte aus Fällen einer Gefangenschaft haben, wie Natascha Kampusch sie hinter sich hat. Auch wenn die Täterstrukturen sich vielleicht ähneln, ein Opfer wie sie ist einmalig. Die Intelligenz, der Wille zum Widerstand, die Zähigkeit, über die sie als Zehnjährige bereits verfügte, bevor sie von der Straße weggefangen wurde, haben sie überleben lassen. Insbesondere aber auch die aus Trotz gegen sich selbst gerichtete Härte. Dieser Trotz entsprang der gleichen Quelle, der Trotzhaltung, mit der sie gegen ihre Mutter aufbegehrte, als sie sich nach dem morgendlichen kleinen Streit, unmittelbar vor der Entführung, nicht zu ihr umdrehte. Und sich versagte, von ihr einen versöhnlichen Blick vom Balkon aufzufangen. Sie tat sich selbst weh. Sie hat, selbst unter Tränen, ihre eigene Härte ausgehalten, die ganzen achteinhalb Jahre lang. Der Täter nicht. Er ist an dieser Härte letztlich gescheitert.

Das sollen in wenigen Sitzungen Menschen verschiedenster Prägung begreifen. Das alles soll besprochen und erkannt werden. Eine Selbstentblößung, nicht in der vertrauensvollen Atmosphäre eines Zwiegesprächs. Sondern offen vor einer Gruppe von bis zu sieben fremden Frauen und Männern. Dennoch wird Johann Frühstück rückblickend das »Gesprächsklima« als »insgesamt« gut bezeichnen. Natascha Kampusch »selbst habe immer mehr gewollt, die Ärzte hätten sie zügeln müssen, sodass Pausen eingeführt worden seien«. Allerdings seien »kritische Fragen ein Problem gewesen. (...) Fragen, die sie psychisch belastet hätten, seien von Psychologe und Anwalt nicht zugelassen worden. (...) Von den anwesenden Psychologen sei zu Beginn der Gespräche der Fragenkomplex Gewalt und sexueller Missbrauch ausgeklammert worden.« Erst bei der letzten Befragung habe der Anwalt gefragt, »ob es nicht zielführend sei, hinsichtlich der Gewalt auch etwas zu schreiben«.

Unter diesen Bedingungen werden insgesamt 21 Seiten Protokoll zustande kommen. 21 Seiten, die Aufschluss geben sollen über einen Zweikampf, der 3096 Tage und Nächte gedauert hat.

Weitere Besonderheiten bei den Niederschriften wird der Leiter der »Soko Burgenland«, Nikolaus Koch, in einer Stellungnahme vom 21. September 2006 beschreiben:

»Die sensible Vernehmungssituation mit Kampusch und der große Personenkreis bei dieser Vernehmung (drei Kriminalbeamte, der Anwalt und eine Betreuerin) ließ es aus kriminaltaktischen Gründen nicht zu, Niederschriften allen Beteiligten (…) zu überlassen (…). Zum Schutz der Wahrung der Privatsphäre und der persönlichen Interessen der Natascha Kampusch und zum Schutz der ermittelnden Beamten wurden die Niederschriften des Opfers im Original auf der Dienststelle des LKA Burgenland bis zur persönlichen Vorlage an den Untersuchungsrichter Mag. Christian G., über Weisung des Richters, unter Verschluss gehalten. Hierzu wird ausgeführt, dass der genaue Inhalt der Niederschriften von Seiten des Ermittlungsteams ausschließlich den befragenden Beamten (…) bekannt ist.«

Die Besorgnis ist groß, dass die Presse sich Kopien von intern gestreuten Mehrfachausdrucken besorgen könnte, mit Geld und guten Worten, die sie bereits für ein Foto von Natascha Kampusch geboten hat. »Sie seien damals ständigen Verdächtigungen ausgesetzt gewesen, was sehr anstrengend und emotional belastend gewesen sei«, wird sich Soko-Mann Bernhard K. 2008 bei der Evaluierungskommission beklagen. »Sie hätten damals deshalb auch mit niemandem über die Befragungen der Kampusch gesprochen.«

Die Inhalte der Vernehmung werden dennoch ihren Weg in die Redaktionsstuben finden. Zum Nulltarif.

Natascha Kampusch schlägt sich bei den Befragungen erstaunlich wacker. Später von der Evaluierungskommission zu seinem Eindruck befragt, sagt Frühstück, »dass sie anfangs verschreckt und verängstigt gewesen sei, was sich aber schnell geändert habe. Sobald sie Vertrauen gewonnen habe, sei sie eine starke Persönlichkeit gewesen, so wie sie sich auch selbst sehe. (…) Kampusch sehe sich als starke Frau, er glaube aber, sie sei immer noch in einem Puppenhaus verhaftet und noch etwas realitätsfern.« Sie hätten sie darauf hingewiesen, dass sie Hilfe in Anspruch nehmen könne, »woraufhin Natascha Kampusch den Weißen Ring zuziehen habe wollen«.

Präsident des Weißen Rings Österreich ist Dr. Udo Jesionek, der bis zum Eintritt in den Ruhestand Präsident des Wiener Jugendgerichtshofs war und an den Strippen eines reichen Beziehungsgeflechts ziehen kann. Er wird für Natascha Kampusch ein Betreuerteam zusammenstellen. Wo auch immer er anklopfen wird, wird er nicht zweimal bitten müssen. Noch steckt sie wie ein Kaninchen im Zylinder des Zauberers, verhüllt von der blauen Decke. Mehr kennt die Welt bislang von ihr nicht. Doch sobald das blaue Zaubertuch gelupft sein wird, wird sich das Licht der Scheinwerfer auf sie richten. Und auch die erfassen, die sich zum Sozialdienst an ihr verpflichtet haben.

Es ist 18.30 Uhr. Natascha Kampusch hat fast sechs Stunden lang Rede und Antwort gestanden, in erster Linie über die Abläufe am Tag ihrer Entführung. Genug, befindet der ärztliche Beistand. Und so heißt es im Protokoll: »Abbruch der Niederschrift über Anregung von Doz. Prof. Dr. Ernst Berger, Vorstand der Kinder- und Jugendpsychologie[146] Rosenhügel[147].« Da er »dann gemeint (habe), dass es nicht gut sei, weitere Befragungen im Sicherheitsbüro vorzunehmen«, sei »sie von Prof. Friedrich ins AKH gebracht worden«. Das Allgemeine Krankenhaus (AKH) ist das Universitätsklinikum der Stadt Wien und mit 2116 Betten, ca. 1600 Ärzten und ca. 2900 Pflegepersonal[148] eines der größten Krankenhäuser Europas und das größte Krankenhaus Österreichs. Vorstand der Universitätsklinik für Neuropsychiatrie des Kindes- und Jugendalters ist Prof. Dr. Max Friedrich. Er begutachtete 1998 die angeblichen Missbrauchsfotos des kleinen Mädchens Natascha. Nun findet sie als Achtzehnjährige Unterschlupf in der geschlossenen Abteilung für verhaltensauffällige Kinder und Jugendliche, hinter einer Doppelschleuse, bewacht von einem privaten Sicherheitsdienst. »Natascha lebt, doch der Weg zurück in die ›reale Welt‹ wird für sie ein sehr schwerer werden«, zitiert der ORF[149] Max Friedrich, der vor allem einen Lebensabschnitt hervorhebt: die Pubertät. Sie sei ein Suchprozess, wo man das eigene Ich entwickeln würde: »Wie bin ich, wie werde ich, wie baue ich Beziehungen auf? Die Familie braucht man da ganz besonders«, so Friedrich. Alle diese Entwicklungen seien dem Mädchen nicht möglich gewesen. Welche konkreten Spuren das hinterlassen habe, könne nicht einmal er als Kinder- und Jugendpsychiater abschätzen. »Uns sind nur ähnliche Berichte aus KZs bekannt, aber sogar dort gab es eine Schicksalsgemeinschaft«, weiß Friedrich. Die Isolation sei die schlimmste Folter, die man einem Menschen antun könne. Und er weist darauf hin, dass die Beziehung zwischen Natascha Kampusch und ihren Eltern nicht einfach werde. »Es wird eines mühsamen und bedeutsamen Weges der Annäherung bedürfen.« Auch über Wolfgang Přiklopil äußert er sich gegenüber dem ORF. Er dürfte selbst schwere psychische Störungen aufgewiesen haben. Lustgewinn würde für Menschen wie ihn vor allem durch die Kontrolle von anderen einhergehen. »Sie fühlen sich dann wie ein Gott.« Die Unauffälligkeit und Angepasstheit im Alltagsleben würde dem nicht widersprechen.

---

146 Hier muss es richtig heißen: »Jugendpsychiatrie«.
147 Krankenhaus Wien-Hietzing mit Neurologischem Zentrum Rosenhügel; der Rosenhügel ist eine Anhöhe im Südwesten Wiens
148 Angaben aus Wikipedia
149 am 24. August 2006

FREITAG, 25. AUGUST 2006

Die Polizei hat Přiklopils weißen Mercedes-Benz 100 D-L, in dem er Natascha Kampusch entführte, bei dem neuen Eigentümer aufgetrieben. Der Untersuchungsrichter verfügt die Beschlagnahme des ausrangierten Krankentransporters, um ihn kriminaltechnisch untersuchen zu lassen.

Dass Natascha Kampusch, deren Name seit zwei Tagen durch die Welt geistert, auch tatsächlich die ist, für die sie sich ausgegeben hat, steht nun fest. Das verkündet Gerhard Lang vom Bundeskriminalamt. Sie trägt eine Narbe, die sie auch schon als Kind gehabt hat. Ihre Familie hat sie identifiziert. Ein Abgleich ihrer DNA mit Mundhöhlenabstrichen der Eltern hat letzte Gewissheit gebracht. Zudem ist ihr Reisepass im Verlies gefunden worden. Und ein »Age-Progressions-Test«, bei dem der Computer ihr heutiges Aussehen hochrechnet, hat ergeben, dass sie mit 95-prozentiger Sicherheit Natascha Kampusch ist.

Mehr geht nun wirklich nicht – sie ist es.

Tiefes Mitgefühl überströmt sie schon jetzt. Obwohl fast noch niemand sie gesehen hat. Ihr außergewöhnliches Schicksal nimmt den Menschen den Atem. Das erste »Spendenkonto für Natascha« wird bei der Sparkasse im niederösterreichischen Pottenstein eröffnet[150]. Der ORF folgt prompt und richtet bei der BA-CA[151] ein Spendenkonto unter dem »Kennwort: Natascha« ein.

10.00 Uhr

Pressekonferenz mit Bundesinnenministerin Liese Prokop. Links von ihr sitzt Soko-Chef Nikolaus Koch. Vor ihnen erhebt sich ein Wald von Mikrofonen. Die Kameras sind auf sie gerichtet. Inzwischen ist bekannt geworden, dass Wolfgang Přiklopil seit 1999 mehrmals Besuch von Behördenvertretern erhalten hat: Im Jahr nach Natascha Kampuschs Gefangennahme in seinem Haus beantragte er einen Umbau des Dachstuhls, der 2001 amtlich abgenommen wurde, im April 1999 und 2004 wurde der Wasserzähler ausgetauscht. Und nur einen Monat nach ihrer Entführung haben ihn sogar zwei Beamte des Sicherheitsbüros in Zusammenhang mit der Tat überprüft, auch das wissen die Medien mittlerweile. Klar, dass die Journalisten nun nachhaken und die Frage nach möglichen Ermittlungspannen aufwerfen. Die habe es nicht gegeben, weist die Ministerin derartige Vorwürfe zurück. Und weiß es insgeheim besser. Für eine Hausdurchsuchung habe der Ermittlungsstand damals nicht ausgereicht, erklärt sie. Womit sie recht hat. Přiklopil hätte »ein Alibi gehabt«, springt Nikolaus Koch ihr bei. Womit er nicht recht hat. Přiklopil war zur Tatzeit am Tatort, er war der Täter, Zeuginnen: Natascha Kampusch und die

---

150 Sparkasse Pottenstein, BLZ 20245, Kontonummer 302 18 88
151 bis 1. April 2008 Bank Austria Creditanstalt AG (BA-CA), BLZ 12000, Kontonummer 50216005765

damals 12-jährige Schülerin Ischtar A., die die Entführung beobachtete. Zwar wird ihre Aussage, die sie zwei Tage später, am 27. August 2006, vor zwei Soko-Beamten machen wird, aus den früher schon geschilderten Gründen mit großer Vorsicht zu genießen sein. Aber Fakt ist: Anhand von Bildern wird sie Přiklopil »eindeutig« als Täter identifizieren. Er hatte gegenüber den beiden Beamten vom Sicherheitsbüro auch nicht behauptet, ein Alibi zu haben. Entsprechend vermerkten sie in ihrem Bericht, dass er »kein bestätigtes Alibi anbieten« könne.

Auch die Behauptung, »man sei seinerzeit allen verfügbaren Hinweisen nachgegangen, es habe ›keine weiteren Anhaltspunkte‹ gegeben[152]«, ist falsch. Kein Wort von Hundeführer Christian Pabi und seinem Hinweis auf Přiklopil. Hier wird schlicht und einfach gelogen. Es stellt sich die Frage: Warum? Die Ministerin kann politisch nicht dafür verantwortlich gemacht werden, da die Panne in die Amtszeit eines ihrer Vorgänger, Karl Schlögl vom damaligen Koalitionspartner SPÖ, fiel. Aber in einem guten Monat, am 1. Oktober 2006, sind Nationalratswahlen. Kein idealer Zeitpunkt für eine Ministerin, das Versagen ihrer Polizei öffentlich zu diskutieren. Es würde, schon wegen der für das Opfer vielleicht vermeidbar gewesenen Folgen, gerade in diesem, derzeit spektakulärsten Fall der österreichischen Kriminalgeschichte auf sie abfärben. Dem kann mühelos vorgebeugt werden. Mit einem Pflaster aus dem politischen Erste-Hilfe-Kasten. Quer über den Mund.

Bei der morgendlichen Besprechung im Bundeskriminalamt hält Herwig Haidinger den Mund nicht. Er macht ihn auf, weit auf. Und streckt seinen Beamten die Zunge raus. Nicht als Zeichen der Verachtung. Sondern als Beweis, dass er krank ist. Einer der medizinischen Laienbegutachter des unterhalb des Direktorenzäpfchens ausgerollten körpereigenen Roten Teppichs ist Generalmajor Nikolaus Koch. Er wird zwei Jahre später bei seiner Einvernahme angeben: »Er zeigte mehreren anwesenden Personen die Zunge und sagte, dass er jetzt nach Hause gehen werde.« Koch legt sofort den Schongang ein und versorgt den BK-Direktor entgegen dessen Weisung nicht mehr mit Informationen, »weil ich im Krankenstand befindliche Kollegen nicht belasten wollte«.

12.53 Uhr

Bevor Herwig Haidinger sich ins Wochenende zurückzieht, auch um sich auszukurieren, macht er den Führungskräften noch einmal Dampf. Mahrer schickt er eine Mail mit Anlagen (»Sehr geehrter Herr Generalmajor! Lieber Karl!«), die Přiklopils Überprüfung und den Hinweis von Hundeführer Pabi dokumentieren. Die Mail schließt mit der »Bitte um interne Abklärung, warum aufgrund der Kriterien im zweiten Hinweis nicht weitere Ermittlungen aufgenommen wurden«.

---
152 FAZ.net vom 25. August 2006

16.08 Uhr
Damit kein Missverständnis aufkommt, wie ernst es ihm mit der Aufklärung ist, und zwar sofort, leitet Haidinger die an Mahrer adressierte Mail weiter an das Kabinett der Ministerin. Liese Prokop dürfte sich über das, was er ihr da einschenkt, nicht beklagt haben: Es ist reiner Wein.

SAMSTAG, 26. AUGUST 2006

Die Beamten der »Soko Burgenland« schwärmen aus, befragen Přiklopils Nachbarn, um ein Persönlichkeitsbild des Entführers zu bekommen. Und Hinweise auf mögliche Mittäter und Mitwisser. Sie finden private Aufzeichnungen von Natascha Kampusch in Přiklopils Haus und bringen sie ins Wiener Landesgericht, wo sie von Staatsanwalt Hans-Peter Kronawetter und Kripobeamten gesichtet werden. Die Soko-Ermittler rücken aus zu einer Prostituierten, die in Přiklopil einen alten Stammfreier wiedererkannt haben will. Doch ihre Angaben erweisen sich als »wahrheitswidrig«, wie das Polizeiprotokoll vermerken wird. Přiklopil-Besuche in einem Sado-Maso-Club – Fehlanzeige. Ebenso der angeblich von ihm georderte Hausbesuch einer anderen Prostituierten.

Dass er ein völlig verqueres Frauenbild hatte, erklärt sich durch seine Tat von selbst. Ernst H. wird später in einer Vernehmung schildern, »dass für Wolfgang Přiklopil eine gleiche Ausbildung einer Frau keinesfalls gleichwertig gewesen sei. Frauen seien in einem Arbeitsprozess bei ihm immer untergeordnet gewesen.« Dass er »konkret anderen Schmerzen zugefügt habe«, habe er nie mitbekommen, »er habe diesen Eindruck aber aus Erzählungen des Wolfgang Přiklopil gewonnen«. So wisse er von ihm, »dass er einmal absichtlich eine Löterin mit dem Lötkolben verbrannt habe, weil diese etwas falsch gemacht habe«. Auch Natascha Kampusch erlebte derartige Gewaltausbrüche, wenn sie sich aus seiner Sicht ungeschickt angestellt hatte.

17.35 Uhr

Zum zweiten Mal befragen Beamte der Soko Ernst H. als Zeugen, diesmal in einem Büro der Polizeiinspektion Vösendorf[153]. Im Wesentlichen erfahren sie nichts Neues. Er verheddert sich zwar hier und da bei der Schilderung von Details, fühlt sich in einigen Punkten fehlinterpretiert, bleibt aber insgesamt bei der traurigen Geschichte vom angeheiterten Freund.

ca. 22.00 Uhr

Margit W., die zehn Autominuten von Vösendorf entfernt wohnt, kommt mit ihrer kleinen Tochter in die Polizeiinspektion, um sich nach ihrem Bruder zu erkundigen. Dabei erwähnt sie, »dass er ihr erzählt habe, im Auto von Wolfgang Přiklopil einen Zettel mit der Aufschrift ›Mama‹ erhalten zu haben, den er der Mutter des Wolfgang Přiklopil persönlich übergeben solle«. Die Beamten fassen daraufhin »zum Abschluss der Vernehmung« bei Ernst H.

---

153 niederösterreichische Gemeinde an Wiens Stadtgrenze

nach, ob es stimme, was sie gerade von seiner Schwester gehört hätten. Der bestätigt es und ergänzt: »Eigentlich wollte er mehr schreiben als das Wort ›Mama‹. Er sagte zu mir aber, dass ich ohnehin wüsste was zu tun wäre, falls ihm etwas zustoßen sollte. Er meinte damit, dass ich seine Mutter so weit unterstützen sollte, falls ihm etwas passieren sollte. Konkrete Selbstmordabsichten äußerte er mir gegenüber aber nicht. (...) Zu welchem Zeitpunkt er mir dies sagte und wann er mir den Zettel gab, weiß ich nicht mehr. Ich wollte den Zettel persönlich seiner Mutter geben. Ich stelle ihn den Beamten zur Verfügung. Ich würde aber ersuchen, dass ich diesen wieder zurück erhalte, damit ich ihn seiner Mutter geben kann.«

Sechs Tage später, am 1. September 2006, werden ihm die Soko-Beamten anlässlich seiner dritten Befragung den Zettel wieder aushändigen. Auch diesmal und ebenso bei seiner vorläufig letzten Einvernahme am 27. September 2006 wird Ernst H. bei der Version bleiben, auf die er sich bereits am Anfang festgelegt hat. Und er wird sich noch weiter in Ungereimtheiten und Widersprüchen verstricken. Přiklopil führte sorgfältig Buch über Gelder, die zwischen ihm und Ernst H. hin- und herflossen. Sie »hätten sich gegenseitig kurzfristig Geld geborgt«, wird Ernst H. erklären und damit erst einmal keinen Argwohn erregen. Dann jedoch wird es um eine Summe von 500 000 Schillingen[154] gehen, die H. just um den Zeitpunkt von Natascha Kampuschs Entführung herum seinem Freund bar in die Hand drückte, nämlich am 13. März 1998, elf Tage nach der Tat. Der Hauptanteil des Betrags, 460 000 Schillinge[155], floss über das Konto von Waltraud Přiklopil – ihr Sohn hatte ja kein eigenes – an Ernst H. zurück, auf dessen Konto es am 27. März 1998 gutgeschrieben wurde. Bei diesem Geldtransfer, dazu noch innerhalb dieses sensiblen Zeitraumes, wird jeder noch nicht mal sonderlich ausgefuchste Ermittler sich die Frage stellen: War das der Kidnapper-Lohn für Přiklopil, der ihn zwei Wochen später bis auf umgerechnet knapp 3000 Euro zurückzahlte, weil er das kleine Mädchen für sich allein behalten und nicht mit der »Kinderschänderbande«, die ihn beauftragt hatte, teilen wollte? Ein winziger Anhaltspunkt für diese Hypothese bestand in Přiklopils angeblichem Telefonat mit Hintermännern auf einer Waldlichtung. Ernst H. wird trotz dieser naheliegenden polizeilichen Überlegung nicht reinen Tisch machen. Er wird wieder lügen und damit neuen Nährstoff für Vermutungen über seine Mittäterschaft liefern. Přiklopils Traumwagen sei ein Porsche gewesen, wird er behaupten, und den habe er sich mithilfe des geliehenen Geldes erfüllen wollen. Aber der hatte sich doch erst ein halbes Jahr zuvor einen BMW gekauft, aber auch dafür wird Ernst H. eine Erklärung bereithalten: Přiklopil habe den Wagen kaufen wollen, »da ihm das Image eines Porsches wesentlich höher erschienen sei als jenes seines BMW. (...) Aus dem Kauf des Porsche sei schließlich nichts geworden (...)«. Es wird noch über drei Jahre dauern, bis Ernst H. endlich mit der

---

154   36 336,50 Euro
155   33 429,58 Euro

in sich schlüssigsten Erklärung für die 500 000 Schillinge herausrücken wird: »...es habe sich bei dem Betrag um ›Schwarzgeld‹ aus Wohnungsverkäufen gehandelt, das er Wolfgang Přiklopil deshalb in bar übergeben habe, damit das Geld dann im Wege des Kontos der Waltraud Přiklopil wieder auf sein Konto bei der Oberbank[156] habe zurückfließen können, um dort den aushaftenden[157] Sollstand zu reduzieren und die Zinsbelastung zu verringern.« Er erhielt aber nicht die gesamten 500 000 Schillinge zurück, sondern nur 460 000, auch auf diese Frage werden die Ermittler eine Antwort verlangen. Und Ernst H. wird sie geben, und auch sie wird nachvollziehbar sein: »Der Differenzbetrag von ATS 40.000,- sei mit Gegenverrechnungen von Materialeinkäufen zu erklären.« Dieses Hin- und Hergeschiebe von Geld, um Steuern zu hinterziehen, ist einleuchtender als die Porsche-Geschichte. Dennoch wird sich die ursprüngliche Arbeitshypothese der Polizei zu einem öffentlich diskutierten Verdacht entwickeln, der H.s Komplizenschaft zementieren soll.

---

[156] österreichische Regionalbank mit Sitz in Linz/Oberösterreich
[157] lt. Duden österreichischer Sprachgebrauch für »noch zu zahlenden«

SONNTAG, 27. AUGUST 2006

12.00 Uhr
Zwei Beamte der »Soko Burgenland« haben Ischtar A. zu Hause in Wien aufgesucht und vernehmen sie. Es ist ihre erste sogenannte niederschriftliche Einvernahme. In den zurückliegenden Jahren durfte sie als Unmündige aus rechtlichen Gründen nur befragt werden. Und als es Ende 2002 möglich gewesen wäre, lehnte ihr Vater eine Einvernahme ab, da sie das Geschehen noch nicht verarbeitet habe. Nun führt kein Weg mehr an einer Vernehmung der inzwischen erwachsenen Zeugin vorbei. Sie bleibt dabei: Auf dem Fahrersitz saß eine zweite männliche Person, die sie jetzt, nach achteinhalb Jahren, erstmals vage beschreibt. Davon wird sie, weitere fünf Jahre später, am 29. Juli 2011, wieder abrücken und aussagen, sie habe diesen zweiten Täter »nicht erkennen können, da er in eine andere Richtung geblickt habe«. Den ersten Täter, Wolfgang Přiklopil, erkennt sie anhand von Bildern »eindeutig (...), auch als diese das erste Mal im Fernsehen waren bin ich sofort aufgesprungen und ganz aufgeregt[158]. Das hat auch meine Mutter mitbekommen (Anm. Mutter gibt an, dass Tochter bei Erscheinen des Bildes im TV ganz aufgeregt war und sofort sagte dass das die Person vom Auto(Bus)[159] war.« Zum Schluss fasst Ischtar A. noch einmal zusammen: »Dezidiert schließe ich aus dass PRIKLOPIL alleine in den von mir gesehenen Bus war.« Damit festigt sie, sicher völlig ungewollt und in bester Absicht, aber mit weitreichenden Folgen für die Glaubwürdigkeit Natascha Kampuschs, einen Widerspruch zu der Aussage der Betroffenen, der wohl nie endgültig aus der Welt geschafft werden wird.

Vier Tage später, am Donnerstag, den 31. August, rekonstruieren sieben Beamte der »Soko Burgenland« mit Ischtar A. noch einmal den Tathergang direkt am Tatort Rennbahnweg in der Nähe der Kreuzung Melangasse. Damit alles so realistisch wie möglich ist, haben sie sich den weißen Transporter von der Kriminaldirektion 3 überstellen lassen. Dort ist der Wagen kriminaltechnisch untersucht worden und wird im Anschluss an die Rekonstruktion, die um 14 Uhr beginnt und filmisch dokumentiert wird, dem Eigentümer wieder zurückgegeben.

Da die dunklen Folien an den Fenstern des Wagens inzwischen entfernt wurden, zeigen die Ermittler Ischtar A. zusätzlich Fotos mit dem Originalzustand aus dem Jahr 1998. Anhand der Fotos und des geparkten Fahrzeugs erkennt sie »mit großer Sicherheit dieses als Tatfahrzeug wieder«, wie ein Aktenvermerk vom selben Tag festhält. Allerdings, so wendet sie ein, fehle am Heck »dieser bereits mehrmals von ihr angegebene ›Buckel‹«, eine »ca. 20 bis 30 cm über das Fahrzeugheck« hinausragende »schwarze Abdeckung über beide hinte-

---
[158] »Gewesen« müsste es hier heißen – es ist beim Protokollieren offensichtlich vergessen worden.
[159] Gemeint ist Přiklopils weißer Mercedes-Kastenwagen.

ren Heckfenster« in »Form eines ›B‹«. Und sie wiederholt noch einmal, »dass der ihr nun namentlich bekannte Wolfgang PRIKLOPIL im Fahrzeug am Beifahrersitz saß und mit einem weiteren Mann, welchen sie nur seitlich genauer gesehen habe, gesprochen hat«. Da eine Lüge Natascha Kampuschs über die Anzahl der Tatbeteiligten einfach keinen Sinn ergibt, bleibt nur der logische Schluss, dass sich Ischtar A. geirrt haben muss. Die Beamten starten einen neuen Versuch: »Im Zuge der Rekonstruktion wurde auch die Variante ohne Beifahrer und statt diesem eine Jacke auf den Sitz ausprobiert[160]. Die Zeugin verblieb aber bei ihrer Aussage, dass zwei Männer sich im Fahrzeug befanden.«

Rosa A., die ihre Tochter zu der Rekonstruktion begleitet hat, weist die Beamten noch einmal darauf hin, »dass als das erste Mal das Foto des Wolfgang PRIKLOPIL im Fernsehen gezeigt wurde, ihre Tochter sofort aufgeschrien hatte und diesen als Entführer der Natascha wieder erkannt hat. Ischtar schlafe seitdem sehr unruhig und wird immer wieder nachts wach.«

Um 14.50 Uhr tauchen »zwei Medienvertreter aus Ungarn am Tatort« auf. Zum Schutz »der Zeugin und deren Familie« werden Ischtar A. und ihre Mutter »sofort gedeckt nach Hause geleitet«.

Ende der Rekonstruktion.

Und Startschuss, auch an diesem Sonntag, für ein Expertenteam. Ort der ersten Zusammenkunft: ein Konferenzsaal im Allgemeinen Krankenhaus Wien. Natascha Kampusch soll ab sofort ein Stab von Fachleuten an die Seite gestellt werden, der sich um ihr körperliches und seelisches Wohlergehen kümmert und sie wetterfest macht für den medialen Orkan, der sie erwartet. Dem Stab gehören außer den beiden Kinder- und Jugendpsychiatern Friedrich und Berger an: Monika Pinterits, Diplomierte Sozialarbeiterin und Kinder- und Jugendanwältin[161] in Wien, Dietmar Ecker, Medienberater, und Dr. Günter Harrich, Rechtsanwalt und Rechtskonsulent[162] der Kinder- und Jugendanwaltschaft Wien.

---

160 Es muss wohl richtig heißen: »auf dem Sitz ausgebreitet«.
161 Kinder- und Jugendanwaltschaften in Österreich sorgen auf der Grundlage der UN-Kinderrechtskonvention für die Umsetzung und Einhaltung der Kinderrechte in der Gesellschaft, um die Lebensbedingungen für Kinder und Jugendliche zu verbessern.
162 Rechtsbeistand

MONTAG, 28. AUGUST 2006

11.35 Uhr
Weder Karl Mahrer noch die Herren aus dem Kabinett von Ministerin Liese Prokop haben auf Herwig Haidingers Mail von Freitag reagiert. Daher schickt der BK-Direktor an Mahrer eine Erinnerungsmail:

»Bitte um Erledigung des Auftrages. In Ausübung der Fachaufsicht ist für mich von Interesse, ob aufgrund des Hinweises mit eben diesen mE[163] markanten Kriterien weitere Befragungen, Erhebungen und letztlich eine Befassung des StA[164] erfolgt sind oder nicht.

Die Darlegung dieser Umstände ist von grundsätzlichem Interesse für die Kriminalpolizei und hat möglicherweise Auswirkungen hinsichtlich eines allfälligen Amtshaftungsanspruchs des Opfers.«

Mahrer hat nun keine Zeit zu verlieren. »Frist für die Erledigung: 1.9.2006.« Wenn es nach Gesetz und Recht geht, muss er binnen vier Tagen Ergebnisse präsentieren. In den Verteiler hat Haidinger als weitere Empfänger Bernhard Treibenreif[165] vom Kabinett der Ministerin und General Franz Lang, Stellvertreter des Generaldirektors für die öffentliche Sicherheit, eingesetzt. Das Bundeskriminalamt untersteht der Generaldirektion für die öffentliche Sicherheit, und somit ist Haidinger wiederum an Langs Weisungen gebunden.

Die Hartnäckigkeit, mit der Haidinger darauf dringt, dass Klarheit in den Fall gebracht wird, und zwar unverzüglich und losgelöst von dem immer näher rückenden Termin der Nationalratswahlen, wird ihn dem Verdacht aussetzen, eine Rechnung mit seinen Vorgesetzten begleichen zu wollen. Seit Herbst 2005 weiß er von einem Abteilungsleiter aus dem Innenministerium, dass sein Vertrag als Direktor des Bundeskriminalamts nicht verlängert wird, wenn die ÖVP nach den Wahlen das Ministerium wieder besetzen sollte. Man sei unzufrieden mit ihm, und er kooperiere zu viel mit der SPÖ, lautet die Begründung. Weitere Details wird der frühere Kabinettsmitarbeiter von Ministerin Prokop, Generalmajor Andreas Pilsl[166], der nebenbei noch für die ÖVP im Gemeinderat seines oberösterreichischen Heimatortes Grein sitzt, 2008 einem parlamentarischen Untersuchungsausschuss[167]

---
163 Kürzel für »meines Erachtens«
164 Kürzel für »(des) Staatsanwalts«
165 leitet zugleich das EKO (Einsatzkommando) COBRA, 2006 im Rang eines Brigadiers
166 seit 1. September 2012 Landespolizeidirektor Oberösterreich
167 9. Sitzung des Untersuchungsausschusses hinsichtlich der Vertuschung von Polizeiaffären und des Missbrauchs der politischen Macht insbesondere im Bundesministerium für Inneres, aber auch in den Bundesministerien für Justiz, Finanzen und dem Bundesministerium für europäische und internationale Angelegenheiten am 26. Mai 2008

nennen. Das »Verhältnis zwischen Ex-BMI[168] Prokop und Ex-BKA-Chef Haidinger« sei »äußerst schlecht gewesen. Prokop habe ›kein Vertrauen‹ in Haidinger gehabt und sei mit dessen Amtsführung nicht zufrieden gewesen. Als Grund für das Misstrauen der früheren Ministerin gibt der ehemalige Prokop-Mitarbeiter u.a. an, dass Haidinger Inhalte vertraulicher Gespräche per E-Mail oft ›quer durch Österreich versandt‹ habe oder bei Pressekonferenzen mit der Innenministerin einfach nicht erschienen sei.«

In ihrem Minderheitsbericht zu diesem Untersuchungsausschuss werden auch der ÖVP-Nationalratsabgeordnete Helmut Kukacka und seine Fraktionskolleginnen und -kollegen kaum ein gutes Haar an Haidinger lassen. »Trotz fachlicher Kompetenz« habe er »wegen Defiziten im Bereich der Menschenführung für eine Führungsrolle nicht weiter in Betracht gezogen werden« können. Die Abgeordneten zitieren den Personalchef des Innenministeriums, der »von gravierenden Defiziten bei der sozialen bzw. menschlichen Kompetenz« berichtet habe. »Keine Glanz-, aber auch keine Fehlleistungen habe Haidinger in seiner Tätigkeit erbracht. (…) Unter anderem habe er Meinungen nicht zur Kenntnis genommen oder Ex-Innenministerin Liese Prokop in einem Mail der Unehrlichkeit bezichtigt.« Der Generaldirektor für die öffentliche Sicherheit habe im Untersuchungsausschuss gemeint, »dass, ›um es vornehm auszudrücken‹, Haidingers Führungsverhalten ›schwierig‹ war. ›Ich weiß nur, dass die Mitarbeiter es mit ihm nicht immer leicht gehabt haben, vorsichtig ausgedrückt.‹«

Bei einem solchen Zeugnis, das die ÖVP-Abgeordneten Herwig Haidinger im Rückblick auf seine Amtszeit am 18. September 2008 mit Abgabe ihres Berichts ausstellen, wäre er in der Schule sitzen geblieben. In diesem Fall aber ist es anders: Haidinger wird im Februar 2008 versetzt, an die Sicherheitsakademie. Lange wird er dort nicht bleiben. Neun Monate später, im November 2008, wird ÖVP-Innenministerin Maria Fekter ihn suspendieren. Als Unruhestifter, der den Mund nicht hält. Der immer wieder nachlegt und damit die Vertrauensbasis zerstört. Er verwahrt sich gegen parteipolitische Einflussnahmen auf polizeiliche Ermittlungen wie bei Kampusch und beanstandet, dass das Bundeskriminalamt zu einer »Außenstelle der ÖVP« verkommen sei. Er habe sich nicht korrumpieren lassen. Und dafür die Quittung erhalten.

Das sehen SPÖ-Parlamentarier um ihren Fraktionskollegen[169] Rudolf Parnigoni ähnlich. Sie legen ebenfalls am 18. September 2008 einen Minderheitsbericht vor, in dem sie sich eindeutig auf Haidingers Seite stellen. Und das, obwohl er »als deklarierter ÖVP-Mann vom ehemaligen Innenminister Ernst Strasser auf diesen Posten[170] gestellt wurde«. »Ich möchte, dass sich die Unternehmenskultur im BM.I[171] grundlegend ändert«, zitieren die Abgeordneten sein »Einstiegsstatement« im Innenausschuss im Februar 2008. Mit dem, was sie danach

---

168 Bundesministerin für Inneres; zum Zeitpunkt der Aussage Pilsls lebte Liese Prokop nicht mehr (verst. am 31. Dezember 2006)
169 In Österreich ist für »Fraktion« auch der Begriff »Parlamentsklub«, kurz »Klub«, gebräuchlich.
170 des BK-Direktors
171 Bundesministerium für Inneres

zu hören bekamen, »trat Herwig Haidinger eine politische Lawine los. Keine geordneten Strukturen« habe es dort gegeben. »Pressesprecher schreiben keine Presseaussendungen, Kabinettsmitarbeiter sprechen mit niemandem, unliebsame Mitarbeiter haben wochenlang keinen konkreten Arbeitsauftrag, unliebsame Personen werden mit Versorgungsposten ruhig gestellt, andere werden als ›weiße‹ Elefanten[172], hochbezahlt und bedeutungslos, in Hinterzimmern versteckt, wo sie ihrer Pension harren.«

Da passt ins Bild, dass Haidinger mit seiner heute erneuerten Weisung an Wiens kommissarischen Landespolizeikommandanten Karl Mahrer, die Vorgänge um den Hinweis von Hundeführer Christian Pabi aufzuklären, kein Gehör finden wird. Mahrer wird das »heiße Eisen« nicht anpacken. Noch nicht einmal mit spitzen Fingern. Und das wird weniger an ihm als an Direktiven liegen, die er aus dem direkten Umfeld der Ministerin empfangen wird. Ein Schuss ins Blaue allerdings werden die Anweisungen nicht sein. Denn ÖVP-Mann Mahrer wird seiner ÖVP-Oberen Liese Prokop kaum Widerstand entgegenbringen. Wie sehr er auf Linie ist, wird 2009 das österreichische Nachrichtenmagazin *Profil* enthüllen. Als einen der Vorwürfe, der ihm gemacht werde, führt es an: »Er nütze seine Stellung für die ÖVP aus und für die Werbeagentur seiner Frau, was Mahrer immer zurückgewiesen hat. *Profil* liegt dazu ein E-Mail vom 9. August 2002 vor, das die damalige Sprecherin von Innenminister (Ernst) Strasser an ihren ›lieben Ernst‹ geschrieben hat. Zitat: ›Oberst[173] Mahrer ist ›nebenberuflich PR-Manager‹ für die Galleria Einkaufszentren. Vom 4. bis 5. Oktober veranstaltet er in der Galleria im 3. Bezirk Landstraße zwei ›Aktionstage‹ in Kooperation mit dem ORF-Landesstudio Wien. Er möchte diese beiden Tage ›unterschwellig‹ für die ÖVP nutzen. Gemeinsam mit ÖVP 3. Bezirk und zwei Polizeibeamten (ÖVP) (ausnahmsweise engagierte und fähige Burschen – hab mit ihnen schon gesprochen) würde er den 5.[174] unter das Motto ›Sicherheit‹ stellen und hat angefragt, ob du hinkommen könntest.‹ Karl Mahrer: ›Das ist die persönliche Interpretation der Frau Holdhaus[175].‹«

Mit ihrer Deutung liegt sie wohl zumindest in einem Punkt daneben. Denn natürlich ist der hohe Polizeimanager nicht noch nebenbei Werbemanager für die Shoppingmeilen. Centermanagerin der Galleria und verantwortlich für die Werbung in der Galleria ist Christine Mahrer[176]. Seine Ehefrau.

Der »liebe Ernst« Strasser, der dem Lockruf des Untergebenen folgen soll, ist hoch aufgestiegen. Und tief gefallen. Bauernsohn. Uni. Promovierter Jurist. Spitzenfunktionär der

---

172 Redewendung, mit der in Österreich Arbeitnehmer gemeint sind, »für die keine oder wenig Verwendung besteht, die aber unkündbar sind« (aus »Wikipedia«)
173 Dienstgrad 2006: Generalmajor
174 Samstag
175 Karin Holdhaus, 2001 bis 2003 Pressesprecherin von Innenminister Ernst Strasser
176 Christine Mahrer, Centermanagerin der Galleria, Charisma Gesellschaft für Handel und Öffentlichkeitsarbeit GmbH, 2380 Perchtoldsdorf, Sonnbergstraße 62 (Quelle: Wirtschaftskammer Wien)

ÖVP. Fast fünf Jahre Innenminister. Rücktritt Ende 2004, Liese Prokop übernimmt von ihm das Ruder. Er segelt in die Privatwirtschaft davon und 2009 ins Europäische Parlament, als Spitzenmann der ÖVP. Immer hart am Wind von Lobbyismus und Korruption. 2010 geht er in Wallraff[177]-Manier operierenden Journalisten der britischen Wochenzeitung *The Sunday Times* auf den Leim. Sie bieten ihm 100 000 Euro, wenn er dafür Gesetzesvorhaben in ihrem Sinne beeinflusst. Strasser nimmt an. Und läuft auf Grund. Das Europäische Amt für Betrugsbekämpfung leitet ein Schnellverfahren gegen ihn ein. Zweiter Rücktritt, diesmal als EU-Parlamentarier. Am 13. Oktober 2014 wird er letztinstanzlich wegen Bestechlichkeit vom Obersten Gerichtshof (OGH) zu drei Jahren unbedingter Haft[178] verurteilt. Absitzen muss er davon sechs Monate, danach darf er die Haftanstalt verlassen – mit einer elektronischen Fessel am Fußgelenk.

Doch nicht genug der Schmach für den Gestrandeten. Angezählt war er längst schon vorher durch den Diebstahl seines Laptops, dessen Inhalte nicht durch Passworte gesichert waren. Die darauf gespeicherten E-Mails wurden Journalisten zugespielt und machten öffentlich die Runde. Der Grünen-Nationalratsabgeordnete Peter Pilz stellte sie sogar ins Internet. Und moderierte im Mai 2009 eine Lesung, mitten auf dem Donaukanal auf einem Schiff. Dort brachte der Kabarettist und Schauspieler Erwin Steinhauer die Mails zu Gehör. In der Rolle des Verfassers Ernst Strasser. Und die Texte seiner Mail-Verkehrsteilnehmer verlas, in wechselnden Rollen, jemand, der fast alle Beteiligten persönlich kannte: der geschasste Ex-Günstling Strassers, Herwig Haidinger. Eine saukomische Veranstaltung. Brüllendes Gelächter. Zwischenbeifall. Und Häme – nach dem Motto: Jetzt bestätigt sich, was wir immer schon wussten. Florian Klenk[179], österreichischer Enthüllungsjournalist, fasste den Gehalt der elektronischen Botschaften in einem Kommentar auf seiner Internetseite[180] zusammen: »So wurde bekannt, wie Strasser das Ministerium führte. Da lassen sich Kabinettsleute von Alfons Graf Mensdorff-Pouilly zu Jagden auf schottische Schlösser einladen – wissend, dass gegen diesen Mann wegen Rüstungsdeals in Großbritannien ermittelt wird.[181] Da werden von Strasser E-Mails verfasst, in denen klargemacht wird, dass Spitzenjobs an ÖVP-Leute (›Gesinnungsfreunde‹) zu vergeben sind. Amtsmissbrauch? Ein Ermittler des BIA[182] sagte dazu: ›Wenn wir da hineinstechen, werden wir nicht mehr fertig!‹«

Sie würden schon deswegen nicht fertig werden, weil sich rings um sie immer neue »Baustellen« auftun, in die sie hineinstechen müssen. Zum Beispiel bei einem Fall von Amtsmiss-

---

177 Günter Wallraff, deutscher Schriftsteller und Enthüllungsjournalist, der sich bei seinen Recherchen Undercover-Methoden bedient
178 in Deutschland: ohne Bewährung
179 Klenk ist auch promovierter Jurist, Buchautor und seit Juni 2012 Chefredakteur der österreichischen Wochenzeitung *Falter*.
180 www.florianklenk.com
181 Das Verfahren wurde eingestellt. Am 14. Dezember 2015 verurteilte ihn das Wiener Landesgericht für Strafsachen wegen Beihilfe zur Untreue zu drei Jahren Haft ohne Bewährung. Gegen das Urteil legte er Berufung ein.
182 Büro für Interne Angelegenheiten, seit 2010 Bundesamt zur Korruptionsprävention und Korruptionsbekämpfung (BAK)

brauch, der Anfang 2006 begann, wenige Monate bevor Natascha Kampusch sich in die Arme einer Polizei gerettet hat, deren Führungsspitze gerade damit beschäftigt ist, sich selbst zu retten, vor dem BIA. Dessen Beamte interessieren sich nämlich für Vorgänge rund um den Saunaclub »Goldentime« im 11. Wiener Bezirk Simmering. Hausherr ist Wolfgang Bogner, zu der Zeit Schwager des früheren Bundesinnenministers Karl Schlögl von der SPÖ, der dem Kampusch-Zivilfahnder Dr. Martin Wabl bei seiner Bundespräsidentschaftskandidatur 1998 nicht so recht helfen mochte. Als der Sex-Club in negative Schlagzeilen gerät, geht Schlögl auf Distanz zu Bogner und erklärt der Presse: »Bogner ist mein Schwager. Das ist alles.« Nicht ganz. Denn sie waren auch Partner in einer Consulting- und Beteiligungs-GmbH, zusammen mit dem früheren Staatssekretär im Bundeskanzleramt und heutigen Nationalratsabgeordneten der SPÖ, Dr. Peter Wittmann.

Das »Goldentime« wird regelmäßig von Polizei-Razzien heimgesucht, während andere Rotlichtbetriebe davon verschont bleiben. Das liegt an einer »Sperrliste«, polizeiintern auch »kriminalpolizeiliche Koordinationsliste«, »Lokalliste« oder »Arbeitsbehelf« genannt. Tabellarisch sind darin die Namen und Adressen von Personen und Objekten erfasst, die wegen aktueller Ermittlungen von besonderer Bedeutung sind und daher nicht in das Räderwerk anderer Polizeiaktionen geraten sollen. Ein Blick in die Sperrliste signalisiert dem sprungbereiten Kollegen: Halt, Hände weg! Die am Ende mit 300 Positionen gefüllte Liste wird im Herbst 2006 auf Geheiß des Wiener Polizeipräsidenten eingestampft.

Zwei Jahre hat dieser Polizeipräsident noch vor sich, dann wird er in Pension gehen. Ein Nachfolger kann sich daher schon einmal warm laufen. Zwei Herren kommen dafür in Frage, zwei Juristen, Hofrat Dr. Ernst Geiger, Wiens Kripochef, und der Wiener Landespolizeikommandant, General Roland H. Der aber ist angezählt, seitdem im Sommer 2005 eine Prostituierte in *News* ausplauderte, dass er angeblich ein Kunde von ihr sei. Hofrat Geigers Weste dagegen ist blütenweiß. Noch. Dass das nicht so bleibt, liegt an der engen Freundschaft zu einem Mann, den er durch seinen einstmals höchsten Chef, Bundesinnenminister Karl Schlögl, kennengelernt hat: Bordellier Wolfgang Bogner. Mit ihm, so berichtete der *Falter*, bespricht Ernst Geiger »seine Alltagssorgen und Beziehungsprobleme«. Dass Kollegen Geigers in der Leitung hängen und jedes Wort mitschneiden, ahnen die beiden nicht. Leiter der geheimen Ermittlungen ist Oberst Roland F., der als Gefolgsmann von General Roland H. gilt. Doch rechtswidrig ist die Aktion nicht, denn es gibt dafür einen Vorlauf: Ende 2005 ist bei einer Razzia in Bogners »Goldentime« eine 17-jährige ausländische Prostituierte entdeckt worden, anschaffen darf sie erst mit 18. Außerdem besteht der Verdacht, dass sie Zuhältern in die Hände gefallen ist, die sie nach Wien in die Sex-Sauna verschleppt haben. Roland F. und seine Leute lassen sich eine Telefonüberwachung Wolfgang Bogners und seiner Mitarbeiter richterlich absegnen. Und schon sitzt Ernst Geiger mit in der Falle.

Im März 2006 sollen Razzien in mehreren Rotlichtbetrieben durchgeführt werden, ein entsprechender Einsatzplan wird Ernst Geiger vorgelegt. Er greift zum Telefon und verabredet sich mit Freund Wolfgang Bogner in einem Café. Das Treffen wird von einem Team Roland F.s observiert, allerdings »recht stümperhaft«, wie der *Falter* notierte. Wolfgang Bogner trifft anschließend laut *Falter* »Vorkehrungen gegen die Razzia in seinem Club, bestellt den Rechtsanwalt dorthin, informiert Geschäftspartner«. Der Fall scheint klar zu sein: Ernst Geiger hat ihn gewarnt. Dennoch passiert erst einmal nichts. Erst Ende März erfolgt dann die Razzia im »Goldentime«, Einsatzleiter ist General Roland F. Wenige Tage später wird Ernst Geiger wegen Verletzung des Amtsgeheimnisses vom Dienst suspendiert und ein Strafverfahren gegen ihn eingeleitet. Kurz darauf wandert Bordellier Bogner mit seinen Angestellten in Untersuchungshaft. Ernst Geiger bleibt keine andere Wahl: Er muss sich eine neue Beschäftigung in der Privatwirtschaft suchen. Er findet sie als Sicherheitschef eines Industriekonzerns. Sein Nachfolger als Leiter der Kriminaldirektion 1 wird Roland F.

Nun könnte General Roland H. sich gemütlich in seinem Chefsessel zurücklehnen und warten, bis er auf den des Polizeipräsidenten wechseln kann. Doch im Juni 2006 geht bei der Wiener Staatsanwaltschaft die Anzeige eines Anwalts ein, in der ihm Amtsmissbrauch vorgeworfen wird. Für einen rauschenden Abgang Wolfgang Bogners und damit auch seines Freundes Ernst Geiger hatte offensichtlich Roland H. – auch wenn er es bestreiten wird – die mediale Begleitmusik bestellt: Als die Einsatzkräfte am »Goldentime« erschienen, erwarteten sie dort bereits Reporter und Fotografen der *Kronen Zeitung*. Und auch zu Bogners Verhaftung marschierten sie pünktlich auf. Roland H. urlaubte zwar in Frankreich, aber wie Beamte des Büros für Interne Angelegenheiten von Roland F. erfahren, steckte er von dort aus telefonisch der *Kronen Zeitung* Ort und Einsatzzeiten. Das untermauern auch die vom BIA veranlassten Rufdatenrückverfolgungen. Aber das ist noch nicht alles. An die Presse soll er auch verdeckt geführte Kokain-Ermittlungen gegen den österreichischen Liedermacher Rainhard Fendrich verraten haben. Die sind damit geplatzt. Später wird bekannt, dass H. sich die Telefonüberwachung im Fall Wolfgang Bogner/Ernst Geiger auf eine CD kopieren ließ und sie auf seinem Laptop dem Leiter der Rechtsabteilung in der Bundespolizeidirektion Wien vorspielte. »Der macht sich mit dem Puffbruder über mich lustig!«, empörte er sich. Und führte den Mitschnitt auch einem Redakteur von *Profil* vor. Der hatte seinen Scoop. Als er dann jedoch erfährt, dass sein Informant Roland H. die Fendrich-Story der Konkurrenz lieferte, wirft er ihm in seinem Blatt Verrat von Amtsgeheimnissen vor. Das bringt General H. auf die Palme, und er droht dem *Profil*-Mann mit einer Klage. Ein Fehler. Denn nun packt der Journalist aus. Vor der Staatsanwaltschaft und dem BIA. Aus ist es mit der Sesselgemütlichkeit Roland H.s. Genau zwei Wochen bevor Natascha Kampusch ihrem Entführer weglaufen kann, am 9. August 2006, wird er von seiner Funktion als Wiener Landespolizeikommandant entbunden.

Ersatz muss her für den gefeuerten Landespolizeikommandanten. Kommissarisch übernimmt ein Mann das Ruder, der bereits gezeigt hat, dass er in Polizeigebäuden ebenso zu Hause ist wie in Einkaufszentren, und der noch zeigen wird, dass er die Ärmel unten behält, wenn er sie hochkrempeln soll: Generalmajor Karl Mahrer[183].

Ernst Geiger sieht sich als Opfer einer Intrige, eingefädelt von seinem Widersacher Roland H. Wie er später in einem Interview mit dem Magazin *News* erklären wird, soll zum einen »Bogner diversen Gürtelbossen«[184], die angeblich auch Polizeiinformanten waren, ein ›Dorn im Auge‹ gewesen sein – weil sein Betrieb als unliebsame Konkurrenz galt und er nicht zur Unterweltszene gehörte. Zum anderen interessierten sich einige meiner Kollegen brennend für ihn – wegen seiner langjährigen Freundschaft zu mir. Und dann entstand eben dieser Plan: Bogner zum Mega-Verbrecher zu stilisieren, um damit ihn und mich gleichzeitig zu vernichten.«

Roland H. wiederum hält die staatsanwaltschaftlichen Nachstellungen für blanke Rache. Denn der Anwalt, der mit seiner Anzeige den Stein gegen ihn ins Rollen brachte, vertritt zwei Mandanten, die tief gefallen sind und ihn deswegen auf dem Kieker haben: Ernst Geiger und Rainhard Fendrich.

Für Roland H. kommt es nun dicke. Abgelöst als Landespolizeikommandant ist er schon, im Februar 2007 wird er vom Dienst suspendiert. Zu schwer wiegen die dienst- und strafrechtlichen Vorwürfe gegen den Polizeigeneral, der wegen seiner Verehrung für Napoleon auch so genannt wird und – vielleicht deswegen – seinen alten Uniformmantel in der Öffentlichkeit immer noch trägt, bis man ihm auch dies verbietet. Das mögen Schrullen sein. Anders zu bewerten sind die Details, die während seines Prozesses im Oktober 2007 bekannt werden. So berichtet der Chefredakteur des *Falter*, Florian Klenk, dass H. sich »von einem Polizeichauffeur« in Luxusschlitten, die dem Betreiber eines Prater-Casinos gehören, »durch die Stadt kutschieren« ließ. Nein, Bestechung sei das nicht gewesen, sagt Roland H., schließlich habe er keine Gegenleistung erbracht. Vielmehr habe er dem Freund die Gefälligkeit erwiesen, die »älteren Fahrzeuge regelmäßig zu bewegen«. Vier Mercedes der S-Klasse und ein Jaguar hätten in der Garage des Casino-Chefs gestanden »und drohten einzurosten«.

Deutlich umfassendere Hilfe kam jedoch nicht von Roland H. direkt, sondern wurde höheren Orts gesteuert und, im Einzelfall, an ihn delegiert. Die Zentralstelle für die Rettungseinsätze wichtiger Wiener Bürger – Manager, Gastronomen, Politiker – war ein Verein, und die von den Wohltaten Gesegneten waren dessen Mitglieder. Nur war der Verein nicht ein Zusammenschluss gelangweilter Damen und Herren, die sich in ihrer Freizeit gegenseitig Gutes tun wollten. Es war – und ist – der »Verein der Freunde der Wiener Polizei«. Sein Präsident Adolf Wala, laut *Spiegel* »ein gepflegter Herr mit dunklem Anzug und üppiger

---

[183] ab 1. Januar 2008 Landespolizeikommandant, seit 1. September 2012 Landespolizeivizepräsident Wien
[184] Betreiber von »Rotlicht«-Lokalen, die sich entlang des ringförmig um den Stadtkern verlaufenden Straßenzuges, genannt »Wiener Gürtel«, angesiedelt haben

Silbertolle«, der »den distinguierten Charme eines Zigarrenclubmitglieds« verströme, hatte schon davor ein Präsidentenamt inne, das der Österreichischen Nationalbank.

Der Verein ist gemeinnützig und hat sich unter anderem auf die Fahnen geschrieben, die »Beziehung zwischen Bevölkerung und Wiener Polizei« zu verbessern und Hilfestellungen zu leisten, um »einander näherzubringen und konkrete Ansprechpartner zur Lösung von Problemstellungen zu nennen«. Finanziert wird der Verein durch die Mitgliedsbeiträge, seinerzeit bis zu 1000 Euro pro Jahr. Und durch Spenden. Dem *Falter* liegt die Liste der 214 Spender vor: »honorige Manager, Banker, ORF-Journalisten und ein paar Stadtpolitiker stehen da neben halbseidenen Praterunternehmern, Puffbesitzern, Baulöwen und dubiosen Ost-Investoren«. Alles Freunde der Polizei, die einen Mitgliedsausweis mit Bundesadler, Stadtwappen und der Aufschrift »Polizei« erhielten, den sich manche, gut sichtbar für die städtischen Parkgebühreneintreiber, hinter die Windschutzscheiben ihrer Fahrzeuge legten. Harmlose Mätzchen. Bis dahin. Anliegen höherer Qualität adressierten die Polizeifreunde an ihren Vereinskassierer. Adolf K. Vom Streifengendarm brachte er es zum Beamten der Staatspolizei, Referat Linksextremismus. Dort legte er die ersten Grundsteine für ein späteres Netzwerk von Kontakten zu den Wichtigen der Wiener Gesellschaft, dazu zählten Geschäftemacher, die besonders im Osten aktiv waren. Ab 1971 diente er als »Vorzimmer-Sheriff«, wie man ihn im Innenministerium nannte, vier Wiener Polizeipräsidenten. Ein Ministerialbeamter, der »mit Grauen« an die Ära Adolf K. zurückdenkt, verrät dem *Falter*: »K. hat in den Achtziger- und Neunzigerjahren viel angeschoben. Er hatte gute Kontakte in die DDR. Papiere für Praterbordelle, Leumundszeugnisse, Waffenscheine – all das ist bei ihm schneller gegangen.« Auch einem anderen Spitzenbeamten ist nicht wohl, wenn er sich an K.s behändes Wirken erinnert: »Ich hab die Augen geschlossen.« Nicht nur er, alle anderen auch. Denn laut *Falter* sahen Innenministerielle in ihm den »heimlichen Präsidenten« und den »grauen Geist, vor dem alle zitterten«.

Im Rang eines Chefinspektors ging Adolf K. in den Ruhestand. Während des Prozesses gegen Roland H. berichten in- und ausländische Medien, dass der Polizeirentner ein Leben führt, das seinem Stand nicht entspricht. Er wohnt mit Ehefrau Karin nämlich in einem Penthouse oberhalb des »Cafés Landtmann«. Und in der Garage steht ein Jaguar. Nun muss man wissen: Das »Café Landtmann« gehört zu den bekanntesten Kaffeehäusern Wiens, liegt direkt am Ring, umgeben von Rathaus, Parlament und Burgtheater, feiner geht es nicht. Marlene Dietrich war dort zu Gast. Romy Schneider, Burt Lancaster, die niederländische Königin Juliane, Paul McCartney und US-Außenministerin Hillary Clinton, um nur einige zu nennen. Und oben drüber thront der Kassierer des »Vereins der Freunde der Wiener Polizei«. Da reiben sich doch manche Journalisten verwundert die Augen und fragen an bei Adolf K. Das Penthouse? 410 000 Euro habe er geleistet an Mietzinsvorauszahlung für die nächsten 20 Jahre. Woher er das Geld hatte? Vom Verkauf einer Reihenhaushälfte und zwei

Spielzeuggeschäften der Ehefrau. Und der Jaguar? »Eine Okkasion« (Adolf K.), nur 40 000 Euro, ein Vorführwagen, der Ehefrau Karin gehöre, Kennzeichen: »KK 100«.

Bleibt nachzutragen: Eigentümerin des Prachtbaus mit dem »Café Landtmann« ist eine Immobilienfirma, an die Adolf K. die Mietzinsvorauszahlung entrichtete. Sie ist eine hundertprozentige Tochterfirma der Österreichischen Nationalbank, zu der der *Falter* anmerkt: »… auch deren Vertreter sitzen im Verein der Polizeifreunde«. Und der Vereinsvorsteher ist, wir wissen es bereits, der frühere Präsident der Nationalbank, Adolf Wala. Da ist es fast schon kleinlich, noch zu erwähnen, dass Adolf K.s Jaguar in einer Tiefgarage abgestellt ist, dessen Besitzer ebenfalls Vereinsmitglied ist.

Nicht die Mitgliedsbeiträge waren es, die die Kasse des Vereins füllten. Es waren die Spenden finanzstarker Mitglieder, der Nationalbank oder der Stadt Wien. So kamen nach einem Bericht der *Süddeutschen Zeitung* über die Jahre »fast zwei Millionen Euro« zusammen. Der karitative Zweck, entsprechend den Vereinsstatuten notleidende Polizisten, deren Angehörige oder Polizistenwitwen zu unterstützen, rückte immer mehr in den Hintergrund. Andere Organisationen übernahmen den Part. Für die Masse der Beamten, schreibt der *Falter*, gab es »nur Wimpel, Bücher, Anstecknadeln oder ein ›Ganslessen‹, wie sich der ehemalige Chef des Sicherheitsbüros Maximilian Edelbacher erinnert«. Das Nachrichtenmagazin *Profil* erklärt, wie mit dem Geldbatzen verfahren wurde: »Um die Mittelmisere der Exekutive zu beheben, stellte sich der Verein als Umverteilungsstelle für Finanztransaktionen zwischen den Körperschaften zur Verfügung. In den neunziger Jahren subventionierte die Stadt Wien den Verein mit rund 25 Millionen Schilling[185]. Von dort floss das Geld in die Polizei.« Für 200 Bildschirmarbeitsplätze. Die Sanierung von Polizeiwachen. Faxgeräte, Drucker und Kopierer. 2003 übernahm die Nationalbank »die Finanzierung von 16 Einsatzfahrzeugen (Marke: VW-Polo); wieder via Verein«.

Adolf K. hat alle Einnahmen und Ausgaben korrekt verbucht. Trotzdem ermitteln 2007 die Staatsanwaltschaft und das BIA gegen ihn. Weil er Vereinsmitgliedern dank seiner exzellenten Verbindungen half, wo er konnte – und dafür oft mehr als einen warmen Händedruck kassiert haben soll. Als Zeuge muss er außerdem im Roland-H.-Prozess aussagen. Doch Adolf K. ist nicht aus der Ruhe zu bringen. »Ein soignierter Pensionist mit wallendem weißem Haar« sei er, schreibt *Profil*, »ebenso schrullig wie schwerhörig, doch selbstbewusst genug, sogar Sonderermittlern, Richtern und Staatsanwälten nur jene Fragen zu beantworten, die er für relevant erachtet«. Noch im selben Jahr sind alle Korruptionsvorwürfe gegen ihn vom Tisch. »Der Adi ist ja net bled«, sagt ein Vertrauter dem *Falter*.

An General Roland H. perlen die Vorwürfe nicht ab. Anfang 2007 kündigt er dem Polizeipräsidenten in einer SMS an, er werde für seine Rehabilitation »bis zur letzten Patrone

---

185 etwa 1,82 Millionen Euro

kämpfen«. Erschrocken ziehen einige Beamte die Köpfe ein, befürchten ein Blutbad. Der Polizeipräsident dämpft die Aufregung, klärt auf, die Nachricht sei sicher nicht wörtlich zu nehmen, sondern nur symbolisch gemeint. Gleichwohl bekommt Roland H. Hausverbot für die Wiener Polizei. »Zu seinem eigenen Schutz«, versichert der fürsorgliche Polizeipräsident.

Roland H. verliert den Kampf. 2008 wird er in letzter Instanz wegen Amtsmissbrauch und Verletzung des Amtsgeheimnisses zu einer 15-monatigen bedingten Haftstrafe verurteilt. Ex-Kripochef Ernst Geiger schloss sich der Anklage als Privatbeteiligter an, weil er seinen Ruf durch wiederholtes rechtswidriges Handeln H.s massiv geschädigt sah. Der verliert durch das Urteil seinen Beamtenstatus und muss den Dienst bei der Polizei quittieren.

Für den ehemaligen Betreiber des »Goldentime« und Freund Ernst Geigers, Wolfgang Bogner, haben sich die Vorwürfe wegen Zuhälterei, grenzüberschreitender Prostitution und Menschenhandel in Luft aufgelöst. Er ist ein freier Mann. Aber den Club ist er los. Sechs Wochen hat er in Untersuchungshaft gesessen, in einem Bau, der angegliedert ist an das Landesgericht für Strafsachen. Gegenüber ist der Frisiersalon »Hair Lounge«. Den übernimmt er, zusammen mit seiner Frau, und schneidet Richtern und Staatsanwälten die Haare. Bis er 2008 stirbt.

Wolfgang Bogners Freund, Ernst Geiger, kämpft um seine Ehre. Nach seiner Suspendierung wird er am 31. August 2006, also acht Tage nachdem Natascha Kampusch wieder in Freiheit ist, wegen Amtsgeheimnisverletzung zu drei Monaten bedingter Haft verurteilt. Es folgt ein Freispruch, der 2009 höchstrichterlich bestätigt wird. Die Ehre Ernst Geigers ist wiederhergestellt. Aber Polizeipräsident von Wien wird er nicht, der Platz ist bereits besetzt. Das Bundeskriminalamt nimmt ihn wieder in seinen Reihen auf und setzt ihn als Abteilungsleiter ein. 2014 ist er Chef der BK-Abteilung 3, zuständig für Ermittlungen, Organisierte und Allgemeine Kriminalität. Nach seiner Rückkehr in die Polizei ist er auch zuständig für einen Fall, der nicht enden will: den von Natascha Kampusch.

Ernst Geigers Nachfolger als Chef der Kriminaldirektion 1, des früheren Sicherheitsbüros, Oberst Roland F. leitete die Ermittlungen gegen ihn und Wolfgang Bogner. Sie verliefen im Sande. Ein polizeiinterner Prüfbericht warf ihm vor, in der Sauna-Affäre (»Goldentime«) »befangen und parteilich« ermittelt zu haben. Die Schelte wies er als »tendenziös« zurück und griff in einem Fachbeitrag in einer Kriminalistenzeitschrift die Wiener Polizeiführung scharf an. Im Januar 2008 wird der Zwei-Meter-zwei-Mann, der als »Erfinder« der »Sperrliste« gilt, als Leiter der Kriminaldirektion 1 abgelöst und dem Magazin News zufolge »in ein ›polizeiliches Abstellkammerl‹ verräumt«.

Dieser Ausschnitt einer schmierfilmüberzogenen Wiener Parallelwelt ist für Natascha Kampusch komplett fremd. Sie war während ihrer Isolationshaft zu Kalfaktor-Diensten in einem Spießbürger-Knast gezwungen worden, von einem durchgeknallten »Big Brother«, der sie

Tag und Nacht gängelte und kontrollierte. Darauf gründen sich ihre Erfahrungen. Was weiß sie über eine Institution wie das Büro für Interne Angelegenheiten (BIA), das die kontrolliert, die von Berufs wegen andere kontrollieren? Was weiß sie von Intriganten, Lügnern, Fallenstellern, die es ausgerechnet mit diesen Eigenschaften in höchste Positionen geschafft haben? Was weiß sie von Korruption, in die sie mitten hineingerät, ohne direkt davon betroffen zu sein?

Korruption, so wie sie in Wien stattfindet, in unverhüllten Geschenkkörben mit dicken Adressaufklebern, verschlägt mir die gemeinsame Sprache. So viel Unverfrorenheit, gepresst in eine Schachtel, die einen, wenn man sie öffnet, mit Clownsmaske anspringt, ist allerdings schon wieder komisch.

Bei uns im Norden Deutschlands wird mit offen gezeigter Lebensfreude gegeizt, während in Wien Raketen in den Himmel zischen, wenn die Ranzen allseits gut gefüllt sind. Korruption macht in Wien einfach mehr Spaß, sie müsste eigentlich vergnügungssteuerpflichtig sein. Wie gerne würde auch der Mann von der Elbe es nach einem Akt der Bestechung mal so richtig krachen lassen, die ganze prachtvolle Verderbtheit so offen ausleben können wie an der Donau, wo er sich einbilden könnte, dass nicht einmal der Stephansdom einen Schatten auf die dunklen Geschäfte zu werfen vermag. Allerdings würde ihn ein Business-Ratgeber für Wien warnen vor Verführungen und Schmeicheleien. Himmelbett oder Höllenritt, das wäre jedes Mal die Frage. Er muss cleverer sein als ein Wachhund, der mit Leckerlis unter die kalte Dusche gelockt wird. Und sie als begossener Pudel verlässt. Solche Wechselbäder kennt er in der Heimat nicht. Wien bietet ihm den Schauer prickelnder Unsicherheit, der über seinen Rücken kriecht, weil er nie weiß, ob das Blitzen im Auge seines Gegenübers bloße Freundlichkeit oder Vorbote einer Hinterlist ist. Ob dessen Seidenanzug echten Glanz verbreitet oder von halbseidenen Fäden durchwirkt ist. Und ob die ihm lächelnd entgegengestreckte Hand eine Geste getarnter Verschlagenheit sein könnte. Selbst beim Diner geht der Verunsicherungsmarathon weiter. Denn wenn der Tafelspitz nach Schmalzgebäck schmeckt, kann es am Koch liegen. Oder am Gesprächspartner.

Die Kontaktbörsen für Korruptionswillige sind Bälle, gelebte Operetten, frech und zuckerwattig. Und dazu rücken sie dann an, die Deix'schen[186] Figuren, füllig und rotwangig wuchten sie sich in schweren Capes aus Fiakern und Ferraris. Drinnen, im Ballsaal, lachen sie übermütig über ihre dreisten Coups, während ihre siegelberingten brühwurstförmigen Finger die Zigarre halten und der kleine Finger sich vom Schampusglas wegspreizt, als habe die Viagra-Pille das falsche Glied durchblutet. Wie aus dem Goldrahmen ins Fest-Volk gefallen, paradieren auf dem Klatsch- und Tratsch-Laufsteg in buntes Tuch eingenähte Vertreter von Ständen, die

---

186 Manfred Deix, österreichischer Grafiker, Karikaturist und Cartoonist

aufs Strammstehen trainiert sind, selbst wenn sie sitzen. Sie machen ihre Honneurs in Uniformen, die aus der kaiserlichen Hofschneiderei von Schloss Schönbrunn stammen könnten. Den Verzicht auf den Schleppsäbel gleichen sie durch Orden aus, die als blecherne Heldennachweise auf ihrer Brust klimpern. Voller derber Lebenslust foxtrotten die bunt gemischten Herren unter Kristallüstern über die Dielen brokateingekleideter Festsäle, von grellen Damen aufs silikongefüllte Zweihorn genommen. In den Pausen bemühen sie sich nicht, wie in Deutschland, um den Anstrich pseudointellektuellen Gedankenaustauschs, bei dem der belehrend erhobene Zeigefinger final aufs fremde Chemisett sticht. Der feierlaunige Wiener entschlackt nach stressigem Bakschisch-hin-und-her-Geschiebe bei schmähverpackten Prahlereien und heuchlerischen Komplimenten. Und versendet sie nicht mit germanisch-soldatischen Megafon-Lauten. Seine in Öl eingelegten Stimmbänder formen, die Tonleiter rauf, die Tonleiter runter, einen Wortwellen-Singsang, ausgedehnt zu einem endlosschleifigen Geplapper-Potpourri, das am Tische mit gelegentlichem Gekicher oder obszönem Gekreisch quittiert wird, unterbrochen von fließbandartig auf zarte Handrücken pantomimisch getupfte »Handibussis«, die wir steif »Handküsse« nennen und nur noch auf kalkhaltigen Veranstaltungen verteilen. Die Bremsen werden selbst dann nicht angezogen, wenn diese perlenbestickten Klimbim-Konversationen universal bekannte Damen aus dem Showgewerbe einschläfern, die sich gegen Bares einmal jährlich zum Opernball ausleihen lassen und ebenso schnell, wie sie gekommen sind, wieder verschwinden. Mit den vielen Scheinchen. Darüber regt sich nur die Presse auf. Dem Sponsor ist es piepegal. Er hat seine Auftritte gehabt an der Seite der Ladys, von denen manche von ihrem Hautschneider so straff gezurrt wurden, dass sie den Mund nicht schließen dürfen, weil sie sonst andere Körperöffnungen entdeckeln würden. Der Mann im Spendierfrack, der einen Achtzylinder fährt und einen Einzylinder trägt, ist ein Wiener Fossil, ein Baulöwe, schrill und schräg. Wie Martin Wabl wollte auch er 1998 Bundespräsident werden, aber im Gegensatz zu ihm heimste er sogar beachtliche zehn Prozent der Wählerstimmen ein. Mit eingemeißeltem schiefen Cremeschnittelächeln und nach Beachtung suchenden Blicken, die er über die Ränder seiner Tränensäcke hinweg in die Menge schickt, bewegt er sich über die gebohnerten Böden der Wiener Schickeria. »Meine Leidenschaft ist heißer noch als Gulaschsaft«, trompetet er ins Boulevard. Man muss es ihm glauben. Denn er ist immer noch flott unterwegs im Greisverkehr mit Püppis, die er liebkost mit Namen aus dem Streichelzoo. Mausi. Hasi. Bambi. Katzi. Kolibri. Spatzi. Und bei uns in Deutschland? Da gibt es nur einen Kosenamen: Schatz! Ohne angehängtes Süßstoff-»i« wie in Österreich. Einfach nur »Schatz«! Ein Peitschenknall, ein Befehl wie für einen Hund. Wo ist da der Schmelz des Wiener Altmeisters, der in schneeweißer monegassischer Fürstenuniform als Rainier-Verschnitt seine 57 Jahre jüngere, zum weiß verschleierten Grace-Kelly-Abklatsch hochgestylte »Spatzi« am Wörther See in die fünfte Ehe einlädt und damit zu Tränen rührt? Noch im Landeanflug aufs Nest piepst das »Vogerl« ergriffen: »Da werd' ich wieder wässrig.«

Erotische Hitzeschübe werden auf Wiener Festen viel leichtflügeliger gestillt als auf deutschen Großpartys. Wer bei uns einer Dame zu früh an die Korsage geht, riskiert eine Ohrfeige. In Wien weist die Dame den blutrot aufgeschäumten Greifer in Schwarz mit einem verschämt gespielten Empörungslächeln zurück. Schnell die gelbe Karte gezeigt. Und ihn gewähren lassen. Denn das Gelb verblasst so schnell, dass er seine Fühler weiter nach ihr ausstrecken darf, grobe Härtefälle ausgenommen. Am Ende sitzen beide einarmig da und wollen auch nicht mehr mit Messer und Gabel essen. Weil es gar nicht mehr ginge. Hat das nicht lässige Eleganz? Im Gegensatz zu den schroffen Zurückweisungen, die triebgefederte Herren in Deutschland erfahren müssen?

Für diese Art von Kasernenhoferotik gäbe es in Wien die dunkelrote Karte. Sanfthändig übergriffig zu werden, gehört einfach dazu. Zum Geschäft.

Meine Frau und ich haben es selbst erlebt. Noch nicht mal auf einem Ball. Sondern an einem Abend mitten in der Woche in einem Restaurant der gehobenen Kategorie im Zentrum Wiens. Wir hatten reserviert und wurden vom Oberkellner an einen Zweiertisch in einer versteckt liegenden Nische auf der Galerie geführt. Auf dem Tisch brannten bereits die Kerzen, die Servietten waren kunstvoll gefaltet, das Licht gedimmt, und schmachtvolle Johann-Strauß-Geiger schickten uns geradewegs in den siebten Himmel. Plötzlich fühlte ich die Hand unseres Platzanweisers auf meinem Arm. Er zog mich zur Seite und erklärte mir augenzwinkernd mit verschwörerisch gesenkter Stimme: »Da hob i a schön's Eckerl für Sie, Herr Direktor. Da können S' mit Ihrer Sekretärin grabschen und tatschen. Da ham S' a Ruah.« Das hatte meine Frau mitbekommen, und sie musste über so viel Dreistigkeit lachen: »Sie irren. Ich bin nicht die Sekretärin. Das ist mein Mann.« Ungerührt konterte der Chefober, nun mit leichtem Schmunzeln: »Gnä' Frau, dann wissen S' wenigstens jetzt, wo Ihr Herr Gemahl mit seiner Sekretärin hingeht.«

Wo, außer in Wien, kann man so etwas erleben?

Das Beste aber sind die Titel, die Juwelen in den Kronen der ungekrönten Häupter. Die Leuchtreklamen für die eigene Bedeutung. Mit diesem zu Öl geschmolzenen Namenslametta cremen sie sich gegenseitig ein, Begrüßungen können in Wien daher nicht kurz ausfallen. Nicht in zwei Tanzschulen, deren Gründerin eine Professorin war und die nun einer Frau Magister gehören. Nicht in einem Modegeschäft, auch nicht in einer Pension, die mit dem Akademiker-Krönchen »Doktor« ausgeschildert sind. Noch nicht mal im Puff. Nachdem Wolfgang Bogner im »Goldentime« das Handtuch schmeißen musste, übernahm Dr. Alexander G. den Saunaclub. Allerdings erwies sich der promovierte Betriebswirt als Wirt im falschen Betrieb und musste einsehen: Nicht jede helle Birne taugt fürs Rotlicht. Die Quittung: fünf Jahre Haft. Die längste Zeit für eine Begrüßung muss man jedoch in einem Kaffeehaus einkalkulieren. In bebilderter Prospekt- und Internetwerbung lässt es den Gast wissen: Der freundliche Chef mit der hochgestärkten, mittig adrett geknifften weißen

Stofftüte auf dem Kopf ist zwar gelernter Konditormeister, aber dennoch kein gewöhnlicher Teigkneter, er walkt und streuselt mit dem oberstufigen Genius eines Kommerzialrats, Professors und Doktors. Zu seinen familiären Zuckerbäckerhandwerkern gehören ein Magister und ein weiterer Professor.

Fast kläglich dagegen wirkt eine Gedenktafel für den früheren österreichischen Bundeskanzler Julius Raab, vor dessen Namen, unter dem politischen Titel, noch ein »Ing.«[187] geschoben wurde. »Bundeskanzler« allein war dann wohl doch zu wenig.

Auf einem solchen Acker, auf dem Prunk und Protz, Verachtung und Überheblichkeit üppig und unverhohlen gedeihen können, blüht die Korruption. Ohne dass jemand energisch daran rupfen mag. Das Lebensgefühl heißt: Nichts ist peinlich, es sei denn, man wird erwischt. Damit das möglichst nicht geschieht, schreckt Wiens Nomenklatura schon im Vorfeld potenzielle Widerständler mit Titeln, Orden und aufgeplustertem Allmachtsgehabe ab wie 5-Minuten-Eier unter kaltem Wasser. Mayer heißen die in Schach Gehaltenen. Gruber oder Fuchs. Haben keine Matura, kein Studium. Keine Diplome, die sie öffentlich aushängen können. Ihre Titel sind Arbeitsbezeichnungen wie Verkäuferin, Tischler oder Kraftfahrzeugmechaniker. Und wenn sie Verdienstabzeichen haben, dann stammen sie von der Freiwilligen Feuerwehr.

Der Ausweis für Bildung ist der Titel. Wer einen Titel trägt, ist gescheit. Wer nicht, ist gescheitert, stigmatisiert durch das Vakuum des fehlenden Titels, entlarvt als ungebildet, schon auf den ersten Blick. Der Titel ist es, der Abstand schafft. Und mit jedem weiteren Titel vergrößert sich die Distanz zu den Ungebildeten. Sagt ein Wiener Magister.

Natascha ist all jenen ausgeliefert, die das Sagen haben in dieser Stadt, völlig untrainiert und unvorbereitet auf die Heimtücke, Eiseskälte und akademisch verkleidete Borniertheit mancher. Was weiß sie von dieser Welt, die sie nun neu betreten hat? Als sie Přiklopil davonlief. Und, wie es ihre Mutter auf den Punkt brachte, in den Armen vieler Přiklopils landete.

Am 28. August 2006 taucht ein an die »sehr geehrte Weltöffentlichkeit« gerichteter Brief auf, der angeblich aus der Feder von Natascha Kampusch stammt. Wie zum Beweis hält Psychiatrieprofessor Max Friedrich ihn bei einer Pressekonferenz in die Kameras. Der Text, den er verliest, ist ein Appell an die Medien, ihr noch ein wenig Ruhe zu gönnen: »Lasst mir Zeit, bis ich selbst berichten kann.« Damit sie bis dahin durchhalten, bekommen sie ein paar Vorabinformationen über die Jahre der Gefangenschaft: »Er war nicht mein Gebieter. Ich war gleich stark, aber – symbolisch gesprochen – er hat mich auf Händen getragen und mit den Füßen getreten. Er hat sich aber – und das hat er und ich gewusst – mit der Falschen angelegt. Er hat die Entführung alleine gemacht, alles war schon vorbereitet.« Dennoch gewinnt

---

[187] Ingenieur

sie ihr positive Aspekte ab: »Es stimmt natürlich, dass meine Jugend anders als die manch anderer ist, aber im Prinzip hab ich nicht das Gefühl, dass mir etwas entgangen ist. Ich hab mir so manches erspart, nicht mit Rauchen und Trinken zu beginnen und keine schlechten Freunde gehabt zu haben.« Für Přiklopils Mutter findet sie Worte des Mitempfindens, erklärt, dass sie mit ihren Betreuern »gut reden« könne und lässt das Team um Chefinspektor Johann Frühstück, das »sehr gut mit mir« war, »herzlich grüßen«. Den kleinen Seitenhieb – »aber ein wenig neugierig waren sie schon« – fängt sie versöhnlich mit kindlich altklug wirkender Nachsicht wieder auf: »Das ist allerdings ihr Beruf.«

Der Journalist und Autor Malte Olschewski, der Germanistik und Publizistik studiert hat, wird nach einem Tonbandmitschnitt des ORF »eine Sprachanalyse des Briefes von Natascha Kampusch« erstellen. Ergebnis: Sie hat ihn nicht verfasst. Nur die Anrede »Weltöffentlichkeit« sei »kindlich kurios und dürfte daher von Natascha stammen«. Anders verhalte es sich mit dem Passus »Ich werde persönliche Grenzüberschreitungen, von wem auch immer voyeuristisch Grenzen überschritten werden, ahnden«. Dieser »falsch gebaute Satz« sei »typisches Beamtendeutsch der Wiener Machart« und »ist eine Drohung, die einer ›jungen Dame mit Interesse an Bildung‹«, so ihre Selbstbeschreibung in dem Brief, »so gar nicht entspricht. Einmal der Ghostwriter, dann wieder Natascha im Original, könnte man meinen.« Die Analyse »ergibt eindeutig, dass das Schreiben eine Gemeinschaftsproduktion des Entführungsopfers und seiner Betreuer sein muss«.

Ein Kamerateam filmt das handschriftlich verfasste Werk ab. Soll das etwa die Schrift von Natascha Kampusch sein? Nein, das ist sie nicht. Es ist die Schrift von Max Friedrich, der seine Rolle als Schriftführer wenige Tage später gegenüber dem ORF beschreiben wird. Bei dem im Fernsehen gezeigten Schriftstück habe es sich »um eine Abschrift jener ›Ideen und Gedanken‹ von Natascha Kampusch gehandelt – und nicht um das Original: ›Das waren einzelne Zettel, die ich in einem Tresor aufbewahre‹, so der Psychiater. Er habe den Text eins zu eins übertragen, lediglich die Reihenfolge der Textpassagen sei – in Absprache mit Kampusch – verändert worden.«

DIENSTAG, 29. AUGUST 2006

Am Montag hat es eine Besprechung mit BK-Direktor Haidinger zum Fall Kampusch gegeben. Und auch an diesem Tag setzt sich wieder eine hochkarätige Runde zusammen und diskutiert mit ihm das weitere Vorgehen. Die amtlichen Quellen berichten abweichend voneinander, wer wann daran teilgenommen hat. Mal ist Karl Mahrer dabei gewesen, mal nicht. Unstrittig ist, dass Haidingers Stellvertreterin Andrea Raninger und Soko-Chef Nikolaus Koch in der Runde gesessen haben. Und einer der beiden Langs: Laut einer Quelle ist es der stellvertretende Generaldirektor für die öffentliche Sicherheit, Franz Lang, gewesen, eine andere benennt BK-Abteilungsleiter Gerhard Lang.

In dem Gespräch mit uns wird Herwig Haidinger festhalten: »Über die Sitzung in meinem Büro steht im Protokoll geschrieben: Wir wissen alle, was passiert ist. Was das für Auswirkungen für das Opfer haben kann. Dass es einen Amtshaftungsanspruch geltend machen kann. Was sind das für Deppen? Wir schlugen der Prokop eine Aktionsstrategie vor, damit wir nicht Gefahr laufen, dass das Damoklesschwert monatelang über uns schwebt. So ist es protokolliert worden. Das Papier ging ins Kabinett. Zurückgekommen ist aus dem Umfeld der Ministerin: ›So machen wir es nicht!‹ Bernhard Treibenreif, Kabinettsmitarbeiter, hat zu mir gesagt: ›Die Ministerin will jetzt vor den Wahlen keinen Polizeiskandal.‹« Trotz der Warnung, die, genau wie Haidinger es uns geschildert hat, in einem Aktenvermerk des Bundeskriminalamts vom 29. August 2006 nachzulesen ist: »In der Sache herrscht Einhelligkeit, dass die große Gefahr bestehe, Journalisten könnten diese Information erhalten und die Polizei damit ›treiben‹ (...). Es herrschte jedenfalls Übereinstimmung unter den Anwesenden, dass ein offensives Herangehen an diesen Aspekt des Falles Kampusch jedenfalls besser sei als sich in die Defensive drängen zu lassen.«

Anfangs sieht es noch so aus, als pirschten sich die Beamten vorsichtig an das Problem heran. Sie beschließen eine »möglichst unauffällige Befragung des damaligen Hinweisgebers (Diensthundeführer) durch einen Ermittlungsbeamten der SOKO Natascha, der von Genmjr[188] Koch persönlich informiert und beauftragt wird«.

Christian Pabi soll unauffällig befragt werden. Bei einem Waldspaziergang, mit gespielter Beiläufigkeit? Es scheint zaghaft wiederaufzuleben, das Wien, das zu Ostblockzeiten die Weltzentrale der Geheimdienste war. Agententreffs im Riesenrad. Erpressungen im Flüsterton. Die Giftpille im »Kleinen Braunen«[189]. Es waren Aktionen durchtriebener Fallensteller, deren wahre Ziele sich unter süßlichem Charme verbargen wie Attrappen von Sachertorten unter zerlaufenem Schlagobers[190]. Danach verschluckte der Nebel sie im kanalisierten

---

188 Generalmajor
189 einfacher Espresso, der mit einem separaten Kännchen Kaffeesahne zur individuell bemessenen Beigabe serviert wird
190 Schlagsahne

Untergrund. Während oben Anton Karas[191] arglos an seiner Zither zupfte. Und mit seinen Klängen offenbar bis heute dafür sorgt, dass sich vor allem bei staatlich alimentierten Geheimniskrämern *Der dritte Mann*[192] durch die Dunstwolken ihrer Erinnerungen in ihr Bewusstsein schiebt. Auf stete Wiedervorlage. Für Sondereinsätze, deren Bedeutung abzulesen ist an dem Zeigefinger, der vertikal über den Lippen liegt.

Die Beamten, die sich die Mission des Soko-Abgesandten ausgedacht haben, agieren nicht ohne Sicherheitsleine. Sie vereinbaren eine »enge Abstimmung mit dem KBM«, dem Kabinett der Bundesministerin.

Herwig Haidinger geht es an den Amtskragen. Soko-Chef Nikolaus Koch informiert ihn über eine »Weisung« von General Franz Lang[193], »wonach sämtliche Ermittlungsaufträge im Fall ›Natascha KAMPUSCH‹ über ihn zu gehen hätten. Ebenso wären sämtliche Kontakte mit dem Staatsanwalt über ihn abzuwickeln und zu berichten.«

Das lässt sich Haidinger nicht gefallen. Wie die erste Evaluierungskommission in ihrem Abschlussbericht notieren wird, »verweigerte (er) die Befolgung der solcherart transportierten Weisung und forderte stattdessen eine persönliche Weisung von General Franz Lang«. Die wird nicht erfolgen. Genauso wenig wie die Erledigung des an Karl Mahrer ergangenen Auftrags.

Karl Mahrer wird erklären, dass ihm schon »wenige Stunden, höchstens wenige Tage« nach Haidingers schriftlicher Anordnung vom 25. August 2006 »von Gl[194] Lang Franz oder/und Genmjr Treibenreif (...) mitgeteilt worden war, dass weitere Erhebungen dazu nicht mehr erforderlich seien«. Die Anweisung sei seiner Erinnerung nach »von beiden Seiten« gekommen. Darüber habe er Haidinger »sicher mündlich« und, darin sei er sich »fast sicher«, auch schriftlich informiert. Franz Lang wird diese Darstellung Mahrers zurückweisen: Es könne sich »lediglich um eine Fachmeinung, einen Diskussionspunkt meinerseits gehandelt haben, ich habe diesbezüglich diesem sicher keine Weisung erteilt«. In ein ähnliches Horn wird auch COBRA-Chef und Kabinettsmitglied Bernhard Treibenreif blasen. Vor der Soko wird er aussagen, dass er sich eine solche Anweisung

---

191 Österreichischer Zitherspieler, Komponist und Gastwirt, der 1985 im Alter von 78 Jahren verstarb; Weltruhm erlangte er mit seiner Komposition »Harry-Lime-Thema« im Film *Der dritte Mann*.
192 britischer Thriller von 1949, dessen Handlung im Nachkriegs-Wien spielte
193 Lang wird Haidinger später als Direktor des österreichischen Bundeskriminalamtes nachfolgen. Der frühere Innenminister Ernst Strasser hatte beide gefördert. Haidinger, der in der Generaldirektion auf dem Stuhl der vier Jahre jüngeren Franz Lang gesessen hatte, hievte er 2002 auf den Chefsessel des BK. Und Lang, der brillante Führungseigenschaften als Koordinator und Ermittlungsleiter bei dem verheerenden Brand der Gletscherbahn in Kaprun am 11. November 2000 mit 155 Toten bewiesen und dafür international hohe Anerkennung erfahren hatte, holte er 2003 zu sich ins Ministerium und betraute ihn mit einer umfassenden, republikweiten Polizeireform. Von da an ging es mit der Karriere des ausgebildeten Gendarmerie-Bergführers Franz Lang steil bergauf. Ganz unten hatte er mal angefangen und, ähnlich wie Haidinger, den Polizeiberuf von der Pike auf erlernt. Davor war er, wiederum wie Haidinger, bei UNO-Auslandseinsätzen im Nahen Osten, aber auch noch in Ostafrika gewesen. Hatte sich später, nicht mit dem in der Heimat erhaltenen fachlichen Rüstzeug begnügt, sondern bildete sich im Ausland weiter, in den USA beim FBI, dem deutschen Bundeskriminalamt und der Europäischen Polizeiakademie im französischen Lyon und dem deutschen Hiltrup bei Münster/Westfalen.
194 General

»nie anmaßen« würde. Das Hin und Her wird noch die erste Evaluierungskommission und das Parlament beschäftigen.

Wie Gehorsam auch ohne ausdrücklichen Befehl funktioniert, wird der Minderheitsbericht der SPÖ aufzeigen: »Denn auch im Zusammenhang mit dem Fall Kampusch gab es den Vorwurf, dass der ›Wunsch‹ der damaligen Innenministerin Prokop dazu geführt habe, dass ein wesentlicher Zeuge[195] vor der Nationalratswahl nicht einvernommen werden sollte.«

Der Minderheitsbericht der SPÖ benennt klar das Problem, »dass MitarbeiterInnen des Kabinetts Anweisungen an Bedienstete tätigen und dabei stets den Eindruck erwecken, dass es sich um Wünsche der Ministerin/des Ministers handelt«. Am Ende lasse sich nicht mehr feststellen, »wer welche Intention wirklich gehabt hat.«

Welche Intention Diensthundeführer Christian Pabi an diesem Abend hat, ist ziemlich eindeutig: Er will seine Ruhe haben. Denn er ist mit seiner damaligen Ehefrau A., die im Rang einer Revierinspektorin ebenfalls bei der Polizei arbeitet, und den beiden Kindern unterwegs. Doch die Ruhe ist dahin, als sein Diensthandy plötzlich klingelt. Es meldet sich Chefinspektor Andreas K. von der »Soko Burgenland«. Und der macht sofort »ordentlich Druck«, wie sich Pabi später erinnert. Man wolle ihn dringend sprechen, er und ein Kollege. So schnell es gehe. Am besten gleich. »Ich bin eingeladen und komme vor 22 Uhr nicht nach Hause«, wendet Pabi ein. »Notfalls kommen wir um 22 Uhr, wenn Sie wieder zu Hause sind«, bietet K. an. Pabi gibt nach, einigt sich auf ein Treffen um 20 Uhr. Er bricht den Besuch in Wien ab und macht sich mit Frau und Kindern auf den Heimweg.

Chefinspektor K. hat seine beiden Soko-Beamten in Marsch gesetzt. Sie sollen laut K. mit Pabi »über den damals vorgelegten Aktenvermerk des SB[196] Wien (vom 14.4.1998/F.[197])« sprechen. »Die näheren Hintergründe für diesen speziellen Auftrag sagte mir Genmjr KOCH nicht, er sagte aber klipp und klar – auf meine Frage hin – dass wir keine Niederschrift aufnehmen müssen.« Denn es sei nicht um eine Einvernahme gegangen. Sondern der mündlich erteilte Auftrag ihres Chefs »habe beinhaltet, ›für die SOKO Burgenland festzustellen, ob der Polizist Pabi tatsächlich der Diensthundeführer gewesen sei und ob die Angaben im erstellten Aktenvermerk des Sicherheitsbüros Wien den Tatsachen entsprechen würden‹«.

Das entspricht natürlich nicht Haidingers Vorstellung einer lückenlosen Aufklärung.

20.00 Uhr

Christian Pabi und seine Frau empfangen bei sich zu Hause die beiden Soko-Beamten. In Andreas K.s Begleitung ist der dienstgradgleiche Chefinspektor Thomas Sch. Pabi und er

---

195 Diensthundeführer Christian Pabi
196 Sicherheitsbüro
197 »F.« ist vermutlich das Kürzel für den Verfasser des Berichts, Bezirksinspektor Thomas F.

kennen sich bereits. Zu viert setzen sie sich an den Esstisch. Und plaudern »Belangloses«. Bis Pabi die Frage stellt, die ihm vermutlich schon längst unter den Nägeln brennt, nämlich was sie von ihm wollen. »Wir haben da ein Problem«, leitet einer der beiden Besucher den nun folgenden ernsten Teil ein. Sie zeigen ihm den »Akt« mit dem Bericht über seinen telefonischen Hinweis. Er bestätigt, dass er der Anrufer war, bestreitet aber, damals angegeben zu haben, »dass PŘIKLOPIL sexuell einen Hang zu Kindern habe und Waffen besitze«. Auch ohne diese Einschränkung, die dem Hinweis erst jetzt, nach achteinhalb Jahren, einen Teil der Brisanz nimmt, die er bis dahin hatte, hätte jeder Ermittler elektrisiert sein müssen. Auch wenn er in Hinweisen erstickt wäre. Nicht so der Beamte im Sicherheitsbüro, F., der das Telefonat am 14. April 1998 mit Pabi geführt hatte oder sein Vorgesetzter Fleischhacker. Weil sie andere Spuren als dringlicher bewerteten oder, bei objektiver Betrachtung, auch bewerten mussten. Aber irgendwann hätte man ihn persönlich befragen müssen.

Und nun?

Die Antwort gibt ihm Chefinspektor Andreas K. So eindringlich, dass Christian Pabi sie auch nach Jahren noch Wort für Wort wiedergeben kann:

»Bitt'schön, sag' nichts, zu keinem was, sonst kömma zusperr'n!«

Da ist er raus, der Satz, der ihn seither wie eine Geisel hält. »Ich wurde verdonnert, zu schweigen. Ich durfte nicht mehr sagen, dass ich der Hinweisgeber war.« Ein Maulkorb als kollegiales Mitbringsel. Nicht für den Hund. Fürs Herrchen.

Als Erklärung schiebt S. nach, »dass eben Pannen passiert seien, die innerbetrieblich aufgeklärt werden müssten«. Das nebulöse Getue verwirrt Christian Pabi. »Für mich kam dieses Ersuchen der beiden ganz klar als Weisung zum Ausdruck, dass ich – ich betrachte die beiden als fachlich Vorgesetzte, sie waren SOKO-Kampusch-Beamte – in dieser Sache der Amtsverschwiegenheit unterliege.«

Pabi wird, wie die weiteren drei Gesprächsteilnehmer an diesem Abend, gute anderthalb Jahre später vor einer Untersuchungskommission stehen und gefragt werden: »Fand im Zuge dieses Gesprächs eine formelle Befragung als Auskunftsperson statt bzw. wurden Ihnen konkrete Fragen zu Ihrem damaligen Hinweis gestellt?« Er wird antworten: »Nein, überhaupt nicht.« Und Chefinspektor Andreas K. wird bestätigen: »Ich habe Christian Pabi dann ebenso noch mitgeteilt, dass wir[198] keine weiteren Tätigkeiten mehr in dieser Sache[199] machen würden, ich hätte lediglich den Auftrag bekommen, allgemein mit ihm darüber zu sprechen.«

»Wir sollten über diese Sache, über diesen Hinweis meines Mannes nichts sagen, es sollte insbesondere nicht an die Presse gelangen«, wird A. Pabi aussagen. »Der stärkere der Beam-

---

198 »Soko Burgenland«
199 gemeint ist Pabis Hinweis vom 14. April 1998

ten[200] sagte, dass ›wir uns in Zeiten wie diesen keinen Polizeiskandal leisten könnten‹. Wir wussten sofort, was dieser meinte, Wahlen standen ja vor der Türe, konkret angesprochen haben die Beamten diese Wahlen jedoch nicht.«

Bei Christian Pabi ist die Botschaft angekommen, unmissverständlich. Er und seine Frau geloben, nichts zu sagen. Andreas K. schnappt sich sein Handy, geht in einen anderen Raum und telefoniert. Er bekommt nicht mit, dass ihn A. Pabi dabei belauscht: »Da ich unbedingt wissen wollte, mit wem der Beamte nunmehr telefoniert bzw. was dieser zu berichten hat, ging ich in die Küche und habe Folgendes – wörtlich – mitangehört: ›Wir können den beiden vertrauen, die sagen nichts.‹« Peng. Aktendeckel zu. Wem die Erfolgsmeldung gilt, kann sie nicht heraushören. Das Geheimnis wird Thomas Sch. vor der Untersuchungskommission lüften. Der Empfänger der baldrianhaltigen Kunde war Soko-Chef Nikolaus Koch.

Dass Nikolaus Koch derjenige war, der seine beiden Chefinspektoren zu den Pabis entsandte, ist unstrittig. Auf wessen Veranlassung er dies jedoch tat, lässt er im Dunkeln. Bei seiner Zeugeneinvernahme vor der Untersuchungskommission und seiner Befragung durch die erste Evaluierungskommission wird Koch aussagen, »dass er nicht mehr wisse, wer den Auftrag zur Befragung des Polizisten Pabi erteilt habe«. Dafür weiß es angeblich der FPÖ-Nationalratsabgeordnete Dr. Peter Fichtenbauer. Der Auftraggeber sei Franz Lang, stellvertretender Leiter der Generaldirektion für die öffentliche Sicherheit, gewesen. Lang habe »selbst zwei Beamte der Soko Kampusch zum Hinweis gebenden Hundeführer entsandt, um diesen zum Schweigen zu bringen«, wird Fichtenbauer 2008 in seiner »abweichenden persönlichen Stellungnahme« zu dem im selben Jahr eingesetzten parlamentarischen Untersuchungsausschuss, dem er selbst vorstehen wird, behaupten.

Weniger vergesslich als Koch sind die vom hoheitlichen Schweigeerlass Betroffenen. So in die Zange genommen zu werden, ohne etwas Unrechtes getan zu haben, ist für sie ein Schock, dessen Nachhaltigkeit abzulesen ist von einer Aussage, die A. Pabi anderthalb Jahre später vor der Untersuchungskommission machen wird: »Abschließend möchte ich noch festhalten, dass meinem Mann und mir wichtig ist, dass wir unseren Job nicht verlieren, es wurde uns wirklich vermittelt, dass wir an das Amtsgeheimnis gebunden sind und deshalb niemandem etwas sagen sollen.«

Da der Mantel des Schweigens über den Vorgang ausgebreitet ist, kann es keine späte Anerkennung für die richtigen Gedanken eines Polizisten zum richtigen Zeitpunkt geben. Und er versagt sie sich selbst auch. Er hadert mit sich. Wenn schon die anderen nachlässig waren, warum war er es dann auch? Und nahm die Suche nach Natascha Kampusch nicht selbst in die Hand? Noch heute ist er nicht davon überzeugt, dass sein Hund keine Chance gehabt hätte, wenigstens ein Fitzelchen einer Spur von ihr aufzunehmen.

---

200 Gemeint ist Chefinspektor Andreas K.

Christian Pabi kann mit niemandem reden über das, was ihn so schmerzhaft bewegt, nicht einmal mit Natascha Kampusch selbst, die in diesen Tagen die Schlagzeilen der Zeitungen beherrscht.

Der Druck in seinem Inneren wird so groß, dass er einen, inzwischen verstorbenen, Vorgesetzten bittet, mit der Presse sprechen zu dürfen. Der ruft seinen Chef Karl Mahrer an. Und der, klar, fegt das Ansinnen sofort vom Tisch.

Bei der späteren Befragung durch die erste Evaluierungskommission bedankt er sich bei dessen Vorsitzendem, Prof. Ludwig Adamovich, für die respektvolle Behandlung. Endlich hört ihm jemand zu.

Adamovich muss gespürt haben, dass der Mann, der da vor ihm steht, ein Held ist, der keiner sein darf. Der freundliche alte Herr händigt Christian Pabi zum Schluss seine Visitenkarte aus. Eine Geste nur. Aber sie wärmt sein Herz.

Christian Pabi arbeitet weiterhin in der Diensthundeführerabteilung, einer »Schlangengrube«, wie er sie nennt. Es gibt Stress, er wird gemobbt, so empfindet er es. Und so war es tatsächlich, wird sein ehemaliger Kollege Gustav E. später dem ORF in einem Interview bestätigen. Weil Pabi die Ausbildung für Sprengstoffhunde in mehreren Bundesländern ausrichtet, verwahrt er spezielle Röhrchen in seinem Spind: Sie sind mit einem nicht explosiven Sprengmittel bedampft und müssen absolut steril gelagert werden. Zweimal wird der Spind aufgebrochen. Daraufhin hängt er einen Warnhinweis aus. Die Gefahr, dass die Röhrchen kontaminiert und dadurch unbrauchbar geworden sind, ist so groß, dass sie ersetzt werden müssen und einen finanziellen Schaden für die Behörde bedeuten. Später wird ihm unter anderem deren unzureichend gesicherte Verwahrung zum Vorwurf gemacht. Die Schikanen enden mit seiner Versetzung auf ein Wachzimmer im 2. Bezirk. Ein grandioser Abstieg dahin zurück, wo er einst angefangen hat. Als Polizeischüler.

Christian Pabi wird krank und beschließt, sich vorzeitig pensionieren zu lassen, endgültig. Zu seiner Verwunderung sind alle Formalitäten innerhalb von elf Monaten erledigt. Ohne die sonst übliche vorläufige Versetzung in den Innendienst. Bis auf eine. Bevor er endgültig gehen darf, muss er noch ein Dokument unterschreiben. Eine »Verschwiegenheitserklärung«.

Jahre später begegnet er der Frau, die noch ein Mädchen war, als er sie retten wollte, rein zufällig in Strasshof. Entdeckt hat er sie vom Auto aus, auf dem Beifahrersitz eines Kleinwagens, der von einem älteren Herrn gesteuert wird. Der wiederum sieht den dunklen Van im Rückspiegel und wundert sich darüber, wie hartnäckig der Fahrer ihnen folgt. Schließlich bleibt er stehen. Auch Christian Pabi stoppt und springt aus seinem Wagen. Ihm schießt das Blut in den Kopf. Er stürmt auf die Fahrerseite zu, deren Fenster nach unten surrt, sprudelt los, an dem älteren Herrn vorbei, will Natascha Kampusch endlich selbst sagen, dass er der namenlose Hundeführer aus den Medien ist. Der sich schuldig fühlt, obwohl er weiß, dass er

Haus von Wolfgang
Přiklopil in Strasshof

Vorder-
eingang mit
Türsicherung

Elektronische
Türsicherung

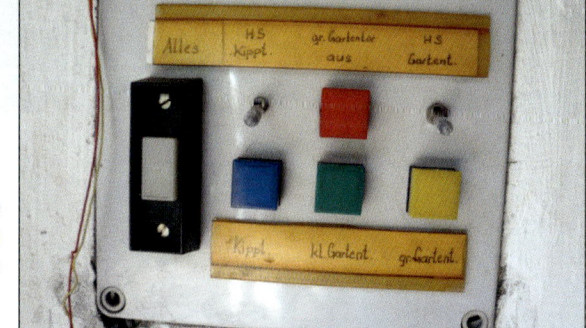

Elektronische
Sicherungseinrichtung
im Haus

Hinterer Teil des Grundstücks, von dem aus Natascha Kampusch floh, während Wolfgang Přiklopil durch Telefonate abgelenkt war

Fluchtweg von Natascha Kampusch; rechts: Tor zum hinteren Teil des Grundstücks

Wohnzimmer im Tathaus

Küche im Tathaus

Garage in Wolfgang Přiklopils Haus; vor der hinteren Tür befindet sich die mit Bohlen abgedeckte Treppe zum Verlies

Treppe zum Verlies

Treppe zum Verlies

Tresor, der den Zugang zum Verlies versperrte, dahinter der Schrank, der den Tresor tarnte

Der zur Tarnung vor den Tresor eingehängte Schrank

Tresor

Peter Reichard beim Ausstieg aus dem Verliesvorraum

Zugang zum Vorraum des Verlieses

Eisen-Beton-Tür hinter dem geteerten Zugang im winzigen Vorraum des Verlieses

Im Verlies

Im Verlies

Hochbett
im Verlies

Peter Reichard im zweiten Gespräch mit Prof. Adamovich (rechts) am 3. August 2009 in dessen Büro

Natascha Kampusch mit Peter Reichard

Natascha Kampusch mit Evelyne Reichard

unschuldig ist, und ganz tief unten in seiner Seele hofft, dass sie ihm diese Schuld nehmen kann.

Er kann nicht vermitteln, was ihn bewegt, zu atemlos laufen ihm die Worte über die Lippen. Und auch Natascha Kampusch erfasst nicht, was der fremde Mann von ihr will. Sie hält so gut es geht von sich fern, was nun schon seit Jahren von außen auf ihr abgeladen wird. Es bleibt bei dieser einen Begegnung, die beide verwirrt. Am meisten Christian Pabi.

Die Talfahrt in einem Lebensabschnitt des wohl bekanntesten Polizeidiensthundeführers Österreichs, den keiner kennt, war rasant. Aber inzwischen ist er wieder mit sich im Reinen. Es war ein Fehler, dass man nicht auf ihn gehört hat. Das hat er schriftlich, nachzulesen in allen Berichten, die Evaluierungskommissionen und politische Untersuchungsausschüsse bis heute verfasst haben. Dieses staatliche Gütesiegel, dass er doch ein guter Polizist war, mag ihm dabei geholfen haben, die innere Balance wiederzufinden.

MITTWOCH, 30. AUGUST 2006

10.00 Uhr
Wieder einmal werden Kameras und Mikrofone aufgebaut, Laptops aufgeklappt, Notizblöcke aufgeschlagen. Diesmal, um zu dokumentieren, was Ernst H. an Insiderwissen über seinen besten Freund Wolfgang Přiklopil und dessen letzte Lebensstunden preisgeben wird. Die Erwartungen sind hoch. Genau eine Woche ist es her, dass er in den Sog eines Verbrechens gezogen worden ist, das nach wie vor weltweites Aufsehen erregt. Der Druck der Medien auf ihn ist täglich gewachsen, Journalisten haben seine Veranstaltungshalle belagert, ihn zu Erklärungen zu drängen versucht. Die für die nächsten Tage gebuchten Veranstaltungen wird er unter diesen Umständen nicht durchführen können. Er ist nervlich am Ende. Ein Psychologe vom Kriseninterventionscenter rät ihm zu einem Befreiungsschlag. Er solle sich in seiner Veranstaltungshalle einem Pressegespräch stellen. Danach werde Ruhe einkehren. Ernst H. folgt der Empfehlung. In der zwei Tage vor dem Termin vom »Original Text Service« (OTS) verbreiteten Einladung wird als »Pressekontakt H.« die Schwester Margit W. genannt. Der pensionierte Präsident des Obersten Gerichtshofes, Dr. Johann Rzeszut, dem bei der Aufarbeitung des Entführungsfalles noch eine wichtige Rolle zukommen wird, wird sie als Ernst H.s »atypisch umtriebige Schwester« bezeichnen. Tatsache ist, dass sie, wie gewohnt, die Sache in die Hand nimmt. Ihr Bruder hat ihr inzwischen anvertraut, »dass Wolfgang Přiklopil ihm während der gemeinsam im Auto verbrachten Zeit von der Entführung erzählt habe« und sie damit zur Mitwisserin gemacht. Doch das wird sie erst über drei Jahre später[201] in einer Zeugenvernehmung schildern und dabei einräumen: »Der damalige Mediendruck sei kaum zu verkraften gewesen und habe sich ihr Bruder letztlich dazu entschlossen, der Polizei nicht die Wahrheit dazu anzugeben. In Vorbereitung des Schreibens für die Pressekonferenz habe sie ihren Bruder konkret befragt, ob er selbst mit der Entführung etwas zu tun habe, was dieser verneint habe. Sie hätten dann gemeinsam die Presseerklärung verfasst.« Beim Reflektieren der Ereignisse und dem Formulieren, wie was angeblich geschah, hätte sie noch die Reißleine ziehen und auf ihren uneinsichtigen Bruder einwirken können: »Lass die Hosen runter. Pack aus. Sag alles, was du weißt. Zuerst vor der Polizei. Danach vor der Presse. Sonst kommst du in Teufels Küche.« Doch sie entscheidet sich anders.

Das »Pressegespräch« in Ernst H.s Veranstaltungshalle beginnt mit einem Auftritt von Margit W. Sofort nimmt sie jeglicher Erwartungshaltung der versammelten Journalisten an die Auskunftsfreudigkeit ihres Bruders den Wind aus den Segeln. Sie ist die Moderatorin und

---

[201] am 19. November 2009

hält die Zügel von vornherein straff in der Hand. Ihr Bruder werde keine Fragen beantworten, nordet sie die ein, die von Berufs wegen fragen müssen. Ernst H. liest Wort für Wort die dreieinhalbseitige schwesterlich federgeführte Erklärung vor. Und versucht, die Medienabgesandten, von denen er sich so bedrängt fühlt, am Nasenring durch die Manege zu führen. So hören sie sich nach ein paar dürren Ausführungen über die Persönlichkeit Přiklopils die Geschichte über dessen dramatische Trunkenheitsfahrt an, die in der sicheren Obhut des zur Hilfe geeilten Freundes endete. Und der erwies sich nach eigenem Empfinden als psychologisch einfühlsamer Seelentröster. »Ich versuchte, ihn zu beruhigen, indem wir vorwiegend über berufliche Dinge redeten. Wir führten dann ein langes Gespräch über seine Wohnung, die noch notwendigen Arbeiten, die Vermietungsmöglichkeiten und gingen die Renditeberechnung durch. Das alles beruhigte ihn dann tatsächlich wieder.« Was mag in diesem Moment in den Köpfen von Ernst H.s Zuhörern vorgegangen sein? H. weiter: Die Beziehung zu dem Mann, der ihn in höchster Not um Beistand bat, sei nämlich gar nicht so eng gewesen: »Obwohl wir uns lange kannten und viel zusammengearbeitet haben, haben wir kaum etwas privat gemeinsam unternommen.« Nach dem Abschluss größerer gemeinsamer Bauarbeiten, liest Ernst H. weiter vor, »reduzierte sich auch der Kontakt zu Herrn Přiklopil seit 2003 auf gelegentliche Arbeiten und Telefonate«. Exakt diesen Passus wird die Polizei Ernst H. noch unter die Nase reiben[202] und ihn mit dem Ergebnis einer »Rufdatenrückerfassung« für die vergangenen sechs Monate[203] konfrontieren. Danach seien »in diesem Zeitraum insgesamt 94 Gespräche in der Dauer von 4,06 Stunden zwischen den Mobiltelefonen des Ing. Ernst H. und des Wolfgang Přiklopil und 39 Telefonate in der Gesamtdauer von 9,8 Stunden zwischen dem Festnetzanschluss des Ing. Ernst H. (....) und dem Festnetz des Wolfgang Přiklopil festgestellt worden«. Sie haben durchschnittlich also im Takt von noch nicht einmal anderthalb Tagen miteinander telefoniert. Dazu wird Ernst H. erklären, »dass er das unter gelegentlichen Kontakten verstehe. Diese Anzahl an Telefonaten sei für ihn normal.«

Seine kurze Lesung, in der er auch seine Begegnung mit der jungen Begleiterin Přiklopils schildert, von der er erst jetzt wisse, dass es Natascha Kampusch war, lässt Ernst H. ausklingen mit einem Aufruf: »Ich bin noch immer mit der Situation überfordert und durch die anschließenden Vorfälle sowie durch das starke Medieninteresse geschockt. Ich muss das erst alles verarbeiten und langsam wieder zur Ruhe kommen. Ich möchte Sie daher ersuchen, meinen Wunsch nach Ruhe sowohl im privaten wie auch im geschäftlichen Umfeld zu respektieren, und appelliere an Ihre Fairness.« Er wünscht »Frau Kampusch alles Gute und dass sie ihren eigenen Weg im Leben geht« und schließt mit der Bitte »um Ihr Verständnis, dass ich jetzt keine Fragen beantworten kann.«

---

202 in seiner ersten Beschuldigtenvernehmung am 15. November 2009
203 Vom 07. März bis 07. September 2006; damit verkürzte sich der Erfassungszeitraum von sechs Monaten real um zwei Wochen, da Přiklopil bereits am Abend des 23. August 2006 tot war und folglich nicht mehr mit H. telefonieren konnte.

Dann überrascht er mit einer Zugabe. Er präsentiert dem Auditorium den Metrogutschein[204], bezeichnet ihn als abgebrochenes Abschiedsschreiben Přiklopils an seine Mutter. Doch dass er sich das Leben nehmen würde, sei für ihn daraus nicht abzuleiten gewesen. Konkret habe Přiklopil nämlich keine Freitodabsicht geäußert. Genau das hat er vier Tage zuvor auch der Polizei erzählt. Und dabei muss er nun bleiben.

Aus dem Schneider ist Ernst H. damit nicht. Der Medienrummel um ihn wird erst noch beginnen. Mit seiner Lügerei hat er das Tor aufgestoßen für immer neue Spekulationen um seine mögliche Komplizenschaft. Noch am Tag des Pressegesprächs, spätestens am folgenden Tag, übergibt Ernst H. den Zettel Waltraud Přiklopil in deren Wohnung. Beide begegnen sich das erste Mal, den Kontakt zwischen ihnen hat die Polizei vermittelt. Als sie den Zettel in der Hand hält, bricht sie in Tränen aus. Doch als sie ihn dann in Ruhe betrachtet, fällt ihr auf, »dass es sich bei dem in lateinischer Schrift geschriebenen Wort ›Mama‹ nicht um die Handschrift ihres Sohnes handelt, da dieser ebenso wie ihr verstorbener Mann die Eigenart hatte, ausschließlich in Blockbuchstaben zu schreiben«. Ernst H. ergeht es nicht anders: »Ich habe mich selbst darüber gewundert, weil ich wusste, dass Wolfgang Přiklopil in Blockbuchstaben geschrieben hat.«

Es dauert noch über drei Jahre, dann versetzt die Staatsanwaltschaft Ernst H. wegen seiner dauernden widersprüchlichen Angaben in den Status eines Beschuldigten. Und der Metrozettel landet auf dem Tisch eines Sachverständigen für »Urkunden und Handschriften« des Bundeskriminalamts[205]. Dem liegen Vergleichsschriften von Přiklopil und Ernst H. vor, der seine Schriftproben direkt im Bundeskriminalamt geleistet hat. Das Material soll er nun auf Übereinstimmungen mit einem einzigen vierbuchstabigen Wort, nämlich »Mama«, hin untersuchen. Während der Experte bei Přiklopil »keine nennenswerten graphischen Übereinstimmungen« feststellt, entdeckt er bei Ernst H. »einzelne aufzeigenswerte graphische Übereinstimmungen zwischen dem fraglichen Anfangsbereich ›Ma‹ und diesen Vergleichsschriften. Art und Anzahl dieser übereinstimmenden graphischen Merkmale können bereits als geringer Hinweis auf die Urheberschaft des H. Ernst gewertet werden. Da dieser übereinstimmende – aber äußerst geringe – Merkmalskomplex mitunter zufällig auftreten kann, ist eine hinreichende Aussage, ob H. Ernst der Urheber des fraglichen Schriftzuges ›Mama‹ ist, nicht möglich.«

Dem BK-Sachverständigen stehen für seine Untersuchungen ein »Zettel mit einer von Wolfgang Přiklopil vorgenommenen Flächenberechnung[206]«, eine von ihm erstellte »Ein-

---

[204] Hier ergibt sich ein Widerspruch mit den amtlichen Unterlagen. Dort ist festgehalten, dass die Polizei H. den »Mama«-Zettel am 1. September 2006 wieder aushändigte. Er muss ihn aber schon am 30. August 2006 wieder in seinem Besitz gehabt haben, sonst hätte er ihn nicht anlässlich des an diesem Tag stattfindenden »Pressegesprächs« präsentieren können.
[205] Untersuchungsbericht vom 18. November 2009, Geschäftszeichen: 2.053.438/5-BK62U58/09
[206] darauf vermerkt: »4m^2 sind noch da«

kaufsliste[207]« sowie »ein liniertes Schreibheft« von Natascha Kampusch mit »Deutschübungen« zur Verfügung, die er »mit rotem Kugelschreiber« korrigierte. Und diese Korrekturen verfasste er eben nicht nur in »Druckbuchstaben[208]«, sondern, wie der Gutachter auflistet, auch in »verbundener Lateinschrift[209]« und in einer »Mischform zwischen verbundener Lateinschrift und Druckschrift[210]«. Das überrascht mich nicht. In seinem Haus stand ein Regal mit Plastikschalen, in die er technische Ersatzteile einsortiert hatte. Jede Schale hatte er mit einem Aufkleber versehen und penibel beschriftet. So konnte ich selbst sehen, dass er zwischen »Druckbuchstaben« – bei »Dioden« oder »Tastenknöpfen« – und der »Mischform zwischen verbundener Lateinschrift und Druckschrift« – bei »Led in Gehäuse« und »Condensatoren« – gewechselt war. Und dann ist da noch ein Aspekt, den der Gutachter nicht interpretiert, aber sachlich beschreibt: »Der fragliche Schriftzug ›Mama‹ weist ab der zweiten Worthälfte einige Strichstörungen auf: Neben einer auffälligen Auslenkung bei der Basisverbindung zwischen ›a‹ und ›m‹ ist der Endbuchstabe ›a‹ von tremorartigen[211] Verzerrungen und einer unsicheren Strichführung geprägt.« Ist es ein Wunder, dass ein Mensch zittert, kurz vor dem Freitod? Der deutsche Sprachprofiler Raimund H. Drommel erklärte in einer Talkshow[212], in der er die Besonderheiten seines Berufes vorstellte: »Bei einem Menschen, der kurz vor dem Suizid steht – sagen die Grafologen –, verändert sich auch die Handschrift, weil ein interner Stress vorhanden ist.«

Was dem Sachverständigen des österreichischen Bundeskriminalamts abverlangt wurde, ist aus kriminalistischer Sicht grenzwertig. Er hatte vier Buchstaben zur Verfügung, einen davon »verzittert«. Und die sollte er einem der beiden Verfasser der Schriftproben zuordnen. Ein Unding. Und daher unseriös. Das Kriminalisten-Fachhandbuch des Bundes Deutscher Kriminalbeamter (BdK) weist auf die Schwierigkeiten bei der Begutachtung von Handschriften hin und führt dazu unter anderem aus: »Die wenig (oder wenigen) eigenspezifischen Schriftmerkmale mehrerer Schreiber können sich derart weitgehend überlappen, dass sie für eine Schreiberdiskriminierung bzw. -identifizierung nicht mehr genügend Trennschärfe aufweisen.« Daraus folge: »Es muss also ein bestimmter Umfang an Schrift vorliegen, in dem eine ausreichende Anzahl von Schriftmerkmalen zu finden ist, um eine Urheberschaftsbestimmung vornehmen zu können.«[213]

---

207 Auflistung auf der Rückseite eines Kassenbons: »1 L Milch ...« bis » ... 2 K. Orangen«
208 z. B.: »Befreiung«
209 z. B.: »außer sich«
210 z. B.: »Verbesserung verbessern«
211 Tremor: lt. Duden »durch rhythmisches Zucken bestimmter Muskeln hervorgerufene rasche Bewegungen einzelner Körperteile«
212 *Kölner Treff*, WDR Fernsehen, am 27. Mai 2011
213 *Kriminalistische Kompetenz*, Stand: 23. Juli 2014; Autoren: Prof. Dipl.-Psych. E. Sadorf, Schriftsachverständiger im Kriminaltechnischen Institut des Bayerischen Landeskriminalamts, München, Erstautor: Prof. Dr. Howorka, Berlin, ehem. Professor für Kriminalistik an der Humboldt-Universität zu Berlin, Sektion Kriminalistik

Die Innsbrucker Leitende Staatsanwältin Dr. Brigitte Loderbauer musste den gesamten Entführungsfall nach einer Anzeige gegen ihre Kollegen aus Wien und Graz »wegen Verdachtes des Missbrauches der Amtsgewalt« später noch einmal komplett aufrollen und kommt 2011 zu dem Ergebnis, dass die in dem Untersuchungsbericht des BK-Gutachters enthaltene Aussage »ohne jeden Beweiswert ist«. Es nützt nichts. Immer wieder, auch heute noch, gilt für hartnäckige Verschwörungstheoretiker Ernst H. als »Mama«-Verfasser. »Inwieweit die Präsentation dieses Zettels für Ing. Ernst H. von Vorteil gewesen sein könnte, erschließt sich der Staatsanwaltschaft Innsbruck nicht«, so ihr Fazit.

10.55 Uhr bis 12.30 Uhr

»Er ist schon sehr scharfsinnig. Er hat den Durchblick, er ist der Kulturelle unter den Polizeibeamten«, beschrieb uns Natascha Kampusch, etwas schief formuliert, ihre Wertschätzung für den kultivierten und kulturell gebildeten Mann, der sie an diesem Morgen erneut vernehmen will: Chefinspektor Johann Frühstück. Vielleicht floss in ihre Bewertung auch ein, dass er sie vor allzu aufdringlichem Forscherdrang abgeschirmt hatte. Denn sie wird im Allgemeinen Krankenhaus Wien von einer Fachabteilung in die nächste gereicht, Medizinmänner und -frauen beugen sich über sie, es bleibt kein Zentimeter ihres Körpers, der nicht untersucht wird, kein Winkel in ihrem Innersten, in den sich Psycho-Ausleuchter nicht abzuseilen versuchen. Was sie davon hielt, beschrieb sie mir später vor der Kamera so: »Also ich denk mir mal, Menschen mit akademischen Studien, die wirklich hauptsächlich nur studieren und Bücher lesen und aber selbst nichts erleben oder erlebt haben, die können sich schon überhaupt gar nicht in mich hineinversetzen.« Auch wenn sie sich noch so sehr um sie bemühen. Ein Spezialist mit passgerecht zum Rest des schwergewichtigen Körpers geformten fleischigen, tellergroßen Händen ergreift ihre, die in seinen fast verschwinden, und ruft verzückt aus: »Was für Händerl ...« Manche ihrer Begutachter sehen sich schon auf Vortragsreise, wollen Aufsätze veröffentlichen, sie Studenten vorführen. Doch sie macht den Ärzten einen Strich durch die Rechnung. Wie, das schilderte sie uns so: »Es war mir völlig egal, was sie gemacht haben. Mir war nur wichtig, dass ich irgendwo Unterschlupf finde und dass ich mich halbwegs sicher fühlen kann. Das Restliche habe ich einfach hingenommen, wie wenn wir jetzt lauter Fliegen auf unseren Körpern sitzen hätten, die halt sitzen, während wir uns unterhalten. Ich würde jetzt nicht herumzupfen und sie jagen, sondern ich würde sie einfach sitzen lassen. Und genauso habe ich mir das mit diesen Leuten gedacht. Ich dachte, die werden von selbst wieder abfallen, weil ihnen mit der Zeit die Puste ausgeht.« So wird es auch kommen. Doch an diesem Morgen, an dem sie erstmals im Krankenhaus vernommen werden soll, werfen Kripomann Frühstück und seine beiden Kollegen vorher noch die Pläne von Kinderpsychiater Max Friedrich über den Haufen: »Er hat im AKH einen Videovernehmungsraum eingerichtet. Nur für sich, für Studienzwecke. Er wollte, dass wir die Vernehmungen mit Natascha Kampusch in diesem Raum machen, wegen der Aufzeichnungen. Das haben wir abgelehnt. Wir sind in einen Besprechungsraum im Keller gezogen. Der war nicht im geschlossenen Teil der Psychiatrie. Zum Innenhof raus. Ganz nüchtern eingerichtet, ohne Bilder, nur mit Tischen und Sesseln, vielleicht stand noch eine Kommode drin. Alles in Büro-Grau. Sonst nichts.« Dort sitzen sie nun zu sechst zusammen: Natascha Kampusch mit den drei Kriminalbeamten, ihrem Anwalt Dr. Günter Harrich und einer Betreuerin. In den gut anderthalb Stunden können die Beamten drei Seiten protokollieren, was eine ganze Menge ist bei einer thematisch mit Fähnchen genau abgesteckten Slalompiste, die sie mit engen Bögen und behutsamen Schwüngen umrunden müssen, um das Streckenende zu erreichen. Wenn sie das geschafft haben, wird ein Kompromisspapier vorliegen, bestehend aus Vernehmungsniederschriften, die lückenhaft sind, weil sie in ihrer professionalen Arbeit zugunsten des Opferschutzes zurückstecken mussten. Dieses Resultat wird eine Fundgrube für politische Schatzsucher und eitle Hypothesenverbreiter sein.

12.33 Uhr

Der Direktor des Bundeskriminalamts, Herwig Haidinger, wird auch in den kommenden Wochen einen erheblichen Teil seiner Zeit damit verbringen, Mails an hochrangige Beamte seines Hauses und im Kabinett von Ministerin Liese Prokop zu versenden. Und es wird vordringlich um ein einziges Thema gehen: den bis vor einer Woche in den Akten verschollenen Hinweis von Hundeführer Christian Pabi. Haidinger will das Dokument zur internen kritischen Betrachtung entstauben und ins Licht rücken. Genau das will die Ministerin nicht. Denn mit Haidingers Reinigungsdrang würde der aufgewirbelte Staub ein sauberes Ergebnis bei den anstehenden Nationalratswahlen gefährden.

Haidinger tippt am Mittag die Mail, will endlich wissen, was aus Pabis Befragung geworden ist. Um 23.08 Uhr setzt er eine Frist für den nächsten Morgen, 11.00 Uhr. Eine Stunde vor Ablauf erinnert er an den Termin. Als der verstreicht, hält er in einem Aktenvermerk fest: »Damit verstärkt sich mein Eindruck, dass hier ›etwas vertuscht‹ werden sollte.« Und er weist erneut darauf hin, »dass durch diese Vorgangsweise allenfalls entstehende/entstandene Amtshaftungsansprüche des Opfers verkürzt werden könnten«. Am 26. September 2006 versendet er eine Mail an Kabinettsmitglied Bernhard Treibenreif:

»Sehr geehrter Herr Brigadier! Lieber Bernhard!
Inhalt der ersten Weisung an mich war, dass keine Erhebungen zum zweiten Hinweis (Stichwort: Hundeführer aus Wien) gemacht werden dürfen. Dem Willen der Ressortleitung folgend habe ich mich – wenn auch unter Protest – an diese Weisung gehalten.

Inhalt dieser Weisung war auch eine zeitliche Komponente: Nämlich bis zu den Nationalratswahlen damit zuzuwarten. Dieser Termin ist mit kommendem Sonntag erreicht.
Danach beabsichtige ich eine Evaluierung des Falles zu beauftragen. Ich hoffe, die Ressortleitung ist damit einverstanden (hebt also die derzeit noch bestehende Weisung auf).«

Haidinger zeigt sich trotz allen Unmutes als loyaler Beamter. Und hält bis zu den Wahlen am 1. Oktober 2006 still. Damit könnte er sich geschadet haben.
Bei den Wahlen büßt die regierende ÖVP gleich 13 Sitze ein, während die Sozialdemokraten lediglich einen Sitz verlieren. Die alte Koalition mit der FPÖ[214] wird durch eine SPÖ/ÖVP-Koalition unter dem sozialdemokratischen Kanzler Alfred Gusenbauer abgelöst. Noch bevor die neue Regierung im Januar 2007 die Amtsgeschäfte übernimmt, verstirbt am 31. Dezember 2006 überraschend Innenministerin Liese Prokop. Ihr Nachfolger wird der ÖVP-Mann Günther Platter. Obwohl Herwig Haidinger bereits zwei Tage nach den Wahlen wieder nachfasst und »eine Evaluierung des Falles« fordert, wird das heiße Eisen auf Eis gelegt. Und kühlt dort erst einmal ab.

---

214 ab 17. April 2005 Bündnis Zukunft Österreich (BZÖ)

DONNERSTAG, 31. AUGUST 2006

17.30 Uhr bis 19.15 Uhr
Natascha Kampusch wird in dem schmucklosen Besprechungsraum im Keller des Allgemeinen Krankenhauses Wien zum dritten Mal vernommen. Doch diesmal sitzt nicht mehr Anwalt Dr. Günter Harrich an ihrer Seite. Er hat das Handtuch geworfen. »Er habe schon morgens um 7 Uhr an die 40 Anrufe auf der Mailbox gehabt«, erzählt er dem Nachrichtenmagazin *Profil*. »›Einmal hab ich beim Zähneputzen dummerweise das Telefon abgenommen, und es wurde mir erklärt, dass ich gerade ein Live-Interview gebe.‹« Am Vortag rief ich Harrich an. Natascha Kampuschs Medienberater Dietmar Ecker hatte mich auf eine Liste mit den Namen der aus aller Welt anfragenden Journalisten gesetzt. Ich war der 134. Am Ende sollten es an die 400 werden. Das Medienkarussell drehte sich also gewaltig – zu viel für Günter Harrichs »Ein-Mann-Betrieb«, der sich überdies, wie er die Presse wissen lässt, privat auch noch um »eine Familie mit zwei Kindern, davon eine vierjährige Tochter, einen Hund und zwei Katzen« kümmern muss. Udo Jesionek, der Präsident des österreichischen Weißen Rings, schaltet sich ein und findet mit den Anwälten Dr. Gabriel Lansky und Dr. Gerald Ganzger gleich eine Doppelbesetzung, die an diesem Tag das Mandat von Günter Harrich übernimmt.

Knapp zwei Monate später sitze ich mit meiner Frau Dr. Gabriel Lansky in seinem Büro gegenüber, einem Mann mit Haarkranz und Brille. Seine Statur ist klein, sein Status groß als Advokat im internationalen Juristengeschäft mit mittlerweile »rund 140 Mitarbeitern und Juristen aus mehr als 20 Ländern«[215]. Und als Netzwerker in der Hochpolitik, nicht nur in Wien, wie wir sofort erfahren werden. Doch zuvor kippt Lansky in eine lässige Schlagseite, stützt den Kopf auf die Hand. Wie beim Picknick, auf der Decke. Eine Position, die er, wie man uns aus seiner Umgebung zuträgt, gerne mal einnimmt. Nicht von oben herab. Also sympathisch. Zwangsläufig aber von unten herauf. Wir tragen keine Röcke, und das ist auch gut so. »Kennen Sie Freimut Duve?«, fragt er uns bei der Einstiegsplauderei, er weiß, wir kommen aus Hamburg. Wie Freimut Duve. Natürlich kennen wir ihn, wenn auch nicht persönlich, schließlich ist er ein bekannter deutscher Publizist, der für die SPD als einer ihrer profiliertesten Abgeordneten von 1980 bis 1998 im Bundestag saß. »Nächsten Monat komm' ich rauf nach Hamburg und feiere mit ihm seinen Siebzigsten«, lässt uns Lansky wissen. Dann muss er wohl das richtige Parteibuch in der Tasche haben, ahnen wir, und liegen damit richtig. Gabriel Lansky, den Freunde »Gabi« nennen, ist Sozi und besonders

---
[215] Angaben auf der Homepage der Kanzlei »Lansky, Ganzger + partner«

dem Bundesvorsitzenden der SPÖ Alfred Gusenbauer[216] verbunden. Während des erst wenige Wochen zurückliegenden Wahlkampfes ging er für ihn in Künstlerkreisen auf Stimmenfang. Der Einsatz scheint sich gelohnt zu haben. Für Gusenbauer. Er wird der nächste österreichische Bundeskanzler[217] sein. Lanskys angestrebter Einzug ins Parlament als Abgeordneter der SPÖ hingegen scheiterte.

Genug mit dem Vorgeplänkel. Wir müssen langsam zur Sache kommen. Unsere hanseatisch steife Sitzhaltung gaukelt uns eine Perspektive vor, wie man sie weniger vom Gestühl einer Anwaltskanzlei als von einer Aussichtsplattform kennt. Wir senken die Blicke auf den vor uns in Kniehöhe auf lederner Unterlage hingegossenen Rechtsvertreter von Natascha Kampusch und lassen erste Wortflocken zum eigentlichen Thema auf ihn niederrieseln. Wir möchten für das deutsche Fernsehen eine Dokumentation über Natascha Kampuschs Schicksal drehen. Und hoffen, dass wir einen so guten Eindruck bei ihm hinterlassen, dass er uns mit ihr zusammenbringt, damit wir ihr das Projekt vorstellen können. Deswegen sind wir angereist, haben uns von Hamburg aus mit ihm zu diesem Termin verabredet. Doch Lansky kurvt um unser Anliegen herum und bleibt im Beliebigen. Wäre er Gastwirt, hätte er uns statt eines bestellten Schnitzels Brausepulver serviert. Plötzlich federt er in die Senkrechte zurück. Die Audienz ist vorbei.

Gabriel Lansky ist noch Nationalratskandidat der SPÖ, als er seiner neuen Mandantin zuerst begegnet. Aber die kommt nicht, wie er es vielleicht erwartet hat, als eingeschüchtertes, blasses Wesen daher. Sie verpasst ihm erst einmal eine Abreibung, zack-zack-zack, mit drei dürren Sätzen, die an dieser Stelle wörtlich wiederzugeben der Respekt verbietet, den sich die Gefangene eines Größenwahnsinnigen mit Mickey-Mouse-Herz über die Jahre hinweg abtrainiert hat. Nur so viel: Sie kanzelt den prominenten Kanzleivorsteher ab, weil sich für ihr Gehör seine Stimme allzu heftig in eine »Hoppla, jetzt komm ich«-Lautstärke hochschraubt und sie feinwittig findet, dass sie ihn nicht riechen kann. Die Folge: Zum nächsten Treffen erscheint Lansky wie aus dem Ei gepellt. Und überlässt es fortan seinem Partner Dr. Gerald Ganzger, einem Mann von kompakter Leuchtturmgröße und modisch dann und wann dem Liebreiz kurzer Hosen erlegen, die neue Mandantin zu den polizeilichen Vernehmungen zu begleiten.

Nicht nur Natascha Kampusch tritt bei Anwalt Lansky ins Fettnäpfchen. Auch ihr Vater. Die Situation schildert Ludwig Koch uns später so: Lansky, der die Fünfzig bereits überschritten hat, hält ein Baby auf dem Arm. Koch will ihm ein Kompliment machen, schließlich ist er

---

216 Parteivorsitzender von 2000 bis 2008
217 vom 11. Januar 2007 bis 2. Dezember 2008

der Anwalt seiner Tochter. »Ganz der Opa«, lobhudelt er. »Das ist mein Kind«, weist ihn der »Opa« zurecht.

Bisweilen sinkt die Treffsicherheit mit der Schnelligkeit der vom Hirn abgeschossenen Analyse. Da ist Ludwig Koch in bester Gesellschaft. Er trug als Bäcker einen weißen Kittel, und seiner Tochter war es immer peinlich, wenn er damit in ihrer Schule aufkreuzte. Weiße Kittel tragen auch die, die bei der Einlasskontrolle zum Vatikan die Schweizer Garde mit gesalbtem Lateingemurmel knieweich schwatzen könnten. Es sind Medizingelehrte wie Prof. Max Friedrich, der Natascha Kampusch federführend begutachtet und sich beim hurtigen Erkenntnissammeln vorzugsweise einen Zwicker auf die Nase setzt, eine im 16. Jahrhundert entwickelte Sehhilfe, die wegen fehlender Bügel zusätzliche Seitenansichten erlaubt.

Dass Natascha Kampusch nicht in eine kriminologisch vorgeformte Opferschablone passt, erfährt jeder, der ihr in diesen Tagen begegnet. Sie ist blitzgescheit, partiell gebildet und auffallend eloquent. Scheinbar selbstbewusst springt sie mit ihren Betreuern teilweise um wie mit Leibeigenen, so empfinden die es jedenfalls, sehen aber milde darüber hinweg.
   Das ist jedoch nur eine Seite von ihr.
   Max Friedrich, der den Ist-Zustand ihrer zerrissenen Persönlichkeit diagnostizieren soll, ist Kinder- und Jugendpsychiater, seine Patientin, zumindest dem Pass nach, eine junge Frau, 18 Jahre alt, mithin eine Erwachsene. Die, so Prof. Friedrich, allerdings »schwer seelisch traumatisiert« sei. Denn grausamer ging es nicht. Ein Kind, das nur in sich hineinhorchen konnte, wenn es nach Orientierung suchte. Das dafür als Fundament nur sein erstes Lebensjahrzehnt hatte. Das nur mit der Beharrlichkeit, seinem Leben einen eigenen Sinn zu geben, dem täglichen Irrsinn trotzen konnte.
   Natascha Kampusch hat den Überlebenskampf gewonnen. Mit intuitivem psychologischen Gespür schob sie ihren Entführer Zug um Zug vom Schachbrett, das war genial. Dafür wird sie bestaunt. Doch nun steht sie selbst auf dem Schachbrett, als Figur, hilflos, verloren, bewegungslos, und ist angewiesen darauf, dass jemand, der die Spielregeln des Lebens beherrscht, sie auf das jeweils nächste richtige Feld setzt. Denn ihr fehlt sämtliches Rüstzeug zur Bewältigung des Alltags, selbst wenn die Anforderungen noch so banal sind. Wie sollte es auch anders sein? »Ihre einzige soziale Kompetenz der vergangenen Jahre«, sagt Friedrichs Kollege Ernst Berger dem Nachrichtenmagazin *Der Spiegel*[218], »ist die, die sie im Umgang mit Přiklopil erworben hat.«
   Prof. Max Friedrich ahnt, was das heißt. »Natascha lebt, doch der Weg zurück in die ›reale Welt‹ wird für sie ein sehr schwerer werden«, prognostiziert er im ORF. »Im emotionalen Be-

---

218 Ausgabe 37/2006 vom 11. September 2006

reich ist Isolation im Allgemeinen so, dass man daraus mit extremen Ängsten in der neuen Umwelt nicht zurechtkommt.« Denn: »Sie hat viele Phasen ihres Lebens nicht altersadäquat gelebt. Sie braucht das Finden des eigenen Ichs.« Noch sei sie in der ersten Phase: »Ich bin frei, aber ich kenne mich nicht aus, wie das ist.« Daher werde es »im Endeffekt« darauf ankommen, »die junge Frau für das ganz normale praktische Leben ›draußen‹ vorzubereiten«.

Wie sich mittlerweile erwiesen hat, wird der Prozess der Wiedereingliederung Natascha Kampuschs in geregelte Tagesabläufe, die sie eigenverantwortlich und ohne fremde Hilfe gestalten kann, noch viele weitere Jahre dauern, und es bleibt fraglich, ob sie dieses Ziel überhaupt jemals erreichen wird.

Schon am Tag nach Natascha Kampuschs Flucht erklärt Friedrich dem ORF: »Ich kenne keinen vergleichbaren Fall. Ich glaube, dass Natascha eine Art Einmaligkeit durchleben musste, umso mehr wird man sich um sie kümmern müssen. Spezialisten werden gefragt sein, die ihr auf diesem Lebensweg helfen können, damit sie vielleicht nicht zu einer gesunden, aber zumindest zu einer Frau heranreift, die das im Laufe der Zeit bewältigen kann.«

In all diese Erkenntnisse, die Max Friedrich über Wochen häppchenweise in die Medien streut, bröselt er bereits am 28. August während der Pressekonferenz über Natascha Kampuschs ersten Schicksalsbericht eine Feststellung, die so gar nicht zu seinen Einsichten passen mag. Er »betonte« nämlich überraschend, so der ORF, »dass Natascha eine erwachsene, mündige Frau sei und selbst entscheiden könne, was sie wann machen wolle«.

Erwachsen ist sie, mündig. Und damit voll geschäftsfähig. Sie darf also Verträge abschließen. Es sei denn, Fachleute wie die Psychologen Max Friedrich und Ernst Berger würden sich vor sie stellen und ohne Wenn und Aber erklären, dass ihre Patientin aus gesundheitlichen Gründen infolge ihrer achteinhalbjährigen Isolation gar nicht in der Lage sei, juristische Vertragsinhalte für sich so zu entschlüsseln, dass sie begreift, was sie da unterschreibt.

Die diagnostischen Versatzstücke, die Max Friedrich in die Öffentlichkeit getragen hat, entsprechen unter dem Strich haargenau den Kriterien der Weltgesundheitsorganisation (WHO) für das Vorliegen einer psychischen Erkrankung. Damit wäre die Voraussetzung erfüllt, für Natascha Kampusch einen Sachwalter zu bestellen. So sieht es der 2006 neu gefasste Paragraf 268 des österreichischen Allgemeinen Bürgerlichen Gesetzbuches (ABGB) vor, wenn »eine volljährige Person, die an einer psychischen Krankheit leidet (...), alle oder einzelne ihrer Angelegenheiten nicht ohne Gefahr eines Nachteils für sich selbst zu besorgen« vermag. Ein Sachwalter kann ein Familienangehöriger sein. Oder, wenn vor allem Rechtskenntnisse erforderlich sind, was bei Natascha Kampusch der Fall wäre, ein Rechtsanwalt. Der wiederum hätte in »wichtigen (...) Angelegenheiten«, zu denen vor allem Vermögensentscheidungen gehören, »die Genehmigung des Gerichts einzuholen« (Paragraf 275 ABGB).

Was auch immer ein Sachwalter im Namen seiner »Pflegebefohlenen« unterzeichnet – reich wird er mit seinem Assistenzjob nicht. In den Genuss satter Honorare kommt nur ein

Rechtsanwalt – dann, wenn Natascha Kampusch selbst zum Stift greift. Denn ihre Unterschrift ist Gold wert.

Mit großem Erstaunen betrachten daher ihre Vernehmer von der »Soko Burgenland«, die hautnah am Geschehen dran sind, was da um sie herum abläuft. Im Frühjahr 2008 wird Abteilungsinspektor Bernhard K. vor der ersten vom Innenministerium eingesetzten Evaluierungskommission zu Protokoll geben:

»Er halte es nicht für möglich, dass Kampusch kurz nach der Flucht schon dazu in der Lage gewesen sei, einen Vertrag über die Medienarbeit zu unterschreiben. Sie solle plötzlich erwachsen gewesen sein, wie Prof. Friedrich ihr attestiert habe. Er sei kein Fachmann, aber er verstehe nicht, wie man das nach 1 ½ Tagen attestieren könne.«

Auch der Ex-Präsident des Obersten Gerichtshofs Dr. Johann Rzeszut wird bei seinem späteren Rundumschlag gegen Justiz und Polizei bekritteln, »wie ein versierter Rechtsanwalt, der tatsächlich an eine länger als acht Jahre währende Verlies-Anhaltung eines im Entführungszeitpunkt 10-jährigen Kindes glaubt, überhaupt eine zur Vollmachtserteilung taugliche Geschäftsfähigkeit der mittlerweile Jugendlichen[219] annehmen kann«.

Und Bernhard K.s Kollege, Chefinspektor Johann Frühstück, wird 2008 vor dem gleichen Gremium ergänzen, »dass Natascha Kampusch seiner Meinung nach jetzt noch nicht in der Gegenwart angekommen sei. Sie stecke im Körper einer Erwachsenen, mache aber erst den Hauptschulabschluss und seiner Meinung nach sei sie auch nicht weiter.«

Angeblich doch. Im Magazin *Der Spiegel*[220] gerät ihr Anwalt Gerald Ganzger geradezu ins Schwärmen: »›Ruft sie mich doch am Samstag um 8.55 Uhr an‹, sagt Ganzger, es klingt bewundernd, ›und sagt zu mir, Gerald, schick mir mal bitte ein Mediengesetz für die Durchsicht der Verträge. Stellen Sie sich das vor! Die Frau ist unglaublich.‹ Er las ihr den Vollmachtsvertrag vor, dann las sie den Vertrag selbst. Am Sonntag las er ihn wieder vor, und sie las ihn noch einmal auf dem Laptop durch. Jedes Mal änderte sie alles, was ihr nicht passte, Wort für Wort. Er lächelt. ›Man wünschte sich, dass alle Mandanten eine Vollmacht so genau durchlesen würden.‹«

Ganz andere Erfahrungen mit Natascha Kampusch machte Gerald Ganzgers Vorgänger Günter Harrich. Dem ORF berichtete er am Tag, als er sein Mandat an Lansky abgab, es sei »einigermaßen schwierig gewesen, mit der jungen Frau die nötigen Rechtsfragen zu besprechen: ›Man darf nicht vergessen, dass sie 18 ist. Ich habe mit 18 auch nicht gewusst, was Schadenersatz ist und wie das funktioniert.‹«

Als Natascha Kampusch den Vertrag mit ihren beiden Anwälten unterzeichnet, ist ein Mann dabei, der sich immer wieder von Neuem darüber empören kann, wenn er an diese

---

219 Hier irrt Dr. Rzeszut: Natascha Kampusch war keine Jugendliche mehr, sondern bereits eine Erwachsene.
220 Ausgabe 37/2006 vom 11. September 2006

Situation zurückdenkt, auch nach vielen Jahren noch. Der Mann ist Johann Frühstück. Nach seinen Schilderungen ist es damals so gewesen: Er vernimmt in dem Besprechungsraum des Krankenhauses Natascha Kampusch. Prof. Max Friedrich platzt hinein: »Wir sind jetzt so weit.« Gabriel Lansky erklärt dem Kripomann: »Wir brauchen Frau Kampusch da drüben, es geht um einen Vertrag.« Frühstück begleitet sie und ihren Anwalt. Er öffnet die Tür und blickt in den Raum: »Erwartungsvolle Blicke richteten sich auf sie, dieses Bild hat sich mir eingebrannt. Ich hatte das Gefühl, ich liefere sie der Runde jetzt aus.« In dem kargen Raum, der etwas größer als das Vernehmungszimmer ist, sind sechs Tische zu Doppeltischen zusammengestellt. An der Stirnseite nimmt Gabriel Lansky mit seiner Mandantin Platz, drum herum haben sich Kanzleipartner Gerald Ganzger, die beiden Kinder- und Jugendpsychiater Max Friedrich und Ernst Berger, der Weiße-Ring-Präsident Udo Jesionek und Medienberater Dietmar Ecker platziert.

Der Vertrag liegt auf dem Tisch. »Da, unterschreib«, fordert Lansky Natascha Kampusch auf. Doch die erwidert: »Ich muss das doch lesen!« »Sie hat sich über gewisse Dinge aufgeregt«, so Frühstück. Dr. Gabriel Lansky lehnt sich zurück, demonstriert Langmut. Seine Geduld wird belohnt. Natascha Kampusch unterschreibt.

Danach wird ihre polizeiliche Befragung fortgesetzt. Als die zu Ende ist, sagt Johann Frühstück auf dem Weg zum Auto zu Anwalt Lansky: »Ich hoffe, dass am Ende der Geschichte genug Geld für die Natascha übrig bleibt.« »Wie meinen Sie das?«, fragt dieser. Und Frühstück antwortet kühl: »Genau so, wie ich es gesagt habe.«

FREITAG, 1. SEPTEMBER 2006

11.36 Uhr
Der Stellvertretende Leiter der Generaldirektion für die öffentliche Sicherheit, Franz Lang, heute Leiter des österreichischen Bundeskriminalamts, gibt an den Chef des Landespolizeikommandos Burgenland, Generalmajor Nikolaus Koch, telefonisch einen Tipp weiter, den er gerade bekommen hat: Udo Jesionek habe ihn angerufen und ihm mitgeteilt, »dass die Anwaltskanzlei Lansky plant, Natascha vom Unterbringungsort wegzubringen, da sie verschiedene Verträge mit verschiedenen Medien in Österreich und Deutschland hat«. So steht es in einem anschließend angelegten »Aktenvermerk« des burgenländischen Landeskriminalamts. Nun geht alles blitzschnell. Lang weist Koch an, umgehend den für den Fall Kampusch zuständigen Staatsanwalt Hans-Peter Kronawetter über »diesen Umstand« zu informieren. Das geschieht. Sofort schlägt Kronawetter Alarm. Schon vier Minuten später, um 11.40 Uhr, kommt von Prof. Max Friedrich die Entwarnung. Er berichtet, »dass Natascha aus freien Stücken erklärte, in der Klinik zu bleiben«. Rückmeldung an Franz Lang. Aufatmen. Alle beruhigen sich wieder. Die Reisekoffer bleiben ungepackt.

MITTWOCH, 6. SEPTEMBER 2006

Der vor über zwei Jahren gerichtlich in den Ruhestand gezwungene Richter Dr. Martin Wabl gibt in Wien eine Pressekonferenz. An dem Tag, an dem eine ganze Nation, mehr noch, Menschen in aller Welt dem Fernsehereignis des Jahres entgegenfiebern, dem ersten öffentlichen Auftritt von Natascha Kampusch. Da stimmt er vorher schnell noch sein altes Lied an und geht wieder einmal auf die Mutter los. »Brigitta Sirny ist maßgeblich an der Entführung beteiligt«, behauptet er, »allerdings ohne irgendwelche Beweise vorzulegen«, vermerkt *Die Presse*. »Wabl verteilte lediglich ein von ihm verfasstes Gedicht als Presseunterlage.« Einen Reim können sich die Journalisten weder darauf noch auf seine Erklärungen machen. Der Sprecher der Staatsanwaltschaft, Gerhard Jarosch, bezeichnet sie als »Käse«. Zum Beispiel, »Natascha Kampusch wäre aufgrund von Umständen, die in den höchstpersönlichen Lebensbereich der Familie hineinspielen, entführt worden. Damit das Kind die angeblichen Vorfälle in der Schule nicht erzähle, sei es laut Wabl gekidnappt worden.« In einem Gespräch mit der österreichischen Presseagentur APA erregt sich Sirnys Betreuer Andreas Zembaty von der Verbrechensopferhilfe »Neustart«: »Es ist unerhört, dass Vorwürfe, die schon vor Jahren von Gerichten als unzutreffend verurteilt worden sind, jetzt wieder in die Welt gesetzt werden! Und das, ohne neue Fakten vorlegen zu können, die es auch gar nicht geben kann!«

20.15 Uhr

Über zweieinhalb Millionen Österreicher sitzen vor den Fernsehern und sehen erstmals das Gesicht von Natascha Kampusch. Ein Gesicht, das bislang nur als Phantombild durch die Medien geisterte und so gar keine Ähnlichkeit mit dem Original aufweist. Sie hören eine sanfte, klare Stimme, lassen sich einfangen von der madonnenhaften Schönheit der jungen Frau, die mit ihrer Bildungssprache deutlich oberhalb des geistigen Horizonts der Mehrheit ihrer Landsleute zu schweben scheint. Sie trägt ihre Leidensgeschichte nicht weinerlich vor sich her, antwortet auf jede der Fragen von ORF-Journalist Christoph Feurstein sachlich, manchmal sogar erheitert, als müsse sie dem Erlebten den Schrecken nehmen. Emotionen lässt sie nicht durchschimmern und löst gerade damit Betroffenheit und Mitleid aus. Sie ist kein Opfer, sie ist eine Zeitzeugin, die selbstsicher und distanziert ein Schicksal reflektiert, das nur zufällig das eigene zu sein scheint. Dabei ist sie sich des Sensationscharakters ihrer öffentlichen Enthüllung sehr wohl bewusst. Jedes Wort, jede Nebensächlichkeit, die ihren Mund verlässt, erhält die Bedeutungsschwere einer politischen Verlautbarung, die atemlos macht, und das spürt sie. Und sie genießt es. Es ist der Augenblick ihres Triumphes über ihren Entführer, die Genugtuung, stärker gewesen zu sein als er, eine Gewissheit, die sie mit

Stolz erfüllt. Sie holt sich ihre Würde zurück und lässt die ganze Welt daran teilhaben. Dazu lächelt sie unter ihrem Kopftuch in die Kamera und wirkt dabei so unberührt, als sei sie in einem Kloster aufgezogen worden. In knapp 40 Sendeminuten bringt sie die Herzen der Alpenbewohner zum Schmelzen. »Die Omis werden weinen, und die Leute werden sie lieben«, wusste schon vorher ihr Medienberater Dietmar Ecker. Er hatte sie vor der Fernsehaufzeichnung in einem Videoraum vier Stunden lang gecoacht, war mit ihr Punkt für Punkt den in Teamarbeit entwickelten 50-Fragen-Katalog durchgegangen. »Er gab ihr Tipps, wie sie sitzen und wie sie schauen sollte, vor allem aber, wie sie mit bestimmten Fragen umgehen könnte«, berichtete *Der Spiegel*[221]. Und für den Notfall war, wie ein Kameraschwenk verriet, direkt hinter dem Journalisten Psychiater Max Friedrich platziert. Ganz in Weiß, dem Kleid der Wissenschaft, das er leger aufgeknöpft ließ.

Insgesamt haben 2,7 Millionen Österreicher[222] die Sendung verfolgt. Damit kann der ORF einen Marktanteil von 80 Prozent verbuchen, das ist der dritte Platz im Ranking der meistgesehenen Sendungen seit Beginn der TV-Quotenermittlung. Eine Stunde später, um 21.15 Uhr, strahlt RTL das Interview in Deutschland aus und fährt mit 7,13 Millionen Zuschauern – in der Spitze sind es sogar fast neun Millionen – und einem Marktanteil von 22,9 Prozent ein Ergebnis ein, für das der Kölner Sender sonst an ADS[223] leidende Menschen zum Madenessen in den australischen Dschungel schicken muss. Laut ORF »haben sich mehr als 120 TV-Stationen weltweit für Ausschnitte bzw. das gesamte Interview« interessiert. »Neben Österreich und Deutschland wird das vollständige Gespräch in Frankreich, Spanien, Italien, der Schweiz, Dänemark, Schweden, den Niederlanden und Norwegen übertragen.« Zu der multimedial geführten Kampagne gehören auch die Abdrucke erster Kampusch-Interviews im Magazin *News* und in der *Kronen Zeitung*.

Besser kann es also für den Vermarktungsstrategen Dietmar Ecker nicht laufen. Umfragen direkt nach der ORF-Sendung liefern Bestnoten für Natascha Kampusch. 97,7 Prozent der Zuschauer nahmen sie vor allem wahr als »selbstbewusst«, »starke Persönlichkeit« (96,9 Prozent), »sympathisch, gewinnend« (93,7 Prozent) und »attraktiv« (87,6 Prozent). Diese Eindrücke spiegeln sich auch in nahezu allen Kommentaren der internationalen Presse wider, von der römischen *La Repubblica* über den Londoner *The Guardian* bis hin zur *New York Times*. Ein Umfragewert ist jedoch schon fast eine Aufforderung an Ecker, jetzt erst richtig auf die Medientube zu drücken: 95,6 Prozent der Österreicher »betonten« laut ORF, »dass sie weiter Anteil am Schicksal der jungen Frau nehmen«.

Der ORF hat das weltexklusive Interview kostenlos erhalten. Dafür übernimmt er »die internationale Verwertung, deren Einnahmen direkt an Natascha Kampusch gehen«. Zusätz-

---
221 Ausgabe 37/2006 vom 11. September 2006
222 Gesamtbevölkerung Österreichs im Jahr 2006: 8 281 948 Einwohner (Informationszentrum von Statistik Austria)
223 Aufmerksamkeits-Defizit-Syndrom

lich hat er ein neues Spendenkonto[224] für sie eingerichtet. Zwar heißt es: »Der Gesamterlös dieser Spendenaktion kommt zur Gänze Frau Kampusch zugute und steht zu ihrer freien Verfügung.« Doch das »Kennwort: Natascha« für das alte Konto gilt nicht mehr, es lautet nun »Natascha Kampusch Foundation«. Sie hat in ihrem Interview nämlich angekündigt, dass sie sich finanziell einsetzen will für »diese verschleppten, missbrauchten und gefolterten und ermordeten jungen Frauen, die in Mexiko verschwinden«. Damit hat sie das Startsignal gegeben für eine Stiftung, die ihren Namen tragen soll.

Ein ehrenvolles Engagement, das Medienpräsenz verlangt. Aus ist es mit der Anonymität, in der sie sich am Vortag noch an der Seite von Professor Berger hat bewegen können. Eis essen sind sie gewesen, eingekauft haben sie, mit der U-Bahn sind sie gefahren. Sie hat die Leute angelächelt, und niemand hat gewusst, wer diese freundliche junge Frau ist. Nun kennt die ganze Welt ihr Gesicht.

Vorbei ist es auch mit der beschwingten Stimmung, der sie sich als Namenlose erfreute.

Die Über-Nacht-Prominenz bringt ihr vorerst nichts Böses, dafür Absurdes ein. Es sind Berge von Post, die für sie in der Klinik abgeladen werden. Ein Schreiber legt ihr ans Herz, sie möge eine eigene Kirche gründen, denn sie sei von Gott geschickt worden. Der nächste rät, sie könne als Magd arbeiten. Andere schlagen vor, sie solle Journalistin oder Chefsekretärin werden.

Die Briefeschreiber werden enttäuscht feststellen müssen, dass sie keiner dieser Empfehlungen folgen wird.

---

[224] BA-CA (BLZ 12.000), Kontonummer 50 000 010 001

DONNERSTAG, 7. SEPTEMBER 2006

11.15 Uhr bis 12.00 Uhr
Auch am Wochenende vor ihrem großen Fernsehinterview hat Natascha Kampusch der Polizei wieder Rede und Antwort gestanden. Zweimal, für jeweils anderthalb Stunden. Heute ist ihre sechste Vernehmung, sie dauert eine Dreiviertelstunde. Sieben Seiten insgesamt sind dabei zustande gekommen.

Ihr Zimmer in der Klinik ist durch eine Doppelschleuse von der Außenwelt abgeschirmt. Der Pressetrubel nach ihrem ersten öffentlichen Auftritt am Vorabend kann daher nicht zu ihr durchdringen. Und doch ist er mit jeder Pore spürbar. Dabei braucht sie die absolute Ruhe, um sich auf sich selbst konzentrieren zu können. Sie muss trotz aller Euphorie, mit der sie sich in ihr neues Leben gestürzt hat, für sich begreifbar machen, dass sie fortan allein weiterleben wird. Ohne ihren Entführer, der achteinhalb quälend lange Jahre ihre einzige Bezugsperson war und ihr Leben bestimmt hat. Der sie liebte. Und den sie ertrug. Bis sie ihm entkam. Immerhin war er in seinem Gezeter, seinen Gewaltattacken und dazwischengestreuten Besänftigungs- und Verwöhneinlagen verlässlich und damit für sie berechenbar gewesen. Die neue Welt ist es nicht. Noch nicht.

Als Natascha Kampusch mir gut zwei Jahre später vor der Kamera gegenübersitzt und wir über den Freitod von Wolfgang Přiklopil sprechen, sagt sie:
»Dann dürfte er zum Bahnhof gefahren sein. Und dann dürfte er sich auf die Schienen gelegt haben. Und dann ist der Zug über seinen Kopf gefahren. Dann war er tot.«

Sie zergliedert die Schilderung des Geschehens in vier einzelne Sätze. Dahinter setzt sie jeweils einen Punkt, ein kurzes Schweigen, mit dem sie das Ende jedes Abschnitts markiert. Sie seziert das Grauen mit der Kühle des Chirurgen. Die Schnitte ihres Skalpells sind die Trennungszeichen. Pausen, die zwingen, nichts zu überhören. Zwischendurch schließt sie die Augen, als wolle sie vorher für sich sichtbar machen, was sie anschließend in Worte umformt.

»Dann war er tot.« Der letzte Satz. Sie spricht ihn mit Trotz. »Ja, so ist das eben, wenn man ein Kind entführt«, könnte sie fortfahren. Aber sie tut es nicht. Sie verzieht leicht das Kinn, drückt die Lippen gegeneinander, ihr Blick bleibt auf mich gerichtet. In die Augen schaut sie mir nicht. Pause. Es ist vorbei. Unwiderruflich. Ich möchte es ihr glauben.

Um sich dieser Endgültigkeit zu vergewissern, stellt sie sich an diesem Donnerstag der Realität. Schiebt nicht beiseite, was sich ohnehin immer wieder in ihr Leben drängen würde. Sie sucht mit ihren Betreuern das Wiener Institut für Gerichtsmedizin auf. Nach Abschluss der rechtsmedizinischen Untersuchungen ist die Leiche Wolfgang Přiklopils für die Beerdigung freigegeben worden. Sie liegt in einem hellen Holzsarg, auf dem Max Friedrich schwarzen Tüll drapiert hat. Wie ein Sprecher des österreichischen Bundeskriminalamts hinterher erklären wird, »war Frau Kampusch dann ein paar Minuten mit dem Sarg allein, um sich verabschieden zu können«.

FREITAG, 8. SEPTEMBER 2006

Wolfgang Přiklopil wird südlich von Wien auf dem Laxenburger Friedhof beigesetzt. Ohne priesterlichen Segen. Organisiert hat das Begräbnis Ernst H.s Schwester Margit W. Gegen den Widerstand mancher Bürger, die, wie sie uns erzählte, nicht wollten, dass ein Kindesentführer in ihrem Ort beerdigt würde. Als Grund für ihr Engagement wird sie drei Wochen später vor der Polizei angeben, sie habe von ihrem Bruder erfahren, dass Přiklopils Mutter »komplett fertig sei, ihr diese leid getan habe und sie ihr deshalb eine Grabstätte angeboten habe, die sie sich 2 Jahre zuvor in Laxenburg reserviert habe«.

Die einzigen Menschen, die Wolfgang Přiklopil die letzte Ehre erweisen, sind seine Mutter und Margit W. Sie legen Kränze mit rosa und roten Rosen auf das Grab. Nach fünf Minuten ist die Zeremonie vorbei. Ohne den erwarteten Andrang Schaulustiger. Obwohl eine Mitarbeiterin des Beerdigungsinstituts der Presse den Beisetzungstermin gesteckt hat. Die zum Schutz der beiden Trauernden abgestellten sieben Kriminalbeamten können wieder abziehen.

Nicht »Wolfgang Přiklopil«, sondern ein anderer Name wird auf dem Grabstein stehen. Damit sollen, wie Generalmajor Gerhard Lang vom Bundeskriminalamt gegenüber der Nachrichtenagentur APA erklärt, Grabschändungen verhindert werden. Dazu wird es bis heute nicht kommen, obwohl der »Deckname« längst durchgesickert ist: »Karl W.«.

Margit W. muss sich vor der Polizei nicht nur für ihren mildtätigen Einsatz rechtfertigen. Ihr wird auch »vorgehalten, Wolfgang Přiklopil habe gegenüber Natascha Kampusch behauptet, mit Mag. Margit W. ein intimes Verhältnis gehabt zu haben«. Das bestreitet sie. »Sie habe nur über ihren Bruder Ernst mit Wolfgang Přiklopil Kontakt gehabt.« Nach allem, was man über Přiklopil weiß, wird es eine Prahlerei gewesen sein. Denn noch lieber als über seine angebliche Affäre mit ihr zu schwafeln, zog er über sie her. Sie sei »in seinen Augen keine gute Mutter« und könne ihrem Kind »keine Stabilität bieten, weil sie immer auf Geschäftsreisen« sei, erzählte uns Natascha Kampusch.

Auf diesem pädagogischen Feld war Přiklopil ja auch ein ausgewiesener Experte, so könnte er sich womöglich selbst gesehen haben.

FREITAG, 29. SEPTEMBER 2006

Natascha Kampusch verlässt die geschlossene Abteilung des Krankenhauses und bezieht Quartier in einem 35-Quadratmeter-Einzimmer-Appartement. An die Seite gestellt ist ihr von Amts wegen der 59-jährige Johannes Silveri, ein kunstsinniger Mann, der bereits sein halbes Leben damit verbracht hat, gestrandeten jungen Menschen wieder auf die Beine zu helfen. Es sind kriminelle Halbwüchsige. Elternlose, ungeliebte Kids. Jugendliche Streuner mit verpfuschten Biografien. Einige flüchten in die Drogen, andere in den Suizid. Und nun ist da Natascha Kampusch.

Der gebürtige Grazer Johannes Silveri, Wien-tauglich mit einem Magistertitel geschmückt, hat stets einen großen Bogen um die Hochnäsigkeit akademischer Zirkel gemacht. Sein Arbeitsplatz war die Straße, dort fühlte er sich gebraucht. Und von dort stammen seine Erfahrungen. Die soll er jetzt anwenden auf eine junge Frau, in deren Seele Splitter der Erniedrigung, Qual und Entblößung stecken. Die soll er nun, nach und nach, mit einer feinen Pinzette entfernen, möglichst schmerzfrei.

Johannes Silveri arbeitet bis heute, auch nach nunmehr fast zehn Jahren noch daran. Er ist längst Ruheständler. Seither kümmert er sich privat um Natascha Kampusch. Nicht mehr als »ihr Betreuer«, die Bezeichnung empfindet sie als demütigend. »Er ist mein Begleiter.«

Beim Umzug in den Wohnturm kommt es zu einer bewegenden Szene. Johannes Silveri zieht einen niedrigflächigen Transportwagen mit kleinen Rädern, wie er sonst auf Großmärkten eingesetzt wird. Hinter ihm, auf der Ladefläche, sitzt Natascha Kampusch mit ihren Habseligkeiten, ihre Mutter läuft nebenher. Als die drei an der Küche und den Betriebsräumen des Krankenhauses vorbeikommen, bilden Putzfrauen und Helferinnen spontan ein Spalier und applaudieren der im Leben wieder Aufgetauchten.

Sie wird aber schon nach wenigen Wochen wieder abtauchen und sich in ihre erste eigene Wohnung mitten in Wien zurückziehen. Es wird ihr schwerfallen, sich auf die Straße zu trauen, ohne Begleitung durch ihre Mutter oder Johannes Silveri. Nur langsam und behutsam, in einem jahrelangen Prozess, wird sie sich auch allein in eine anonyme Öffentlichkeit wagen, die unberechenbar ist, die sie mal mit offenen Armen empfängt, mal von sich wegstößt. Je nachdem, was die Zeitungen schreiben. Und wie danach die Mehrheit der Blogger reagiert. Ob sie gegen sie hetzt oder sie vor den Hetzern in Schutz nimmt.

Genau zwei Wochen vor ihrem Umzug in das Schwesternheim sind auch die polizeilichen Vernehmungen von Natascha Kampusch zum vorläufigen Abschluss gekommen. Zu acht sitzen sie am 15. September zusammen, von 11.15 Uhr bis 13.15 Uhr. Zwei Stunden, in denen drei Kriminalisten von ihrer Hauptzeugin Informationen haben möchten, die vorher den Filter ihrer vier »Aufpasser« – Rechtsanwalt Ganzger, Damen seiner Kanzlei und des

Krankenhauses – passieren müssen, bevor sie schließlich auf vier Seiten festgehalten werden können.

Was sie diesmal über ihre Gefangenschaft berichtet, hat es noch einmal in sich. Unter anderem gibt sie an, »die Mutter des Přiklopil sei früher tageweise in Strasshof gewesen und habe sogar mehrere Tage im Wohnhaus verbracht. Přiklopil sei ins Verlies gekommen, wenn die Mutter geschlafen habe. Die Nahrung habe sie ins Verlies mitgenommen, bevor die Mutter gekommen sei. Von 2000 bis 2004 habe sie sich am ganzen Körper rasieren müssen. Sie habe eine Glatze gehabt und eine Haube tragen müssen.« Auf die Frage nach dem Motiv für die Entführung, antwortet sie, »je nachdem wie seine Stimmung gewesen sei, habe er gesagt, dass sie ihm gehöre, er schon immer eine Sklavin habe haben wollen, er mit ihr eine Familie gründen wolle und er ihr eine neue Identität besorgen wolle«.

Přiklopils Wunschvorstellung von einer undercover gelebten Zweisamkeit hielt Natascha Kampusch ja, wie sie uns sagte, für ein »Hirngespinst«. Vielleicht wird ihr jedoch schon bald der Wunsch nach einem amtlich vollzogenen »Identitätswechsel« in den Sinn kommen, wenn die erste Welle der medialen Wucht sie unerwartet treffen wird.

MITTWOCH, 4. OKTOBER 2006

Ein anonymer Schreiber teilt den Behörden mit, dass Natascha Kampusch die »Verursacherin des Anschlages vom 11.9.2001 auf das World-Trade-Center« sei. Ein anderer kündigt die Bedeutung seiner Zeilen mit einem Trommelwirbel an: »Einer, der die Wahrheit kennt.« Und die sei, »dass es nie eine Entführung gegeben habe« und Wolfgang Přiklopil Natascha Kampusch auf Wunsch ihrer Mutter »bei sich aufgenommen und versteckt habe«. Die Qualität selbst dieses Hinweises wird 15 Monate, nachdem Natascha Kampusch am Sarg ihres toten Entführers saß, noch einmal überboten. Am 13. Dezember 2007 schlägt der Grazer Rudolf H. Alarm. Da aus seiner Sicht Eile geboten ist, wählt er den Notruf und meldet, »dass er Wolfgang Přiklopil und Natascha Kampusch im Haus seiner Nachbarn gesehen habe«.

Doch den traurigen Höhepunkt bildet Thomas V. Der 41-jährige deutsche Domainhändler aus Tengen, einem kleinen Ort an der Schweizer Grenze im Landkreis Konstanz ist nach eigener Aussage gleich am Tag nach Natascha Kampuschs Flucht, am 24. August, im Internet auf eine Sensation gestoßen. Thomas V. ist felsenfest davon überzeugt, ein Video gesehen zu haben, das gleich danach aus dem World Wide Web auf Nimmerwiedersehen verschwunden ist: ein »Verliesporno« mit Natascha Kampusch, die aber »geschlafen (hat), weil sie unter Medikamenten stand!« Das ist die Version, die er auf seiner Website »www.kampusch.de« veröffentlicht, verbunden mit der Empfehlung an die »Soko-Burgenland (…) doch eine Haarprobe von Natascha Kampusch zu nehmen. (Nachweisbare Narkotika), (Sie haben nur gelacht, aber den Aktenvermerk gibt es)«. Die zweite Version, die er der Polizei aufzutischen versucht, lautet so: Er »sei bei der Registrierung einer Kampusch-Domain auf bereits vorhandene Domains gestoßen. Auf diesen sei ein Video mit dem Titel ›Natascha Kampusch, das Originalporno aus dem Verlies, unzensiert – sehen sie selbst, was die Polizei noch nicht gesehen hat‹ angeboten worden. Dieses Video habe er am 4.9.2006 im Internet angesehen. (…) Er habe den Sachverhalt noch am 4.9.2006 der Soko Kampusch mitgeteilt und diese hätten ihm einen Rückruf zugesichert, was aber nicht erfolgt sei, weshalb er sich dann an die Presse gewandt hätte.«[225] Am 5. September 2006 berichtet *Die Presse* über Thomas V.s Video-Hinweis, den er auch an das burgenländische Landeskriminalamt gegeben habe: »Inwieweit es sich bei dem Bildmaterial, das um 25 Euro feilgeboten wird, um mögliches Beweismaterial oder aber bloß um geschmacklose, üble Geschäftemacherei handelt, lässt sich derzeit noch nicht sagen.« Am Vortag, so heißt es weiter, sei die Internet-Seite plötzlich geschlossen worden. »Die lapidare Online-Begründung: ›Diese Seite wird gerade gewartet.‹«

Das war es mit der Berichterstattung. Es herrscht Porno-Stille im Land. Vorerst.

---

225 Aus dem Abschlussbericht des LKA Burgenland an die Wiener Staatsanwaltschaft vom 6. Februar 2008.

Aber dann, an diesem Mittwoch, kündigt *stern.de* unter dem Titel »Sado-Maso-Rituale mit Natascha?« für die am Donnerstag erscheinende Printausgabe einen Bericht über »neue Spuren im Fall Natascha Kampusch« an, die ins »Sado-Maso-Milieu« führen. »Aus Geldgier« habe ihr Entführer Wolfgang Přiklopil »sie vermutlich bei grausamen Spielchen gefilmt«. Die Polizei habe bei einer Durchsuchung im Haus von Ernst H. »mehrere Computer und Zubehör beschlagnahmt, darunter auch einen Laptop, der offensichtlich dem Entführer gehörte«. Es werde versucht, die zum Teil verschlüsselten und gelöschten Daten zu rekonstruieren, »denn vermutlich hat Přiklopil sein Opfer bei grausamen Spielchen gefilmt und fotografiert, um damit Geld zu machen«. Es gebe Hinweise, »wonach Přiklopil in der Wiener Sado-Maso-Szene unterwegs gewesen sein soll. Und er soll Natascha Kampusch gezwungen haben, dabei mitzumachen. Nach *Stern*-Informationen soll dies außerhalb von Přiklopils Haus geschehen sein. Sie sei immer wieder mit Handschellen gefesselt, geschlagen und gedemütigt worden. Auch andere Personen sollen daran beteiligt gewesen sein.«

Die Medien im In- und Ausland übernehmen die Story. Darunter auch die *Bild*-Zeitung und *bild.de*, die im Fettdruck fragt: »Demütigende Sexspiele mit Handschellen und verbundenen Augen?« Dann jedoch folgen die Dementis von Gerhard Lang, dem Sprecher des österreichischen BKA. »Es habe keine Durchsuchung gegeben, sondern eine ›freiwillige Nachschau‹.« Ernst H. habe der Polizei seine Geschäftsräume überlassen, »da sie auch von Herrn Přiklopil genutzt wurden«. Aber: ›Auf keinem der Geräte sind kriminalpolizeilich relevante Daten und schon gar keine Videos oder Fotos.‹ Es gebe, so Lang, auch keine angeblich gelöschten oder verschlüsselten Dateien, von denen der *Stern* berichtet. ›Wir haben in alle Richtungen ermittelt, aber es gibt keinen Hinweis, dass Natascha freiwillig oder gezwungen in Sadomaso-Handlungen verwickelt war.‹« So weit die *Bild*. In anderen Stellungnahmen übt Lang »Kritik an der Berichterstattung mancher Medien. Sie würden allwöchentlich ›Gerüchte in die Welt setzen, um ihre Auflage zu steigern. Und sie hoffen, dass jemand dumm genug ist, das zu kommentieren.‹« Der sachbearbeitende Staatsanwalt Hans-Peter Kronawetter wird später beklagen, »dass sich sämtliche Medienartikel, die Wolfgang Přiklopil, Natascha Kampusch und Ing. Ernst H. mit der Sado-Maso-Szene in Verbindung brächten, auf einen Bericht der Zeitschrift ›Stern‹ bezögen, der wiederum aufgrund der Angaben des Thomas V. entstanden sei«. Und auch *Zeit Online* wird sich am 30. Oktober 2006 den *Stern* zur Brust nehmen: »Statt seriöser Quellen für die ›Sado-Maso-Story‹ gab es im *Stern* Spekulationen (›vermutlich‹, ›niemand vermag zu sagen, wann und wie oft …‹). Verbreitet wurde außerdem, die Mutter der Entführten und ein Geschäftspartner des Entführers stünden im Visier der Polizei. ›All das ist frei erfunden‹, versichern demgegenüber Gerhard Lang, der Sprecher des Wiener Bundeskriminalamts, und Natascha Kampuschs Anwalt Gerald Ganzger. Doch diese Dementis kamen im *Stern*-Bericht nicht vor. Schon vor dem Erscheinen der gedruckten Ausgabe hatte der *Stern* außerdem das globale Zitierkarussell in Gang gesetzt. Er stellte nicht nur

DIE CHRONOLOGIE DES ENTFÜHRUNGSFALLS | 249

eine zugespitzte Meldung ins Internet, sondern gab sie in leicht abgewandelter Form auch an die Nachrichtenagentur dpa. Weil Kampusch an diesem Punkt nicht binnen Stunden eine einstweilige Verfügung erwirkte und damit eine Verbreitung der Spekulationen unterband, konnten Hunderte internationale Online-Dienste den *Stern* zitieren. Manche Medien spitzten die Falschmeldungen erneut zu, einige machten die Gerüchte zu Tatsachen, und wieder andere distanzierten sich scheinheilig. Die Folgen einer solchen Nachrichtenwelle können verheerend sein – auch für Unbeteiligte. Wer heute etwa den Namen des nach Polizeiangaben völlig unschuldigen Geschäftsfreundes des Entführers im Internet bei Google eingibt, findet Hunderte Artikel, die ihn mit Foto als möglichen Mittäter präsentieren.«

Der *Stern* hat die Schleusen geöffnet, die Dämme sind gebrochen. Eine Schmuddelbrühe überflutet die Faktenlage. Und in den Köpfen der Menschen wird sich festsetzen: »Da war doch was.« Und daran wird sich wohl nie mehr etwas ändern.

Genau diese Entwicklung zeichnet sich schon frühzeitig ab. Mit anfänglichen Folgen sogar für Gerhard Lang und seine Familie. Als wir den smarten, hochgewachsenen Generalmajor am 19. Oktober 2006 in seinem Büro im Bundeskriminalamt treffen, erzählt er uns, wie sehr der vergiftete Mediendampf auch sein eigenes Verhalten beeinflusst. Er meint nicht seine Rolle als polizeilicher Sprecher, er meint die Zeit, die er mit Natascha Kampusch verbringt. Eine Herzensangelegenheit, keine dienstliche Verpflichtung. Er zwängte sich in ihr Verlies, hielt es darin nur drei Minuten aus. Bekam so einen ersten Eindruck von dem, was das kleine Kind bis zum Erwachsenenalter aushalten musste. »Natascha war wie ein Hündchen für Přiklopil. Jemand, der seinen Hund per Elektroschock steuert.« Im Laufe der Jahre habe sie von ihm gelernt und umgekehrt. »Daraus leitet sich ihr Verhalten ab.« Eine ungesunde Entwicklung, schrecklich. Daher kümmert er sich um sie. Während unseres Gesprächs vibriert Langs Handy. Er wirft einen schnellen Blick aufs Display. »Natascha«, sagt er. Drei SMS hat sie ihm heute schon ins Büro geschickt, dies ist die vierte, kurz nach halb zwölf Uhr mittags.

Natascha Kampusch wird uns bei einer der Interview-Sitzungen vor der Kamera schildern, dass es in Přiklopils Haus »kaum Fingerabdrücke« von ihr gab. »Ich bin misshandelt worden, wenn ich irgendwo einen Fingerabdruck gemacht hab. Nicht nur deswegen, dass man einen Fingerabdruck von mir finden konnte, sondern weil's einfach ein Fingerabdruck war, der hässlich auf dieser Oberfläche aussieht. Dann hat er einfach mein Handgelenk gepackt und mit dem Handrücken den Fingerabdruck weggewischt, auf der Tür oder auf dem Kühlschrank oder auf dem Türrahmen.«

Die Auswirkungen dieser Dressur hat Gerhard Lang beobachten können. »Sobald sie ihr Handy berührt, wischt sie es sofort mit einem Taschentuch ab.« Eine Reaktion, die sie abgelegt hat, als wir sie kennenlernen.

Lang integriert sie in diesen ersten Monaten zeitweise in seine Familie. Er hat eine siebenjährige Tochter und eine Frau, die von ihrer zierlichen Statur her dem partiellen Familienzuwachs ähnelt. Wegelagerer mit Presseausweis und Kamera liegen auf der Lauer, wollen, wie sie es nennen, die bekannteste Österreicherin »abschießen«. Sie haben spitzbekommen, dass sie sie an der Seite der Langs erwischen können. Der ohnehin im Büro schon von den absurdesten Anfragen getriebene BK-Abteilungsleiter muss nun auch noch auf der Hut sein, wenn er sich auf der Straße bewegt. Zum Beispiel Hand in Hand mit seiner Frau, die von hinten für Natascha Kampusch gehalten werden könnte. Klick! Erwischt! Seine Geliebte, Fragezeichen. Was für eine Schlagzeile!

Familie Lang vermeidet jedes Risiko. Und lässt sich fürs Erste in der Öffentlichkeit nicht mehr gemeinsam blicken.

Einige Jahre zuvor hätten sich Langs und Přiklopils Wege beinahe schon einmal gekreuzt. Er war aus dienstlichem Anlass in den USA beim FBI gewesen. Als die amerikanischen Kollegen nun dem Wiener Bundeskriminalamt einen Gegenbesuch abstatteten, organisierte Lang für sie einen Ausflug.

Auf die Idee mit einem Ausflug kam auch der sonst so ängstliche und vorsichtige Entführer: Er und Natascha wie ein ganz normales Pärchen an einem schönen Ort, so stellte er es sich vor. »Er wollte ein Familienidyll aufbauen, wie es wohl Ende der siebziger Jahre üblich war. Als wenn da nie etwas gewesen und alles natürlich entstanden wär'.« Also, auf zum Neusiedler See im Burgenland, eine Autostunde von Strasshof entfernt, das war der Plan. Seine Gefangene erkannte ihre Chance. Ein kleiner Teil des ansonsten größten österreichischen Sees gehört zu Ungarn, natürlich auf beiden Seiten überwacht durch Grenzpatrouillen. Wenn sie Glück hatte, würden sie in eine Kontrolle geraten. Plötzlich beschlichen ihn Zweifel – als ob er ihre Gedanken hätte lesen können. »Da habe ich zu ihm gesagt, es kann ja gar nicht so riskant sein. Da sind sicher keine Leute. Die erkennen mich ja gar nicht.« Natascha Kampusch schaffte es, seine Bedenken zu zerstreuen. Und der Ausflug rückte wieder ganz nach oben auf die Liste. Doch bevor Přiklopil sich endgültig entschloss, seinen roten Renner aus der Garage zu holen, geschah es:

Lang hatte sich für die FBI-Agenten etwas Besonderes ausgedacht: einen Rundflug in einem Polizeihubschrauber. Der trug sie nach ein paar Schleifen über Wien schnurstracks dorthin, wo die Landschaft sich wie eine Hollywood-Kitschkulisse präsentiert und wohin es auch Přiklopil mit seiner Zwangsbegleiterin zog: zum Neusiedler See. Die Menschen am Boden hoben die Köpfe, folgten mit den Augen dem Heli, der über dem See eine ganze Weile kreiste, bevor er ihren Blicken entschwand. Am nächsten Tag stand der FBI-Ausflug in der Zeitung.

Přiklopil schlug die Zeitung auf, entdeckte den Artikel. Und geriet in Panik. Er war fest davon überzeugt, dass die österreichische Polizei das FBI eingeschaltet hatte, um endlich das Versteck seines Opfers zu finden. Aus war es mit der Tagestour.

Als Gerhard Lang von Natascha Kampusch die Geschichte erfährt, drückt er ihr ein kleines Geschenk in die Hand: ein Cap vom FBI.

Lang wird den Kontakt zu ihr einige Zeit nach unserem Gespräch abbrechen. Den Grund dafür nennt er uns bei einem Treffen im Januar 2009, an dem auch der neue Direktor des Bundeskriminalamts, Franz Lang, teilnehmen wird. Es ist die Zeit, in der Innenministerin Maria Fekter[226] ihnen Redeverbot erteilt hat. »Aus fürsorgerischen Gründen.« Denn egal, was sie Politikern oder Journalisten erzählen, »es hagelt Anzeigen«. Da sind Staatsanwälte und Polizisten, die den »Fall Kampusch« untersucht haben. Da sind Mitglieder einer Evaluierungskommission, die anschließend untersucht haben, was untersucht worden ist, und seither neue Untersuchungen einfordern. Da sind Politiker aus dem rechten Lager, die aus den unterschiedlichen Bewertungen der Untersuchungsergebnisse politisches Kapital zu schlagen versuchen. Und schließlich sind da die Journalisten, die vom Stuhl kaum mehr aufzustehen brauchen, weil ihnen die Inhalte der Ermittlungsakten fast von allein auf den Tisch flattern. Es geht nicht um Natascha Kampusch. Es geht um eigene Interessen, um Wichtigtuerei, um Machterhalt, Machtausbau. Dazu werden die Medien instrumentalisiert. Es wird verklagt und gegengeklagt. Ein schmutziges Geschäft. Daher hat Gerhard Lang sich schon frühzeitig darauf eingestellt, mit allem rechnen zu müssen. Auch mit dem Vorwurf, »ohne dienstlichen Grund mit Natascha Kampusch in Kontakt zu sein, und es entstünde die Frage: Was soll das, was will er von ihr?« Diese Frage kann nun niemand mehr stellen.

---

226 Als Nachfolgerin von Günther Platter Innenministerin vom 1. Juli 2008 bis 20. April 2011; Dr. Fekter gehört der ÖVP an.

FREITAG, 27. OKTOBER 2006

Die Zeit als Natascha Kampuschs unentgeltlicher Medienberater ist für Dietmar Ecker beendet, seine Aufgabe übernimmt, ebenfalls zum Nulltarif, der 32-jährige Stefan Bachleitner. Er ist Partner[227] in einer Wiener PR-Agentur, führte 2004 das Wahlbüro für den Bundespräsidentschaftskandidaten Heinz Fischer und wird für ihn 2010 noch einmal erfolgreich die Kampagne für seine Wiederwahl zum Bundespräsidenten leiten. »Der auf sensible Themen spezialisierte PR-Berater«, so heißt es in einer Presseerklärung, »will für ›einen respektvollen Umgang mit Frau Kampusch und ihrer Familie‹ sorgen und steht für eine professionelle Behandlung von Medienanliegen.«

Wir selbst erleben Stefan Bachleitner als analytischen, dabei nicht kühlen, sondern herzlichen, offenen und einfühlsamen Gesprächspartner, der mit großer Begeisterung das künstlerische Schaffen seiner Freundin und heutigen Ehefrau Deborah Sengl, einer international beachteten Künstlerin, begleitet.

Am 8. März 2007 begegnen wir in Bachleitners Büro erstmals Natascha Kampusch. Zierlich ist sie, schüchtern, still, fast verlegen. Ihre Antworten sind knapp und leise. Sie lässt uns erzählen, hört uns zu. Mit gesenktem Kopf. Als ich den Entführungs- und Mordfall Jakob von Metzler erwähne, hebt sie ruckartig den Kopf, sieht mich an und fragt mich nach dem Datum der Entführung. Ich überlege, sie auch. Eine Sekunde lang. Da nennt sie es: 27. September 2002. Sie hat das ganze Drama des Verbrechens über das Fernsehen mitverfolgt. Als selbst Entführte, unter Aufsicht ihres Entführers. Ich solle die Familie des kleinen Jakob grüßen, trägt sie mir auf. Wenige Tage später rufe ich Friedrich von Metzler an, Jakobs Vater, richte ihm die Grüße aus. Sie rühren ihn. Und tun ihm weh.

Am Tag nach dem Gespräch mit Natascha Kampusch treffen wir noch einmal Stefan Bachleitner. Er hat eine gute Nachricht für uns: Sie hat sich für uns entschieden, will die Fernsehdokumentation mit uns realisieren. Allerdings nicht innerhalb der nächsten sechs Monate, lässt sie uns ausrichten, sie brauche die Zeit, um ihr Leben zu ordnen. Unmittelbar nachdem die Doku dann knapp drei Jahre später ausgestrahlt worden ist, meldet sich Friedrich von Metzler bei mir. »Sagen Sie Frau Kampusch, sie soll stolz auf sich sein.« Sie möge gerne den Kontakt zu ihm suchen, bietet er an. Sie wird es nicht tun.

Bevor wir mit dem Projekt an den Start gehen können, wird noch über ein Jahr vergehen. Die dafür notwendigen Absprachen werden wir jedoch nicht mehr mit Stefan Bachleitner führen, sondern mit zwei neuen Medienberatern, die ihn Ende Juni 2007 ablösen werden. Das Nachrichtenmagazin *Profil* wird berichten[228], dass er »schon bei Vertragsabschluss mit

---

227 seit Mai 2014 Geschäftsführer
228 am 11. August 2007

den Anwälten einer offiziellen Sprachregelung für den Tag seines Ausscheidens zustimmen (musste). Fragt man ihn heute, warum sein Vertrag nicht verlängert wurde, spricht er von vereinbarungsgemäßem Auslaufen. Weitere Begründungen gebe es nicht: Ich bin limitiert, was die Möglichkeiten der Verlautbarung betrifft.«

Der Wechsel zu den neuen Medienberatern geht auf das Betreiben von Natascha Kampuschs »Begleiter« Johannes Silveri zurück. Er ist seit Langem mit Dušan Uzelac, befreundet, der 2001 in Wien eine GmbH gründete. Kerngeschäft des Unternehmens sind die Entwicklung von Software und Beratung auf dem IT-Sektor, nicht jedoch die Vermarktungs- und Öffentlichkeitsarbeit für ein über Nacht weltweit bekannt gewordenes Verbrechensopfer. Doch nun hat Johannes Silveri seinen Schützling in Uzelacs treue Hände gegeben, in der Hoffnung, dass er ihn aus der besonderen Freundespflicht heraus entsprechend respektvoll, fürsorglich und sicher durch die Medienwildnis geleiten wird. Uzelac übernimmt die Aufgabe zusammen mit seinem Mitarbeiter Wolfgang Brunner, einem Kärntner mit Magisterabschluss. Gleichzeitig ändern sich die Bedingungen. Aus einer bislang nicht dotierten Tätigkeit wird eine für beide Seiten kommerziell ausgerichtete, vertraglich genau geregelte Geschäftsbeziehung. Der jüngere, studentenhaft wirkende Brunner wird schnell mit Natascha Kampusch zum »Du« übergehen, während Uzelac, der für sie der Ältere, der Erfahrenere, der Firmenchef ist, ein väterlicher Freund und Ratgeber, eine Vertrauensperson, zu der sie aufschauen will, die somit von ihr gewünschte Distanz wahren und sie bis heute siezen wird. Mit dem respektvollen Abstand erhält er sich zugleich die Autorität, die er ihr gegenüber einsetzen muss, um Medienprojekte vertragssicher abschließen zu können. Denn mal schwebt sie leichtfüßig von einem Auftritt zum nächsten, ist neugierig auf alles, was ihr diese neue Welt an Überraschungen zu bieten hat. Dann wieder ist sie in sich versunken, verkriecht sich in ihre Wohnung und möchte niemanden sehen, geschweige denn über sich reden. Selbst jemandem, der nicht über psychologische Grundkenntnisse verfügt, wird dieses Gefühlswirrwarr einleuchten.

Eine der ersten Maßnahmen von Uzelac und Brunner: Sie richten Natascha Kampusch in ihren Firmenräumen am Wiener Ring ein eigenes Büro ein. So kann sie unmittelbar in alle Entscheidungsprozesse eingebunden werden, und genau das wird ihrem von Přiklopil unterdrückten Selbstwertgefühl guttun.

MITTWOCH, 15. NOVEMBER 2006

Ernst H. darf kurz einmal durchatmen. Er feiert heute seinen 43. Geburtstag, und heute wird auch das Verfahren gegen »U.T.« eingestellt. Ernst H. ist zwar kein »U.T.«, Přiklopils zweiter Freund Rudolf H. und Brigitta Sirny ebenso nicht. Denn schon weil sie namentlich bekannt sind, können sie keine »Unbekannten Täter«, wie das Justizkürzel übersetzt heißt, sein. Täter aber auch nicht. Dann würde das Verfahren gegen sie eröffnet und nicht eingestellt werden. Doch für Polizei und Staatsanwaltschaft haben sich »keine neuen Ermittlungsansätze und Erkenntnisse in Bezug auf eine eventuelle Mittäter- oder Mitwisserschaft« ergeben. Die drei scheiden also aus. Hinweise darauf, dass es andere, derzeit noch unbekannte Komplizen Přiklopils oder von ihm in die Entführung eingeweihte Personen geben könnte, liegen nicht vor. Und es zeichnet sich auch nicht ab, dass sich daran etwas ändern könnte. Es bleibt dabei: Wolfgang Přiklopil handelte als Einzeltäter. Und der ist nun tot. Der Aktendeckel der Justiz, kurz gegen den Beschuldigten Přiklopil aufgeschlagen, ist bereits am 28. September wieder zugeklappt worden. Denn er selbst hatte, formaljuristisch ausgedrückt, für ein Verfahrenshindernis gesorgt, und das bestand in seinem Freitod, der die Einstellung des Verfahrens zur Folge haben musste: Einen Toten kann man nicht mehr vor Gericht stellen. Diese simple Rechtslogik entbinden Staatsanwaltschaft und Polizei jedoch nicht von der Pflicht, das von Natascha Kampusch angezeigte Verbrechen faktensicher aufzuklären und auf mögliche weitere strafrechtlich relevante Aspekte hin zu untersuchen.

Das haben sie getan.

Sie haben aber weder bei der Spurensicherung noch durch Zeugenvernehmungen noch durch Auswertungen verdächtigen Materials Anhaltspunkte für das gefunden, was das argwöhnische Publikum hätte zufriedenstellen können.

DONNERSTAG, 30. NOVEMBER 2006

Girl in the Cellar – The Natascha Kampusch Story heißt das 304 Seiten umfassende Buch, das an diesem Tag in England erscheint. Geschrieben ist es von den britischen Journalisten Michael Leidig und Allan Hall, der eine arbeitet in Wien, der andere ist in Berlin Korrespondent der *Daily Mail*. Gesprochen haben sie für ihren Schnellschuss nicht mit Natascha Kampusch, aber mit Nachbarn ihrer Mutter, haben deren Getratsche verrührt mit Zeitungsspekulationen, gewürzt mit den schlüpfrigen Interpretationen des spitzfingrigen Kinderbildsortierers und *Heute*-Journalisten Oswald Hicker und garniert mit den altbackenen Schlussfolgerungen des einstmals ranghöchsten Kripoermittlers Max Edelbacher. Die Fotos des halb nackten Kindes mit Reitgerte und Fuchsstola, längst abgehakt als harmlose Familienschnappschüsse. Aber nun wieder hervorgekramt von dem seit vier Monaten pensionierten Ex-Chef des früheren Wiener Sicherheitsbüros, zusätzlich zum Buch für ein Interview mit dem Schweizer Online-Nachrichtendienst 20minuten.ch. Er »glaubt«, gibt die *Hamburger Morgenpost* ihn wieder, »dass Natascha schon vor ihrem achtjährigen Martyrium zum Sex gezwungen wurde«. Unter Mitwirkung ihrer Eltern. »Er klärte den Verdacht ab, ob der Vater seine Tochter missbraucht haben könnte. Er untersuchte auch, ob sich einer der verschiedenen Liebhaber der Mutter eventuell an Natascha herangemacht hatte.« Nichts davon ist polizeilich nachgewiesen worden, bis heute nicht. Und die Betroffene selbst hat sich immer gegen diese Vermutungen gewehrt, ihre Eltern ebenso. Doch Edelbacher gibt nicht auf.

Auch dieser Schlag sitzt mal wieder und rückt vor allem Brigitta Sirny nach fast neun Jahren erneut ins Zwielicht.

SONNTAG, 31. DEZEMBER 2006

Silvester. Der Tag, an dem die Menschen Getränke kalt stellen, Knabberzeug in Schälchen verteilen, ihre Wohnstuben mit bunten Papierschlangen und Konfetti dekorieren und sich um Mitternacht mit »Prosit Neujahr«-Wünschen in die Arme fallen.

Dieser letzte Tag des Jahres sieht für Waltraud Přiklopil gar nicht festlich aus. Sie kriecht mit Margit W. in die Gruselkammer, die ihr Sohn erbaut hat, atmet dieselbe modrige Luft wie einst dessen Gefangene, ist umschlossen von derselben Enge, isoliert in der Stille derselben Betonhülle. Ihr Sohn hat diese Scheußlichkeiten erdacht. Er machte sich zum Kerkermeister, spielte seiner Mutter, seiner Oma, seiner Tante eine Welt vor, die nur an der Oberfläche existierte. Während sie in der Sonne auf der Hollywoodschaukel saßen, kauerte unten, eingemauert, erst das kleine Mädchen, dann der Teenager Natascha Kampusch. Vielleicht sie oder eine andere junge Frau hätte sich die Mutter für ihn gewünscht, eine Beziehung, ganz legal, mit Kindern, ihren Enkelkindern. Nun ist sie in diesem Verlies, das es wirklich gibt, dessen erdrückende Winzigkeit im umgekehrten Verhältnis zur Dimension seines Verbrechens steht.

»Frau Přiklopil war eine gläubige Katholikin«, wird uns Margit W. erzählen. »Sie hat den Glauben an Gott verloren und will von der Religion nichts mehr wissen. Ein Pfarrer als Seelsorger kommt für sie nicht mehr in Frage. Sie fühlt sich mitschuldig an dem Verhalten ihres Sohnes, findet aber keine Erklärung dafür und fragt sich ständig, ob und was sie in seiner Erziehung falsch gemacht haben könnte. 13 Jahre ist sie als Frau eines gut verdienenden Ehemannes zu Hause geblieben, um den Sohn großzuziehen. Später, in dem Haus während der Entführungssituation, hat sie ihn weiterhin versorgt, Essen vorgekocht, Kuchen gebacken.« Und natürlich nicht geahnt, dass er etwas davon einem im ganzen Land gesuchten Mädchen zuteilte.

»Frau Přiklopil ist eine kultivierte, gebildete, sehr sensible und dezente Person, die niemandem zur Last fassen will.«

Ihr Sohn ist ihr zur Last gefallen. Ab dem Moment seines Todes. Und für den Rest ihres Lebens. Gemeinsam mit Margit W. verstaut sie seine persönlichen Sachen in Säcken und Kisten. Nicht zur Erinnerung. Zur Entsorgung.

Natascha Kampusch wird im Zuge eines Schadenersatzausgleiches das Haus ihres Entführers übernehmen. Bei Aufräumarbeiten wird ein Helfer eine Kerze entdecken. Sie liegt in einem Abfalleimer. Es ist die Kommunionskerze von Wolfgang Přiklopil.

DONNERSTAG, 15. MÄRZ 2007

Der ehemalige Familienrichter Martin Wabl steht vor Gericht. Nicht als Angeklagter, sondern als Kläger. Die Beklagte ist Brigitta Sirny. Zwar hat sie sich erfolgreich gegen seine Anschuldigungen wehren können, und er ist auch rechtskräftig dazu verurteilt worden, diese zu unterlassen. Doch er hat sofort den Spieß umgedreht und eine Klage auf Wiederaufnahme eingereicht. Darüber soll nun ein Kollege Martin Wabls im steiermärkischen Bezirksgericht Gleisdorf befinden.

Der weiterhin ambitionierte Bewerber um das Amt des österreichischen Bundespräsidenten ist nicht allein gekommen. Denn: Wo ein Martin Wabl ist, ist ein Thomas V. nicht weit. Den Kontakt zu ihm habe, so wird Thomas V. es später der Polizei erzählen, ein »Herr Josef aus Wien« hergestellt. Einsachtundsechzig groß, schmächtig, Stirnglatze, Vollbart. Der »beste Freund« von Ernst H. Und ein Ex-Kumpel von Wolfgang Přiklopil. Mit dem habe sich Josef früher »in der Pädophilen- und Sadomasoszene bewegt«. Erstmals habe er sich bei ihm am 9. September 2006 gemeldet, danach habe er mit ihm »öfter telefoniert«, ihn auch »persönlich getroffen«.

Was der Fremde aus Wien dem deutschen Landei anvertraut haben will, würde den Ohrensessel jedes Chefredakteurs augenblicklich in einen elektrischen Stuhl verwandeln: Josef seien »von Wolfgang Přiklopil Unterlagen und Videos« vermacht worden, »falls Natascha es sich einmal anders überlege«. Josef kann über den »Nachlass« verfügen, und der soll es in sich haben: Natascha Kampusch, kinderpornografisch vereint mit Ernst H. auf einem der Schmuddel-Videos. Schriftliche Belege dafür, dass sie »freiwillig bei Wolfgang Přiklopil gewesen sei«. Fotos, »auf denen Ing. Ernst H. und Natascha Kampusch gemeinsam am Tisch säßen und ein Geburtstagskuchen am Tisch stehe«. Eine »DVD mit Bildern vom Sado-Raum, Unterlagen mit Namen und Aufzeichnungen vom Tage der Entführung an«. Josef, so wird Thomas V.s Geschichte weitergehen, habe ihm Přiklopils Vermächtnis überlassen, und er habe es an seinen Bekannten Volkmar S. »weitergegeben«. Ein »Wander-Nachlass« also. Dies bestätigt Volkmar S. der Polizei, schränkt aber ein, dass er sich das Material gar nicht angesehen und inzwischen vernichtet habe. In einer späteren Vernehmung[229] wird er schließlich zugeben, dass Thomas V. ihn um diese Falschaussage gebeten habe, »da er eine Hausdurchsuchung bei sich zu Hause befürchtet habe«. »Abschließend« wird Volkmar S. festhalten, »dass er selbst weder irgendwelche Videosequenzen, noch Lichtbilder oder sonst etwas von diesen angeblichen Beweismitteln gesehen habe, Thomas V. habe immer nur gesagt, dass er im Besitz solcher Beweismittel sei«.

---

229 am 3. November 2009

Die Details über die gesamten Vorgänge würden ein eigenes Buch füllen. Daher schon an dieser Stelle das Resultat jahrelanger polizeilicher Ermittlungen: Keines der Beweisstücke wird jemals auftauchen. Und auch der »Herr Josef« wird eine Erscheinung bleiben, plötzlich vom Himmel gefallen und sofort wieder gen Himmel aufgestiegen.

Wo ein Martin Wabl ist, ist nicht nur ein Thomas V. in der Nähe. Auch ein Detektiv. Walter Pöchhacker. Und wo Herr V. ist, ist der *Stern* nicht weit. Wie das LKA Burgenland in einem Bericht[230] festhalten wird, sei Thomas V. »in Begleitung und auf Kosten eines Reporters der Zeitschrift ›Stern‹ zum Zivilverfahren zwischen Dr. Martin Wabl und Brigitta Sirny beim BG[231] Gleisdorf angereist«. Dort geht es aber erst einmal darum, mit welchen Belegen Wabl in die nächste Gerichtsrunde gehen will. Beweise hat er nicht. Aber Zeugen auf seiner Liste, die, vor dem Hohen Gericht zur Wahrheit verpflichtet, endlich mit der Sprache über die unglaublichen Verstrickungen Brigitta Sirnys in die Entführung der eigenen Tochter herausrücken müssen, davon ist er fest überzeugt. Freiwillig zu einer Aussage bereit ist schon mal Thomas V., der laut Polizeibericht an diesem Tag auch »bei der PI[232] Gleisdorf vorgesprochen und behauptet« hat, »er sei im Besitz eines Videos, auf dem sexuelle Missbrauchshandlungen zum Nachteil der Natascha Kampusch dargestellt seien«. Ins Kinderschänder-Horn bläst auch der pensionierte Hofrat Max Edelbacher, den Martin Wabl ebenfalls als Zeugen benennt. Ferner Kinderpsychiater Max Friedrich. Der soll doch mal erklären, wie er zu dem grandiosen Fehlurteil kam, die Fotos vom laut Wabl & Co. erotisch dekorierten halb nackten Kleinkind Natascha nicht als Beleg für sexuellen Missbrauch gedeutet zu haben. Und Martin Wabl hat noch einen Trumpf in der Hand: Natascha Kampusch. Sie ist seine wichtigste Zeugin. Schließlich hat sie die ganzen unsäglichen Schweinereien erlebt, die sie immer noch für sich behält. Unter dem Druck richterlicher Obrigkeit, da ist er sich sicher, wird sie einknicken und endlich reinen Tisch machen.

Martin Wabl, am Revers seines dunklen Anzugs märtyrersymbolisch mit einem Kreuz aus bunten Mosaiksteinen dekoriert, arbeitet seine Zeugenliste ab. Verhandlungsende. Vier Wochen hat der Richter nun Zeit, zu entscheiden, ob er die Wiederaufnahme des Verfahrens zulässt. Noch am Nachmittag schreibt Detektiv Walter Pöchhacker in seinem Internet-»Forum zum Fall Natascha«:

»Der Saal war so voll, dass einige Journalisten stehen mussten oder auf dem Boden saßen. Frau Sirny glänzte (…) durch ihre Abwesenheit. Da jetzt schon die Katze aus dem Sack ist: Ich fungiere als Wabls Berater und durfte neben ihm auf der ›Anklageseite‹ Platz nehmen. Nur einmal flüsterte ich Wabl zu viel ins Ohr und es setzte eine Rüge vom Richter.«

---

230 vom 6. Februar 2008 an die Staatsanwaltschaft
231 Bezirksgericht
232 Polizeiinspektion

Nicht nur vom Richter. Auch von Thomas V. Auf der von ihm betriebenen Website »kampusch.de« merkt er an – hier buchstabengetreu wiedergegeben –, dass bei »der Verhandlung (...) auch der sich profilierende Herr Pöchkacker war, (er hat mir nicht einmal die Hand gegeben) ...« Gleichwohl scheinen sich beide Herren dann doch noch zusammengerauft zu haben, denn die Polizei wird der Staatsanwaltschaft 2008 mitteilen: »Letztlich fand sich auf der Webseite des Thomas V. ein – augenscheinlich von Detektiv Walter Pöchhacker verfasster – Bericht über die Zivilverhandlung in der Rechtssache Dr. Martin Wabl gegen Brigitta Sirny ...«

MITTWOCH, 21. MÄRZ 2007

Frühlingsanfang. Viele Vögel sitzen draußen. Der bunteste drinnen. Nämlich Thomas V. Er sitzt »in den Räumlichkeiten des LKA Salzburg«, in denen er laut staatsanwaltschaftlichem Vermerk »niederschriftlich befragt« wird.

Er wäre eigentlich keine weitere Zeile wert, wenn ihn nicht hobbykriminalistische Geisterfahrer immer wieder auf die Warmhalteplatten von Polizei und Staatsanwaltschaft gesetzt hätten. Die dürfen ihn wieder und wieder befragen, sein Umfeld durchleuchten, sich Verrücktheiten anhören, die umgehend dazu führen müssten, die Akte »V.« nicht nur zu schließen, sondern zu vernageln. Stattdessen bitten sie auch den *Stern*-Reporter um Auskünfte über seinen spinnerten Informanten, was der auch tut. So berichtet er, dass er »von ›Josef‹ angerufen sei« und »erstaunt zur Kenntnis genommen habe«, dass der angebliche Österreicher aus Wien »mit hochdeutschem Akzent gesprochen habe.« Und dennoch, es reicht nicht: Thomas V. soll für voll genommen werden, darauf pochen die nach Ermittlungspannen fahndenden, top-juristisch vorgebildeten Kammerjäger, die ihr Gift immer in den falschen Räumen auslegen, das aber stets in bester Absicht.

Die Show von Thomas V. beginnt am Freitag, den 9. März 2007, mit einem Anruf bei Soko-Chefermittler Johann Frühstück. Er stellt sich ihm »als Hellseher ›Aves Morus‹« vor. »Aves« ist das laieinische Wort für »Vögel«, »Morus« bezeichnet eine Gattung der Tölpel. Thomas V. bietet Frühstück »seine Dienste« an und bittet ihn, »bei Nachfragen der Presse zu bestätigen, dass er mit der Polizei in Kontakt stehe«. Das ist sein Einstieg. Danach legt er richtig los und nervt so lange, bis er sein Ziel erreicht hat. »Nach weiteren drängenden Anrufen begleitet von immer ›wilderen‹ Geschichten über dieses angebliche Pornovideo und über einen angeblichen Mittäter des Přiklopil« – gemeint ist Ernst H. – setzt sich Frühstück schließlich ins Auto und fährt vom burgenländischen Eisenstadt nach Salzburg zum LKA. Dort trifft er Thomas V., »der mit einem Gebetbuch in der Hand erschienen ist«. Ins Gebet nimmt ihn aber Frühstück, und er bringt an diesem Mittwoch offiziell den Unfug zu Papier, den er schon aus den Telefonaten kennt. Anschließend werden die Personen polizeilich abgeklopft, die Thomas V. als Zeugen für seine Erzählungen benannt hat. Das Ergebnis fällt wie erwartet aus. »Herr Josef«: ein Gespenst. Sein Bekannter Volkmar S.: »ein Vermögensdelinquent«. Und Andreas Sch., der den für immer verschollen gebliebenen »Originalporno aus dem Verlies« ins Netz gestellt haben soll: »eine offensichtlich wirre Persönlichkeit«.

Im Laufe der Jahre wird sich auch der letzte noch auf Spurentrip herumwuselnde amtlich oder von eigenen Gnaden eingesetzte Kampusch-Fahnder eines Besseren besinnen und endlich die Finger von Thomas V. lassen. Weil der Sack mit Nonsens-Ansammlungen förmlich überquillt. Wäre es nach Johann Frühstück gegangen, hätte er schon nach dem ersten Telefonat, spätestens aber nach der persönlichen Begegnung mit ihm die Reißleine gezogen. So beobachtet er fortan kopfschüttelnd aus der Ferne, wie andere in blindem Eifer die Schabernack-Bälle des Hellsehers vom Bodensee auffangen und in den Ermittlungsakten bierernst zu einem Stückchen schräger Unterhaltungslektüre verarbeiten.

Thomas V. hat sich als Grafiker probiert. Als Altenpflegehelfer. Als Schreiner. Als Bestatter. Als An- und Verkäufer verschiedenster Gegenstände, zumeist aus Haushaltsauflösungen. Dazwischen hat er mehr Alkohol und illegale Drogen konsumiert, als es ihm und der Allgemeinheit gutgetan hat. Das Amtsgericht Konstanz bescheinigt ihm, »ab 1995 bewusst auf Kosten der öffentlichen Hand« gelebt zu haben. »Er selbst hatte keine Lust mehr zu arbeiten.« Bis zum 30. Oktober 2006 kassiert er 20 Vorstrafen, überwiegend wegen Betrügereien und Diebstählen. Ein Ende seines kriminellen Werdegangs ist es nicht. Kurz nach der nächsten Verurteilung ein Jahr später wird er 43. Über seine Facebookseite verbreitet er, dass er an der Universität Konstanz studiert hat. Davon weiß das Gericht nichts, das seine biografischen Stationen im Urteil exakt aufgelistet hat. Es weiß nur vom Besuch der Hauswirtschaftlichen Berufsfachschule in Radolfzell, die »er im Alter von 17 Jahren mit der mittleren Reife« verließ.

Thomas V. macht Schluss mit Alkohol und Zigaretten. Er stürzt sich als IT-Manager ins Internetgeschäft. Bis heute ist er in dem Gewerbe aktiv.

Den Anfang mit seinem neuen Geschäftsfeld hat Thomas V. mit Natascha Kampusch gemacht und dafür 600 *Stern*-Taler bekommen[233]. Nun ist die *Bild*-Zeitung dran. Und das geht so: Ein *Bild*-Leser kocht ein Ei. Es trägt die aufgestempelte Nummer 3-DE-1600101. Als er es aus dem Topf holt, ist die Nummer zu einer Figur zerflossen: Madonna mit dem Jesuskind. Er fotografiert das scheinheilige Ei, schickt das Foto an *Bild* und bietet das hartgekochte Wunder gleichzeitig bei eBay an. Die eBay-Kommune ist sofort aus dem Häuschen. Mit »Grüß Gott!« meldet sich ein frommer Interessent und bittet um Antwort auf die »für mich sehr wichtige Fragen: Wo haben Sie das Ei gekauft? Stammt es aus Stallhaltung?« Ein anderer muss sich eine Tüte mit Weihrauch über den Kopf gezogen haben, bevor er an den Eihändler mailt: »Wirklich eine ganz ergreifende Sache. Weiß der Papst das schon?« Bevor dem ein reitender Bote die Kunde überbringen könnte, geschieht das zweite Wunder. Das Ei wird ersteigert für sage und schreibe 355 Euro. Von www.gitarre-und-kerze.de. Es ist der Name eines gefälschten Picasso-Bildes, dessen Versteigerung die Polizei im letzten Moment verhindern wird. Während wir inzwischen den Hauch einer Ahnung haben dürften, wer hinter dieser Website steckt, musste die *Bild* das damals erst noch herausfinden. Aber in einem groß aufgemachten Artikel über die »Marien-Erscheinung« auf weißer Hartschale kann sie am 8. Februar 2007 das Geheimnis um den Käufer lüften: Thomas V., ein »Auktions-Experte. Kunsthändler. Tausendsassa.« Der lacht laut *Bild*. »Das Ei ist ein Super-Schnäppchen. Ich habe schon jetzt Angebote aus Italien. 10 000 Euro und mehr sind geboten.« Eine feine Sache, wenn sie denn stimmt. Und Thomas V.

---

233 nach Aussage des STERN-Reporters gegenüber einem durch Thomas V. Geschädigten

nicht daran herumgetrickst hat, dass eBay als »erfolgreiches Gebot« am Ende tatsächlich den Betrag von 15 750 Euro ausweist, wie ein Screenshot belegt. Auch »Kaffeetassen, T-Shirts und Mützen mit Madonnenei-Motiv« werden über eBay angeboten. Mit dem Erlös könnte er die Klingelbeutel vieler Kirchengemeinden füllen. Oder einen Teil seiner »Schulden in Höhe von 100 000 Euro«, wie das Konstanzer Gericht in seinem Oktober-Urteil festhalten wird, abtragen. Sie bestehen »u.a. gegenüber Versandhäusern« und einem früheren Vermieter, dem er »noch Renovierungskosten in Höhe von 20 000 DM schuldet«.

Es dauert gerade mal eine Woche, und Thomas V. steht mit einer Riesengeschichte wieder in der *Bild*-Zeitung. Im Januar setzte eine öffentliche Diskussion ein, weil die ehemalige RAF-Terroristin Brigitte Mohnhaupt nach 24 Jahren Haft Ende März vorzeitig in die Freiheit entlassen werden soll. Schwupps sicherte sich Thomas V. die Website www.brigitte-mohnhaupt.de und richtete ein Internet-Forum über sie ein. 18 000 Mal wurde die Seite angeklickt, 200 Mails erhielt Thomas V. Mit Beschimpfungen, Morddrohungen, aber auch mit Hilfsangeboten für Brigitte Mohnhaupt. Die *Bild* wird auf das Forum aufmerksam. Am 15. Februar titelt sie: »Irre Angebote von Mohnhaupt-Anhängern – Haus, Geld, Job für RAF-Terroristin.« Daraufhin bricht ein Sturm los. Schon »mittags um zwölf«, so meldet es *Der Spiegel*, »zählte V. bereits 400 000 Klicks«. Für eine gute Sache, wie er der *Bild* weiszumachen versucht: »Ich bin unpolitisch, aber Christ. Deshalb will ich Brigitte Mohnhaupt helfen, wieder auf die Beine zu kommen. Die Menschheit bleibt doch stehen, wenn man nicht vergibt.« Die über 1000 Domains, die, wie *Der Spiegel* weiß, auf seine Firma eingetragen sind, entspringen wohl kaum christlichen Motiven. Wie www.kate-middleton.eu, der ins Internet-Chinesisch eingebettete Name der jungen Frau, die 2011 den britischen Prinzen William heiraten wird. Oder wie der Name Natascha Kampusch in verschiedenen Domain-Variationen, für die ihm ihr Anwalt Gerald Ganzger »an Aufwandsentschädigung 100 Euro pro übertragener Domain« bieten wird. Dessen nächste Aktion wird er ihm allerdings untersagen. Thomas V. will ihr Ballkleid, das er erworben hat, auf eBay versteigern. Mit großem Presserummel, versteht sich. Auf seinen Homepages kampusch.de und kampascha.de hat er es beschrieben: Es sei ein Kleid, das »extra ein Stardesigner« für ihren »Auftritt beim Wiener Opernball« kreiert habe. Kleiner Schönheitsfehler: Es gibt das Kleid nicht. Den Stardesigner folglich auch nicht. Und Natascha Kampusch war nicht auf dem Opernball. Und weil Ganzger schon einmal dabei ist, fordert er Thomas V. auf, ein Foto seiner Mandantin von seinen Websites zu entfernen, mitsamt der Behauptung, dass ihr Entführer ihr »Freund« gewesen sei und ihr »Wolfgang Přiklopil das Leben gerettet« habe.

Eine weitere Aktion organisierte Thomas V. zur Rettung freitodsuchender Patienten des Zentrums für Psychiatrie in Reichenau. Da steht er im dortigen Bahnhof im Gleisbett vor einem Zug und hält ein Schild für den Fotografen, seinen Bekannten Volkmar S., hoch. Auf dem Schild kleben links und rechts Schwarz-Weiß-Abbildungen eines Totenkopfs über gekreuzten Knochen, dazwischen das rot umrandete alte Gefahrenzeichen mit Dampflok, das vor unbeschrankten Bahnübergängen zur besonderen Vorsicht vor herannahenden Zügen auffordert. Doch solange Thomas V. den Zug blockiert, ist noch nicht einmal an ein »Herannahen« zu denken. Sein Protest-Signal an den Lokführer ist eindeutig: Weiterfahrt nur über meine Leiche. Sein Gesicht ist von Sorge und Betroffenheit gezeichnet. Denn die Bahnstrecke verläuft in unmittelbarer Nähe zum Klinikgelände und lud in der Vergangenheit angeblich auffällig viele seelisch aus dem Lot geratene Patienten förmlich dazu ein, nicht lange über ein sinnerfülltes Weiterleben nachzudenken, sondern sich mit einem Sprung vor den Zug aus dieser Welt zu verabschieden. Thomas V. weiß, warum: Weil sie vollgepumpt wurden mit Medikamenten und dadurch verwirrt waren. So wird er im Mai 2008 in einem ausführlichen Bericht mit Fotos von seiner beherzten Demonstration auf der Internetseite pr-live.org zitiert. Hierzu ist anzumerken: Betreiber der Seite ist Thomas V. selbst. Über ihn ist dort auch zu lesen, dass er es nicht mit bloßen Hinweisen auf die wachsende Suizidsehnsucht der Psychiatrieinsassen hat bewenden lassen. Streife ist er gelaufen, »über Jahre hinweg ganz bewusst die Wege an den dortigen nah gelegenen Bahngleisen« entlanggegangen, »um Menschen, die sich das Leben nehmen möchten, retten zu können. Das gelang ihm auch in einigen Fällen«, so Thomas V. über sich selbst. Stets zur rechten Zeit am rechten Ort, die Suiziddichte war enorm, sechs Fälle innerhalb eines halben Jahres zählte er. Das waren dann doch zu viele für einen allein, denn just, als er wieder mal gebraucht wurde, war er nicht zur Stelle. Eine Frau lag tot auf den Schienen. Ein Schock für Thomas V., denn sie war eine Bekannte. Und ausgerechnet deren Überreste musste er bergen, da er zum Zeitpunkt des Dramas als Bestatter arbeitete. Doch das war noch nicht alles, wie »PR-Live« berichtet. Er musste mitansehen, »wie bei seinem Eintreffen an den Gleisen im Morgengrauen ein Rabe ein großes Stück Fleisch davontrug – von der Toten«. Seither betreut er »ehrenamtlich« viele Patienten »in Form von verständnisvollen Gesprächen«. Leben sollen sie, nicht sterben. Das ist Thomas V.s Ziel.

Genau daran mag der Verlags- und Redaktionsleiter der regionalen Onlinezeitung *Bodensee-Woche*, Fritjof Schultz-Friese, nicht glauben. Er ist überzeugt, dass Thomas V. drei Psychiatrie-Patienten die Absicht, aus dem Leben scheiden zu wollen, nicht ausgeredet, sondern eingeredet hat. In einer Mail teilt er der Klinikleitung am 24. Juli 2009 mit, dass er »von mehreren Seiten über Suizid-Fälle« informiert worden sei, für die Thomas V. »mit Destabilisierung der Patienten verantwortlich gemacht« werde. »Er soll sich mit den Gefährdeten mehrfach im Café Ihrer Anlage getroffen haben (angeblich bis heute!) und diese methodisch bearbeitet haben. Der Zeitraum liegt im März / April / Mai / Juni 2008.« Unmittelbar nach dem Freitod eines der Patienten habe Thomas V. dessen Leichenteile fotografiert und die Fotos auf seiner Homepage www.Selbstmordopfer.de veröffentlicht. Dies könnten zwei Mitarbeiter der Klinik bezeugen. Zwischenzeitlich sei die Seite gesperrt. In seiner Mail weist der Redaktionsleiter auch darauf hin, dass Thomas V. sich trotz Hausverbots »weiter mit Patienten« treffe. Und er verkneift sich nicht, in Erinnerung zu rufen, »dass er in Ihrem

Krankenhaus früher Patient war und sich hier wiederholt mit Kittel als Arzt ausgegeben hat«. Am Ende mahnt er: »Ich sehe Thomas V. als Gefahr für die Öffentlichkeit, die geschützt werden muss.« Drei Tage später, am 27. Juli 2009, zeigt er ihn bei der Staatsanwaltschaft Konstanz »wegen Totschlag in mittelbarer Täterschaft« an. Die schreibt ihm am 19. August 2009 zurück, dass sie von der Einleitung eines Ermittlungsverfahrens absehe. Schultz-Frieses »Anzeigevorbringen« enthalte »keine hinreichenden Anhaltspunkte für Straftaten des Beschuldigten«. »Anstiftung oder Beihilfe zum Suizid« sei »nicht strafbar«. Und das »Zeigen von Leichenteilen von Suizidopfern auf Fotos« könne »zwar den Tatbestand der Störung der Totenruhe« erfüllen. »Da aber entsprechende Fotos nicht vorliegen und die Homepage (...) gesperrt ist, ist eine Verifizierung nicht möglich.« Mit dem Bescheid ist Schultz-Friese nicht einverstanden. Er legt Beschwerde ein. Die Generalstaatsanwaltschaft Karlsruhe erklärt sie am 18. September 2009 für »unzulässig, da Sie nicht unmittelbar Verletzter einer der von Ihnen behaupteten strafbaren Handlungen sind.«

Am 19. Dezember 2009, um 01.32 Uhr, schreibt Thomas V. in dem Forum eines Internet-Gästebuchs[234] unter seinem Namenskürzel »T.V.«: »Ich habe mir immer einen abgewichst, wenn sich einer vor den Zug geworfen hatte, der von mir dazu getrieben worden war.«

Am 6. Juli 2009 beginnt ein neuer Wind in dem sich elendig hinziehenden »Kampusch-Verfahren« zu wehen. Auf Erlass von Bundesjustizministerin Claudia Bandion-Ortner ist aus Graz der Erste Oberstaatsanwalt Dr. Thomas Mühlbacher[235] in Wien angerückt. Als neutraler Sonderermittler soll er endlich Ordnung in den zerfledderten und ausufernden Fall bringen. Vier Wochen hat man dafür eingeplant. Eine Illusion. Seine Sortier- und Aufklärungsarbeiten werden noch bis ins Jahr 2010 andauern.

Thomas Mühlbacher ist ein großer, stattlicher Mann, der einem mit freundlichem Lächeln und offenem, vorurteilsfreiem Blick begegnet. Die Basis seines Handelns ist Fairness, Anständigkeit, Sachlichkeit. Wer diese Grundsätze im Umgang mit ihm missachtet, überrascht ihn. Und verletzt ihn. Weil ihm absurde Argumentationen und hinterhältige Beinstellereien wesensfremd sind. Dass ausgerechnet er für sein bedächtiges, sorgsam abgewogenes und zugleich entschlossenes Vorgehen noch Prügel einstecken wird, kann er sich bei seinem Dienstantritt in Wien vermutlich nicht vorstellen.

Es dauert nicht lange, und Mühlbacher knöpft sich Thomas V. vor. Er will endlich Klarheit. Denn trotz größter Zweifel mag er nicht völlig ausschließen, dass der bibelfeste Lügenbaron sich in einem lichten Moment nicht doch auf das zur Wahrheit verpflichtende achte Gebot seines Herrn besonnen haben könnte. Also, noch mal rauf auf den Prüfstand mit der Porno-

---
234 Netguestbook10544
235 inzwischen Leiter der Staatsanwaltschaft Graz und Universitäts-Professor am Institut für Strafrecht, Strafprozessrecht und Kriminologie in Graz

geschichte. Mitsamt seinem Urheber und dessen Freund Volkmar S. Mühlbacher stellt ein entsprechendes Rechtshilfeersuchen an die Staatsanwaltschaft Konstanz.

Während die deutschen Behörden den Auftrag aus Österreich abarbeiten, reist ein Kamerateam des ORF in Tengen an. Bei zwei Gemeindearbeitern, die gerade einen Unterstand reinigen, erkundigt sich der Reporter nach dem Weg zu Thomas V. Arbeiter eins, im Heimatdialekt: »Was wolle Sie von dem?« Der österreichische Reporter, ebenfalls in heimischer Mundart: »Aan Interview.« Die beiden Arbeiter schauen sich an und beginnen schallend zu lachen. Dann beschreibt Arbeiter eins den Weg. »Wieso lochen Sie so?«, fragt der Reporter. Arbeiter eins unter dem Gelächter seines Kollegen: »Gehe Sie mal zu dem, dann lachen Sie noch mal selber.«

Eine Woche, bevor Thomas Mühlbacher die Erkenntnissammlung aus Konstanz erhält, stehe ich am 10. November 2009 in Wien im Studio des Fernsehsenders Puls4 – ich erwähnte es bereits in anderem Zusammenhang – und diskutiere in der Live-Sendung *Talk of Town* mit zwei weiteren Gästen das Thema »Der Fall Kampusch – Deutscher will neue Beweise vorlegen«. Nach 24 Minuten wird dieser Deutsche telefonisch zugeschaltet und ein Bild von ihm eingeblendet. Es ist Thomas V. Angekündigt hat Moderatorin Manuela Raidl ihn mit dem Bekenntnis, dass er sie »als Medienmacherin (…) sehr ambivalent stimmt«. Und da ist sie, Thomas V.s pastoral gewürzte Stimme, die sich nur zum Auftakt kurz schwungvoll-vergnüglich aufbläht, um uns wie bei einer Eurovisions-Übertragung des *Musikantenstadl* zuzurufen: »Einen schönen Abend nach Österreich!« Prompt folgt der Dämpfer. »Wir haben sehr lange überlegt, ich sag's Ihnen ganz offen und ehrlich«, holt Manuela Raidl ihn schnell wieder von der Wolke runter, »ob wir Sie heute mit in die Sendung nehmen. Sie werden als Zeuge eher als nicht besonders glaubwürdig gehandelt. Was halten Sie davon?« »Das ist korrekt, das ist aber nicht die Frage, die man mir gesagt hat«, antwortet Thomas V. »Es geht darum: Ich habe vor zwei Jahren schon eine Domain registriert, die kampusch.de. Einen Tag später hab' ich geseh'n, dass auf der ›com‹, ›net‹ und ›org‹ ein Verliesporno angeboten wurde, wo ich selber recherchiert habe, dass da Politiker in Österreich verstrickt sind. Dafür habe ich Beweise«, betet er seine altbekannte Litanei herunter. Dazwischen versucht er sich als sprachlicher Kunstschütze, der nichts trifft. Nur sich selbst. »Ob ich jetzt glaubwürdig bin oder nicht, darum geht es mir nicht. Mir geht's um die Wahrheit.« Deswegen zieht er alle Register. »Ich hab' heute Abend wieder mit einem Freund von Wolfgang Přiklopil gesprochen, der mich unter einer Geheimtelefonnummer angerufen hat, weil mein Telefon überwacht wird. Ich habe diese Beweise, ich habe diese Namen.« Und die will er auf den Tisch packen. »Ich bin freiwillig bereit, alles zu sagen«, bietet er an und appelliert: »Holt mich nach Wien.« Artig bedankt sich Moderatorin Raidl, weist ihn aber darauf hin: »Natürlich wird das von offizieller Seite anders dargestellt, nämlich so, dass versucht wurde, das Material einzuholen, und dann hätte der Herr V. ›last minute‹ einen Rückzieher gemacht.« Der protestiert, die Leitung wird gekappt.

Als ich zu einem Kommentar aufgefordert werde, sage ich: »Pseudo-Zeuge V. zwitschert hier locker und flockig absolute Märchen. Das ist ja fürchterlich, dass der überhaupt als Zeuge gilt.« Offiziell ist damit auch eine Woche später Schluss. Denn Oberstaatsanwalt Thomas Mühlbacher hat Post von seinen deutschen Kollegen erhalten: »Mit Rechtshilfeerledigung vom 17.11.2009 übermittelte die StA[236] Konstanz die Ermittlungsergebnisse zu Thomas V. und Volkmar S., aus denen zu ersehen ist, dass es sich bei Thomas V. um einen rechtsmotivierten geisteskranken Straftäter und bei Volkmar S. um einen Vermögensdelinquenten handelt und keine der von diesen behaupteten Beweismittel aufgefunden wurden.[237]«

Am 2. November 2009 wurde Thomas V. von der Polizei Konstanz, Außenstelle Singen, vernommen. Nachdem er über sein Recht belehrt worden war, sich nicht selbst belasten zu müssen, gab er an, »dass er keine schriftlichen Angaben machen werde, er habe Angst, dass er sich durch Widersprüche zu seinen vorigen Angaben eventuell selbst ›reinreiten‹ würde. Er sei nicht mehr im Besitz von irgendwelchen Beweismitteln, über den Verbleib wolle er keine Angaben machen.« Eine dicke Lippe riskierte er erst wieder acht Tage später. In der Fernsehsendung von Puls4. Da stand ebenfalls als Ergebnis der Durchsuchungen bei ihm bereits fest, dass er »weder über Daten, Kenntnisse oder Gegenstände verfügt habe, die fallbezogen für das Ermittlungsverfahren von Bedeutung sein könnten«. Entsprechend wird auch in Wien bei ergänzenden Untersuchungen der »von den deutschen Behörden in gespiegelter Form übergebenen Festplatte« kein Beweismaterial festgestellt werden.

Aus einem psychiatrischen Gutachten vom 17. Februar 2009, das vom Amtsgericht Singen eingeholt worden war, ergab sich, »dass Thomas V. an einer paranoid-halluzinatorischen Schizophrenie leide und er nicht in der Lage sei, seinen Willen frei, d.h. im Wesentlichen unbeeinflusst von Krankheit, zu bestimmen«. Bei der Untersuchung äußerte er sich »dem Arzt gegenüber, dass er Stimmen höre und diese ihm auch gesagt hätten, dass es im Fall Kampusch Mittäter geben würde«.

Am 16. März 2009 beschloss das Amtsgericht Singen[238], für Thomas V. einen Betreuer zu bestellen, seinen Rechtsanwalt, der laut V. auch sein Freund ist. Worum der sich kümmern sollte, wurde in einem Aufgabenkatalog genau aufgelistet: »die Sorge für die Gesundheit, die Vertretung gegenüber Behörden und Versicherungen, die Vermögenssorge, die Wohnungsangelegenheiten«.

Bevor das Jahr 2009 sich dem Ende zuneigt, meldet sich Thomas V., wieder unter seinem Namenskürzel »T.V.« im Forum des Internet-Gästebuchs zu Wort. Am 19. Dezember, um 23.45 Uhr, schreibt er: »Bin nicht entmündigt. Bin 100 % geschäftsfähig. Habe nur einen

---
236 Staatsanwaltschaft
237 Auf Beschluss des Amtsgerichts Konstanz vom 29. September 2009, Aktenzeichen: 9 Gs 1067/09, waren Thomas V. und Volkmar S. sowie deren Wohnungen, Geschäftsräume und Fahrzeuge durchsucht worden.
238 Geschäftsnummer: XVII 36/09

Betreuer für Gesundheitsvorsorge und Finanzen. Habe das übrigens selber auf Empfehlung beantragt!« Zehn Minuten später, um 23.55 Uhr, ergänzt er: »Gesundheitsvorsorge und Finanzen. Bin dadurch endlich versichert ... Habe keinen Stress mehr mit Unterhaltszahlungen und Finanzamt. Ämtern und Behörden ... Zudem ist mein Freund in gemeinsamer Absprache mein Betreuer. Glaube mir, ich selber habe den Antrag beim Amtsgericht Singen gestellt und dem Gutachter was erzählt, um meine Ziele zu erreichen!«

Ob er wirklich darauf setzte, sich dauerhaft auf dem Schoß eines Gehilfen durchs Leben schaukeln zu lassen, ist schwer zu sagen. Fakt ist, dass der Betreuungsbeschluss im Sommer 2013 aufgehoben wird und Thomas V. sich wieder selbst unter die Fittiche nehmen muss.

Auf dem Videoportal YouTube läuft seit dem 25. Januar 2013 ein Film über eine Autofahrt »auf der Motorhaube«. Die Motorhaube ist nicht zu sehen. Denn der Kameramann liegt drauf und filmt, wie der Wagen unter seinem Gesäß auf einer zweispurigen Straße durch eine puderzuckrige Winterlandschaft rauscht. Zwei Kilometer vor Tengen biegt das Auto in ein verschneites Waldstück ab und stoppt am Fuße einer leicht erhöht liegenden Kapelle. Ein beschuhtes Beinpaar rutscht vom Auto und stapft durch den Schnee, bis es auf zwei in den Schnee geschriebene Initialen stößt: »T.V.« Im »V« steckt etwas Metallenes. Eine Hand, die sich aus dem Ärmel eines Strickpullovers schiebt, zieht es heraus: ein Dreieck, ein Symbol, das viele Bedeutungen haben kann, in diesem Moment aber wohl nur die eine: das Auge der Vorsehung.

Weiter geht es. Drei Stufen führen zu einer Tür, darüber die Aufschrift »Kreuz Kapelle Erbaut Anno 1894«. Die Tür wird aufgestoßen. Links und rechts Holzbänke, vorne ein Gitter, dahinter eine Vase mit einem Blumengesteck. Plötzlich ein Klacken, das schnell in Discotöne übergeht. Es sind die Klingeltöne eines Handys, das auf der ersten Bank liegt. Nervös blinkt es grün und rot, blaue Wellen ziehen über das Display. Es ist 16.10 Uhr, als der Anruf mit der Nummer 0176 399XXXXX eingeht. Zu der Nummer wird der Name des Anrufers übermittelt: »Jesus Christus«.

Nachdem ich das Video gesehen hatte, packte mich der Ehrgeiz. Ich wollte der erste Mensch sein, der von sich sagen könnte: Ich habe mit Jesus telefoniert. Persönlich. Ganz locker, von Smartphone zu Smartphone. Ich wählte also die Nummer, und tatsächlich: Es meldete sich Jesus. Allerdings unter einem Decknamen, er nannte sich »V.«. Ich stutzte. Fast wäre mir noch ein anbiederndes »Grüß Gott!« herausgerutscht. Doch in letzter Sekunde dämmerte mir: Der Jesus war falsch. Ich hatte den »Tölpel« vom Bodensee an der Strippe. Den genialen Filmemacher, der immer filmt. Mal mit, mal ohne Kamera.

Der *Stern* ist einem kriminellen Luftblasenverkäufer auf den Leim gegangen, und der hat in Österreich Politik machen können. Das ist wohl der bislang größte Film im Leben des Thomas V., er muss nur noch gedreht werden.

DONNERSTAG, 26. APRIL 2007

Die zweite Runde Wabl gegen Sirny, wieder im Bezirksgericht Gleisdorf. Diesmal nimmt Natascha Kampuschs Mutter an der Verhandlung teil. »Der Gerichtssaal ist bis zum letzten Platz besetzt«, schreibt die *Kleine Zeitung*. »Wieder sind Dutzende Journalisten aus dem In- und Ausland anwesend.« Darunter ist auch ein Reporter des *Stern*, diesmal ein anderer. Und der amüsiert sich königlich. Über Martin Wabl und sein »Wiederaufnahmsbegehren, wie das im schönen österreichischen Sprachgebrauch so heißt«. »Gerichtsposse um Kampusch-Entführung« wird er seinen Bericht betiteln. Darin beschreibt er die eineinhalb Stunden dauernde Verhandlung, die »immer schön an der Grenze zum Irrsinn entlang« verläuft. Auch der Richter macht nicht »den Eindruck, seinen pensionierten Kollegen sehr ernst zu nehmen«. Der wie gewohnt in sein Verschwörungs-Horn bläst: Die Behörden haben falsch ermittelt. Die Mutter war an der Entführung ihrer Tochter beteiligt. Ihre Tochter wurde innerfamiliär sexuell missbraucht. Zum Beweis legt er dem Richter die alten Fotos des verkleideten halb nackten Kindes vor. Deswegen müsse Natascha Kampusch selbst vor Gericht aussagen, sie sei die wichtigste Zeugin. Der *Stern*-Reporter sieht »schon die nächste Verleumdungsklage« auf Martin Wabl zukommen: »Möge das Kreuz Christi ihn beschützen.« Das, wie in Runde eins, wieder bunt glitzernd an seinem Revers hängt. Der Richter »schmeißt sein Diktafon wieder an. Innerhalb der vorgeschriebenen Frist eines Monats, nuschelt er in sein Gerät, werde ein schriftliches Urteil ergehen. Und draußen lässt der Herrgott gütigerweise die Sonne weiter scheinen über der Steiermark.«

DONNERSTAG, 23. AUGUST 2007

Genau ein Jahr ist es her, dass Natascha Kampusch, die Langzeit-Verschollene, plötzlich in der Öffentlichkeit auftauchte. Und ebenso plötzlich zur öffentlichen Person wurde. In den Kalendern der Redaktionen ist dieser Tag dick markiert. Jährt er sich, wird berichtet, besonders jetzt, beim ersten Mal. ORF-Redakteur Christoph Feurstein, der sie als Erster vor der Kamera interviewte, hat sich mit ihr und ihrer Schwester Sabina ins Flugzeug gesetzt, ist mit ihnen nach Barcelona geflogen und hat sie vor schäumender Meereskulisse zu ihren Eindrücken vom Hürdenlauf durchs neue Leben befragt. Dabei hat er ein Thema angesprochen, für das sich die meisten Medien nun, nach einem Jahr, auch interessieren: »Sie haben in unserem ersten Interview einen Spendenaufruf gestartet, wo Sie diverse Hilfsprojekte unterstützen wollten. Wie steht es mit den Hilfsprojekten?« »Das Geld kam eben auf gewisse Spendenkonten, um die sich meine Anwälte gekümmert hatten«, hat Natascha Kampusch in Barcelona geantwortet. »Sobald ich mich wirklich regeneriert habe und auf festen Beinen stehe, werde ich mich um die Hilfsprojekte kümmern.«

Es muss eine gewaltige Summe zusammengekommen sein. Wie *Der Spiegel* registrierte, verkündete »schon kurz nach Ende« ihres ersten Fernsehinterviews »die Moderatorin beim ›Runden Tisch‹ zum Thema: ›Die Spendenhotline läuft heiß‹.« Und die österreichische Presseagentur APA berichtete, dass »auf einem Spendenkonto, das für Kampusch eingerichtet wurde, bereits am ersten Tag 50 000 Euro eingingen«. Am 11. September 2006, also nur fünf Tage nach dem Interview, das mitsamt ihrem Spendenaufruf um den Globus gegangen war, schrieb *Der Spiegel*: »Lansky & Ganzger bereiten alle Gründungsformalitäten für die gemeinnützige ›Natascha-Kampusch-Foundation‹ vor, die sie in ihren Interviews ankündigte und mit der sie den Hungernden in Afrika, den Frauen und Verschwundenen in Mexiko helfen will. Die Anwälte sind dabei, Personen des öffentlichen Lebens für die Stiftung zu gewinnen. ›In zwei bis drei Wochen steht das Ding‹, sagt Gabriel Lansky«. Stand es aber nicht. Auch fast ein Jahr später steht es laut ORF »weiterhin vor der Gründung«. Das Österreichische Institut für Spendenwesen (ÖIS) teilt in seinem Spendenbericht 2007 mit: »Die Rechtsvertretung ›Lansky, Ganzger & Partner‹ konnte auch im Herbst 2007 noch nicht über eine Realisierung berichten. Die bereits 2006 genannten Spendenmittel in der Höhe von rund 50 000 Euro liegen auf einem Treuhandkonto, die Verwendung bleibt allein Natascha Kampusch überlassen.« Das heißt, sie verfügt über den Betrag, der schon am ersten Tag gespendet wurde. Über den Rest nicht. Und der muss angesichts der weltweiten Aufmerksamkeit, die Natascha Kampusch auf sich gezogen hat, enorm gewesen sein. Wie viel genau im Spendentopf lag, weiß sie selbst nicht. Sie hat in der Bank nachgefragt, angeblich waren die Konten gelöscht, weitere Auskünfte hat der Datenschutz nicht zugelassen. Hat man ihr gesagt. Sie hat Dr. Gerald Ganzger, ihren Anwalt, um einen Kassensturz gebeten. Der hat im Computer nachgeschaut, aufs Knöpfchen gedrückt und ihr den Ausdruck vorgelegt. 50 000 stand darauf.

Im Spendenbericht 2008 wird das ÖIS rügen: »Unklar ist die Entwicklung der geplanten ›Natascha Kampusch Foundation‹. Die Stiftung wird laut Auskunft der Rechtsvertretung nun nicht errichtet. Das Geld ist zwei Jahre nach den Spendenaufrufen erst zum Teil für soziale Initiativen verwendet worden. Aktuelle Hinweise im Internet zur weiteren Verwendung der ursprünglich prominent beworbenen Initiative sind spärlich.«

Spärlich sind auch Natascha Kampuschs Kenntnisse über die Inhalte der Verträge, die sie mit ihren Anwälten geschlossen hat. Sie weiß gar nicht so genau, was sie da alles unterschrieben hat. Aber sie muss ihnen vertrauen, denn sie sind nach wie vor ihre Rechtsvertreter. Und haben die Spenden sicher in ihrem Sinne verteilt. Denn dass zumindest Gabriel Lansky ein Gespür dafür hat, wie, wofür und bei wem Geld gut angelegt ist, wird spätestens im Sommer 2015 klar. Da enthüllte *Der Spiegel*, dass Lansky seine Kontakte genutzt hatte, um internationale Spitzenpolitiker »für die Ziele des kasachischen Diktators Nursultan Nasarbajew« einzuspannen. Zu ihnen gehörten neben dem früheren österreichischen Bundeskanzler Alfred Gusenbauer dessen deutscher Ex-Amtskollege Gerhard Schröder, Ex-Bundesinnenminister Otto Schily, der ehemalige polnische Staatspräsident Aleksander Kwasniewski, Italiens Ex-Ministerpräsident Romano Prodi und der frühere Außenminister von Spanien, Marcelino Oreja. Es ging um viele Millionen Euro, klar. Die 50 000 Euro aus Natascha Kampuschs Spendenkasse sind dagegen ein Klacks. Sie sind längst ausgegeben, allerdings für gemeinnützige Ziele.

MITTWOCH, 28. NOVEMBER 2007

Das Manuskript für das Buch *Natascha Kampusch und mein Weg zur Wahrheit – Das Protokoll* ist fertig. Autor Martin Wabl hat es in diesen Tagen in Druck gegeben. Im Eigenverlag soll es in einer Auflage von 2000 Exemplaren erscheinen.

Während er noch an seinem Buch schrieb, hatte der Gleisdorfer Richter sein Urteil gefällt: Martin Wabl sollte den Beweis für seine Behauptungen antreten dürfen. Dagegen legte der Anwalt von Brigitta Sirny Einspruch ein, doch der wird nun vom Landesgericht für Zivilrechtssachen in Graz abgelehnt. Damit geht es in eine neue Verhandlungsrunde. Die dritte.

MITTWOCH, 12. DEZEMBER 2007

Rechtzeitig zum Weihnachtsgeschäft stellt Martin Wabl in Wien sein Buch vor. Auf Seite 79, es ist die letzte, widmet er ein bereits 1999 verfasstes Gedicht dem Mädchen, das ihn gedanklich auf seinem langen Weg zur Wahrheit stets angetrieben hat.

Natascha
Ein helles Leuchten
nach schweren,
dunklen Tagen.
Muttertag?
Vatertag!
Ein neues Leben
Gott sei Dank.

Was will uns der Dichter damit sagen? Bei allen Interpretationsbemühungen stechen mir nur das Frage- und das Ausrufungszeichen ins Auge. Und ich komme zu dem Schluss: „Ein helles Leuchten" nach all dem Leid hat nur einer verdient.

SONNTAG, 3. FEBRUAR 2008

Die Amtszeit von BK-Direktor Herwig Haidinger ist abgelaufen, sein Vertrag wurde nicht verlängert. Er hatte sich mit der ÖVP angelegt, vor allem, weil sie eine saubere Aufarbeitung der polizeilichen Ermittlungsfehler im Fall Přiklopil aus wahltaktischen Gründen verhindert hatte. Die Nationalratswahlen waren gelaufen, die ÖVP behielt das Innenministerium. Das war das Aus für Haidingers weitere Karriere. Seit Herbst 2005 hatte er sich darauf einstellen können, nachdem ihm ein Abteilungsleiter aus dem Innenministerium genau diese Entwicklung prophezeit hatte. Nun ist es so gekommen. Ein trauriges, ein bitteres Ende für den Mann, der das österreichische Bundeskriminalamt aufgebaut hatte. »An diesem Sonntag habe ich mein Büro geräumt. Von meinem Abteilungsleiter habe ich mich per E-Mail verabschiedet. Mich hat keiner verabschiedet. Ich bin still und einsam gegangen.«

DIENSTAG, 5. FEBRUAR 2008

Zwei Tage später sitzt Haidinger im »Café Eiles«. Er ist angespannt, denn es wird sich jeden Augenblick entscheiden, ob an diesem Tag noch die Stunde der Wahrheit für politische Entscheidungsträger und ihre Erfüllungsgehilfen schlagen wird. Genau drei Kaffee-Längen dauert es, und der Grünen-Nationalratsabgeordnete Dr. Peter Pilz ruft ihn ins Parlament. Drei Gehminuten sind es bis dorthin. Pilz hat im Innenausschuss beantragt, den Ex-Direktor des Bundeskriminalamts zu brisanten Vorgängen aus seiner Amtszeit zu befragen, und die Mehrheit der Abgeordneten hat dafür gestimmt. Also macht sich Haidinger auf den Weg. »Ich ging in die Sitzung und sagte: ›Servus!‹ Es wurde der Antrag an den Innenminister gestellt: ›Entbinden Sie den Dr. Haidinger von der Wahrnehmung des Amtsgeheimnisses.‹ Dem wurde stattgegeben, und ich habe losgelegt.« Als er fertig ist, haben Parlament und Regierung neue politische Baustellen. Die größte trägt den Namen »Kampusch«. Mit der Unterzeile: »Hundeführer-Hinweis«.

Der Skandal ist da, man kann ihn nicht kleinreden. Es ist nicht nur ein »Skandälchen«, dass eine winzige Chance bestanden hätte, Natascha Kampusch schon wenige Wochen nach ihrer Entführung wieder in ihr gewohntes Leben zurückzuführen. Und es ist auch kein »Skandälchen«, dass ausgerechnet ihr das Wissen um die für sie so gravierende Panne über anderthalb Jahre vorenthalten wurde. Egal, was da noch an Erklärungsversuchen und Ausreden kommen wird, sie sind nur noch peinlich und unanständig. Natürlich hätte auch ein sofortiges Eingeständnis den Fehler nicht mehr wettmachen können. Aber es hätte ihr gezeigt, dass die Welt, in der sie jetzt wieder angekommen war, nach anderen Regeln als denen ihres Entführers funktionierte. Dabei hätte sie nichts so dringlich gebraucht wie das, was sie in all den Jahren nie erfahren hatte: Wertschätzung. Respekt. Achtung. Diese drei im Umgang miteinander an sich selbstverständlichen Grundprinzipien bilden im Wesentlichen das Fundament, aus dem ihr ein Bewusstsein für den eigenen Wert und eine Selbstachtung erwachsen könnten.

Natascha Kampusch ist schockiert. Ihre Eltern sind es, ihre Geschwister, deren Kinder. Die Oma. Die Freunde. Wie wäre ihrer aller Leben verlaufen, wenn ein Soko-Beamter in der entscheidenden Sekunde die Qualität eines Kollegentipps richtig eingeschätzt hätte? Anfeindungen, Verdächtigungen, Getuschel – all das hätte es nicht gegeben. Und Natascha? Wo stünde sie jetzt?

Immerhin: Der designierte Haidinger-Nachfolger Franz Lang, der im Dezember 2008 die Leitung des Bundeskriminalamts übernehmen wird[239], redet nicht lange drum herum und bekennt schon wenige Tage später gegenüber der Presse, dass bei der Bearbeitung des

---

239 Bis dahin führte die stellvertretende Leiterin des BK, Dr. Andrea Raninger, das Amt.

Falles Fehler gemacht wurden. Und auch Ernst Geiger, der, vom Dienst suspendiert, sich jahrelang mit Vorwürfen in der »Sauna-Affäre« herumschlagen muss, bis er nach einem 1-a-Freispruch wieder eine führende Rolle im Bundeskriminalamt übernehmen kann, wird 2010 öffentlich erklären: »Dass der Hinweis auf Přiklopil falsch bewertet wurde, ist damals in der Hektik der Ereignisse passiert. Das war ein großer Fehler.«[240] Gerade er hätte allen Grund gehabt, sich um dieses Eingeständnis zu drücken, denn gleich nach der Entführung war er im früheren Sicherheitsbüro mitverantwortlich gewesen für die Arbeit der ersten Sonderkommission. Doch er zeigt Flagge. Als einer der wenigen.

Aufklärung über das, was polizeilich schiefgelaufen ist, erhofft sich Natascha Kampusch in diesen Tagen persönlich von dem Mann, der vor dem Innenausschuss die Panne aufgedeckt hat: Herwig Haidinger.

---

240 DER STANDARD vom 09./10.Januar 2009

DONNERSTAG, 7. FEBRUAR 2008

Dieser Tag ist nicht sonderlich günstig, um heiße Eisen anzupacken. Am Vortag ist Aschermittwoch gewesen, die 40-tägige Fastenzeit hat begonnen. Und weiter geht es mit dem grauen Alltag, an dem auch noch leichter Regen fällt. An diesem Tag fasst Bundesinnenminister Günther Platter von der ÖVP einen Entschluss, der anschließend in die Amtsstuben als »Verfügung« einmarschieren wird. Dass nach Haidingers Auftritt der Innenausschuss in Aufruhr ist, ist wohl kaum von der Hand zu weisen. Platters Auftrag lautet, »Erkenntnisse über strukturelle Verbesserungsmöglichkeiten sowie den Bedarf an der Entwicklung neuer kriminalistischer Methoden, Techniken etc. zu gewinnen«.

Es gibt noch ein anderes Konzept. Darin wird der Auftrag so umrissen:

»Eine methodische Analyse der über achteinhalb Jahre währenden Ermittlungsführung soll nunmehr auf sachlicher Ebene ohne Rechtfertigungsdruck, ohne einen straf- oder disziplinarrechtlichen Aspekt und also unbefangen zu einem objektiven Ergebnis führen, aus welchem die Kriminalpolizei insgesamt profitieren kann. (...) Derartige Erkenntnisse dienen alleine dem Zweck einer Optimierung kriminalpolizeilichen Handelns in jedweder Hinsicht.«

Dieses war bereits am 21. November 2006 erstellt worden. Von Herwig Haidinger.

Nun aber steht der Name Platter drüber. Und der ordnet an, »diese Evaluierung mit Nachdruck voran zu treiben«. Richten soll es ein Gremium, das sich aus einer Frau und fünf Männern zusammensetzt, dienenden wie altgedienten Fachleuten, die österreichweit zur ersten Garde in den Disziplinen gehören, die hier gefragt sind: Recht, Sicherheit, Verwaltung. Herausragende Positionen nehmen zwei Ruheständler ein, entsprechend werden sie präsentiert: »Univ.-Prof. Dr. Dr. hc. mult. Ludwig Adamovich, Präsident des Verfassungsgerichtshofes i.R.« und »Dr. Johann Rzeszut, Präsident des Obersten Gerichtshofes i.R.«. Das mit weitem Abstand bekannteste und zugleich schillerndste Mitglied des Gremiums ist jedoch der Kriminalpsychologe Dr. Thomas Müller. Als ihren Vorsitzenden bestimmen die Mitglieder Prof. Adamovich, der bis heute ehrenamtlich den österreichischen Bundespräsidenten in Verfassungsfragen berät. Außerdem soll er im Bedarfsfall derjenige sein, der »nach Außen kommuniziert«. Vier Monate haben sie Zeit, dann erwartet der Minister ihren Bericht.

SAMSTAG, 9. FEBRUAR 2008

Erneut liegt ein schwerer Gang vor dem Ex-BK-Chef. »Eine Mitarbeiterin der Agentur von Frau Kampusch ist an mich herangetreten. Sie wollte, dass ich mit ihr rede, und ich habe zugesagt.« Wohl ist Haidinger nicht. »Ich habe noch nie so ein Gespräch geführt. Mein Schwager, ein Soziologe, hat mich daher begleitet.«

Welche Wellen seine Aussagen vor dem Innenausschuss geschlagen haben und wie bekannt er dadurch schlagartig geworden ist, erfährt er kurz vor dem Termin. »Wir waren zu früh dran und sind ins »Prückel«[241] gegangen. Auf dem Weg dorthin schrie ein arabischer Taxifahrer: ›Herr Haidinger, Herr Haidinger, bravo!‹ Beim Hinausgehen kam mir eine Frau nach und sagte: ›Entschuldigen Sie, ich finde es toll, was Sie gemacht haben. Schade, dass es nicht mehr Leute gibt wie Sie!‹«

Im Agenturbüro sitzen Haidinger und Schwager mit Dušan Uzelac und seiner blonden Mitarbeiterin bei einem Kaffee zusammen, als Natascha Kampusch den Raum betritt. Sie wirkt verschlossen, das Gespräch mit ihr verläuft stockend. »Ich habe ihr gesagt: ›Ich entschuldige mich für das, was passiert ist. Ich kann es nicht mehr gutmachen. Ich schäme mich für das, was uns als Kriminalpolizei da passiert ist.‹ Die blonde Frau hatte Tränen in den Augen. Nach einer knappen Dreiviertelstunde bin ich gegangen.«

Herwig Haidinger ist an einem Tiefpunkt seines beruflichen Lebens angelangt. Weitere Tiefschläge werden folgen. Versetzung. Suspendierung. Strafrechtliche Ermittlungen. Disziplinarverfahren. Gehaltskürzung. Prozesse. Und das alles, weil er sich den Mund nicht verbieten lässt. Doch es wird für ihn auch wieder bergauf gehen. Die ÖVP, die ihn in einem Rundschreiben als »Garant für Lügen« und Betreiber einer »Sudelkampagne« beschimpfen wird, muss ihm per Gerichtsurteil wegen übler Nachrede 2000 Euro zahlen. Alle Vorwürfe gegen ihn werden in sich zusammenfallen. Am 1. August 2011 wird er vorzeitig pensioniert werden. Krankheitshalber.

Herwig Haidinger geht es heute wieder gut. Im Zentrum seines Lebens steht seine Familie, nicht mehr die Polizei. Er arbeitet im Garten, und wenn er sich um Blätter kümmert, sind sie vom Baum gefallen und nicht aus einer Akte. Beschaulich also ist es um ihn herum geworden. Bei einem gelegentlichen Blick zurück darf er sich hoch anrechnen, dass er aufrecht stand, als alle anderen sich davonschlichen. Er übernahm für sie die Verantwortung, ohne selbst schuldig gewesen zu sein. Das ist einer der ganz großen Lichtblicke in diesem beschämenden Fall.

---

241 Kaffeehaus am Stubenring

MONTAG, 3. MÄRZ 2008

Der Nationalrat beschließt die Einsetzung eines Untersuchungsausschusses »hinsichtlich der Vertuschung von Polizeiaffären und des Missbrauchs der politischen Macht insbesondere im Bundesministerium für Inneres, aber auch in den Bundesministerien für Justiz, für Finanzen und für europäische und internationale Angelegenheiten«. Die Auflistung der 32 Untersuchungsaufträge erstreckt sich über mehrere Seiten. Wer sie liest, hat das Gefühl, er wate durch einen Sumpf. Es geht um Postengeschacher, verschleierte Parteienfinanzierung, manipulierte Akten, Machtmissbrauch, Begünstigung von Menschenhandel und illegaler Prostitution, gezielte Weitergabe polizeilicher und staatsanwaltschaftlicher Vernehmungsprotokolle an die Medien. Ganz oben aber stehen »schwere Ermittlungsfehler und »Vertuschung« sowie »wahltaktische Einflussnahme«.

MITTWOCH, 2. APRIL 2008

Dritte Runde im Verfahren Martin Wabl gegen Brigitta Sirny. Der Saal im Gleisdorfer Bezirksgericht ist wieder bis auf den letzten Platz gefüllt. Während die Beklagte sich durch ihren Anwalt Dr. Wolfgang Miller vertreten lässt, hat sich Natascha Kampuschs Vater Ludwig Koch unters Publikum gemischt. Der Kläger rückt im Schatten des bärenhaften Detektivs Walter Pöchhacker an. Der Richter gibt sich alle Mühe, Martin Wabl im letzten Moment doch noch von einem Prozess abzuhalten. Er verweist auf die hohen Prozesskosten und die psychische Belastung für Natascha Kampusch, wenn sie vor Gericht erscheinen müsse. Vergebens. Martin Wabl bleibt stur. Und auch Anwalt Miller gibt sich geschlagen. Er sieht ein, dass es sinnlos ist, ihn wegen Verleumdung zu verklagen. »Verleumdung muss ja wissentlich und vorsätzlich begangen werden. Aber er glaubt ja wirklich, was er sagt«, zitiert ihn *Der Standard*.

Nach 45 Minuten ist die Verhandlung vorbei. Neuer Termin: 15. Mai, 10 Uhr, in Graz. Zu Runde vier.

SAMSTAG, 19. APRIL 2008

»Der Fall Kampusch – Die geheime Polizeiakte – Riesen-Wirbel um Veröffentlichung von Verhör-Protokollen – Es geht um Sex, Schwangerschaft und Komplizen« ist der Aufmacher auf Seite eins der *Bild*-Zeitung. »War Natascha Kampusch schwanger?«, fragt das *Hamburger Abendblatt* und fasst gleich nach: »Was wurde noch vertuscht?« Die Vorlage für diese Schlagzeilen lieferte eine zur Sensation aufgeblasene Enthüllung des österreichischen Gratis-Blatts *Heute*. Am Vortag hatte es Auszüge aus Ermittlungsakten veröffentlicht: den Vermerk der Polizistin Sabine F. über ihre Kurzbefragung Natascha Kampuschs. Und die Aussage des Arztes Dr. Karl B. über die Untersuchung der just Geflohenen und sein Gespräch mit ihr. Über anderthalb Jahre ist das jetzt her. Längst haben die weiteren Ermittlungen etwaige Ungereimtheiten und Widersprüche ausräumen können. Doch nun landen Protokolle der ersten Stunden, isoliert und aus den mittlerweile hergestellten Zusammenhängen gerissen, auf dem Markt, überzogen, wieder mal, mit einem Sadomaso-Schmierfilm. Und obendrauf die glitschige *Heute*-Frage: »Was passierte mit einem eventuellen Kind? Verlor sie es, oder verschwand es auf eine bisher ungeklärte Weise?« Da hätte Přiklopils Garten umgegraben werden sollen, mit Baggern, aber das hätten Vorgesetzte aus Kostengründen abgelehnt, verriet angeblich ein anonym gebliebener Beamter dem Blatt. »Blödsinn«, erklärt daher Staatsanwalt Gerhard Jarosch der *Bild*. »Wir haben gesucht, mit Radar und Sonden. Dort ist nichts!« Zugleich kündigt er an: »Wir ermitteln, wer der Zeitung die Unterlagen zugespielt hat.« »Typisch Österreich. Jetzt wird gegen die etwas unternommen, die die Wahrheit sagen«, verteidigt deren Chefredakteur in der *Bild* »die Enthüllungen«. »Die Unterlagen habe man ›von einem Mann bekommen, der nicht einsah, was da alles vertuscht werden sollte‹.« Dazu gehört vor allem die angebliche Existenz eines Mittäters. Natascha Kampusch lässt eine Stellungnahme formulieren und bezeichnet die aktuelle Berichterstattung als »Tiefpunkt des österreichischen Journalismus«. Sie sagt: »Ich bin natürlich entsetzt, dass diese vertraulichen Akten in die Öffentlichkeit gelangen konnten. Ich möchte bedingungslose Aufklärung darüber, wer diese Indiskretion zu verantworten hat.« Die Wiener Staatsanwaltschaft hat da so ihre Ahnung, kann sie nur nicht beweisen. Zugang zu den Unterlagen haben nämlich seit mehreren Wochen die Mitglieder des parlamentarischen Untersuchungsausschusses, die zum Großreinemachen in vier Ministerien angetreten sind und sich sinnigerweise auch mit dem Problem gezielt gesteuerter Indiskretionen befassen sollen. Nun scheint es, dass sie sich in den eigenen Reihen umschauen müssen. »Damit die Abgeordneten ihre Prüfungsarbeit vernünftig absolvieren können, bekamen sie einen ziemlich exklusiven Aktenzugang gewährt«, berichtet der Berliner *Tagesspiegel*. »Dazu gehören eben auch die bis dato streng unter Verschluss gehaltenen Kampusch-Dossiers. Fast 200 000 Seiten umfassen diese – sie enthalten nicht nur den gesamten innerpolizeilichen Schrift- und Ermittlungsverkehr der vergangenen zehn Jahre, sondern auch alle Ermittlungen, die die Polizei nach Kampuschs Flucht über ihren Entführer Přiklopil angestellt hatte. Natürlich sind auch die Protokolle aller polizeilichen Einvernahmen Kampuschs enthalten, in denen sie noch unter dem Schock der Ereignisse sehr offen über ihr Verhältnis zu Přiklopil gesprochen hatte. Diese Akte war allerdings so streng unter Verschluss, dass tatsächlich niemand einen Einblick erhalten konnte. Bis jetzt. Akteneinsicht haben nicht nur die 17 Mitglieder des Ausschusses, sondern auch die Ersatzmitglieder, die jede Partei nominieren durfte. Dazu kommen noch die mit dem Ausschuss befassten Mitglieder der diversen Parlamentsklubs und die Mitglieder der Parlamentsdirektion. Ganz offensichtlich haben ein oder mehrere Personen aus diesem Kreis einen besonderen Draht zu den Medien.«

Und schon geht das Parteiengezänk über die Frage los: Bei wem ist das Leck? Ausschussvorsitzender Peter Fichtenbauer erklärt kurz und bündig: »Von uns ist nichts durchgesickert.«

DIENSTAG, 22. APRIL 2008

»Tragödie Kampusch: Der Wahnsinn geht weiter«, prophezeit die *Wiener Zeitung*. Und soll damit Recht behalten.

Prof. Ludwig Adamovich, Vorsitzender der einen Monat vor dem parlamentarischen Untersuchungsausschuss eingesetzten Evaluierungskommission, hat natürlich auch die Berichterstattung verfolgt. Seiner Kommission sind zwar »allein 166 Aktenordner betreffend die Ermittlungen im Fall KAMPUSCH« übergeben worden, wie er in einem ersten Zwischenbericht vermerkt, »nicht jedoch Akten, die von der Polizei unausgewertet an die Justiz gegangen waren«, was wiederum die Tageszeitung *Österreich* berichtet. »Die Tatsache, dass Akten und Beweismittel zum Teil nicht zugänglich sind, sei ›irgendwie schon ein Problem, sie gehört zu den Dingen, die zu erwähnen sind‹«, so Ludwig Adamovich. Dessen Murren hatten die Wiener Staatsanwälte bereits vernommen und seinem versteckt vorgebrachten Verlangen nach Restversorgung mit Material gleich einen Riegel vorgeschoben. Zu den Unterlagen, »die womöglich für die Kampusch-Kommission von Interesse wären«, wie *Der Standard* mutmaßte, gehörten Natascha Kampuschs Tagebuch, Notizen ihres Entführers und die Videos. »Diese waren jedoch versiegelt, nicht weiter ausgewertet, sondern Natascha Kampusch ausgehändigt worden.« Und daran sollte auch nicht mehr gerüttelt werden. »Mit dem eindeutigen Ergebnis, dass Přiklopil keine Mittäter hatte, und der Einstellung des Verfahrens infolge seines Todes sind das Details, die nur mehr das Privatleben von Frau Kampusch betreffen«, hatte Gerhard Jarosch, Sprecher der Staatsanwaltschaft, erklärt. Ebenso werde das »ausführliche, abschließende Einvernahmeprotokoll von Natascha Kampusch« zum »Schutz ihres Privatlebens« von der Staatsanwaltschaft einbehalten. Folge »dieser Vorgangsweise«, hielt *Der Standard* Jarosch vor, sei jedoch, dass »in gewissen Medien Spekulationen eingesetzt haben – etwa unter der reißerischen Schlagzeile ›Sex-Geheimnisse in den Akten‹«. Das Argument hatte Jarosch nicht aus der Ruhe gebracht: »Ich sage nur so viel: Wir spielen bei der Begeilung mancher Menschen nicht mit.«

Die neuesten Enthüllungen, die sich auf amtliche Quellen stützen, veranlassen Prof. Ludwig Adamovich, bereits über einen zweiten Zwischenbericht seiner Kommission nachzudenken, wie er der Nachrichtenagentur APA mitteilt. Darin werde ein Thema »die neuerliche Spekulation über mögliche Mittäter des Entführers Wolfgang Přiklopil sein«.

Der Tageszeitung *Österreich* kündigt Prof. Adamovich an, dass er am 15. Mai »als Beobachter« dem in Graz stattfindenden Zivilprozess »beiwohnen« werde. Dort werde »auch Natascha Kampusch selbst aussagen«. »Dann müssen die Zeugen unter Wahrheitspflicht aussagen. Für unsere Aufgabenstellung ist das in jedem Fall von großem Interesse.«

In diesem Punkt sind der ehemals höchste Verfassungsrichter Österreichs und der emsigste Sirny-Jäger der Nation so dicht beieinander, dass nicht mal ein Blatt Papier zwischen sie passen würde. Auch wenn die meisten Fragen, mit denen Martin Wabl die Zeugen in die Enge zu treiben versuchen wird, nicht dem eigenen Vermutungsarchiv entnommen sind. »Die stammen großteils von mir«, brüstet sich Detektiv Walter Pöchhacker in seinem Internetforum, »und die Fragen werden von mir mit viel Liebe ausgearbeitet. Und sie kennt noch niemand«, Smiley. »Waah!«, schreibt postwendend ein Verehrer seiner Grübelkünste. »Wie komme ich am 15. Mai am besten nach Graz?«

MITTWOCH, 23. APRIL 2008

Die Wiener Staatsanwälte muss der Schlag getroffen haben, als sie der Presse entnehmen, dass nun auch noch Prof. Ludwig Adamovich mit seinen Äußerungen die Debatte um einen Komplizen von Wolfgang Přiklopil befeuert. Ausgerechnet der Kollege, dessen hohe juristische Kompetenz außer Frage steht. Der mit seinen 75 Jahren immer noch den Bundespräsidenten berät. Der den Mut hatte, sich öffentlich mit dem später tödlich verunglückten rechtspopulistischen Parteiführer und Kärntner Landeshauptmann Jörg Haider anzulegen und von ihm übel diffamiert wurde. Der wegen seiner Verdienste um die Republik Österreich, das Land Wien und die Wissenschaft zahlreiche Auszeichnungen erhielt. »Ich weiß nicht, wie Präsident Adamovich zu dieser Ansicht kommt. Er soll sagen, woher er das hat«, erklärt der Sprecher der Staatsanwaltschaft, Gerhard Jarosch, der Presseagentur APA. Und er wiederholt, was er schon Tage zuvor zu den *Heute*-Enthüllungen sagte: »Im Zusammenhang mit möglichen Komplizen Přiklopils sind wirklich alle Spuren überprüft worden. Es wurde über Monate hinweg penibelst ermittelt. Das Ergebnis war eindeutig. Nach unserem Dafürhalten hat es keine Mittäter gegeben. Für uns sind solche auszuschließen.«

Es zeichnet sich ab: In das Geschäft professioneller Ermittler von Polizei und Staatsanwaltschaft drängen andere. Es ist der Beginn einer schleichenden feindlichen Kompetenzübernahme durch Parlament und Evaluierungskommission.

SAMSTAG, 26. APRIL 2008

»Der Augenblick des Zusammentreffens hatte etwas Unheimliches. Langsam, ganz langsam, öffnet sich die Wohnungstür im dritten Stock eines Wohnblocks im 20. Wiener Bezirk. Aus der Dunkelheit im Flur tritt eine ältere Frau. Sie ist klein und hat kurzes graues Haar. Als ich mich ihr vorstelle, öffnet sich ihr Mund wie zu einem stummen Schrei. Dann sagt sie: ›Sie haben mich also gefunden.‹ Ihre Stimme hat keine Kraft. ›Eineinhalb Jahre habe ich vor diesem Moment gezittert. Ich habe damit gerechnet, dass man mich finden wird, obwohl die Polizei mir einen anderen Namen gab.‹« Nein, es ist kein Mann mit einem Revolver. Es ist ein Mann mit einem Schreibblock. Chefreporter Hans Huslisti von der Frauenzeitschrift *Die Aktuelle*. Und die Frau ist auch keine Ex-Agentin. Sie ist eine fürsorgliche Hausfrau, seit Jahrzehnten, verwitwet und Mutter. Die Mutter von Wolfgang Přiklopil. Nun hat er sie erwischt, der Reporter, und lässt seit diesem Samstag an die 400 000 Leserinnen und Leser teilhaben an seiner Begegnung mit einer alten Dame, die sich wegen des Verbrechens ihres Sohnes unerkannt in einer Gesellschaft bewegt, die ihn verachtet und sie zum Teil in die moralische Mithaftung nimmt. Sie begann »zu zittern, als würde sie frieren«, bemerkte Hans Huslisti. Er hörte »sie in der Dunkelheit leise schluchzen«, nahm ihre Hand; sie gingen ins Wohnzimmer, setzten sich aufs Sofa. Und wieder hielt er »ihre Hand, die noch immer zittert«. Tränen, erneutes Schluchzen: »Habe ich Fehler gemacht?« Der Reporter wusste keinen Rat. Er hörte zu. Und umrundete mit ihr im Gefühlskarussell alle Themenfelder, die mit dem Begriff »Verzweiflung« besetzt waren. Der böse Sohn. Die arme Natascha Kampusch. Die eigene Ohnmacht. Der Artikel endete, wie er begann. »Ich halte ihre Hand. Wir schweigen.«

Ganz so einfühlsam wie Chefreporter Hans Huslisti seine *Aktuelle*-Leserschaft glauben machen wollte, war er aber nicht. Wie er sich den Zugang zu Waltraud Přiklopil verschaffte, ist einer medienrechtlichen Entscheidung des Landesgerichts für Strafsachen Wien vom 4. September 2009 zu entnehmen. »Um die psychisch angeschlagene Frau vor dem Medieninteresse zu schützen, erhielt sie eine neue Identität.« Die deckte der Reporter auf »und suchte sie in ihrem Wohnhaus auf. Er klopfte an ihre Wohnungstür, hielt ihr ein A4 großes Lichtbild auf dem sie selbst zu sehen war entgegen und rief laut und deutlich ›Frau Přiklopil‹. Da die Frau nicht wollte, dass die anderen Bewohner des Hauses ihre wahre Identität erfuhren, öffnete sie dem Journalisten ihre Wohnungstür. Die Frau zitterte und weinte, als sie die Tür öffnete. Diese Schocksituation nützte Hans Huslisti aus und interviewte die Frau.«

Wie war er an ihren Decknamen gekommen? Das berichtet uns Margit W., die Schwester von Ernst H.: »Die 96-jährige, inzwischen verstorbene Mutter von Frau Přiklopil lag im Krankenhaus. Über deren Daten und die Auskunft einer Krankenkassenmitarbeiterin konnten Reporter der *Aktuellen* ihren Aliasnamen und ihre Adresse in Erfahrung bringen.« Die bittere Konsequenz: »Frau Přiklopil musste nach Veröffentlichung des Interviews wieder umziehen und nochmals einen neuen Namen annehmen. Die Kosten für alle Umzüge musste sie selbst bestreiten. Jetzt lebt sie von einer bescheidenen Rente.«

Viele Zeitungen berichten über den vermeintlichen journalistischen Scoop, darunter die *Bild*, sie übernimmt auch die Schlagzeile der *Aktuellen*: »Jetzt spricht die Mutter des Entführers«.

Am nächsten Tag wird, wie aus einem Abschlussvermerk des Landeskriminalamts Burgenland hervorgeht, in der Sonntagsausgabe der Zeitung *Österreich* ein Artikel veröffentlicht, der inhaltlich dem in der *Aktuellen* ähnelt. Dort ist Waltraud Příklopil auch mit Äußerungen, die Ernst H. über ihren Sohn und Natascha Kampusch getroffen habe, wiedergegeben worden: »Der Ernstl (…) hat mir so viel von den beiden erzählt. Die haben zusammengelebt. Und die haben sich manchmal auch gestritten. Dann ist Natascha wütend aus dem Haus gerannt und ist weggelaufen. Sie ist nicht zur Polizei, sie ist nicht zu ihren Eltern geflüchtet. Sie ist in der Gegend herumgelaufen und dann irgendwann wieder zurückgekommen.« Woraus Reporter Hans Huslisti den Schluss zog: »Ist das nicht der Beweis, dass da mehr war zwischen den beiden?«

Waltraud Příklopil erklärt noch am Samstag, dem Erscheinungstag der *Aktuellen*, einem Beamten in einem Telefonat, »dass sie die Aussagen über das Verhältnis ihres Sohnes zu Natascha und die angeblichen Aussagen des Ing. Ernst H. nicht gemacht habe«. Der Reporter »habe ihr diesen Teil des Interviews in den Mund gelegt«. Sie habe ihn auch nur deswegen in die Wohnung gelassen, »weil er angedeutet habe, sich sonst die Informationen durch Hausbefragungen etc. holen zu müssen«. Hans Huslisti wird dieses später alles bestreiten.

Doch geschrieben ist nun einmal geschrieben. Auch wenn sich Waltraud Příklopil ebenso »gegenüber der Polizei vom Inhalt des Artikels der Zeitschrift ›Österreich‹ vom 27.4.2008« distanzieren wird – die ihr untergeschobenen Aussagen haben Folgen.

Gleich am Montag sendet »der Vorsitzende der Evaluierungskommission eine Sachverhaltsdarstellung an die Oberstaatsanwaltschaft Wien, welcher ein Bericht der Tageszeitung ›Österreich‹ angeschlossen« ist. »Unter Verweis auf diesen Zeitungsbericht konstatiert Prof. Dr. Ludwig Adamovich, dass die bisherigen Angaben des Ing. Ernst H. im krassen Widerspruch zu seinen angeblichen Äußerungen gegenüber Waltraud Priklopil stünden und auch die Darstellungen zur Flucht der Natascha Kampusch aufklärungsbedürftig seien.« Wenn also Staatsanwaltschaft und Polizei bis dato geglaubt haben sollten, der Fall sei geklärt, so müssen sie sich von Adamovich nun sagen lassen, dass »ergänzende Erhebungen dazu und auch zu einer Vielzahl an Widersprüchen, die von der Kommission festgestellt worden seien«, »dringend erforderlich« sind.

MITTWOCH, 30. APRIL 2008

Dass sich der Leitende Oberstaatsanwalt Dr. Werner Pleischl über die kollegiale Belehrung gefreut haben wird, ist nicht anzunehmen. Er wird sich, milde ausgedrückt, eher gewundert haben über eine Einmischung, die bei der beauftragten Schwachstellenanalyse der großen Apparate Inneres und Justiz zwar bis in die untersten Ermittlungsebenen, nicht jedoch bis in die letzten Details der eigentlichen Ermittlungen hinein vorgesehen war. Nun trifft er sich im Bundesinnenministerium zu einer Sitzung mit sämtlichen Mitgliedern der Evaluierungskommission, nur ihr Vorsitzender Prof. Adamovich fehlt. Weitere Teilnehmer sind Kollegen der Staatsanwaltschaft, darunter der von Beginn an für den Fall zuständige Hans-Peter Kronawetter, und drei Beamte des Assistenzteams der Evaluierungskommission. Diesem Team gehören jeweils ein Beamter des Bundeskriminalamts, der Sicherheitsakademie, des Bundesamtes für Verfassungsschutz und Terrorismusbekämpfung, Abteilung Analyse, und ein Oberst vom Landeskriminalamt Steiermark an. Franz Kröll heißt der Steirer, der als einer der drei mit in der Besprechungsrunde sitzt. Er wird sich geradezu in den Fall verbeißen, darüber zerbrechen und am Ende sogar sein Leben verlieren. So sehr der 56-jährige ehrbare Kriminalist auch als hoch qualifizierter Fachmann von vielen seiner Kollegen und Vorgesetzten geschätzt wird, so sehr lässt er sich vom ersten Moment an von vermeintlich professioneller Skepsis tragen, die ihn schnell auf Irrwege führt. Er entwickelt Theorien mit Puzzleteilen, die er aus dem Gesamtbild herauslöst und zu einem eigenen Werk zusammenfügt, mit Kanten, die nicht passgenau sind. Und die der ansonsten so akkurate, penible Ermittler nicht sehen will. Passgenau jedoch sind seine tunnelblickhaften Schlussfolgerungen auch für die ebenfalls ehrbaren Herren aus der Evaluierungskommission Adamovich und Rzeszut, die zwar kriminalistische Laien, aber beim Zerlegen und wieder Zusammenbauen kompliziertester Rechtsfragen Top-Leute sind. Im Nachhinein erscheint es, dass vor allem diese drei sich mit immer neuen spekulativen Gedanken gegenseitig Scheuklappen gebaut haben. Wer hier letztlich wessen Spiritus Rector gewesen sein mag, wird sich kaum mehr ausmachen lassen.

Alles, was aus Sicht der Evaluierungskommission zu Zweifeln an den bisherigen Ermittlungen berechtigt, kommt auf den Tisch. Zum Beispiel Thomas V. vom Bodensee mit seinen Porno-Halluzinationen und dem Komplizen-Gespenst Ernst H. Oder, direkt daran anknüpfend, die Mehrtätertheorie, gestützt auf die Aussage von Ischtar A., die als Zwölfjährige die einzige Zeugin der Entführung Natascha Kampuschs war und zwei Täter gesehen haben will. Oder das Rätsel, welche Bedeutung dem Begriff »BE KIND SLOW« zukommen könnte, unter dem Ernst H. in einem seiner Handys die Rufnummer des Heeresoffiziers Peter B. abgespeichert hatte. Das Wort »KIND« scheint nämlich sofort höchstverdächtig, beflügelt die Fantasie und führt zu der festen Annahme: Der Druck auf die Taste muss der Lockruf für ein Pädophilenkartell gewesen sein, das sich mit Kameras bewaffnet über Přiklopils Gefangene hermachte. So ähnlich muss Oberst Franz Kröll es sich vorgestellt haben. Und Ludwig Adamovich und Johann Rzeszut auch. Franz Kröll wird in einem Bericht an Staatsanwalt Hans-Peter Kronawetter Ermittlungen »zumindest gegen Ing. Ernst H.«, Offizier Peter B. und zwei Frauen anregen, unter anderem wegen des Anfangsverdachts des schweren sexuellen Missbrauchs von Unmündigen und pornografischer Darstellungen Minderjähriger. Staatsanwalt Hans-Peter Kronawetter wird damit das Bundeskriminalamt, zu dem Franz Kröll abgeordnet ist, beauftragen, auch wenn er selbst »die Verdachtslage als vage beurteilt«.

Klar, der 70-jährige Offizier Peter B. mag für manchen sozialdemokratisch angehauchten und gegen jegliches militärische Gerassel allergischen Mitbürger eine Reizfigur sein. Er trägt den schneidig verkürzten Dienstrang eines »ObstdIntD«, was decodiert »Oberst des Intendanzdienstes« bedeutet und auf seine frühere Verwendung im Wirtschafts- und rechtskundigen Dienst des Bundesheeres hinweist. Qualifiziert hatte er sich dafür nicht durch eine reine Kommisslaufbahn, er war außerdem noch Diplomkaufmann und Steuerberater. Und Präsident der Wiener Offiziersgesellschaft, die alle Vierteljahr die Zeitschrift *Unser Auftrag* herausgibt. Darin las Peter B. dem roten Verteidigungsminister Norbert Darabos[242], der wenig militärfreundlich wirkte, weil er unter anderem rechtsextreme Tendenzen im Bundesheer zu bekämpfen versuchte und die Rolle des Militärs zur Zeit des Nationalsozialismus historisch aufarbeiten ließ, die Leviten. »Kameraden! Meine Herren!«, begrüßte Präsident B. seine Kommandoton-gewohnten Leser und ließ neben den Text ein Bild von sich setzen, das ihn in weißer Uniform mit einem Gebinde bunter Orden auf der Brust zeigte. »Wir benehmen uns wie die Europäer gegenüber den Islamisten: Wir beschwichtigen, finden Ausreden«, rügte er. »Ich sage halt! Antreten zum Gegenangriff! Die Zeit des Zuschauens in der geschützten Deckung ist vorbei; es geht um unser Dasein, um unsere Heimat, um unser Österreich.«

Auftritte wie dieser sind sicher nicht geeignet, dass weltoffene, aufgeklärte Menschen Peter B. besondere Sympathien entgegenbringen. Aber dass er privat auf pädophilen Kellerpartys aufgeblüht sein soll, dürften noch nicht mal seine ärgsten Feinde auch nur denken. Es sei denn, sie hätten dafür wenigstens einen ernst zu nehmenden Anhaltspunkt. Und den hätte am ehesten wohl das »Partykind« selbst liefern können: Natascha Kampusch. Aber die kennt keinen B., die anderen auch nicht, geschweige denn, dass Přiklopil sie ihnen zugeführt hatte.

Aber es gibt jemanden, der sich hier besser auszukennen scheint: der pensionierte Präsident des Obersten Gerichtshofes, Dr. Johann Rzeszut. Er wird später vortragen, was für ihn und die anderen Mitglieder der Evaluierungskommission besonders Peter B. so verdächtig gemacht hat. Er sei »ein im Ruhestand befindlicher Bundesheeroffizier«, der »als Auskunfts-

---

242 österreichischer Verteidigungsminister vom 11. Januar 2007 bis 11. März 2013

person in einem Disziplinarverfahren gegen einen anderen Bundesheeroberst (...) vernommen worden sei, also ausgesagt haben soll, weil er in dem dort maßgeblichen Dunstkreis offenbar verfangen gewesen sei. Dies sei deswegen interessant, weil der damals disziplinierte Oberst aus dem Bundesdienst ausgeschieden sei, weil er seine Genitalien fotografiert und ins Internet gestellt haben solle.« Die Genitalempörung über den einen Oberst greift hier schon über auf den anderen Oberst, die »Auskunftsperson« Peter B., über den Johann Rzeszut dann noch nachzuliefern weiß: B. sei nicht nur Offizier, sondern »als ausgebildeter Steuerberater auch Beisitzer der früheren Bundesministerin Mag. Bandion-Ortner[243] im verwaltungsrechtlichen Finanzstrafverfahren gewesen ...« Sie kenne ihn also. »Im Dezember habe es ein Video im Internet gegeben, wo sie gemeinsam mit ihm karitativ Punsch ausgeschenkt habe.« Dann der Schock. Als Johann Rzeszut »im Juni 2009 bei der damaligen Frau Bundesministerin persönlich interveniert habe, dass die Evaluierungskommission endlich die Kampusch-Protokolle einsehen könne, habe er auch bei der Mitteilung des damals aktuellen Ermittlungsstandes den Namen Peter B. (›be kind slow‹) erwähnt, was im Gespräch seitens der Frau Bundesministerin ohne Reaktion geblieben sei«.

Ernst H. weiß nicht, wie das Pseudonym in den Speicher seines Handys gekommen ist, er habe es mehrmals verliehen, auch an Wolfgang Přiklopil. Kröll und seine Kollegen vom Bundeskriminalamt klären »weltweit« ab, ob »BE KIND SLOW« »ein Begriff aus der Pädophilenszene sein könne«, das Ergebnis ist negativ. Ebenso können sie keinerlei Verbindung zwischen Ernst H. und Peter B. feststellen. Was also hat es mit dem Mysterium auf sich?

Die Polizei stellt fest: Die Nummer nutzte nicht Offizier Peter B., sondern Ehefrau Helga. Sie interessierte sich für eine von Ernst H. im Frühjahr 2006 inserierte Mietwohnung und telefonierte mit ihm daher innerhalb von zehn Tagen fünf Mal. Danach war Schluss. »Am Rande einer Vernehmung« bot Helga B. als Erklärung an, »dass sie es für möglich halte, dass die Nummer für die Interessentin einer Wohnung in der BErgsteiggasse, die sie für ein KINDermädchen aus der SLOWakei gesucht habe, gespeichert worden sei.« Und auch Ernst H., »der auf einen Mieter der Bergsteiggasse geschlossen habe«, äußert sich ähnlich.

»Der Anfangsverdacht« gegen Peter B. und die zwei Frauen »habe sich als haltlos erwiesen«, fasst die Staatsanwaltschaft das Ermittlungsergebnis zusammen. »Es habe zwischen dem im Telefonspeicher des Ing. Ernst H. eingespeicherten Pseudonyms ›Be kind slow‹ und der Kinderporno- oder Pädophilenszene keine Verbindung hergestellt werden können.« Auch Ernst H. wird später von sämtlichen Verdächtigungen, die in diese Richtung gehen, komplett entlastet werden.

Über den Verlauf der Sitzung im Bundesinnenministerium wird der Leitende Staatsanwalt Dr. Otto Sch. später angeben, bei den »von Seiten der Evaluierungskommission geäu-

---

243 Claudia Bandion-Ortner war vom 15. Januar 2009 bis 21. April 2011 österreichische Justizministerin.

ßerten Meinungen habe es sich um unstatthafte Vermutungen gehandelt, nicht aber um Ermittlungsansätze in Richtung Mehrtätertheorie«. Es seien »bloße Vorschläge« gewesen, »beteuert« die Kommission. Sie will »die weitere konkrete Vorgangsweise vom Ergebnis zu führender Gespräche abhängig« machen. Bis dahin sieht Werner Pleischl, der Leiter der Wiener Oberstaatsanwaltschaft, keinen weiteren Handlungsbedarf. Die Sitzung ist geschlossen.

FREITAG, 9. MAI 2008

Die Evaluierungskommission übergibt Innenminister Günther Platter ihren zweiten Zwischenbericht. Er befasst sich im Wesentlichen nicht, wie angekündigt, mit den Spekulationen über mögliche Mittäter Přiklopils, sondern mit der »Causa Hundeführer«. Die Kommission kommt zu dem Schluss, dass die Nichtbeachtung des Hinweises ein Fehler war, »aber nicht in so gravierender Weise, dass es rechtlich entscheidend ist«. Obwohl es, wie *Der Standard* den Vorsitzenden Adamovich zitiert, einen Unterschied mache, »ob jemand in einer festen Beziehung lebe oder ein notorischer Einzelgänger sei«. Da hätte man also näher hinschauen müssen. Allerdings, so schränkt Adamovich gleich wieder ein, »wäre eine Hausdurchsuchung nach Lage des Falles selbst unter Beiziehung von Suchhunden ohne Aussicht auf Erfolg geblieben«. Diese Behauptung ist äußerst kühn. Ja, es stimmt, das Bundeskriminalamt unternahm 2006 entsprechende Versuche mit Hunden, die die im Verlies eingesperrten Testpersonen nicht aufspürten. Aber hatten sie vorher mit einem ihrer sich außerhalb des Verlieses bewegenden Kollegen gezielt körperlichen Kontakt gehabt – wie vielleicht unmittelbar vor einer Überprüfung Wolfgang Přiklopil mit Natascha Kampusch? Entsorgte dieser Kollege gerade Essensreste der Insassen, kam also mit Geschirr oder Behältnissen in Berührung, auf denen sie ihre Spuren hinterlassen hatten? Mit Kleidungsstücken, Hygieneartikeln oder Schulheften, die er – auch das würde zu einem solchen Test gehören – nicht mehr beiseiteschaffen konnte, weil Hundeführer auf Einlass drängten? Eine solche Situation, in der es Přiklopil dann »kalt« erwischt hätte, wäre sicher nicht auszuschließen gewesen. Aber derlei Erwägungen werden den Fall bis zu seinem endgültigen Abschluss nicht erschüttern – es drohen Amtshaftungsansprüche, die mit diesen Testergebnissen ihrer Grundlage beraubt werden.

DONNERSTAG, 15. MAI 2008

Vierte Verhandlungsrunde im Prozess, den Martin Wabl gegen Brigitta Sirny angestrengt hat, nur dass sich inzwischen die Rollen vertauscht haben: Die Beklagte ist zur Klägerin geworden, Wabl der Beklagte. Sie will erreichen, dass er seine jahrelangen Beschuldigungen endlich nicht mehr verbreiten darf.

Das Hohe Gericht tagt diesmal nicht im kleinen Gleisdorf, sondern im Zivilgericht der steirischen Landeshauptstadt Graz. Schon eineinhalb Stunden vor Beginn ist der Andrang gewaltig. »Zahlreiche Zuschauer, die Nummern für Zählkarten hatten, hofften auf Einlassscheine«, beschreibt der *Kurier* die Lage. »Für sie hieß es allerdings warten, da zunächst die Plätze für die Journalisten vergeben wurden. Immerhin hatten sich 37 Medien aus dem In- und Ausland mit bis zu vier Personen pro Team akkreditiert.« Und das alles, weil Natascha Kampusch als Zeugin geladen wurde. Ein deutsches Fernsehteam will »durch die Fenster im zweiten Stock des Gebäudes Kabel leiten, was allerdings von Seiten des Gerichts strikt abgelehnt wurde. ›Wie soll man ohne Kabel Fernsehen machen?‹, fragte der Medienvertreter leicht verzweifelt. Vorsichtshalber schlossen die Gerichtsmitarbeiter gleich alle Fenster.«

Aus Wien ist das Evaluierungsquintett, angeführt von Prof. Adamovich, angereist. Für sie sind Plätze reserviert. Für den Beklagten und seinen Adlatus Walter Pöchhacker auch. Dennoch müssen die beiden um Plätze kämpfen. »Dr. Wabl und ich hatten Probleme, unsere Frauen ›unterbringen‹ zu können. Letztlich haben wir es aber geschafft«, teilt er anderntags in seinem Internetforum mit.

Auftritt Natascha Kampusch. Sie wird begleitet von ihrem Medienberater Dušan Uzelac und Johannes Silveri. Kaum betritt sie den Gerichtsflur, wird sie »von einem Blitzlichtgewitter empfangen und unter Polizeischutz durch die wartenden Fotografen durchgeschleust«, beobachtet der ORF. In einem »separaten Raum« wird sie »von der Öffentlichkeit abgeschirmt und befragt«. Dazu gibt anschließend der Richter eine kurze Erklärung ab: »Die Befragung hat ergeben, dass Natascha Kampusch die Behauptungen von Herrn Wabl klar verneint hat.« Der lässt sich davon ebenso wenig beirren wie sein Hilfssheriff, der ihn wie aus dem Souffleurkasten mit Stichworten versorgt: Detektiv Walter Pöchhacker. Das große Aufgebot an Fotografen nutzt er gleich für einen Werbeauftritt in eigener Sache und hält sein vier Jahre altes Werk *Der Fall Natascha – Wenn Polizisten über Leichen gehen* in die Kameras.

Im Saal geht es hin und her. Den Anfang macht Martin Wabl. Er trägt seine altbekannten Theorien vor. Zeuge Ludwig Koch, Natascha Kampuschs Vater, möchte auf seine ehemalige Lebensgefährtin nicht »losgehen, ich möchte Klarheit«, berichtet *Die Presse*. Ob er »den konkreten Verdacht« habe, dass sie etwas mit der Sache zu tun hat«, will der Richter wissen. »Kann ich nicht sagen. Weder zu 100 Prozent ja noch zu 100 Prozent nein.« Die nächste Zeugin, eine Nachbarin und frühere Angestellte von Brigitta Sirny, glaubt, »dass sie mit der Entführung zu tun hat«. Belege: null. Aber jede Menge Geschwätz, sodass Anwalt Miller dazwischengeht und ihr eine Klage androht. »Das ist keine Tratschrunde über Frau Sirny«, maßregelt er sie. Zeuge Max Friedrich bekennt sich erneut zu seinem Gutachten von 1998, in dem er zu dem Schluss kam, dass Natascha Kampusch vor ihrem Verschwinden nicht sexuell missbraucht worden sei. Zeuge Ernst Geiger, der noch nicht wieder im Dienst der Polizei ist, bestätigt, dass es nach den Missbrauchsvorwürfen »natürlich (...) erste Ermittlungen in der Familie« gab und auch die Alibis der Eltern überprüft wurden. »Im Übrigen stellte er« laut News »fest, es habe sich ›eine Jagdgesellschaft gegen Sirny‹ gebildet.«

So ganz in Walter Pöchhackers Sinne läuft der Prozess nicht ab. »Als Vertrauensperson von Wabl durfte ich zwar neben ihm wie sonst ein Anwalt sitzen, aber keine direkten Fragen an die Zeugen, Frau Sirny oder deren Anwalt richten. Ich konnte Wabl von mir vorbereitete, schriftliche Fragen übergeben oder sie ihm einflüstern. Ein recht mühsames Unterfangen, welches mir bei der Hitze im Saal den Schweiß auf die Stirn trieb. So kam es, dass ich mein hitziges Temperament nicht immer im Zaum halten konnte – ein Wortgefecht mit Sirnys Anwalt brachte mir den ersten Verweis ein. Es sollte nicht der letzte gewesen sein.« Es ist der dritte, und den verbindet der Richter, wie Walter Pöchhacker nicht ohne Stolz vermerken wird, mit der Drohung, »mich des Zimmers zu verweisen«. Und weil es dazu nicht kommt, entgeht ihm kein Verhandlungsdetail. »Nun war der weltbekannte Kinderpsychiater – und was weiß ich noch alles – Prof. Friedrich an der Reihe. Auf die Frage des Richters, wie er ihn ansprechen solle, gab er sich bescheiden: ›Sagen Sie einfach Dr. Friedrich zu mir.‹«

All das hören sich Ludwig Adamovich und seine vier Begleiter aus der Evaluierungskommission an. Also auch Dr. Thomas Müller. Der zu diesem Zeitpunkt 43-Jährige war mal Polizist in Innsbruck, studierte nebenher Psychologie, promovierte und ließ sich in den USA beim FBI in Verbrechensanalyse und Profiling weiterbilden. Er ging mit Mördern auf empirische Tuchfühlung, kumpelhaftes Schulterklopfen inklusive – »wir zwei wissen, wie's in der Hölle aussieht«. Nur nicht, wie's dort schmeckt. Daran behielt der deutsche Menschenfresser mit den blitzenden Zahnreihen, den Müller in die Wissenschaftszange nahm, das Exklusivrecht. Das Fernsehen war dabei. Müller erspürte das Grauen, schaute in Abgründe. Und die Abgründe schauten zurück. So intensiv, dass sie sich in seinem Gesicht abbilden, sobald er sie zu beschreiben beginnt. Wer selbst den Blick über den Rand des schönen Lebens hinab in das schwarze, blutrot kochende Loch scheut und dennoch wissen möchte, wie es da unten ausschaut, muss Fernsehinterviews mit ihm sehen. Seine Seminare besuchen. Oder eine Theaterkarte kaufen. Dann erlebt er Müller, wie er mit diabolisch hochgestellten Augenbrauen, zu Schlitzen gepressten Augen und angewidert verzogenen Lippen greifvogelfingrig das Unbeschreibliche in die naiven Zuhörerseelen zu drücken versucht. Der Grusel packt sie, wenn er von seinen Übernachtungen auf der Besucherritze der Lagerstatt des Teufels erzählt. Auf dem Höhepunkt seiner Schilderungen scheint sein Gesicht zu verschmelzen mit der Totenmaske des Abgrunds, abgenommen im Moment letzten feuerspeienden Aufbäumens. Doch der Abgrund ist nicht tot. Gut für den Profiler. Denn er lebt davon.

Zu Beginn seiner Tätigkeit als Profiler rissen sich die Polizeibehörden und Medien im deutschsprachigen Raum um ihn. Er schrieb zwei Bücher über die menschliche »Bestie«. Wo und wann auch immer ein Serienmörder zu vermuten war, war sein Rat gefragt. Doch nicht nur Fehlanalysen, sondern auch seine sehr speziellen Auftritte ließen seinen Stern langsam sinken. So berichtete *Die Zeit* bereits 2004: »Müllers Auftritt vor Gericht hat etwas von einer Show. Der Angeklagte und sein Anwalt erinnern sich, wie der Sachverständige ›mit Entourage und Pistolenhalfter‹ in den Saal vorrückte. Fragen der Verteidigung habe er gequält und herablassend beantwortet.« Als wir 2009 überlegen, für unsere Fernsehdokumentation über Natascha Kampusch einen Kriminalpsychologen hinzuzuziehen – was wir dann wieder verworfen haben –, hören wir prompt aus dem Wiener Bundeskriminalamt, es wünsche »keinen Kommentar von Dr. Müller«. Beim deutschen Bundeskriminalamt sieht es nicht anders aus. Es arbeite nicht mehr mit ihm zusammen, war die Auskunft.

Etwa zwei, drei Wochen nach Natascha Kampuschs Flucht aus Přiklopils Haus, kreuzte Thomas Müller dort auf. Ohne Auftrag. Den Auftrag, sich in dem für Unbefugte hermetisch abgeriegelten Haus zu bewegen, hatten ausschließlich die Spurensicherer der Tatortgruppe und die Ermittler der »Soko Burgenland«. Der Profiler wollte unbedingt das Verlies sehen. Die Beamten gaben nach, ließen ihn gewähren. Als er genügend Eindrücke gesammelt hatte, sprach er mit der Kraft felsenfester Überzeugung: »Das ist eindeutig das Werk eines Einzeltäters.« Damit bestätigte er sich seine eigene Einschätzung, die er schon zwei Tage nach Natascha Kampuschs Flucht gegenüber dem ORF abgegeben hatte: »Ein möglicher Mittäter passt nicht wirklich zum Täterprofil des kontaktscheuen Einzelgängers.«

Nach seiner Besichtigungstour durch das Tathaus bat er die Beamten, seine Anwesenheit im Verlies nicht publik und auch nicht aktenkundig zu machen. Und verschwand.

Nun sitzt er im Gerichtssaal. Die Theorien seiner Kollegen im Kopf. Müller wird vom »Werk des Einzeltäters« abrücken und gedanklich Kurs auf eine Koproduktion zweier Freunde nehmen, von denen einer Přiklopil hieß. Im Sommer 2009 wird ihm in der ORF-Nachrichtensendung *ZiB 2 (Zeit im Bild)* von Moderator Armin Wolf die Frage gestellt werden: »Frau Kampusch sagt immer und immer wieder, sie hätte nichts von weiteren Tätern bemerkt. Warum sollte Frau Kampusch das sagen, wenn es nicht stimmt? Sie müsste doch das größte Interesse an Aufklärung haben?« Und der Kriminalpsychologe Dr. Thomas Müller wird antworten: »Ja, sehen Sie, das wundert mich auch!« »Haben Sie eine Antwort?«, wird Wolf nachfassen. »Nein«, wird Müller sagen. »Aber vielleicht die Frau Kampusch? Oder vielleicht ihr Anwalt?«

Klipp und klar aussprechen, was er über sie denkt, wird er bei einer Befragung von Ermittlern durch die Evaluierungskommission. »Ich sag' euch, die lügt, die lügt!«

Da scheint es fast ein Geschenk des Himmels zu sein, dass Thomas Müller sich zunehmend aufs Showgeschäft konzentriert. 2010 wird er über eine Rolle in einem Kinofilm nachdenken.

Der Prozess geht an diesem Tag nicht zu Ende. Mehrere Zeugen sind nicht erschienen, darunter der Ex-Chef des Wiener Sicherheitsbüros Max Edelbacher. Er wird zum nächsten Termin erwartet. Dem fünften.

MONTAG, 9. JUNI 2008

Der Bericht der Evaluierungskommission ist fertig. Vier Monate Zeit hat ihr der Minister gegeben, den Fall Kampusch auf den Prüfstand zu stellen und daraus Lehren für die Zukunft zu ziehen. Das hat sie geschafft. Auf den Tag genau. Auf 58 Seiten plus fünf Beilagen. Mit 26 Beamten der unterschiedlichsten Dienststränge hat sie »sachdienliche Gespräche« geführt. Geschwollene Halsschlagadern vor Nervosität dürfte dabei niemand bekommen haben, denn: »Diese Gespräche waren keine förmlichen Vernehmungen, weshalb auch keine Wahrheitspflicht bestand.«

Resultat: Im juristischen Labor verflüchtigt sich Haidingers Dauervorwurf, es sei versucht worden, den Hinweis von Hundeführer Pabi zu vertuschen, rückstandslos. Die Panne, so heißt es, war innerbehördlich bekannt, sie war aktenkundig und konnte durch das Recht der Kampusch-Anwälte auf Akteneinsicht jederzeit entdeckt werden. Und anders, als Haidinger es immer wieder gerügt hatte, sollte die von ihm geforderte Evaluierung der Panne nicht verhindert werden, strittig war nur der Zeitpunkt, wann damit begonnen werden sollte. Es folgen mehrere Kritikpunkte, unter anderem an der Medienarbeit, dem Informationsmanagement und dem Ungleichgewicht zwischen Opferschutz und strafprozessual gebotener Aufklärungspflicht. Wegen ihres Beweiswertes hätten »Videokassetten, ein Tagebuch, Bekleidung, beschriebene Zettel und diverses anderes persönliches Eigentum der Natascha KAMPUSCH« nicht ohne vorherige Sicherung, »insbesondere durch Anfertigung von Kopien«, an sie übergeben werden dürfen. »Ein derartiger Umgang mit relevantem Beweismaterial ist bei einer eigenständigen Wahrnehmung der entsprechenden Ermittlungsverantwortung (in Richtung auch zumindest eines weiteren Tatkomplizen) mit einem umfassenden Verständnis sämtlicher Aspekte wirksamen Opferschutzes schwer in Einklang zu bringen.« Zumal, »wenn fassbare Gründe für die Annahme sprechen, dass (zumindest) ein bisher nicht ausgeforschter (weiterer) Täter tatinvolviert war«. Beiden Fingerzeigen auf den namentlich nicht genannten »Tatkomplizen« Ernst H. ist ein weiterer vorangestellt: »Mit der Aussage der (...) Tatzeugin Ischtar A. (...) lag ein von Anfang an fassbarer Hinweis in Richtung Mehrtäterschaft vor.« Die stehe »in einem Verdachtskontext (...) mit langfristigem sexuellen Kindesmissbrauch«. Ein Versäumnis nach dem anderen. So sieht es die Evaluierungskommission. Und hält als »operative Einschätzung« fest, »dass die sachdienlichen Ermittlungsansätze bisher nicht vollständig ausgeschöpft wurden«.

Ihre Vorwürfe hat die Kommission zusätzlich scharf geschliffen mit einer Formulierung über Natascha Kampuschs Zelle, die sie zynisch »das so genannte ›Verlies‹« nennt. Darin hat es Gerhard Lang, der sportlich und keineswegs ängstlich wirkende Generalmajor des Bundeskriminalamts, bei einer Besichtigung nur kurz ausgehalten, wie er uns erzählte. Und wir kennen andere, die sich nicht überwinden konnten, in diesen erdrückend winzigen Raum hineinzukriechen. Zu denen gehörte Kommissionsmitglied Thomas Müller nicht, er war drin im Verlies. Und hat wider besseres Wissen diese Formulierung bestätigt.

Ein 16-Punkte-Katalog mit Empfehlungen für interne Verbesserungsmaßnahmen schließt den Bericht ab. Und eröffnet eine erneute öffentliche Diskussion.

MITTWOCH, 11. JUNI 2008

Die Evaluierungskommission übergibt den Bericht Innenminister Günther Platter. Und wieder ist es der *Stern*, der meint, mit seinen »Enthüllungen« noch am selben Tag die Nase ganz vorne zu haben. Den Informanten Thomas V. hat er vom Platz gestellt, den ehemaligen Präsidenten des Verfassungsgerichtshofes Prof. Ludwig Adamovich dafür eingewechselt. Der Mann ist schließlich von ganz anderem Kaliber, nahezu unangreifbar mit seiner Vita. Was er sagt, hat er vorher auf Justitias Waage gelegt, hat überprüft, dass ihre Augenbinde blickdicht ist und das Richtschwert noch den Boden berührt, das ist doch wohl klar. So klar, wie von Prof. Adamovichs Büro aus »ein unangenehmer und schrecklicher Kriminalfall aufgeklärt werden« soll, wie der *Stern* schreibt. »Es geht um Sadomasopraktiken und Bisexualität, pädophile Netzwerke und Beziehungsgeflechte, Geldschiebereien und Steuerbetrug. Um schnelle Autos und ein armes Mädchen, das in offenbar katastrophalen Familienverhältnissen aufwuchs.« Das Einzige, was daran stimmt, sind die Geldmauscheleien zwischen Ernst H. und Přiklopil. Alles andere ist – außer ehrverletzend – kalter Kaffee, von dem nur die Evaluierungskommission – und nun auch der *Stern* – glaubt, er sei so heiß wie der Kinderpornoring um den Heeresobristen Peter B. Die *Bild* klinkt sich ein, beruft sich in ihrem Bericht auf den *Stern* und stellt fest: »Wieder im Visier der Ermittler: Přiklopil-Freund Ernst H.«, dazu, »oben rechts«, sein Bild. »Chef-Ermittler Ludwig Adamovich« wolle laut *Stern* »die neuen Ermittlungen mit aller Härte vorantreiben und einigen wichtigen Menschen schmerzhaft auf die Füße treten«. Logische Konsequenz: »Fall Kampusch wird neu aufgerollt«. Titelt der *Stern*. Die *Bild* setzt dahinter ein Fragezeichen und zitiert eine Erklärung der Wiener Staatsanwaltschaft: »Zunächst müssen wir den Untersuchungsbericht genau studieren. Danach sehen wir weiter, ob es überhaupt Gründe für weitere Ermittlungen gibt.«

DONNERSTAG, 18. SEPTEMBER 2008

Fünfter Prozesstermin, diesmal wieder in Gleisdorf, in altbekannter Besetzung: Brigitta Sirny und Anwalt Wolfgang Miller contra Ex-Familienrichter Martin Wabl und Detektiv Walter Pöchhacker, dazu als Prozessbeobachter Kampusch-Vater Ludwig Koch. Der erste Zeuge wird erwartet. Plötzlich ein Tumult, lautes Geschrei. Die Tür hinter dem Richter, die normalerweise ihm für den exklusiven Zu- und Abgang vorbehalten ist, fliegt auf. Herein stürzt ein Mann in dunklem Anzug und Krawatte. Seine Augen sind von einer Sonnenbrille verdeckt, die sich von der Größe her zwei Piloten miteinander teilen könnten. Vor den Kopf mit perückenhafter Haarfülle hält er eine schwere Aktentasche, kurvt im Schweinsgalopp in den Zeugenstand, kurze Drehung, scharfe Bremsung, und er steht vor dem Richter. Die Camorra hat die Steiermark erreicht. Könnte man denken. Der Mann legt die Aktentasche zur Seite, nimmt die Brille von der Nase. Entwarnung. Es ist nicht der abtrünnige Ziehsohn eines neapolitanischen Paten im Zeugenschutzprogramm. Es ist Ernst H.

Der hatte, wie hinterher zu erfahren war, den Gerichtssaal sprichwörtlich im Handstreich erobert. »Er war hypernervös, als er an mir vorbeigeführt wurde«, erzählte Fotograf Helge Sommer der Tageszeitung *Österreich*. »Plötzlich schlug er mir mit seiner linken Hand, in der er eine Tasche hielt, ins Gesicht. Dabei hat auch meine Kamera etwas abbekommen.« Das war nicht die einzige Missetat. »Ein Zahn ist locker, ein zweiter nicht mehr vital. Zudem sitzt eine Brücke nicht richtig.«

Im Gerichtssaal lässt Walter Pöchhacker den Zeugen Ernst H. keine Sekunde aus den Augen. »Auf die Frage zu seinen Personalien erhob er sich und gab dem Richter eine Kopie seines Führerscheines. Das Übergeben der Kopie war mit keinerlei Problemen verbunden, der Weg zurück in den Zeugenstand war aber deswegen schwierig, weil er keine Brille mehr aufhatte. So ging er im wahrsten Sinn des Wortes ›rückwärts‹, also mit dem Rücken zu den Zuschauern.« Nicht nur mit dieser Schilderung wird Walter Pöchhacker später die Gemeinde seines Internetforums unterhalten. Er behält Ernst H. weiter scharf im Blick. »Nun packte er eine kleine Mineralwasserflasche aus und stellte sie auf das Zeugenpult. Man hätte fast erwarten können, dass ein Jausenbrot folgen würde.« Das zwar nicht, aber er »stellt gleich lautstark den Antrag, die Anwesenden auf Tonaufzeichnungsgeräte zu durchsuchen (!) Eine immer heftiger werdende Diskussion mit dem Richter endete mit der Androhung einer Beugestrafe.« Schließlich sagt er das aus, was alle Welt schon längst weiß: Er habe Natascha Kampusch während der ganzen Jahre ihrer Gefangenschaft nur ein einziges Mal gesehen: in Begleitung Přiklopils vor seiner Veranstaltungshalle. Wer sie war, habe er damals nicht gewusst. Das habe er erst nach ihrer Flucht erfahren. An die Begleitumstände der Flucht seines Freundes wiederum mag Ernst H. sich nicht erinnern, es sei schon so lange her. Die Gedächtnislücken werden sich allerdings ein Jahr später schließen, das ahnt er nur in diesem Moment noch nicht. Auf die Sprünge wird ihm dabei Oberst Franz Kröll helfen, und darin wird die wirklich große Leistung dieses Kriminalisten bestehen.

Ernst H. hat seine Aussage gemacht. »Nachdem er Zeugengebühren geltend gemacht hatte«, beobachtet Walter Pöchhacker, »wollte er wieder den Abschneider durch die ›Richtertür‹ nehmen, was der sichtlich verärgerte Richter aber verhinderte. So musste er vor allen Anwesenden seinen Canossagang antreten.« Jedoch nicht ohne Sonnenbrille und Aktentasche. Als er den Saal verlässt, passiert es. Ernst H. selbst war »hypernervös« gewesen. Nun ist es Ludwig Koch. Auch er liest die Zeitungen, sieht fern. Und nimmt auf, was Österreichs juristische Instanz Nummer eins, Ludwig Adamovich, in feinen Andeutungen über die »Mehrtätertheorie« streut. Er stürzt sich auf Ernst H., versetzt ihm einen Stoß, es kommt zu einer Rangelei. Die Sonnenbrille rutscht über den Nasenrücken und kommt auf der Nasenspitze zum Stehen, Bügel und Ohren sei es gedankt. »Polizäää, Hilfe! Ich werde tätlich angegriffen«, schreit Ernst H. laut Schweizer *Blick*. Und das, wie die *Krone* berichtet, mehrmals, »obwohl ihm längst keiner mehr etwas tat. Mit den Worten ›So eine Frechheit‹ ging er schließlich.« Ludwig Koch bleibt. Und diktiert den Reportern seinen Kommentar in den Block: »Wenn er frei von jeder Schuld ist, braucht er sich vor Gericht ja nicht unkenntlich machen.«

Der Richter vernimmt einen Nachbarn von Brigitta Sirny, eine Zeugin aus dem Publikum und schließlich Max Edelbacher, den Ex-Chef des aufgelösten Sicherheitsbüros, der beim letzten Termin fehlte. Er kann Martin Wabls Hypothesen nicht bestätigen. Aber er räumt ein, »dass man die Hinweise auf Wolfgang Přiklopil ›falsch bewertet‹ habe«. Und damit setzt er trotz aller Fehlzündungen, die er hatte, wenn er den Namen »Brigitta Sirny« hörte, ein Signal für den ehrlichen Umgang mit einem Geschehen, das nie wieder gutzumachen ist.

Und wie geht die Geschichte weiter, die das Zeug hat, sich zu einer unendlichen zu entwickeln?

Zwei Monate später, am 19. November 2008, wird das schriftliche Urteil Klägerin und Beklagtem per Post zugestellt. Es bescheinigt Dr. Martin Wabl, dass er »zu keiner Zeit auch nur über einigermaßen zureichende Anhaltspunkte für einen begründeten Verdacht« verfügt habe, und hält eine »Selbstüberschätzung des Beklagten« fest. Der Wahrheitsbeweis für seine Äußerungen sei ihm »vollkommen misslungen«, daher sei er verpflichtet, »die bereits oftmals wiederholten Behauptungen zu unterlassen«.

Martin Wabl legt Berufung ein. Doch im März 2009 stoppt das Grazer Landesgericht seinen Feldzug endgültig. Er muss ab sofort seine Behauptungen über Brigitta Sirny unterlassen. Und sein Buch über seinen »Weg zur Wahrheit« vom Markt nehmen. Eine ordentliche Revision gegen dieses Urteil ist nicht zugelassen. Träumen aber darf er weiter. Denn inzwischen wird dank der Sorgenfalten auf den Stirnen von Ludwig Adamovich und seinen Mit-Evaluierern erneut am »Fall Kampusch« herumgeschraubt. Er setze »auf die Ermittlun-

gen von Polizei und Staatsanwaltschaft«, zitiert die *Kleine Zeitung* Martin Wabl. »Dann wird sich bestätigen, dass ich mit meiner Vermutung Recht gehabt habe.«
Die Akte »Wabl« kann in die Ablage genommen werden.

Zwei Monate später, am 27. Mai 2009, steht Ludwig Koch in Graz vor Gericht. Wegen Nötigung Ernst H.s wird er zu zwei Monaten bedingter Haft verurteilt. Er geht in Berufung.

Am 10. November 2009 findet die Verhandlung dazu vor dem Grazer Oberlandesgericht statt, *Die Presse* schreibt mit. »›Ich wollte niemandem wehtun. Ich habe den größten Kampf mit mir selbst gekämpft, damit ich ihm nichts getan habe‹, erklärt Ludwig Koch. ›Als Vater spürt man, der Mann hat Schuld‹, so der Angeklagte.« Dennoch: Es bleibt bei der Strafe, sie wird jedoch »von einer zweimonatigen bedingten Haft in eine teilbedingte Geldstrafe umgewandelt«. Und das heißt: Ludwig Koch muss 240 Euro zahlen, »240 weitere Euro werden bedingt verhängt«. Der lässt das Urteil kommentarlos über sich ergehen. Es ist rechtskräftig. Aber er kann nicht zahlen. Weil er im Jahr darauf nach Operationen an beiden Händen berufsunfähig wird. Am 20. Oktober 2011 »verlor er auch noch die Freiheit«, berichtet das Gratisblatt *Heute*. »Um 14 Uhr führten fünf Polizisten Nataschas Vater aus seiner Wohnung in Wien-Floridsdorf in Handschellen ab.« Er soll als Ersatz für die Geldstrafe »fünf Wochen Arrest« absitzen. Doch das Schicksal meint es gut mit ihm, und abends um 22 Uhr fällt Ludwig Koch unter dem Blitz einer Fotografin dem *Heute*-Reporter Wolfgang H. vor den Gefängnistoren in die Arme. Der Journalist hat mit seiner Zeitung das Geld für Ludwig Koch aufgebracht. Der, notiert Reporter Wolfgang H., war »auch beim Reparatur-Achterl danach noch immer sprachlos. ›Im Fall Natascha war jetzt nur einer im Häf'n[244] – ich‹, murmelte der Vater und fragte: ›Verrückt, oder?‹«

Zurück zum 18. September 2008, dem Tag, an dem Ernst H. im Gleisdorfer Gericht die Fassung über einen Fotografen verlor. Und Ludwig Koch angesichts Ernst H.s. Am selben Tag beendet der parlamentarische Untersuchungsausschuss nach insgesamt 21 Sitzungen seine Tätigkeit. Gezwungenermaßen. Denn nach noch nicht einmal zwei Jahren ist die Koalition aus SPÖ und ÖVP geplatzt. Und damit auch der Untersuchungsausschuss, dessen Arbeit mit dem Ende der Gesetzgebungsperiode eingestellt werden muss. An diesem letzten Sitzungstag geht der Ausschussvorsitzende Peter Fichtenbauer, FPÖ, erneut auf die vertraulichen Unterlagen ein, die im April der Presse zugespielt wurden. »Wir hatten eigentlich ein einziges Mal die Situation, wo sich die Frage erhob, ob etwas hinausgegangen ist, was geheim hätte bleiben müssen, und wir konnten bei seriöser Betrachtung zum Ergebnis kommen, dass die-

---

244 Gefängnis

se Lücke – ich spreche jetzt von diesem Kampusch-Papier – nicht das Parlament betroffen hat, sondern offenkundig von langer Hand – von wem auch immer – vorbereitet war, um es eben sozusagen bei günstiger Gelegenheit verkaufen zu können.« Peter Fichtenbauer wird seiner Erklärung noch eine »Abweichende persönliche Stellungnahme«[245] folgen lassen. Darin schreibt er unter anderem: »Der Endbericht der Adamovich-Evaluierungskommission rechtfertig die Untersuchung des Falles Přiklopil durch den Untersuchungsausschuss ... Es ist merkwürdig, dass den Hinweisen auf mögliche Mittäter im Fall Přiklopil nicht umfassend nachgegangen wurde. Die Innenministerin wäre nun aufgefordert, diese Versäumnisse nachzuholen ... Die fragwürdige Vorgehensweise der Therapeuten und der Anwälte hätte ebenfalls beleuchtet werden müssen. Ebenso stellt sich die Frage, warum die Ermittler sich diesem überschießenden Opferschutz gebeugt haben.«

Am 28. September 2008 finden die vorgezogenen Nationalratswahlen statt. Dabei fahren die bisherigen Regierungsparteien hohe Verluste ein. Gewinner sind die Parteien, die vom Geist eines Rechtspopulisten geprägt sind, der in den 1970er- und 1980er-Jahren durch Kärntens Diskotheken zog und junge Leute auf seinen »rechten Weg« brachte: Jörg Haider, Landeshauptmann von Kärnten, erst Parteichef der Freiheitlichen Partei Österreichs (FPÖ), dann vom Bündnis Zukunft Österreich (BZÖ), das er nach der Abspaltung von der FPÖ 2005 gründete. Die hat nun 13 Sitze mehr, die BZÖ sogar 14.

Zwei Wochen nach seinem großen Sieg, am 11. Oktober 2008, verunglückt Jörg Haider tödlich mit seinem Wagen bei einer nächtlichen Heimfahrt. Die nächsten Nationalratswahlen werden am 29. September 2013 sein. Bis dahin sind es noch fünf Jahre. Und die werden die beiden Haider-Parteien für sich nutzen. Wie, zeigt sich am Beispiel des pensionierten Heeresoberts Peter B., dessen Handynummer in Ernst H.s Mobiltelefon unter »BE KIND SLOW« abgespeichert war. Am 4. Juli 2012 bringen die BZÖ-Abgeordneten Gerald Grosz und Peter Westenthaler eine Anfrage an Verteidigungsminister Darabos ein, da waren die Ermittlungen der Staatsanwaltschaft gegen Peter B. bereits seit fast drei Jahren eingestellt. Gleichwohl wiederholen sie, Peter B. sei »in den Verdacht aufklärungsbedürftiger Kontaktnähe zur Pornoszene geraten« und schon »zu einem früheren Zeitpunkt in Zusammenhang mit einem Pornoskandal, der sich im Bereich des Heeresnachrichtenamtes[246] abspielte, einvernommen worden«. Die Ungeheuerlichkeit kennen wir: Es ging unter anderem um einen Oberst dieses Geheimdienstes, der ein Geheimnis nicht für sich behalten konnte, das um seine Genitalien. Ob er über das Internet hinaus noch etwas trieb, das ihm Freude bereitete, wissen nur die, die sich in einer »Sonderoperation« um Aufklärung bemühten, diesmal

---

245 Sie eröffnet Abgeordneten, die mit dem Bericht eines Ausschusses an das Plenum des Nationalrats nicht einverstanden sind, die Möglichkeit, dem Plenum eigene Anschauungen, Entscheidungsgrundlagen etc. kundzutun.
246 zuständig für die strategische Auslandsaufklärung

nicht im Ausland, sondern daheim. Der Aktion gaben sie den Decknamen »Dürer«, Blogger führen ihn auf eine Namensnähe des Hauptbetroffenen zu dem deutschen Maler zurück. Und plötzlich sind wir mittendrin in einem Krimi, denn die beiden Abgeordneten halten in ihrer Anfrage fest, dass dieser führende Offizier des Heeresnachrichtenamtes »später erschossen in Deutschland auf einer Autobahnraststätte aufgefunden wurde«. Polizeioberst Franz Kröll wollte an die Akte ran, angeblich war sie nicht auffindbar gewesen, hieß es. Tatsächlich sei sie »vernichtet worden«, schreiben die Abgeordneten Grosz und Westenthaler. Und verlangen »eine umfassende Klärung« der »Hintergründe zum Fall Kampusch« wegen des Verdachts – Achtung, es folgt ein sprachlicher Stolperstein – »von Implikationen mit Sexualbezug im Umfeld des Ernst H., wie sie vorliegend als offener Ermittlungsansatz gegen den Reserveoffizier Peter S. aktenkundig sind ...« Damit schieben sie Peter B. wieder zurück in die Verdachtszone, aus der er schon längst heraus war. Ihre fünf Fragen beantwortet der Minister am 3. September 2012. Und so erfahren die beiden Parlamentarier, dass der »Akt ›Sonderoperation Dürer‹« nicht »gelöscht« wurde. Für diesen Fall, so gaben sie ihm vor, solle er »umgehend dafür Sorge tragen, dass die Justiz, das Innenressort und der zuständige Parlamentarische Untersuchungsausschuss die Kopien jener Aktenteile, die den Reserveoffizier Peter B. betreffen«, erhalte. Kein Problem, fährt Minister Darabos die vorauseilende Aufregung wieder herunter: »Für die Erhebungen der dafür zuständigen Behörden stand und steht mein Ressort im Rahmen der Amtshilfe zur Verfügung.«

Gut einen Monat später, am 16. Oktober 2012, schaltet sich die Abgeordnete Dr. Dagmar Belakowitsch-Jenewein von der Konkurrenz-Fraktion FPÖ ein. In einer schriftlichen 10-Punkte-Anfrage fordert sie von dem Minister einen Leistungsnachweis ein: Wer hat wann die Geheimakte »Sonderoperation Dürer« angefordert, wer hat sie wann erhalten und, wenn nein, mit welcher Begründung nicht? Darabos verweist in seiner Antwort vom 12. Dezember 2012 darauf, dass »Angelegenheiten der militärischen Nachrichtendienste nicht geeignet« seien, »im Rahmen einer parlamentarischen Anfragebeantwortung öffentlich« erörtert zu werden, versichert aber, nun zum zweiten Mal, »dass mein Ressort selbstverständlich den zuständigen Behörden bzw. Kommissionen Amtshilfe geleistet hat und bei entsprechenden Ersuchen auch weiterhin leisten wird«. Eine galante Verbeugung trotz eines Papiers, das nur so strotzt vor Kombinationssträngen, die der guten alten Miss Marple[247] nicht einmal bei fortgeschrittener geistiger Verwesung in den Sinn gekommen wären. Die Dürer-Akte nämlich könnte, schreibt Dr. Dagmar Belakowitsch-Jenewein, »möglicherweise Aufschluss darüber geben«, ob der »als Zeuge vernommene Offizier Peter Christian B. (...) bereits wegen sexueller Eskapaden aufgefallen ist bzw. in einen ›Sexskandal‹ verwickelt war«. Der Erklä-

---

247 Romanfigur einer älteren Dame, die sich als scharfsinnige Privatdetektivin betätigt; entwickelt von der englischen Autorin Agatha Christie (Quelle: Wikipedia).

rungsversuch seiner Ehefrau für das Kürzel »BE KIND SLOW« sei »völlig unglaubwürdig«. Zwar hätten Peter B. und Ernst H. bestritten, einander zu kennen. »Möglicherweise wurde der Kontakt aber über die Schwester von Ernst H. hergestellt, da der Offizier und seine Schwester, Frau Margit W. einen gemeinsamen Bekannten haben. Dieser Bekannte, ein ehemaliger enger Arbeitskollege der Frau W. bei der Firma EFS (...) ist ebenso wie der Offizier B. Mitglied beim Rotarierklub Wien West. Einem (unbestätigten) Medienbericht zufolge, soll der Offizier das Kürzel ›be kind slow‹ als Nickname in einem Kinderpornoforum verwendet haben.«

Die Schornsteine der BZÖ und FPÖ rauchen noch eine Weile. Dann ist auch der »Fall B.« mitsamt seinem angeblich sexfidelen Offizierskorps verdampft.

Beide Parteien werden in der »Causa Kampusch« herumwühlen wie Flaschensammler in Abfallkörben. Sie werden Justiz und Polizei jagen mit Erkenntnissen, die nur Schrottwert haben. Helfen werden ihnen dabei Verschwörungstheoretiker in Anzügen mit Einstecktuch. Und die werden womöglich noch erschrocken sein, dass die Nutznießer ihrer ungewollten Zuträgerdienste am Ende für das Leergut Pfand beim Wähler einkassieren. Damit ein neuer starker Mann das Regierungsgeschäft übernehmen kann. Er muss ja nicht unbedingt ein Bärtchen unter der Nase tragen und beim »Grüß Gott«-Sagen eine Arm-Erektion bekommen.

Für die FPÖ geht die Rechnung auf, sie wird 2013 erneut zulegen. Die BZÖ hingegen wird den Einzug ins Parlament verfehlen.

FREITAG, 28. NOVEMBER 2008

Zwei Tage noch, und es ist der erste Advent. Entsprechend vorweihnachtlich dekoriert ist Salzburg, die Mozart- und Festspielstadt mit den kulturflankierenden Schlemmergelagen in feudal aufpolierten Bauernstuben, dem Präsentieren neuer Schnitte in Gewand und Gesicht und dem durch Bildungssprache veredelten Gossentratsch. Sechs Kilometer vom Großen Festspielhaus sieht die Welt schon wieder ganz anders aus. Dort steht nämlich eine Kaserne. Und in der wiederum ist das Militärkommando Salzburg stationiert. Ein offensichtlich gediegenes Ambiente, das zum intensiven Nachdenken ermuntert. Denn die Universität Salzburg hat an diesem Standort die 33. Plenartagung der »Expertengruppe Innere Sicherheit« ausgerichtet. Thema: »Organisierte Delinquenz boomt – Organisierte Wahrheitsfindung auch?« Der Referent ist jemand, der darüber besonders gut Bescheid weiß: Dr. Johann Rzeszut von der Evaluierungskommission. Was er vorträgt, worüber diskutiert wird, erfahren wir genau drei Wochen später.

Wir sitzen abends in einem Wiener Restaurant mit einem Beamten zusammen, der den »Fall Kampusch« aus dem Effeff kennt. Eigentlich sollte nichts durchsickern, erzählt er uns, daher sei der Kreis auch auf 13 oder 14 Teilnehmer beschränkt gewesen. Nach Johann Rzeszut habe noch ein deutscher Gast gesprochen, aber danach sei es nur noch um »Kampusch« gegangen. Um den Komplizen ihres Entführers, Ernst H. Um den Kinderpornoring. Um frei herumlaufende Hintermänner, die sie unter Druck setzten: Wenn du nicht dichthältst, bist du tot. Summa summarum: ein unglaublicher Sumpf. Der Beamte schaut mich an und schüttelt den Kopf. Er ist sichtlich sauer, auch wenn er lächelt, und greift zu einem Vergleich, der ihm wohl spontan eingefallen ist, weil er mein früheres polizeiliches Arbeitsgebiet kennt: »Diese angeblichen Experten sind Menschen, die nix erlebt haben. Wie Dörfler, die das erste Mal in die Hamburger Herbertstraße kommen. Die setzen die Gerüchte in die Welt. Und schon wird wieder ermittelt.«

So ist es gekommen. Erst hat der Abschlussbericht der Evaluierungskommission Justizministerin Dr. Maria-Margarethe Berger[248] von der SPÖ veranlasst, den »Fall Kampusch« neu aufrollen zu lassen. Daraufhin ist beim Bundeskriminalamt eine Sonderkommission eingerichtet worden, ihr operativer Leiter ist Oberst Franz Kröll. Und nun, auf den Tag genau zwei Wochen nach der Expertentagung in der Salzburger Kaserne, am Freitag, den 12. Dezember 2008, hat ÖVP-Innenministerin Dr. Maria Fekter »die Evaluierungskommission neuerlich mit dem erweiterten Auftrag eingesetzt, eine interdisziplinäre begleitende strukturelle Unterstützung der Kriminalpolizei, im Besonderen auch die Evaluierung weiterer Vorwürfe im Zusammenhang mit der bisherigen Bearbeitung des Falles ›Natascha Kampusch‹ wie auch

---

248 vom 11. Januar 2007 bis 2. Dezember 2008

weiterführende Ermittlungen zu gewährleisten ...« Ein Affront für die Polizei. Sie wird in die Fluten geschickt, um im Trüben nach verborgenen Schätzen zu fischen. Am Strand stehen ihre Ratgeber. Mit Schwimmflügeln. Und Fekters Bademeister-Käppi.

DONNERSTAG, 22. JANUAR 2009

16.00 Uhr
Kurz vor 16.00 Uhr erreichen wir den Ballhausplatz, einen Ort, an dem man stehen bleibt und sich umsieht. Auch wenn man keinen Termin hat so wie wir jetzt. Ins Bundeskanzleramt müssen wir nicht. Aber in den Leopoldinischen Trakt der Hofburg auf der gegenüberliegenden Seite. In den Amtssitz des Bundespräsidenten. Mit dem Chef höchstselbst sind wir nicht verabredet, aber mit seinem Berater. Und der ist Prof. Dr. Ludwig Adamovich. Doch erst einmal sind wir verblüfft. Vor dem Eingang zum Regierungschef langweilen sich zwei Polizisten. Kein Trara. Keine Sperrgitter, keine Scharfschützen. Geschweige denn Glatzköpfe mit Sonnenbrillen und Ringeldraht im Ohr. Nur Frieden. Die Ruhe durchbricht lediglich das Getrappel von Pferden, an deren Geschirr Fiaker mit drehschwindelgefährdeten Touristen hängen. Zuverlässig werfen die Zossen ihre Äpfel aufs Pflaster, und die Fliegen müssen sich beeilen, damit sie von der nachrückenden Kehrmaschine nicht mitverschlungen werden. Mehr Aufregung gibt es an diesem Platz nicht.

In der Präsidentschaftskanzlei erwartet uns ein Herr, der uns zu Adamovich führen wird. Er trägt einen grauen Anzug und normale Straßenschuhe, keine Kniebundhose, lange weiße Strümpfe und Schnallenschuhe, sie würden besser zu dem Ambiente passen, in das wir nun eintauchen werden. Doch zuvor müssen wir den Fahrstuhl nehmen, leider nicht die Treppe, wie es sich in dem alten Gemäuer geziemen würde. Aber dann: Wir durchschreiten – das Gehen haben wir eingestellt – einen Flur mit Kristallüstern, langen roten Läufern über dem glänzenden, kunstvoll verzierten Parkett und weit geöffneten hellen Flügeltüren mit Goldornamenten. Wir müssen uns kneifen: Nein, wir sind nicht in dem Flügel eines Schlosses, der ausschließlich historisch interessierten Besuchergruppen in Filzpantoffeln vorbehalten ist, wir bewegen uns erhobenen Fußes vorbei an einer Zimmerflucht mit Arbeitsräumen. Und dahinter durchkämmt sicher niemand des anderen Perücke nach Flöhen, schlürft Likör oder lauscht dem Spiel der Harfe. Dort wird telefoniert, mit Papier geraschelt, der PC bedient. Der graue Neuzeitmensch klopft an eine Tür. Und lässt uns eintreten in ein Büro mit knallroter zimmerhoher Wandbespannung und auf Hochglanz lackierten hellbraunen Intarsienschränken. Ludwig Adamovich erhebt sich aus seinem roten, goldgeschmückten Sessel. Er muss aufpassen, wo er hintritt, aus dem Boden wachsen halbhohe Säulen aus Büchern und Akten, hinter denen Kinder stundenlang Versteck spielen könnten. Ich bin erschlagen. Meine Hirnzellen sind so rot durchflutet, dass mich blitzartig das Bild einer drallen Alten mit zugepuderten Falten anspringt, die in das »chambre rouge« stürmt, in die Hände klatscht und uns harsch befiehlt: »Jungs, räumt die Sachen zusammen und zieht die Vorhänge vor. Die Mädels wollen arbeiten!«

Doch es ist kein Salon d'Amour, es ist das Arbeitszimmer von Ludwig Adamovich. Das begreife ich eine Sekunde später, nachdem das peinliche Bild aus meinem Kopf verschwunden ist. Und schnell ergreife ich die freundlich entgegengestreckte Hand des schlanken, grauhaarigen 76-Jährigen. Was wird er uns erzählen? Er wiederholt seine Einschätzungen, die wir aus der Presse kennen, aber nun direkt aus seinem Mund hören. Für »heikel«, sagt Ludwig Adamovich, halte er die Nacktfotos des Kindes Natascha, die wie »ein Angebot, eine Offerte« wirkten. Sie seien im Internet angeboten worden. Von wem, spart er aus, aber er meint ihre Mutter, das können wir aus seinen vorsichtigen Andeutungen ableiten. Wenn dem so gewesen wäre, wendet meine Frau ein, müssten die Fotos ja viele Menschen gesehen haben, von denen sich bestimmt mehrere bei der Polizei gemeldet hätten. Und da die erwachsene Tochter von Brigitta Sirny die Aufnahmen gemacht haben sollte, müsste sie dann wohl auch in die Tat involviert gewesen sein. Von solchen Verdächtigungen sei bei allen Gesprächen, die wir mit Kriminalbeamten und Staatsanwälten geführt hätten, nie die Rede gewesen. Wir nennen ihm die Namen unserer Gesprächspartner. »Das sind die Gegner der Evaluierungskommission«, gibt Ludwig Adamovich zurück, insbesondere Generalmajor Gerhard Lang vom Bundeskriminalamt sei ein »Verhinderer«, Franz Lang, der Direktor, sei hingegen »ein vernünftiger Mann«. Es knirscht also im Gebälk der unter Konkurrenzdruck geratenen Institutionen, das hat uns Ludwig Adamovich damit bestätigt. Zum Beleg, dass er mit seinen Leuten auf der richtigen Fährte ist, leitet er über zum »Kinderpornoring«. Zu Přiklopil mit seinem Hang zur Sadomaso-Szene und dem Prostituierten-Milieu mit der besonderen Vorliebe für zarte Frauen in Schuluniformen. Zu Ernst H., der, ausgestattet mit einer Vollmacht von Přiklopils Mutter, gemeinsam mit der Polizei dessen Haus durchsucht und Sachen herausgetragen habe. Zu den von Natascha Kampusch nicht genutzten Fluchtmöglichkeiten. Zu ihrem Aussageverhalten vor der Polizei, das die Frage aufwerfe: Auf was und wen nimmt sie Rücksicht? Zu den »schrecklichen Verhältnissen«, in denen sie aufgewachsen sei, mit einem Vater, der Alkoholiker sei, und einer Mutter, die sie ständig geprügelt und »fragwürdige Männerbekanntschaften« unterhalten habe. »Glauben Sie ernsthaft, dass Natascha Kampusch das wahllose Opfer von Přiklopil gewesen ist?«, fragt uns Ludwig Adamovich und schiebt die Antwort gleich nach: Vermutlich habe es eine Verbindung zwischen Přiklopil und Brigitta Sirny gegeben. Die zieht er selbst schnell mit seiner nächsten Frage: »Kennen Sie den Rennbahnweg, wo die Frau Sirny wohnt? Waren Sie schon mal da?« Wir bejahen. Ich weiß, worauf er hinaus will. Für ihn ist es ein kriminell durchsetztes Wohnghetto, in dem niemand sauber bleiben kann. Wer dort lebt, wird wie bei einer ansteckenden Krankheit vom Virus der Unredlichkeit befallen. Meine Erfahrungen sind andere, und die sage ich ihm: »Die richtigen Verbrecher wohnen nicht am Rennbahnweg, sondern in Villen mit geharkten Kieswegen und Hubschrauberlandeplatz.« Ludwig Adamovich schenkt mir ein schüchternes Lächeln, erwidert nichts. Man muss gedanklich schon ziemlich weit springen, um vom roten Hofburg-Zimmer zu der Wohnturmsiedlung auf der anderen Donau-Seite zu gelangen. Und von dort braucht es noch mal einen Riesenanlauf, um im Verlies in Strasshof anzukommen.

Böse ist uns Ludwig Adamovich nicht, dass wir uns nicht bei seiner Medienseilschaft miteinklinken werden. Ganz Herr alter Schule, lädt er uns zu einem kleinen Rundgang durch den präsidialen Amtssitz ein. Von seinem »Roten Salon« zum »Grünen Salon«, dem Arbeitszimmer von Kaiser Josef II. In dem nun jemand mit dem schlichten Namen Heinz Fischer Unterschriften leistet, aber immerhin der Bundespräsident ist.

Wir verabschieden uns von einem liebenswürdigen Herrn, der in die Hofburg gehört. Und wir, ohne Neid, auf die Straße.

DIENSTAG, 4. AUGUST 2009

Im März haben wir mit den Dreharbeiten für die ARD-Doku über Natascha Kampusch begonnen. Bereits Ende 2006 sagten uns Staatsanwaltschaft und Polizei zu, sich mit Interviews daran beteiligen zu wollen, Voraussetzung, die Betroffene selbst stimme dem Projekt zu. Der Polizeichef vom Burgenland, Nikolaus Koch, empfing uns geradezu herzlich, nicht anders Gerhard Lang vom Bundeskriminalamt sowie die Staatsanwälte Gerhard Jarosch und Hans-Peter Kronawetter. Offen gaben sie sich, hatten nichts zu verbergen, den Eindruck nahmen wir nach jedem Gespräch mit. Als der Vertrag mit Natascha Kampusch im Herbst 2008 unter Dach und Fach war, war damit auch die Bedingung erfüllt, dass die Behörden uns unterstützen würden. Doch die standen inzwischen unter dem Beschuss von Politik, Medien und Evaluierungskommission. Und machten die Schotten dicht. Ende November schrieb Natascha Kampusch Justizministerin Maria Berger und Innenministerin Maria Fekter an und erinnerte sie daran, die zugesagte »Mitwirkung der sachbearbeitenden Vertreter dieser Behörden an den jetzt beginnenden Arbeiten für den Film zu gewährleisten«. Doch sie blitzte bei beiden ab. Das bedeutete nicht, dass wir fortan von allen Informationen abgeschnitten waren. Die flossen uns weiterhin zu. Und daran hat sich bis heute nichts geändert. Aber vor die Kamera sollten wir niemanden bekommen.

Während wir also unseren Film drehen, ermittelt die Sonderkommission des Bundeskriminalamts fleißig weiter. Zwischen Februar und Mitte Juli legt sie der Wiener Staatsanwaltschaft sechs Berichte vor, ohne, wie es die Evaluierungskommission kritisieren wird, darauf eine Reaktion zu erhalten. Eine Antwort gibt es hingegen vom Justizministerium. Es holt zum 6. Juli den Grazer Oberstaatsanwalt Dr. Thomas Mühlbacher nach Wien, damit er als neutrale »Zweitinstanz« die Ermittlungen begutachtet. Er bekommt dafür vier Wochen Zeit. Seiner Intervention verdankt es der operative Leiter der Soko, Franz Kröll, dass er mit seinem Chefinspektor Kurt Linzer am 28. Juli die unter Verschluss gehaltenen Vernehmungsprotokolle von Natascha Kampusch einsehen darf. Mehr aber auch nicht. Denn der sachbearbeitende Staatsanwalt Hans-Peter Kronawetter hat angeordnet, »dass keine Handys, Diktiergeräte mitzubringen und keine Kopie anzufertigen seien«. Erlaubt sind lediglich handschriftliche Notizen.

Am selben Tag muss das Blut für einen Moment in Ludwig Adamovichs Kopf geschossen sein, denn er erhält eine Mail, die für ihn und seine Mitstreiter von der Evaluierungskommission Wasser auf die Mühlen ist. Der Verfasser ist ein Christoph Sch. Mitte Juli, so schreibt er, habe er »in der Therme Bad Fischau[249] einen ehemaligen Bundesheerkameraden getroffen«. Der habe ihm erzählt, »Natascha Kampusch kennengelernt zu haben. Sie habe

---
249 Niederösterreich, ca. 50 Kilometer südlich von Wien

ihm viel erzählt, unter anderem, dass sie von Priklopil ein Kind bekommen habe, dieses in einer Babyklappe abgegeben habe und dass es einen Mittäter gäbe, dessen Name und Anschrift sie kenne.« Die Soko wird als diesen Kameraden Aleksandar J. ermitteln, »der vorerst die Äußerungen abgestritten und schließlich als Prahlerei abgetan habe. Er habe aber angegeben, über ein Jahr lang auf der Internetplattform www.chat.at mit jemandem kommuniziert zu haben, wobei für ihn der Eindruck entstanden sei, dass es sich dabei um Natascha Kampusch gehandelt habe. Durch weitere Ermittlungen sei festgestellt worden, dass es sich bei der auf der Internetplattform eingeloggten, mit Aleksandar J. kommunizierenden Person um Jakob S. handle, der zugegeben habe, bei seinen Einträgen auf der Internetplattform bewusst so kommuniziert zu haben, dass man habe annehmen können, er sei Natascha Kampusch. Er interessiere sich für den Fall, sammle Medienberichte und sei auch mehrfach nach Strasshof gefahren, um Fotos zu machen.« Am Ende wird die Soko »zweifelsfrei« feststellen, »dass nicht Natascha Kampusch mit Aleksandar J. kommuniziert habe«.

Wellnessplanschereien in Thermen scheinen Risiken und Nebenwirkungen zu haben, über die der davon befallene Gast nicht mit seinem Arzt oder Apotheker spricht, sondern mit einem Staatsanwalt oder Polizisten. Zumindest war das bereits im Jahr davor der Fall. Da teilte die »Hinweisgeberin Erika G.« mit, »sie habe einige Wochen vor der Entführung Natascha Kampusch und ihren Vater in der Therme Bad Füssing[250] gesehen, wobei Natascha von den Begleitern ihres Vaters unsittlich berührt worden sei«. Auch ihr thermisch aufgeheizter Tipp konnte schnell wieder heruntergekühlt und als erledigt zu den Akten genommen werden.

Am 2. August, einem Sonntag, veröffentlicht die *Kronen Zeitung* ein Interview mit Ludwig Adamovich, das sofort einen Riesenwirbel auslöst und an diesem Dienstag noch einmal »in voller Länge« wiedergegeben wird. »Wie ich den Fall Kampusch sehe«, lautet die Titelschlagzeile auf der ersten Seite, und in den Text wird im Fettdruck das Zitat eingerückt: »Přiklopil hat sein Opfer schon vorher gekannt.« Das aber ist nicht der »Aufreger«. Der besteht in Adamovichs Antwort auf die Frage, inwieweit die »vor der Entführung schon extrem« problematische Kindheit Natascha Kampuschs »ihr Leben in der Gefangenschaft des Herrn Přiklopil verhältnismäßig erleichtert haben« könnte: »Das ist natürlich sehr schwer zu sagen. Es ist natürlich denkbar, dass diese Gefangenschaft allemal besser war als das, was sie davor erlebt hat. Aber das ist nur eine Hypothese. Relativ gesehen ist es natürlich denkbar, dass der Unterschied nicht übertrieben groß war, zumal man weiß, dass ihre Mutter nicht gerade zärtlich mit ihr umgegangen ist.«

»Völlig unerträglich sind die Mutmaßungen von Adamovich«, erregt sich am nächsten Tag Kolumnist Rauscher vom *Standard*. »Aufgabe der Evaluierungskommission und ihres

---

250 Gemeinde im niederbayerischen Passau

Präsidenten Adamovich ist es, eventuelle Fahndungsfehler aufzudecken und nicht, auf Mutmaßungen gestützte Hobbypsychologie zu betreiben.«

Rauscher wird dem Leiter der Wiener Oberstaatsanwaltschaft, Werner Pleischl, aus dem Herzen gesprochen haben. Der hat sich gleich am Montag nach Erscheinen des noch gekürzten *Kronen*-Interviews mit Ludwig Adamovich getroffen, um weitere Soloaktionen der Evaluierungskommission, insbesondere ihres Vorsitzenden, zu unterbinden. Das scheint ihm erst einmal gelungen zu sein, denn er hat mit ihm eine effektivere Zusammenarbeit zwischen Kommission, sachbearbeitender Staatsanwaltschaft und Soko vereinbaren können. Und ein Zeichen gesetzt. Vor einer aus neuen Arbeitsergebnissen resultierenden »Entscheidung über mögliche zusätzliche Ermittlungen werde die Oberstaatsanwaltschaft keine weiteren Erklärungen in der Sache abgeben«. So steht es in einer »Medieninformation«, die am heutigen Dienstag »ausgesendet« wird. Werner Pleischl weiß, dass er sich allein auf Verabredungen nicht verlassen kann. Er braucht feste Strukturen mit klar geregelten Zuständigkeiten. Daher kündigt er an: »Angesichts der Bedeutung der Angelegenheit« wird die Oberstaatsanwaltschaft Wien das Verfahren an sich ziehen. Ein Ersuchen, das er an das Bundesjustizministerium richtet, wird noch am Dienstag per Erlass positiv entschieden: Thomas Mühlbacher wird nicht zurück nach Graz fahren, sondern der Oberstaatsanwaltschaft »ab 5.8.2009 bis auf weiteres« für die »Aufklärung der Vorgänge im Entführungsfall Natascha Kampusch zugeteilt«. Rückblickend wird Thomas Mühlbacher in einem Bericht erklären, dass sein »primäres Anliegen« neben seinem eigentlichen Auftrag »auch die Schaffung einer adäquaten Kommunikationsstruktur« war, »um ein Transportieren von Standpunkten über die Medien hintan zu halten«. So schnell kann er gar nicht handeln, wie es dann doch wieder passiert. Drei Tage später.

SAMSTAG, 8. AUGUST 2009

Charles Waldorf ist ein älterer weißhaariger Herr mit einem Schnauzer. Herbert Statler ist etwa gleichaltrig, grauhaarig und bartlos. Beide sind Stammgäste einer Show, die sie von der Loge aus verfolgen. Nichts passt ihnen, aber auch gar nichts. Egal, wer auf der Bühne steht, niemand kann es ihnen recht machen. Ätzend sind ihre Kommentare, höhnisch ihr Gelächter, und man fragt sich, warum sie nicht einfach nach Hause gehen. Aber nein, sie bleiben wie angeschweißt in ihrer Loge sitzen und meckern. Und das auch noch zum Vergnügen von Millionen von Menschen in über 100 Ländern. Allerdings: Waldorf und Statler gibt es nicht. Nicht als Lebewesen, nur als Puppen. Sie sind die Partner von Kermit, dem Frosch. Oder Miss Piggy. Und sie alle sind die ferngelenkten Stars der *Muppet Show*, einer der erfolgreichsten Fernsehserien der Welt, die bis 1981 in Deutschland ausgestrahlt wurde und nun wieder in anderen Kanälen zu sehen ist.

Der ehemalige Präsident des Obersten Gerichtshofes Dr. Johann Rzeszut hat ebenso wenig etwas gemein mit den beiden alten Giftzähnen wie Professor Ludwig Adamovich. Der hat gerade Frieden geschlossen mit der Oberstaatsanwaltschaft und seine Kritik eingestellt. Vorläufig. Gewiss, sie haben das Alter von Statler und Waldorf, und wer von ihnen eher grauoder weißhaarig ist, liegt im Auge des Betrachters. Für eine exakte Festlegung müssten sie schon ins Licht treten. Zu diesem Schritt hat sich an diesem Wochenende Johann Rzeszut entschieden. Aber er setzt sich nicht in eine Loge. Und er stellt sich auch nicht auf die Bühne, wie es die beiden Old Boys aus Amerika, selten zwar, aber ein paar Mal getan haben, weil sie selbst im Programm mitmischen wollten. Es hat sie also nicht auf den Stühlen gehalten. Genau das Gegenteil ist der Fall bei Johann Rzeszut. Er sitzt. Schreibt eine Mail an die Zeitung *Österreich*. Und zieht damit noch müheloser als Waldorf und Statler die Aufmerksamkeit des Publikums auf sich. Denn schon die Schlagzeile anderntags, in der Sonntagsausgabe von *Österreich*, müsste jeden schreckhaften Leser förmlich aus dem Sessel katapultieren: »Präsident des OGH: Kampusch in Lebensgefahr«. Blaulicht? Sirene? COBRA-Einsatz? Nein, erklärt umgehend das Bundeskriminalamt, es sehe für Natascha Kampusch »keine veränderte Gefährdungslage«. Hingegen Johann Rzeszut. »Wir fürchten nichts mehr als in einigen Jahren eine Zeitungsmeldung des Inhalts: ›Natascha Kampusch tot aufgefunden‹ oder ›Natascha Kampusch tödlich verunglückt‹«, hat er in seine Mail getippt. Und als Begründung angeführt, »auf Seite des Tatopfers« seien »eine ganze Reihe möglicher Motive für bewusste (wenn auch zwangslagenbedingt jedenfalls nicht vorwerfbare) unwahre Angaben denkbar: langfristige Annäherung an die Täter (Stockholm-Effekt), aufrechte Druckausübung durch einen bisher nicht belangten Täter, Deckung von Implikationen nahestehender Personen etc.« Da ist er wieder, der mindestens eine Komplize Přiklopils, der sich bester Gesundheit erfreut und eine tickende Zeitbombe für Natascha Kampusch sein soll. Denn, so hat Johann

Rzeszut es weiter ausgeführt, »der Tatplan eines Einzeltäters, ein Kind in verbautem Gebiet mit einem selbst gelenkten, von außen einsehbaren Kraftfahrzeug zu entführen«, sei »völlig unrealistisch (...), zumal ein verkehrs- oder rotlichtbedingtes Anhalten ebenso zwingend einzukalkulieren ist wie fortgesetzte Kontaktversuche eines nicht betäubten oder gefesselten Opfers mit anderen Verkehrsteilnehmern oder Passanten«. Ein zu allem entschlossener erwachsener Mann. Ein zehnjähriges Mädchen unter schwerstem Schock. Reicht das nicht, um sich vorstellen zu können, dass allein das funktioniert hat?

Johann Rzeszut wird später erklären, »dass der für die medialen Kontakte der Kommission zuständige Univ. Prof. DDr. Ludwig Adamovich im Sommer 2009 massiv untergriffig dahin attackiert worden sei, ein alter Mann, der nichts mehr zu tun habe, spiele unablässig Privatdetektiv«. Um ihm »zur Seite zu stehen, seien auch die anderen Mitglieder der Evaluierungskommission dagegen aktiv geworden«. Er selbst habe »einen unsinnigen Artikel in der Zeitung ›Österreich‹ zum Anlass genommen, an die dortige Chefredaktion eine Klarstellung der Kommissionsüberlegungen zu mailen«.

Die Reaktion auf die Hilfestellung erfolgt prompt. Vom Schützling selbst. Noch am Sonntag versichert Adamovich in einem Gespräch mit *Österreich*, er stimme »Rzeszut durchaus zu, dass Kampusch sich selber gefährden kann, wenn sie nicht selbst alles sagt und aufklärt. Die Möglichkeit der Lebensgefahr ist natürlich da.«

So bissig Waldorf und Statler von ihrer Mecker-Loge aus das Bühnengeschehen stets kommentiert haben – Konjunktive brauchten sie dafür nicht.

MITTWOCH, 7. OKTOBER 2009

12.00 Uhr
Wohin Přiklopils Freund Ernst H. auch immer gehen oder fahren mag, mit wem auch immer er sich treffen will, ab sofort wird er nicht mehr allein sein. Er sieht und hört sie nicht, die ihn auf Schritt und Tritt begleiten. Und neun Tage später, ab 16. Oktober, 12.20 Uhr, werden Telefonate mit dem Schlusssatz »Das bleibt aber unter uns« ein wissendes Schmunzeln auf die Gesichter seiner Verfolger legen. Bis zum 30. November wird »die durch den Einsatz technischer Mittel unterstützte Observation des Ing. Ernst H.« dauern, ebenso die »Überwachung der Telekommunikation«, die konkret eine »passive Rufdatenrückerfassung mit Standortpeilung und Inhaltsüberwachung« ist.

Der Sonderstaatsanwalt Thomas Mühlbacher hat die »gerichtlich bewilligten Anordnungen« für diese Aktion getroffen. Er begründete sie »damit, dass nach den Ermittlungsergebnissen des BKA der Verdacht bestehe, dass Ing. Ernst H. an der Freiheitsentziehung zum Nachteil der Natascha Kampusch zumindest als Bestimmungs- oder Beitragstäter beteiligt gewesen sei«. Zusammengetragen hat die Ermittlungsergebnisse die fünfköpfige Soko mit Oberst Franz Kröll an der Spitze. Und der hat sich geradezu in Ernst H. verbissen. Er will ihn aufs Kreuz legen. Mit einem Trick: Ernst H. wird eine Ladung als Beschuldigter erhalten. Ihm wird der Schreck durch die Glieder fahren, denn bis dahin hatte er nur den Status eines Zeugen. Er wird nun – das ist die Hoffnung, von der Thomas Mühlbacher später dem Justizministerium berichten wird – »versuchen, mit Zeugen oder möglichen Mittätern oder Hintermännern Kontakt aufzunehmen«. Während ja bereits das Beschattungs- und Abhörprogramm läuft. Fein ausgedacht. Wenn Ernst H. denn in die Falle tappt.

Am 15. Oktober knöpft ihn sich Franz Kröll im Wiener Bundeskriminalamt vor. Zu diesem Termin ist auch Natascha Kampusch nach Graz zur Oberstaatsanwaltschaft einbestellt worden, der eigentlichen Wirkungsstätte von Thomas Mühlbacher. Oberst Franz Kröll und Chefinspektor Kurt Linzer hatten die Vernehmungsprotokolle einsehen dürfen, die zwangsläufig lückenhaft sein mussten wegen des Drucks auf die Kollegen der »Soko Burgenland«, aus Opferschutzgründen nicht allzu hartnäckig nachzubohren. Diese Lücken sollen nun geschlossen werden. Dafür hat die Soko um Franz Kröll ein »Fragebogenprogramm« für Thomas Mühlbacher ausgearbeitet, dem eine Kollegin und Kurt Linzer assistieren. Der Plan sieht vor, dass Ernst H. und Kampusch »aus ermittlungstaktischen Gründen« zeitgleich vernommen und Franz Kröll und Kurt Linzer sich »regelmäßig abgleichen würden, damit der jeweils andere über die Aussagen des Beschuldigten und der Zeugin informiert sei«.

Doch es kommt anders.

Beide antworten »nicht auf die vorbereiteten Fragen«. Sie geben »entweder ausweichende oder abschweifende Antworten«, oder es fällt »der lapidare Satz, dass man sich nicht erinnern könne«. Innerhalb »kürzester Zeit« bricht »die Taktik und Strategie der Ermittler« zusammen, wie sie später ihre Pleite in einem Bericht beschreiben werden. »Insbesondere seien die ausgearbeiteten offenen Fragen an Natascha Kampusch komplett untergegangen. Bei für sie unangenehmen Fragen habe sie geäußert, dass sie die Vernehmung verlassen und auf die Toilette gehen müsse.« Ihre Vernehmung »sei in einer eigentümlichen und spannungsgeladenen Atmosphäre erfolgt. Sie habe den Augenkontakt vermieden und irgendwo in die Ferne geschaut und etwa geäußert, was für eine schöne Blume dort draußen stehe oder ähnliches.«

Vergleichbare Situationen erlebte ich, als ich sie sieben Monate zuvor für unsere Doku an sieben Tagen in Folge interviewte. Allerdings war mir nach den zahlreichen Vorgesprächen und Begegnungen mit ihr klar geworden, dass ich eine »Fragetechnik« anwenden musste, die nicht aus Frage und Antwort bestehen konnte, sondern aus einer Unterhaltung, in die Fragen eingebettet waren. Trotz eines sanften Beginns, einer Plauderei, bei der die Kameras bereits liefen, und eines behutsamen Übergangs zur Chronologie des Entführungsfalls kam es mehrmals zu einem etwa einstündigen spielerischen Kräftemessen zwischen Natascha Kampusch und mir, bei dem sie versuchte, mich mit meinen Fragen an der Oberfläche zu halten und ein tieferes Nachfassen zu verhindern. Sie stellte Gegenfragen, interessierte sich für die Reeperbahn und meinen Dienst an der Davidwache oder verwies darauf, dass die Vorgespräche mit ihr privater Natur gewesen seien und deren Erkenntnisse daher nicht für die Interviews verwendet werden dürften. Eine auf Manipulation aufgebaute Gegenwehr, die sie sich im Umgang mit ihrem Entführer antrainiert hatte. Wenn sie schließlich ihren Widerstand gegen die Fragen aufgab, hielt sie einen Moment lang inne, ihr Blick schien sich in ihre Seele zu versenken und Erinnerungen heraufzuholen, die sie sachlich-distanziert schilderte, als handele es sich um die Erlebnisse einer anderen Person. Plötzlich sprang sie auf, bat um eine Pause. Und aß eine Kleinigkeit. Ein kostbarer, genussvoller Moment, der ihr über so viele Jahre versagt gewesen war.

Die langen Sitzungen haben Natascha Kampusch nicht geschadet, ihre Medienberater und Johannes Silveri meinten, dass ihr die Zeit, die meine Frau und ich mit ihr verbracht haben, bei der Aufarbeitung des Verbrechens geholfen hätte. Und sie selbst machte später Bemerkungen, die in die gleiche Richtung zielten. Aber sie sagte auch, dass es ihr lieber gewesen wäre, von einem fremden Journalisten befragt worden zu sein, dem sie sich hätte häufiger verweigern können als jemandem, zu dem sie in mehr als zwei intensiven Monaten eine besondere Nähe aufgebaut hätte. »Sie mit Ihrer Offenheit, Sie überlisten mich. Ich bekomme ein schlechtes Gewissen, wenn ich Ihnen nicht alles erzähle. Ich bin nicht so offen wie Sie.« Sie durfte es ja auch nicht sein, sie wäre schutzlos gewesen.

Natascha Kampuschs Ablenkungsmanöver verfangen bei Oberstaatsanwalt Thomas Mühlbacher nicht. Wie das Protokoll vermerkt, habe er »sich dieses Verhalten« nicht »bieten lassen wollen und auch einmal energisch auf den Tisch gehaut und sie auf ihre Zeugnispflicht hingewiesen«. Ihren Anwalt Gerald Ganzger »belehrt« er, »dass dieses Verhalten seiner Mandantin nicht akzeptabel sei«. Dennoch: Weder mit Natascha Kampusch noch mit Ernst H. ist an diesem Tag etwas anzufangen. Das ist nicht die einzige Enttäuschung. Die Beschattungs- und Lauschakteure haben Ernst H. bislang nicht bei Handlungen ertappt, die vor allem seinen eifrigsten Verfolger Franz Kröll in freudige Aufregung hätten versetzen können. Also muss ein neuer Termin her. Für einen zweiten Versuch.

Der ist am 13. November. Diesmal werden beide im Wiener Bundeskriminalamt vernommen, jedoch nach dem alten Muster: zeitgleich und räumlich voneinander getrennt.

Natascha Kampusch verhält sich ganz anders als in Graz. Sie ist kooperativ und beantwortet brav alle Fragen, die ihr gestellt werden. Chefinspektor Kurt Linzer wird ihren »Sinneswandel« später damit erklären, dass sie »erkannt habe, dass insbesondere keinerlei Fragen zu allfälligen Intimkontakten zu Wolfgang Priklopil gestellt würden, es vielmehr um die wesentlichen Sachen gegangen sei. Er habe Natascha Kampusch beispielsweise gefragt, wie die Gegenstände in das Verlies gekommen seien, wenn diese zu lang gewesen seien, um sie durch die verwinkelte Öffnung zu bringen«, ein Punkt, der Anlass für Spekulationen war. »Natascha Kampusch habe erklärt, dass diese vorerst zersägt und im Verlies wieder zusammengesetzt worden seien. Sie seien dann ins Verlies gefahren und hätten die Angaben der Natascha Kampusch bestätigt gefunden. Auf dieser sachlichen Ebene habe man mit Frau Kampusch schließlich sprechen können.«

Auch Ernst H. rückt mit der Sprache raus. Endlich. In Gegenwart seines Anwalts Dr. Manfred Ainedter gibt er zu, »dass er hinsichtlich der Vorkommnisse vom 23.8.2006 bislang nicht die Wahrheit gesagt habe, da er befürchtet habe, mit der Entführung der Natascha Kampusch in Zusammenhang gebracht zu werden«. Das wird er dennoch weiterhin. Auch wenn jetzt schwarz auf weiß der Begriff von Přiklopils »Lebensbeichte« in die Akten aufgenommen werden kann und damit die Mär von der Trunkenheitsfahrt mit Polizeiverfolgung vom Tisch ist. An die hatte von Anfang an ohnehin kein Ermittler geglaubt. Franz Kröll schon gar nicht. Ernst H.s zähes Geständnis kann er zwar als Erfolg für sich verbuchen, an den bisher beweisbaren Tatbeständen des Verbrechens, das nur ein Einziger verübt hat, nämlich Wolfgang Přiklopil, ändert sich damit jedoch nichts. Es sei denn, Ernst H. macht jetzt einen Fehler. Und darauf lauert niemand so sehr wie Franz Kröll. Gemeinsam mit ihm starren alle Einsatzkräfte auf die Falltür. Doch Ernst H., dem sie den Strick ihrer heimlichen Überwachung schon vor Wochen um den Hals gelegt haben, geht immer an der Falltür vorbei. Oder bleibt einen Schritt davor stehen. Auch in den verbleibenden 17 Tagen der Aktion. Sie wird zu einem Reinfall für seine Verfolger. Wie Thomas Mühlbacher später in seinem Bericht an das Justizministerium festhalten wird, verfügte Ernst H. zwar über mehrere Telefone, kaufte sogar noch zwei Handys dazu, von denen er eins noch nicht einmal aktivierte, aber »zur Kontaktaufnahme mit etwaigen Mitwissern« nutzte er sie nicht. Aber mit der Mutter seines Freundes, Waltraud Přiklopil. Am 30. Oktober rief er sie zu Hause an. Ausgerechnet, als »in deren Wohnung sich gerade zwei Polizeibeamte befanden«. Der Dialog zwischen ihnen wird den Herzschlag ihrer geheimen Mithörer nicht in die Höhe getrieben haben. »›Ja?‹, meldete sich Frau Přiklopil. Und Ernst H. antwortete: ›Ja Ernst ist, griaß Ihna.‹ – ›Ja!‹ – ›Ich ruf von einem anderen Apparat an.‹ – ›Ja, ich ruf Sie zurück bitte.‹ – ›Oba net auf mei Nummer, i ruf später nochmal an.‹ – ›Is in Ordnung! Okay?› – ›Okay‹.« Das war's. »Zu einem weiteren Telefonkontakt zwischen Ing. H. und Waltraud Priklopil unter den überwachten Handyanschlüssen des Ing. H. kam es in der Folge nicht.« Und ebenso langweilig verlief auch die Observation. Sie »zeigte, dass der Beschuldigte so gut wie keine über geschäftliche Notwendigkeiten hinausgehenden sozialen Kontakte unterhält«. Was nun?

In ihrer Vernehmung am 15. Oktober hat Natascha Kampusch angegeben, »dass das Verlies ursprünglich nur mit Holzpaneelen verkleidet gewesen sei und Wolfgang Přiklopil erst nachträglich mit ihrer Hilfe dort Gipsplatten verlegt habe«. Wenn Ernst H. – oder auch andere – seinem Freund beim Verliesbau zur Hand gegangen sein sollten, müssten sie Spuren von sich hinterlassen haben. Logische Konsequenz: Ein Spurensicherungsteam baut »Einrichtungsteile« ab und sichert »an 25 geeigneten Stellen, wie etwa an zur Befestigung verwendeten Dübeln, DNA-Abriebe«. Die werden am Institut für gerichtliche Medizin der Universität Linz untersucht. Das Ergebnis: »Bestimmbare Erbmerkmale« können »lediglich Natascha Kampusch und Wolfgang Priklopil zugeordnet werden«.

Das reicht Franz Kröll alles nicht. Wie sehr er sich verrennt, ergibt sich aus seinem Abschlussbericht vom 16. Dezember 2009. Darin behauptet er, Přiklopil habe im Schutze der nächtlichen Dunkelheit nachträglich Rohre für die Ent- und Belüftungseinrichtung von Natascha Kampuschs Verlies verlegt, das zu Beginn ihrer Gefangenschaft ja noch nicht fertig gestellt gewesen sei. Das jedoch stimmt nicht. Zwei Monate zuvor, am 15. Oktober 2009, hat Natascha Kampusch nämlich bei ihrer staatsanwaltschaftlichen Vernehmung in Graz ausgesagt, dass ein Zu- und Abluftsystem bereits von Anfang an existierte. Schon im Januar desselben Jahres hatte sie uns ihre ersten Stunden im Verlies geschildert. Stockdunkel sei es gewesen, da es noch kein Licht gegeben habe. Nur ein Geräusch habe sie vernommen, und das sei, wie sich im Nachhinein herausgestellt habe, von einem Ventilator gekommen, »der einfach in der Wand eingelassen war als Klimaanlage. Der mir die Luft vom Dach aus nach unten leitete.« Vom Dach. Nicht aus dem Garten. Im Interview, das ich dann mit ihr vor der Kamera führte, beschrieb sie Přiklopils Konstruktion näher:

»Es musste mehrmals ein neuer Ventilator eingebaut werden, ein ziemlich leistungsstarkes Modell, das es auch aushält, dass es lange läuft und ab und zu abgedreht wird. Es gibt verschiedene Arten von Ventilatoren, und da waren dann halt zwei: einer im Raum mit einer Verbindung zum Dach, mit so einem Schlauch von ungefähr 15 Zentimetern Durchmesser, und ein anderer außerhalb des Raumes, in dem kleinen Vorbereich, um die Luftfeuchtigkeit aus dem Raum zu ziehen. Und da war ein kleiner Kanister, der war dann immer voll mit diesem Dunstwasser von Atemluft und so. Ja, interessant. Technisch interessant.«

Das fand auch der Ingenieur Ernst H., der uns, ebenfalls im Januar 2009, erzählte, was ihm bei einer Besichtigung des Hauses nach dem Tod seines Freundes aufgefallen war.

»Mit der Lüftung ist es, jetzt im Nachhinein gesehen, eindeutig, dass die schon sehr lange geplant war, weil die durch die Mauern durch musste und durch die Fußbodendecke, kreuz und quer, bis in den oberen Dachbereich. Es könnte eventuell noch sein, dass er eine ehemalige Senkgrubenentlüftung, die auch über das Dach geht, angezapft hat.«

Ich habe das Rohr auf dem Dachboden gesehen. Und ich habe das Rohr gesehen, auf das sich Oberst Kröll in seinem Bericht bezog. Es mündet in einen Heckenabschnitt des Vorgartens. Welche Funktion es erfüllte, habe ich nicht herausbekommen. Oberst Franz Kröll aber auch nicht, denn belegen konnte er seine Theorie nicht.

Waltraud Přiklopil gab bei einer Vernehmung an, sie sei selbst Zeugin gewesen, als ihr Sohn 1989 oder 1990 im Garten hinter dem Haus und dort im hinteren Bereich mit dem Bagger Erde für eine Montagegrube ausgehoben habe.

Hier irrte sich Frau Přiklopil offensichtlich. Der direkte Nachbar ihres Sohnes, Johann Sch., konnte sich bei seiner polizeilichen Einvernahme daran erinnern, dass er auf Wolfgang Přiklopils Bitte hin beim Abtransport des Baggers im April oder Mai 1998 mit zur Hand gegangen sei. Zu der Zeit »sei mit Sicherheit weder die Montagegrube noch das sich nunmehr darüber befindende Carport vorhanden gewesen«. Erst im Jahre 2003 oder 2004 habe Přiklopil beide Bauten errichtet. Allein, ohne Helfer. Dass er mit dem Bagger auf seinem Grundstück Grabungsarbeiten durchgeführt habe, habe er nicht gesehen. »Seiner Meinung nach sei dieser Bagger auch zu groß gewesen, um mit diesem überhaupt auf das Grundstück zu gelangen.« Das dürfte insbesondere für den Vorgarten gelten. Und Ernst H., der angeblich nicht wusste, welchen Zweck sein Freund mit den Baggerarbeiten verfolgt hatte, sagte aus, dass er »auch keine Baggerarbeiten im Rasen gesehen« habe.

Ob Natascha Kampusch, ob Anrainer – keine ihrer Aussagen passt in Franz Krölls Konzept. Den Bogen zu Ernst H. kann er nur schlagen, indem er den Baggerarbeiten einen kriminellen Zweck zuordnet. Und da der Bagger von Ernst H. stammte, ist er seiner festen Überzeugung nach, wenn nicht Mittäter, so doch zumindest in die Tat eingeweiht – ein Zusammenhang, der jeglicher Kausalität entbehrt, aber den Nährboden für eine der vielen Verschwörungstheorien bereitet, auch wenn die Innsbrucker Staatsanwaltschaft nach penibler Prüfung aller Ermittlungsdetails zu dem Ergebnis kommen wird: Die Ausführungen in Franz Krölls »Abschlussbericht zum Verwendungszweck des Baggers sind im gesamten Akt durch kein einziges Beweisergebnis belegt. Wie Oberst Franz Kröll zu diesem konkreten, jedoch nicht nachvollziehbar begründeten Verdacht kam, ist völlig unerfindlich.«

MONTAG, 16. NOVEMBER 2009

In der Stadthalle der steirischen Gemeinde Fürstenfeld steht das Brass-Quintett der ortsansässigen Franz-Schubert-Musikschule bereit, um die Herzen der Teilnehmer an einem ganz besonderen Festakt in beschwingte Höhen zu blasen. Denn Bürgermeister Werner Gutzwar verleiht vier Bürgern für ihr Wirken zum Wohle der Allgemeinheit das Ehrenzeichen der Stadtgemeinde. Zum Höhepunkt der Veranstaltung rückt das Kornberger Quartett aus Graz an, das sich zur Aufgabe gemacht hat, das heimische Volkslied zu pflegen. Gewünscht hat sich ihren A-cappella-Auftritt der Mann, dem heute die denkbar höchste Würdigung zuteilwird, die Fürstenfeld zu vergeben hat: die Ernennung zum Ehrenbürger. Erst drei Wochen ist es her, dass er seine Kandidatur für das Amt des Bundespräsidenten bekannt gegeben und im Falle seiner Wahl als ersten Staatsbesuch ein Treffen mit dem Dalai-Lama angekündigt hat. Es ist sein dritter Bewerbungsanlauf. Ein Leser des *Standard* argwöhnte daher, er habe »sicher ein bisserl gerechnet« und sei »draufgekommen, dass bei Lotto 6 aus 45 die Wahrscheinlichkeit für einen richtigen Sechser bei 1:8 160 000« liege. Da habe er »sich gedacht, dass die Wahrscheinlichkeit, Bundespräsident zu werden, ungleich höher« sei, »und jetzt kandidiert er wieder, und er kandidiert und kandidiert und kandidiert«, der Ex-Familienrichter Dr. Martin Wabl, der zähe Kampusch-Experte, der auf Knopfdruck alle Verschwörungstheorien herunterrasseln und dabei auch noch ernst bleiben kann. Vielleicht ist das der Grund dafür, dass Bürgermeister Gutzwar in seiner Laudatio anmerkt: »Doktor Martin Wabl ist nicht unumstritten, er hat Debatten ausgelöst, aber stets den Konsens angestrebt.« Da wäre wohl nicht nur Brigitta Sirny ganz anderer Meinung. Aber die ist nicht gefragt, es geht um die Verdienste des neuen Ehrenbürgers. »Soziale Projekte wie die erhöhte Geburtenbeihilfe oder der beliebte Seniorenausflug tragen die Handschrift Martin Wabls.« Er habe sich als bekennender Christ »unter anderem vehement für die Errichtung des City-Parkplatzes in der Innenstadt starkgemacht und die Positionierung eines kunstvoll dimensionierten Kreuzes dort initiiert«. Politische »Pilgerreisen« habe er hinter sich, arbeitet Gutzwar seine Lobesliste im Kreis dreier Alt-Ehrenbürger, darunter ein »Senator Konsul«, und des Stadtrats ab. »Die Sterne, die ihn dabei leiteten, trugen Namen wie Toleranz, Gerechtigkeit und Solidarität. Das gelobte Land war jedenfalls immer Fürstenfeld, von der Würstelbude bis in den Gemeinderatssaal.«

Zum feierlichen Abschluss trägt sich Ehrenbürger Martin Wabl ins Goldene Buch der Stadt Fürstenfeld ein.

DONNERSTAG, 3. DEZEMBER 2009

18.30 Uhr bis 19.40 Uhr

Natascha Kampusch trifft in Dienstraum 4336 des Bundeskriminalamts erstmals auf die junge Frau, die wie sie noch ein Kind war, als sie die einzige Zeugin ihrer Entführung wurde. 24 Jahre alt ist Ischtar A. jetzt, gute zwei Jahre älter als Kampusch. Chefinspektor Kurt Linzer hat die Begegnung zwischen den beiden arrangiert. Natascha Kampusch will in dem Gespräch versuchen, ihr »einerseits die nach wie vor bestehende Angst zu nehmen, dass der aus ihrer Sicht an der Tat beteiligte zweite Mann gegen sie vorgehen könnte«, andererseits will sie dabei helfen, dass »die bestehenden Widersprüche zwischen ihren Angaben und den Angaben der Tatzeugin Ischtar A. abgeklärt werden können«.

Es besteht an diesem Abend die große Chance, ein für alle Mal mit der Mehrtätertheorie aufzuräumen. Und damit Natascha Kampusch ihre Glaubwürdigkeit zurückzugeben, an der vor allem die Evaluierungskommissionäre Ludwig Adamovich und Johann Rzeszut mit eigenen Fallinterpretationen immer wieder kratzen.

Ganz besonders engagiert zeigt sich erstaunlicherweise Oberst Franz Kröll in seinem Bemühen, vorurteilsfrei die unterschiedlichen Erinnerungen der beiden jungen Frauen so zusammenzuführen, dass das Bild, das dadurch entsteht, erklärbar wird. Dabei hilft ihm sein Kollege Kurt Linzer, der, wie Franz Kröll in seinem anschließenden »Amtsvermerk« berichtet, zu Natascha Kampusch seit ihrer Vernehmung am 15. Oktober »ein Vertrauensverhältnis« aufbauen konnte.

Die Geschädigte und die Zeugin sind mit den beiden Beamten nicht allein. An dem Gespräch nehmen auch Ischtar A.s Mutter Rosa, Kampusch-Anwalt Gerald Ganzger und Johannes Silveri teil. Ihnen erzählt Natascha Kampusch nun, wie sie die Entführungssituation erlebt hat. Und sie bekräftigt laut Franz Kröll: »Wenn tatsächlich eine zweite Person im Fahrzeug gewesen wäre, hätte sie diese mit Sicherheit wahrgenommen und davon auch der Polizei erzählt.«

Franz Kröll und Kurt Linzer achten während ihrer Aussage auf jedes Detail: »Ihre Schilderungen«, schreibt Kröll, »waren flüssig und standen dabei auch mit ihrer gezeigten Körpersprache im Einklang. Es bestand aus Sicht der anwesenden Beamten kein Verdacht, dass sie für diese Schilderungen vorbereitet wurde. Sie redete frei, wich auch einem Blickkontakt mit den Beamten nicht aus, wirkte sicher und beantwortete auch die ihr durch die Beamten gestellten Zwischenfragen spontan.«

Ebenso genau haben sie Ischtar A. und ihre Mutter im Blick, die »zu Beginn der Schilderungen von Natascha Kampusch merklich angespannt« wirkten und »das auch durch die Körpersprache zum Ausdruck« brachten. »In der Folge löste sich diese Anspannung und ging merklich in eine Gelöstheit und Erleichterung über.«

Dennoch: Einige Abläufe der Entführung hat Ischtar A. anders wahrgenommen, vor allen Dingen die Beteiligung eines zweiten Mannes an der Tat. Den aber kann es nicht gegeben haben, das muss Franz Kröll spätestens bei Natascha Kampuschs Aussage klar geworden sein. Daher bietet er Ischtar A. eine Version an, die nachvollziehbar macht, warum sie zwei Täter gesehen zu haben glaubte: »Demnach war es möglich, dass Wolfgang Přiklopil vom Beifahrersitz aus die Annäherung von Natascha Kampusch über den Außenspiegel an der Beifahrerseite beobachtete, sich vom Fahrzeugsitz weg über die leere Ladefläche zur Schiebetüre begab, diese öffnete, aus dem Fahrzeug ausstieg und bereits außerhalb des Fahrzeuges die sich dem Fahrzeug annähernde Natascha Kampusch erwartete, erfasste und in das Fahrzeug bzw. auf die leere Ladefläche verbrachte, danach die Schiebetüre zumachte (was offenbar von Ischtar A. auch gehört wurde) und sich über die leere Ladefläche auf den Fahrersitz begab und losfuhr. Demnach ist die Aussage zulässig, dass Ischtar A. bei der Annäherung wie bereits geschildert zufällig den weißen Kastenwagen und einen am Fahrersitz sitzenden Mann wahrnahm, dann im Heckbereich den Tathergang beobachtete und dabei sah, wie ein Mann ein Mädchen erfasste und nunmehr der Meinung war, dass es sich um zwei verschiedene Männer handelte und zwar der, den sie zufällig am Fahrersitz sitzen sah und den, der die Tat auch dann tatsächlich ausführte.«

Ausgerechnet Franz Kröll, der sich bislang mit Händen und Füßen dagegen gesträubt hat, in Wolfgang Přiklopil einen Einzeltäter zu sehen, schafft es, Ischtar A. davon zu überzeugen, »dass es durchaus so gewesen sein kann, wie es ihr zuvor von Oberst Kröll geschildert wurde und sie die Angaben der Natascha Kampusch keinesfalls bezweifeln würde«. Völlig glatt ist es allerdings nicht gelaufen, denn Franz Kröll merkt in seinem Bericht an, »dass die Mutter von Ischtar A., Rosa A., ihre Tochter während des Gespräches dahingehend zu beeinflussen versuchte, doch zwei Täter gesehen zu haben und die sich nicht vorstellen könne, dass sich ihre Tochter irren würde. Ihr wurde durch Oberst Kröll dazu erklärt, dass ein Erlebnis dieser Art durchaus dazu führen kann, Irritationen bei der Beobachtung und Wahrnehmung auszulösen und es verständlicherweise immer wieder vorkommt, dass Zeugen und Opfer, die Schreckliches erleben, bedingt durch das Erlebte, Angaben zu und über einen Täter oder Tathergang machen, die dann bei der Ausforschung des Täters bzw. Klärung der Straftat sich als nicht richtig wahrgenommen herausstellen. A. Ischtar[251] wirkte daraufhin nicht mehr auf ihre Tochter ein.« Franz Krölls Fazit am Ende seines Amtsvermerks: Alle Beteiligten »äußerten sich positiv« über den Gesprachsverlauf. »Insbesondere bedankte sich Rosa A. bei Natascha Kampusch für die Bereitschaft zu diesem Gespräch und brachte gegenüber den Beamten vor, dass sie sich durch die Aussagen von Natascha Kampusch erleichtert fühle, zumal ihren Erzählungen nach nur ein Täter beteiligt war und ihre Tochter dadurch auch die Angst

---

251 Ein offensichtlicher Fehler – richtig muss es heißen: »Rosa«.

genommen wurde.« Und auch Ischtar A. scheint ein Stein vom Herzen gefallen zu sein. Sie könne »jetzt endlich ruhig schlafen«, erklärt sie Kurt Linzer, »zumal es wirklich nur einen Täter am 02.03.1998 gegeben habe und sie sich offensichtlich wirklich geirrt haben muss. (…) Jedenfalls sei sie jetzt erleichtert, dass der sie seit vielen Jahren belastende Sachverhalt nunmehr abgeklärt wurde.«

Damit sind alle Unklarheiten beseitigt. Und auch Natascha Kampusch müsste in diesem Punkt »jetzt endlich ruhig schlafen« können. Vielleicht kann sie es, Grund dazu wird sie jedoch schon bald nicht mehr haben. Denn Johann Rzeszut und Ludwig Adamovich werden unverdrossen an der Mehrtätertheorie festhalten. Und Mutter und Tochter A. werden anderthalb Jahre später dem Innsbrucker Ermittlungsrichter Dr. Georg P. eine Geschichte erzählen, die kaum noch etwas gemein haben wird mit der, die Oberst Kröll so sorgfältig protokolliert hat. Rosa A. wird Richter P. über ihre Tochter Ischtar mitteilen: »Sie hat im Anschluss an die Gegenüberstellung – erst bei mir zu Hause – sinngemäß gesagt: ›Wenn Natascha Kampusch sagt, dass nur ein Täter an der Entführung beteiligt gewesen sei, dann sei das ihre Sache. Ich habe jedenfalls zwei Personen gesehen.‹ Meine Tochter bleibt bei diesen Angaben, sie kann ja nichts anderes sagen, als sie beobachtet hat. Das gehört sich auch so bei einer anständigen Erziehung.«

FREITAG, 18. DEZEMBER 2009

Der Grazer Sonderstaatsanwalt Thomas Mühlbacher zieht in einem 24-seitigen Bericht an das Bundesministerium für Justiz Bilanz seiner halbjährigen Tätigkeit in Wien. Zwei Tage vorher hat Oberst Franz Kröll ihm seinen Abschlussbericht geschickt. Und beide sind sich einig: Die Arbeit der »SOKO Kampusch im Bundeskriminalamt« ist beendet. Die letzten »30 der insgesamt rund 110 im Rahmen von Erkundigungen befragten Personen als Zeugen im Interesse der vollständigen Aufklärung des Falles unter Ausschöpfung aller möglichen Beweisquellen« sind gehört worden. Weitere »Erfolg versprechenden Ermittlungsansätze« gibt es nicht mehr. Thomas V. – abgehakt. Mehrtätertheorie – erledigt. Pornoring – ade! Schwangerschaftsgerüchte – kindisch. Denn »nach dem eingeholten Befund der bei Natascha Kampusch nach ihrer Befreiung vorgenommenen gynäkologischen Untersuchung ergibt sich hingegen tatsächlich kein Hinweis auf eine Geburt«. Bleibt noch Ernst H., über den Thomas Mühlbacher schreibt: »Die Oberstaatsanwaltschaft Wien beabsichtigt, das Ermittlungsverfahren gegen Ernst H. wegen des Verdachtes der Beteiligung an der Freiheitsentziehung zum Nachteil der Natascha Kampusch (...) einzustellen ...« Damit ist für ihn allerdings seine selbst verschuldete scheinbare Verstrickung in den Entführungsfall juristisch nicht komplett erledigt. Thomas Mühlbacher will gerichtlich überprüfen lassen, ob er Přiklopil am Tag seiner Flucht vor der Polizei »absichtlich« dem staatlichen Zugriff entzogen und sich damit der Begünstigung[252] schuldig gemacht haben könnte. Dieser Absicht wird entsprochen werden. Und Ernst H. wird daher doch noch vor Gericht landen.

Thomas Mühlbachers Sondereinsatz in Wien geht zu Ende, seine Arbeit ist getan. Dafür wird er einige Monate später ein dickes Lob aus dem Justizministerium erhalten. Seine »Verfahrensführung« sei »als ausgesprochen umsichtig, gewissenhaft und effizient zu beurteilen. Es sei seinem Verdienst zuzuschreiben, dass die größtenteils negative mediale Berichterstattung zum Erliegen gekommen sei.«

---

252 § 299 StGB Österreich

DONNERSTAG, 24. DEZEMBER 2009 (HEILIGABEND)

9.00 Uhr
Manche Menschen starten zu einem Endspurt in Wiens Geschäfte, um letzte Geschenke zu besorgen. Andere stehen in der Stube und beginnen mit dem Schmücken des Weihnachtsbaums. Ein 77-jähriger Herr steht da, wo statt festlicher Accessoires wie Tannenzweige, Lametta oder Kerzen eher die symbolische Rute auf ihn wartet. Ludwig Adamovich, einstmals Österreichs höchster Richter, steht vor Gericht. Nicht, wie in der Hofburg, als Berater. Sondern als Angeklagter.

Verklagt hat ihn Brigitta Sirny wegen übler Nachrede, weil er im Interview mit der *Kronen Zeitung* geäußert hatte, dass die Gefangenschaft ihrer Tochter »allemal besser war als das, was sie davor erlebt hat«. Ludwig Adamovich ließ über die Kampusch-Soko im Bundeskriminalamt bei ihr vorfühlen, ob auch eine gütliche Einigung mit ihr denkbar wäre. Die Vermittlungsbemühungen empfand sie als so eindringlich und drängend, dass sie sich unter Druck gesetzt fühlte und das Angebot ablehnte.

Nun steht Ludwig Adamovich im Landesgericht für Strafsachen vor Richterin Birgit Sch. Sie ist die Tochter des wenige Monate zuvor pensionierten Leiters der Wiener Staatsanwaltschaft Dr. Otto Sch., der nie einen Hehl daraus machte, wie kritisch er die Arbeit der Evaluierungskommission sah. Und nun hat dessen Tochter den Termin ausgerechnet auch noch auf diesen Morgen angesetzt, der nach Recherchen von Zeitungsreportern der einzige heute ist. Sie hat ihn mit »Personalmangel« und dem dadurch gestiegenen Arbeitsanfall begründet. »Eine Erklärung«, kommentiert *Die Presse*, »die Verschwörungstheoretiker bezüglich des Falles Kampusch wohl nicht zufriedenstellen wird.«

Und schon geht es mit genau diesen Verschwörungstheorien wieder los. Adamovich kramt sie zu seiner Verteidigung hervor. Und erhält für sein Gerede in der *Kronen Zeitung* von Richterin Sch. die Quittung: 10 000 Euro Geldstrafe, davon 5000 »bedingt«[253]. Sofort kündigt Ludwig Adamovichs Anwalt Berufung gegen das Urteil an.

Am 1. Weihnachtstag gibt sich Ludwig Adamovich reumütig. Seine Bemerkung sei »eine Dummheit gewesen«, sagt er im *Österreich*-Interview. Und die *Wiener Zeitung* wird ihn wenig später mit der Aussage zitieren: »Ich habe mir mit dieser Formulierung meine eigene Grube gegraben.« Da nun öffentlich die Frage gestellt wird, ob er nach seiner Verurteilung als Vorsitzender der Evaluierungskommission nicht zurücktreten müsse, meldet sich Innenministerin Maria Fekter zu Wort. Direkt nach Weihnachten, am 27. Dezember. Im Interview mit der Presseagentur APA erklärt sie, »sie habe Adamovichs ›Zorn damals sehr gut verstanden‹ und werde mit Interesse die Berufung zu dem Urteil verfolgen.«

---

253 Vollstreckung zur Bewährung ausgesetzt

Ein Jahr vergeht, so lange muss sich Maria Fekter gedulden, und es ist schon fast wieder Weihnachten, als am 22. Dezember 2010 ein 3-Richter-Senat des Wiener Oberlandesgerichtes (OLG) der Berufung stattgibt und das Urteil aufhebt. »Bei der inkriminierten Äußerung«, so der Senatsvorsitzende laut *Wiener Zeitung*, »habe es sich um eine ›vorsichtige Formulierung‹ gehandelt, der ehemalige VfGH[254]-Präsident habe ›erkennbar zum Ausdruck gebracht, dass es sich dabei um seine subjektive Meinung handelt‹.« Die sei im Unterschied zur Auffassung der Erstrichterin »vom Grundrecht auf Meinungsfreiheit gedeckt« gewesen. »Auch habe Adamovich ›keinen konkreten Verhaltensvorwurf‹ gegen Brigitta Sirny erhoben. Diese Auslegung durch das OLG, empört sich ihr Anwalt Wolfgang Miller, sei »skandalös« und »weltfremd«. Es nützt nichts, der Freispruch ist rechtskräftig und kann daher nicht mehr angefochten werden.

Freuen kann sich Ludwig Adamovich darüber nicht. Er ist diesmal nicht persönlich zum Termin erschienen. Noch vor Beginn der Verhandlung hat seine Anwältin dem Senat erklärt: »Er kann nicht kommen. Er ist dazu nicht in der Lage. Seine Frau ist vor eineinhalb Wochen gestorben. Gestern war das Begräbnis.«

---

254 Verfassungsgerichtshof

MITTWOCH, 6. JANUAR 2010

»…sperrt kampusch wieder in den keller …« nennt sich eine Gruppe, die laut *News* seit heute mit ihren »Hasstiraden« auf Facebook »eine Hetzkampagne gegen Entführungsopfer Natascha Kampusch« lostritt. Im Nullkommanichts hat die Gruppe 1900 Mitglieder, die Kommentare abgeben wie »die kampusch ist ein wahnsinn, das eingesperrt sein hat ihr sicher nicht geschadet, hatte eine gute bildung und eine bessere figur als jetzt !!!« Eine »scheiss schlampe«, »dreckige tochta einer scheiss bergziege« sei sie, »sie nervt einmfach nur mehr diese stück dreckige scheisse!!« Es wird sechs Wochen dauern, bis Anwalt Gerald Ganzger bei Facebook durchsetzen kann, dass die Gruppe gelöscht wird.

FREITAG, 8. JANUAR 2010

Im Wiener Justizpalast halten die Oberstaatsanwaltschaft und das Bundeskriminalamt eine gemeinsame Pressekonferenz ab. Vor über einem Jahr wurden die Ermittlungen im Entführungsfall wiederaufgenommen. Und das sind die Ergebnisse: »Wolfgang Přiklopil hat bei der Entführung von Natascha Kampusch keine Komplizen bzw. Mitwisser gehabt. Die Mehrtäter-Theorie sei auszuschließen«, zitiert *Der Standard* Werner Pleischl, den Leiter der Oberstaatsanwaltschaft Wien. Plopp! Damit hat er den Stöpsel aus dem mit Verschwörungsgasen gefüllten Fesselballon gezogen. Und schon deswegen habe sich der ganze Aufwand gelohnt, ergänzt sein Grazer Sonderbeauftragter Thomas Mühlbacher. »Wir sind sicher, dass es keine Mittäter gab«, bekräftigt auch Ernst Geiger vom Bundeskriminalamt. Die »jetzigen Erhebungen« seien jedoch dadurch erschwert worden, »dass sich immer wieder ›obskure Personen‹ in die Ermittlungen eingemischt hätten. Es habe viele ›krause Behauptungen und Theorien‹ gegeben, denen nun aber allen nachgegangen wurde«. Ungeschoren kommt auch Ludwig Adamovich nicht davon, weil er »mehrfach in den Medien über eine Mehrtäterschaft spekuliert hat. Es sei nicht die Aufgabe der Kommission, persönliche Meinungen kundzutun«, kritisiert ihn Kurt Linzer von der Kampusch-Soko des Bundeskriminalamts. »Mit den Spekulationen rund um den Entführungsfall müsse nun auch ›Schluss sein‹.«

Kurzes Aufatmen.

Eine Woche später, am 15. Januar, legt die Evaluierungskommission ihren nur neunseitigen Abschlussbericht vor. Eine Lektüre, die entspannt in der Badewanne gelesen werden kann. Unterschrieben hat den Bericht Kommissionsmitglied Susanne Reindl-Krauskopf, Professorin am Wiener Institut für Strafrecht und Kriminologie. Nicht der Vorsitzende Ludwig Adamovich. Wie er und Johann Rzeszut später in zeugenschaftlichen Einvernahmen angeben werden, seien Ende November 2009 »nicht mehr sämtliche Kommissionsmitglieder einer Meinung gewesen«, sondern sie seien »teilweise« mit der vom »LStA[255] Dr. Thomas Mühlbacher vorgenommenen Beurteilung konform« gegangen.

Chefinspektor Johann Frühstück von der »Soko Burgenland« verfasst einen Aufsatz: »Am Ende des Falles Natascha Kampusch – Versuch einer Betrachtung«. Überschrieben hat er ihn mit einem Zitat des deutschen Barockdichters Friedrich von Logau[256]: »Das Eisen zeugt sich selbst den Rost, von dem es wird verzehret.« Erste Ohrfeige: »Unter diesen Titel könnte man die Arbeit der Evaluierungskommission und der dieser angeschlossenen Soko stellen.« Und weiter geht es im Text, drei Seiten lang. Das Fazit klingt verbittert: »Welche Erkenntnis

---

255 Leitender Staatsanwalt
256 1605 bis 1655

um welchen Preis brachten nun diese neuen Ermittlungen? Das fragen sich viele Menschen, vor allem diejenigen, die davon betroffen sind. Die Ermittlungen kosteten viel Geld und brachten erwartungsgemäß herzlich wenig, dafür blamierte man sich mit angeblichen Beweisen eines ›Kronzeugen‹[257] ordentlich. Andererseits wurden aber einige Menschen wider besseres Wissen verunglimpft und nachhaltig in ihrer Ehre verletzt. Betroffene und Opfer wurden zu Mitwissern und Mittätern und dem früheren Staatsanwalt und den Ermittlern wurden Untätigkeit, Vertuschung und Zeugenbeeinflussung vorgeworfen, aber nicht im direkten Gespräch, sondern über die Medien.«

Am Abend des 25. Januar läuft unsere Doku in mehreren Ländern, darunter auch in Österreich. Ausdrücklich mutig zu nennen ist der Kommentar, den die International Police Association (IPA)[258] Wien am nächsten Tag unter die Online-Berichte von *Welt, News, Rheinische Post* und anderer über den Film ins Netz stellt. Es sind Wiener Polizeibeamte, die durch ihre IPA-Mitgliedschaft für ihre Vorgesetzten identifizierbar sind und dennoch aufrecht stehen:
»Das schreckliche Verbrechen ist verknüpft mit schrecklichen Polizeifehlern, die erst nach ihrer Selbstbefreiung bekannt wurden. Die amtliche Evaluierungskommission missbrauchte ihren Auftrag dazu, um mit einer regelrechten Medienkampagne und ständig neuen voyeuristischen Unterstellungen das Opfer zu attackieren und die Polizeifehler mit lächerlichen Begründungen herunterzuspielen. Blame the Victim! Inzwischen sind alle offenen Fragen der Kommission vom Staatsanwalt untersucht und aufgeklärt, der Ex-Richter Ludwig Adamovich wegen Verleumdung der Mutter von Frau Kampusch verurteilt und (ohne Rücktritt) in der Versenkung verschwunden. Das OPFER völlig rehabilitiert, aber von seinen Spekulationen angeschmutzt für immer.
Diese Doku hat ihr ihre Würde wiedergegeben und das amtliche Verbrechen des Rufmordes an ihr als das entlarvt, was es ist, begangen von Repräsentanten des Staates, der sie eigentlich schützen sollte.«

---

257 Gemeint ist Thomas V.
258 mit annähernd 430 000 Mitgliedern größte Berufsvereinigung der Welt

MONTAG, 15. FEBRUAR 2010

Im norwegischen Kristiansand muss sich nach einer Meldung der Presseagentur APA ein vierzigjähriger Mann wegen Mordes vor Gericht verantworten. Gleich zu Verhandlungsbeginn gesteht er, »seine Mutter im April vergangenen Jahres mit einer Pistole erschossen und anschließend mit einer Motorsäge zerstückelt zu haben«. Sie muss eine schreckliche Mutter gewesen sein, warum tut ein Sohn sonst so etwas? Was also hatte sie ihm getan?

»Er sei ›in Zorn geraten‹, als er seiner Mutter ein Buch über die entführte und acht Jahre gefangen gehaltene Natascha Kampusch gezeigt habe – und auf völliges Desinteresse gestoßen sei. Er habe Kampusch in diesem Augenblick für seine Tochter gehalten«, erklärt er. Massiver Drogenkonsum hatte bei ihm zu Psychosen geführt. Daher beantragt die Staatsanwaltschaft »seine dauerhafte Unterbringung in einer geschlossenen Psychiatrie«.

DONNERSTAG, 27. MAI 2010

»Bernd Eichinger verfilmt für die Constantin Film den Entführungsfall Natascha Kampusch«, lautet die Meldung, die am Nachmittag über die Medien verbreitet wird. Dass es jemals zu dieser Pressemitteilung kommen würde, stand aus Sicht der Constantin Film noch wenige Wochen zuvor in den Sternen. Denn der, der das Rennen um die Gunst des weltbekannten Entführungsopfers gewonnen zu haben schien, war nicht Bernd Eichinger[259], der große deutsche Film- und Fernsehproduzent, Autor und Regisseur, sondern ein Mann, der sich in derselben Branche auf Augenhöhe zu ihm vorgearbeitet hatte: Nico Hofmann, zu der Zeit Gründer und Chef der Filmfirma teamWorx[260]. Bereits am 24. September 2006, einen Monat, nachdem Natascha Kampusch wieder in Freiheit war, sagte er der *Bild am Sonntag*: »Ich würde das Leben von Natascha Kampusch gerne verfilmen. Ich habe ihren Anwälten eine entsprechende Offerte gemacht.« Danach traf er sich mit ihr, mehrmals mit ihrem Anwalt Gerald Ganzger. Aber sie zeigte ihm die kalte Schulter. Immer wieder hakte er nach, versuchte, auch ihre Mutter mit ins Boot zu holen, indem er die Filmrechte an ihren Memoiren erwarb. Anwalt Ganzger und Hofmann setzten darauf, dass die eigenwillige Mandantin doch noch einlenken würde. Monat um Monat verging, und immer noch fehlte die Unterschrift der Protagonistin auf dem Vertragsangebot.

Im Februar 2010 trat Bernd Eichinger auf den Plan. Er war, ebenso wie Hofmann, fasziniert von der Geschichte dieser beeindruckenden jungen Frau. Und auch er wollte den Film unbedingt machen. Wir trafen uns in München, und ich machte ihm Hoffnung. Er mir aber keine. Denn sein Freund Martin Moszkowicz, damals noch Vorstandsmitglied für Film und Fernsehen bei der Constantin Film AG[261], war skeptisch. Schließlich hatte er schon am 23. Oktober 2006 mit Gerald Ganzger und einer Mitarbeiterin ausführlich über das angestrebte Projekt gesprochen und drei Tage später ein hochnobles schriftliches Angebot folgen lassen. Weitere Nachfragen liefen ins Leere. Ganzgers Favorit war, wie regelmäßigen Berichten in der Presse zu entnehmen war, eindeutig Nico Hofmann.

Im März flog ich nach Wien und sprach mit Natascha Kampuschs Medienberatern Dušan Uzelac und Wolfgang Brunner. Als sie erfuhren, dass Bernd Eichinger sich für die Verfilmung des Stoffes interessierte, fielen sie aus allen Wolken, diese Nachricht hörten sie zum ersten Mal. Anwalt Ganzger hatte ihnen nie ein Sterbenswörtchen von der Constantin-Offerte erzählt, die er längst bei sich in der Schublade beerdigt hatte.

Nun ging alles ganz schnell. Ich reiste noch einmal nach Wien, diesmal mit Martin Moszkowicz, und wir besprachen mit den Medienberatern das Projekt. Bernd Eichinger und Na-

---

259 geb. 11. April 1949, gest. 24. Januar 2011
260 Tochterfirma der UFA, die 2013 mit anderen Tochtergesellschaften der UFA zur UFA Fiction zusammengelegt wurde
261 heute Vorstandsvorsitzender der Constantin Film AG

tascha Kampusch beschnupperten sich, mochten sich, und sie unterschrieb. »Warum tust du mir das an?« Das war die Frage, die Gerald Ganzger seiner Mandantin stellte, wie aus ihrem Umfeld später zu vernehmen war.

Am 25. Februar 2013 feierte der Kinofilm *3096 Tage* in Wien Weltpremiere. Ohne Bernd Eichinger. Er war zwei Jahre zuvor in Los Angeles gestorben, mitten in der Arbeit am Drehbuch.

DONNERSTAG AUF FREITAG, 24./25. JUNI 2010

Oberst Franz Kröll ist 58 Jahre alt, 34 Jahre davon steht er in Diensten der Polizei. Er verstand sich als ein Mann der Praxis, der seine berufliche Sinnerfüllung in der Aufklärung schwerer Verbrechen sah. Als er 2005 im neu gegründeten Landeskriminalamt Steiermark überwiegend mit Verwaltungsaufgaben betraut wurde, ließ er sich nach Wien zum Bundeskriminalamt versetzen. Und war dann plötzlich mittendrin in einem »Jahrhundertfall«, der den Namen eines Opfers trug, dem er nie so recht traute: Natascha Kampusch. An der Pressekonferenz am 8. Januar, auf der das Ende der erfolgreichen Ermittlungen verkündet wurde, nahm er nicht teil. Für ihn waren sie nicht erfolgreich, er hätte gerne noch weitergemacht, um die letzten Rätsel, die es seiner Meinung nach noch gab, zu lösen. Stattdessen war er im Frühjahr der Analyseabteilung des Bundeskriminalamts zugeteilt worden und hatte, wie es Christian S., ein früheres Mitglied im Assistenzteam der Evaluierungskommission, ausdrückte, »einen Schreibtisch in einer ›Gerümpelkammer‹ bekommen«. Sein psychisch-seelischer Zustand »habe sich zu diesem Zeitpunkt drastisch verschlechtert, wobei der Fall Ing. Ernst H. (...) Mitanlass für diesen Zustand gewesen sei, zumal nach Schließung des Aktes Oberst Kröll förmlich zusammengebrochen sei. Gegenüber einer Mitarbeiterin des Bundeskriminalamtes habe Oberst Kröll Selbstmordabsichten geäußert«, daher habe er, S., darum ersucht, für ihn »ein anderes Einsatzgebiet aufzumachen«. Über den Fall selbst habe er mit ihm nicht mehr gesprochen, »weil dies aufgrund des Zusammenhangs seines psychischen Zustandes mit der Schließung des Falles kontraproduktiv gewesen wäre«.

Längst schon vorher war es auch privat für Franz Kröll nie richtig gut gelaufen. Mit Leib und Seele hatte er sich dem Beruf verschrieben, da war kaum Platz für ein klassisches Familienleben geblieben. Zwei Ehen waren geschieden worden, aus der letzten stammte eine vierzehnjährige Tochter.

An diesem Abend ist Franz Kröll zu Hause in seiner Wohnung in Graz. Es wird bereits spät gewesen sein, als er in blauer Trainingsjacke, unter der er ein schwarzes T-Shirt trägt, schwarzer Trainingshose, schwarzen Socken und schwarzen Crocs hinaus auf die Terrasse tritt und sich auf eine Holzbank vor dem Küchenfenster setzt. Irgendwann nimmt er seine Brille ab und legt sie vor sich auf den Tisch. Vielleicht sofort danach, vielleicht auch mit zeitlicher Verzögerung, aber auf jeden Fall irgendwann in der Nacht greift er zu einer Pistole, die er seit 1988 besitzt. Es ist eine Walther PPK, Kaliber 7,65, mit der Nummer 148666. Er hält sie sich an den Kopf. Und drückt ab.

SONNTAG, 27. JUNI 2010

11.00 Uhr
Martina Kröll ist seit elf Jahren von ihrem Mann geschieden. Auch sie arbeitet bei der Polizei. »Auf Grund unserer gemeinsamen Tochter«, wird sie später angeben, »blieben wir weiter in gutem Kontakt miteinander«. Daher sorgt sie sich um ihn, als weder sie noch ihre Tochter ihn telefonisch erreichen, obwohl er stets so zuverlässig ist. Sie fährt zu seiner Wohnung, und als er auf ihr Klingeln nicht öffnet, geht sie über einen Wiesenhang zur Terrasse. Und sieht dort in »das blutverschmierte Gesicht vom Franz«. Sie spricht ihn an, er reagiert nicht. Erschrocken läuft sie auf die Straße zurück und wählt den Notruf.

Franz Kröll ist tot. Als Todesursache wird die Polizei feststellen: »Erschießen in suizidaler Absicht (Kopfdurchschuss)«. Der Todeszeitpunkt wird anhand des Tatortbefundes und der Leichenuntersuchung auf die Nacht zum 25. Juni zurückberechnet werden können.

In der Küche finden die Beamten angebrochene Packungen mit Medikamenten gegen Bluthochdruck, Diabetes und Psychopharmaka. Martina Kröll erklärt, dass ihr früherer Mann in der ersten Februarwoche »wegen extremer Zuckerwerte in stationärer Behandlung« gewesen sei. Und sie bestätigt, dass er »des Öfteren depressive Phasen« hatte. »Schon als es in unserer Ehe zu Problemen kam, hatte Franz Kröll wiederholt angekündigt, dass er sich was antun werde.« Als er im Januar »dann ins Krankenhaus musste«, habe er ihr »letztmalig« in einem Telefonat gesagt, »dass er nicht mehr wolle und dass wir ihn alle in Ruhe lassen sollten«. Er habe damit gerechnet, »dass er nach der Kampusch SOKO wieder nach Graz ins LKA zurückkommen würde«. Er habe sich auf die »Analysestelle im BKA abgeschoben« gefühlt. »Dieser Umstand hat ihn sehr belastet, er fühlte sich ungerecht behandelt.«

Franz Krölls Hausarzt, den die polizeilichen Todesermittler befragen, gibt an, dass er »in den letzten Wochen an einer psychischen Erschöpfung mit Symptomen ähnlich eines ›Burn-outs‹ gelitten« hätte. Daher habe er ihn an eine Fachärztin für Psychiatrie und Neurologie überwiesen. »Im Zusammenhang mit dem Arbeitsende bei der Soko Kampusch nimmt die Ärztin eine Entlastungsdepression an«, notieren die Beamten. Die Depression sei noch durch den Diabetes verstärkt worden. Doch Kröll sei »nicht therapiewillig gewesen und hätte die Einnahme von Medikamenten abgelehnt«, sagt sie. Dennoch schluckte er, wie der Fund in der Küche nahelegt, Stimmungsaufheller und Antidepressiva. Am 22. Juni, knapp drei Tage vor seinem Tod, sei er bei ihr »letztmalig in der Ordination[262] gewesen. Sein Zustand wäre unverändert gewesen. Der Patient hätte angegeben, dass er sich nicht wohl fühlen würde.«

---

262 in Österreich auch »Arztpraxis«

Franz Kröll hatte zu diesem Zeitpunkt längst mit dem Leben abgeschlossen. Am 5. Juni, sechs Tage vor seinem ersten Besuch bei der Ärztin, hatte er bereits sein Testament und einen Tag später seinen Abschiedsbrief geschrieben, beide »auf liniertem Papier, Größe A4, mit einem schwarzen Kugelschreiber verfasst und mit Franz Kröll unterfertigt«. Buchhalterisch penibel hatte er die Verteilung seines Eigentums verfügt. Fürsorgliche Zeilen an seine »über Alles geliebte« Tochter und die Mutter des gemeinsamen Kindes, Martina, gerichtet. Einen Freund gebeten, seine Ex-Frau zu unterstützen. Und eine schmale Begründung für seinen Freitod geliefert: »Ich kann nicht mehr weiter leben und sehe aus meiner Situation keinen anderen Ausweg. Leider.« Was ihn konkret seelisch derart beschädigt hatte, dass er sich zu diesem Schritt entschloss, wird nie restlos geklärt werden können. Eine Schuldzuweisung in Richtung Staatsanwaltschaft wegen der Arbeitsbedingungen der »Soko Kampusch« oder des Endes der Ermittlungen enthalten seine Abschiedsworte jedenfalls nicht. Aber es liegt nahe, dass ihn diese letzte, für ihn vielleicht bedeutendste Aufgabe in seiner beruflichen Laufbahn zerrieben hat, er dabei stets beschwert war von Depressionen, die offenbar schon sein ganzes Leben in trostlose Schatten getaucht hatten. Nun hatte er sich verrannt, war in die falsche Richtung gelaufen, hatte sich verirrt und glaubte dennoch, auf dem richtigen Weg zu sein. So endete seine Reise schließlich in einem schwarzen Loch. Mit den Schatten auf der Seele.

Die Schriftstücke hatte Franz Kröll im Möbeltresor des Schlafzimmers abgelegt und ihn unversperrt gelassen. Dort werden sie nach seinem Tod von seinen Kollegen gefunden. Wie es seinem letzten Wusch entspricht, wird er am 6. Juli auf dem Grazer Zentralfriedhof im Grab seiner Eltern beigesetzt.

In einem Nachruf sagt ein Kollege des Landeskriminalamts Steiermark über Franz Kröll: »Wir verlieren mit ihm einen Menschen, der polarisiert und sich nicht immer Freunde gemacht hat; jene aber, die ihn besser kannten, trifft der Verlust umso härter.«

Damit müsste das letzte und zugleich tragischste Kapitel über Franz Kröll abgeschlossen sein. Eigentlich. Denn was sollte danach noch kommen? Doch die Geschichte geht weiter. Mit einem neuen Kapitel, aufgeschlagen von seinem Bruder. Und der wird mit einer ungeheuren Behauptung den Medien den Kopf verdrehen: Bruder Franz starb nicht durch eigene Hand, er wurde ermordet.

Die Fortsetzung der Geschichte beginnt auf dem Friedhof, gleich im Anschluss an die Beerdigung. An ihr haben auch Chefinspektor Kurt Linzer und Bezirksinspektorin Dagmar S. teilgenommen, die beide Krölls Soko angehörten. Nun treffen sie sich mit seinem Bruder Karl, weil er sie darum gebeten hat. Er zeigt sich »vom Selbstmord seines Bruders tief erschüttert, gab indirekt dienstlichen Ereignissen (insbesondere lang zurückliegenden Vorgängen im LPK[263] Steiermark) dafür die Schuld«, wie die Beamten später in einem Aktenvermerk festhalten, und erzählt, »dass er nach dem Ableben seines Bruders in dessen Wohnung handschriftliche Aufzeichnungen unter anderem über die Causa Kampusch und den privaten Laptop des Franz Kröll an sich genommen habe«. In zwei Tagen, am 8. Juli, werde er »mit Präs. DDr. Adamovich über das Wirken seines Bruders in der Hofburg ein Gespräch führen«. Zudem kündigt er »sehr emotionalisiert an, dass er bei Gelegenheit mit Medienvertretern in Kontakt treten werde, um die wahren Hintergründe des Freitodes seines Bruders öffentlich darzustellen«. Kurt Linzer und seine Kollegin ahnen: Das ist keine leere Drohung. »Im Zuge der Zusammenarbeit mit Oberst Kröll im Bundeskriminalamt ist uns bekannt, dass er umfangreiche handschriftliche Aufzeichnungen über die Ermittlungen in der Causa Kampusch verfasste und diese stets mit sich führte.«

Karl Krölls Eintreten für vermeintliche Gerechtigkeit, die dank seines Engagements seinem Bruder posthum widerfahren soll, verwundert ein wenig. Denn Martina Kröll gab bei der Polizei zu Protokoll, dass ihr »Ex-Mann so gut wie keinen Kontakt« zu ihm hatte.

---

263 Landespolizeikommando

FREITAG, 3. SEPTEMBER 2010

Karl Kröll wird festgenommen. Beamte des Stadtpolizeikommandos Graz haben festgestellt, dass der 56-jährige arbeitslose Gärtner sich mit einem Zweitschlüssel widerrechtlich Zutritt zur Wohnung seines Bruders verschaffte und – trotz dessen testamentarischer Verfügung, »dass alles was ich besitze«, seiner Tochter »gehören soll« – aus dem Möbeltresor 5000 Euro entwendete, ferner dessen Geldbörse mit 520 Euro, Bankomatkarte, Sparbuch, Papiere, mobile Datenträger, zwei Reisekoffer der Marke Daniel Hechter, einen hölzernen Aktenkoffer und sogar ein Brillenetui. Vor allem aber den Laptop, auf dem »Unterlagen der sogenannten ›Kampuschkommission‹ mit Fotos« gespeichert sind, Daten, an denen »ein schutzwürdiges Geheimhaltungsinteresse« besteht. Die wollte er, wie er Kripomann Kurt Linzer eine gute Woche zuvor in einem Telefonat sagte, »an den Nationalratsabgeordneten Dr. Peter PILZ« weitergeben. »Da Karl Kröll offenkundig Geldsorgen hat, kann nicht ausgeschlossen werden«, schrieb die Grazer Staatsanwältin Gertraud Pichler in ihrer Festnahmeanordnung[264], »dass er versuchen wird, die auf dem Laptop gespeicherten Daten (...) auch gegenüber Zeitungen gewinnbringend zu vermarkten, zumal er in Kontakt mit Zeitungen stehen dürfte«. Das galt es zu verhindern, aber Karl Kröll war »unbekannten Aufenthalts«. Nun aber sitzt er in polizeilichem Gewahrsam. Bei PKW- und Hausdurchsuchungen wird seine Diebesbeute gefunden. Nur der Laptop nicht. Den hat er »angeblich zerstört und entsorgt«. Am nächsten Tag wird Karl Kröll wieder auf freien Fuß gesetzt. Und bringt den Laptop dann doch »einige Tage später aufgrund des massiven Erhebungsdruckes freiwillig zur Staatsanwaltschaft Graz«. Geknickt scheint er deswegen nicht zu sein, denn wie er sagt, »verfüge er (trotzdem) noch über Unterlagen, er habe nämlich viel kopiert. Einen Teil habe er u.a. an Dr. Johann Rzeszut und Univ. Prof.DDr. Ludwig Adamovich gegeben«.

Wegen mehrerer Delikte, darunter schwerer Diebstahl, Urkundenunterdrückung, Vollstreckungsvereitelung, wird Karl Kröll am 11. März 2011 vom Landgericht Graz zu acht Monaten bedingter Haft[265] verurteilt. Am 12. Dezember 2012 bestätigt das Grazer Oberlandesgericht das Urteil, das damit Rechtskraft erlangt.

Die Verurteilung kann Karl Kröll nicht stoppen. Schon kurz zuvor hat er eine Staatsanwältin wegen Begünstigung und Amtsmissbrauch angezeigt, dem Stadtpolizeikommando Graz und der Tatortgruppe des LKA Steiermark eine Anzeige verpasst, weil sie, einer Meldung der Presseagentur APA zufolge, »bei der Aufklärung nachlässig agiert haben sollen«. Die dritte Anzeige hat er »gegen Unbekannt wegen Mordes« erstattet. Und eine »Obduktion, die nie stattfand«, gefordert. Obwohl sie nur dann »zulässig« ist, »wenn nicht ausgeschlossen werden

---

264 Az. 19 St 47/10s
265 ausgesetzt zur Bewährung

kann, dass der Tod einer Person durch eine Straftat verursacht worden ist«[266]. Und genau diesen Tatbestand hat er sich in den Kopf gesetzt und für das Verfassen seiner Anzeigen jemanden gefunden, der nicht nur Rechtsanwalt ist, sondern aus der juristischen Hilfestellung auch noch politischen Nektar saugen kann: Ewald Stadler, Abgeordneter der rechtspopulistischen Partei BZÖ[267] im Europaparlament. Trotz der inzwischen erhaltenen gerichtlichen Quittung für krumme Touren zieht Karl Kröll die Medien wie am Band hinter sich her. Redet ihnen den Mord an seinem Bruder ein, versucht, seine Theorie mit pseudokriminalistischen Analysen, gefasst in umfangreiche Schriftsätze, zu belegen. Haut zwischendurch immer wieder ordentlich auf die Pauke, indem er zum Beispiel dem Schweizer Newsportal 20minuten.ch erklärt: »Ich bin davon überzeugt, dass sie den Franz liquidiert haben, der hat zu viel gewusst.« Wer »sie« ist, lässt er offen. Als Beweis präsentiert er ein »Privatgutachten«[268] des Leiters des Instituts für Gerichtliche Medizin in Graz, Professor Peter Leinzinger, das *Spiegel-Online* dazu verleitet, den Titel »Der rätselhafte Tod des Oberst Kröll« über einen Artikel zu setzen, in dem es knackig heißt: »Die Zweifel des Bruders hat Leinzinger nun bestätigt: Der Universitätsprofessor widerspricht der Suizid-Theorie der Ermittler.«[269] Eine solche Meldung, auch noch kundgetan im Internet-Ableger von Deutschlands Renommierblatt Nummer eins, macht sofort Österreichs Presse munter und lockt selbst den schläfrigsten Parlamentarier hinter dem Busch hervor. Und der trommelt von der Hinterbank, bis er auch im letzten Winkel des Landes gehört wird. So geht das ein paar Wochen, bis Leinzinger erschrocken im *Standard* klagt: »Ich bin in einem schönen Dilemma und stehe jetzt da wie ein Volltrottel.« Er habe »nie zum Ausdruck gebracht, dass Fremdverschulden im Spiel war. Es gab nur eine gelinde Schlamperei bei den Ermittlungen.« Die so gering war, dass danach kein vernünftiger Mensch mehr am Suizid-Befund gezweifelt hat. Bis auf Karl Kröll und die, die jede Gelegenheit nutzen, auch noch aus dem größten Unsinn für sich Profit herauszuschlagen. »Ich habe das Gutachten nur für den Bruder Krölls verfasst, gratis möchte ich betonen«, rechtfertigt sich der Professor im *Standard*. »Mit dem *Spiegel* habe ich nie ein Wort geredet.«

Sogar Johann Rzeszut, der Ex-Präsident des Obersten Gerichtshofs, glaubt nicht an Mord. Aber daran, dass Franz Kröll »in den Tod« getrieben wurde. Das sagt er dem *Kurier*[270]. Und verspricht: »Ich werde keine Ruhe geben. Das bin ich ihm schuldig.«

Die Anschuldigung zielt auf die Wiener Oberstaatsanwaltschaft und deren Leiter Werner Pleischl. In erster Linie aber auf dessen Sonderstaatsanwalt Thomas Mühlbacher, der Franz

---

266 § 128 der österreichischen Strafprozessordnung (StPO), Leichenschau und Obduktion
267 Stadler zog für die BZÖ Ende Dezember 2011 als Nachrücker ins europäische Parlament ein, dem er inzwischen nicht mehr angehört. Am 23. Oktober 2015 wurde er vom Wiener Oberlandesgericht wegen schwerer Nötigung zum Nachteil des FPÖ-Chefs Heinz-Christian Strache rechtskräftig zu 12 Monaten bedingter Haft verurteilt.
268 vom 25. September 2013
269 veröffentlicht am 6. November 2013
270 veröffentlicht am 24. März 2011

Krölls Überzeugung von mehreren Tatbeteiligten im Entführungsfall nicht teilen wollte und auch sonstige Ungereimtheiten nicht aufzudecken bereit war. So Johann Rzeszut

Thomas Mühlbacher ist empört. Er soll zu denen gehören, die Franz Kröll fertiggemacht haben, mit schuld sein an dessen Tod? Den Vorwurf lässt er nicht auf sich sitzen und verweist auf eine Mail, die der Polizeioberst ihm und den Mitgliedern der Evaluierungskommission am 4. Dezember 2009 nach der »Gegenüberstellung« von Ischtar A. mit Natascha Kampusch mitsamt seinem »Amtsvermerk« als Anlage schickte. Darin schrieb er, dass sich Ischtar A. »in ihren Wahrnehmungen geirrt haben (dürfte) und nunmehr angenommen werden kann, dass an der unmittelbaren Entführung von Natascha Kampusch am 2.3.1998 tatsächlich nur Wolfgang Přiklopil beteiligt war. Mit besten Grüßen – Kröll Oberst«. Kein Dissens also. Eher Harmonie. Ab und zu, erklärt Thomas Mühlbacher, seien sie »gemeinsam auf ein Bier gegangen«, was Chefinspektor Kurt Linzer bestätigt, der drei Mal mit dabei war. Nach Beendigung der Soko-Tätigkeit seien er und Franz Kröll im Guten auseinandergegangen. Am 23. Dezember 2009 habe ihm der Oberst »für die bevorstehenden Weihnachtsfeiertage alles Gute gewünscht« und mit Fettdruck hervorgehoben (…) ›**vielen Dank für die Zusammenarbeit und die stetige Hilfe und Unterstützung!**‹« Und als Franz Kröll »wenige Wochen vor seinem Tod« im Krankenhaus gelegen habe, habe er ihn angerufen. Der habe sich, wie Thomas Mühlbacher betont, »über seinen Anruf erfreut gezeigt und erklärt, dass er sich bereits auf dem Wege der Besserung befinde. Zu einem bei diesem Anlass vereinbarten gelegentlichen Treffen sei es nicht mehr gekommen.«

Damit ist das Kapitel »Franz Kröll« zu Ende. Und das seines Bruders Karl auch. Aber ihre Geschichten füllen kein Buch. Zu viele Seiten sind noch leer. Deswegen hat den Rest der Aufgabe ein anderer Autor übernommen: Johann Rzeszut.

MONTAG, 30. AUGUST 2010

9.00 Uhr
Fünf Kamerateams und 15 Fotografen lauern im Großen Schwurgerichtssaal des Wiener Landesgerichts auf einen Angeklagten, der eigentlich gar nicht in diesen Saal gehört. Denn das Delikt, das ihm vorgeworfen wird, ist nicht etwa Mord, es geht nur um Begünstigung. Und die wird nicht vor einem Schwurgericht verhandelt, sondern, der Missetat angemessen, in einem Raum von bescheidener Größe. Der aber hätte in diesem Fall nicht ausgereicht. Das Interesse ist zu groß. Daher ist Richterin Minou A. mit Staatsanwalt Hans-Peter Kronawetter umgezogen. Denn die heutige Verhandlung lässt aufgrund eines früheren bühnenreifen Auftritts des Angeklagten vor Gericht einen Ansturm erwarten.

Es ist so weit. Die Tür schwingt auf, der Angeklagte Ernst H. hält Einzug. Diesmal kommt er nicht, wie in Graz, von vorne durch die Richtertür, sondern von hinten durch den Eingang, der auch für das gemeine Fußvolk vorgesehen ist. Er huscht vorbei an den gut gefüllten Sitzreihen. Sein Anwalt Manfred Ainedter schreitet voran, bahnt ihm eine Gasse durch den Medienpulk, der sich ihnen entgegenschiebt. Ernst H. trägt einen dunklen Anzug mit lila getöntem Hemd und Krawatte. Auf der Nase eine dunkel gerahmte Brille, diesmal mit durchsichtigen Gläsern. Dem Verzicht auf die in Graz eingesetzte Sonnenbrille wirkt er mit einer mit Unterlagen gefüllten Klarsichthülle entgegen, die er sich so dicht vors Gesicht hält, dass er für einen Augenblick Assoziationen an einen Imker vor einem summend umkrabbelten Bienenstock weckt.

Natascha Kampuschs Vater Ludwig Koch sitzt in der ersten Reihe, Reporter Wolfgang H. daneben. Ein Dreivierteljahr ist es her, dass er für seine Attacke auf Ernst H. eine Geldstrafe kassierte. Dass er ein gutes Jahr später deswegen sogar noch in den Knast wandern und der Reporter ihn wieder rauspauken wird, ahnen die beiden noch nicht. Ludwig Koch beherrscht sich. Bleibt ruhig sitzen und nimmt den Angeklagten ins Visier. Ernst H. nimmt vor der Richterin Platz. Ohne Sichtblende. Und hört sich die Anklage an: Er soll Freund Přiklopil begünstigt haben, indem er ihm bei der Flucht vor der Polizei geholfen hat.

Ernst H. sagt aus. Außerdem Chefinspektorin Margit Wi., die ihn vor seiner Veranstaltungshalle ins Schwitzen brachte. Sein rumänischer Mitarbeiter, den er nach Hause schickte, nachdem ihn Přiklopils Hilferuf ereilt hatte. Und die Angestellte vom Infostand im Donauzentrum, von wo aus ihn der Freund anrief.

Nach zweieinhalb Stunden ist alles vorbei. »Der Vorwurf, dass hier Fluchthilfe geleistet wurde, geht zu weit«, erklärt Richterin A. Freispruch. Ernst H. zieht die Klarsichthülle vors Gesicht. Und verschwindet im Schnellabgang durch die Seitentür, fluchtartig, könnte man sagen.

Auch Ludwig Koch verlässt mit Ernst H. den Saal, sachten Schrittes allerdings. Er hat sich zusammengerissen. Und H. auch. Das erwartete Spektakel ist ausgeblieben. Ludwig Koch zündet sich eine Zigarette an. Woran immerhin zu erkennen ist, dass er doch noch Dampf ablässt.

MITTWOCH, 29. SEPTEMBER 2010

Dampf lässt an diesem Tag auch Johann Rzeszut ab, laut *Falter*[271] ein »höflicher älterer Herr«, den seine Wiener Richterkollegen bislang als integren und humorvollen Mann schätzten. »Er konnte so launige Reden halten, dass sich die Hofräte vor Lachen die Bäuche hielten.« Ihm selbst ist gar nicht zum Lachen zumute. Schon lange nicht mehr. Deswegen hat er seinen ganzen aufgestauten Zorn in ein 46-seitiges Schreiben gepackt, dessen Inhalt für manchen noch schmerzlich sein wird. Der 69-Jährige, der so ist, wie er ist und nun nicht anders kann, war mal Präsident des Obersten Gerichtshofs. Und müsste daher wissen, was er tut. Er sieht sich in der Rolle des Nachlassverwalters von Polizeioberst Franz Kröll und stillen Handlungsbevollmächtigten der Evaluierungskommission, der in ellenlangen Indizienketten auflistet, was alles versäumt wurde, welche Ermittlungen unter den Tisch gekehrt wurden, obwohl sie ganz nach oben gehört hätten, zum Beispiel die Tatbeteiligung »zweier männlicher Personen« – Přiklopil allein könne es nicht gewesen sein. Neben solchen »Dauerbrennern«, hinter denen längst Erledigt-Häkchen sind, wirft Johann Rzeszut den Kollegen der Staatsanwaltschaft Behinderung bei der »Fallbehandlung« vor. Die »mediale Verbreitung krass wahrheitswidriger Informationen«. Und »Druckausübung auf Oberst Kröll in Richtung Ermittlungseinstellung per Jahresende 2009«. Alle bekommen sie ihr Fett weg, vom Leiter der Oberstaatsanwaltschaft, Werner Pleischl, bis zum Ermittlungsleiter Thomas Mühlbacher. »Sachverhaltsmitteilung« nennt Johann Rzeszut sein Papier. Und schickt es dahin, wo es am ehesten Beachtung finden und blitzartig durch die Medien verbreitet werden wird: an die Klub-Obmänner[272] aller im Nationalrat vertretenen Parteien. Ruckzuck findet es von dort natürlich seinen Weg ins Justizministerium, und es wäre naiv anzunehmen, dass der alte Juristen-Fuchs Johann Rzeszut dies nicht gezielt eingeplant hätte. Daher passiert, was passieren muss: Ministerialbeamte beugen sich über sein Werk und machen schnell aus, dass darin Sachverhalte beschrieben sind, die strafbaren Inhalts sein könnten. Sie reichen es zur nächsten Prüfung an die Wiener Korruptionsstaatsanwaltschaft weiter. Und die kommt zu dem Ergebnis, dass eine unbefangene Staatsanwaltschaft die Vorwürfe prüfen sollte. Doch die muss erst noch gefunden werden. Am 14. Oktober fallen die Würfel: Innsbruck übernimmt. Und eröffnet ein titelpralles Ermittlungsverfahren[273] gegen

1. den Leiter der Wiener Oberstaatsanwaltschaft, Hofrat Dr. Werner Pleischl,
2. den Leitenden Grazer Staatsanwalt, Dr. Thomas Mühlbacher,
3. den pensionierten Leiter der Wiener Staatsanwaltschaft, Hofrat Dr. Otto Sch., dessen Tochter den Vorsitzenden der Evaluierungskommission, Prof. Ludwig Adamovich, erstinstanzlich zu einer Geldstrafe verurteilte,

---

271 vom 6. März 2012 aus »Die verlorene Ehre der Natascha K.«
272 Fraktionsvorsitzende
273 AZ: 22 St 137/10f

4. den Gruppenleiter (bei der Staatsanwaltschaft Wien) Magister Hans-Peter Kronawetter,
5. den Mediensprecher der Staatsanwaltschaft Wien, Erster Staatsanwalt Magister Gerhard Jarosch, und
6. unbekannte Täter/-innen.

Der Vorwurf: Sie werden verdächtigt, nach »§ 302 Abs. 1 StGB« ein Verbrechen begangen zu haben, indem sie ihre »Amtsgewalt« missbraucht haben. Harter Tobak. Aber eine objektive juristische Bewertung des Rzeszut-Papiers lässt vorerst keine andere Deutung zu. Für die Sachbearbeitung wird die Staatsanwältin Gabriele Ginther-Schöll freigestellt, die sich in den folgenden zehn Monaten um nichts anderes als um diesen Fall kümmern wird. Damit niemand den Vorwurf erheben kann, »eine Krähe hacke der anderen kein Auge aus«, wird nicht sie, sondern ein Richter die Beschuldigten und Zeugen vernehmen. Dieser Richter wird Dr. Georg P. sein. Um sich in den Fall einarbeiten zu können, müssen beide über 22 000 Aktenseiten lesen, die ihnen aus Wien geschickt worden sind. Schon dies wird Monate dauern.

Die Zeit verstreicht politisch nicht ungenutzt. Am 30. November erklärt BZÖ-Klubchef Ewald Stadler im Nationalrat, es bestehe der eindeutige Verdacht, dass »in der Causa« ein seit Langem tätiger »politisch potenter« Kinderporno-Ring mit besten Kontakten zu politischen Parteien Tathintergrund sei. Geschwätz, das noch nicht mal die Kerzen auf den Adventskränzen zum Flackern bringt. Dafür aber ein paar Zeitungsmeldungen.

Auch Detektiv Walter Pöchhacker sieht jetzt noch einmal seine Chance gekommen. Am 26. Februar 2011 teilt er Richter Georg P. in einer E-Mail mit, »dass er im Verfahren als Zeuge einvernommen werden wolle«, aus Verjährungsgründen »dringlich«. Er wisse von Falschaussagen »im Wiederaufnahmeverfahren Brigitta Sirny – Dr. Martin Wabl« und habe »auch Frau Kampusch der Unwahrheit überführt«. Nach einer weiteren Mail Walter Pöchhackers teilt der Richter ihm mit, »dass er dessen Einvernahme nicht für notwendig erachte, es diesem aber frei stehe, relevante Unterlagen zu übermitteln«. Das war's.

Walter Pöchhacker muss nicht nur die Abfuhr wegstecken, zwischendurch hat es auch noch Ärger mit Ludwig Koch gegeben. Und das ist so gekommen: Seine Tochter verlangte vom österreichischen Staat eine – später abgewiesene – Entschädigungsleistung[274], weil ihre Gefangenschaft ohne die polizeilichen Ermittlungsfehler hätte erheblich verkürzt werden können. Dieser Forderung schloss sich ihr Vater an, laut *Krone.at*[275] wollte er 130 000 Euro Schadenersatz haben, den er unter anderem mit 30 000 Euro Detektivkosten begründete. »Das ist eine Niedertracht«, hat sich Walter Pöchhacker daraufhin in dem Artikel erregt. »Ich war der einzige Detektiv, der für ihn ermittelt hat. Doch dafür hätte er, damals noch in

---

274 Mit dem Geld wollte sie Hilfsprojekte finanzieren.
275 Online-Bericht der *Kronen Zeitung* vom 11. März 2011

der alten Währung, nur einen Schilling symbolisch bezahlen sollen – und nicht einmal den habe ich bekommen.«

Es ist Sommer 2011 geworden. Der Innsbrucker Ermittlungsrichter Georg P. hat alle Akten brav studiert. Und legt sich nun richtig ins Zeug. Als er den Eindruck gewinnt, dass die Beschuldigten Thomas Mühlbacher und Werner Pleischl nicht zu ihm nach Innsbruck zur Vernehmung kommen wollen, droht er ihnen an, sie zwangsweise vorführen zu lassen. Dabei wollen beide aussagen. Allerdings nicht zu seinen Bedingungen: Er will ihre Vernehmungen nämlich auf Bild- und Tonträger aufzeichnen, ein Schwerverbrecher-Equipment, das Zuschauer aus dem sonntäglichen *Tatort*-Krimi kennen, wenn die Kommissarin den Mörder verhört. Thomas Mühlbacher und Werner Pleischl sehen bereits wilde Video-Zusammenschnitte ihrer Aussagen im Internet zirkulieren. Sie bleiben daher zu Hause und schicken Richter Georg P. ihre Stellungnahmen zu den Vorwürfen von Johann Rzeszut. Die Staatsanwälte Otto Sch. und Hans-Peter Kronawetter machen es genauso. Nur Gerhard Jarosch, Sprecher der Staatsanwaltschaft und damit Medienprofi, spricht bereitwillig in die Kamera.

Noch bereitwilliger geben Johann Rzeszut und Ludwig Adamovich Auskunft, sie hoffen, das Ruder in ihrem Sinne noch herumreißen zu können. Weitere acht Zeugen werden gehört, darunter Ischtar A. mit ihrer Mutter. Damit ist die Arbeit für Richter Georg P. erledigt.

FREITAG, 26. AUGUST 2011

Staatsanwältin Gabriele Ginther-Schöll hat die Wiener Akten, die richterlichen Vernehmungen und Stellungnahmen ausgewertet. Und das Ergebnis auf knapp 600 Seiten niedergeschrieben. Ihrer Bewertung schließt sich zuerst ihre Chefin, die Leiterin der Innsbrucker Staatsanwaltschaft, Dr. Brigitte Loderbauer, an. Danach, in der nächsten Instanz, der Leiter der Innsbrucker Oberstaatsanwaltschaft, Dr. Kurt Spitzer, schließlich der oberste Fachbeamte im Wiener Bundesjustizministerium, Sektionschef Christian Pilnacek. Drei Monate haben sie für die Prüfung des inhaltsschweren Wälzers gebraucht. Dann wird es Zeit, die Öffentlichkeit zu informieren.

DONNERSTAG, 24. NOVEMBER 2011

9.30 Uhr
Die Justiz hat zum »Pressegespräch« geladen. Dem Anlass angemessen im Großen Festsaal des Ministeriums. Brigitte Loderbauer und Kurt Spitzer sind aus Innsbruck angereist, sitzen zusammen mit Christian Pilnacek auf dem Podium und verkünden das mit Spannung erwartete Ergebnis: Das Verfahren gegen die fünf des Amtsmissbrauchs beschuldigten Staatsanwälte wird eingestellt. Sie hätten, so die Begründung, »alle notwendigen Ermittlungen veranlasst«, und ihre Entscheidungen seien »sachgerecht und juristisch korrekt« gewesen, »insbesondere bei den Fragen der Einzeltäterschaft, des Selbstmordes von Wolfgang Priklopil sowie der Glaubwürdigkeit« Natascha Kampuschs. »An der Richtigkeit« ihrer Angaben bestehe »nach eingehender Prüfung ihrer Aussagen unter Berücksichtigung sämtlicher Beweisergebnisse kein Zweifel«. Johann Rzeszut habe in seiner 46-Seiten-Sachverhaltsmitteilung »einzelne Beweisergebnisse hervorgehoben, andere außer Acht gelassen und so eine Theorie entwickelt, die der eingehenden, umfassenden und objektiven Überprüfung durch die Staatsanwaltschaft Innsbruck nicht standhielt«. Er habe, zitiert *Die Presse* Christian Pilnacek, »Gelegenheit gehabt, ›in 48 Stunden Vernehmung‹ in Innsbruck seine Sichtweise darzulegen. An der Ein-Täter-These sei letztlich nicht zu rütteln gewesen.« Eine schallende Ohrfeige für den Ex-Präsidenten des Obersten Gerichtshofs. Eine weitere fängt er sich von der Frau ein, die sich am tiefsten in den Fall hineingekniet hat: Staatsanwältin Gabriele Ginther-Schöll. In ihrem vertraulichen Abschlussbericht, den der *Falter* auszugsweise veröffentlicht, hält sie ihm vor, er »verbreite Verschwörungstheorien und ein absonderliches Weltbild: ›Bei Natascha Kampusch handelt es sich augenscheinlich in den Augen des Dr. Rzeszut (...) nicht um ein maßstabsgerechtes Opfer, weil sie vom Täter nicht gänzlich zerstört wurde, sondern sich der Situation teilweise angepasst hat und sich nach außen hin stark gibt. Die Frage ist nur, ob das den Vorstellungen des Dr. Rzeszut gerecht werdende Opfer ein solches Schicksal überhaupt überlebt hätte.‹« Er »verhöhne das Opfer geradezu, indem er ihre Todesangst während der Flucht infrage stellt und die Gefangenschaft bezweifelt«.

In dem Pressegespräch, an dem Ludwig Adamovich als Zaungast teilnimmt, erklärt Christian Pilnacek: Nach »der bis dato umfangreichsten justizinternen Prüfung des behaupteten Fehlverhaltens eigener Organe« sei »nicht der Funken eines Ermittlungsansatzes mehr vorhanden«. Da ist das Mitglied der »Altherren-Privatpolizei«, so betitelt von *Kurier*-Kommentator Peter Rabl, ganz anderer Meinung. »Für mich ist der Fall nicht restlos aufgeklärt«, sagt der einst höchste Richter im Lande, Ludwig Adamovich.

DIENSTAG, 29. NOVEMBER 2011

Trotz Ludwig Adamovichs bockiger Beharrlichkeit könnte man sich an den Strohhalm klammern, dass doch nun wirklich alles gesagt ist, was es über diesen Fall zu sagen gibt. Doch weit gefehlt. Die Eigendynamik, die der Fall schon über Jahre hinweg entwickelt hat, ist einfach nicht zu stoppen. Es sind Mechanismen, ähnlich wie sie der Kolumnist Tom Oliphant über den während seiner Amtszeit in angebliche Daueraffären und -skandale verwickelten früheren US-Präsidenten Bill Clinton im *Boston Globe* beschrieb[276]: »Die großtuerischen und hochmütigen Kräfte, die die ›Große (Amerikanische) Skandalmaschine‹ betreiben, konzentrieren sich vollkommen auf den Schein. Der Brennstoff der Maschine ist der Anschein, der Fragen aufwirft, die wiederum neuen Anschein erwecken, und alle miteinander speisen sie einen Gerechtigkeitswahn, der nach einer genauen Untersuchung durch mehr als gewissenhafte Inquisitoren verlangt, die um jeden Preis unabhängig sein müssen. Die Einzigen, die sich diesem Wahn entziehen können, sind selbstverständlich Komplizen und Schuldige.«

Ludwig Adamovich ist mit seiner Meinung in bester Gesellschaft, und die ist bunt. Denn er bewegt sich zwischen »Grün« und »Blau«, den Parteifarben der Grünen und der Freiheitlichen Partei Österreichs (FPÖ), ob ihm die Gesellschaft nun passt oder nicht. Der Grünen-Abgeordnete Peter Pilz pocht nach Einstellung des Innsbrucker Verfahrens auf eine parlamentarische »Nachkontrolle«. FPÖ-Chef Heinz-Christian Strache fordert in einer Pressekonferenz die Wiederaufnahme des Ermittlungsverfahrens in der »Causa Kampusch«. Er bezichtigt die Staatsanwälte als »unfähige Dilettanten«, denen »Seilschaften« wichtiger seien als »Mut zur Aufklärung«, und listet gemeinsam mit der FPÖ-Abgeordneten Dagmar Belakowitsch-Jenewein Versäumnisse und Fehleinschätzungen bei den Ermittlungen auf. So halte er die Einzeltätertheorie für grundfalsch. Auch gebe es starke »Indizien« dafür, dass Natascha Kampusch im Haus ihres Entführers ein Kind zur Welt gebracht haben könnte. »Was ist mit diesem Kind? Wenn es lebt, dann stellt sich die Frage: beim wem?«, so Belakowitsch-Jenewein. Denn damit, so ihre logische Schlussfolgerung, gebe es »neben Kampusch ein zweites Opfer und allenfalls weitere Mitwisser«.

Schwangerschaft! Das Stichwort für ein Geheimnis, das längst geknackt ist. Denn bereits zwei Jahre zuvor, am 6. Oktober 2009, »teilte Prof. Max Friedrich vom Allgemeinen Krankenhaus dem EOStA Dr. Thomas Mühlbacher mit, dass sich aus den im AKH bestehenden Krankenunterlagen der Natascha Kampusch kein Hinweis auf eine Geburt eines Kindes ergäbe«. So steht es schwarz auf weiß in den Ermittlungsakten. Allein FPÖ und BZÖ haben im Verlauf des Jahres, zumeist auf der Basis der Kröll'schen Ermittlungshinterlassenschaft,

---

276 aus: Bill Clinton: *Mein Leben*, Econ, 2004

über 30 dringliche parlamentarische Anfragen an Justizministerin Beatrix Karl[277] (ÖVP) gerichtet. Selbst der Appell von SPÖ-Justizsprecher Hannes Jarolim, es gelte zu verhindern, »Frau Kampusch wieder an die Öffentlichkeit zu zerren und zu versuchen, auf ihrem Rücken politisches Kleingeld zu wechseln«, lässt sie kalt.

Natascha Kampusch hat sich an vieles gewöhnen müssen, für sie geht es um mehr als nur um Kleingeld. Steht sie im Supermarkt an der Kasse und öffnet ihr Portemonnaie, um zu bezahlen, recken die Kunden, die hinter ihr stehen, die Hälse und starren ihr in die Geldbörse. Ein unangenehmer Moment für sie. Zwar kann sie nicht Gedanken lesen, aber es beschleicht sie das Gefühl, die Leute addierten im Geiste die Zahlen auf den Geldscheinen und, angestachelt durch die ewigen Negativschlagzeilen, fragten sich: Hat das Luder wirklich so viel Geld, wie immer geschrieben wird? Als die Neugier der Fremden an ihrer Barschaft zum ständigen Einkaufsbegleiter wird, zahlt sie nur noch mit der EC-Karte. Und jetzt auch noch die Sache mit dem Kind, das sie geboren haben soll. In der Vorstellung einer Frau, die sich in der Nähe der Kampusch-Wohnung mit einer Zeitung in der Hand auf sie stürzt, ist sie eine Rabenmutter. Denn ein Kind gehört doch zur Mutter. Raus mit der Sprache: Wo ist es? Eine andere Frau beschimpft sie als »verlogene Sau«. Der im deutschsprachigen Raum einst bekannte österreichische Schlagersänger Christian Anders (Hits wie »Geh nicht vorbei«, »Es fährt ein Zug nach Nirgendwo«) schmiert ins Internet: »Was Natascha Kampusch und Angela Merkel gemeinsam haben? Beide sind verlogen und verschlagen.« Ein paar Absätze weiter liefert er ungewollt den Beleg dafür, warum Journalisten und Leser wie er zu solchen Aussagen kommen: »Man lese und staune: Zwei ehemalige Gerichtspräsidenten bezichtigen Natascha Kampusch der Lüge.« Da muss man sich nicht über den Brief von einem – oder einer – »E. Pittner« aus Wien wundern. Adressiert ist er an ihre Mutter, Brigitta Sirny, handgeschrieben mit akkurat gesetzten großen Druckbuchstaben:

»SIE SIND VERLOGEN,
BESONDERS NATASCHA KAMPUSCH.
DIE WAHRHEIT WIRD BALD AUFGEDECKT WERDEN,
DAS WISSEN ALLE.
SCHÄMT EUCH, SO ZU LÜGEN.
Pittner«

---

277 vom 21. April 2011 bis 16. Dezember 2013

DONNERSTAG, 1. DEZEMBER 2011

Gerade mal zwei Tage hat es gedauert, und schon kommt »in der Sache Kampusch« der »Ständige Unterausschuss des Ausschusses für innere Angelegenheiten« zu seiner ersten Sitzung zusammen. Durchgedrückt hat ihn die FPÖ mit Zustimmung der Grünen und des BZÖ. Zunächst lehnten SPÖ und ÖVP ihren Antrag ab, doch dann ist es ihnen doch noch gelungen, sie mit ins Boot zu holen. Und so haben alle Parteien einmütig beschlossen, den »Fall Kampusch« neu aufzurollen und auch Ludwig Adamovich und Johann Rzeszut noch einmal zu hören. Außerdem soll der Ausschuss feststellen, ob die Einstellung des Verfahrens gegen die fünf Staatsanwälte wegen Amtsmissbrauch rechtmäßig war.

Spiegel Online berichtet, dass der Ausschuss »immer in einem fensterlosen, abhörsicheren Raum im Keller des österreichischen Parlaments« zusammentritt, so geheim ist alles. Für den *Spiegel* aber kommt ihr Vorsitzender Werner Amon (ÖVP) Ende Februar 2012 aus dem Keller nach oben und verrät ihm, dass Wolfgang Přiklopil wohl »nicht allein gehandelt« habe: »Womöglich habe ihm jemand bei seinem angeblichen Freitod geholfen oder er sei gar getötet worden. Der zweite Mann könnte ein Komplize sein, der an der Entführung beteiligt war. ›Aus meiner Sicht ist eine Einzeltätertheorie nur schwer aufrechtzuerhalten.‹«

Zwei Tage nach dem *Spiegel* zitiert *Focus-Online* den Unterausschuss-Vorsitzenden Amon: »Ein ›umfangreiches Dossier an Fragen‹ sei noch nicht gelöst. Die Gesellschaft habe ›ein Recht, die Wahrheit zu erfahren‹. Dabei müsse man auch die Angaben des Entführungsopfers selbst zum Täter in Frage stellen. ›Ich bin der Meinung, es ist ihre Wahrheit, ihre subjektive Wahrheit. Sie wird ihre Gründe haben, das so darzustellen, wie sie es darstellt.‹«

Zum nächsten Schlag holt am selben Tag FPÖ-Chef Heinz-Christian Strache in der *Bild*-Zeitung aus: »Der verstorbene Chefermittler Oberst Kröll war überzeugt, dass durch die Vertuschungsversuche Mittäter eines Pädophilen-Rings geschützt werden sollen. Die Ermittlungsfehler sind nur durch die Einflussnahme der österreichischen Politik zu erklären. Deshalb müssen jetzt unabhängige Ermittler des deutschen BKA und des FBI den Fall untersuchen.«

Und der Mossad? Und die CIA? Sollen die etwa zu Hause bleiben?

Ob man es glaubt oder nicht: ja. Aber Straches Forderung nach einem internationalen Expertensupport wird ernsthaft diskutiert. Bevor die Entscheidung dazu fällt, arbeitet der Ausschuss seine Zeugenliste weiter ab. Dabei scheint es dem BZÖ-Abgeordneten Peter Westenthaler eine diebische Freude zu bereiten, den Zeugen Hans-Peter Kronawetter, der nun gerade vom Verdacht des Amtsmissbrauchs befreit worden ist, im Stile eines Kolonialherrn durch die Mangel zu drehen, vielleicht, weil der mal gegen ihn ermittelt hat. »Waren Sie im Dienst? Waren Sie Schifahren, waren Sie auf Urlaub? Wo? Recht einfache Frage.« – »Na, sehen Sie. Es geht ja.« – »Das habe ich nicht gefragt.« – »Sie sind jetzt nicht dran.« Der Staatsanwalt bleibt ruhig, antwortet sachlich, auch wenn dem einst persönlichen Sekretär Jörg Haiders noch so sehr das Fell zu jucken scheint. Als BZÖ-Spitzenkandidat musste er sich von einem Parteifreund nachsagen lassen, er sei einer, »der die Proleten abdeckt«[278]. Und dann war da noch die Sache mit dem Unfall, mitten während der Fußballeuropameisterschaft. Und die griff sogar *Die Zeit*[279] auf: »Er streifte mit seinem Auto das Knie eines Polizeibeamten. Dieser habe ihn hindern wollen, links abzubiegen – was zwar im Fall dieses Politikers ein absurdes Unterfangen ist, doch der Chef der Zwergpartei habe offensichtlich nicht akzeptieren wollen, dass die Staatskarosse von Angela Merkel nach dem EM-Hit Deutschland gegen Österreich[280] Vorfahrt hatte. Vor ihm! Also verschaffte er sich durch Einsatz seiner Stoßstange Recht.«

Am 28. Juni 2012 veröffentlicht der Ständige Unterausschuss des Ausschusses für innere Angelegenheiten ein Kommuniqué zu den »Überprüfungen im Fall Natascha Kampusch«. Darin stellt er fest, dass Ermittlungsfehler gemacht und Ermittlungsschritte unterlassen worden seien. Daher solle »eine neuerliche eingehende Beurteilung des Falles« durch Cold-Case-Spezialisten mit internationaler Beteiligung erfolgen.

»Es ist so, als wenn man beim Zahnlosen noch versuchen würde, die Zähne zu ziehen, wo eigentlich kein Zahn mehr da ist.« Der Kommentar stammt von Natascha Kampusch. Gesprochen hat sie ihn in unsere Kamera, einige Wochen, nachdem Innenministerin Maria Fekter die neue Soko und die alte Evaluierungskommission zum erneuten Faktencheck lostraben ließ, das lag bereits über drei Jahre zurück. Und nun bohrt der Onkel Doktor noch immer.

---

278 *Die Zeit* vom 21. September 2006
279 vom 24. Juli 2008
280 am 16. Juni 2008 in Wiener Ernst-Happel-Stadion

DIENSTAG, 21. FEBRUAR 2012

15.01 Uhr
Bei dem Abteilungsinspektor der Wiener Polizei, Josef W., Anfang 60, klingelt das Telefon. Es meldet sich der Ex-Präsident des Obersten Gerichtshofs, Dr. Johann Rzeszut. Er erkundigt sich bei dem Polizisten, »ob er eine ›ladungsfähige Adresse‹ der Mutter von PRIKLOPIL wisse, damit diese vom Unterausschuss im Parlament geladen werden könne«. Der Ausschuss läuft ja noch, und die Adresse von Waltraud Přiklopil ist für Normalsterbliche nicht so einfach herauszufinden, denn nach dem sprichwörtlichen Überfall durch einen deutschen Reporter lebt sie unter einem anderen Namen in Wien, und der ist behördlich unter Verschluss. Es ist daher eher unwahrscheinlich, dass Josef W., der mit dem Fall nie etwas zu tun gehabt hatte, Johann Rzeszut dienlich sein konnte. Dafür aber, mit Glück, in einer anderen Sache, die dem Top-Juristen noch mehr am Herzen liegt. Und da packt den Polizisten plötzlich der Ehrgeiz. »Der kleine Inspektor, der Bauernbua, schafft etwas, was der große Rzeszut nicht schafft«, wird er im Sommer 2014 einem Wiener Schöffensenat erklären.

Wir müssen zurückgehen in den Herbst 2011. Noch ist die Staatsanwaltschaft Innsbruck mit dem Amtsmissbrauchsverfahren gegen ihre fünf Wiener Kollegen befasst. Gleichzeitig bombardieren Abgeordnete, überwiegend aus den Lagern von FPÖ und BZÖ, die zuständigen Ministerien mit Anfragen zum »Fall Kampusch«. Einer von ihnen ist der FPÖ-Nationalratsabgeordnete Leopold Mayerhofer, außerhalb der Politik Exekutivbeamter der Bundespolizeidirektion Wien und damit ein Kollege von Josef W. Das ist nicht die einzige Gemeinsamkeit, die beide miteinander verbindet. Sie sind auch Parteifreunde. Josef W. sitzt nämlich nebenberuflich als Fraktionsvorsitzender der FPÖ im Gemeinderat seiner 8000 Einwohner zählenden niederösterreichischen Heimatgemeinde Langenzersdorf. Und lebt dort ganz bodenständig. Einfamilienhaus, verheiratet, sechs Kinder. »Meine Frau war mit ihnen 22 Jahre daheim«, sagt er. Als eines seiner Hobbys gibt er in seinem Internetauftritt an: »Urlaub ausschließlich in Österreich«.

Um einem Referat Mayerhofers über den Abschlussbericht der Evaluierungskommission zu lauschen, muss er das Land nicht verlassen. Der Vortrag des Kollegen, der bei einer Parlamentsdebatte[281] die »absolut glaubwürdigen Aussagen des Dr. Rzeszut« lobte, weckt sein Interesse für den von FPÖ und BZÖ zum Rätsel erklärten Kriminalfall, den er bislang nur in den Medien verfolgt hat. Nun erfährt er aus vermeintlich berufenem Mund von Vermutungen, dass Natascha Kampusch Mutter einer Tochter sei, die von einer Niederösterreicherin aufgezogen werde. Der Vater sei Wolfgang Přiklopil. Seine Komplizen, Angehörige

---

281 am 21. Dezember 2010

eines Kinderpornorings, hätten erst sie missbraucht, nun vergingen sie sich an ihrer Tochter. Diese Informationen bewegen Josef W. so sehr, dass er sich sagt: Ich muss etwas tun.

Da will es der Zufall, dass er im Oktober 2011, etwa drei, vier Wochen nach dem Referat Mayerhofers, Johann Rzeszut begegnet. Beide gehen ins »Café Ritter«, ein traditionelles Kaffeehaus auf der Mariahilfer Straße. Dort stellt der Josef ganz viele Fragen, die vom Johann überzeugend beantwortet werden. Josef W. ist inzwischen eher der Meinung, dass Přiklopil ein gemeinsames Kind nicht mit seiner damaligen Gefangenen, sondern mit der Schwester seines besten Freundes Ernst H. habe, das auch bei ihr lebe. Dem widerspricht Johann Rzeszut. Přiklopil habe »dieses Kind (ein Mädchen) mit Natascha KAMPUSCH in deren Gefangenschaft gezeugt«. Zur Welt gekommen sei es im »Kellerverlies«. Die Aufgabe der Hebamme übernahm natürlich die Schwester seines Freundes, die das Kind dann ja auch bei sich aufnahm.

Etwa eine Woche später übergibt Johann Rzeszut dem Abteilungsinspektor bei einem erneuten Treffen im »Café Ritter« »das von ihm verfasste und an das Parlament gerichtete Schreiben und weitere Unterlagen«. Danach telefonieren die beiden noch vier, fünf Mal miteinander. Josef W. sucht die Privatklinik auf, in der das Mädchen geboren wurde. Dem Personal zeigt er seine Dienstmarke und tischt ihm die Geschichte von einem Vaterschaftsstreit auf, in dem er ermitteln müsse. Schnell ist klar: Nicht Natascha Kampusch, sondern Ernst H.s Schwester Margit W. ist die Mutter des Kindes. Doch wer ist der Vater? Das bleibt die große Frage, denn sie gab dessen Namen bei der Geburt nicht an. Höchstverdächtig. Hat Margit W. in ihren Einvernahmen nicht klipp und klar erklärt, dass Wolfgang Přiklopil nicht der Vater ihrer Tochter sei, fragt sich Josef W. Wenn er ihr nun mit einer DNA-Probe das Gegenteil nachweisen könnte, hätte er sie der Lüge überführt. Bliebe als einziges Problem: Wie soll er an das Kind rankommen?

An diesem Tag telefonieren Johann Rzeszut und Josef W. noch einmal miteinander. In einem der Gespräche, von denen eins nach Medienberichten »nicht weniger als elf Minuten« dauert, erfährt der Schnüffler im Dienst vom Schnüffler außer Dienst, »dass das Mädchen in Laxenburg lebe und die dortige Volksschule besuche«. Das ist die Initialzündung für seinen Solo-Coup, der ihn, wie er selbst über sich sagen wird, zum großen »Zampano« machen soll, »der die Wiederaufnahme der Ermittlungen erreicht« und damit ein »Mediengetöse« auslöst.

MITTWOCH, 22. FEBRUAR 2012

Auf die Fahnen geschrieben hat sich Josef W. die Devise: »Miteinander ist alles möglich – gegeneinander fast gar nicht.« So steht es auf seiner Internetseite, und Johann Rzeszut würde sich sicher darüber gefreut haben, sollte er einen Blick darauf geworfen haben. Ob seine Freude noch angehalten hätte, wenn er die braunen ideologischen Fahnenschwenker entdeckt hätte, mit denen Josef W. zu dieser Zeit auf Facebook vernetzt ist? Da ist der stramme deutsche NPD-Mann Holger Apfel, bis Ende 2013 Bundesvorsitzender seiner Partei. Da ist der noch strammere Deutsche Karl-Heinz Hoffmann, Gründer und Namensgeber der rechtsextremen Wehrsportgruppe, die 1980 verboten wurde. Und dessen Werk Wolfgang Přiklopil als übungsleitender Schinder in seiner Heim-Kaserne fortsetzte. Zu W.s Facebook-Freunden gehören auch Neo-Nazis, die ausgerechnet von Leuten wie ihm gar nichts halten. Denn ihre Pinnwand-Botschaft ist das vierbuchstabige Kürzel »A.C.A.B.«, und das heißt: All Cops Are Bastards.

Josef W. will ein guter Cop sein. Im Dienste der ganz großen Sache.

Am späten Vormittag geht er in die Laxenburger Schule der Tochter von Margit W. und erzählt der Direktorin, dass ihre Schülerin die Tochter von Natascha Kampusch sein solle, was er aber nicht glaube. Um den Verdacht auszuräumen, bittet er »die Direktorin um einen DNA-tauglichen Spurenträger des Mädchens, wie beispielsweise ein benutztes Taschentuch«. Und um einen direkten Kontakt zu ihm. Dabei will er feststellen, ob es ebenfalls von Mittätern Přiklopils sexuell missbraucht wird, wie er später dem Gericht berichten wird. Laut *Standard* wird ihn der Vorsitzende verwundert fragen, wie »Sie das erkennen wollen, wenn Sie das Kind sehen?« Und Josef W. wird antworten: »Na ja, ob sie fröhlich ist. Ich hätte schon feststellen können, ob das ein normales Kind ist oder nicht.«

Ja, das ist es, ich kann es bezeugen. Es ist ein fröhliches, aufgewecktes, intelligentes Mädchen. Kaum waren im Sommer 2009 die Kameras in einem der Wiener Rosenhügel-Filmstudios erloschen, in denen ich eben noch seinen Onkel Ernst H. für die ARD-Doku interviewt hatte, sprang es auf seinen Platz. Mutter und Tochter hatten ihn ins Studio begleitet. Nun saß sie vor mir, voll im Scheinwerferlicht, das noch nicht ausgeschaltet war. Sie stützte ihren Kopf auf eine Hand und beobachtete aus großen Augen, was um sie herum geschah. Wenn es zeitlich hier nicht noch zu früh gewesen wäre, hätte Josef W. jetzt seine Chance gehabt. Er hätte nur den Stuhl, auf dem Margit W.s Tochter saß, beschlagnahmen müssen. Im kriminaltechnischen Labor hätte man sicher darauf DNA-fähiges Material von ihr gefunden. Und mit viel Glück noch das von Natascha Kampusch. Denn die hatte tagelang auf demselben Stuhl gesessen.

Die Schulleiterin verweigert dem Polizisten die Unterstützung bei seinem seltsamen Anliegen. Sie ruft die Polizei und verständigt Margit W. Die erstattet Anzeige beim Bundeskriminalamt. Noch am Nachmittag wird Abteilungsinspektor Josef W. »auf die Dienstbehörde beordert, um zu seinem Vorgehen in Form einer niederschriftlichen Einvernahme Stellung zu beziehen«. Einem Bericht von *News* zufolge werden bei ihm »eine Kopie des Passes und der Geburtsurkunde« der Tochter von Margit W. »sichergestellt«. Da er ahnt, »dass er etwas ›nicht dienstkonformes‹ gemacht hatte«, versucht er »vor seiner Einvernahme bzw. in einer Pause vom Festnetz im Vernehmungszimmer (im Büro seines Vorgesetzten) vergeblich«, Johann Rzeszut zu erreichen, um ihn zu fragen, »ob sein Verhalten strafrechtliche Konsequenzen haben könnte«. Rzeszut ruft zurück, viermal innerhalb von zweieinhalb Stunden, doch Josef W. kann die Anrufe nicht entgegennehmen, er sitzt in der Vernehmung. Gegenseitig versuchen sie, sich am Abend und am nächsten Morgen zu erreichen. Ohne Erfolg. Nur »in zwei Fällen (120 bzw. 166 Sekunden) kam ein Kontakt zustande, jedoch konnten die Männer wegen der schlechten Verbindung einander nicht verstehen«, denn W. stiefelte »in einem Weinberg« herum.

Noch bevor das »Protokoll der dienstlichen Einvernahme« W.s die Staatsanwaltschaft erreicht hat, ist der Vorfall bereits an die Medien durchgesickert, und sie berichten, dass Johann Rzeszut den Polizisten »zur Beschaffung eines DNA-tauglichen Spurenträgers angestiftet« haben soll. Am 1. März wird W. als Beschuldigter »zum Tatverdacht des Verbrechens des Missbrauchs der Amtsgewalt« vernommen und soll Auskunft darüber geben, »ob und gegebenenfalls von wem er dazu beauftragt wurde«. Am selben Tag wird er vorläufig vom Dienst suspendiert. Und kann nachlesen, was Rzeszut den Zeitungen über seinen Kontakt zu ihm erzählt hat: »Das ist Unsinn von ihm, ich fange mit diesem Namen nichts an« (*Der Standard*). »Das kann schon sein, dass ich ihn kenne – aber nicht namentlich« (*Kronen Zeitung*). »Ich kenne die Person vom Namen nicht, kann aber nicht ausschließen, sie einmal getroffen zu haben« (*Österreich*). Den Abteilungsinspektor zu der Tat angestiftet zu haben, weist er entschieden zurück.

Die FPÖ-Nationalratsabgeordnete Dagmar Belakowitsch-Jenewein, die wie kaum jemand sonst die wirren Theorien von Johann Rzeszut, Ludwig Adamovich und Franz Kröll zu parlamentarischen Anfragen umgearbeitet hat, versteht die ganze Aufregung nicht. *Nachrichten. at* zitiert sie mit der Aussage, »sie könne bisher keine Straftat bei dem Polizisten erkennen«.

Das sieht Margit W., die Mutter des betroffenen Mädchens, ganz anders. Sie hat bereits in der Woche zuvor die Behörden gebeten, »von ihrem Kind und ihr selbst Mundhöhlenabstriche abzunehmen«, wie *News* ebenfalls am 1. März berichtet. Die Resultate der DNA-Tests, die mittlerweile vorlägen, bewiesen nun »mit absoluter Sicherheit«, dass das Mädchen »die leibliche Tochter« von Margit W. sei. Dennoch sei sie »noch immer in immenser Unruhe«, weil sie befürchte, »dass Verschwörungstheoretiker die gerichtsmedizinischen Befunde anzweifeln könnten und die Jagd auf ihre Tochter weitergehen und entsetzlichere Formen annehmen könnte«.

Josef W. hat »weder in seiner dienstrechtlichen Einvernahme noch in seiner Beschuldigtenvernehmung« Johann Rzeszut als Anstifter für seine Tat bezichtigt. So aber haben es die Medien berichtet. Diesen Eindruck, der bei Rzeszut entstanden sein muss, will er korrigieren. Er sendet ihm am 2. März, um 8.09 Uhr, eine SMS »mit dem Ersuchen um Rückruf bzw. Rechtsauskunft«. Doch Johann Rzeszut ist offensichtlich auf Tauchstation gegangen und reagiert nicht. Zwei Tage später, am 4. März, um 18.52 Uhr, schickt ihm Josef W. eine weitere SMS mit folgendem Inhalt:

»Sg. Hr. Dr. Ich habe zu keinem Zeitpunkt angegeben, Sie hätten mich zu Ermittlungen aufgefordert oder ermuntert. Unser erster persönlicher Kontakt erfolgte im Oktober 2011. Ich habe Sie angesprochen. Wir haben uns zwei Mal auf einen Kaffee – Ritter getroffen. 4 od. 5 Telefonate. Die Initiative ging immer, mit einer Ausnahme – Rückruf – von mir aus. MfG W.«

Als Johann Rzeszut einen Tag nach seinem 71. Geburtstag, am 6. März, ab 16.35 Uhr, im Ermittlungsverfahren gegen Josef W. aussagt, tappt er in eine Falle, die er sich selbst gestellt hat. Die beiden Beamten vom Korruptionsbundesamt (BAK) vernehmen ihn förmlich als Zeugen, und er muss die Wahrheit sagen. Dass ihnen längst die Ergebnisse einer Rufdaten-Rückerfassung seit dem 21. Februar sowie einer »TÜ«, also einer »Telefonüberwachung«, vorliegen, damit rechnet Johann Rzeszut nicht. Und das ist sein Fehler. Er gibt zwar jetzt sofort zu, dass ihm der Name Josef W. durchaus etwas sage. Dass er sich mit ihm zweimal getroffen habe. Dass er ihn aber »zu irgendwelchen Maßnahmen oder Nachforschungen« nicht motiviert habe. So weit, so gut. Dann jedoch stellen die Beamten die Frage, »ob er seit den beiden Treffen noch Kontakte mit AI[282] WINKLER gehabt habe«. Und Johann Rzeszut sagt Nein. In dem Moment ist er den Status des Zeugen los. Und hat den des Beschuldigten. Wegen »des Vergehens der falschen Beweisaussage«, Strafandrohung: Freiheitsstrafe bis zu drei Jahren. Dass er sich dafür sogar noch als Angeklagter vor dem Wiener Straflandesgericht wird verantworten müssen, liegt sicher außerhalb seiner Vorstellungskraft.

---

282 Abteilungsinspektor

DONNERSTAG, 12. JULI 2012

Die Bundesministerinnen für Inneres und Justiz geben den Startschuss für eine erneute »Evaluierung der Ermittlungsarbeiten« im »Fall Natascha Kampusch«, diesmal mithilfe von Cold-Case-Spezialisten aus dem In- und Ausland. So sitzen in dem siebenköpfigen Lenkungsausschuss (Steering Committee), der die Arbeit eines Evaluierungsteams steuert und koordiniert, Jörg Ziercke, Präsident des deutschen Bundeskriminalamtes[283], und Steven L. Paulson, Legal Attaché des FBI in der Wiener US-Botschaft. Dem aus zwei Arbeitsgruppen bestehenden Evaluierungsteam gehören 14 Experten, darunter Beamte des BKA und FBI, an. Sie müssen unter anderem circa 270 000 Aktenseiten, von denen »maßgebliche Teile in die englische Sprache übersetzt« werden, penibel sichten und inhaltlich bewerten. Was dabei herauskommt, wird die Öffentlichkeit wegen des ungeheuren Aufwandes erst ein Dreivierteljahr später erfahren können.

---

[283] bis November 2014

FEBRUAR 2013

Noch ist die Kommission vollauf damit beschäftigt, in dem schon zigmal durchgesiebten Sand doch noch ein Körnchen zu finden, das alle Verschwörungstheoretiker dieser Welt sofort in Feierlaune versetzen würde. Auf neuen Erkenntnisgewinn durch die Fleißarbeit der internationalen Profis setzt auch Natascha Kampuschs Vater, der immer noch nicht davon abzubringen ist, dass Ernst H. an der Entführung seiner Tochter beteiligt, zumindest aber Mitwisser der Tat gewesen sei. Daher verklagt er ihn beim Wiener Landesgericht für Zivilrechtssachen auf Schadenersatz und Schmerzensgeld. Und legt noch eine Schippe drauf. Einen Tag vor der Weltpremiere des Kinofilms *3096 Tage* in Wien am 25. Februar berichtet die Presse, dass er seine 3096 Tage inklusive seiner Thesen in einem in England erscheinenden Buch[284] hat beschreiben lassen.

Zwei Tage nach der Kinopremiere greift die FPÖ-Nationalratsabgeordnete Dr. Belakowitsch-Jenewein in ihr Gewürzbord und streut mit einer Anfrage wieder mal Pfeffer ins Parlament. Es sind genau 14 Fragen, die ihr auf der Seele brennen. Denn »immer mehr besorgte Bürger (vermuten), dass Wolfgang Priklopil und/oder dessen Freund Ing. Ernst H. als sog. ›V-Männer‹ im Sold der Republik gestanden sein könnten«. Floss also Geld an die beiden? In welcher Höhe? Und für welche Gegenleistungen? Die Antwort der Präsidentin des Nationalrates »zu den Fragen 1 bis 14: Nein.«

---

284 *Missing – A Father's Search for Natascha Kampusch* von Allan Hall

MÄRZ 2013

Natascha Kampusch lässt das Verlies zuschütten. Přiklopil hatte es ja ohne Baugenehmigung errichtet, wie ihr amtlich mitgeteilt wurde.

MONTAG, 15. APRIL 2013

Wieder mal ist einer dieser spannenden Momente gekommen, als der Bericht der nunmehr vermutlich letzten Evaluierungskommission der Öffentlichkeit präsentiert wird. Die Aufgabe übernehmen drei Herren: der frühere Generaldirektor für die öffentliche Sicherheit, Herbert Anderl, der Sektionschef des Justizministeriums, Christian Pilnacek, und der deutsche BKA-Präsident, Jörg Ziercke. Die drei folgenden Punkte des vorgelegten Gesamtergebnisses sind die wesentlichsten, weil sie die Menschen im In- und Ausland über Jahre hinweg am meisten beschäftigt haben:

»1. Die Evaluierung hat ergeben, dass Wolfgang Přiklopil die Entführung der Natascha Kampusch mit hoher Wahrscheinlichkeit allein durchgeführt hat. Ermittlungsansätze, die den verbleibenden Rest an Unsicherheit beseitigen könnten, sind nicht erkennbar.
2. Verbindungen von Wolfgang Přiklopil zur Rotlicht-, Sadomaso- oder Pädophilenszene konnten trotz umfangreicher Ermittlungen zu diesem Gegenstand nicht festgestellt werden.
3. Es bestehen keine Zweifel, dass Wolfgang Přiklopil Selbstmord begangen hat.«

Daraus ergibt sich auch, dass die Seifenblase von einer Mittäterschaft Ernst H.s, zumal nach seinem gerichtlichen Freispruch, endgültig geplatzt ist. Die Nationalratsabgeordnete Dr. Belakowitsch-Jenewein von der FPÖ erklärt, der Bericht beantworte keinerlei Fragen, sondern werfe sogar noch mehr auf. Sie hoffe, so das Gratisblatt *Heute*, »dass Natascha Kampusch sich irgendwann einmal dazu entschließen werde, mit der ganzen Wahrheit ans Licht zu kommen«.

Und noch jemand stöhnt: der ehemalige Direktor des österreichischen Bundeskriminalamts, Herwig Haidinger. Die halbe Million, die der Bericht gekostet habe, zitiert ihn *Heute*, sei »umsonst ausgegeben worden«. Einen ähnlichen Bericht hätte man »schon viel früher haben können«. Darauf hatte er noch zu seiner Amtszeit immer und immer wieder gedrungen. Vergeblich.

Selbstkritische Gedanken entwickelt Florian Klenk, der Chefredakteur vom *Falter*. Nach der Präsentation des Kommissionsberichts wirft er in seinem Blatt die Frage auf, »ob wir Medien in diesem Fall unserer Verantwortung wirklich gerecht wurden – oder ob wir den hochrangigen Skandalisierern im blinden Vertrauen aus der Hand fraßen, anstatt die Glaubwürdigkeit der Vorwürfe zu überprüfen«.

DIENSTAG, 2. JULI 2013

Dr. Martin Wabl, der unerschrockene Richter, Familienmensch und Streiter für die Gerechtigkeit macht Wahlkampf, wieder mit Natascha Kampusch, diesmal für die Christliche Partei Österreichs (CPÖ). Via YouTube lässt er verlauten: Er sei von Anfang an der Auffassung gewesen, »dass es sich dabei um keine klassische Entführung gehandelt hat, sondern dass die Mutter von Natascha Kampusch, gemeinsam mit dem Entführer Přiklopil, für eine Pflegeplatzveränderung gesorgt hat«.

Die CPÖ vergeigt die Wahl. Doch auch außerhalb der Politik hat Martin Wabl genug um die Ohren. Er schreibt ein neues Buch: *Wege zur Gerechtigkeit – Geschichten aus dem Leben eines christlichen Sozialarbeiters*. Für den »Sauschädlball« seiner Heimatgemeinde Fürstenfeld darf er in die Robe eines Anwalts schlüpfen und vor einem Narrengericht närrische Mandanten verteidigen. Das »Fürstenfelder Erzählcafé« lädt zur Veranstaltung »Geschichten aus dem Leben, mit Dr. Martin Wabl« und musikalischer Dudelsack-Umrahmung. Und, das ist vorerst die letzte Meldung: Er tritt bei der Bundespräsidentenwahl 2016 wieder an. Zum vierten Mal.

MONTAG, 18. AUGUST 2014

Das Wiener Landesgericht für Strafsachen verurteilt den Abteilungsinspektor und FPÖ-Kommunalpolitiker Josef W. wegen Amtsmissbrauch zu zehn Monaten bedingter Haft. Er erbittet sich Bedenkzeit, daher ist das Urteil nicht rechtskräftig. Über einen Ansehensverlust in seiner Gemeinde kann er sich nicht beklagen. Nach einem Bericht der *Niederösterreichischen Nachrichten* hält ihm sogar die SPÖ-Fraktionsvorsitzende Gertrude M. die Stange: »Ich stehe voll hinter ihm, alles andere interessiert mich nicht.«

MITTWOCH, 1. JULI 2015

In aller Stille zieht an diesem Tag die Staatsanwaltschaft ihre Berufung gegen ein Urteil zurück, das damit rechtskräftig wird.

Am 18. Dezember 2014 hat der frühere Präsident des Obersten Gerichtshofs, Dr. Johann Rzeszut, als Angeklagter vor dem Landesgericht für Strafsachen Wien wegen falscher Beweisaussage gestanden. Er hat sich als »nicht schuldig« bekannt. Er habe nämlich bei seiner Vernehmung, in der es um die Kontakte zu dem Polizisten Josef W. ging, nicht an die Telefonate gedacht, die hätten »keinen Erinnerungswert« für ihn gehabt. Laut ORF hat Johann Rzeszut seine Gedächtnislücken so auf den Punkt gebracht: »Ich hab' einen mentalen Tunnel gehabt.« Als es in der Verhandlung um die zweite SMS gegangen ist, die Josef W. an Johann Rzeszut schrieb, hat sich Richterin Claudia G. gut in die Lage des Angeklagten hineinversetzen können: »Ich glaube im Zweifel, dass Sie vergessen haben, das zu erwähnen.« Freispruch. Plus kollegialer Zuwendung. »Es tut mir leid, und das sage ich sonst nie, was Sie in den vergangenen zwei Jahren über sich ergehen lassen haben müssen.«

Ob sich die Richterin ebenso Gedanken darüber gemacht hat, was Natascha Kampusch erleiden musste – in den Händen ihres Entführers und in der Zeit danach – ist nicht überliefert.

EPILOG: DIE VIDEOS

Vom 23. August 2006 an, dem Tag, an dem Natascha Kampusch die Flucht gelungen war, bis zum 4. Oktober nahm Chefinspektor Eduard W. vom LKA Burgenland mit seiner Tatortgruppe Přiklopils Haus unter die sprichwörtliche Lupe. Zahlreiche Fingerspuren sicherten und werteten sie aus. Bis auf eine konnten sie sie alle Natascha Kampusch und Wolfgang Přiklopil zuordnen. Die offene Spur fand sich auf einem »Badezimmermöbel« und war dort möglicherweise von einem »Möbelpacker« gesetzt worden. Von 60 bis 80 gesicherten DNA-Spuren werteten sie etwa 28 aus. Auch die stammten vom Täter und seiner Gefangenen. Mit einer Ausnahme: Eine Spur wurde »von einem Autositz im Vorraum vor dem Verlies gesichert«, der ursprünglich zu Přiklopils altem Mercedes-Kastenwagen gehört hatte. Die im Haus »sichergestellten schriftlichen Unterlagen sowie fotografisches und videografisches Material« wurden »zum LKA Burgenland überstellt und dort von Beamten des Ermittlungsbereichs Wirtschaft und Assistenzbereich Observation ausgewertet«. Auch dabei wurden »keine Hinweise auf einen möglichen Mittäter erlangt«, wie Staatsanwalt Hans-Peter Kronawetter in einem Zwischenbericht festhielt.

Bei ihrer Arbeit in Přiklopils Haus stießen die Tatortbeamten auf einen technisch längst veralteten Spielcomputer der Marke Commodore C 64. Ein internetfähiges Hightech-Gerät oder sonstige Speichermedien suchten sie vergeblich. Zwar hatte Přiklopil über einen E-Mail-Account verfügt, den ihm Freund H. eingerichtet hatte. Doch darauf hatte er nicht selbst zugegriffen, das hatte der Freund für ihn erledigen müssen. So enthielt denn Přiklopils Account nach Feststellung der Polizei lediglich einen Newsletter des Internetauktionshauses eBay. Die Möglichkeit, zu Hause Pornos runterzuladen oder ins Netz zu stellen, bestand für ihn also nicht. Stattdessen entdeckten die Beamten eine Canon-Kamera MV 5, drei Mini-DV-Kassetten und sechs bis acht Videokassetten, die den teilweisen Beschriftungen zufolge Aufnahmen von Oster- und Weihnachtsfeiern enthielten. Sie sahen sich eine unbeschriftete Kassette an, die Wolfgang Přiklopil und einen weiteren Mann beim Schilaufen zeigte. Auf dem nächsten Video tauchte plötzlich Natascha Kampusch auf. Laut Staatsanwaltschaft stoppten die Beamten sofort die Sichtung. Sie übergaben ihren Fund den Kollegen aus dem Ermittlungsbereich, und die werteten, gemeinsam mit dem Untersuchungsrichter, das gesamte Filmmaterial aus. Ihr anschließender Befund: »Es habe sich um Familienszenen gehandelt. Es sei nichts Belastendes darauf zu sehen gewesen. Die Aufnahmen seien von fix montierten Kameras aufgenommen worden. Wenn sich die Kamera doch bewegt habe, sei sie offensichtlich von Wolfgang Přiklopil geführt worden. Zu sehen gewesen seien eine Weihnachtsfeier, Ostern, Geburtstage. Auch eine kurze Szene mit Turnübungen habe es gegeben. Die Filme seien immer in den Räumlichkeiten im Haus gedreht worden.« So weit die

Staatsanwaltschaft Innsbruck in ihrer Einstellungsbegründung des Ermittlungsverfahrens gegen die fünf Staatsanwälte.

Diese Bilanz ist nüchtern, und sie entsprach dem gesetzlichen Auftrag an Polizei und Justiz, strafbare Sachverhalte aufzuklären. Das war auch geschehen. Die von Přiklopil selbst gedrehte Langzeit-Filmdokumentation lieferte nicht den geringsten Hinweis auf einen Mittäter. Es gab weder Sadomaso- noch Pornografie-, Vergewaltigungs- oder sonstige Gewaltszenen. Selbst wenn es sie gegeben hätte – der Täter wäre einzig und allein Přiklopil gewesen. Und der hätte nicht mehr belangt werden können.

Die amtliche Betrachtung war das eine. Aber auch Amtsträger sind Menschen, die nicht kaltlassen konnte, was sie aus professionellen Gründen kaltlassen musste. Jenseits ihres auf das Erkennen strafwürdigen Verhaltens verengten Blickwinkels wurden sie Zeugen eines bizarren Zwei-Personen-Bühnenstücks mit achteinhalbjähriger Laufzeit in einem Kellertheater ohne Zuschauer. Regisseur, Darsteller, Beleuchter war der anfangs rollenfeste Wolfgang Přiklopil, sein zwangsverpflichtetes Ensemblemitglied Natascha Kampusch. Das Stück handelte von einem Mann, der leben will, und einem Mädchen, das überleben will. Erster Akt: Macht und Unterwerfung. Zweiter Akt: Zähmung der Widerspenstigen. Dritter Akt: Liebessehnsucht und Tod. Für die Rolle des Mannes hatte die Regie Jeans und Pullover vorgesehen. Das Mädchen war nackt, bis auf die Knochen abgemagert, trug eine Glatze. Ein grausames Stück.

Auch wir haben das Stück Jahre später gesehen. Und konnten uns mit eigenen Augen davon überzeugen, dass alles, was Natascha Kampusch uns bis dahin über die Zeit ihrer Gefangenschaft erzählt hatte sowie in ihrem Buch, zahlreichen Interviews und in den Gesprächen mit Filmproduzent Bernd Eichinger für ihren Kinofilm beschrieben hatte, bis ins kleinste Detail mit dem Inhalt der irren Heimvideos übereinstimmte.

Als Wolfgang Přiklopil die zehnjährige Natascha Kampusch entführte, war er knapp 36 Jahre alt. Er hatte ein fein geschnittenes Gesicht, war schlank und legte, schon wegen seiner extremen Pingeligkeit, Wert auf ein gepflegtes Äußeres. Ob kaufmännischer Angestellter, Finanzbeamter oder Altstudent, er hätte vom Äußeren her in viele Schubladen gepasst.

Durch die Entführung Nataschas fühlte er sich erstmals in seinem Leben stark, mächtig und überlegen. Dieses Hochgefühl auch in der Außenwelt auszuleben, traute er sich nicht. Sobald er das Haus verließ, war er wieder der zutiefst verunsicherte, verklemmte, scheue und kommunikationsbehinderte Mensch. Daher haben weder seine Mutter oder sonstige nahestehende Angehörige noch Nachbarn noch sein engster Freund eine Persönlichkeitsveränderung wahrnehmen können.

Der einzige Mensch, der ihn bis in den letzten Winkel seiner Seele kennengelernt hat, ist Natascha Kampusch.

1999

Mehr als ein Jahr ist seit der Entführung vergangen. Natascha sitzt am Küchentisch und isst eine Scheibe Brot. Die Jalousien sind unten und reflektieren den Schein der Lampe. Přiklopil geht in der Küche auf und ab und redet und redet. Sie gibt ihm immer eine Antwort, nur dann kann sie weiteressen. Ein Ablenkungsmanöver. Schweigen bedeutete, ihm die Chance zu geben, sich wieder auf sie zu konzentrieren. Was meistens das abrupte Ende der Nahrungsaufnahme zur Folge hat. Und Schluss mit Essen ist dann, wenn der Sättigungsgrad erreicht werden könnte. Doch diesmal richtet sich seine Aufmerksamkeit auf ein kleines Malheur: »Wieso host du die Mülch (Milch) ausgschüttet?« Er zeigt auf den Tisch. »Gemma, gemma, gemma (los, los, los)! Alles muss i selber mochn. I moch uns an Tee.« »Einen Wunschtee?«, fragt Natascha vorsichtig nach. Statt einer Antwort kommt der Befehl: »Du sollst die Mülch da wegmochn! Es stinkt sonst! Und dreh das Licht ab, sonst is da Gegenlicht!«

2001, Natascha ist 13, die Situation ist die gleiche. Nur dass sie jetzt eine von leichtem Flaum überzogene Glatze hat, nackt und spindeldürr ist. So sahen weibliche Gefangene im KZ aus. Er blättert in einer Zeitung, dann in einem Werbeblättchen herum. Vor und zurück. Ohne auch nur eine Zeile zu lesen. Zwischendurch trommelt er mit den Fingern auf die Tischplatte. Sie putzt, räumt die Küche auf. »Komm, Sklave! Messer herrichten!« Zeit für eine Jause, wie es in Österreich heißt, eine kleine kalte Mahlzeit. »Hast du gschaut, wann der Tee fertig ist?« – »Drei Minuten vor Viertel.« Sie legt ihm Gurken auf seinen Teller. Seine Hand liegt auf dem Tisch, und er fängt wieder an, mit den Fingern zu trommeln. Sie läuft in der Küche geschäftig hin und her. »Du gehst mir auf den Wecker«, schreit er, »do setz di nieda, herst (hörst du)!« Im Gegensatz zu ihm isst sie nur eine Scheibe Brot, mehr gibt es nicht. Während des Essens blättert er in einem Katalog, zuerst von vorne nach hinten und dann wieder zurück, wie gehabt, auch diesmal, ohne darin zu lesen. Sie steht auf. »Na, was ist!«, fährt er sie an. Sie setzt sich. »Bedienung!« – »Was willst du für eine Bedienung?« – »Ein Glas für mich, blöde Kua (Kuh).« Sie bringt ihm wortlos ein Glas und schenkt ihm Wasser ein. Irgendetwas scheint sie falsch gemacht zu haben, was, vermittelt sich nicht. »Bist blöd?!« Er stößt sie weg, schenkt sich das Wasser selbst ein. Und schreit von einer auf die andere Sekunde los: »Geh weg do (da)! Sie kann nix ...« Sie setzt sich wieder, stopft sich die Brotbröckchen in konzentrierter Hast in den Mund wie ein Kapuzineräffchen im Zoo, das befürchtet: Gleich kommt der große Affe und nimmt mir alles weg. Wie Natascha Kampusch uns später erzählte, war ihr Hunger stets so groß, dass sie ihn mit einer Methode bekämpfte, die nur einem Menschen in ihrer Lage einfallen kann: Aus dem Werbeblatt eines Supermarktes trennte sie die Bilder von Nahrungsmitteln und Süßigkeiten heraus und stellte sich aus den Fotos ein Menü zusammen. In ihrem Verlies leckte sie jedes einzelne

Bildchen ab und aktivierte ihre Sinne, damit sie sich dem suggerierten Genuss eines opulenten Mahls hingeben konnte.

»Was soll ich jetzt noch machen?«, fragt sie, steht auf und geht hin und her. Er blättert weiter in dem Werbeheftchen herum. »Servierst bald mal was?!« Er schnippt mit dem Finger in die Luft. »Geh schon!« Sie streckt die Hände und die Daumen seitlich weg: »Du bist richtig unfair!« – »Ich bin dreimal ölter (älter) als du, also 39. Bist endlich mit dem Essen fertig?« Sie sitzt wieder und macht sich über die letzten Krümel her. Er blättert. »Bist jetzt bold fertig?! Zack, zack! Bedienung!« Er klopft mit den Fingern auf die Tischplatte. »Jetzt gibt es Orangen«, meldet sie ihm, obwohl er es ohnehin weiß. Und serviert sie. »Die sieht komisch aus. Was hot die do? Wasch sie ab, Schatzl.« Ja, er sagt »Schatzl«. Und meint es auch so. Denn für ihn ist sie nicht nur ein »Schatzl«, sie ist der größte Schatz seines Lebens. Auch sie wird ihn mit »Schatzi« ansprechen. Aber im Unterschied zu ihm ist es die Vermittlung eines Gefühls, das ihn in Sicherheit wiegen soll. Damit sie sich für einen kurzen Moment selbst sicher fühlen kann. Alternativ zur verbalen Scheinliebkosung nennt sie Wolfgang Přiklopil auch »Wolfi«, das langt meistens als Zeichen der Nähe. Sie aber muss komplett den Namen wechseln, »Natascha« ist das Mädchen, das er von der Straße weggeraubt hat. Das Mädchen aber, das jetzt schon anderthalb Jahre bei ihm lebt, ist seine Schöpfung. Er arbeitet dran, tagtäglich, formt, schleift, schmirgelt und hämmert. Deswegen heißt sie jetzt »Bibiane«, den Namen hat sie sich selbst aussuchen dürfen. Und so nennt »Wolfi« sein Geschöpf: »Bibi«.

Bibi schält die Orangen am Tisch. »Schneller, schneller.« Sie äfft ihn nach: »Schneller, schneller.« – »Demütig gehorchen. Immer lieb sein. Immer lieb gehorchen. Demütig sein.« – »Rapunzel, Rapunzel, Ramapel, Ramupel«, gibt sie zurück und füttert ihn mit Orangenscheiben. Heimlich steckt sie sich auch welche in den Mund. Damit er abgelenkt ist, redet sie ohne Punkt und Komma, kündigt mit gespielter Leichtigkeit an: »Am Freitag will ich auch was aufnehmen«, womit die Kamera gemeint ist. Aber ihn nerven die Orangen. »Die sind so groß. Gehorchen. Nicht zurückreden. Leise sein. Demütig gehorchen.« Sie sprechen über ein Kabel für den Rekorder. Ständig sagt er zwischendurch: »Demütig gehorchen. Dein Bauch ist furchtbar dick. Wenig naschen. Nicht so viel Bonbons.« Eine Verhöhnung des abgemagerten Kindes, das sich sofort wehrt. »Hör auf damit.« Doch seine Litanei geht weiter. »Und immer schön die Zähnt (Zähne) putzen.« – »Ja, immer wenn du es in dieser Tonlage sagst, dann will ich nicht Zähne putzen.« Er klopft mit den Fingern auf die Tischplatte, während sie unaufhörlich redet, damit sie sich schnell wieder ein Orangenstück in den Mund stecken kann. »Immer schön gehorchen«, lässt er nicht locker. Er beobachtet sie beim Essen und bemerkt trotzdem nicht, dass sie isst. Was ihr wiederum aufzufallen scheint, sodass sie hilflos ein wenig lächelt. Doch plötzlich ist Schluss. »So, Schatzi, schnell, schalt das Licht aus, trink aus und gemma (gehen wir).«

Eine Dreiviertelstunde geht das so. Ein Gespräch führen sie nicht miteinander. Und sie werden auch keins miteinander führen. Zumindest ist keines in dem gesamten Filmmaterial enthalten. Das Gerede ist ein Kleister aus nichts.

Wolfgang Přiklopil spricht in einem hellen, in Moll getränkten, einschläfernd rhythmisch auf- und abschwingenden Gute-Nacht-Geschichten-Tonfall, in den er bisweilen schadenfrohe Lachglückser einsprenkelt. Wenn er, was meistens der Fall ist, Natascha mahnend korrigiert und belehrt, verfällt er in wehleidiges Jammern. Bei plötzlichen, uneinkalkulierbaren zornigen Ausfällen, die in Gewalttätigkeiten münden können, wechselt er in eine lautstarke, straffe, schneidende Tonlage, die auch einem Erwachsenen Angst machen würde. Prügelszenen hat er jedoch nie mitgefilmt. Dass Natascha bisweilen körperlich massiv attackiert wurde, hielt sie in Aufzeichnungen fest, die nach ihrer Flucht von der Polizei gesichtet wurden. Sie erzählte es in Vernehmungen, sie erzählte es uns, und sie beschrieb es in ihrem Buch und in Interviews. Wir haben dann die Hämatome auf ihrer bleichen Haut sehen können, in mehreren Videosequenzen.

Gegen die Machtspiele ihres Entführers wehrt sich Natascha Kampusch mit gelegentlichem Trotz. Bedürfnisse und Gegenwehr, aber auch vorauseilenden Gehorsam verknüpft sie zu endlosen Wortketten, mit denen sie in einem künstlichen, stimmlich erhöhten Singsang Přiklopil umsäuselt. Der darauf mal nachgiebig, mal unwirsch, mal mit schroffem Befehlston reagiert. Fast durchgängig aber maßregelt er sie in dem Tonfall eines jammervoll gereizten, ewig nörgelnden und zwischendurch aufbrausenden Oberlehrers, der ständig an seiner Schülerin etwas auszusetzen hat. Nichts verrichtet sie so, dass es nicht seiner Korrektur bedarf. Er beschimpft sie, brüllt sie an, versucht, sie damit ständig klein zu halten. Mit dem Anflug aufgesetzter Heiterkeit und ihrem künstlichen Endlosschleifen-Singsang fährt sie dazwischen, als wolle sie seine Verbalattacken perforieren, bis sie sich endlich auflösen und er auf andere Gedanken kommt. Was hin und wieder und für kurze Zeit gelingt. Doch die piepsigen Verbalgirlanden dienen nicht nur als permanent zirkulierende akustische Ablenkungs- und Betäubungsmanöver zur Abwehr seiner Beschimpfungen und körperlichen Übergriffe. Přiklopil verliert dadurch für winzige Momente auch die strikte Kontrolle über die Rationierung ihrer Nahrung, und so kann sie sich blitzschnell einen Bissen zustecken. Was nicht immer funktioniert.

Bibi nimmt in der Küche das Gitter aus dem Backofen und reinigt es. Wolfi: »Do hot nix plopp gmocht. Du hasts so ongfüllt, weilst total gierig bist, no (noch) a Marülln (Aprikose) geht eine (rein, in den Mund) und no ane.« Bibi widerspricht und schiebt den gereinigten Rost in das Rohr. »Und no a Stangl Rhabarber und nochstopfn. Und des kennt (könnte) man no nochstopfn. Und dann ist natürlich klar, doss olls (alles) überkocht ... Do schauts aus überoll! Kaum tuats in der Kuchl (Küche) wos, is die Kuchl ... womm, der Bauch hängt!«

Der Bauch der abgemagerten Natascha »hängt« natürlich nicht. Dennoch nutzt sie diese miese Vorlage für ein kleines Signal an ihn: Der Bauch hänge »doch nur, weil i so verzweifelt bin, weils du mir immer so komische Kommentare von dir gibst«. Aus ihrem Mund hängen Rhabarberfäden heraus. »Jetzt hängan die Spaghetti aus der Goschn (Mund) ausse (raus).« – »Nein, wir essen doch so selten Spaghetti.« – »No, was hängt denn do aus der Schnauzn?« – »Aber ich, ich brauch mal wieder a geregeltes Lebn. I bin jo so orm! Aber film lieber mei schönes Magnetarmband.« Das Ablenkungsmanöver klappt nicht. Přiklopil hält die Kamera auf vier Semmeln, die auf einem Teller liegen. »Dos find e net. I siech (sehe) nur die Semmeln, die was sie schon gierig hergrichtet hot.«

Das war etwa im Jahr 2004. Die Küchensequenzen könnten in Dauerschleife gesendet werden. Sie ähneln allen anderen, über die ganzen achteinhalb Jahre hinweg. Sie spiegeln den ganz normalen grauen Alltag wider. Im grell-bunten Kosmos des Irrsinns.

2000

Natascha ist zwölf Jahre alt. Sie ist nackt, abgemagert, jede einzelne Rippe ist zu sehen. Unter Přiklopils Kommandos läuft sie eine marmorierte Steintreppe rauf und runter. Am Fuß der Treppe steht ein kleiner Heizkörper. Natascha ist außer Atem, sie schnauft. Aber sie läuft. Rauf. Runter. Wieder rauf, bis zu einem Absatz, leichte Rechtsdrehung, dann der Rest. Bis in den ersten Stock. Und wieder zurück. Die Bilder sind kaum zu ertragen, sie sind ein Dokument der völligen Erniedrigung. Sie hat nur sich, ihren nackten, ausgezehrten Körper. Und die kindliche Kraft, mit der sie die Schinderei zu bewältigen versucht. Er ist bekleidet, das augenfälligste Symbol der Überlegenheit. Nächste Erhöhung: die für ihn genussvoll sichtbare Ohnmacht ihrer körperlichen Unterlegenheit, die ihn zum Befehlshaber aufbläst. Und ihn im Formel-1-Tempo innerlich alle Stufen auf einmal nehmen lässt, sein Anlauf zum Höhenflug, der in der Schamlosigkeit besteht, das Plattmachen – anders kann man es nicht nennen – eines kleinen schutzbedürftigen Mädchens, das man dem dreckigen Film entreißen und an sich drücken möchte, auch noch zu filmen.

»Du musst dich bewegen.« – »Ich bin schon zwei oder drei Stunden gelaufen.« Natascha hält sich die Hand an den Hals. »Gemma, gemma (gehen wir, gehen wir)!«, treibt er sie an. Sie läuft, hat keine Kraft mehr, wird langsamer, steigt die Treppen hoch. »Ein bisschen sportlicher! Du musst in Äktschn sein. Sonst schaffst dus rein gar nicht«, doziert er. Sie streckt ihre Ellenbogen nach vorn und hebt im Wechsel die Knie zu den Ellenbogen hoch, und das 40 Mal. Danach geht die Lauferei wieder los. In dieser Situation leistet er sich, als Gipfelpunkt seiner Macht, etwas, das er sich in seinem bis dahin vergeblichen Kampf um Anerkennung versagen musste: Er darf gnädig sein. Für ihn eine nie gekannte Form emotionalen Luxus, den er sich nun nach Lust und Laune gönnen kann. Ein starkes Gefühl, geradezu übermächtig, das, wenn es ihn überkommt, sich in einem lang gedehnten »Na guuut ...« entlädt.

Das sagt er jetzt nicht. Aber Gnade kann sich auch in scheinbarer Fürsorge zeigen. Ein Aufblitzen, einmal ganz kurz. Die Steintreppen sind kalt, daher der Heizkörper. Und nun spricht der Fürst zur Magd: »Nimm die Stufen, die unten weiter sind, die sind etwas wärmer.« Dafür muss sie ihm dankbar sein. Der Folterer hat ein freundliches Gesicht gezeigt. Ein trügerisches Signal, denn es vermittelt ihr gleichzeitig, wie abhängig sie von seiner Gunst ist. Das macht sie noch schwächer, ihn noch stärker. Und dieses nette, erhabene Bild von sich ist sein schnell kassierter Lohn für das kurze Einziehen seines Stachels.

Das war's. Der Genuss des minimalistischen Gnadenaktes ist abgeklungen, er legt den »Schalter« um und wechselt wieder in nörgelnde, gebieterische Strenge. »Schneller, schneller.« Und Bibi läuft.

3. November 2002, ein Sonntag. Es ist Abend, beide sitzen im Wohnzimmer, essen Butterbrote. Natascha trägt nur eine Unterhose, ist blass und schmal. Sofort ist sie wieder da, die Assoziation mit dem KZ. »Bewegung! Moch mas (machen wir's)! Du mochst jetzt am Boden a poar Kniebeugen!« Sie macht die Kniebeugen, mit gestreckten Händen. Für ihn und sein Filmwerk. »In die Kamera schaun, immer schön in die Kamera schaun«, weist der Regisseur sie an. Weitere gymnastische Übungen folgen, unter ihrer Haut zeichnet sich jede einzelne Rippe ab. Sie muss einen Kopfstand machen. Bekommt es nicht hin. Er sitzt im Stuhl in der angespannten Haltung eines Dompteurs. »Gemma, gemma!« Sie versucht es zigmal und scheitert. Er steht auf, hebt ihr die Beine hoch und zieht sie auseinander. Sie schreit auf, weil es schmerzt. Schluss, andere Übung. »Jetzt renn ma a Viertelstündchen, bis die Kassette aus is. Heit no (heute noch)! Sind eh erst 15 Sekunden um.« Sie läuft. »Geht das nicht ein bisschen zackiger?« Sofort danach: »Jetzt hast mit der gleichen Übung schon 14 Minuten verbracht.« – »Ich werde noch einmal einen Kopfstand machen.« Es gelingt ihr wieder nicht. Nicht nur deswegen ist der Regisseur mit ihr unzufrieden. Sie hat das Kaminholz nicht bedacht. Positionswechsel. »Weilst immer mit dem Kopf hintern Holzhaufen bist, hob i nur dein Busen draufgobt (draufgehabt).« Weiter geht es mit der Lauferei. »Dos muaß flotter werden.« Sie rennt von Raum zu Raum. Die Treppe hoch. Muss dabei immer ihn mit seiner Kamera im Blick haben. »Nimm zwei oder drei Stufen. Kannst noch weiter laufen. Schneller, das schaut nicht elanmäßig aus. Die Bibi ist sehr erschöpft, sie darf nie wieder Torte essen. Sie muss sich jetzt abduschen.«

Das hat was von Wehrsportgruppe[285] und einem kleinen Mann, der, sobald er sein Haus betritt, sprungfederartig zum »Führer« hochschnellt. Zu seinem Züchtigungsprogramm gehören Ordnung und Sauberkeit. Die Küche dient ihm dafür als ideales Exerzierfeld. Pünktlichkeit nach Dienstplan entfällt. Pünktlich ist sofort. Und sofort ist, wenn er es sagt. Disziplin ist der Sieg über sich selbst, dazu treibt der »Führer« seine blonde Maid an. Erst Körperertüchtigung auf dem verwinkelten Übungsgelände seines Hauses. Danach Körperhygiene, es gilt das Reinheitsgebot. Geduscht wird eiskalt, das härtet ab. Und spart Kosten.

Die Bibi hockt in der Wanne, hält den Duschkopf in der Hand und dreht den Warmwasserhahn auf. »Nicht das Warme, tu sofurt weg vom Warmen!«, schreit Wolfi los. »Nichts mehr nehmen! Du bist fertig!« – »Ich muss mich da noch waschen«. Sie zeigt ihm die Körperstelle. »Wo waschen?«, fasst er nach. Sie zeigt ihm die Stelle noch einmal: »Da kann ich nicht das eiskalte Wasser nehmen. Das is nicht gsund.« Sie dreht den Hahn wieder auf. »Aus! Jetzt is genug! Aus!« Seine Stimme ist laut und schrill. Bibi wehrt sich. Wolfis Stimme überschlägt

---

285 Die Bezeichnung gaben sich rechtsextreme Vereinigungen in Deutschland und Österreich, die zur »Wehrertüchtigung« militärische Übungen abhielten.

sich. »Aus! Aus! Aus! Aus!« Sie wäscht sich nur ganz kurz. »Aus!«, schreit er, »hättest nit so an dicken Bauch, brauchat ma nit so vül Safn« (brauchten wir nicht so viel Seife)!« – »Ich brauche nicht so viel Seife« – »Aus! Spritzt olls (alles) bis an die Tür!« Was nicht stimmt. »Drum wirst dann auch gezüchtigt. Zucht und Ordnung muss sein.« – »Ja, ich werde dann nämlich immer geschlagen.« Sie sagt es in ruhigem, fast freundlichem Tonfall. »Ja, hmm.« Mehr fällt Wolfi dazu nicht ein. Aber ihr. Er filmt sie ja die ganze Zeit, und um ihn wieder milde zu stimmen, hält sie ihr Gesicht in die Kamera, bietet sich dem Regisseur in einer alternativen Pose an. Er greift die Idee auf und richtet das Objektiv auf ihr Gesicht. »Und wockl nit so, sonst hob i des auch net drauf. Schnöll, jetzt da. Jetzt loss dos Aug endlich ruhig, jetzt sans de Nosenlächer.« Ein Auge erscheint in Großaufnahme. »Na, weiter mochn, weiter mochn«, treibt er sie an, ganz der alte Hollywood-Hase. Bibi steht in der Wanne und trocknet sich ab. Sie spricht in einem Fluss, ohne die winzigste Pause, die in einem Text durch ein Komma angezeigt würde. »Meine Augn das is doch super du solltest das Gesamtbild auch filmen außerdem funktioniert das nicht weil ich die Bibi bin.« – »Das Gesamtbild.« – »Ich mein vom Gsicht.« – »Hamma docht (habe mir gedacht), vom Busn. Schnell jetzt da!« Drehende.

In einer anderen Badezimmerszene ist, wie so oft, wieder mal Bibis Bauch dran. Er ist zwar ihrem Nahrungsentzug entsprechend flach und dünn, aber es ist Wolfis Methode, sie mit seinem Genörgel immer ganz klein zu halten: »Außerdem hot sie sich den Bauch aufgeplatzt, weils so viel reinstopft hat. Jetzt is der Bauch ganz blutig, weil sie so viel Keks gfressn hot … Sie hat unheimlich viele Keks gfressn. Jetzt ist der Bauch aufgeplatzt … Die Bauchdecke ist zersplittert. Sie ist zersprungan, zerfetzt.« – »Hör auf!«, geht Natascha dazwischen. Sie ist ernst, und in der Eindringlichkeit, mit der sie spricht, ist plötzlich alle Kindlichkeit von ihr abgefallen und sie wirkt wie eine erwachsene Frau. »Ich bin nie glücklich mit dir.« Die Bemerkung erreicht Wolfi nicht, er quält sie weiter mit seinen Sticheleien. Wenn es nicht der Bauch ist, legt er eine andere Platte aus seinem Folterstudio auf. Dann ist es der Po, der Busen, oder es sind andere Körperteile, deren erfundene Mängel er im Gossenjargon beschreibt und filmt. Nur um sie zu demütigen. In einer Küchenszene begehrt sie dagegen auf. Seine Antwort: »Na guat, nehma wieder die Zelloluitis auf.« Er sagt nicht »Zellulitis«, das Wort kennt er nicht. »Uiii, jetzt draht (dreht) sie sich wieder weg.« – »Jetzt hör doch mal auf. Mit diesem ewigen Schmus. Nimm doch lieber was Gscheites (Vernünftiges) auf. Mei Gsicht zum Beispiel oder so was.« – »Jo, wenns di wegdrahst, is des schwierig.« – »Ich habe das Gefühl, du willst mich immer nur nackt filmen, wenn ich was anhab, magst nicht.« – »Du host jo nix do zum Onziagn (Anziehen).« – »Doch, den Arbeitsmantel (Kittel).« – »Wie schaut denn a Orbeitsmantel in der Küche aus?«

Es mag ein Zufall sein, dass Přiklopil am 12. Dezember 2001 der 13-jährigen Natascha im Badezimmer bei der Überwachung ihrer Körperreinigung aus einem Comicheft den Satz vorliest: »Arbeit macht das Leben süß.« Der Satz kam auch dem deutschen SS-Scharführer Franz Wolf locker über die Lippen, jedoch nicht zufällig. Im Vernichtungslager Sobibór (Polen) schickte er weibliche Häftlinge in die Gaskammern mit den Worten: »Dalli, dalli, meine Damen, Arbeit macht das Leben süß!« Ein ähnlicher Spruch heißt »Arbeit macht frei«. Er stand über dem Eingang des KZ Auschwitz.

Gräuel dieser Dimension mögen in den Fantasien des Wolfgang Přiklopil, der, wie Natascha Kampusch uns erzählt, »teilweise dieses nationalsozialistische Gedankengut« in sich trug, eine Rolle gespielt haben. Sie aber umzusetzen, hätte ihren Tod bedeutet. Er brauchte sie lebend.

KdF, Kraft durch Freude, nannte sich eine Gemeinschaft der Nazis, die für die Deutschen die kollektive Freizeitgestaltung organisierte. Der kleine Mann aus Strasshof mit der Großmannssucht, der so gar nichts mit sich anfangen konnte, wenn er nicht gerade tüftelte und bastelte, legte selbst Hand an und schnappte sich eine blonde Arbeitsmaid. Seither füllt sie ihm mit ihrem Arbeitsdienst seine Freizeit. Und verhilft ihm so zu Kraft durch Freude.

Ein Riesenfreizeitspaß ist es für Wolfi, seine Bibi bis auf die Toilette zu verfolgen. Mit der Kamera in der Hand. Und je heftiger sie dagegen protestiert, umso häufiger entladen sich seine Lachgluckser, schadenfroh über die gelungene Zerstörung des letzten Restes ihrer Intimsphäre. Wann immer es ihn in all den Jahren überkommt, filmt er sie, während sie ihre Notdurft verrichtet. Und er schikaniert sie auch noch zusätzlich. Er schließt die Klotür. Sie entspannt. Er reißt die Tür wieder auf. Sie schreit. Er gluckst vor Lachen. Lediglich einmal ist dokumentiert, dass er sich dazu breitschlagen lässt, die Kamera fixiert auf sie zu richten und selbst kurz zur Seite zu treten.

Er kontrolliert ihre Zähne, ein Arztbesuch ist im Entführungsprogramm natürlich nicht vorgesehen. Wenn sie ihre Zähne mit Zahnseide reinigt, passt er auf wie ein Schießhund. »Herst, host jetzt wos auslossn (ausgelassen)! Die hintere Spoltn (Spalte)!«, herrscht er sie in einer Badezimmersequenz an. »Hab ich nicht.« – »Herst, soll i dirs zeign?!« Sie macht es lieber selbst.

An einem Sonntag, es ist der 6. Juli 2003, und Natascha ist inzwischen 15, vermisst er sie. Sie steht nackt vor ihm, ist, wie immer, abgemagert. Er trägt eine kurze Hose und einen Kurzarmpullover. Sie hebt die Arme, er nimmt das Maßband, misst ihren Brustumfang. Den Umfang von Bauch. Oberarmen. Oberschenkeln. Kopf. Hals. Ihre Stirnhöhe. Und Körpergröße. Bevor er das Maßband anlegt, benennt er akkurat jeden einzelnen Körperteil, betrachtet ihn jeweils mit dem wissenschaftlichen Blick des Nazi-Mediziners. So kann man sich Josef Mengele, den Lagerarzt im KZ Auschwitz, bei der Arbeit vorstellen.

Das Telefon klingelt. »Lassen wir läuten«, sagt Přiklopil. Und misst weiter.

MITTWOCH, 12. DEZEMBER 2001

Diesmal telefoniert Přiklopil. Es ist ein sehr kurzes Telefonat. Er spricht mit leidendem Unterton, sagt »ja«, schlägt »Montag« vor, dann: »Ja, da schaun ma (sehen wir mal).«

Zum Schluss: »Na guat, ja guat. Baba (tschüß).« Es könnte Ernst H. gewesen sein, mit dem er gesprochen hat, sicher ist es nicht.

Der eben noch jammervolle Wolfi geht ins Badezimmer zu Bibi, schreit sofort los: »Bist deppert?! Bist varruckt (verrückt)?! Wos is des wieder für a Scheiße!« Es geht, wie immer, um nichts. Reine Quälerei. »Mieser Ekelpaket-Typ«, gibt Bibi zurück. Sie hat feine Antennen dafür entwickelt, wann sie sich ein wenig aus der Deckung wagen kann, ohne gleich geschlagen zu werden. Wolfi: »Kumm, i wüll schlafn gehn. Kumm, gehorchen, demütig gehorchen.« – »Hör doch auf, du albernes Würschtl.« – »Demütig gehorchen.« Bibi schneidet Grimassen, piepst ihm in seine Worte hinein, während sie sich abtrocknet und aufpasst, dass kein Wassertropfen über den Badewannenrand fällt. Wolfi dreht weiter an seinem Leierkasten. »Demütig gehorchen, brav sein, leise sein, immer brav sein. Lieb sein, nicht zurückreden.« Bei Hofe hält sich der König einen Hofnarren. Den spielt Bibi für ihn, wenn sie das Gefühl hat, dass ihm der Sinn nach Clownereien steht. Sie macht ihre Faxen und zerteilt mit ihren piepsigen Wortketten sein Ermahnungsgebrabbel. Aber seine sanfte Hinnahme ihrer Einlage währt nur kurz. Sein Comicheft ist in Gefahr. »Du spritzt es on, herst, her auf!«, schreit er hysterisch. Nein. »Sicher! Do a noch draufgspritzt. Kumm, wisch des olls ob do. Gemma, gemma, basta!« Bibi weiß: Jetzt ist Schluss mit lustig. Wer mit einem Rottweiler im Käfig ist, muss zu allen Flötentönen greifen, damit er einem ja nicht das Gesicht wegfrisst.

SILVESTER 2001, MITTERNACHT

Im Wohnzimmer. Wolfi trägt einen Rollkragenpullover, darüber ein Jackett, Bibi einen langen Rolli und auf dem Kopf ihren hellen Hut. Auf dem Esstisch liegt eine weiße Tischdecke mit einer Papierschlange. Darauf stehen zwei Sektgläser und eine Flasche Prosecco der billigsten Sorte. Daneben, auf Bibis Seite, ein großes Lebkuchenhaus mit einem Weihnachtsmann davor. Sie bricht von dem Lebkuchenhaus ein Stück ab und knabbert wie ein Mäuschen daran herum. »Moch ja keine Brösel, Schatzi! Wo sind meine Sachen?« – »Die müssen wir holen.« Es eilt, denn offenbar rückt der Zeiger der Uhr auf die zwölf vor. »Schatzi, schnell, wo sind die Fischerln (Salzgebäck)?« Bibi schenkt den Prosecco ein. »Tu das nicht so schief halten.« – »Gut.« Die Gläser sind gefüllt. »Jetzt stoßen wir an«, schlägt sie vor. »Prost 2002«, sagt er, sie säuselt es mit. Ein Schlückchen, zurück mit den Gläsern auf den Tisch. Neben Lebkuchenhaus, Weihnachtsmann und »Fischerln«. Dann seine Neujahrsbotschaft: »Nur net bröseln!«

FREITAG, 22. NOVEMBER 2002

Wolfi und Bibi sind im Verlies. Diesmal hat sie die Canon in der Hand, beschreibt exakt nach seinem Vorbild jeden Gegenstand, den sie filmt. »Schade, dass ich die Kamera führen muss, das funktioniert nicht so gut. So, nun das Ganze ein bisschen näher ... Das ist mein selbst gebasteltes Pferd mit Krepppapier und Klopapierrollen. So, jetzt werde ich es weiter weg zoomen. Jetzt zoome ich es wieder etwas näher ...« – »Die Kamera ruhiger halten.« Sie erzählt und erzählt. Lenkt ihn mit ihrem Redefluss ab, sodass sie fast unmerklich von ihren Basteleien überschwenkt auf die noch dunklere Seite im ohnehin dunklen Verlies. Sie nutzt die Chance, Wolfi ihre Mängelliste in ihrem spielerisch leichten Singsang in sein Ohr zu träufeln, in der Hoffnung, dass vielleicht ein Fitzelchen davon in ihm hängen bleibt. Gleichzeitig aber nimmt sie sich ein wenig den Druck von der Seele. Denn es gibt niemanden, bei dem sie sich über die Zustände, in denen sie lebt, beschweren könnte. Der Einzige ist der, der sie herbeigeführt hat. »Da ist mein Alibert[286], alles rostig, der Spiegel. Jetzt sehe ich mich in dem Spiegel mit der Kamera. Die Schraube da ist auch rostig und hat das Plastik zerschnitten. Da hängt mein Handtuch. Und das dreckige da unten, da haben wir alles runterreißen müssen, weils schimmelig ist. Und leider hat mir der Wolfi das noch immer nicht repariert.« Sie beschreibt ihre Toilette. »Und da ist das Sackerl fürs Klo, ich darf ja keins runterlassen.« Das »Sackerl« haben dann später die Beamten der Tatortgruppe gefunden. Mit benutztem Toilettenpapier.

---

286 Spiegel-Wandschränkchen

SONNTAG, 1. DEZEMBER 2002

Wieder im Verlies. Vor Bibi steht ein großes Paket. Sie fängt an, es auszupacken. »Müll gleich in die Schachtel rein«, kommandiert Wolfi. Es kommt ein »Alibert« zum Vorschein. Die Dauergedemütigte zeigt die erwartete Dankbarkeit. »Der is leiwand (toll)!« – »Hebs auf, was runtergfalln is. Das Styropor muss vom Teppich.« Bibi liefert die ebenfalls erwartete Begeisterung ab, so übersteigert, dass damit seine Tagesration an Genugtuung gedeckt sein müsste. »Der ist so schön! Wie der in diese Ecke passt!« Sie kommt aus dem Schwärmen nicht heraus. Doch es scheint nicht zu reichen. »Bewegung! Gehorche! Das ist ein Alibert mit Leuchtstoffröhren. War ein bisschen teurer, waast (weißt du)!« – »Der ist so leiwand, wie hast du den gefunden?«

FREITAG, 6. DEZEMBER 2002 (NIKOLAUSTAG)

Bibi ist mit BH und Unterhose bekleidet. An den Beinen hat sie einige Hämatome. Wolfi hat jetzt längere Haare, trägt ein rosafarbenes Hemd. Sie hat einen Adventskalender vor sich, muss alle Türchen öffnen, das kontrolliert er genau. »Bibi hat den Vierundzwanzigsten vergessen.«

Trotz aller Schikanen zeigt sie ihm jedes Mal, wie sehr sie seine »Zuwendungen« schätzt. Schließlich muss sie ihn stets bei Laune halten, damit seine Stimmung nicht wie so oft und unvorhersehbar kippt. Denn das Hochgefühl seiner Macht, der Herrschaft über sie, bezieht er in erster Linie aus Bestrafung und Gängelei, mit zu langem harmlosen Dahinplätschern banaler Scheinkonversation schwindet seine Macht, so dürfte er es empfunden haben. Daher geht es für sie darum, Momente, die nicht bedrohlich sind, möglichst auszudehnen. Doch wenn sie ihm, wie jetzt, ein schnelles »Dankesbusserl« auf die Wangen hauchen will, reißt er den Kopf angewidert zur Seite und stößt sie entnervt von sich weg – körperliche Nähe ist ihm zutiefst zuwider. Es sei denn, das eigene Verlangen schiebt die inneren Verklemmungen beiseite und er holt sie zu sich hoch in sein Schlafzimmer, fesselt sie mit Kabelbindern an sich, damit er auch noch im Schlaf die Kontrolle über sie behält, dann ist das die Nähe, ohne die das Erwünschte nicht zu bekommen ist.

MONTAG, 20. JANUAR 2003

Wolfgang Přiklopil fährt allein ins Donauzentrum, in dem er dreieinhalb Jahre später Schutz vor dem Zugriff der Polizei suchen und seinen Freund Ernst H. um Beistand bitten wird. Er geht in einen Musikshop, filmt die Geschäfte. Anschließend fährt er zu einer Baustelle. Auch die Rückfahrt nach Hause filmt er. Als es losgeht, sagt er sich selbst an: »So, jetzt verlasse ich das Semperit[287]-Gelände.« Dann tritt er aufs Gaspedal. Und rast und rast. Die Häuser fliegen an ihm vorbei. Überholen für andere – sinnlos. Er überholt. Er ist der Chef auf der Straße. Die Kraft des Motors hat sich auf ihn übertragen, sie steckt jetzt in ihm. Auch das ist Kraft durch Freude.

---

287 Reifenhersteller

2004

Die blonde Arbeitsmaid, bekleidet mit einer schwarzen Unterhose und einem hellen langärmeligen Shirt, beim Putzen. Sie hockt neben einer Wand, reinigt sie mit einem Lappen, vor ihr steht ein gelber Eimer mit Wasser. Ihr Aufseher Wolfi schimpft: »De hot ongfangt zu putzn. Dos erschte, wos gmocht hot, woar hiar, genau hiar.« Wolfi filmt die Wand. »Lügner!« – »Die Mauer total noss zu mochn … Der holbate Kübl (halbe Eimer) pickt (klebt) an der Mauer.« Bibi bleibt gelassen, sie kennt diese Quengeleien seit Jahren, grinst ihn an. »Und jetzt is glei der Akku leer. Jetzt sog noch, wos zum Sogn (Sagen) host.« – »Ich bin so klein. I muss das ganze Haus putzn.« – »Der gonze Kübl, der is vom ganzn Haus, der is amol austauscht wurdn.« – »Nein, stimmt nicht! Ich hab schon drei Mal austauscht.« – »Na (Nein).« – »Doch!« – »Und donn tuats imma nur rundherum. Wenn irgendwo was steht, donn mocht ses (sie es) schän (schön) rundherum.« – »Red keinen Blödsinn«. – »Zum Beispiel do, wo der Kübl steht, wird ses a (auch) rundherum mochn.« Bibi ist inzwischen dabei, die Bodenfliesen aufzuwischen. »Werd ich nicht rundherum …« – »Na ja, weghebn wär a bissl zu vül Orbeit.« – »Nein, weghebn ist mir nicht zu viel Arbeit.« – »Des Gleiche do mit die Floschn (Flaschen). Grod hobs ich so wunderschän hier eingeräumt, weil sie sich draußn getürmt hom, ongeblich hots ka (kein) Loch frei gfundn.« Wolfi hält die Kamera auf ein Flaschenregal, neben dem Bibi hockt und weiter die Fliesen putzt. Sie grinst ihn an: »Das ist nur ein Scherz, das hat die Bibi alles gmocht.« – »Dos hob i gmocht.« Bibi verrollt die Augen und lächelt. Wolfi überhört ihren Hinweis. »Jetzt, moch jetzt weita!« Und Bibi wischt.

Bibi muss sich die Haare blondieren, sie ist von Natur aus brünett. Blondinen sind für Wolfi der Idealtyp einer Frau. Wie einst für die rassistisch-verqueren Verbrechercliquen der Nazis und ihren dunkelhaarigen Führer. Das Blond passt – man könnte sagen: haargenau – zu Bibis Auftrag, für Wolfi die Arbeitsmaid zu spielen. Es gibt eine Szene im Badezimmer, die das zeigt.
Bibi soll sich die Haare färben. »Nein, ich will nicht blond wie eine Semmel sein«, protestiert sie. »Aber Blondinen fällt manches leichter.« – »Na und?« – »Oder vieles?« Bibi schaut in den Spiegel und zupft an ihren Haaren herum, sagt wie mechanisch »Ja.« – »No siehgst (siehst du). Drum mochst es. Dass dann viel besser draußen arbeiten und betonieren kannst, und so weiter und so fort.« Geschickt nimmt Bibi die Kurve, in die Wolfi sie unwillentlich geschickt hat. »Ja, aber wenn ich blond wie eine Semmel bin, krieg ich auch leckere Sachen wie a Semmel.« Doch schon ist sie da, Wolfis Haltekelle: »Hmm. Ja, kannst von Semmelbrösel dich ernährn.«

MITTWOCH, 16. MÄRZ 2005

Bibi ist in ihr Verlies eingesperrt. Und kann nur hoffen, dass Wolfi unbeschadet von seinem Ausflug zurückkehrt. Wenn nicht, dann ist es ihr Todesurteil.

Wolfi ist mit Freund Rudolf H. beim Schilaufen. In einer Schihütte filmt er ihn beim Essen von Berner Würstln mit Pommes. In einem Almdudlerglas perlt eine Limo, alles wird sorgfältig dokumentiert. Danach filmen sie sich gegenseitig, wie sie mit tänzerischen Hüftschwüngen auf sonnenbeschienenem Glitzerschnee die Pisten hinunterrauschen. Wolfi trägt einen lilafarbenen Anorak, seine Augen schützt er mit einer Sonnenbrille. Ja, Schilaufen kann er. Rudolf H.s Aufnahmen belegen es. Elegant stoppt Wolfi nach einer Abfahrt mit seinen Schiern direkt vor dem Kameramann. Und strahlt voller Stolz ins Objektiv.

MONTAG, 31. OKTOBER 2005

Zwei Ereignisse fallen aufeinander: Es ist der Weltspartag. Und Wolfi hat Namenstag. Da erwartet er natürlich die besondere Aufmerksamkeit seiner Gefangenen. Die hat sich für ihren Entführer, der außer an Festtagen jeden Cent dreimal umdreht, mit jedem Wassertropfen, jedem Brotkrümel geizt, auch etwas einfallen lassen: Sie hat für ihn aus Marzipan ein Schwein geformt. »Mein Namenstagschwein«, freut er sich. Und erkennt die Anspielung nicht, die nun folgt. Bibi zeigt wie bei einer Präsentation mit eleganter Geste auf das Schwein. »Ich wollte fürn Weltspartag ein schönes Sparschweinchen fürn Wolfi kreiern.«

DEZEMBER 2005

Oberhalb einer Bodenleiste sitzt eine Spinne. Bibi soll sie entfernen. Ein Heidenspaß für Wolfi, und er schaltet seine Kamera ein. »Eine Spinne, und die Bibi bringt sie jetzt gleich um.« Er versetzt seine Stimme in erhabene Schwingungen. Bibi hingegen ist wütend, spricht im Befehlston: »Abschalten, aus!« – »Jetzt sieht man den Mord ganz genau.« Bibi packt mit einem hellen Tuch in der Hand die Spinne. »Ich morde nur, weil der Wolfi mich zwingt.« – »Sie rennt davon, Bibi hats aber erwischt. Hoff i wenigstens«, spricht der Reporter beschwingt ins eingebaute Mikro. »Ja.« Die Spinne ist im Tuch. »Hostas (hast du es)?« – »Ja.« – »Host es gut ermordet?« – »Ja.« Sie säubert die Wand oberhalb der Leiste. »Hots Schweben (Fäden) gmocht?« – »Nein.« Kamera aus. Das Großereignis ist nun Bestandteil eines ebenso großen Filmwerks. Sein Titel: »Wolfis Welt« – eine kindliche Welt, die Natascha Kampusch für Přiklopil aufschließt.

Sie ist noch ein kleines Mädchen, als sie sich mit hyperfeinen Sensoren behutsam in seine Seele vortastet und auf eine tief verborgene Sehnsucht bei ihm stößt: ein kleines unschuldiges Kind sein zu können, das er in dieser unversehrten Reinheit und frei von Zwängen wohl nie gewesen ist. So gelingt es der kleinen Natascha, den Mann, der sie aus ihrer Welt entführt hat, in ihre Welt zu entführen. Er ist der verführte Entführer, der ihr freiwillig folgt. Und nun, wann immer es ihm passt, innerhalb seiner Schutzzone – Haus und Grundstück – eine Kinderwelt ausleben kann, die er offenbar so nicht kennengelernt hat.

Feiertage wie Namens- und Geburtstage, Weihnachten und Ostern werden als besondere Ereignisse schon im Vorfeld langfristig zelebriert. Das beginnt damit, dass Natascha Kampusch um Geschenkpapier, Malstifte und Wasserfarben bettelt, die Přiklopil ihr dann gnädig besorgt. Vorwiegend erhält sie weißes Papier, das sie mit bunten Ornamenten oder Sternen bemalt. Darin wickelt sie die kleinen Basteleien für ihn und die Geschenke, die sie sich gewünscht und auch erhalten hat, ein. »Er hat mich auf Händen getragen und mit den Füßen getreten«, sagte Natascha Kampusch über ihren Entführer, als sie ihre Freiheit wiedererlangt hatte. Damit er sie wenigstens hin und wieder halbwegs gut behandele, hat sie nachgeholfen. »Ich habe ihn mit meinen Giftzähnen gebissen«, erzählte sie uns später lächelnd. Als Grund für sein gelegentliches Wohlverhalten nannte sie »Gewissensbisse, die er natürlich hatte. Ich glaube, der hatte auch schlimme Magenprobleme, weil er die Konsequenzen seiner Tat nicht ausgehalten hat. Er hat alles verdrängt, alles abgestritten und verleugnet. Er ist nicht klargekommen mit der Wahrheit, hat sie einfach nicht vertragen. Aber da konnte man ihm auch nicht weiterhelfen. Hätte er mich wieder freigelassen und wäre tapfer in den Knast gegangen, dann hätte er das Problem nicht gehabt.«

EPILOG: DIE VIDEOS | 385

Während des kreativen Prozesses des Geschenkeverpackens zieht sich Natascha Kampusch in ihrem Verlies in ihre eigene Welt zurück, singt dabei kleine Liedchen. Přiklopil fehlt die Geduld, diese Tätigkeit durch permanente Anwesenheit zu überwachen. So kommt er ab und zu in das Verlies, um seine Kontrollfunktion zu demonstrieren.

Das spätere Auswickeln, begleitet von Ausrufen der Überraschung ist ein Ritual. Ein solches Festtagszeremoniell kennt Přiklopil aus seiner eigenen Kindheit vermutlich nicht – aber Natascha. Sie erkennt schon beim ersten Mal ihre Chance und setzt sie geschickt zum Rollentausch ein: Ohne dass Přiklopil es merkt, ist sie seine »Erzieherin«, er das Kind. Sie teilt mit ihm kindlich übersteigerte Freuden und Erwartungshaltungen, Gezeter und Gequengel wie auf Kindergeburtstagen.

Wolfi hat Geburtstag, er ist 43 geworden. Er sitzt mit nacktem Oberkörper hinter dem Küchentisch und schaut unsicher in die Kamera, die diesmal Bibi führt. Sein Gesichtsausdruck pendelt zwischen dem Anflug eines freundlichen Lächelns – schließlich hat sie für ihn Geschenke gebastelt –, peinlichem Berührtsein und Ungeduld. »Er schaut immer so verlegen drein«, kommentiert Bibi und hält auf eine Karte, die sie ihm gebastelt hat. Sie ist einem Verkehrszeichen nachempfunden, das vor einer Gefahr warnt: dreieckig, roter Rand, darunter in weißer Schrift: DAS LEBEN IST EIN – was es ist, zeigt das Symbol in der Mitte an, das kein behördliches ist, sondern ein ebenfalls von Bibi gestaltetes: zwei schwarze Spielkarten, leicht verkantet übereinandergeklebt. »Vorsicht, Wolfi, das Leben ist ein Spiel!«, mag es bedeuten. Er nimmt die Karte in die Hand, aber nur, weil sie ihn dazu auffordert. »Das Leben ist ein Spiel«, sagt sie, die Warnung lässt sie weg. Er reagiert darauf mit einem lang gedehnten »Ja, ja«, es fehlt ein Gähnen. Er erfasst die Symbolik nicht. »Drehs vielleicht ein bisschen.« – »Na guuuut.« – »Da is so ein Glitzer... ja toll.« Wolfi dreht die Karte um: »Na guuut!« Aber es nervt ihn. »Ach! Ich habs doch noch net so gsehn«, erklärt Bibi, sie will die Karte, wie auch sonst jedes Geschenkedetail bei festlichen Anlässen, filmen. Nun wird Wolfi sauer, wütend hält er die Karte nun richtig hin. Sein Ton ist abfällig und aggressiv: »Ach, du bist so unfähig. Jetzt tua amol schön fülman, net doss dos wieda so a Rumgezucke is wie sonst immer, wennst fülmst.« – »I fülm doch eh schön.« Bibi hält die Kamera weiter auf die Karte, einen Tick zu lange, denn schon greift der Regisseur wieder ein: »Und nicht ewig, dos derf nit longatmig sein.«

Nicht nur das. Auch, wie man die Kamera hält, weiß der Heimcineast natürlich besser als Bibi. Bei einem Osterfest nimmt er ihr die Canon aus der Hand. »So. Jedenfalls filmt jetzt wieder der Herr und Gebieter, man wird die ruhige Kameraführung sofort bewundern können.« Und die bleibt so lange ruhig, bis er merkt, dass er sich beeilen muss. »Also weiter, der Akku ist schon wieder ziemlich leer. Wir ham jetzt schon wieder eine halbe Stunde aufgenommen. Man höre und staune! Schon eine halbe Stunde Osterverfilmung.« Versehen mit der Option, sie für die Nachwelt zu erhalten: Bibi hält ein Osterei vor die Kamera, und Wolfi schreit los: »Net so hoach hebn. I konn net so schnell die Kamera aufeschwenken (hochschwenken). Jetzt zeigs noch einmal her, denn wenn das mal jemand anschaut!«

Das Gefühl emotionaler Überlegenheit verschafft Natascha Kraft und in diesen Phasen auch ein kleines Stückchen Macht über Přiklopil, auch wenn er immer wieder rumnörgelt. Doch ab und zu lässt er sich von ihrer Schaffensfreude mitreißen und schreibt es seinem guten Einfluss zu. Und darauf ist er stolz.

Zu Ostern 2005 macht Bibi sich als Siebzehnjährige auf die Suche nach Ostereiern, die er für sie im ganzen Haus versteckt hat. »Költa, költa, no (noch) költa. No vül költa. Eisig kolt. Na, es wird wärma, bisserl wärma«, dirigiert er sie mit vorgehaltener Kamera von Raum zu Raum. Dabei gibt er sich genervt wie ein ungeduldiger Vater, dessen Kind sich bei der Suche allzu dumm anstellt, genießt andererseits die Überlegenheit des Wissens um jedes einzelne Versteck und begleitet das Umherirren seiner »Sklavin« mit gelegentlichen satt-zufrieden gegluckstsen Lachern. Das Gebäude der Selbstgefälligkeit bekommt jedoch einen Riss, wenn sie sich scheinbar darum bemüht, ein Ei zu finden, das nicht er, sondern sie versteckt hat. »Wo rennst denn jetzt hi?« – »Ins Bad« – »Ins Bad, aha.« – »Ja, hast du da was versteckt?« – »Jo, wie soll i dos wissn, bin i da Osterhos?« Bibi beugt sich über die Wanne. Nichts. Sie konzentriert sich auf die Waschmaschine, Wolfi unterdrückt sein glucksendes Lachen. Bibi »entdeckt« hinter der Waschmaschine ein Körbchen mit Ostereiern. Wolfi lacht leise in die Kamera. »Ha, lässig?!«, sagt sie. »Und du hast nicht einmal bemerkt, dass ich mir da eine Überraschung versteckt hab. Aaaah, ist die schön! Da is sogar so a kleines Osterhäschen.« – »Des konn i net bemerkt hobn, weil du host es in der Woschmaschin noch (nach) mir versteckt, do woar des schon versteckt, wies du des versteckt host.« – »Ah so.« – »Gemma.«

In der Küche legt Wolfi ein großes Osterei, gefüllt mit kleinen Ostereiern, auf eine Waage. Sie zeigt 250 Gramm an. Und der Maestro verkündet: »Bibi hat das Osterei als Zierde. Und wenn sie sich genug dran sattgesehen hat, wenn sie ganz gesättigt ist vom Ansehen, werde ich es essen.« Beim nächsten Osterfest 2006, dem letzten, das sie gemeinsam feiern, geht sie kurz die Kellertreppe hinunter, kommt wieder hoch, er zoomt ihre Unterhose heran und fährt sie harsch an: »Ist das die Raufgehunterhose? Wieso host die Raufgehunterhose an?« Erkältet sei sie, daher. An schräge Wortschöpfungen wie diese hat sie sich gewöhnt. Aber seine weiteren »Gehorche«-Befehle quittiert sie mit Grimassen und herausgestreckter Zunge. Auf dem Ostertisch liegt den Süßigkeiten eine »Grußkarte«, wie Bibi sie nennt, bei. »Die hob i selbst beschriftet, aufwendig!« – »Aufwendig, ja? Mit dem Kuli Wolfi hingschriebn.« – »Mit wosn sunst!« – »Aufwendig beschriftet!«, spöttelt Bibi und ist innerlich wohl schon auf dem

Sprung in die Freiheit. Dies belegt eine filmische Aufnahme, die nach Ostern 2006, etwa zwei Monate vor ihrer Flucht, entstand.

Johann Sch. bekam mit, dass ein junges Mädchen im Garten seines Nachbarn Přiklopil herumwerkelte. Er hielt sie für dessen Arbeiterin und bot ihm an, sie dürfe gerne mal in seinem Pool schwimmen. Přiklopil nahm das Angebot an, und Natascha Kampusch durfte in Abwesenheit von Johann Sch. einige Runden im Pool seines Gartens drehen. Nachträglich bedankte sie sich bei ihm dafür. Den Moment zur Flucht zu nutzen, war unmöglich: Přiklopil stand direkt neben ihr und hatte für einen solchen Fall mit Mord und Totschlag gedroht. Diesen einmaligen Ausflug nach nebenan hielt er mit der Kamera fest.

Bibi schwimmt, keiner sagt ein Wort. So geht es eine halbe Minute. Dann der erste Kommentar von Přiklopil: »Sie schwimmt noch ein Tempo, donn hörts auf. A Enten und du schwimman langsama als a Großmutta. Ist kein Elan da drin. Mehr Äktschn! Schau, dass sich was tuat! Sie planscht nur im Becken ... Und wieder ein Tempo und noch eins, und is wieder Schluss ... Konn man jetzt no an Köppler (Kopfsprung) filman oder is dos zu vül verlangt?« Bibi schwimmt und sagt keinen Ton, sie scheint diese Momente intensiv zu genießen. »A Köppler is wieder nichts heite.« Sie dreht ihre Runden, geht nicht auf ihn ein. Funkstille, fast zwei Minuten lang. Wolfi konzentriert sich ganz aufs Filmen. Ein Flugzeug nähert sich, man hört die Motoren. »Jetzt hots erst die Ohrn unter Wossa.« Eine Minute Schweigen. »Bissl mehr Äktschn! Dos is wie an Standbild, du im Wasser. Mehr Äktschn ...« Bibi schwimmt ungerührt weiter, bleibt stumm. Und da kommt er, der Gnadenerlass: »Na guuut ...«

WEIHNACHTEN 2005

Zu Weihnachten und zu Geburtstagen darf sich Natascha etwas wünschen. Přiklopil fährt los, kauft ein, sie wickelt ein, er filmt. Mit glucksender Vorfreude und der Canon in der Hand beobachtet er sie beim Auspacken. Während sie sich mit gespielter Neugier jeweils über das nächste Geschenk hermacht, legt er das Papier Kante auf Kante und faltet es wie mit dem Lineal gezogen zusammen. Für das nächste Fest.

Bei dem stundenlang gefilmten Irrsinn muss man sich fragen, wie Natascha Kampusch es trotz dieses geistigen Abstiegs in die Kindergartenwelt ihres Entführers schaffte, sich Jahre später durch ihre Flucht von null auf 100 in die brutale, reale, globalisierte Welt zu katapultieren. Wie kann ein Mensch diesen Dauerwahnsinn unbeschadet überstehen?

Weihnachten. Seit 1998, dem Jahr ihrer Entführung, steht ein Plastikbaum in Nataschas Verlies, oben ein Tannenbaum, beide sind von ihr geschmückt. In ihrer Familie war es Brauch, sich vor der Bescherung in einem Nebenraum zu versammeln und gemeinsam »Stille Nacht, heilige Nacht« zu singen. Dann klingelte ein Glöckchen, und alle betraten die Stube mit dem vom Kerzenlicht erstrahlten Weihnachtsbaum. Diesen Brauch hat Natascha in Wolfis Welt eingeführt.

Weihnachten 2005, das letzte gemeinsame Fest. Bibi steht vor dem prachtvoll bunt geschmückten Baum. Die Kerzen brennen, Wunderkerzen versprühen kleine Sternchen. Sie greift zu einem Glöckchen, schüttelt es kurz, stellt es zurück. Ihre Augen sind nur auf den Glanz des Baumes gerichtet. Sie ist ein Teenie, bald 18. Aber in diesem Moment ist sie das kleine Mädchen. »Schöne Weihnachten«, sagt sie mit einem weichen, fast glücklichen Gesicht. Sie geht um den Baum herum, betrachtet jede Einzelheit. »Jö, schön!«, sagt sie und tritt noch näher an den Baum heran. »Knistert schön.« – »Na guuut.« – »Toll!« – »Oba du singst nicht.« Mit zittriger Stimme fängt sie an, »Stille Nacht, heilige Nacht« zu singen.

Am nächsten Abend wird sie in ihrem Verlies sitzen, vor dem Plastiktannenbaum. Und Wolfi oben. Mit Mutter und Großmutter.

Nataschas Kindheit mit sexuellen Annäherungen durch Přiklopil geht über in eine sexuelle Beziehung mit ihm. Nichts davon wird dokumentiert, die Kamera bleibt aus. Vermutlich ist es für Přiklopil die erste sexuelle Erfahrung mit einer Frau. Ihm eröffnen sich damit plötzlich völlig neue Welten. Das erfasst Natascha blitzschnell und saugt daraus eine Stärke, die sie bis dahin nicht hatte. Bislang war sie zu 100 Prozent von seiner Gunst und Gnade abhängig. Nun ist er zumindest von ihr abhängig, wenn er mit ihr schlafen will. Denn ein Vergewaltiger ist er nicht, auch wenn er sich später in seiner Verzweiflung Ernst H. gegenüber als solcher bezichtigen wird. Er ist ein Vergewaltiger in dem Sinne, wie sich ein weiblicher

KZ-Häftling »freiwillig« seinem Wärter hingegeben hätte. Zudem wächst Nataschas Widerspruchsgeist, reifebedingt und gespeist aus einer hohen Intelligenz, die ihr die Möglichkeit verleiht, zu erkennen, wie sie ihm winzige lebenserhaltende Zugeständnisse abringen kann. Millimeter um Millimeter verschieben sich die Machtverhältnisse in ihre Richtung. Přiklopil bleibt nur noch die Macht körperlicher und psychischer Gewalt. Er schlägt und tritt Natascha brutal zusammen, bestraft sie weiterhin mit Essensentzug und erstickt jeden möglichen Fluchtgedanken im Keim durch das Bedrohungsszenario, das er von Anfang an um sie herum gebaut hat – Sprengfallen und Blutbad.

Natascha gewinnt dennoch langsam die Oberhand. Ihr künstlicher Singsang verändert sich zu einer festeren und damit normaleren Sprechweise. Sie lässt ihre Haare wieder wachsen, ist häufiger bekleidet als nackt und setzt in banalen Alltagsdingen zunehmend ihren Kopf durch. Und lässt Dampf ab. Mal versteckt, mal offen.

Als Wolfi an seinem 43. Geburtstag mit freiem Oberkörper am Küchentisch sitzt und sie ihn filmt, fängt sie an zu summen. Wolfi ist gelangweilt: »Ja, ja. Spiel net so rum, des wird eh nit super.« – »Da kommt jetzt was rein. Wir müssen die Muttermale drauf haben.« – »Nein«, jammert Wolfi gequält. Längst ist jeder einzelne Leberfleck festgehalten. In Großaufnahme.

Um ihn sich gewogen zu halten, bekommt Wolfi von seiner Bibi nicht nur die selbst gebastelten Geschenke. So, wie sie es von zu Hause kennt, singt sie ihm ein Geburtstagsständchen, wie immer mit zittriger Stimme. Allerdings in einer eigenen Fassung. »Happy birthday to you, was aber nicht heißt, dass die Bibi happy ist, happy birthday to you …« Und gleich anschließend: »Hoch soll er leben, hoch soll er leben, ein halbes Mal so hoch.«

Sie sagt ihm unverblümt ins Gesicht, dass er »der Besserwisser vom Dienst« sei, lässt angewidert den Spruch los: »Bäh, böser Wolf!« Und gibt ihm, mit einem Lächeln, Kontra: »Du bist so ein unsympathisches Mistviech.«

Auch wenn sie langsam Oberwasser bekommt, ist eine Flucht noch viel zu riskant. Sie ist durch die jahrelange Unterernährung geschwächt, und Přiklopil sorgt weiterhin dafür, dass sich an diesem Zustand nichts ändert. Seine Gewaltattacken sind ein Akt der Verzweiflung, weil er erkennt, dass sie ihm mehr und mehr entgleitet.

Bibi steht in der Küche vor der Spüle und das Wasser läuft. Sie steht mit dem Rücken zur Kamera und sagt dann ganz ruhig: »Der Wolf, der Wolf, der Wolfgang, der hat mich die ganze Zeit kaut (gehauen) und misshandelt.« – »Nein, nein«, antwortet Wolfi kleinlaut. – »Doch!« – »Die Bibi hat mich immer gschimpft und provoziert, zrückgredet, war aufmüpfig.« Die Kamera geht voll auf Bibis Gesicht. Sie sieht sehr ernst und erwachsen aus, zeigt auf den linken, dann auf ihren rechten Arm: »Da, blaue Flecken.« Sie sieht an ihrem Körper hinunter. »Überall! Am Kreuz dort.« Sie dreht sich auf die Seite. Wolfi hält seinen Daumen in die Kamera: »Da hats mich im Finger reingstochn.« – »Des is unabsichtlich gwesn. Wenn du so eine poröse Haut hast … Jedenfalls hat er mir das Handband so weit auszogn (ausgezogen). Dos hätt i net glaubt, dass das geht.« Sie zeigt, wie er ihr das Armband hochgerissen hat, und schlägt die rechte Hand vor das Gesicht: »Mir gehts so urschlecht!«

Beim letzten gemeinsamen Weihnachtsfest im Jahr 2005 kommt es vor der Bescherung zu den üblichen Diskussionen. Natascha wirkt dabei überlegen, er hingegen unsicher, fast ängstlich, als spüre er, dass er bald allein sein wird. »Du warst gemein zu mir«, wirft sie ihm vor, »du wolltest mich tretn, da bin ich auf den Boden gangan (gegangen).« – »Nein. Du host mi 100 Mol heite gschimpft.« – »Ja, das hast du auch verdient.« Die Kamera, die diese Bilder aufzeichnet, ist fest montiert. Beide sind zu sehen, festlich gekleidet, Bibi in Rock und Pullover, Wolfi im dunklen Anzug mit Krawatte. Obwohl er ja weiß, dass er gefilmt wird, sucht er immer wieder Schutz hinter dem Tannenbaum, vor der eigenen Kamera. Ab und zu wagt er sich hervor, schaut Bibi beim Auspacken der Geschenke genau auf die Finger, steif, ernst, mit hinten verschränkten Händen wie ein Oberkellner im Sterne-Restaurant. Wie gewohnt legt er das Papier Kante auf Kante, faltet es und bekommt wieder seinen Anfall, als Bibi beim Auspacken aus Versehen das Papier einreißt. »Jetzt hab i ihr extra erklärt, dass alle (Päckchen) zuapickt (zugeklebt) san! Dass man das weiche Glumpert (Zeugs) auf keinen Fall mit einem Schnürl (einer Schnur) zubinden kann!« Er kommt aus der Deckung des Weihnachtsbaums hervor und geht schreiend auf die Kamera zu. »Und des geht in ein Ohrwaschl eine (ins eine Ohr rein), beim ondan ausse (beim anderen raus)!«

Bibi packt unbeeindruckt die Päckchen weiter aus. Er kommt zurück, stellt sich in Oberkellnerhaltung wieder hinter den Tannenbaum. Und sieht ihr zu.

Wolfgang Přiklopil hat das Spiel verloren.

DANKSAGUNG

Wir danken Natascha Kampusch dafür, dass sie sich meiner Frau und mir gegenüber immer wieder geöffnet und uns akribisch die Zeit ihrer Gefangenschaft und den Umgang mit dem Täter geschildert hat.

Wir danken Brigitta Sirny für die im Laufe der Jahre geführten zahlreichen Gespräche, die uns halfen, ihr Schicksal und das ihrer Familie richtig einordnen zu können.

Neben ihrer Familie begleiten Menschen Natascha Kampusch in ihrem Alltag, denen wir Dank sagen wollen für ihre unermüdliche Unterstützung seit inzwischen mehr als acht Jahren.

Menschen, deren Geschäft es ist, Straftäter zu überführen, können selbst zu Tätern werden. Zu Überzeugungstätern. Im Entführungsfall Natascha Kampusch wurden sie es, weil Verschwörungstheoretiker solide Ermittlungsergebnisse in blanken Irrsinn verdrehten. Deshalb versorgten sie uns mit Informationen, ohne die dieses Buch nicht hätte geschrieben werden können. Für ihre couragierte Haltung und das Vertrauen, das sie uns entgegengebracht haben, danken meine Frau und ich ihnen ganz besonders.

Das Werk war fertig. Aber zwischen zwei Buchdeckel gepresst wurde es noch lange nicht. Wie der Gärtner Unkraut aus dem Garten zupft, hat die Redakteurin Susan Mücke welke und allzu üppig wuchernde Blüten aus dem Text entfernt und die richtigen Stellen, einer guten dramaturgischen Eingebung folgend, ins Licht geschoben. Dafür sage ich Dank!

Am längsten und intensivsten habe ich mit der Lektorin Dr. Sybille Wallner zusammengearbeitet. Und das ausgesprochen gerne. Denn sie verfügt über eine Gabe, die selbstverständlich sein müsste, aber nicht selbstverständlich ist, leider: Es ist ihre Fähigkeit zu kommunizieren. So konnten wir im Dialog stets das jeweilige Ziel definieren und umsetzen. Und wenn sich uns Hürden in den Weg stellten, haben wir sie gemeinsam überwunden. Ihre absolute Zuverlässigkeit habe ich sehr geschätzt, vor allem aber ihren Einsatz für ein Projekt, mit dem sie sich vom ersten Moment an erkennbar identifizierte. Herzlichen Dank, liebe Sybille Wallner!

Peter Reichard

PERSONENREGISTER

Person	Funktion
A.	Inspektor am Gendarmerieposten Deutsch-Wagram
A.	Kriminalbeamter im Dienstrang eines Revierinspektors; fahndete nach dem flüchtigen Přiklopil
A., Ischtar	Schülerin; Zeugin der Entführung von Natascha Kampusch
A., Kerstin	Redakteurin der *Kärntner Krone*
A., Minou	Richterin am Wiener Landesgericht für Strafsachen
A., Rosa	Mutter von Ischtar A.
Abba	schwedische Popgruppe
Adamovich, Ludwig Univ.-Prof. Dr. Dr. hc. mult.	Präsident des Verfassungsgerichtshofes i.r., Berater des österreichischen Bundespräsidenten in Verfassungsfragen und Vorsitzender der Evaluierungskommission
Ainedter, Manfred Dr.	Rechtsanwalt von Ernst H.
Ambros, Wolfgang	österreichischer Liedermacher und Rock- und Popsänger
Amon, Werner	Nationalratsabgeordneter der ÖVP und Vorsitzender des »Ständigen Unterausschusses des Ausschusses für innere Angelegenheiten«
Anderl, Herbert Dr.	Ehemaliger Generaldirektor für die öffentliche Sicherheit im österreichischen Bundesinnenministerium
Anders, Christian	österreichischer Schlagersänger
Angermann, Ulrike	Redakteurin, ZDF-Redaktion Zeitgeschehen
Apfel, Holger	ehemaliger Bundesvorsitzender der »Nationaldemokratischen Partei Deutschlands«
B., Helga	Ehefrau von Peter B.
B., Karl Dr.	Arzt, der Natascha Kampusch unmittelbar nach ihrer Flucht untersuchte
B., Martin	Untersuchungsrichter
B., Peter	ehemaliger Oberst im Wirtschafts- und rechtskundigen Dienst des Bundesheeres, Diplomkaufmann, Steuerberater und Präsident der Wiener Offiziersgesellschaft
B., Stefan	Nachbar von Wolfgang Přiklopil
B.-K., Cornel	Notfallpsychologe vom Kriseninterventionsteam des niederösterreichischen Roten Kreuzes

Person	Funktion
Bachleitner, Stefan (jetzt: Stefan A. Sengl)	Medienberater von Natascha Kampusch als Nachfolger von Dietmar Ecker
Bandion-Ortner, Claudia	frühere österreichische Bundesjustizministerin
Beatles	britische Popgruppe
Belakowitsch-Jenewein, Dagmar Dr.	Nationalratsabgeordnete der FPÖ
Berger, Ernst Prof. Dr.	Kinder- und Jugendpsychiater
Berger, Maria-Margarethe Dr.	ehemalige österreichische Bundesjustizministerin
Bobi, Emil	Redakteur des österreichischen Nachrichtenmagazins *Profil*
Bogner, Wolfgang	ehemaliger Betreiber des Wiener Saunaclubs »Goldentime«; 2008 verstorben
Brass-Quintett	Musikgruppe der Franz-Schubert-Musikschule Fürstenfeld, Steiermark
Brickner, Irene	Redakteurin der Tageszeitung *Der Standard*
Brunner, Wolfgang	gemeinsam mit Dušan Uzelac langjähriger Medienberater von Natascha Kampusch
Claudia	Tochter von Brigitta Sirny, Halbschwester von Natascha Kampusch
Clinton, Bill	ehemaliger Präsident der USA und Ehemann der ehemaligen US-Außenministerin Hillary Clinton
Clinton, Hillary	ehemalige Außenministerin der USA und Ehefrau des früheren US-Präsidenten Bill Clinton
Danzer, Georg	österreichischer Liedermacher; 2007 verstorben
Darabos, Norbert	ehemaliger österreichischer Bundesverteidigungsminister
Daschner, Wolfgang	früherer Polizeivizepräsident in Frankfurt am Main
Dietrich, Marlene	deutsche Schauspielerin; 1992 verstorben
Drommel, Raimund H.	deutscher Sprachprofiler
Duve, Freimut	deutscher Publizist und langjähriger Abgeordneter des Deutschen Bundestages
E., Gustav	Kollege von Hundeführer Christan Pabi
Ecker, Dietmar	erster Medienberater von Natascha Kampusch
Edelbacher, Maximilian	Polizeihofrat; ehemaliger Leiter des Wiener Sicherheitsbüros
Eichinger, Bernd	deutscher Filmproduzent, Drehbuchautor und Filmregisseur; 2011 verstorben

Person	Funktion
Enmark, Kristin	Geisel bei dem Überfall einer Bank in Stockholm 1973
F.	Bezirksinspektor der Bundespolizei Wien
F., Helmut	Bezirksinspektor der Kriminaldirektion 1 Wien
F., Roland	Oberst und Leiter der Ermittlungen in der »Sauna-Affäre«
F., Thomas	Bezirksinspektor der »Gruppe Fleischhacker« im Wiener Sicherheitsbüro
Falco (Künstlername von Johannes Hölzel)	internationaler Popstar, 1998 tödlich verunglückt
Fekter, Maria Dr.	frühere österreichische Bundesinnenministerin
Fendrich, Rainhard	österreichischer Liedermacher
Feurstein, Christoph	ORF-Journalist; führte das erste Fernsehinterview mit Natascha Kampusch
Fichtenbauer, Peter Dr.	Nationalratsabgeordneter der FPÖ und Vorsitzender des parlamentarischen Untersuchungsausschusses 2008
Fischer, Heinz Dr.	österreichischer Bundespräsident
Fleischhacker, Adolf	Leiter der nach ihm benannten »Gruppe Fleischhacker« im Wiener Sicherheitsbüro
Fourniret, Michel	französischer Serienmörder
F., Sabine	Revierinspektorin; betreute Natascha Kampusch unmittelbar nach ihrer Flucht
Friedrich, Max Prof. Dr.	Kinderpsychiater
Frühstück, Johann	Chefinspektor und Senior-Ermittler der »Soko Burgenland«
G., Alexander Dr.	Nachfolger von Wolfgang Bogner als Betreiber des Saunaclubs »Goldentime«
G., Christian	Untersuchungsrichter
G., Claudia	Richterin am Wiener Landesgericht für Strafsachen
G., Erika	Hinweisgeberin
Ganzger, Gerald Dr.	Anwalt von Natascha Kampusch in der Kanzlei »Lansky, Ganzger + partner«
Gäfgen, Magnus	Jurastudent und Mörder von Jakob von Metzler
Geiger, Ernst Dr.	Leiter der Kriminaldirektion 1 (Nachfolgeorganisation des Sicherheitsbüros); heute Abteilungsleiter im österreichischen Bundeskriminalamt
Ginther-Schöll, Gabriele	Staatsanwältin, ehemals in Innsbruck
Grosz, Gerald	ehemaliger Nationalratsabgeordneter des BZÖ

Person	Funktion
Günter	Ehemann von Natascha Kampuschs Halbschwester Claudia
Gusenbauer, Alfred Dr.	früherer österreichischer Bundeskanzler
Gutzwar, Werner	Bürgermeister der steirischen Gemeinde Fürstenfeld
H.	Kriminalbeamter im Wiener Sicherheitsbüro
H., Elfriede und Helmut	Ehepaar; polizeiliche Zeugen
H., Ernst	Entwicklungsingenieur; Freund von Wolfgang Přiklopil
H., Erwin	Bruder von Ernst H.
H., Maria	Angestellte im Informationsschalter des Einkaufszentrums »Donauzentrum«
H., Roland	ehemaliger General und Wiener Landespolizeikommandant
H., Rudolf	Ingenieur; befreundet mit Wolfgang Přiklopil und Ernst H.
H., Wolfgang	Reporter bei den österreichischen Tageszeitungen *Österreich* und *Heute*
H., Vesna	Ehefrau von Ernst H.
Hall, Allan	britischer Berlin-Korrespondent der *Daily Mail*, Co-Autor des Buches *Girl in the Cellar – The Natascha Kampusch Story* und Autor des Buches *Missing – A Father's Search for Natascha Kampusch*
Haider, Jörg	Landeshauptmann von Kärnten, Vorsitzender der FPÖ, Gründer des BZÖ; 2008 tödlich verunglückt
Haidinger, Herwig Dr.	ehemaliger Direktor des österreichischen Bundeskriminalamts
Haimeder, Gerhard	Major im Wiener Sicherheitsbüro
Harrich, Günter Dr.	Rechtsanwalt
Hesztera, Gerald	Oberst; Sprecher des österreichischen Bundeskriminalamts; seit 2008 im Europol-Hauptquartier in Den Haag
Hicker, Oswald	ehemaliger Chefreporter der Wiener Gratiszeitung *Heute*
Hoffmann, Karl-Heinz	Gründer und Namensgeber der rechtsextremen deutschen Wehrsportgruppe, die 1980 verboten wurde
Hofmann, Nico	deutscher Filmproduzent, Drehbuchautor, Filmregisseur
Holdhaus, Karin	Pressesprecherin von Bundesinnenminister Ernst Strasser
Huslisti, Hans	Chefreporter der Frauenzeitschrift *Die Aktuelle*
J., Aleksandar	Bundesheerkamerad des Hinweisgebers Christoph Sch.

Person	Funktion
Jarolim, Hannes (Johannes) Dr.	Justizsprecher der SPÖ und Nationalratsabgeordneter
Jarosch, Gerhard	Sprecher der Staatsanwaltschaft Wien; seit 2009 Erster Staatsanwalt
Jesionek, Udo Dr.	Präsident des WEISSEN RINGS Österreich
Juliana (auch Juliane)	Königin der Niederlande, verstorben 2004
K., Adolf	Kassierer im »Verein der Freunde der Wiener Polizei«; pensionierter Chefinspektor der Wiener Polizei
K., Andreas	Chefinspektor der »Soko Burgenland«
K., Bernhard	Abteilungsinspektor und Mitglied der »Soko Burgenland«
K., Gisela	Diplom-Psychologin
K., Josefa	Großmutter von Hundeführer Christian Pabi
K., Karin	Ehefrau von Adolf K.
K., Werner	Revierinspektor; Beamter der polizeilichen Sondereinheit EGS
K., Wolfgang	Mietinteressent
Kaiser, Roland	deutscher Schlagersänger
Kampusch, Natascha	Entführungsopfer von Wolfgang Přiklopil
Karas, Anton	österreichischer Zitherspieler, Komponist und Gastwirt; 1985 verstorben
Karl, Beatrix	ehemalige österreichische Bundesjustizministerin
Karlich, Barbara	frühere Moderatorin einer nach ihr benannten Talkshow in ORF 2
Kelly, Grace	US-amerikanische Schauspielerin, später verheiratet mit Rainier III. von Monaco; 1982 tödlich verunglückt
Klenk, Florian Dr.	österreichischer Enthüllungsjournalist und Chefredakteur der österreichischen Wochenzeitung *Falter*
Klestil, Thomas	ehemaliger österreichischer Bundespräsident
Klima, Viktor	ehemaliger österreichischer Bundeskanzler
Koch, Georgina	Ehefrau von Ludwig Koch
Koch, Ludwig	Bäcker, Vater von Natascha Kampusch
Koch, Nikolaus	früherer Landespolizeikommandant Burgenland; nicht verwandt mit Natascha Kampuschs Vater Ludwig Koch
Kornberger Quartett	Männerchor aus Graz, Steiermark

Person	Funktion
Kröll, Franz	Oberst des Landeskriminalamts Steiermark, anfangs abgeordnet zum Assistenzteam der Evaluierungskommission, danach zum österreichischen Bundeskriminalamt; am 25. Juni 2010 verstorben
Kröll, Karl	Gärtner; Bruder von Franz Kröll, dessen angebliche Ermordung er vergeblich zu beweisen versuchte
Kröll, Martina	ehemalige Ehefrau von Franz Kröll; sie fand dessen Leiche
Kronawetter, Hans-Peter	Wiener Staatsanwalt, von Beginn an zuständig für die Ermittlungen im Entführungsfall
Kukacka, Helmut	Nationalratsabgeordneter der ÖVP
Kwasniewski, Aleksander	ehemaliger Staatspräsident Polens
L., Erika	Anwohnerin in der Nachbarschaft Wolfgang Přiklopils
L., Franz	freischaffender Künstler und Freund von Dr. Martin Wabl
Lama, Dalai	buddhistischer Mönch, Friedensnobelpreisträger
Lancaster, Burt	US-amerikanischer Schauspieler
Lang, Franz	General; Stellvertreter des Generaldirektors für die öffentliche Sicherheit, später Direktor des österreichischen Bundeskriminalamts
Lang, Gerhard	Generalmajor; Abteilungsleiter im österreichischen Bundeskriminalamt
Lansky, Gabriel Dr.	Anwalt von Natascha Kampusch in Kanzlei »Lansky, Ganzger + partner«
Leidig, Michael	britischer Journalist, Autor des Buches *Girl in the Cellar – The Natascha Kampusch Story*
Leinzinger, Peter Univ. Prof. Dr.	Vorstand des Gerichtlich-medizinischen Institutes an der Universität Graz, Steiermark
Linzer, Kurt	Chefinspektor des österreichischen Bundeskriminalamts
Loderbauer, Brigitte Dr.	Leitende Staatsanwältin in Innsbruck
Logau, Friedrich von	deutscher Barockdichter
Lundblad, Birgitta	Geisel bei dem Überfall einer Bank in Stockholm 1973
M., Erwin	Triebwagenführer
M., Friedrich	Leiter der Staatsanwaltschaft Wiener Neustadt
M., Gerald	Revierinspektor
M., Gertrude	Gemeinderätin der SPÖ im niederösterreichischen L.
Mahrer, Christine	Ehefrau von Karl Mahrer; Centermanagerin

Person	Funktion
Mahrer, Karl	kommissarischer Landespolizeikommandant von Wien; später Landespolizeivizepräsident Wiens
Matzl, Christoph	Reporter der *Kronen Zeitung*
Mayerhofer, Leopold	ehemaliger Nationalratsabgeordneter der FPÖ
McCartney, Paul	englischer Musiker und Komponist (»The Beatles«)
Mensdorff-Pouilly, Alfons	österreichischer Geschäftsmann, Landwirt und Lobbyist
Merkel, Angela Dr.	deutsche Bundeskanzlerin
Metzler, Friedrich von	Frankfurter Bankier, Vater des ermordeten Jakob
Metzler, Jakob von	elfjähriger Bankierssohn, der 2002 in Frankfurt am Main entführt und ermordet wurde
Middleton, Kate	heutige Catherine, Duchess of Cambridge, seit 2011 verheiratet mit dem britischen Prinzen William
Miller, Wolfgang Dr.	Rechtsanwalt von Brigitta Sirny
Möhl, Bo	Psychologe
Mohnhaupt, Brigitte	ehemalige deutsche Terroristin der RAF
Moszkowicz, Martin	deutscher Filmproduzent und Vorstandsvorsitzender der Constantin Film AG
Mühl, Otto	Aktionskünstler; 2013 verstorben
Mühlbacher, Thomas Univ. Prof. Dr.	Sonderermittler der Staatsanwaltschaft Graz, Steiermark; heute deren Leiter
Müller, Thomas Dr.	Kriminalpsychologe
Müller-Guttenbrunn, Iris	Sprecherin der Bundesinnenministerin; später Kommunikationsleiterin der ÖVP-Bundespartei
Nasarbajew, Nursultan	Präsident Kasachstans
Oberkrainer	slowenische Musikgruppe (»Slavko Avsenik und seine Original Oberkrainer«)
Oliphant, Tom	US-amerikanischer Kolumnist des *Boston Globe*
Olofsson	Geiselnehmer bei dem Überfall auf eine Bank in Stockholm 1973
Olschewski, Malte	Journalist und Autor
Olsson	Geiselnehmer bei dem Überfall auf eine Bank in Stockholm 1973
Oreja Aguirre, Marcelino	ehemaliger Außenminister Spaniens
Oswald, Marcus J.	Herausgeber des Wiener Online-Magazins *Blaulicht und Graulicht*
P., Franz	»Geisterheiler«

Person	Funktion
P., Georg Dr.	Ermittlungsrichter in Innsbruck
P., Inge	Anwohnerin aus der Nachbarschaft Přiklopils, die nach Natascha Kampuschs Flucht die Polizei rief
P., Martina	Redakteurin des *Kurier*
P., Rudolf	Revierinspektor
Pabi, A.	Revierinspektorin und frühere Ehefrau von Christian Pabi
Pabi, Christian	Revierinspektor, eingesetzt als Hundeführer bei der Polizeihundeabteilung Wien-Prater; er gab bereits im April 1998 den nicht weiter bearbeiteten Hinweis auf Wolfgang Přiklopil
Palme, Olof	schwedischer Ministerpräsident; 1986 ermordet
Parnigoni, Rudolf	Nationalratsabgeordneter der SPÖ
Paulson, Steven L.	Legal Attaché des FBI in der Wiener US-Botschaft
Pfölz, Heinz Dr.	psychiatrischer Sachverständiger
Pichler, Gertraud	Staatsanwältin in Graz, Steiermark
Pilnacek, Christian	Abteilungsleiter im österreichischen Justizministerium
Pilsl, Andreas	Generalmajor; früherer Kabinettsmitarbeiter der Bundesinnenministerin Prokop, später Landespolizeidirektor Oberösterreich
Pilz, Peter Dr.	Nationalratsabgeordneter der Grünen
Pinterits, Monika	Diplomierte Sozialarbeiterin und Kinder- und Jugendanwältin in Wien
Pittner, E.	Briefschreiber/in verleumderischen Inhalts an Natascha Kampusch und ihre Mutter Brigitta Sirny
Platter, Günther	ehemaliger österreichischer Bundesinnenminister
Pleischl, Werner Dr.	ehemaliger Leiter der Wiener Oberstaatsanwaltschaft; seit 2014 Leiter der Generalprokuratur
Pöchhacker, Walter	Wiener Detektiv und Buchautor
Polzer, Franz	Leiter des Landeskriminalamts Niederösterreich
Preiszler, Wolfgang	Major; stellvertretender Leiter des Wiener Landeskriminalamts
Přiklopil, Waltraud	Hausfrau, Mutter von Wolfgang Přiklopil
Přiklopil, Wolfgang	Nachrichten- und Elektrotechniker; Entführer von Natascha Kampusch
Prodi, Romano	ehemaliger italienischer Ministerpräsident und Präsident der Europäischen Kommission

Person	Funktion
Prokop, Liese	ehemalige österreichische Bundesinnenministerin; verstorben 2006
R.	Bezirksinspektor der Bundespolizei Wien
R.	Gruppeninspektor vom Gendarmerieposten Deutsch-Wagram
R.	Kriminalbeamter im Dienstrang eines Revierinspektors; fahndete nach dem flüchtigen Přiklopil
R., Margit	Klassenlehrerin von Ischtar A.
Raab, Julius	ehemaliger österreichischer Bundeskanzler
Raab, Stefan	deutscher Fernsehmoderator, Sänger, Komponist und Entertainer
Rabl, Peter	Kommentator der österreichischen Tageszeitung *Kurier*
Raidl, Manuela	Moderatorin des privaten Fernsehsenders PULS4
Rainier III.	Fürst von Monaco; 2005 verstorben
Raninger, Andrea Dr.	stellvertretende Leiterin des österreichischen Bundeskriminalamts
Reindl-Krauskopf, Susanne Prof. Dr.	Mitglied der Evaluierungskommission und Professorin am Wiener Institut für Strafrecht und Kriminologie
Risser, Daniele U. Prof. Dr.	Facharzt für Gerichtliche Medizin und Sachverständiger des Departments für Gerichtliche Medizin der Medizinischen Universität Wien
Rauscher	Kolumnist der Tageszeitung *Der Standard*
Rzeszut, Johann Dr.	Präsident des Obersten Gerichtshofes i.R., Mitglied der Evaluierungskommission
S., Brigitte und Karl	Betroffene polizeilicher Untersuchungen, die von Dr. Martin Wabl ausgelöst wurden
S., Christian	ehemaliges Mitglied im Assistenzteam der Evaluierungskommission
S., Dagmar	Bezirksinspektorin; gehörte der »Kröll-Soko« des österreichischen Bundeskriminalamts an
S., Jakob	erweckte auf einer Internetplattform den Eindruck, es handele sich bei ihm um Natascha Kampusch
S., Volkmar	Bekannter des deutschen Domainhändlers Thomas V.
Sabina	Tochter von Brigitta Sirny, Halbschwester von Natascha Kampusch
Sch.	Kriminalbeamter im Wiener Sicherheitsbüro
Sch., Alfred Dr.	ORF-Journalist

Person	Funktion
Sch., Andreas	von dem deutschen Domainhändler Thomas V. benannter Zeuge
Sch., Birgit	Richterin am Wiener Landesgericht für Strafsachen; Tochter von Dr. Otto Sch.
Sch., Brigitte	Mieterin einer Wohnung Wolfgang Přiklopils
Sch., Christoph	Hinweisgeber
Sch., Edith	Nachbarin von Wolfgang Přiklopil
Sch., Johann	Nachbar von Wolfgang Přiklopil
Sch., Jutta und Günther	Ehepaar und Anwohner einer Wiener Siedlung, in der Dr. Martin Wabl ermittelte
Sch., Otto Dr.	Leiter der Staatsanwaltschaft Wien i.R.
Sch., Thomas	Chefinspektor in der »Soko Burgenland«
Scherz, Johannes Dr.	Oberrat im Wiener Sicherheitsbüro
Schily, Otto	Rechtsanwalt und früherer deutscher Bundesinnenminister
Schleyer, Hanns Martin	deutscher Arbeitgeberpräsident, 1977 von der RAF ermordet
Schlögl, Karl	ehemaliger österreichischer Bundesinnenminister
Schneider, Romy	Österreichische Schauspielerin; 1982 verstorben
Schröder, Gerhard	früherer deutscher Bundeskanzler
Schüssel, Wolfgang	früherer österreichischer Vizekanzler und Bundeskanzler
Schultz-Friese, Fritjof	Verlags- und Redaktionsleiter der regionalen Onlinezeitung *Bodensee-Woche*
Sengl, Deborah	österreichische Künstlerin
Silveri, Johannes	Magister und Diplom-Sozialarbeiter; Betreuer von Natascha Kampusch
Sirny, Brigitta	Modeschneiderin, Mutter von Natascha Kampusch
Sommer, Helge	Fotograf der Tageszeitung *Österreich*
Spatzi	Kosename der Ehefrau eines bekannten Wiener Baulöwen
Spitzer, Kurt Dr.	Leiter der Innsbrucker Oberstaatsanwaltschaft i.R.
Stadler, Ewald	ehemaliger BZÖ-Nationalratsabgeordneter und Abgeordneter im Europaparlament
Steinhauer, Erwin	Kabarettist und Schauspieler
Strache, Heinz-Christian	Bundesvorsitzender der FPÖ, Fraktionschef im Nationalrat und in weiteren führenden Funktionen seiner Partei

Person	Funktion
Strasser, Ernst Dr.	ehemaliger österreichischer Bundesinnenminister
Strauß (auch Strauss), Johann	österreichische Komponisten (Vater und Sohn gleichen Vornamens)
Strohmeyer, Oskar	ehemaliger Kabinettschef von Bundesinnenminister Karl Schlögl
Treibenreif, Bernhard	ehemaliges Mitglied im Kabinett von Bundesinnenministerin Prokop und Leiter des Einsatzkommandos COBRA
Teuschl, Horst	stellvertretender Leiter des Landeskriminalamts Burgenland
Undeutsch, Udo Prof.	Gerichtspsychologe; 2013 verstorben
Ursula	vorgebliche Freundin von Wolfgang Přiklopil
Uzelac, Dušan	langjähriger Medienberater von Natascha Kampusch
V., Kurt	Polizist; versah Nachtdienst am Tag der Entführung
V., Thomas	deutscher Domainhändler
W., Eduard	Chefinspektor; Leiter der Tatortgruppe des Landeskriminalamts Burgenland
W., Erwin	Revierinspektor; Beamter der polizeilichen Sondereinheit EGS
W., Josef	Abteilungsinspektor der Wiener Polizei; Gemeinderat der FPÖ im niederösterreichischen L.; fahndete nach der DNA des vermeintlichen Kampusch-Kindes
W., Karl	Name auf dem Grabstein von Wolfgang Přiklopil
W., Margit	Schwester von Ernst H., dem Freund Wolfgang Přiklopils
W., Paul	Kontrollinspektor; Angehöriger der polizeilichen Spezialeinheit COBRA
Wabl, Martin Dr.	Ex-Familienrichter, früherer Abgeordneter in Land und Bund, Gemeinderat, mehrfacher Bewerber um das Amt des österreichischen Bundespräsidenten
Wala, Adolf	Präsident des »Vereins der Freunde der Wiener Polizei«; früherer Präsident der österreichischen Nationalbank
Wallraff, Günter	deutscher Schriftsteller und Enthüllungsjournalist
Westenthaler, Peter	ehemaliger Nationalratsabgeordneter für FPÖ und BZÖ
Wi., Margit	Chefinspektorin; Leiterin der polizeilichen Sondereinheit EGS
William	britischer Prinz, Duke of Cambridge
Wittmann, Peter Dr.	Nationalratsabgeordneter der SPÖ

Person	Funktion
Wolf, Armin	Moderator der ORF-Nachrichtensendung *ZIB 2 (Zeit im Bild)*
Wolf, Franz	SS-Scharführer
Z.	Beamter der Gendarmerie in Gänserndorf
Zembaty, Andreas	Betreuer von der Verbrechensopferhilfe »Neustart«
Ziercke, Jörg	Ehemaliger Präsident des deutschen Bundeskriminalamts
Zilk, Helmut Prof. Dr.	ehemaliger Bürgermeister Wiens; 2008 verstorben
Zwettler, Erich	Abteilungsleiter im österreichischen Bundeskriminalamt; später Leiter des Amtes für Verfassungsschutz und Terrorismusbekämpfung Wien

VERZEICHNIS AMTLICHER QUELLEN

BPD Wien, Wachzimmer 22, Bericht der BI F. und R. vom 03.03.1998

BPD Wien, SB, Bericht von BI F. vom 03.03.1998

BPD Wien, SB, Aussage von Hauptschullehrerin Margit R. vom 04.03.1998

BPD Wien, SB, Bericht des Beamten L. vom 05.03.1998

BPD Wien, SB, Bericht des BI F. vom 05.03.1998

BPD Wien, SB, Bericht der Beamten L. und K. vom 11.03.1998

BPD Wien, SB, Bericht vom 17.03.1998

Fernschreiben der BPD Wien, SB vom 18.03.1998

BPD Wien, SB, Bericht von BI F. vom 19.03.1998

BPD Wien, SB Aktenvermerk vom 04.04.1998, Kontaktaufnahme mit dem GP Gänserndorf

BPD Wien, SB, Bericht von BI F. vom 05.04.1998

BPD Wien, SB-Bericht über die zeitliche Nachstellung des Schulweges vom 26.02.2002

BPD Wien, SB-Bericht vom 26.02.2002

BPD Wien, SB, Bericht der Beamten S. und K. vom 26.02.2002

BPD Wien, SB Meldung an Staatsanwalt Kronawetter vom 17.07.2002

KA Burgenland, Aktenvermerk von CI K. und CI M. vom 15.11.2002

BPD Wien, Landesverkehrsabteilung, Niederschrift vom 23.08.2006

BPD Wien, Landesverkehrsabteilung, Meldung vom 24.08.2006

Sektionsprotokoll des Ao. Univ. Prof. Dr. Daniele U. Risser, Facharzt für Gerichtliche Medizin, vom 24.08.2006

LPK Burgenland, LKA, Vernehmung von Natascha Kampusch am 24.08.2006

KA Burgenland, Niederschrift der Beamten G. und R. vom 27.08.2006

BPD Wien, LKA, EGS, Bericht der CI Margit Wi. vom 29.08.2006 (vermutlich richtig: 23. oder 24.08.2006)

LPK Burgenland, LKA, Vernehmung von Natascha Kampusch am 30.08.2006

LPK Burgenland, LKA, Vernehmung von Natascha Kampusch am 31.08.2006

KA Burgenland, Aktenvermerk von CI K. vom 31.08.2006

LPK Burgenland, LKA, Vernehmung von Natascha Kampusch am 02.09.2006

LPK Burgenland, LKA, Vernehmung von Natascha Kampusch am 03.09.2006

Gutachten des Ao. Univ. Prof. Dr. Daniele U. Risser, Facharzt für Gerichtliche Medizin, vom 04.09.2006

Bericht des Ao. Univ. Prof. Dr. Daniele U. Risser, Facharzt für Gerichtliche Medizin, vom 04.09.2006

LPK Burgenland, LKA, Vernehmung von Natascha Kampusch am 07.09.2006

LPK Burgenland, LKA, Vernehmung von Natascha Kampusch am 15.09.2006

AG Konstanz, Urteil vom 09.10.2007

Erster Zwischenbericht der vom Bundesminister für Inneres eingesetzten »Evaluierungskommission« für den Fall Natascha KAMPUSCH vom 25.02.2008

Abschlussbericht der vom Bundesminister für Inneres eingesetzten »Evaluierungskommission« für den Fall Natascha KAMPUSCH vom 09.06.2008

Bericht des Untersuchungsausschusses hinsichtlich der Vertuschung von Polizeiaffären und des Missbrauchs der politischen Macht insbesondere im Bundesministerium für Inneres, aber auch in den Bundesministerien für Justiz, für Finanzen und für europäische und internationale Angelegenheiten vom 18.09.2008

Minderheitsbericht der Abgeordneten Rudolf Parnigoni und Kollegen zum Bericht des Untersuchungsausschusses hinsichtlich der Vertuschung von Polizeiaffären und des Missbrauchs der politischen Macht insbesondere im Bundesministerium für Inneres, aber auch in den Bundesministerien für Justiz, für Finanzen und für europäische und internationale Angelegenheiten vom 18.09.2008

Minderheitsbericht der Abgeordneten Mag. Helmut Kukacka und Kollegen zum Bericht des Untersuchungsausschusses hinsichtlich der Vertuschung von Polizeiaffären und des Missbrauchs der politischen Macht insbesondere im Bundesministerium für Inneres, aber auch in den Bundesministerien für Justiz, für Finanzen und für europäische und internationale Angelegenheiten vom 18.09.2008

Landesgericht für Strafsachen Wien, Urteil vom 04.09.2009

Vermerk des Leiters der OStA Wien vom 8.09.2009

Bericht des seinerzeitigen EOStA Dr. Mühlbacher vom 9.09.2009

AG Singen, Vormundschaftsgericht, Beschluss vom 16.03.2009

StA Konstanz, Schreiben vom 19.08.2009

Der Generalstaatsanwalt in Karlsruhe, Schreiben vom 18.09.2009

GIS-Auswertung vom 21.09.2009

BK, Aktenvermerk von BI S. und BI T. vom 24.09.2009

BK, Aktenvermerk von Oberst K. vom 04.12.2009

Bericht von LStA Dr. Mühlbacher an das BMJ vom 18.12.2009

Abschlussbericht der von der Bundesministerin für Inneres weitergeführten »Evaluierungskommission« vom 15.01.2010

Stadtpolizeikommando Graz, Bericht vom 27.06.2010

Leichenkommissionierungsbefund des Polizeiarztes Dr. Reisenhofer vom 27.06.2010

Stadtpolizeikommando Graz, Anlassbericht vom 27.06.2010

Aussage der Martina K. vom 28.06.2010

LPK Steiermark, Spurensicherungs- und Untersuchungsbericht vom 30.06.2010

Stadtpolizeikommando Graz, Abschlussbericht vom 02.07.2010

Anordnung der Festnahme von Karl K. durch die StA Graz, Az. 19 St 47/10s

Pilz, Peter Dr., Nationalratsabgeordneter der GRÜNEN, der seit Samstag, dem 21.08.2010, in seinem Internet-Tagebuch unter dem Titel »Die Affäre ›Kampusch‹« u.a. Dokumente polizeilicher Behörden, Staatsanwaltschaften und Gerichte veröffentlichte

Richterliche Zeugenvernehmung der Ischtar A. in Innsbruck am 29.07.2011

Richterliche Zeugenvernehmung der Rosa A. in Innsbruck am 29.07.2011

Richterliche Zeugenvernehmung des Univ. Prof. Dr. Dr. hc. mult. Ludwig ADAMOVICH in Innsbruck am 06.06.2011

OStA Innsbruck, StA Innsbruck, Einstellung des Ermittlungsverfahrens gegen LOStA HR Dr. Werner Pleischl u.a. wegen Verdachtes des Missbrauches der Amtsgewalt vom 23.11.2011

Kommuniqué des Ständigen Unterausschusses des Ausschusses für innere Angelegenheiten – Überprüfungen im Fall Natascha Kampusch – vom 28.06.2012

Protokoll des internen Unterausschusses – Befragung Mag. Hans-Peter Kronawetter

Bericht der von der Bundesministerin für Inneres und der Bundesministerin für Justiz zur Evaluierung des Falles Natascha Kampusch eingesetzten Kommission, Band I, April 2013

Bericht der von der Bundesministerin für Inneres und der Bundesministerin für Justiz zur Evaluierung des Falles Natascha Kampusch eingesetzten Kommission, Band II, April 2013

Privatgutachten des Univ. Prof. Dr. E. Peter Leinzinger, Institut für Gerichtliche Medizin Graz vom 25.09.2013

Landesgericht für Strafsachen, Urteil gem. Hauptverhandlung vom 27.02.2015

Parlamentarische Anfragen und Beantwortungen durch die zuständigen Bundesministerinnen und -minister

416 Seiten
19,99 €
ISBN 978-3-86882-590-9

Berry, Amanda;
DeJesus, Gina
Hope
Gefangen und missbraucht: Wie wir 10 Jahre in den Fängen des Cleveland-Entführers überlebten

»Helfen Sie mir! Ich bin Amanda Berry ... Ich bin entführt worden und werde seit zehn Jahren vermisst!«

Am 6. Mai 2013 wurde in Cleveland ein unvorstellbares Verbrechen aufgedeckt: Drei junge Frauen wurden von einem Mann aus ihrer Nachbarschaft entführt und über ein Jahrzehnt lang gefangen gehalten, misshandelt und missbraucht. Amanda Berry gebar ihrem Entführer sogar eine Tochter.

Dieses Buch, geschrieben von den Opfern Amanda Berry und Gina DeJesus, berichtet vom Überlebenskampf der Entführten, von unvorstellbarem Leid und ihrer unerschütterlichen Hoffnung auf Rettung und ein normales Leben. Ergänzt wird ihre bewegende Geschichte durch Berichte der Journalisten und Pulitzer-Preisträger Mary Jordan und Kevin Sullivan von der Washington Post über die verzweifelte Suche der Familien und der Behörden nach den Vermissten. Die beiden jungen Frauen leben inzwischen glücklich mit ihren Angehörigen vereint in Cleveland.

192 Seiten
16,99 €
ISBN 978-3-86882-586-2

Höhne, Renate;
Micus, Andrea
Und ich habe nichts geahnt
Ich war jahrelang mit einem Doppelmörder verheiratet. Dann kam alles ans Licht

Renate Höhne ist im Oktober 2010 63 Jahre alt. Vor wenigen Wochen hat sie mit ihrem acht Jahre jüngeren Mann Detlef Silberhochzeit gefeiert, sie haben ein komfortables Leben und Renate liebt ihren Mann, der sie auf Händen trägt, von Herzen. Seit einer Afrika-Reise vor 30 Jahren ist Detlef HIV-positiv, das ist der einzige Wermutstropfen in ihrem Glück. Doch dann bricht Renates heile Welt innerhalb von Sekunden zusammen. Während ihr Mann an einem Samstag Vormittag die Einkäufe erledigt, stürmen plötzlich Polizeibeamte in die Wohnung.
Es stellt sich heraus: Detlef ist ein seit einiger Zeit gesuchter Doppelmörder, der innerhalb weniger Wochen kaltblütig zwei Männer regelrecht hingerichtet hat. Doch das ist noch nicht alles. Während der Polizeiverhöre erfährt Renate weitere schockierende Details über ihren Mann, von denen sie nicht die leiseste Ahnung hatte – 20 Jahre lang. Doch sie gibt nicht auf, stellt sich der Realität und beginnt ein neues Leben. Ohne Geld, ohne Freunde, ohne Familie, aber in der Gewissheit, dass es nie zu spät ist für einen Neuanfang.

Wenn Sie **Interesse** an **unseren Büchern** haben,

z. B. als Geschenk für Ihre Kundenbindungsprojekte, fordern Sie unsere attraktiven Sonderkonditionen an.

Weitere Informationen erhalten Sie bei unserem Vertriebsteam unter +49 89 651285-154

oder schreiben Sie uns per E-Mail an:

vertrieb@rivaverlag.de